Wassilios E. Fthenakis:
Väter

Band 1:
Zur Psychologie der Vater-Kind-Beziehung

Deutscher
Taschenbuch
Verlag

dtv

Band 1: Zur Psychologie der Vater-Kind-Beziehung
Band 2: Zur Vater-Kind-Beziehung in verschiedenen Familienstrukturen

September 1988
Deutscher Taschenbuch Verlag GmbH & Co. KG, München

ISBN 3-541-14091-7
Fotos: Jochen Fiebig
Umschlaggestaltung: Boris Sokolow
Gesamtherstellung: C. H. Beck'sche Buchdruckerei, Nördlingen
Printed in Germany · ISBN 3-423-15046-7

Inhaltsverzeichnis

Band 1

I. Zur Geschichte der Vater-Kind-Beziehung – Theorien und Erklärungsversuche für unterschiedliche Formen von Vaterschaft

II. Anthropologische und tierexperimentelle Beiträge zur Vaterforschung

III. Zur Psychologie der Vater-Kind-Beziehung

Ausgewählte Themen der Vaterforschung in Überblicksartikeln

Für Alexander und Philippe

Vorwort

Als Renate Niesel, Hans-Rainer Kunze und ich vor zwei Jahren das Buch „Ehescheidung: Konsequenzen für Eltern und Kinder" veröffentlichten, äußerten wir im Vorwort die Vermutung, die Komplexität der Thematik könnte es erforderlich machen, daß einzelne Abschnitte bei einer Neuauflage eine eigenständige, zusammenhängende Behandlung in Buchform erfahren. Der nun vorliegende Band, der sich ausschließlich dem Thema „Vater" widmet, macht deutlich, wie sehr wir mit unserer damaligen Vermutung Recht hatten. Schon ein erster Blick ins Inhaltsverzeichnis zeigt aber auch, daß es sich hier nicht bloß um eine Überarbeitung und Ergänzung des ersten Abschnitts des Ehescheidungsbuches handelt, sondern um ein inzwischen völlig eigenständiges Werk. In ihm werden zwar auch verschiedene, ehedem nur angeschnittene Fragen und Problembereiche behandelt, die früher den durch das Thema Ehescheidung vorgegebenen Rahmen gesprengt hätten; gleichzeitig ist es aber um eine Reihe erstmalig behandelter Aspekte erweitert worden, so daß nun die Thematik der Vater-Kind-Beziehung eine in verschiedener Hinsicht abgerundete und damit fast handbuchartige Bearbeitung erfährt, die den gegenwärtigen Wissensstand auf diesem Gebiet auch international gesehen widerspiegelt. Die zutreffendste Charakterisierung dürfte wahrscheinlich durch das Wort ‚Bestandsaufnahme' gegeben sein insofern, als sich Widersprüche, Ungereimtheiten und Defizite gegenwärtiger Vaterforschung in diesem Buch genauso niederschlagen, wie es bis dahin unbekannte Ergebnisse, eine Vielzahl neuer Erkenntnisse und wahrscheinlich auch eine Reihe überraschender Einsichten und Konsequenzen für den Leser bereithält. Diese Informationen zu vermitteln, Anregungen für die eigene Arbeit und Praxis zu geben und zum Nachdenken zu veranlassen, ist Hauptziel des Buches.

Es könnte leicht der Eindruck entstehen, betrachtet man nur die Entstehungsgeschichte dieses Bandes, das erwachende wissenschaftliche Interesse am Vater sei ein ‚Ableger' der Ehescheidungsforschung. In der Tat ist es umgekehrt. Eine wachsende Bewußtheit bei einer Vielzahl von Vätern hat dazu geführt, daß sie sich auch (selbst-)kritisch mit den psychologischen Prozessen zu befassen begannen, die sich bei Kindern und Vätern im Umfeld einer Scheidung abspielen. Mit anderen Worten: Wir stehen heute mitten in einer Entwicklung, die sich dadurch kennnzeichnen läßt, daß Männer sich auf neue Weise ihrer Rolle und Aufgabe als Väter bewußt werden. Damit wird aber zugleich verständlich, daß sie einen Verlust erfahren und erleiden, wenn sie von ihren Kindern getrennt werden. Das gilt um nichts weniger für die Kinder. Auch wenn schon in der Vergangenheit das Bild nicht richtig war, Väter könnten – relativ zur Mutter – leichter ersetzt oder kompensiert werden oder sogar gänzlich verzichtbar sein, so wird man heute erst recht sagen müssen, daß viele Kinder die sich gerade neu entwickelnde Qualität der Vaterbeziehung um so schmerzlicher vermissen werden, sollten sie den Vater zum Beispiel durch eine Scheidung „verlieren".

Nun ist es nicht so, daß erst solche dramatischen Geschehnisse in einer Familie wie eine Scheidung Veränderungen in der Vater-Kind-Beziehung wie auch ihre Besonderheiten hervortreten ließen, selbst wenn sie hier zumeist am augenfälligsten sind und am nachdrücklichsten eine Berücksichtigung verlangen. Es ist genauso ein Anliegen dieses Buches, auf solche Entwicklungen aufmerksam zu machen, die nicht – gewissermaßen schon von selbst – den Blick auf sich ziehen, sondern sich eher im Hintergrund abspielen und damit vielfach auch dem wissenschaftlichen Desinteresse anheimgefallen sind wie lange Zeit die Vaterforschung überhaupt.

Auch wenn dies im Verlauf dieses Buches verschiedentlich betont wird, sei bereits hier im Vorwort klargestellt, was Vaterforschung, so wie ich sie verstanden wissen will, nicht bedeutet und welche Intentionen mir damit nicht unterstellt werden sollten. Ihr Ziel ist es nicht, eine wie auch immer sich verstehende ‚Vater-Bewegung' zu initiieren oder zu unterstützen, schon gar nicht eine, die sich ihrem Selbstverständnis nach als „gegen" die Mutter-Kind-Beziehung gerichtet sieht. Es wäre ein bedauerliches und durch nichts begründetes Mißverständnis, wollte man derartiges aus diesem Buch herauslesen und überhaupt der Vaterforschung unterstellen. In der Betonung der Vaterperspektive in der Wissenschaft und in der Sozial- und Familienpolitik, wie sie hier vertreten wird, sehe ich vor allem eine Bereicherung, aber auch eine notwendige Ergänzung vorhandener familienorientierter Ansätze, die damit zum Teil – dies sei der Klarheit halber gesagt – diesem Anspruch überhaupt erst gerecht werden. Es kann also gar nicht darum gehen, die Mutter gegen den Vater „auszuspielen" oder umgekehrt, wie dies manche befürchten, die die Vaterforschung nicht als notwendig integralen Bestandteil der Familienforschung erkennen, sie ihr womöglich sogar entgegengesetzt glauben. Die Entwicklung der letzten Jahre hat mit Sicherheit eines deutlich gemacht, daß erfolgversprechende Ansätze in der Familienforschung nicht umhin können, einer systemorientierten Sicht der Familie zu folgen, der es um *alle* Familienmitglieder geht und die die wechselseitigen, direkten wie indirekten Beiträge *aller* für die individuelle und gemeinsame Entwicklung berücksichtigt und anerkennt. Dieser Orientierung wird auch hier gefolgt.

Man machte mir gelegentlich den Vorwurf, ich würde mich in meinen Arbeiten sehr stark auf die Forschungsergebnisse englischsprachiger Länder stützen. Auch diese Veröffentlichung baut zu einem nicht geringen Prozentsatz auf den Ergebnissen ausländischer Forschungen auf. Ich nehme diesen Vorwurf gern auf mich, sofern er nicht implizieren soll, ich würde die Ergebnisse deutschsprachiger Arbeiten unberücksichtigt lassen. Daß dies nicht der

Fall ist, sollte ein eingehender Blick in die Bibliographie schnell erhellen. Tatsache ist, daß Vaterforschung gegenwärtig in der Bundesrepublik Deutschland, wenn auch vermehrt, so doch immer noch vorwiegend das Ergebnis der Initiative einzelner ist und von einer koordinierten Vaterforschung bislang nicht die Rede sein kann, von einem Reflex solcher Tätigkeit auf familien- und sozialpolitischem Gebiet ganz zu schweigen. Solange dies aber so ist, halte ich es geradezu für eine Pflicht, Kenntnis von den Ergebnissen entsprechender Arbeit im Ausland zu nehmen und den Zugang hierzu allgemein zu vermitteln.

Ich habe mich bemüht, auch an den Stellen des Buches, die eine relativ abstrakte oder spezialisierte Thematik behandeln, eine unkomplizierte und trotzdem unmißverständliche Form der Darstellung und Beschreibung zu wählen, so daß auch der interessierte Laie und der fachlich nicht vorgebildete Wissenschaftler, zumindest über weite Strecken, mit der Lektüre keine Schwierigkeiten haben sollte. Zitate aus fremdsprachlicher Literatur sind ebenfalls der leichteren Lesbarkeit wegen, wo möglich, ins Deutsche übertragen worden.

Die Komplexität und damit zusammenhängend der Umfang der hier zu behandelnden Thematik machten es erforderlich, das Buch in zwei Bänden erscheinen zu lassen. Während in Band I der Schwerpunkt auf der Vater-Kind-Beziehung liegt, befaßt sich der Band II mit angewandten Aspekten der Vaterforschung und gibt einen umfassenden Überblick über die Rolle des Vaters in unterschiedlichen Familienstrukturen.

Die fünfzehn Kapitel beider Bände sind zu fünf relativ eigenständigen Abschnitten zusammengefaßt und setzen bis auf den letzten Abschnitt zu ihrem Verständnis die Lektüre der anderen Kapitel und Abschnitte nicht unbedingt voraus. So kann zum Beispiel der Abschnitt II „Anthropologische und tierexperimentelle Untersuchungen zur Vaterforschung“ ohne Verständnisverlust für die übrigen Teile des Buches vom Leser übergangen werden, wenn ihn die Thematik nicht interessiert. Wer ihn dennoch liest, wird vielleicht manche vertraute Ansicht oder bislang für gültig gehaltene Annahme in Frage gestellt sehen. Mit Einschränkung gilt dies auch für den Abschnitt I mit den Kapiteln 1 „Zur Geschichte der Vater-Kind-Beziehung“ und 2 „Theorien und Erklärungsversuche für unterschiedliche Formen der Vaterschaft“. Kapitel 2 kann aber mit Gewinn für den Abschnitt III „Zur Psychologie der Vater-Kind-Beziehung“ gelesen werden, wie Kapitel 1 für ein breiteres Verständnis des Abschnittes „Väter in verschiedenen Familienstrukturen“ (vgl. Band II) nützlich ist.

Für denjenigen Leser, der sich einen schnellen Überblick über das Inhaltsverzeichnis hinaus verschaffen möchte, empfiehlt es sich, die Zusammenfassungen zu den jeweiligen Abschnitten bzw. Kapiteln zu lesen, die beginnend mit Kapitel 2 so konzipiert wurden, daß sie nicht nur zentrale Ergebnisse herausstellen und kommentieren, sondern auch kurze Inhaltsangaben enthalten und so eine grobe Orientierung über den Abschnitt oder das Kapitel erlauben.

Ein so umfassendes und auch von der Zahl und der Aktualität der verarbeiteten Quellen her inhaltsreiches Werk wie das vorliegende läßt sich – noch dazu in der kurzen zur Verfügung stehenden Zeit – ohne die tatkräftige Unterstützung und den unermüdlichen Einsatz anderer nicht realisieren. Namentlich für ihre hilfreiche Mitwirkung ist zu danken: am Band I: Frau Dipl.-Psych. Waltraut Walbiner (Kap. 6 und 9), Frau Dr. Dipl.-Psych. Claudia Szczesny-Friedmann (Kap. 10), Herrn Dipl.-Psych. Hans-Rainer Kunze (Kap. 1 bis 5) und Herrn Dipl.-Psych. Wilfried Griebel (Kap. 7 und 8); am Band II: Frau Dipl.-Psych. Rotraud Oberndorfer (Kap. 11, 12, 13), Herrn Dipl.-Psych. Wilfried Griebel (Kap. 14) und Herrn Dipl.-Psych. Werner Klausnitzer (Kap. 15).

Herrn Dr. Bernhard Nagel danke ich für die Zusammenstellung des statistischen Datenmaterials. Herr Joachim Thurn arbeitete engagiert an der Organisation des nicht abreißenden Stroms neuer Literatur; Frau Ariane von Thüngen erstellte in gewissenhaftem Einsatz die umfangreiche Bibliographie. Frau Helga Haindl erledigte in bewährter Weise termingerecht und äußerst sorgfältig die Schreibarbeiten am Manuskript. Frau Jasmin Haindl übernahm freundlicherweise eine letzte kritische Durchsicht der Druckfahnen. Ihnen allen sei an dieser Stelle für ihre Mühe gedankt.

Besonderen Dank bin ich den Kollegen aus dem In- und Ausland verpflichtet, die mir ihre (zum Teil noch nicht veröffentlichten) Arbeiten zur Verfügung gestellt haben, sowie dem Verlag Urban & Schwarzenberg und insbesondere Herrn Dr. Kagelmann und Herrn Wirth für die stets gute Betreuung und für Ihr großes Entgegenkommen hinsichtlich der Gestaltung und des notwendig gewordenen Umfangs des Buches.

Ich hoffe, daß dieses Buch das Interesse meiner Fachkollegen und betroffener Familien findet. Als Autor würde ich mich über Anregungen freuen, die aus diesem Leserkreis kommen, seien es Hinweise, die Fehler betreffen, Vorschläge für Verbesserungen oder die Nennung von Aspekten, die der Ergänzung bedürfen.

München, September 1984 — *Wassilios E. Fthenakis*

I. Zur Geschichte der Vater-Kind-Beziehung – Theorien und Erklärungsversuche für unterschiedliche Formen von Vaterschaft

1
Zur Geschichte der Vater-Kind-Beziehung

1.1 Einleitung – Probleme einer geschichtlichen Rekonstruktion der Vater-Kind-Beziehung

Der Versuch einer Darstellung der Vater-Kind-Beziehung in der menschlichen Geschichte begegnet einem nicht zu übersehenden Mangel an validem Quellenmaterial. Einzelne, wenn auch nur wenig ausführliche Hinweise auf die Vaterrolle finden sich noch vergleichsweise häufig in der Sozial- und Familiengeschichte. McKee & O'Brien (1982) nennen weitere Quellen: Die Bibel, Abhandlungen von Moraltheologen (Flandrin, 1979), kirchliche und königliche Verordnungen, Heiratsverträge, Gerichtsprotokolle und -urteile, Erbschaftsregelungen, Portraits und Familiengemälde (Ariès, 1960; 1976[3]; deMause, 1974; 1977), Daten aus Volkszählungen, Steueraufzeichnungen, Kirchenregistern und medizinisch-geographischen Untersuchungen (Berkner, 1973) sowie Memoiren und Biographien (Roberts, 1978), Tagebücher und nicht zuletzt diverse literarische Zeugnisse. Kaum eine dieser Quellen befaßt sich jedoch ausschließlich mit der Position der Männer als Väter. Ein entscheidender Mangel dieser Quellen ist zudem, daß sie zumeist nur Zeugnis über die Verhältnisse in den oberen sozialen Schichten ablegen, und dies um so mehr, je weiter man in die Geschichte zurückgeht.

Frühere Abhandlungen zur Geschichte der Kindheit (Payne, 1916; Taylor, 1958) berichten zwar über das Vater-Kind-Verhältnis. Sie vermitteln jedoch weder einen umfassenden Überblick noch erlauben sie eine diachronische Betrachtung der Vater-Kind-Beziehung. Größtenteils ist dies dadurch begründet, daß Abhandlungen zur Geschichte der Kindheit nur einzelne Aspekte der Eltern-Kind-Beziehung (z. B. Kindesmißhandlungen, Kindesaussetzung, die rechtliche Stellung des Kindes, die elterliche Fürsorge usw.) behandelten oder sich bloß auf bestimmte Epochen der Geschichte beschränkten (etwa Taylor's Abhandlung zur Kindheit in England auf das Ende des 18. Jahrhunderts).

Bereits 1948 hat Bossard den Mangel an einer umfassenden Darstellung der Geschichte der Kindheit beklagt: ,,Leider ist die Geschichte der Kindheit nie geschrieben worden, und es ist zweifelhaft, ob sie jemals geschrieben werden kann, da die historischen Daten hierzu fehlen" (a.a.O., 1948, S. 298). Dieses pessimistische Bild hat sich inzwischen ein wenig gewandelt. Der Franzose Philippe Ariès hat 1960 sein vielbeachtetes Buch ,,L'enfant et la vie familiale sous l'ancien régime" (in der deutschen Übersetzung unter dem Titel ,,Geschichte der Kindheit", 1975) veröffentlicht. Im gleichen Jahr erschien in Holland ein wenig beachtetes, aber nichtsdestoweniger wichtiges Buch von Jan Hendrik van den Berg mit dem Titel ,,Metabletica, über die Wandlung des Menschen. Grundlinien einer historischen Psychologie". 1974 hat Lloyd deMause das Buch ,,The History of Childhood" veröffentlicht (die deutsche Übersetzung erschien unter dem Titel ,,Hört ihr die Kinder weinen – eine psychogenetische Geschichte der Kindheit"), und Ingeborg Weber-Kellermann (1979) hat in ihrer Arbeit ,,Die Kindheit" vier Aspekte der Kindheit nach dem 16./17. Jahrhundert untersucht: Kleidung, Wohnen, Arbeit und Spiel.

In ähnlicher Weise sind die Bemühungen, das Vaterbild geschichtlich aufzuarbeiten, nahezu ausschließlich jüngsten Datums. Zahlreiche, zum Teil sehr detaillierte Hinweise zum Vaterbild im geschichtlichen Wandel finden sich, ausgehend von der altägyptischen Kultur über die Antike und das Römische Reich, das frühe Christentum, das Mittelalter und die Neuzeit bis hin zur Gegenwart in den von Tellenbach (1976, 1978) herausgegebenen Bänden, von denen einer speziell dem Vaterbild im Abendland gewidmet ist. Leider werden jedoch die Vater-Kind-Beziehungen selten explizit dargelegt, wenn sich auch mittelbar aus verschiedenen Angaben Rückschlüsse auf die Rolle des Vaters in den betrachteten Kulturen und Epochen ziehen lassen.

Etwas näher soll hier auf die Arbeiten von Ariès und deMause eingegangen werden, zum einen, weil sie auch einer breiteren Öffentlichkeit einen Zugang zum Thema Geschichte der Kindheit eröffnen, zum anderen, weil sie in ihrer Konzeption so verschieden sind, wie ihre Ergebnisse einander widersprechen.

Ariès vertritt die These, das Kind sei in der traditionellen Gesellschaft glücklich gewesen, weil es die Freiheit gehabt habe, mit Mitgliedern verschiedener Klassen und Altersstufen zu interagieren. Er weist darauf hin, daß es im Mittelalter den Begriff ,,Kindheit" nicht gab. Erst im 15./16. Jahrhundert habe man die Kindheit als eigenständige Periode ,,erfunden", was nicht unabhängig von der damaligen Konsolidierung des Einzelstaates und der damit einhergehenden Auflösung der Stammes- und Geschlechtsverbände sowie der

Etablierung der Familie geschehen sei. Im 17. Jahrhundert seien es anfangs die Pädagogen und später vor allem die Moralisten gewesen, die das Interesse an der Erziehung des Kindes neu geweckt hätten. Das Kind wurde als unschuldig angenommen und als Gegenstand des Schutzes und der ernsten Verantwortung angesehen. In seinem Vorwort zur deutschen Fassung des Buches von Ariès erwähnt von Hentig (1975, S. 10), daß die Familie dadurch eine neue Aufgabe erhielt, daß sie „aus einer Institution zur Vererbung von Gut, Stand und Namen zu einer moralischen Anstalt (wurde). In dieser Funktion (wurde) sie auch von der Kirche anerkannt ... Aus der sittlichen Aufgabe der Familie erwachsen als letztes die Gefühlsbande – freilich nur in Schichten, die sich den Luxus von Sentiments leisten können. Die bürgerliche Familie ist um das Kind zentriert ...“. Nach Ariès habe dies aber auch zu einer tyrannischen Vorstellung von der Familie geführt, die wiederum Zerstörung von Freundschaft und Geselligkeit zur Folge gehabt und den Kindern ihre Freiheit genommen hätte. Es habe sich eine Zunahme an sozialer Isolation und Repression gezeigt. Durch den Einfluß von Pädagogen, Moralisten und vor allem der Jesuiten hätten später, im 16. und 17. Jahrhundert, Familie und Schule als Institutionen die Entfernung des Kindes aus der Erwachsenengesellschaft bewirkt. Etwa ab dieser Zeit sei aber auch eine zunehmende affektive Verbundenheit zwischen Eltern und Kindern zu beobachten gewesen.

Einen von Ariès deutlich abweichenden Standpunkt vertritt deMause in dem von ihm 1974 herausgegebenen und 1977 im Deutschen erschienenen Buch „The History of Childhood“. Er hält Ariès vor, seine Vorstellung über die „Erfindung der Kindheit“ sei sehr verschwommen, und er äußert seine Überraschung darüber, „daß so viele Historiker sie sich zu eigen gemacht haben“ (deMause, 1977, S. 18). Er unternimmt den Versuch einer „psychogenetischen“ Interpretation der Geschichte der Kindheit und geht dabei von „einer umfassenden Theorie des historischen Wandels“ sowie von der Annahme aus, „die soziale Antriebskraft historischen Wandels (sei) weder in der Technologie noch in der Ökonomie zu finden“. Vielmehr seien für diesen Wandel „psychogene Veränderungen der Persönlichkeits- und Charakterstruktur“ verantwortlich zu machen, „die sich aufgrund der Generationenfolge der Interaktionen zwischen Eltern und Kindern ergeben“ (deMause, 1977, S. 14). Die Evolution der Eltern-Kind-Beziehungen bilde eine unabhängige Quelle historischen Wandels (deMause, 1977). Die Geschichte der Kindheit begreift deMause als eine Kette von immer enger werdenden Erwachsenen-Kind-Beziehungen, wobei jede Verringerung der psychischen Distanz zwischen Erwachsenen und Kind neue Angst hervorrufe. „Die Verminderung dieser Angst der Erwachsenen ist der entscheidende Bereich, der die Praktiken der Kindererziehung eines jeden Zeitalters neu bestimmt“ (deMause, 1977, S. 15). Ferner postuliert deMause – im Gegensatz zu Ariès –, daß die Geschichte der Kindheit durch eine zunehmende Verbesserung der Kinderfürsorge gekennzeichnet sei, und er behauptet, daß „je weiter man in der

Geschichte zurückgeht, die Eltern immer weniger in der Lage sind, den sich entwickelnden Bedürfnissen der Kinder zu entsprechen" (a.a.O., S. 15).

DeMause (1977, S. 82ff.) entwarf ein Schema für Formen der Eltern-Kind-Beziehung in der Geschichte und unternahm den Versuch einer historischen Analyse dieser Beziehungsmuster mit Hilfe eines sequentiellen „Sechs-Stufen-Modells". Diese sechs Stufen sind:

1. Allgemeine soziale Akzeptanz des *Kindermordes* (von der Antike bis zum 4. Jh. n. Chr.)
2. *Weggabe* von Kindern, z. B. an Säugammen, in Klöster oder als Diener in andere Familien (vom 4. bis zum 13. Jh.)
3. *Ambivalenz* in der Einstellung zu Kindern (vom 14. bis zum 17. Jh.)
4. *Intrusion,* d. h. ein Bemühen der Eltern, sich in die Denk- und Erlebensweise ihres Kindes zu versetzen und seine Bedürfnisse zu entdecken (18. Jh.)
5. *Sozialisation* (19. bis Mitte des 20. Jh.)
6. *Unterstützung* (ab Mitte des 20. Jh.)

DeMause erläutert diese letzte Phase folgendermaßen: „Bei dieser Beziehungsform fehlt jeglicher Versuch der Disziplinierung oder der Formung von Gewohnheiten. Die Kinder werden weder geschlagen noch gescholten, und man entschuldigt sich bei ihnen, wenn sie einmal unter großem Streß angeschrien werden. Diese Form verlangt von beiden Eltern außerordentlich viel Zeit, Energie und Diskussionsbereitschaft, insbesondere während der ersten sechs Jahre, denn einem kleinen Kind dabei zu helfen, seine täglichen Ziele zu erreichen, bedeutet, ständig auf es einzugehen, mit ihm zu spielen, seine Regressionen zu tolerieren, ihm zu dienen, statt sich von ihm bedienen zu lassen, seine emotionalen Konflikte zu interpretieren und ihm die für seine sich entwickelnden Interessen erforderlichen Gegenstände zur Verfügung zu stellen. In diesem Rahmen entwickeln sich Kinder, die freundlich und aufrichtig und nicht depressiv sind, die nicht dauernd andere nachahmen oder ausschließlich gruppenorientiert sind, die einen starken Willen haben und sich durch keine Autorität einschüchtern lassen" (deMause, 1977, S. 85).

Es ist evident, daß eine solche evolutionistisch-psychogenetische Theorie der Geschichte der Kindheit einer historischen Rekonstruktion gegenwärtig nur schwerlich zugänglich gemacht werden kann. Die hierin deutlich werdende Überbetonung psychoanalytischen Gedankengutes verweist zugleich auf die Grenzen dieses Ansatzes. Die Vernachlässigung ökologischer und ökonomischer Faktoren als Einflußgrößen auf die Gestaltung der Eltern-Kind-Beziehungen während der ohnehin sehr unterschiedlichen Epochen erscheint gerade aufgrund neuerer Forschungserkenntnisse kaum begründbar (Anderson, 1971; Meacham, 1977; Poster, 1978; Thompson, 1977). Auch der Gedanke einer historischen Kontinuität in der Entwicklung der Eltern-Kind-Beziehung bedarf einer weiteren Reflexion. Hareven (1977) und Poster (1978) haben darauf hingewiesen, daß sozialer Wandel nicht notwendigerweise linear oder kontinuierlich verläuft; Scott & Tilly (1975) bemerken, daß Änderungen im Sozialverhalten und in den sozialen Werten nicht unbedingt zusammen auftreten müssen. Und Pollock (1983), die zahlreiche Quellen aus der Zeit zwischen 1500 und 1900 analysierte, meint mit kritischem Blick auf Ariès, deMause und andere Autoren: „... es gibt keine dramatischen Veränderungen in den Praktiken der Kinderaufzucht im 18. Jahrhundert. Das ist ein Mythos, der seine Existenz übereiligem Lesen, dem brennenden Wunsch, für diese Ansicht stützendes Material zu finden und absichtlicher Fehlinterpretation der Belege verdankt“ (a.a.O., S. 271).

Es ist hier nicht beabsichtigt, eine Diskussion über die Konzepte zur Erfassung und Deutung der Geschichte der Kindheit zu führen. Vielmehr sollte darauf hingewiesen werden, daß der Mangel an validen Konzepten für eine Beschreibung des Phänomens Kindheit im historischen Kontext notgedrungen eine Limitierung auch der Möglichkeiten der Darstellung der Vater-Kind-Beziehung in der Geschichte beinhaltet. Die geschichtliche Rekonstruktion der Vater-Kind-Beziehung erweist sich somit als sehr schwierig. In weiten Bereichen muß sie erst noch geleistet werden. Ein weiteres Problem liegt darin, daß „Familie“ nicht einfach als statisches Konzept im Laufe der Geschichte vorliegt, sondern definitorischen und strukturellen Veränderungen unterworfen war und ist, die sich aus der jeweiligen Form des Zusammenlebens und der verwandtschaftlichen Zugehörigkeit ergeben (Barrett, 1980; Flandrin, 1979; Poster, 1978). Hinzu kommt, daß Größe und Zusammensetzung der häuslichen „Zelle“ regional variierten. Bei der historischen Darstellung der Vater-Kind-Beziehung darf deshalb die Struktur und Qualität der Beziehung zwischen den Familienmitgliedern und zwischen Familie und Gesellschaft nicht übersehen werden (Flandrin, 1979; Morgan, 1975; Poster, 1978). Gerade hier erfährt der Forscher die größten Einschränkungen hinsichtlich eines zuverlässigen Quellenmaterials. So zitiert Flandrin (1979) französische Wörterbücher, nach denen „Familie“ in der vormodernen Periode als eine große Anzahl Zusammenlebender verstanden werden kann, die nicht notwendig durch Geburt oder Heirat verbunden waren, aber auch als Gruppe Blutsverwandter, die nicht zusammenlebten.

Von den hier aufgezeigten Schwierigkeiten kann selbstverständlich auch nicht der nun folgende Versuch ausgenommen werden, bezüglich einzelner Aspekte die Vater-Kind-Beziehung in der Geschichte zu verfolgen und, wo dies möglich ist, auf Interdependenzen zwischen den jeweiligen ökonomischen, ökologischen und sozialen Faktoren einerseits und der Familienstruktur und der Eltern-Kind-Beziehung andererseits aufmerksam zu machen. Zu einer mehr als fragmentarischen Betrachtung wird dabei kaum Gelegenheit sein, und es werden wahrscheinlich mehr Fragen offen bleiben, als Antworten gegeben werden können. Dies gilt um so mehr, als der vorhandene Rahmen dem Bemühen um eine genauere Darstellung enge Grenzen steckt.

1.2 Die Vater-Kind-Beziehung in historischer Sicht

„Die Geschichte der Kindheit ist ein Alptraum, aus dem wir gerade erwachen." Mit diesen Worten leitete deMause seinen Beitrag zur Evolution der Kindheit ein (deMause, 1977, S. 12), und das Studium der Geschichte der Kindheit belegt, daß sie – aus heutiger Sicht – voller Grausamkeiten für Kleinkinder und Jugendliche war: Kindesmord, Kindesaussetzung, sexueller Mißbrauch, Weggabe von Kindern, Kindesmißhandlung und Kinderarbeit beherrschen in der Darstellung verschiedener Historiker das Bild. Daß vor dem Hintergrund solcher Bedingungen die Entwicklung der Eltern-Kind-Beziehung und insbesondere die der Vater-Kind-Beziehung nicht gerade gefördert wurde, soll anhand von dreien der genannten Aspekte illustriert werden.

Kindesmord. Ariès (1960) und auch deMause (1977) weisen auf die bereits in der Antike weithin übliche Praxis der Kindestötung hin, die bei legitimen Kindern bis ins Mittelalter, für illegitime Kinder bis ins 19. Jahrhundert hinein für normal und moralisch unangreifbar gehalten wurde und eine sozial akzeptierte Erscheinung war. Wie Euripides berichtet, wurden Kleinkinder in der Antike in Flüsse geworfen, in Jauchegräben geschleudert, in Gefäßen „eingemacht", um sie darin verhungern zu lassen, auf Bergen und an Wegrändern ausgesetzt (zit. nach deMause, 1977, S. 46). Daß Mädchen dieser Praxis dabei als erste zum Opfer fielen, beweisen verfügbare Statistiken aus dieser Zeit (Lindsay, 1968). Erst 374 n. Chr. hat der byzantinische Kaiser Theodosius das Töten von Kindern für strafbar erklärt. „Man muß jedoch festhalten, daß der Kindesmord wahrscheinlich seit vorgeschichtlichen Zeiten verbreitet war" (deMause, 1977, S. 48). Archäologen haben Tausende von Gebeinen geopferter Kinder ausgegraben, die oft Inschriften trugen, die die Opfer als die erstgeborenen Söhne angesehener Familien ausweisen und zeitlich bis ins Jericho des Jahres 7000 v. Chr. zurückreichen. Nach dem Konzil von Vaison (422 n. Chr.) verlangte man, das Auffinden ausgesetzter Kinder öffentlich in der Kirche zu verkünden, und 787 n. Chr. gründete Dateo von Mailand das erste Asyl, das ausschließlich für ausgesetzte Kinder bestimmt war. In der Literatur gibt es zahlreiche Beweise dafür, daß der Kindesmord jedoch auch noch im Mittelalter weit verbreitet war. Als Thomas Coram sein Findelhaus eröffnete, „weil er es nicht ertragen konnte, die in den Gossen und auf den Misthaufen Londons liegenden Babys sterben zu sehen" (deMause, 1977, S. 51f.), verzeichnete man bereits das Jahr 1741. Es gibt Beweise dafür, daß Kindesmord in manchen europäischen Ländern auch noch bis ins 20. Jahrhundert hinein gängige Praxis war.

Sexueller Mißbrauch von Kindern. In der griechischen Antike und im Römischen Reich wurden Kinder häufig von älteren Männern sexuell mißbraucht. Nach deMause (1977) waren in Kreta und Böotien päderastische Heiraten und Flitterwochen üblich. Plutarch bemerkte, daß freigeborene römische Knaben deshalb eine goldene Kugel am Hals trugen, weil Männer, wenn sie auf eine Gruppe nackter Knaben stießen, daran erkennen konnten, welche Knaben von sexuellen Praktiken auszunehmen waren (nach deMause, 1977, S. 72). Erst mit dem Christentum kam die Vorstellung von einer zu bewahrenden kindlichen Unschuld auf, eine Vorstellung, die sich im Mittelalter durchsetzte, wenn auch aus den Quellen dieser Epoche nur wenig aufschlußreich gemacht werden kann, was den tatsächlichen sexuellen Umgang mit Kindern betrifft. Ein deutlich feststellbarer Wandel trat hier erst wieder in der Renaissance auf. In vielen ikonographischen Darstellungen dieser Zeit findet man zwar noch Kinder, die ihrer Mutter zärtlich ans Kinn greifen oder ein Bein auf ihre Beine gelegt haben, beides nach deMause ikonographische Symbole für die geschlechtliche Liebe. Gleichzeitig wird vor einem sexuellen Mißbrauch des Kindes gewarnt. Diese Phase dauert bis ins 17. Jahrhundert hinein. Ab dem 18. Jahrhundert wurden kleine Jungen und Mädchen für die Berührung ihrer Genitalien bestraft, und Masturbation wurde als gesundheitsgefährdend angesehen.

Verkauf und Weggabe von Kindern. Eines der wichtigsten Hindernisse für die Entwicklung einer Vater-Kind-Beziehung bestand darin, daß wohlhabende Eltern ihre Säuglinge an Säugammen, in der Regel außerhalb der Familie, weitergaben. Die Kleinkinder kehrten anschließend für kurze Zeit in ihre Familie zurück, um dann, etwa im Alter von sieben Jahren, als Diener oder Pagen in andere Häuser gegeben zu werden bzw. eine Schule zu besuchen. So sorgten die Eltern dafür, daß sie – wenn überhaupt – nur wenig Zeit mit ihren Kindern verbrachten. Während des Aufenthalts in der Familie waren es meist Bedienstete, die sich um die Kinder kümmerten. Von dieser Sitte abgesehen, gab es vielfältige Handlungsweisen, Distanz zu seinen Kindern zu wahren. Eine der ältesten und zugleich extremsten war die Weggabe des Kindes bzw. dessen Verkauf. Harper (1904) berichtet, daß Kindesverkauf schon in Babylon üblich war und auch in vielen Nationen im Altertum vorkam. Eine weitere Form der Weggabe von Kindern bestand darin, sie als politische Geiseln oder als Sicherheit bei Schulden zu übertragen oder als Garantie für ein Abkommen einzusetzen. Eine ebenfalls weitverbreitete Form der Weggabe von Kindern war deren Übergabe an Pflegemütter, wobei sie oft erst als Jugendliche wieder in ihre Familie zurückkehrten. Es ist relativ wenig darüber bekannt, ob dies zu dem Zweck geschah, damit sie in der Pflegefamilie Arbeit verrichteten. Die am häufigsten praktizierte Form der Weggabe, Kinder Lohnammen anzuvertrauen, war in Amerika und England bis zum 18. Jahrhundert üblich, in Frankreich bis ins 19. Jahrhundert und in Deutschland bis ins 20. Jahrhundert hinein. Zahlreiche Belege sprechen dafür, daß die Ernährung solcher Kinder unzureichend war und ihre Sterblichkeitsrate sehr hoch lag.

Aus heutiger Sicht mögen derartige Praktiken schwer nachvollziehbar oder völlig unverständlich sein, zumal die Überzeugung weit verbreitet sein dürfte, daß die Eltern-Kind-Beziehung, so wie wir sie heute anstreben, „natürlich“ ist und schon immer so empfunden wurde. Spillmann hat sich in einem Aufsatz mit dem Wandel der Eltern-Kind-Beziehung im Lauf der Geschichte befaßt. Seine Erkenntnisse zusammenfassend stellt er fest: „Das Verhältnis zwischen Eltern und Kindern ist . . . durch keine ‚Natur‘ in einem bestimmten Sinne vorgegeben, sondern in einem erstaunlich weiten Maß offen, d.h. jeweils durch materielle Bedingungen und kulturelle Prägungen bestimmt und damit beständigem historischen Wandel unterworfen“ (Spillmann, 1980, S. 29). Dies wird man sich auch für die nun folgenden Darstellungen vor Augen halten müssen.

Die frühe hebräische Kultur war eine Agrarkultur und das sie kennzeichnende Familiensystem das Patriarchat. Der Vater stand der gesamten Familie als Oberhaupt vor. Er kontrollierte die zu treffenden Entscheidungen einschließlich der Auswahl der Ehepartner für seine Kinder. Die Vater-Kind-Beziehung war durch Härte und Strenge charakterisiert. Die Autorität des

Vaters kommt auch im jüdischen Gottesbild zum Ausdruck: Gott ist eine Vatergestalt, allmächtig, fordernd, oft unergründlich, aber auch fürsorgend und erleuchtend. Er verlangt absoluten Gehorsam wie der Vater innerhalb der Familie. Bloom-Feshbach (1981[2]) und andere sind der Auffassung, daß die patriarchalisch-jüdische Tradition die Christenheit und die Art des westlichen Familienlebens bis in unsere Zeit beeinflußt.

Wie die Hebräer hatten auch die Römer eine ausgeprägt patriarchalisch strukturierte Familie. Die Söhne konnten keinen eigenen Haushalt gründen, bis das männliche Haupt der Familie starb. Das Vater-Kind-Verhältnis wurde – ähnlich wie im alten Sparta – in erster Linie als Sachbesitz und weniger durch Liebe und Fürsorge interpretiert. Es bestand sogar ein allgemeines Desinteresse an der Kinderaufzucht. Nach römischer Sitte hatte ein neugeborenes Kind nur dann ein Lebensrecht, wenn der Vater es nach der Geburt vom Erdboden aufhob. Verweigerte der Vater die Annahme, hatte dies fast ohne Ausnahme seinen Tod zur Folge (Spillmann, 1980). Als Inhaber der absoluten väterlichen Gewalt („patrias potestas") besaß der Vater das Recht auf körperliche Züchtigung, und er hatte die Macht, über Leben und Tod seiner Kinder auch noch in deren fortgeschrittenem Alter zu entscheiden. Diese Struktur brach zusammen, als es der verfügbare Reichtum Frauen und Söhnen erlaubte, unabhängige Quellen der Macht zu finden. Seit dem 2. Jahrhundert v. Chr. läßt sich aber auch die langsame Entwicklung einer Erziehungsideologie nachweisen, die den Ruf nach einer mehr erzieherisch orientierten Vaterschaft einschließt.

Zwischen dem 8. und 9. Jahrhundert n. Chr. tauchte das Idealbild der liebevollen Mutter auf und erhielt öffentliche Beachtung, ohne jedoch schon allgemein verbindlich zu werden. Wegen der schon früher angedeuteten Bedingungen war die Eltern-Kind-Beziehung innerhalb der Familie quantitativ wie qualitativ erheblich eingeschränkt. Noch im 12. Jahrhundert war es durchaus üblich, Kinder zu verkaufen.

Stone (1975) ist der Meinung, daß der Einfluß der Väter zwischen 1500 und 1700 wieder zunahm, nachdem diese im Mittelalter etwas von ihrer Autonomie verloren hatten. Er bezieht sich dabei hauptsächlich auf die Verfügungsgewalt der Väter über ihr Eigentum, auf die Verteilung des Erbes und die Erziehung der Kinder. Er unterstellt, daß während des 17. Jahrhunderts die Erziehung der Kinder genauso gehandhabt wurde, wie die Aufzucht junger Pferde oder Jagdhunde, daß nämlich der Wille der Kinder mit physischer Gewalt gebrochen werden mußte. Stone wurde allerdings entgegengehalten, hier stark verallgemeinert und nicht hinreichend zwischen den verschiedenen sozialen Schichten differenziert zu haben. Einen Versuch, ein differenzierteres Bild der Familien um diese Zeit zu zeichnen, hat Poster (1978) unternommen, wobei er zwischen aristokratischen und bäuerlichen Familien unterscheidet. Er konnte nachweisen, daß das Vater-Kind-Verhältnis in beiden Familienformen unterschiedlich war. In der aristokratischen Familie war der

Vater mächtig und das Oberhaupt der Familie. Die direkte Sorge und Erziehung wurde jedoch an Dienstboten delegiert, die die Kinder nach eigenem Gutdünken belohnen und bestrafen konnten. Poster's Beschreibung der bäuerlichen Familien fällt anders aus: Obwohl der Vater auch hier die Gewalt über Frauen und Kinder besaß, unterlag er doch der Kontrolle des ganzen Dorfes. Auch bei Flandrin (1979) dehnt sich während des 16. und 17. Jahrhunderts der Machtbereich des Vaters auf Frauen, Kinder, Knechte und Kostgänger aus und umfaßte Rechte wie das Verfassen eines Testaments, die Übertragung von Besitz, die Wahl des Ehepartners für die Kinder und die Bestimmung des Wohnsitzes.

Während der Renaissance und mit Beginn der Neuzeit leitete sich dann ein tiefgreifender Wandel in den Familienbeziehungen ein, der zu dem „privaten" Familiengefühl führte, das heute beinahe kennzeichnend für die Familie steht. Damit wurde auch die Grundlage für eine engere Beziehung zwischen Eltern und Kindern gelegt (Spillmann, 1980). Diese Entwicklung verlief jedoch in den einzelnen Ländern und sozialen Schichten nicht synchron. Im deutschen Sprachraum vollzog sich der strukturelle und definitorische Wandel des Familienkonzeptes z. B. erst gegen 1800. Unter „Familie" verstand man von da an nicht mehr eine Hausgemeinschaft, sondern vielmehr die Gemeinschaft von Eltern und ihren unselbständigen Kindern. Dennoch standen einer Intensivierung der Eltern-Kind-Beziehung bestimmte Hindernisse im Wege: Die Quote der Kindersterblichkeit war noch sehr hoch, und Säuglinge und auch ältere Kinder verbrachten einen oft nicht unerheblichen Teil ihrer Kindheit bei einer Amme oder in anderen Familien. Der hieraus entstehende Teufelskreis zwischen Kindestod und elterlichem Desinteresse wurde erst dann durchbrochen, als die Beschäftigung der Mutter mit dem eigenen Kind gesellschaftlich positiv bewertet wurde, was seinen Ausdruck u. a. in einer Abkehr vom bis dahin üblichen Steckwindeln und im gewollten Stillen des eigenen Kindes fand (Spillmann, 1980). Es darf allerdings nicht übersehen werden, daß neben dieser aufkommenden Einstellung auch Auffassungen über Kinder bestanden, die diese von Natur aus für „schlecht" und mit einem „sündhaften Charakter" ausgestattet hielten, eine Philosophie, die eine Grundlage für die elterliche Autorität und die Legitimation für die Einführung von Disziplinierungsmaßnahmen lieferte.

Ein Durchbruch in der Entwicklung der Eltern-Kind-Beziehung erfolgte erst mit Beginn des 19. Jahrhunderts. Es erschien eine Flut von Büchern zur Kinderaufzucht. Man begann wegen der Kinder Ärzte zu konsultieren. Mütter kümmerten sich zunehmend selbst um das körperliche Wohlergehen ihrer Säuglinge, und deren Reaktionen wurden als interessant empfunden. Man behielt die Kinder länger in der Familie und gab sie erst später und eher ungern in ein Internat. Aussetzungen kamen immer seltener vor, und die Kindersterblichkeit ging zunächst in England und Frankreich, später auch in Deutschland zurück. Die Veränderung in der Art der Fürsorge für Säuglinge und in den Einstellungen zu Kleinkindern hat wesentlich dazu beigetragen, daß mehr Kinder der bürgerlichen Oberschicht überlebten. Spillmann (1980) bemerkt dazu, daß auch eine gegenläufige Tendenz festgestellt werden muß, da für Kinder der Unterschicht aufgrund der inzwischen veränderten Arbeitsbedingungen die genannten Veränderungen kaum nachzuweisen sind. Hierzu ist in Erinnerung zu rufen, daß z. B. in Preußen ein Arbeitsverbot für Kinder unter neun Jahren in Fabriken erst im Jahre 1839 erging (und 1891 für alle Kinder im schulpflichtigen Alter) und noch 1818 fünf- und sechsjährige Kinder ganztags in den Werkstätten ihrer Eltern oder in Fabriken mitarbeiteten (Angaben nach Jordan & Sengling, 1977).

1.3 Die Vater-Kind-Beziehung zu Beginn der Neuzeit am Beispiel der Ausgestaltung des väterlichen Sorgerechts

Für die nun folgende Darstellung der Vater-Kind-Beziehung im 19. und zu Beginn des 20. Jahrhunderts soll ein etwas anderer Weg eingeschlagen werden, und zwar hauptsächlich aus zwei Gründen: Zum einen gibt es hierzu bereits vergleichsweise inhaltsreiche und detaillierte Arbeiten, was eine eingehendere Behandlung dieses Themas überflüssig erscheinen läßt, da das dort schon Gesagte hier – selbst näherungsweise – nicht angemessen behandelt werden kann. Zum anderen sind der Untersuchung sozialer und rechtlicher Arrangements der Vater-Kind-Beziehung in der Gegenwart im vorliegenden Buch verschiedene Abschnitte (vgl. Band II) gewidmet, weshalb es nützlich scheint, diesem Aspekt auch bei der historischen Betrachtung der Vater-Kind-Beziehung stärkere Aufmerksamkeit zu schenken, um so einige Wurzeln der Entwicklung freizulegen, deren Auswirkungen heute zu beobachten sind, und auch, um die historische Relativität dieser Entwicklung zu verdeutlichen.

Das Konzept der väterlichen Gewalt aus dem römischen Rechtsdenken galt im englischen Recht in nahezu verabsolutierter Weise bis ins 14. Jahrhundert hinein (Alexander, 1977). Jans & Happe (1980, S. 1) weisen darauf hin, daß bei der Diskussion um die elterliche Gewalt – wobei sie für den deutschen Rechtsraum sprechen – „häufig Unklarheit über ihre unterschiedlichen rechtsgeschichtlichen Wurzeln" bestünde. Sie sei nicht aus der römisch-rechtlichen patrias potestas abgeleitet. „In Wirklichkeit ist die elterliche Gewalt aber aus der germanisch-rechtlichen Munt ... (Munt = schützende Hand)" hervorgegangen. „Dies ist die Wurzel der heutigen Familienrechtsinstitute der elterlichen Sorge und Vormundschaft." Noch im England des 18. Jahrhunderts war das Erziehungsrecht des Vaters grenzenlos (Foster & Freed, 1978). Kinder wurden als Eigentum betrachtet, wobei den Männern das Privileg an Besitz und Eigentum bis ins 19. Jahrhundert erhalten blieb (Derdeyn,

1976; Myricks, 1977). Lowe (1982) meint, die Auffassung vom Kind als natürlichem Eigentum (des Vaters) gehe auf die aristotelische Philosophie zurück. Vätern wurde das Sorgerecht nur dann abgesprochen, wenn sie moralisch nicht geeignet erschienen oder ihre wirtschaftliche Lage als unzureichend erachtet wurde (Miller, 1979).

Ähnlich, wenn auch nicht in derselben Verabsolutierung wie in England, wurde in den USA die Rolle des Vaters gesehen. Ein Gesetzestext von 1826 stellte fest, daß infolge der Verpflichtung des Vaters, für den Unterhalt seiner Kinder zu sorgen, er berechtigt ist, das Sorgerecht für ihre Person und den Wert ihrer Arbeit und Dienste in Anspruch zu nehmen. Das Vorrecht des Vaters war demnach finanziell begründet und beruhte auf der relativen Unwichtigkeit der Belange des Kindes (Derdeyn, 1976). Verlangte eine Frau die Scheidung, so wurden ihr in der Regel Sorge- und Besuchsrecht verweigert. Damit blieb die traditionelle Betrachtung des Kindes als Eigentum auch in Amerika einflußreich.

Mit Beginn des 19. Jahrhunderts begann man in England, vom Konzept der absoluten väterlichen Erziehungsgewalt abzuweichen, und zwar parallel zur Annahme mehrerer Gesetzesvorlagen, die verheirateten Frauen den Erwerb von Eigentum gestatteten. Ab dieser Zeit wurde auch die Frage nach der Eignung des Vaters für die Übernahme des Sorgerechts aufgeworfen, und in Einzelfällen wurden Einschränkungen bei der Sorgerechtspriorität vorgenommen. Für die inferiore Position der Frau bis ins 19. Jahrhundert hinein machen Foster & Freed (1978) vor allem die geltende feudale Ordnung und die Macht kirchlicher Institutionen verantwortlich, denn das feudale Recht betrachtete die Frau nicht als Legalitätsperson und sprach der Mutter Respekt, aber keinen Autoritätsanspruch zu (vgl. hierzu Blackstone Commentaries, 373, 374 (1st London ed. 1857): „... a mother as such is entitled to no power, but only to reverence and respect").

1839 erfolgte in England eine entscheidende Wende durch die Verabschiedung des „Justice of Talford Act". Dieses Gesetz eröffnete beiden Elternteilen gleiche Rechte in der elterlichen Sorge; eine gleichmäßige Berücksichtigung beider Elternteile in Sorgerechtsfragen konnte sich aber als Grundsatz in der gerichtlichen Praxis noch nicht auf Dauer durchsetzen. Gleichzeitig wies das Gesetz schon darauf hin, daß Kinder unter sieben Jahren eher der Mutter als dem Vater nach einer Scheidung übergeben werden sollten. Lowe (1982) erwähnt, daß das „Infants Custody Act" von 1839 der Mutter die Möglichkeit zusprach, das Sorgerecht für die Kinder unter sieben Jahren dann zu erhalten, wenn sie keinen Ehebruch begangen hatte. Damit begann eine Abkehr von der Vorstellung eines mit „diktatorischer Gewalt" ausgestatteten und hierin auch rechtlich legitimierten Vaters (Alexander, 1977). Die neue Grundeinstellung führte nun öfter dazu, daß das Sorgerecht zumindest temporär der Mutter übertragen wurde, und zwar so lange, bis das Kind alt genug war, daß es wieder dem Vater übergeben werden konnte, dem dann das Sorgerecht auf

Dauer übertragen wurde. In zwei Aspekten blieb diese neue Form der Sorgerechtsregelung jedoch noch den alten Traditionen der Rechtsprechung verhaftet: Das Sorgerecht wurde weiterhin im Rahmen des Eigentumsrechts verhandelt, und Rechte und Interessen des Kindes standen deutlich hinter denen der Eltern zurück.

Die mit diesem Jahrhundert einsetzende Urbanisierung und Industrialisierung führte zu einer immer deutlicheren Rollenteilung zwischen Mann und Frau. Aus heutiger Sicht waren es in erster Linie ökonomische Notwendigkeiten, die zur Postulierung eines „mütterlichen Instinktes" und zu einer Glorifizierung der Mutterschaft führten und den Beitrag des Vaters zur Kinderaufzucht und -erziehung als marginal erscheinen ließen (vgl. hierzu Stack, 1976). Die Konsequenz davon war, daß an die Stelle der historisch überlieferten Überbetonung des väterlichen Rechts nun eine ebenso einseitige Bevorzugung der Fürsorge durch die Mutter trat. Dieser Einstellungswechsel ging Hand in Hand mit der Entwicklung psychologischer Theorien (die Entwicklung der Psychologie als eigenständiger Wissenschaft wie der Entwicklungspsychologie als Teildisziplin hat ihren Ursprung ebenfalls in dieser Zeit (Schmidt-Denter, 1984)), die eine größere Bedeutung der Mutter in der späteren Entwicklung des jungen Kindes behaupteten. Sie führten zu der festen Überzeugung, daß Kinder im Falle einer Scheidung regelmäßig zur Mutter gehörten.

Das „Custody for Infants Act" (vgl. hierzu Lowe, 1982) von 1873 erweiterte noch die Rechte der Mutter, indem es ihr bei Entscheidungen in Sorgerechtsfällen, die Kinder unter 16 Jahren betrafen, die Priorität einräumte. In der gleichen Zeit finden sich Anfänge einer Entwicklung, deren Hauptcharakteristikum eine zunehmende Berücksichtigung kindlicher Rechte ist, eine Entwicklung, die im 20. Jahrhundert maßgeblich die Gestaltung des elterlichen Sorgerechts mitbestimmt. Ihren deutlichsten Ausdruck findet sie im „Guardian of Infants Act" (1885) und dem sich immer stärker durchsetzenden Entscheidungsgrundsatz „in the best interests of the child", der in der Bundesrepublik Deutschland unter dem Begriff „Kindeswohl" bekannt geworden ist (Goldstein, Freud & Solnit, 1973; Simitis, Rosenkötter, Vogel et al., 1979). Dieses Gesetz erweiterte den Sorgerechtsanspruch der Mutter auf Kinder unter 21 Jahren. Es sah ferner vor, daß beim Tode des Vaters der Mutter die Erziehungsgewalt über die Kinder übertragen werden sollte. Es wurde festgelegt, daß die Interessen der Kinder Priorität besitzen und daß kein Elternteil vorab eine dominierende Position in Sorgerechtsentscheidungen innehaben soll.

Diese legislativen Änderungen waren ein Teil der generellen Antwort auf den Reformdruck der oberen Klassen, die eine Verbesserung der gesetzlichen Position der Frau zum Ziel hatten. Die wichtigsten sozialen und gesellschaftlichen Reformen waren bereits seit Mitte dieses Jahrhunderts eingeleitet; die Einführung des Frauenwahlrechts sowie des Rechts auf Eigentum für Frauen;

das zunehmende Interesse an der Erziehung des eigenen Kindes, welches einherging mit der Entwicklung eines öffentlichen Interesses am Erziehungssystem; die Gründung zahlreicher Kinderhilfsorganisationen oder das gesetzliche Verbot der Kinderarbeit.

Zu einer für die weitere Entwicklung des elterlichen Sorgerechts entscheidenden Veränderung (im englischen Sprachraum) kam es dann wieder im Jahre 1889. In der Literatur wird häufig auf die richtungweisende Entscheidung eines Richters am Obersten Gerichtshof in Kansas hingewiesen, in dessen Urteilsbegründung es u. a. hieß: ,,. . . die wichtigste Frage in jedem Sorgerechtsfall ist die, was den Interessen des Kindes am meisten dienlich ist.“

In Deutschland brachte die Jahrhundertwende die Einführung des Bürgerlichen Gesetzbuches (BGB), in dem die ,,elterliche Gewalt“ zunächst auf den Vater übertragen und erst 1953 – wegen Verstoßes gegen den Gleichheitsgrundsatz – außer Kraft gesetzt und 1957 zugunsten der gemeinsamen elterlichen Sorge rechtlich neu gefaßt wurde. Ein Vorrecht des Vaters blieb aber im BGB in Form des sogenannten Stichentscheids in Streitfällen erhalten, eine Regelung, die schließlich 1959 vom Bundesverfassungsgericht für verfassungswidrig erklärt wurde (von Münch, 1980).

Dieser kurze historische Abriß läßt drei Hauptströmungen deutlich werden: Die Zurückdrängung patriarchalischer Besitzansprüche am Kind, die zunehmend größer werdende Bedeutung mütterlicher Versorgung und Fürsorge auch in der Gesetzgebung und die Verankerung von Kindesinteressen in der Rechtsprechung.

1.4 Die Vater-Kind-Beziehung in der Gegenwart

Die Entwicklung der Vater-Kind-Beziehung im 20. Jahrhundert läßt sich nur vor dem Hintergrund gesamtgesellschaftlicher Veränderungen verstehen, wie sie sich mit zunehmender Deutlichkeit vor allem in der zweiten Hälfte dieses Jahrhunderts und vorrangig in den westlichen Industriestaaten abzeichnen. Man spricht gelegentlich auch von einer ,,sanften Revolution“ in der Familienstruktur (McKee & O’Brien, 1982). Für diese Veränderungen, die u. a. in einer neuen Einstellung der Geschlechter zueinander, in einem, auch rechtlich, veränderten Innenverhältnis der Familienmitglieder und in einer bislang unbekannten Offenheit der Gesellschaft für die Bedürfnisse des Kindes erkennbar sind, werden verschiedene Faktoren verantwortlich gemacht.

(a) *Die Frauenbewegung.* In zunehmendem Maße haben Frauen damit begonnen, nicht nur auf gesellschaftlicher Ebene den Gedanken der Gleichberechtigung zu verwirklichen. Auch innerhalb der Familien werden immer mehr die traditionellen Rollen in Frage gestellt, d. h. Frauen erwarten von

Männern, daß sie bislang als typisch „weiblich" bezeichnete Aufgaben übernehmen, etwa bei der (Klein-)Kinderpflege, oder Aufgaben innerhalb des Haushalts, während sie sich selbst nicht auf den Bereich des Haushalts und der Kinder beschränken lassen wollen, sondern bei Entscheidungen innerhalb der Familie und für diese in gleichberechtigter Weise mitzuentscheiden beanspruchen (Hoffman, 1977, 1979; Pedersen, Cain & Zaslow et al., 1982) und zum Teil selbst eine Berufstätigkeit anstreben. Diese Berufstätigkeit soll dabei nicht vorrangig dem zusätzlichen Einkommen dienen (auch wenn dies in den sozial schlechter gestellten Schichten immer noch der Hauptgrund für eine Berufstätigkeit der Frau ist), sondern eine Möglichkeit zur Selbstverwirklichung bieten, zumindest in dem Maße, wie dies Männern auch möglich ist.

(b) *Geburtenkontrolle und Familienplanung.* Die Möglichkeit, unerwünschte Geburten zu verhindern und damit die Zahl der Kinder zu planen, hat zu einer drastischen Veränderung in den Familienstrukturen geführt. Die Zahl der kinderlosen Paare ist genauso erheblich angestiegen wie die der Paare mit nur einem Kind. Familien mit mehr als zwei Kindern sind inzwischen bei weitem eine Seltenheit (vgl. Band II). Aber auch die Zahl der alleinerziehenden Eltern wächst zunehmend, gleichgültig, ob es sich dabei um eine temporäre Alleinerzieherschaft handelt (etwa nach einer Trennung), die nach einer gewissen Zeit wieder in einer Partnerschaft oder Ehe mündet, oder um einen gezielten Lebensentwurf (Hipgrave, 1981, 1982; Schwarz, 1981b). Waren früher Kinder vielfach hinzunehmendes „Schicksal", bedeutet geplante Elternschaft heute, daß Kinder damit rechnen können, von Mutter *und* Vater gewollt zu sein, d. h. sie werden einer anderen Grundeinstellung begegnen, als Kinder, die (zunächst) gar nicht erwünscht waren oder sogar unerwünscht bleiben. Gleichzeitig verändern sich die Binnenbeziehungen zwischen den Familienmitgliedern und deren Beziehungsqualität, wenn nur ein oder wenige Kinder vorhanden sind.

(c) *Entideologisierung der Mutterschaft.* Die im vorigen Jahrhundert eingeleitete starke Aufwertung der Mutterschaft wurde relativ früh durch „wissenschaftliche" Thesen gestützt. Im Dritten Reich wurde die Idee der Mutterschaft sogar bewußt für politisch-rassistische Zwecke eingesetzt und mißbraucht. Doch auch nach der Befreiung von *dieser* Form der ideologischen Belastung haben sich lange Zeit Theorien halten können, deren biologistische Überfrachtung heute im Licht neuerer Erkenntnisse deutlich wird (vgl. unten), wenngleich derartige Argumentationen immer noch anzutreffen sind (z. B. Klußmann, 1981, 1982). Psychoanalyse und Bindungstheorie haben zu einem Gutteil dazu beigetragen, daß die These, Kinder könnten nur zu einer Person Bindung entwickeln und dies sei in der Regel die Mutter, so langlebig bleiben konnte. Dies implizierte in der Praxis eine Abwertung der Vaterschaft und förderte lange Zeit den Glauben an deren relative Bedeutungslosigkeit. Bei Sorgerechtsentscheidungen in der Bundesrepublik Deutschland, so zeigt es sich, hat diese These, trotz heftiger Kritik und obwohl inzwischen ihr Ausschließlichkeitsanspruch durch zahlreiche wissenschaftliche Arbeiten als widerlegt gelten kann, immer noch ihre Wirkungskraft. Doch beginnt man heute allgemein Mutterschaft – und Vaterschaft – in neuer Weise zu sehen und dies nicht nur im Hinblick auf ihren wechselseitig ersetzbaren Anteil, sondern auch hinsichtlich ihres jeweils genuinen Beitrags zur Entwicklung des Kindes. Die Vorstellung von einer „psychosozialen Elternschaft" hat sich heute soweit durchgesetzt, daß sie nicht mehr befürchten muß, in ein falsches Konkurrenzverhältnis zur biologischen Elternschaft gebracht zu werden.

(d) *Zunahme der Ehescheidungen und nichttraditioneller Lebensformen.* Die wachsende Zahl der Ehescheidungen, die nicht als Indiz für die Brüchigkeit der Institution Ehe herangezogen werden kann, da die meisten Geschiedenen im Durchschnitt nach fünf Jahren wieder heiraten, hat zu zahlreichen neuen Familienformen und Beziehungsformen zwischen Eltern und Kindern geführt, deren Chancen- wie Gefährdungspotential für die Eltern-Kind-Beziehung bislang erst in den Anfängen erkannt ist. Gleichwohl kann man Trennung und Scheidung heute nicht mehr als Randphänomen oder Ausnahme bezeichnen. Sie sind in den meisten Industriestaaten, sogar über die verschiedenen Wirtschaftsordnungen hinweg, Alltagsrealität einer nicht zu übersehenden Zahl von Eltern und Kindern, was manche Autoren veranlaßte, von Ehescheidung als einem „Lebensstil" zu sprechen (Ahrons, 1980). Der Bruch in den Beziehungen der Eltern mit der nachfolgend notwendig werdenden Regelung der elterlichen Sorge hat nicht nur auf die Nicht-Identität von Partnerschaft und Elternschaft aufmerksam gemacht, denn die Partnerschaft zerbricht, die Elternschaft bleibt aber weiterhin bestehen (während bei der nicht geschiedenen Familie eine solche Identität zumeist unterstellt wird). Dieser Bruch hat auch in eigentümlicher Weise zu neuen Erkenntnissen über die Vater-Kind-Beziehung beigetragen und zu Forschungen in dieser Richtung stimuliert. Deren Ergebnisse beginnen heute bereits wieder auf konkrete Eltern-Kind-Beziehungen rückzuwirken (ersichtlich etwa an der Zulassung der gemeinsamen elterlichen Sorge nach der Scheidung durch das Bundesverfassungsgericht im Jahr 1982; Fthenakis, 1982).

(e) *„Männerbewegung".* In Analogie und wahrscheinlich auch in Reaktion auf die Frauenbewegung sind einer steigenden Zahl von Männern die Beschränkungen bewußt geworden, die ihnen die „klassische" Männer- bzw. Väterrolle auferlegt hat, die sie nun abzustreifen versuchen. Der Widerstand gegen diese Rolle äußert sich nicht nur in einer Akzeptanz, z.B. der „Hausmann-Rolle" oder der Bereitschaft zur Übernahme von Verhaltensweisen, die der traditionellen Auffassung nach als „weiblich" gelten würden. Sie wird auch in einer sehr bewußten Einstellung zur Vaterschaft deutlich, was immer mehr Männer veranlaßt, Kurse zur Geburtsvorbereitung zusammen mit ihrer Frau zu besuchen und an der Geburt des Kindes teilzunehmen. Damit wird zunehmend die starre Rollenteilung zwischen Mann und Frau aufgebrochen, die auch im Sinne einer sich selbst erfüllenden Prophezeiung die Väter gerade von ihren kleinen Kindern fernhielt, die Mütter wiederum auf sie fixierte und damit beider Entscheidungsmöglichkeiten und nicht zuletzt ihre Persönlichkeitsentwicklung behinderte.

(f) *Neue soziale Einstellung zum Kind.* Eine weitere, gesamtgesellschaftliche Veränderung äußert sich in einer neuen Aufmerksamkeit für kindliche Bedürfnisse, die gegenwärtig kulturell stark unterstützt wird (z. B. durch den Versuch eines „Jahrs des Kindes") und sich in familienpolitischen und rechtlichen Veränderungen niederschlägt und eine stärkere elterliche wie gesellschaftliche Verantwortung für Kinder anmahnt (Backett, 1980[2]; Flandrin, 1979; Fthenakis, 1984e; Fthenakis, Niesel & Kunze, 1982). Beispielhaft seien hierfür genannt: Die Ersetzung des Begriffs der „Elterlichen Gewalt" durch den der „Elterlichen Sorge" im „Gesetz zur Neuregelung des Rechts der elterlichen Sorge" von 1980 oder die Bemühungen um die Konzeption eines „Anwaltes des Kindes" (Fthenakis, 1983a; Lempp, 1983b; Limbach, 1983a; Zenz, 1979).

(g) *Verbesserte sozialwissenschaftliche Erkenntnisse.* Bereits bei der Behandlung der bisher genannten Punkte ist an verschiedenen Stellen die wachsende Relevanz sozialwissenschaftlicher Erkenntnisse für die Ausgestaltung der Eltern-Kind-Beziehung erkennbar geworden. Die Wissenschaft hat zum Guten wie zum Schlechten einen immer stärkeren Einfluß auf die Eltern-Kind-Beziehung bekommen, bis in die konkrete Familie hinein. Zunächst ungeachtet der Qualität der jeweils sich wissenschaftlich gebenden Erkenntnis ist dies ein wesentliches Faktum, das aus der gesellschaftlichen Wirklichkeit dieser Tage nicht mehr wegdenkbar ist. Es verweist aber im selben Moment auf die Notwendigkeit einer Wissenschaft, die – bei aller Wahrscheinlichkeit auch von Irrtümern – bestmögliche Forschungsresultate zu liefern imstande ist und dazu auch in die Lage versetzt werden muß. Gleicherweise ist eine verstärkt interdisziplinäre Arbeit zwischen Fachgebieten zu beobachten, die sich Fragen der Eltern-Kind-Beziehung jeweils mit unterschiedlichem Schwerpunkt widmen, ersichtlich etwa in einer Zusammenarbeit von Jurisprudenz und Sozialwissenschaften bei der Klärung von Fragen, die mit dem Kindeswohl zusammenhängen.

Diese Hinweise müssen genügen, um die besonderen Interdependenzen von gesamtgesellschaftlichen Veränderungen und Vater-Kind-Beziehungen in unserer Zeit kenntlich zu machen, auch wenn sie noch eine Reihe anderer wichtiger Faktoren gar nicht ansprechen, wie etwa Veränderungen in der Arbeitszeit und damit der Freizeit oder den Einfluß gesellschaftlicher Teilgruppen oder Institutionen. Vollständigkeit kann hier auch gar nicht angestrebt werden. Zweck dieser Ausführungen ist es vielmehr, die Vernetztheit der Bedingungen zu verdeutlichen und einer vorschnellen Reduktion der Bedingungsvielfalt bei der Erklärung der in diesem Buch behandelten und zum Teil noch in Frage stehenden Phänomene vorzubeugen.

1.5 Die Entwicklung der Vater-Kind-Forschung

Bis Anfang der siebziger Jahre fanden sich in der psychologischen Literatur zwar eine Vielzahl von Arbeiten zur Mutter-Kind-Beziehung, jedoch kaum Beiträge, die sich mit der Rolle des Vaters in der Entwicklung des Kindes und mit der frühen Vater-Kind-Beziehung befaßten. Seit Mitte der siebziger Jahre begann sich jedoch das Bild entscheidend zu wandeln, zunächst durch eine wachsende Zahl wissenschaftlicher Veröffentlichungen im angloamerikanischen Sprachraum, seit Ende der siebziger Jahre auch im deutschen Sprachraum. Bei der Untersuchung der Gründe für diese wissenschaftliche Abstinenz gegenüber dem Vater werden von den verschiedenen Autoren unterschiedliche Gründe genannt und auch jeweils andere Prioritäten gesetzt. Dennoch läßt sich eine Reihe von Übereinstimmungen feststellen. Es kann dabei kaum überraschen, daß sie in enger Beziehung zu den zuvor dargestellten gesellschaftlichen Entwicklungen stehen.

Pedersen (1980) nennt folgende mögliche Barrieren: (a) stereotype Konzepte über die Rollenteilung in der Familie auch bei Wissenschaftlern bzw. verkörpert in wissenschaftlichen Theorien; (b) ein Vorherrschen von Entwicklungstheorien, die sich ausschließlich auf den mütterlichen Einfluß in der Mutter-Kind-Beziehung konzentrierten; (c) eine Kluft zwischen Theorien über die eheliche Beziehung und solchen, die die Eltern-Kind-Beziehung untersuchten; (d) ein Mangel an Konzepten zur Untersuchung kindlicher Interaktionsprozesse sowie (e) der Nichteinbezug kindlicher Kompetenzen in wissenschaftliche Untersuchungspläne. Ein weiterer Grund dürfte in dem auffallenden Mangel an Kooperation zwischen den sozialwissenschaftlichen Disziplinen Soziologie und Psychologie bei der Erforschung familiärer Zusammenhänge und Prozesse liegen. Es besteht eine erhebliche Diskrepanz zwischen soziologischen Theorien der Familie und den Ergebnissen aus der empirischen Psychologie, die sich in der Vergangenheit weitgehend auf die Untersuchung von Dyaden beschränkte (vgl. auch McKee & O'Brien, 1982).

Bei dieser Sachlage ist erklärlich, daß die Vaterforschung nur geringe Chancen hatte, sich – gewissermaßen aus einer „inneren Notwendigkeit" des Themas Familie heraus – angemessen zu entwickeln. In der Tat läßt sich heute im Rückblick sagen, daß es im wesentlichen außerwissenschaftliche, gesellschaftliche Bewegungen und Veränderungen waren, die den Anstoß zu einer wissenschaftlichen Vaterforschung gaben.

Obwohl diese Vaterforschung jüngsten Datums ist, lassen sich bereits vier einzelne Phasen unterscheiden:

1. In einer ersten Phase interessierte man sich für die Auswirkungen der Vaterabwesenheit auf die Entwicklung des Kindes. Vor dem Hintergrund der Deprivationsforschung wurden zahlreiche Studien durchgeführt, die die Effekte der Vaterdeprivation auf die kognitive (Biller, 1974c, 1981b), moralische (Hoffman, 1976) sowie auf die Entwicklung geschlechtsrollenspezifischen Verhaltens und auf die psychosoziale Entwicklung des Kindes überprüften (vgl. hierzu Herzog & Sudia, 1973; Shinn, 1978). Zusammenfassende Darstellungen im deutschsprachigen Raum lieferten Thomas (1980, 1984) und Fthenakis, Niesel & Kunze (1982). Während dieser Phase wurden auch anthropologische und tierexperimentelle Arbeiten vorgelegt, die sich mit der Frage nach der genetischen vs. kulturellen Bedingtheit väterlichen Verhaltens innerhalb einer Art und zwischen den Arten sowie bei bestimmten exotischen Gesellschaften befaßten.
2. In einer zweiten Phase beschäftigte sich die Vaterforschung mit der Vater-Kind-Beziehung. In dieser Phase erfolgte im wesentlichen eine Replikation der Fragestellungen und der Methodologie der Mutter-Kind-Forschung, wobei im Vordergrund das Bemühen stand, das gewachsene Ungleichgewicht zwischen der Erforschung der Vater-Kind- und der Mutter-Kind-Beziehung auszugleichen. Als Prototyp dieser Entwicklung kann das von Lamb (1981^2) herausgegebene Buch „The Role of the Father in Child Development“ angesehen werden.
3. Die dritte Phase läßt sich durch eine Überwindung der Einseitigkeit der Vater-Kind-Beziehung, d.h. durch die Überwindung des dyadischen Ansatzes und durch die Untersuchung triadischer und multipler Beziehungen in systemtheoretischen Ansätzen charakterisieren. In diese Richtung weist das von Pedersen (1980) herausgegebene Buch „The Father-Infant-Relationsship. Observational Studies in the Family Setting“. Allerdings bleiben auch diese Arbeiten einem Paradigma verhaftet, dem die Überwindung der Kluft zwischen soziologischer und psychologischer Perspektive noch nicht gelingt und das den Vater nur im Kontext traditionell organisierter Familien erforscht.
4. Erst durch die Veröffentlichung von Ergebnissen in familiären Settings, in denen die Partizipation des Vaters an der Pflege und Erziehung der Kinder variiert, wie dies in den Studien der Fall ist, die bei nichttraditionell organisierten Familien durchgeführt wurden (Fthenakis, 1983d; Lamb, 1982; Lamb & Sagi, 1983) konnten einige Nachteile der Untersuchungspläne der dritten Phase behoben und die Ergebnisse der Vaterforschung für sozialpolitische und familienpolitische Reformbemühungen nutzbar gemacht werden (Lamb & Sagi, 1983). Parallel dazu laufen die Bemühungen um Veränderungen im geltenden Familienrecht (Fthenakis, 1982; Fthenakis, 1983b; Niesel, 1983).

2
Theorien und Erklärungsversuche für unterschiedliche Formen der Vaterschaft

2.1 Einleitung

Von einem systematischen Standpunkt aus gesehen könnten Theorien der Vaterrolle als Teil einer allgemeinen Sozialisationstheorie angesehen werden. Sie ließen sich aber auch in eine umfassende psychologische Entwicklungstheorie einordnen. Diese Schreibweise darf aber nicht darüber hinwegtäuschen, daß es gegenwärtig so etwas wie eine allgemeine Sozialisations- oder Entwicklungstheorie noch nicht gibt. Entsprechend schwierig ist eine Einordnung der verschiedenen Versuche, sich dem Vater „theoretisch zu nähern". Bereits der Ausdruck „Vaterrolle" impliziert einen bestimmten theoretischen Zugang, der nicht unumstritten ist. Man braucht sich hierzu nur der Diskussion des Rollenbegriffs zu erinnern (Blumer, 1973; Habermas, 1973). Wenn deshalb hier und im weiteren von „Vaterrolle" die Rede ist, dann in einer alltagssprachlichen Weise und nicht im engeren rollentheoretischen Sinn des Wortes. Auch die Einordnung der Theorien zur Vaterrolle in den sozialisationstheoretischen bzw. entwicklungspsychologischen Zusammenhang bedürfte eigentlich einer eingehenderen Rechtfertigung. Dies soll jedoch hier aus Raumgründen nicht weiter diskutiert werden.

Kuhn (1967, 1976) hat mit Wirkung auch für die Sozialwissenschaften den Stellenwert von Theorien im Sinne von Paradigmen herausgearbeitet. Als Paradigmen sind sie nicht eigentlich verifizierbar oder falsifizierbar und stehen somit auch nicht in einem Ausschließungsverhältnis zueinander. Sie koexistieren als erkenntnisleitende Vorstellungen zumindest für bestimmte Zeiten nebeneinander her, ohne in der strengen Bedeutung des Wortes miteinander in Widerspruch zu geraten. Die im folgenden darzustellenden Theorien haben in erster Linie paradigmatischen Charakter im Kuhn'schen Sinne und nur selten den Status ausgearbeiteter Theoriensysteme. Mit Schneewind (1983, S. 12) ließe sich deshalb auch sinngemäß von unterschiedlichen „Perspektiven" der Vaterforschung sprechen, da sie weit eher grundsätzlich verschiedene Herangehensweisen an das Thema „Vater" widerspiegeln, als daß sie als systematische Bestandteile *einer* Vatertheorie gelten können. Schon nicht einmal in ihrer Gegenstandsbestimmung lassen sie sich nämlich völlig zur Deckung bringen. Von daher gesehen bilden sie zunächst unterschiedliche Facetten eines wissenschaftlichen Vaterbildes, das weitgehend noch in Entstehung begriffen ist. Dessen ungeachtet treten manche dieser Theorien durchaus mit Allgemeinheitsanspruch auf. Ob und inwieweit dieser Anspruch als eingelöst gelten kann, ist eine Frage, die zumindest im Ansatz mit dem folgenden Abschnitt zu beantworten versucht werden soll.

2.2 Die psychoanalytische Theorie

Viele neue Arbeiten zur Vaterrolle (vgl. etwa Lamb, 1976a; Parke, 1981) werfen der Psychoanalyse vor, lange Zeit der entscheidende Hemmfaktor für die Erforschung der Vater-Kind-Beziehung gewesen zu sein. In der Tat konzentrierten die Psychoanalytiker ihr Forschungsinteresse am Vater in erster Linie auf die phallische Entwicklungsstufe in der psychosexuellen Entwicklung des Kindes. Die in den *vor*ödipalen Entwicklungsstufen stattfindenden Prozesse, die die intrapsychische Grundlage für das spätere Entstehen des Ödipus-Komplexes liefern, begannen sie erst sehr viel später zu untersuchen. So blieb die Bedeutung des Vaters vor dem vierten Lebensjahr des Kindes in der psychoanalytischen Forschung relativ lange unbehandelt.

Die Psychoanalyse hat ferner wesentlich mit dazu beigetragen, daß die Maxime von der Exklusivität der Mutter-Kind-Beziehung aufrechterhalten blieb. Aus ihrer Sicht war die Mutter für das Kleinkind die primäre oder sogar die ausschließliche Bezugsperson, und die Vater-Kind-Beziehung wurde der Mutter-Kind-Beziehung nicht nur zeitlich, sondern auch bedeutungsmäßig nachgeordnet. Ausgehend von diesem Standpunkt sah sich die Psychoanalyse nicht veranlaßt, Säuglinge und Kleinkinder hinsichtlich der Vater-Kind-Beziehung in ihren Untersuchungen zu berücksichtigen. Dies ist um so erstaunlicher, wenn man bedenkt, daß Freud ursprünglich die Auffassung vertreten hat, die Vater-Kind-Beziehung sei für die psychosexuelle Entwicklung des Kindes wichtiger als die Mutter-Kind-Beziehung, eine Auffassung, die er allerdings später zugunsten der Priorität der Mutter-Kind-Beziehung modifizierte.

Mächtlinger (1981) weist auf drei Aspekte hin, die Freud an der Vater-Kind-Beziehung unterstrichen hat: (1) Gefühle der Liebe und Bewunderung für den Vater in der vorödipalen Phase (insbesondere beim Jungen) seien eine wesentliche Voraussetzung für das spätere Gelingen einer positiven Identifikation mit ihm; (2) eines der stärksten Bedürfnisse des Kindes, nämlich Schutz bei jemandem zu suchen, bringt er in Zusammenhang mit der Beziehung zum Vater; und (3) das Kleinkind erlebt den Vater als Autorität, von der Bestrafung ausgehen kann. Die hierin zum Ausdruck kommende Qualität der Vater-Kind-Beziehung erreicht für den Jungen ihr volles Gewicht während der phallisch-ödipalen Entwicklungsstufe und äußert sich in Ängsten und Phantasien, in denen er den Vater als bedrohend, bestrafend und kastrierend erlebt. Für das Mädchen wird der ,,ödipale" Vater zum Hauptliebesobjekt, auf das seine Sexualwünsche während des ,,positiven" Ödipus-Konfliktes gerichtet sind. Diese Konzentration auf die phallisch-ödipale Entwicklungsstufe läßt sich vor dem Hintergrund der Zusammenhänge zwischen dem in dieser Phase erreichten Organisationsniveau der Persönlichkeitsentwicklung des Kleinkindes und der späteren neurotischen Symptomatologie begreifen.

Freud hat von Beginn der Psychoanalyse an ständig die liebenden und bewundernden Aspekte in der Auffassung des Kindes vom Vater hervorgehoben und auf ihre Bedeutung für die grundlegende vorödipale Identifikation hingewiesen. Als eines der vielzitierten Beispiele gilt die Fallgeschichte des kleinen Hans (Freud, 1909), in der die positive und liebende Beziehung zum Vater die eigentliche Grundlage der analytischen Arbeit mit dem Kind bildete. Obwohl in vielen Fällen der klinischen Arbeit der Vater eine zentrale Rolle spielte, wurden in den ersten Jahren nach Freud keinerlei systematische Versuche unternommen, seine Rolle und seine Funktionen genauer zu spezifizieren. Dennoch haben sich in den letzten Jahrzehnten etliche Psychoanalytiker diesbezüglich geäußert.

Mitte der vierziger Jahre befaßten sich Anna Freud und Dorothy Burlingham (1944) mit der internalisierten Repräsentation des Vaters. Sie untersuchten die Gefühle, die Phantasien und die Wünsche des Kleinkindes in bezug auf dessen Vater. Beide Autorinnen vertraten die Auffassung, daß die Vater-Kind-Beziehung erst ab dem zweiten Lebensjahr einen integralen Bestandteil des emotionalen Lebens des Kleinkindes bilde, und unterstrichen deren Bedeutung für die kindliche Persönlichkeitsbildung. Die Arbeiten von Helen Deutsch (1942, 1945) haben dazu beigetragen, Freud's Verständnis der femininen Entwicklung maßgeblich zu erweitern. Loewald (1951) hat den Vater als den Repräsentanten der Realität im Sinne einer externen Kraft angesehen, die dem Kind im Prozeß des Ödipus-Konfliktes vermittelt werden muß. Die Hauptrolle des Vaters besteht nach Loewald darin, dem Ich des Kindes zu dessen größerer Organisation, Differentiation und Integration zu verhelfen, um es unabhängig von der Mutter zu machen. Melanie Klein (1932, 1955) unterstrich, daß bereits Kleinkinder im Säuglingsalter Kontakt zu ihrem Vater haben und Bindung an ihn zeigen. Für Mahler & Gosliner (1955) spielt die Vater-Kind-Beziehung eine wesentliche Rolle im Loslösungsprozeß aus der frühen symbiotischen Verbindung mit der Mutter sowie bei der Entwicklung der Autonomie der Ich-Funktionen. Mit dem steigenden Interesse an den infantilen vorödipalen Entwicklungsphasen und mit der Entstehung der „genetischen Entwicklungs-Psychoanalyse" (A. Freud, 1950; Hartmann, 1950; Hartmann & Kris, 1945) wurde die Beobachtung von Säuglingen und Kleinkindern von einigen Analytikern als berechtigtes Forschungsgebiet betrachtet, das bedeutende Beiträge auch zur grundlegenden theoretischen Kenntnis über die frühen Entwicklungsjahre liefern kann.

In den sechziger Jahren begann eine zunehmende Zahl von Psychoanalytikern auf die Bedeutung des Vaters in der kindlichen Persönlichkeitsentwicklung hinzuweisen und die Bedeutung der (frühen) Vater-Sohn-Beziehung hervorzuheben sowie an einer neuen theoretischen Interpretation der Kind-Vater-Beziehung zu arbeiten (Greenacre, 1960; Kolansky & Moore, 1966; Leonard, 1966; Neubauer, 1960; Winnicott, 1960). Diese Entwicklung hat Mächtlinger (1976, 1981) ausführlich behandelt. Seit dieser Zeit haben Psychoanalytiker ihre Aufmerksamkeit auch auf die spezifischen Entwicklungsprozesse des Vaterwerdens gelenkt. Dieser Prozeß wird als eine Entwicklungsphase oder „-aufgabe" betrachtet, die häufig eine „Entwicklungskrise" beinhaltet; zugleich wurden auch unterschiedliche Einstellungen zu Schwangerschaft und Vaterschaft untersucht (Anthony & Benedek, 1970; Benedek, 1959; Burlingham, 1973; Weissman, 1963; vgl. auch Kestenberg, 1975).

In den siebziger Jahren differenziert sich dieses Bild noch. Gleichzeitig werden neue Aspekte in der psychoanalytischen Forschung deutlich. Hier sei lediglich auf einige Charakteristika dieser Entwicklung hingewiesen: (a) Die Bedeutung der Kind-Vater-Beziehung wird für den Prozeß der Identifikation und Individuation des Kindes gesehen; (b) der systemtheoretische Ansatz, der die Bedeutung *beider* Elternteile und auch der übrigen Familienmitglieder hervorhebt, gewinnt an Forschungsinteresse; (c) die vorödipale Entwicklungsstufe erfährt hinsichtlich ihrer Bedeutung für die Entwicklung der Beziehung des Kleinkindes zu seinem Vater eine neue Bewertung, da der Vater dem Kind eine Beziehung biete, die weniger ambivalent sei, als die zur Mutter; (d) insbesondere wird die Bedeutung des Vaters für die Ausbildung der Geschlechtsrollenidentität bei Jungen schon in der vorödipalen Phase gewürdigt; (e) der Einfluß des Vaters auf die Ausbildung der Geschlechtsrollenidentität des Kindes wird insgesamt neu interpretiert, und es wird darauf hingewiesen, daß die Geschlechtsrollenidentität des Mädchens nicht allein von einer erfolgreichen Identifikation mit der Mutter abhängt.

Als von besonderem Interesse erweisen sich Bemühungen um eine neue theoretische Fundierung der Kind-Vater-Beziehung, wie sie in den letzten Jahren in Ansätzen wie der *Separations-Individuations-Theorie* (Mahler, 1972; Mahler, Pine & Bergman, 1975) oder im Konzept des sogenannten dreiteiligen *Modells der frühen Triangulation* (Abelin, 1975, 1980) manifest werden.

Mahler befaßte sich mit der graduellen Entwicklung des Kindes im Sinne einer Getrenntheit von und Beziehung zur Welt der externen Realität. In Übereinstimmung mit Anna Freud (1954) vertritt Mahler die Auffassung, die Mutter sei während dieser Entwicklungsphase der Hauptrepräsentant für das Kind und werde damit auch dessen Hauptliebesobjekt. Mahler (1972) unterscheidet im *Prozeß der Separation-Individuation* vier aufeinanderfolgende, zum Teil sich überlappende Phasen der Entwicklung von Objektbeziehungen, in denen das Kind eine physische und eine wachsende psychische Unabhängigkeit erreicht. Unmittelbar nach der Geburt und während der anschließenden Zeit befinde sich das Kind in einer biologischen Einheit mit der Mutter („autistische Phase"). Dieser folge eine „symbiotische Phase", während der das Kind keine Unterscheidung zwischen Ich und Nicht-Ich mache. In dieser sogenannten „Vor-Objekt-Stufe" sei das Kleinkind vom symbiotischen Partner vollkommen abhängig. Aus der symbiotischen Fusion mit der Mutter entwickle sich dann ein wachsendes Bewußtsein des Getrenntseins. Auf die beiden vorgenannten Phasen folgt später (etwa zwischen dem fünften und neunten Lebensmonat) die der „Differentiation", während der die bislang vollkommene körperliche Abhängigkeit von der Mutter abzunehmen beginnt und die ersten Anfänge einer intrapsychischen Differentiation zwischen Körper und Objektvorstellungen entwickelt werden müssen. Erst zwischen dem neunten und dem vierzehnten Lebensmonat läßt sich eine aktive Loslösung des Kindes von seiner Mutter beobachten, die es dem Kind ermöglicht, seine unmittelbare Umwelt zu explorieren. In dieser Phase erlangt der Vater seine große Bedeutung. Nach Mahler hat die Vater-Kind-Beziehung ihren Ursprung nicht in der symbiotischen Phase. Vielmehr gehört der Vater zur neuen und aufregenden „Außen"welt. Die vierte Phase, die der „Wiederannäherung" (etwa zwischen dem 15. und 24. Lebensmonat), beinhaltet eine Wiederentdeckung der Mutter nach dem Weggehen von ihr in der dritten Phase. Die Mutter wird jetzt als eigene Entität erlebt, eine Erfahrung, die zur Entstehung der „Wiederannäherungskrise" führt, in der eine Ambivalenz zwischen dem Wunsch nach einer erneuten Einheit mit der Mutter und dem gleichzeitigen Wunsch, die inzwischen erreichte intrapsychische Unabhängigkeit beizubehalten, zu Separationsreaktionen führt, die durch aggressive bzw. depressive Verhaltensweisen gekennzeichnet sind.

Vor dem Hintergrund der Separations-Individuations-Hypothese Mahlers formulierte Abelin sein *Triangulationsmodell.* Aus der Arbeit mit schizophrenen Kindern und deren Eltern entwickelte er die These, Schizophrenie sei der Zusammenbruch sowohl des symbolisch-geistigen Funktionierens als auch der geistigen Vorstellung vom Selbst. Die Verankerung beider Funktionen finde etwa um den 18. Lebensmonat statt. Fragen, die Abelin in diesem Zusammenhang interessierten, waren: Wie formt ein Kind auf dieser Entwicklungsstufe sein geistiges Selbstbild, und welche Zusammenhänge bestehen zwischen dieser Leistung und dem symbolischen geistigen Funktionieren? Er vermutete, daß beide gedanklichen Leistungen nicht nur von einer befriedigenden Beziehung zu jedem Elternteil, sondern auch von einer befriedigenden Beziehung *zwischen* den beiden Eltern abhängen. Er geht davon aus, daß im Alter von 18 Monaten eine Internalisation der Beziehung zwischen den Eltern durch das Kind erfolgt, und stellte die Hypothese auf: „Diese Internalisation führt irgendwie zur Formierung des Selbstbildes und zu symbolischen geistigen Repräsentationen überhaupt" (Abelin, 1980, S. 152). In seiner letzten Version (Abelin, 1980) behauptet das „Modell der frühen Triangulation", der Prozeß, durch den das Kind seine erste geistige Repräsentation des Selbst internalisiert, finde in drei Stufen statt. Jede dieser Stufen beinhalte die Identifikation mit einem Rivalen in einer Dreiecks-Situation. Dies stelle für das Kind eine traumatische Erfahrung dar und führe zu einer Art internaler Repräsentation des

Selbst. Die erste Stufe, von Abelin „Madonna-Konstellation“ genannt, bestehe aus dem Mutter-Baby-Selbst-Dreieck. Sie wird sowohl von Mädchen als auch von Jungen in ähnlicher Weise erfahren. Die zweite Stufe, die sogenannte „Primär-Konstellation“, die Mutter-Vater-Kind beinhaltet, resultiert in der Internalisation der Selbst-Vorstellung und der Vorstellung des gewünschten Objektes. Beide geistigen Vorstellungen existieren in symbolischer Beziehung zueinander. Die dritte Stufe verläuft bei Mädchen und Jungen unterschiedlich. Nach Abelin entsteht ein „wahres“ Selbstbild bei Mädchen in der dritten Stufe des Triangulationsprozesses, in der ödipalen Dreiecks-Situation. Sowohl bei Jungen als auch bei Mädchen wird in dieser Situation das geistige Bild des Rivalen in symbolischer Beziehung zu den Vorstellungen des Selbst und des gewünschten Objektes internalisiert.

Kritisch mit Abelin setzen sich Rotmann (1978, 1979, zit. nach Mächtlinger, 1981) und Mächtlinger (1981) auseinander. Rotmann wendet sich gegen Abelins Ansicht, wonach das Kind nicht in der Lage sei, gleichzeitig zu zwei Objekten eine Beziehung herzustellen. Das Kind entwickle sich statt dessen von Anfang an in einer Familienkonstellation mit triadischem Beziehungsmuster. Das Kind registriert und internalisiert diese Wahrnehmung bereits im ersten Lebensjahr, und dieser Prozeß bilde die Grundlage für die frühe Identifikation mit beiden Eltern. Mächtlinger wirft Abelin vor, psychoanalytische Konzepte mit der Piaget'schen Auffassung von der intellektuellen Entwicklung des Kindes in unzulässiger Weise zu vermischen, und verweist auf die daraus resultierenden erkenntnistheoretischen Schwierigkeiten. Die sensomotorische Phase im Sinne Piagets (1937), die geistige Vorstellungen und das Vorhandensein einer „inneren Welt“ bei einem Kind, das noch nicht 16 Monate alt ist, ausschließt, stehe in einem krassen Gegensatz zu gleichzeitig verwendeten psychoanalytischen Vorstellungen, nach denen die graduelle Struktur der inneren (und äußeren) Welt mit dem Wachstum und der Reife der psychischen Struktur und Funktion, der Triebkomponenten und der Objektbeziehungen in Zusammenhang steht. Mächtlinger wirft Abelin vor, Termini aus einem metatheoretischen Rahmen (z. B. ‚Libido-Objekt‘, ‚Identifikation‘) innerhalb einer anderen Theorie, nämlich Piagets zu verwenden. Auch die Bedeutung verschiedener Begriffe, wie z. B. ‚Identifikation‘, ‚Selbstvorstellung‘ und ‚wahr‘ bleibe unklar, weil sie von Abelin nicht genau definiert werden.

Entscheidend bei diesen Ansätzen ist, trotz aller grundsätzlichen Kritik und Fraglichkeit im einzelnen, daß sich auf psychoanalytischem Gebiet ein Durchbruch im Hinblick auf eine systemorientierte Sicht der Familie und eine angemessenere Beurteilung der Funktion ihrer Mitglieder füreinander abzeichnet. Auch eine nur vorsichtige Einschätzung der gegenwärtigen Lage läßt nach alledem die Hoffnung auf einen grundlegenden Wandel innerhalb der psychoanalytischen Theoriebildung bezüglich des Komplexes „Frühe Vater-Kind-Beziehung“ als gerechtfertigt erscheinen.

2.3 Evolutionstheorie und humanethologische Ansätze

2.3.1 Darwinistisch-evolutionstheoretisch motivierte Überlegungen

Kennzeichnend für diese Überlegungen ist der Gedanke, daß die Beteiligung des Vaters an der Aufzucht und Pflege des Nachwuchses dem einzelnen Lebewesen zugute kommt und so dessen Chance zu überleben, wächst. Wenn der Vater für die Kinder sorgt, zur Verteidigung des Nachwuchses zur Verfügung steht und eine maximale Fruchtbarkeit gebärfähiger Weibchen gewährleistet, sollte also aus dieser Beteiligung ein Selektionsvorteil für dieses Lebewesen entstehen (Eisenberg, 1966).

Diese, aus heutiger Sicht eher traditionell zu nennenden evolutionstheoretischen Vorstellungen müssen von neueren Ansätzen abgegrenzt werden, die sich unter der Rubrik „soziobiologische Erklärungen“ zusammenfassen lassen (vgl. Dawkins, 1976; Wilson, 1975). Die klassische Evolutionstheorie geht nämlich zunächst noch davon aus, daß nur die direkten Nachkommen, die unmittelbar die genetische Information der Eltern übernehmen, Zielobjekte für elterliche Pflege sein können, während entfernter verwandte Tiere oder auch nur Tiere der gleichen Art hierfür nicht von Interesse sind. Die Optimierung der Überlebenschancen geschieht in diesem Modell ausschließlich auf der Ebene der direkten Nachkommenschaft. Von soziobiologischer Seite wird diese strenge Ausschließlichkeit abgelehnt. Statt dessen wird schon eine partielle Teilhabe am Genbestand als hinreichend dafür angesehen, daß Verhaltensweisen gezeigt werden, die einen Selektionsvorteil für die Mitglieder dieser Art bieten. Ein Männchen, das sich um den Nachwuchs kümmert, mit dem es zwar verwandt ist, der aber nicht mehr ausschließlich aus seinen direkten Nachkommen zu bestehen braucht, würde sich ebenfalls konform zum evolutionstheoretischen Modell in diesem erweiterten Sinn verhalten. Die Optimierung der Überlebenschancen erfolgt dann auf der Ebene mehr oder minder großer Gruppen von Lebewesen, deren Gene im „Gruppenpool“ noch in einem ausreichenden Maße vertreten sind. Die Sicherung der Information, die in den Genen der Verwandtengruppe gespeichert ist, wäre dann die vordringliche Aufgabe. Nur nicht oder weit entfernt verwandte Mitglieder der Art sollten nach dieser Auffassung von einer väterlichen Sorge ausgenommen bleiben.

Sieht man in der Maximierung der Überlebenschancen der Nachkommen, gleichgültig nach welcher der beiden genannten Versionen, den Hauptgrund für eine Vaterbeteiligung an der Kinderaufzucht, lassen sich sogleich (mit Snowdon & Suomi, 1982) Bedingungen angeben, wann elterliches und damit auch väterliches Verhalten zu einem natürlichen Ende oder Abbruch kommt: (1) Ein Junges ist so krank oder behindert, daß der Aufwand, es lebensfähig zu erhalten, größer wird als der mit der Aufzucht eines neuen Jungen verbundene; (2) das Jungtier wird selbst zeugungsfähig oder (3) die Sorge durch einen Elternteil reicht bereits zu einem unbeeinträchtigten Aufwachsen des Jungen, so daß die Beteiligung des anderen Elternteils zur Vergrößerung der Überlebenschance nichts mehr beiträgt.

Trivers' Theorie der ,,elterlichen Investition" (1972) faßt diese beiden Ansätze zusammen, wenn sie zum Ausdruck bringt, daß elterliches Verhalten um so stärker gezeigt werden wird, je größer der Anteil der ,,elterlichen Investition" in die Nachkommen ist. Da aber die Weitergabe der genetischen Information an die Nachkommen nur *eine* Form der ,,elterlichen Investition" ist – und die zugleich minimal mögliche – umfaßt Trivers' Theorie mehr als nur selektionstheoretisch relevante Gesichtspunkte, weshalb sie an dieser Stelle nicht weiter behandelt wird (vgl. 5.3).

Natürlich gilt dieser Gedanke für sich genommen auch für den Vater. Verhaltensweisen eines Männchens, die im Sinne der Bewahrung seiner männlichen Investition verstanden werden können, wären dann z.B. Finden und Verteidigen eines Brutplatzes, Nestbau, Versorgung des Weibchens mit Futter während der Brutzeit, Fütterung und Verteidigung der Jungen und bei Gruppenlebensweise auch der Gruppe.

2.3.2 Zur biologisch-genetischen Determinierung des Aufzuchtverhaltens

Die Annahme, elterliches Verhalten sei biologisch-genetisch determiniert, beruht vielfach – ausgesprochen oder unausgesprochen – auf morphologisch-funktionell motivierten Vorstellungen. Die Überlegung ist etwa die: Weil die Geschlechter von unterschiedlicher Körpergestalt sind und verschiedene Körperfunktionen besitzen, die in enger Beziehung zur Fortpflanzung und Kinderaufzucht stehen, müssen ihnen auch bestimmte Verhaltensweisen zuzuordnen sein, die dann als ,,typisch mütterlich" oder ,,typisch väterlich" bezeichnet werden können.

Das hier als zwingend angesehene Argument wird denn auch zumeist in die Frage gekleidet: Könne ein Vater Kinder gebären oder seinen Kindern die Brust geben? Eine kritische Würdigung dieser Überlegung macht deutlich, daß nicht der vorgebrachte Gedanke schlechthin in Frage zu stellen ist. *Daß* Aufzuchtverhalten biologisch-genetisch determiniert ist, braucht gar nicht grundsätzlich in Zweifel gezogen zu werden. Der Fehler liegt vielmehr in der damit verbundenen Unterstellung, elterliches Verhalten sei *ausschließlich* (oder doch zumindest in einem Ausmaß, das ausdrücklich Grenzen für die Übernahme von Aufgaben der Kinderaufzucht durch den Vater angibt) biologisch-genetisch festgelegt und keiner Modifikation durch wie immer geartete Einflüsse zugänglich. Mit anderen Worten: Gezeigtes Verhalten sei immer schon genetisch festgelegtes Verhalten.

Hier erweist es sich als notwendig, zu differenzieren und zu fragen, zu welchem Anteil elterliches Verhalten durch genetische Information festgeschrieben ist bzw. zu welchem Anteil auch andere Gründe für das jeweils gezeigte Verhalten eine Rolle spielen können, etwa das Verhalten des anderen Elternteils, der Mitglieder der sozialen Gruppe oder der Einfluß der Lebensbedingungen generell. Einen eindrucksvollen Beleg für die Wichtigkeit der sozialen Erfahrung liefert z.B. die Untersuchung von Redican & Taub (1981). Hier zeigte sich nämlich, daß Krallenaffen, die in der Gefangenschaft keine Erfahrungen mit der Aufzucht von Jungen machten, sogar ihre eigenen Jungen nicht aufziehen konnten. Snowdon & Suomi (1982) resümieren, daß angesichts der Vielfalt beobachtbaren väterlichen Verhaltens – selbst innerhalb einer Spezies – die These, die Menschen seien „Gefangene ihrer Gene", nur dann aufrechterhalten werden kann, wenn diese Gene selbst die Fähigkeit zur Flexibilität als Information enthalten. Ähnlich äußert sich Mitchell (1977), wenn er feststellt, daß biologisch verankerte soziale Systeme bei den Primaten flexibel sind und beide Eltern Fähigkeiten besitzen, die Abwesenheit des anderen Elter zu kompensieren. Snowdon & Suomi (1982) warnen (deshalb) auch vor einer unkritischen Gleichsetzung der Aussage, Verhalten habe eine biologische Grundlage, mit der Behauptung, es sei biologisch determiniert.

Bei diesem Stand der Kenntnisse erscheint eine von Rypma (1976) aufgestellte These in bezug auf den Menschen plausibel, die annimmt, daß Ähnlichkeiten im väterlichen Verhalten über verschiedene Kulturen hinweg wegen biologischer Einflüsse bestehen, während Unterschiede zwischen den Kulturen gelernte Antworten auf soziale Bedingungen sind.

2.3.3 Humanethologische Ansätze

In humanethologischen Ansätzen verbinden sich Überlegungen der zuvor behandelten Erklärungsmodelle. Es finden sich deshalb Deutungsmuster aus der Psychoanalyse genauso wie evolutionstheoretische bzw. biologisch-adaptiv ausgerichtete Erklärungen. Zentraler Ausgangspunkt humanethologischer Untersuchungen ist die Frage, welchen, das Überleben einer Art sichernden, Anpassungswert bestimmte Verhaltensweisen haben, wie sie organisiert und wo sie verankert sind. Von grundlegender Bedeutung ist in diesem Zusammenhang das Prägungsmodell, das kritische oder sensitive Phasen annimmt, während der bestimmte Verhaltensweisen eines Individuums etabliert werden und von diesem Zeitpunkt an in seiner Lebensgeschichte fortwirken. Ursprünglich bei Tieren verschiedenster Gattungen beobachtet, ergab sich die Vermutung, daß möglicherweise auch beim Menschen vergleichbare Prozesse ablaufen, die damit einen bestimmenden Einfluß auf die Elternschaft haben könnten. Hier spielt die von Bowlby (1969, 1973, 1980) entwickelte

Bindungstheorie eine zentrale Rolle, die, obwohl sie primär die Mutter-Kind-Beziehung behandelt, lange Zeit entscheidend die Vater-Forschung und die Theoriebildung auf diesem Gebiet mittelbar beeinflußte. Da diesem Thema im vorliegenden Buch ein eigenes Kapitel gewidmet ist (vgl. Kap. 8) und vielfach auch an anderer Stelle darauf zurückgekommen wird, soll es an dieser Stelle nicht weiter behandelt werden.

2.4 Sozialpsychologische Theorien

Eine einflußreiche Rollentheorie des Vaters (im engeren Sinne des Wortes) geht auf Talcott Parsons zurück (Parsons, 1942, 1949; Parsons & Bales, 1955). Seine Auffassung der Vaterrolle muß dabei eingebettet gesehen werden in die von ihm entwickelte allgemeine Rollentheorie. Eine wichtige Unterscheidung, die nicht nur die geschlechtsbezogene Rollenaufteilung in der Familie betrifft, sondern soziale Gruppen allgemein, ist die Verteilung der „instrumentellen“ und „expressiven“ Rollen. Wo immer sich soziale Gruppen konstituieren, muß nach Parsons die Aufgabe gelöst werden, wie die instrumentellen und expressiven Funktionen auf die Mitglieder der Gruppe verteilt werden. Für die Familie als Spezialfall einer sozialen Gruppe erfolge die Aufteilung üblicherweise in der Form, daß der Vater die „instrumentelle“, die Mutter die „expressive“ Funktion übernimmt.

Mit der instrumentellen Funktion wird dabei die Aufgabe des Vaters bezeichnet, gesellschaftliche Belange und Bedürfnisse in der Familie zu vertreten, gewissermaßen Stellvertreter der Gesellschaft in der Familie zu sein, aber auch umgekehrt die Familie in die Gesellschaft einzubringen und einzubinden. Für diese Aufgabe sei er primär geeignet durch seine überwiegende Arbeit außer Haus, seine relative Freistellung von Funktionen, die mit der Kindererziehung und -pflege verknüpft sind, und durch seine stärkere Orientierung auf politische Angelegenheiten der Gemeinde und des Staates. Gegenüber der Frau habe er eine beweglichere Position, und er stehe mit mehr Menschen in Kontakt als diese. Besonders bei wichtigen Entscheidungen in der Familie sei sein Votum in der Regel das maßgebliche. Zu seinen Obliegenheiten in der Familie gehörten die Planung von Zielen und ihre geregelte Verwirklichung, die Wahrung der Disziplin und die unvoreingenommene, objektive Verfolgung von Verstößen gegen geltende Regelungen und Anordnungen.

Die expressive Funktion der Mutter sieht Parsons im wesentlichen darin, daß sie die „inneren Angelegenheiten“ der Familie regelt, vorwiegend für die Erziehung der Kinder bereitsteht und ausgleichend wirkt, wenn Spannungen zwischen den Familienmitgliedern, insbesondere zwischen Vater und Kindern, auftreten, so daß die emotionale Einheit der Familie und das Gefühl der Zusammengehörigkeit aufrechterhalten bleibt. Zuzeiten übernimmt sie eine Pufferrolle zwischen Vater und Kindern, kann dessen Strenge abmildern, bei den von ihm gesetzten Anforderungen Abstriche machen und die Kinder vor Sanktionen oder Strafe bewahren. Bei Streitigkeiten vermittelt sie zwischen den Geschwistern. Sie spricht Probleme in der Familie an, hilft Schwierigkeiten durchzustehen und gewährt das Gefühl unbedingter Liebe und Sicherheit, im Gegensatz zum Vater, der die Kinder gerade auch ihrer Leistungen oder ihres Gehorsams wegen schätzt und belohnt.

Parsons' Rollentheorie in ihrer Anwendung auf die Familie gilt heute, obwohl lange Zeit von großem Einfluß, als zu pauschal und in ihrem universellen Anspruch als widerlegt. Bereits in den fünfziger Jahren hat Zelditch (1955) bei einer detaillierten Untersuchung von 56 verschiedenen Kulturen nachgewiesen, daß die Parsons'sche Aufteilung der Rollen innerhalb der Familie nicht uneingeschränkt in allen diesen Kulturen gültig ist (vgl. auch Crano & Anoroff, 1978). Bloom-Feshbach (1981) vertritt die Auffassung, die Polarität „instrumentell-expressiv" sei nur dann von Bedeutung, wenn zusätzlich die Dimension „Grenzen des (Familien-)Systems" mit in Betracht gezogen wird, relativ zu der sie ihr Gewicht erhält. In Grenznähe wie im Zentrum des Systems können sich deutliche Verschiebungen in den instrumentellen und expressiven Anteilen der Elternrollen ergeben.

Allgemeine gesellschaftliche Entwicklungen wie das Bemühen um eine rechtliche Gleichstellung der Frau, ihre verstärkte Berufstätigkeit, die wachsende Zahl alleinerziehender Eltern, aber auch das sich in zunehmendem Maße durchsetzende Konzept der Androgynie (Bem, 1974; Bem & Lenney, 1976; Bem, Martyna & Watson, 1976) und der damit verbundene häufigere Einbezug des Vaters in traditionell weibliche Aufgabenbereiche innerhalb des Haushalts und der Familie erweisen heute, daß der Parsons'sche Ansatz einer Revision und Präzisierung bedürftig ist, wenn nicht überhaupt durch adäquatere Theorien ersetzt werden muß. Das Konzept der „Androgynie" wurde dabei zur Bezeichnung der Integration instrumenteller und expressiver Rollen in der gleichen Person vorgeschlagen, wobei die Manifestation dieser Verhaltensdimensionen von situativen Verhaltensanforderungen abhängt. Das Konzept fand bereits in der Vaterforschung Anwendung (Entwisle & Doering, 1981; Lamb, Frodi, Hwang et al., 1982c, 1983; Radin, 1980; Russell, 1978), indem man versuchte, Zusammenhänge zwischen Androgynität und Bereitschaft zur Übernahme von Pflegeverhalten nachzuweisen.

Mitscherlich (1970) hat darüber hinaus gezeigt, daß die Vaterrolle sensu Parsons durch vielerlei Einflüsse erodiert ist und ihr zugeschriebene Funktionen nicht mehr ausfüllt. Frauen haben heute vielfach auch instrumentelle Funktionen zu übernehmen, z. T. schon innerhalb des Haushalts, und Männer lassen sich – auch idealtypisch – zunehmend weniger durch instrumentelle Eigenschaften charakterisieren. Schließlich erhoben sich auch Zweifel an der Rollenkonstanz unter dem Blickwinkel einer lebenslangen Entwicklung (Abrahams, Feldman & Nash, 1978; Hyde & Phillis, 1979).

Dies alles zeigt, daß Parsons' Rollentheorie des Vaters Ergebnis einer Übergeneralisierung eines gesellschaftlich und historisch bedingten Vaterbildes ist und von daher auch wissenschaftlich gesehen an Bedeutung verloren hat. Dies bedeutet aber nicht, daß die von ihm gelieferte Beschreibung der

Vaterrolle keinerlei Gültigkeit mehr besitzt. Wie erst jüngst wieder eine Befragung in der Bundesrepublik Deutschland zeigte (Institut für Demoskopie Allensbach, 1983a), kann die Realität vieler Familien, insbesondere ab dem Zeitpunkt, zu dem Kinder geboren werden, mit den Parsons'schen Kategorien zutreffend erfaßt werden. Gleichwohl sind sie für die im einzelnen sich abspielenden Prozesse und Entwicklungen, etwa in der Vater-Kind-Beziehung, in der Regel viel zu holzschnittartig und verstellen eher den Blick für die diffizile Dynamik familiärer Sozialisation, als daß sie sie erhellen.

Kritik an der struktur-funktionalistischen Rollentheorie mit ihrem statisch-affirmativen Rollenverständnis erfolgte auch von seiten der kritischen Theorie (Habermas, 1973; Krappmann, 1976). Sie verhindere ein Verständnis der Rolle als abhängig von bestimmten gesellschaftlich-historischen Entwicklungen, indem sie den Träger einer Rolle weitgehend mit dieser identifiziere und die Möglichkeit einer Rollenum- oder -neudefinition durch die jeweiligen Rollenträger unterschlage. Damit erweise schon der theoretische Rollenbegriff, wie er bei Parsons formuliert ist, seinen Charakter als Korsett, ungeachtet der entlastenden Funktion, die der Rolle ansonsten zugeschrieben wird. Habermas hält dagegen, daß Rolle durch intersubjektive Kommunikation in ihrer Bedeutung jeweils erst definiert und im Hinblick auf ihre Brauchbarkeit für alle Beteiligten gerechtfertigt werden müsse.

2.5 Lerntheoretische Ansätze

Unter diesem Oberbegriff läßt sich eine Vielzahl durchaus heterogener theoretischer Vorstellungen zusammenfassen, deren gemeinsames Merkmal sich noch am ehesten an ihrer Abkehr von biologistisch-evolutionistischen und psychoanalytischen Modellen festmachen läßt. Innerhalb des hier angesprochenen Spektrums finden sich lerntheoretische Umdeutungen der Freudschen Theorie (Dollard & Miller, 1950; Mowrer, 1940; Sears, 1944) am einen Ende, genauso wie am anderen Ende Theorien, die wesentlich „nur" noch soziales Lernen zum Thema haben (Bandura, 1962, 1971; Bandura & Walters, 1963).

Es ist sicher kein Zufall, daß von den klassischen Lerntheoretikern im engeren Sinne des Wortes wie Pawlow, Watson oder Skinner keine spezifischen Aussagen zur Vaterrolle gemacht wurden, interessierten sie doch zunächst nur „Reize" und „Reaktionen" schlechthin. Ihre mechanistische und elementaristische Sicht psychologischer Prozesse erübrigte ein Eingehen auf die beteiligten Personen, wenn es sie nicht sogar schon aus theoretischer Sicht verbot. Das bedeutet jedoch nicht, daß nicht auch die klassischen Lerntheorien von Einfluß auf die Interpretation des Vater-Kind-Verhältnisses gewesen sind. Gerade in der Entwicklung diverser verhaltenstherapeutischer und -modifikatorischer Programme für die Familientherapie und -beratung haben sich lerntheoretische Erkenntnisse fruchtbar niedergeschlagen (vgl. etwa die Arbeiten von Patterson, Reid, Jones et al., 1975, zur Verhaltensmodifikation aggressiven Verhaltens von Kindern in natürlicher Umgebung, die die Eltern in starkem Maße mit einbezog). Vom theoretischen Standpunkt aus war hier der Vater (je nach Sachlage aber auch austauschbar mit der Mutter) „Auslöser" für bestimmtes Verhalten oder (positiver oder negativer) „Verstärker" von Verhaltensweisen des Kindes. Gemäß der lerntheoretischen Überzeugung, daß menschliches Verhalten weitgehend plastisch ist und durch Variation der Umweltbedingungen verändert und gesteuert werden kann, wurde der Vater als eine „Umweltbedingung" des Kindes begriffen, die durch ihre je spezifische Qualität die Verhaltensweise des Kindes mitbestimmt (bei dessen allgemeiner Entwicklung) und durch eine entsprechend gezielte Einflußnahme (sprich Erziehung oder im Rahmen einer therapeutischen Intervention) auch gezielt verändern kann. In einem gewissen Sinn eröffneten die Lerntheorien, gerade weil sie den Lernprozeß als allgemeines Entwicklungsgesetz ansahen, auch den Weg für eine Erforschung der frühen Vater-Kind-Beziehung, der bis dahin durch bindungstheoretische und psychoanalytische Einflüsse weitgehend versperrt geblieben war, ohne jedoch selbst einen entscheidenden Schritt in diese Richtung zu tun.

Neue Impulse auch für die Vaterforschung brachte erst wieder eine Umorientierung bzw. die Weiterentwicklung der Lerntheorie zu einer Theorie des sozialen Lernens (Bandura & Walters, 1963). Die weitestgehende Ablösung von Trieb- und Stimulus-Response-Modellen zugunsten des Imitations-Lernens am sozialen Modell intensivierte vor allem auch Forschungen zum Geschlechtsrollenerwerb, was zwangsläufig wieder zu einer stärkeren Beachtung des Vaters bzw. der Vaterrolle führte. Ein Grundgedanke der sozialen Lerntheorie ist, daß Verhalten nicht der unmittelbaren Verstärkung bedarf, damit es von einem Kind übernommen wird; es genügt bis zu einem gewissen Grad, daß das Kind beobachtet, ob ein „Modell" für das entsprechende Verhalten positive oder negative Konsequenzen erfährt, damit es selbst dieses Verhalten in sein „Verhaltensrepertoire" aufnimmt oder aus diesem entfernt. In dem Maße, in dem das Vaterverhalten positive Aufmerksamkeit und Gratifikation in der Familie erfährt, wird der Vater zum attraktiven Modell für die Kinder und bewirkt bei ihnen eine Übernahme seines Verhaltens. Sofern es nicht von herkömmlichen Mustern abweicht, hat dies auch eine Tradierung der Geschlechtsrollen zur Folge. Der Vater als gleichgeschlechtliches Modell für den Jungen und implizit als gegengeschlechtliches Modell für das Mädchen wurde deshalb wieder, und zwar bis in die Gegenwart hinein, zum Thema zahlreicher Untersuchungen im Kontext dieses Modells.

Lerntheoretiker wie z. B. Gewirtz & Stingle (1968) und Mischel (1970) behaupten, daß Jungen ihre Väter imitieren, weil sie dafür belohnt werden. Andere wiederum machen geltend, daß die Imitation selbst zur Belohnung werden kann (Baer & Sherman, 1964). Bandura hingegen stellt fest, daß Vorbildverhalten auch ohne äußere Belohnung Erfolg hat und beschrieb Identifikation synonym mit Imitation. Die Beziehung zwischen Verstärkung und Imitation diskutieren Sears (1953), Kagan (1964) und Mussen & Rutherford (1963) unter anderen Gesichtspunkten: Kinder imitieren Modelle, die pflegend oder belohnend sind. Nach Mowrer (1950) können Kinder sich auch selbst verstärken. Sie imitieren Väter, die warm und liebevoll sind, auch wenn sie nicht besonders dafür belohnt werden. Nelsen & Maccoby (1966) diskutierten einen anderen Typ der Identifikation, nämlich die Identifikation mit dem Aggressor, oder defensive Identifikation in Mowrers (1950) Terminologie, nach der defensive Identifikation eine Funktion der Droh-Qualitäten der Eltern ist. Mussen & Distler (1960) und Hetherington & Frankie (1967) fanden, daß väterliche Gewalt oder Dominanz die Identifikation der Jungen mit dem Vater begünstige. Nach Maccoby & Jacklin (1974) geht die gleichgeschlechtliche Identifikation von den Kindern aus und ist ab einem Alter von zirka drei Jahren zu beobachten. Von vielen Autoren wird die sog. Gegenidentifikation (d. h. die Identifikation der Eltern mit dem gleichgeschlechtlichen Kind) als bedeutsam angesehen, wobei die Väter größeres Gewicht auf ein geschlechtsrollenspezifisches Verhalten ihrer Kinder, vor allem jedoch der Söhne, legen. Wie später noch gezeigt wird, beobachteten einige Autoren (Belsky, 1979a; Weinraub & Frankel, 1977), daß Eltern sich mehr mit dem gleichgeschlechtlichen Kind beschäftigen, vor allem Väter mit ihren Söhnen und da wiederum vor allem mit den erstgeborenen (Parke & Sawin, 1976). Radin (1981) vertritt die Auffassung, daß Gegenidentifikation eher die kognitive Entwicklung der Jungen erleichtert, als daß sie sie behindert. Führt die Gegenidentifikation dazu, daß der Vater sich mehr mit dem Jungen beschäftigt, erleichtert sie die kognitive Entwicklung, führt sie zu einem kritisierenden dominierenden väterlichen Verhalten, kann sie sie beeinträchtigen.

Kennzeichnend für Lerntheorien ist ihr Grundverständnis vom Menschen, das ihn (weitgehend) als passives Individuum darstellt, dessen Verhalten ausschließlich aus Reaktionen auf jeweils bestimmte Bedingungen (Reize, Kontingenzen, Modelle) besteht. Auch neuere, elaboriertere Modelle (etwa das „SORKC"-Modell von Kanfer & Phillips, 1970) überwinden diesen Rahmen nicht. Es ist für diesen Ansatz zwangsläufig, daß er Sozialisation nicht anders begreifen kann als in der Kategorie des „Sozialisiert-Werdens". Dabei mußte er immer dort an Grenzen stoßen, wo sich ein Individuum nicht nur als Rezipient von Sozialisationsbemühungen anderer erfährt, sondern sich selbst als aktiv handelnd und planend erlebt. Die „kognitive Wende" der Lerntheorie in den siebziger Jahren, die wahrscheinlich eher ein grundsätzlicher Paradigmenwechsel ist, trug diesem Sachverhalt Rechnung. Sie erlaubte auch ein erweitertes Verständnis von Sozialisation, da nun nicht nur die wechselseitige Sozialisation, etwa von Vater und Kind, verständlich gemacht werden konnte, sondern sich auch eine, im alten Paradigma schlechterdings nicht vorstellbare, Selbstsozialisation thematisieren ließ. Damit wurde der Weg frei für ein umfassenderes Verständnis des Sozialisationsvorganges und der Entwicklungsprozesse, wie es heute vor allem in Systemtheorien und ökopsychologischen Theorien (vgl. unten) seinen Niederschlag findet.

2.6 Entwicklungspsychologische Theorien

Die klassische Entwicklungspsychologie läßt sich, was die Art der von ihr aufgenommenen Themen und Fragestellungen betrifft, weitgehend als eine Psychologie des Kindes- und des Jugendalters charakterisieren. Es ist verständlich, daß bei dieser Festlegung im Vordergrund des Interesses biologische Reifungsprozesse standen, eine kindzentrierte Sicht vorherrschte und Phasen- bzw. Stufentheorien der Entwicklung dominierten (Piaget, 1937), während Fragen wie die „Entwicklung zum Vater" oder der Übergang zur Elternschaft kaum erwarten konnten, behandelt zu werden. Gleichwohl haben Forscher wie Charlotte Bühler bereits Anfang der dreißiger Jahre („Lebenslauf als psychologisches Problem"; Bühler, 1933) mit ihren Arbeiten der Entwicklungspsychologie eine Perspektive eröffnet, die Entwicklung als lebenslangen Prozeß thematisiert und damit Anregung zu einer Vielzahl von Forschungen auf dem Gebiet der Psychologie des Erwachsenenalters gegeben. Wenn dennoch Themen wie die zuvor angesprochenen in der Entwicklungspsychologie kaum verfolgt wurden, erklärt sich dies wohl zu einem Gutteil aus einer generellen Abstinenz der Wissenschaft gegenüber dem Vater und seiner Rolle in der Familie und dem Übergewicht der mutter-(kind-)-orientierten Forschungen. Selbst ein für viele Familien so einschneidendes Ereignis wie der Zweite Weltkrieg fand wissenschaftlich überwiegend nur in Studien zur Vaterabwesenheit seinen Niederschlag, wobei die Analyse dieser Arbeiten aus heutiger Sicht zeigt, wie undifferenziert – und damit verhaftet im allgemeinen wissenschaftlichen Klima dem Vater gegenüber – das zugrunde gelegte Vaterbild blieb.

Entscheidende Impulse zu einer Neuorientierung erhielt die Entwicklungspsychologie erst in den sechziger und siebziger Jahren durch die explizite Thematisierung und Aufnahme des Konzepts einer „life-span developmental psychology" (Baltes, 1968; Goulet & Baltes, 1970; Nesselroade & Reese, 1973; Schaie, 1965, 1973). Auch wenn dieser Ansatz keineswegs unumstritten blieb (vgl. Flavell, 1970), initiierte er doch zahlreiche und wegweisende Arbeiten etwa in der Lebenslaufforschung (Oerter, 1978), in Untersuchungen des Familienzyklus (Hill & Mattessich, 1979) oder der psychologischen Gerontologie (Lehr, 1972, 1977[3], 1983). Elternschaft wurde damit auch systematisch zum psychologischen Forschungsgebiet. Dabei wuchs die Einsicht, daß soziokulturelle und -historische Faktoren aus der Entwicklungspsychologie insbesondere des Erwachsenenalters nicht ausgeklammert bleiben können. Sowohl in ihrer gesellschaftlich-normativen wie in ihrer individuell-faktischen Wirkung verlangten sie gegenüber dem bisher üblichen Vorgehen nach einer stärkeren Berücksichtigung. Wo sich idiographisch erfaßte Wirklichkeit und nomothetischer Anspruch häufig nicht zur Deckung bringen ließen, resultierte dies in einer Spannung, die wiederum die Suche nach neuen Konzepten und Methoden anregte. In dem Maße, wie hier neue Aufgaben nach Lösungen verlangten, wurde gleichzeitig der Anspruch der Entwicklungspsychologie bescheidener, generelle Entwicklungsgesetze formulieren zu können, die individuelle Entwicklungsverläufe (insbesondere über eine ganze Lebensspanne) vorhersagen lassen. Die Vielzahl bedingender Faktoren, die nunmehr auch theoretisch ins Auge gefaßt werden konnten, und die wachsende Sensitivität für Umweltfaktoren in der menschlichen Entwicklung führten folgerichtig – um nicht zu sagen zwangsläufig – zur „Entdeckung" der ökopsychologischen Perspektive auch in der Entwicklungspsychologie, auf die abschließend eingegangen werden soll.

2.7 Systemtheoretische Ansätze

Die allgemeine Systemtheorie (von Bertalanffy, 1967) hat die theoretische Entwicklung auf sozialwissenschaftlichem Gebiet in vielfältiger Weise beeinflußt und befruchtet. Grundzüge systemtheoretischen Denkens finden sich bereits bei Parsons.

Auf einer sehr allgemeinen Ebene wird ein System als eine Menge miteinander in Zusammenhang stehender Elemente betrachtet, in denen jedes Element andere Elemente beeinflussen kann und auch von diesen beeinflußbar ist. Die Elemente werden also als Objekte und zugleich Subjekte des Einflusses angesehen. Es lassen sich nun Systeme höherer Ordnung betrachten, die als Elemente selbst wieder Systeme besitzen. In diesem Sinne können die Mitglieder einer Familie als Elemente des Systems „Familie" begriffen werden, während die Familien Elemente des Systems „Gemeinde" sind und diese etwa wiederum Elemente des Systems „Gesellschaft". Eine Eigenart von Systemen ist es nun, daß sich, selbst bei vollständiger Kenntnis der Eigenschaften der Elemente, die Eigenschaften des Systems nicht ohne weiteres vorhersagen lassen. Systeme besitzen auf ihrem jeweiligen Aggregationsniveau eine Eigengesetzlichkeit. Demnach ist das Verhalten einer Familie insgesamt nicht vollständig aus dem Einzelverhalten ihrer Mitglieder ableitbar.

Systeme lassen sich nach der Art ihrer Dynamik klassifizieren. Es gibt solche, die sich immer wieder auf einen festen Zielzustand hin bewegen (homöostatische Systeme), aber auch solche, die gegenüber äußeren Einflüssen einen inneren Gleichgewichtszustand aufrechtzuerhalten bestrebt sind (Systeme mit dynamischem Gleichgewicht). Mißverständnisse entstanden vielfach daraus, daß man glaubte, mit diesen beiden Möglichkeiten die Dynamik von Systemen vollständig erfaßt zu haben. Darüber hinaus gibt es aber auch noch Systeme, die sich dadurch auszeichnen, daß sie trotz Veränderung stabil und trotz Abgrenzbarkeit offen in ihrer Entwicklung bleiben, d. h. Einflüsse zwar verarbeiten, jedoch nicht zwangsläufig immer wieder auf einen festen Zielzustand hinstreben und eine Identität besitzen, ohne deshalb unveränderlich zu sein („steady-state"-Systeme). Ein Familiensystem ändert sich zwar in diesem Sinne, etwa dadurch, daß die Mitglieder älter werden, neue Mitglieder hinzutreten oder andere ausscheiden; als Familiensystem bleibt es jedoch erhalten. Schließlich ist darauf hinzuweisen, daß Systeme eingebettet zu sehen sind in eine (oder mehrere) Umwelt(en), die sich jeweils relativ zu dem System definieren.

Zu den Autoren, die explizit den systemtheoretischen Ansatz für die Erforschung der Familie und der Vaterrolle nutzbar zu machen versuchen, gehören Lewis, Weinraub und Kollegen mit ihrem Modell des „sozialen Netzwerks" (Lewis, 1979; Lewis & Weinraub, 1976; Lewis, Feiring & Weinraub, 1981; Weinraub, Brooks & Lewis, 1977). Dieses Modell soll hier nicht im einzelnen dargestellt werden, da dessen Grundgedanken mit dem zuvor Gesagten bereits wiedergegeben sind. Statt dessen soll kurz auf einige seiner Implikationen eingegangen werden, die speziell für die Vater-Forschung relevant geworden sind (Näheres bei Lewis, Feiring & Weinraub, 1981, S. 265).

Lewis, Feiring und Weinraub treffen eine Unterscheidung zwischen Interaktionen und Beziehungen in einem sozialen Netzwerk. Aus (beobachtbaren) Interaktionen kann demnach nur bedingt auf Vorhandensein und Qualität einer Beziehung zwischen den Mitgliedern geschlossen werden und aus einer Unterschiedlichkeit der Interaktionen zwischen Mutter und Kind bzw. Vater und Kind ergibt sich deshalb nicht zwangsläufig eine Unterschiedlichkeit in deren Beziehung. Umgekehrt können ähnliche Interaktionsmuster durchaus das Ergebnis unterschiedlicher Beziehungen sein. Aus dem (relativ zur Mutter) bestehenden Mangel an vorhersagbaren, biologisch begründeten Interaktionsmustern zwischen Vater und Kind resultiert nicht nur ein grundsätzlicher Unterschied zwischen der Mutter-Kind- und Vater-Kind-Beziehung; es ergibt sich auch eine größere Schwierigkeit, die Natur dieser Beziehung genauer zu bestimmen.

Es bestehen konsistente Unterschiede in der Menge der Zeit, die Mütter und Väter mit ihren Kindern verbringen. Dies bedeutet jedoch nicht, daß damit notwendig ein geringerer Einfluß der Väter auf ihre Kinder verknüpft ist. Die Bedeutung, die Väter für die Entwicklung ihrer Kinder haben, läßt sich wahrscheinlich fruchtbringender über die spezifische Qualität ihres Beitrags im sozialen Netzwerk des Kindes bestimmen als über die Häufigkeit und Dauer ihrer Interaktionen mit dem Kind. Dabei sind neben den direkten Effekten insbesondere auch indirekte Effekte zu berücksichtigen, die sich aus der Mitgliedschaft des Vaters im sozialen Netzwerk und seinen Beziehungen zu anderen Mitgliedern ergeben.

Kennzeichen eines entwickelten Systems ist seine funktionelle Differenzierung im Vergleich zu einer bloß segmentären Differenzierung (Willke, 1982). Dies bedeutet, daß unterschiedliche Funktionen, die die Familienmitglieder jeweils innehaben und zum Teil im Hinblick auf andere Familienmitglieder übernehmen, in bezug auf das Familiensystem als Ganzes zu sehen sind. Solche Unterschiede bestehen z. B. hinsichtlich der Art des Spiels und der kognitiven Anregung, die die Eltern den Kindern geben, des Beitrags zur Geschlechtsrollenentwicklung, der Beteiligung an der körperlichen Fürsorge für die Kinder oder in der je spezifischen Form der Arbeitsteilung in der Familie zwischen Mutter und Vater (eventuell auch den Geschwistern). Damit wird dem Kind ein differenzierter Erfahrungshintergrund gegeben, von dem anzunehmen ist, daß er von großer Bedeutung ist für die Art und Weise, wie ein Kind lernt, sich angemessen in der sozialen Welt zu verhalten.

Im Familiensystem existieren verschiedene Subsysteme, z. B. Mutter-Kind-Subsystem, Vater-Kind-Subsystem, das Subsystem der Ehepartner und verschiedene andere Subsysteme, wenn Geschwister, Großeltern oder weitere Personen in der Familie leben. Das Ehe-/Partner-Subsystem läßt sich dabei noch einmal vom Eltern-Subsystem unterscheiden. Mit dieser Deutungsweise familiärer Beziehungen können nicht nur Wirkungen der einzelnen Familienmitglieder aufeinander thematisiert werden („direkte Effekte"), sondern auch solche zwischen einem einzelnen Familienmitglied und einem Subsystem – das Kind erfährt z. B. die Eltern als Ehepartner und umgekehrt – und solche zwischen den Subsystemen – z. B. interagiert die Geschwister-Gruppe als Gruppe mit den Eltern als Eltern-Subsystem – („indirekte Effekte").

Schon diese wenigen Andeutungen genügen vermutlich, um zu verdeutlichen, daß gängige Untersuchungsmethoden bereits von ihrem begrenzten Ansatz her bei der Erfassung und Erklärung der Vielfalt der in einer Familie ablaufenden Prozesse häufig und auch unvermeidlich zu kurz greifen mußten. In diesem Licht betrachtet wird auch klar, weshalb die Bedeutung des Vaters in der Vergangenheit in wesentlichen Aspekten nicht erkannt werden konnte. Umgekehrt erhebt sich natürlich die Frage, wieviele Ergebnisse aus Untersuchungen an der Mutter-Kind-Dyade heute einer kritischen Prüfung noch standhalten können, da sie möglicherweise bloß Artefakte sind, die einer unangemessenen Untersuchungsmethodik und Theoriegrundlage zu verdanken sind. Das Verdienst derartiger, auf systemtheoretischen Grundlagen errichteter Modelle ist ohne Zweifel, daß sie auf solche Defizite und „blinde Flecken" in der Forschung aufmerksam gemacht und damit die Möglichkeit zu ihrer Beseitigung geschaffen haben.

2.8 Ökologische Ansätze

Bronfenbrenner (1978, 1981) hat mit ausdrücklichem Bezug auf Kurt Lewin ein Konzept erstellt, das in vielerlei Hinsicht als paradigmatisch für die ökopsychologische Familienforschung gelten kann. Es wird deshalb hauptsächlich hierauf Bezug genommen.

Bronfenbrenners Modell, das auf Formulierungen von Brim (1975) zurückgreift, besteht aus vier Systemen, die sich jeweils konzentrisch umfassen. Im Mittelpunkt steht das *Mikrosystem,* das durch „ein Muster von Tätigkeiten und Aktivitäten, Rollen und zwischenmenschlichen Beziehungen" gekennzeichnet ist, „die die in Entwicklung begriffene Person in einem gegebenen Lebensbereich mit den ihm eigentümlichen physischen und materiellen Merkmalen erlebt". Das Mikrosystem ist umgeben vom *Mesosystem,* das die Wechselbeziehungen zwischen den verschiedenen wichtigeren Lebensbereichen (Settings) bezeichnet, an denen die sich entwickelnde Person aktiv beteiligt ist. Ein Setting ist dabei „definiert als ein Ort mit besonderen physikalischen Eigenschaften, in dem sich die Teilnehmer in spezifischer Weise in spezifischen Rollen ... und in spezifischen Zeitabschnitten betätigen" (Bronfenbrenner, 1978, S. 35). Beide Systeme sind wiederum umgeben vom *Exosystem.* Darunter werden ein oder mehrere Lebensbereiche verstanden, „an denen die sich entwickelnde Person nicht selbst beteiligt ist, in denen aber Ereignisse stattfinden, die beeinflussen, was in einem Lebensbereich geschieht, oder die davon beeinflußt werden". Alle drei Systeme sind eingebettet zu sehen in das *Makrosystem,* das Normen, Wertvorstellungen und Einstellungen bzw. „ihnen zugrunde liegende Weltanschauungen und Ideologien" beinhaltet (alle Zitate, soweit nicht anders angegeben: Bronfenbrenner, 1981, S. 38ff.).

Der wohl deutlichste Gewinn einer ökopsychologisch orientierten Vorgehensweise in der Vaterforschung besteht darin, daß sich der Beitrag des Vaters zur familiären Sozialisation kontextuell angemessen thematisieren läßt und weiterhin die Abhängigkeit dieser Sozialisationsleistung von verschiedenen Rahmenbedingungen genauso wie ihre Rückwirkungen auf die Umwelt explizit und systematisch zum Gegenstand der Forschung werden. Der entscheidende Gedanke ist dabei, daß nicht einfach zusätzliche Variablen in den Untersuchungszusammenhang mit aufgenommen werden – damit wäre der klassisch funktionale Ansatz nicht wesentlich überschritten worden –, sondern daß Wechselwirkungen zwischen Systemen und Teilsystemen in den Mittelpunkt des Interesses rücken (z. B. neben den dyadischen Beziehungen in der Familie auch triadische oder allgemein multiple Beziehungen), daß statt bloß unmittelbarer Abhängigkeiten uni- und bidirektionale Wirkungsketten und darüber hinaus Wirkungskreise erfaßbar werden. Der systemtheoretische Bezug liegt hier auf der Hand. Schmidt-Denter (1984) baut z. B. seine ökopsychologische Analyse der sozialen Umwelt des Kindes, die eine Untersuchung der Vater-Kind-Beziehung einschließt, auf dem Modell des sozialen Netzwerks von Lewis und seinen Kollegen (vgl. S. 40f.) auf. Die Vorteile einer derartigen Vorgehensweise haben zum Beispiel in der Scheidungsforschung zu bahnbrechenden neuen Einsichten geführt, zu denen der Weg über die traditionellen Forschungsmethoden bislang verstellt war (vgl. Fthenakis, Niesel & Kunze, 1982). Im ,,systemischen" Ansatz der psychoanalytisch orientierten Familienforschung und der daraus abgeleiteten Familientherapie (vgl. Duss-von Werdt & Welter-Enderlin, 1980) wird eine ähnliche Entwicklung deutlich.

Gegenüber dem systemtheoretischen Ansatz läßt sich jedoch eine Aufmerksamkeitsverschiebung hinsichtlich solcher Faktoren feststellen, die primär umweltbedingt sind und das Gelingen von Vaterschaft beeinflussen können. Als Beispiele lassen sich nennen: Gängige Entscheidungsmuster bei der Sorgerechtsregelung nach einer Scheidung, die Berufssituation von Vätern, die Auswirkungen der Arbeitsmarktlage, die wohnlichen Rahmenbedingungen der Familie, die bestehenden gesetzlichen Bestimmungen, z. B. was die Möglichkeit eines ,,Vaterschaftsurlaubs" in Analogie zum Mutterschaftsurlaub betrifft, oder auch die in einer Gesellschaft vorherrschenden und an die nachfolgende Generation vermittelten ,,Bilder" von Vaterschaft.

Aus heutiger Sicht muß jedoch noch einiges, was die ökopsychologische Orientierung dem Anspruch nach verfolgt, als uneingelöst gelten. Das ,,Problembewußtsein" ist zwar vorhanden, aber genauso besteht ein nicht zu übersehender Mangel an Untersuchungen, die als ,,ökologisch valide" beurteilt werden können. Der Weg vom ökologischen Denken in der Psychologie zum ökologischen Handeln mit einer entsprechend entwickelten Methodik ist gegenwärtig erst in den Anfängen beschritten, was etwa darin deutlich wird, daß man z. T. mit klassischen Untersuchungsdesigns ökologische Fragen behandelt und damit die umfassende Zielsetzung nicht einholen kann. Ansätze zur Überwindung dieser Schranke lassen sich jedoch bereits ausmachen (vgl. etwa Kreppner, Paulsen & Schuetze, 1982; Parke, 1979; Parke, Power & Gottman, 1979; Yarrow & Anderson, 1979).

Zusammenfassung

Der Versuch einer geschichtlichen Rekonstruktion der Vater-Kind-Beziehung begegnet gegenwärtig einer Reihe von Schwierigkeiten, deren hauptsächliche ein gravierender Mangel an validem Quellenmaterial ist. Gleichwohl macht schon das bis jetzt Bekannte deutlich, daß von einer „Natur" dieser Beziehung im Sinne einer gesellschaftlich und historisch unabhängigen Konstante kaum ausgegangen werden kann. Was aus heutiger Sicht wie selbstverständlich und schon immer gegeben erscheint, ist in Wirklichkeit das Ergebnis einer über die Jahrhunderte und verschiedenen Gesellschaftsformen hinweg verlaufenden kulturellen Entwicklung, in der sich der Einfluß sozialer, ökonomischer und ökologischer Faktoren in vielfältiger Weise niederschlug. So läßt sich nicht leicht begreifen, daß Kindesmord und Aussetzung unerwünschter Kinder in der Antike, aber auch bis zum Beginn der Neuzeit, eine sozial akzeptierte Praxis waren. Und auch die rechtliche Sicht des Vater-Kind-Verhältnisses, das bis ins 19. Jahrhundert hinein als Besitz an einer Sache gedeutet wurde, erhellt, welche umwälzenden gesellschaftlichen Veränderungen stattfinden mußten, bis sich die heutige Form der Beziehung zwischen dem Vater und seinen Kindern entwickeln konnte. Am Beispiel der Sorgerechtsgestaltung wurde gezeigt, daß dieser Prozeß keineswegs geradlinig erfolgte, sondern die Extreme einer einseitigen Vater- wie Mutterbevorzugung einschloß und auch heute noch nicht an einem Endpunkt angelangt ist.

Verschiedene Entwicklungen, insbesondere in den Industriestaaten, die nicht einmal vor den Grenzen unterschiedlicher wirtschaftlicher wie kultureller Systeme haltmachen, lassen vielmehr erkennen, daß gegenwärtig ein Bild von Vaterschaft im Entstehen begriffen ist, welches das traditionelle Verständnis von Vaterschaft sprengt, die ihm inhärenten Beschränkungen aufzeigt und neue Möglichkeiten der Vater-Kind-Beziehung zu eröffnen versucht, mit denen diese Beschränkungen überwunden werden sollen. Faktoren, die diesen Prozeß anregten und fördern, wie die Frauenemanzipations-Bewegung, verbesserte Ausbildung und vermehrte Berufstätigkeit von Frauen, Rollenangleichung innerhalb der Familie, die wachsende Akzeptanz des Androgynitätskonzeptes bei der Definition der Geschlechtsrollen, die Entideologisierung der Mutterschaft zugunsten einer partnerschaftlichen Vorstellung von Elternschaft, aber auch die Möglichkeit der geplanten Geburt, die vergrößerte Freizeit durch verringerte Arbeitszeit, ein allgemein und auch in der

Öffentlichkeit zunehmendes Interesse an Kindern sowie ein beträchtlicher Zuwachs an wissenschaftlichen Erkenntnissen wurden in diesem Zusammenhang erörtert.

Gerade auch die Entwicklung auf wissenschaftlichem Gebiet, die im zweiten Kapitel dieses Abschnittes anhand verschiedener Theorien zur Vaterrolle diskutiert wurde, machte dabei noch einmal deutlich, wie eng verschränkt die verschiedenen sozialen Prozesse sind, die das jeweils in einer Gesellschaft vorherrschende Vaterbild prägen. War der Vater, wissenschaftlich gesehen, zunächst überhaupt kein Gegenstand des Erkenntnisinteresses, spiegelten die ersten Ansätze zur wissenschaftlichen Erforschung der Eltern-Kind-Beziehung sofort die bestehende Voreingenommenheit für die Mutter und die Vorurteile über den Vater wider. In ähnlicher Weise schlägt sich heute die wachsende Aufmerksamkeit für ökologische Zusammenhänge in einem verstärkten Interesse an ökologischen Fragestellungen auch in der Familienforschung nieder. Es läßt sich sagen, daß gegenwärtig durch diese und andere Entwicklungen eine beachtliche Sensitivität für eine Reihe von Problemen und Fragen entstanden ist, die in der Familienforschung allgemein und insbesondere in der Erforschung der Vater-Kind-Beziehung überhaupt nicht oder nur unzureichend behandelt worden sind. Gleichzeitig ist nicht zu übersehen, daß der programmatische Anspruch, der hiermit verbunden ist, vielfach noch der Einlösung durch vermehrte empirische Forschungen und der praktischen Umsetzung der bereits vorhandenen Ergebnisse harrt.

Dies soll nicht heißen, daß nicht auch auf theoretischem Gebiet noch grundlegende Arbeit zu leisten ist. Die Theoriebildung in der Vaterforschung ist vielfach noch rudimentär und heterogen in ihren Ansätzen, und eine integrative Sicht beginnt sich erst langsam durchzusetzen. Da die Wissenschaft der Vaterforschung erst auf eine kurze Geschichte zurückblickt, ist dies jedoch kaum ein überraschendes Resultat. Eine wesentliche Erkenntnis ist, daß Familienforschung in Zukunft nicht mehr umhin kann, die Familie als Einheit und System zu sehen. Als entscheidender Mangel traditioneller Forschung stellte sich ja gerade die Beschränkung auf dyadische Untersuchungspläne heraus. Die Vaterforschung hat, gerade weil sie sich nicht am Paradigma der klassischen Untersuchungen zur Mutter-Kind-Beziehung orientierte, die Familienforschung insgesamt befruchtet. Das veranlaßte wiederum, auch die schon bekannten Untersuchungen in einem neuen und kritischen Licht zu sehen. Hinzu kommt, wie dies etwa am Beispiel der Scheidungsforschung sichtbar wird, daß die familiäre Dynamik nur angemessen im Rahmen von Prozeß-Modellen erfaßt werden kann, d.h. daß der Entwicklungscharakter des Familiensystems weit stärker als bislang berücksichtigt werden muß. Ein derartiger Ansatz mit seiner zeitübergreifenden Perspektive erfordert notwendig eine Abkehr von einem Denken in Zuständen, wie es zum Beispiel noch vielfach kennzeichnend ist für die juristische Behandlung familiärer Probleme. Erste, erfolgversprechende Ansätze zu einer Kooperation zwischen

Sozialwissenschaften und Jurisprudenz beginnen hier bereits ihre Früchte zu tragen und auf die Praxis zurückzuwirken. Um die Aussagekraft wissenschaftlicher Untersuchungen zu stärken und praxisrelevante Ergebnisse zu liefern, ist es aber zugleich nötig, daß z. B. weit mehr als bislang Longitudinalstudien durchgeführt werden, die zuverlässige Aussagen zu Entwicklungsverläufen erlauben.

Über solche, primär wissenschaftsimmanente Forderungen hinaus, lassen sich aber schon jetzt einige weiterreichende sozialpolitische Forderungen aus den Ergebnissen der Vaterforschung und der Erforschung der Vater-Kind-Beziehung ableiten. Soweit konkrete Vaterschaft Funktion der sozialen Rahmenbedingungen und kultureller Determinanten ist, ist es somit eine gesellschaftspolitische Frage, welche Bedingungen zu ihrer Verwirklichung bereitgestellt werden. Wo die sozialen Bedingungen es bislang bewirkt haben, daß der Vater von seinen Kindern ferngehalten wurde, wird notwendig an diesen Bedingungen anzusetzen sein und es werden Rahmenbedingungen geschaffen werden müssen, die dem Vater eine gleichberechtigte Beteiligung an der Sorge für die Kinder und die Familie erlauben. Ansatzpunkte hierfür werden sich an vielen Stellen dieses Buches abzeichnen. Insbesondere im letzten Abschnitt des Buches wird auf einige der bereits heute realisierbaren Möglichkeiten eingegangen werden.

II. Anthropologische und tierexperimentelle Beiträge zur Vaterforschung

3
Tierexperimentelle Untersuchungen und Verhaltensstudien

3.1 Zur Relevanz tierexperimenteller Untersuchungen (insbesondere der Primatenforschung)
3.2 Schwierigkeiten bei der Erforschung väterlichen Verhaltens
3.3 Empirische Befunde zum Vaterverhalten bei Tieren

3.1 Zur Relevanz tierexperimenteller Untersuchungen (insbesondere der Primatenforschung)

Wenn tierexperimentelle Ergebnisse direkt oder indirekt auf den Menschen bezogen werden, ist gewöhnlich die erste Frage, ob sie sich ohne weiteres auch auf ihn übertragen lassen.[1] Hinter dieser Frage steht die Befürchtung, es könnten unbedacht Parallelen gezogen oder voreilig Gleichsetzungen zwischen tierexperimentellen Befunden und Aussagen über den Menschen vorgenommen werden. Diese Befürchtung ist berechtigt, lassen sich doch schon nicht einmal Ergebnisse, die etwa an einer Affenart gewonnen wurden, ohne weiteres auf eine andere übertragen (Schmalohr, 1979). Auf die grundsätzliche Diskussion, die hier angesprochen ist, kann an dieser Stelle nicht weiter eingegangen werden. Da es aber gerade die Erforschung der subhumanen Primaten ist, die zu Spekulationen am ehesten Anlaß gibt, sollen einige derjenigen Gründe (in Anlehnung an Redican & Taub, 1981) angesprochen werden, die zu einer stärkeren Berücksichtigung der Primatenforschung auch auf dem Feld der Vaterforschung führten, mehr noch, die sogar ihrerseits wieder die Beobachtung von nichthumanen Primaten angeregt haben.

Bereits die Ergebnisse aus älteren Arbeiten hatten erkennen lassen, daß nichthumane Primaten, genauso wie Menschen, eine beträchtliche Vielfalt in der Art und Weise zeigen, wie Eltern für ihre Jungen sorgen. Dennoch war es erst in Ansätzen möglich, diejenigen Bedingungen genauer zu identifizieren, die diese Unterschiedlichkeit bewirken. Mit der zunehmenden Zahl von Ver-

---

[1] „Wie jeder Primatologe weiß, lautet die Frage, die jedem Nicht-Primatologen beständig auf der Zunge liegt, ungefähr: ‚Was haben nun Affen *wirklich* mit dem Menschen zu tun?'. Diese Frage wird gewöhnlich mit einem gewissen Funkeln im Blick geäußert, so, als habe der Fragesteller bereits die Möglichkeit einer Entlarvung ins Auge gefaßt." (Redican & Taub, 1981, S. 247)

öffentlichungen auf dem Gebiet der Primatenforschung wuchs sogar noch die Heterogenität der Ergebnisse. Genauso wurden schwerwiegende Lücken deutlich. So vermutet etwa Rypma (1976), daß die bisherige mangelnde Beachtung des Vaters hinsichtlich seiner Bedeutung für die Entwicklung der Kinder auch generell Zweifel angezeigt scheinen läßt, ob bisher ein angemessenes Bild von der Komplexität der wirkenden Kräfte im phylogenetischen (und nicht nur im ontogenetischen) Maßstab gezeichnet worden ist. Die vorhandenen Erklärungsansätze waren andererseits zumeist nicht in der Lage, diese Vielfalt theoretisch zu integrieren. Von einer Verbesserung der Theorien, die sich damit als notwendig erwies, erhoffte man sich im Ergebnis auch eine Befruchtung der Theoriebildung im Humanbereich.

Weiterhin erwartete man sich einen klärenden Beitrag für den Problemkreis, der sich durch die Frage kennzeichnen läßt, ob und gegebenenfalls wie stark elterliches Verhalten biologisch festgelegt ist. Der offensichtliche sexuelle Dimorphismus, d.h. die körperliche Verschiedenheit der Geschlechter bei vielen Lebewesen, motiviert immer wieder zu einer derartigen Fragestellung. Eine Überlegung war, daß eine deutliche biologische Determinierung des elterlichen Verhaltens bei subhumanen Primaten auch eine genetische Festlegung – in einem dann noch abzuklärenden Ausmaß – beim Menschen nahelegen könnte. Umgekehrt wäre es fragwürdig, von einem hohen Gewicht genetischer Faktoren beim Menschen auszugehen, wenn im subhumanen Bereich andere Einflüsse auf die Ausprägung elterlichen Verhaltens weit wesentlicher sind. Kennzeichnend für letztere Auffassung ist eine Äußerung Redicans (1981, S. 359): „... wenn ein so aggressives und unflexibles Geschöpf wie das Rhesusaffenmännchen zu solch' positiven Interaktionen mit Jungtieren fähig ist, dann ist die Erwartung begründet, daß ein mindestens vergleichbares Potential bei Geschöpfen gegeben ist, die ihrem Geschlecht nach weniger dimorph, relativ monogam und flexibel sind wie der Homo sapiens." Mit anderen Worten: Man erhoffte von neuen Ergebnissen der Primatenforschung einen Beitrag für eine Entscheidung zwischen miteinander konkurrierenden soziobiologischen (Dawkins, 1976; Wilson, 1975), tierpsychologischen (Snowdon & Suomi, 1982) und evolutionstheoretischen (Hamilton, 1964) Modellen und damit eine Überprüfung der mit ihnen verknüpften Thesen. Hierbei muß berücksichtigt werden, daß das tierexperimentelle und methodische Instrumentarium inzwischen wesentlich verbessert worden war, was allgemein genauere und angemessenere Forschungen mit Tieren erlaubte, aber auch bis dahin vernachlässigte oder als für eine Erforschung zu aufwendig umgangene Probleme (wieder) aufzunehmen gestattete.

Schließlich war es gerade auch das verstärkte Interesse an der Vaterforschung in den Humanwissenschaften, das den Blick wieder auf die Tierforschung richten ließ und dort zu analogen Studien führte, hatte man doch bemerkt, daß väterliches Verhalten im Tierreich in einer ganz ähnlichen Weise als Gebiet der Forschung „übersehen" worden war wie im Humanbereich.

Im weiteren sollen zunächst, um eine kritische Sicht zu ermöglichen, verschiedene Schwierigkeiten genannt werden, die dem Wissenschaftler bei der Erforschung väterlichen Verhaltens im Tierreich begegnen. Danach soll versucht werden, einen, wenn auch keinesfalls erschöpfenden, Überblick über die fast unglaubliche Fülle elterlicher Verhaltensformen zu geben, die in der Fauna zu beobachten sind. Der Schwerpunkt wird dabei, dem Thema des Buches gemäß, auf der väterlichen Rolle liegen. Es wird aber deutlich werden, daß die Verhaltensweisen der Männchen ihrem Nachwuchs gegenüber nicht isoliert gesehen werden können von dem Verhalten der Weibchen, genauso wie beide Verhaltensweisen häufig nur dann sinnvoll zu erklären sind – das wird sich als ein wichtiges Ergebnis zeigen –, wenn man ihre Einbettung in die jeweilige Ökologie sieht. Damit ist eine wichtige Schlußfolgerung aus diesen Arbeiten bereits vorweggenommen.

3.2 Schwierigkeiten bei der Erforschung väterlichen Verhaltens

Während man beim Menschen in der Regel voraussetzen kann, daß sicher ist, wer der Vater eines Kindes ist, ist dies bei der Tierforschung keine selbstverständliche Ausgangsbasis. Das gilt schon vielfach für gefangene Tiere (bzw. solche, die unter Laborbedingungen aufwachsen), es sei denn, eine strikte Kontrolle des Paarungsverhaltens erlaubt eine genaue Bestimmung der Elternschaft. Viel mehr gilt dies aber noch für Tiere in freier Wildbahn, über deren Verhalten selbst bei extensiver Beobachtung keine vollständige Gewißheit zu erlangen ist, weil sich die Tiere z. T. von ihrer Lebensweise her einer durchgängigen Beobachtung entziehen (z. B. nachtlebende Tiere) oder weil es der Lebensraum der Tiere unmöglich macht, ihr Verhalten unter naturalistischen Bedingungen vollständig zu protokollieren (z. B. bei Fischen oder unter der Erdoberfläche lebenden Tieren). Aus diesen Gründen begnügt man sich in den Fällen, in denen die biologische Vaterschaft nicht eindeutig festzustellen ist, meist mit der Beobachtung derjenigen männlichen Tiere, die eine elterliche Fürsorge gegenüber den Jungtieren zeigen, auch auf die Gefahr hin, daß das beobachtete Tier gar nicht der Vater im biologischen Sinne ist (vgl. Redican & Taub, 1981).

Um noch einiges schwieriger zu beantworten ist aber die Frage, *was* aus der Vielzahl beobachtbarer Verhaltensweisen als väterliches Verhalten im engeren Sinne gelten soll. Die Antwort wird im einzelnen nicht nur von Spezies zu Spezies verschieden ausfallen müssen; auch innerhalb einer Art wird sie, will man sich vor Anthropomorphisierungen hüten, nicht immer leicht gegeben werden können. Die Gefahr liegt auf der Hand, daß zunächst in das Verhalten der Tiere projiziert wird, was man eventuell später als Folgerung für den

Menschen herauszulesen versucht. Wahrscheinlich besteht aber Einigkeit bezüglich der allgemeinen Verhaltensklassen, die hierfür in Betracht zu ziehen sind. Lynn (1974) zählt dazu Schützen, Zurückholen bzw. Wiedereinfangen, Putzen und Pflegen, Versorgen mit Nahrung und Spielen.

Eine nicht nur theoretisch relevante Aufteilung für das Vaterverhalten schlagen Snowdon & Suomi (1982) vor. Sie stellen *substitutives Verhalten,* also Verhalten, das der Vater anstelle der Mutter zeigt, *komplementärem Verhalten* gegenüber, also solchen Verhaltensweisen, die der Vater zusätzlich zeigt, ohne daß sie bei der Mutter in ähnlicher Weise zu beobachten sind, welche aber ebenfalls der Kinderaufzucht zugute kommen.[1] Als Beispiel nennen die Autoren die arbeitsteilige Verteidigung des Territoriums durch den Vater bei manchen Tierarten. So allgemein diese Bestimmung zunächst ist, so hilft sie doch, den Blick für einen eigentümlichen Beitrag offenzuhalten, den der Vater bei der Kinderaufzucht leistet, der andernfalls, bei bloßer Betrachtung des substitutiven Verhaltens, Gefahr läuft, übersehen zu werden.

Um in die Vielfalt der Formen väterlichen Verhaltens eine gewisse Ordnung und Übersicht zu bringen, sind von verschiedenen Autoren weitergehende Systematisierungsversuche unternommen worden. Howells (1969, S. 128ff) klassifiziert z.B. elf Arten elterlicher Sorge bzw. Nichtsorge bei verschiedenen Lebewesen (in Klammern jeweils einige der bei ihm genannten Beispiele):

1. Das Fehlen jeglicher Sorge (verschiedene Schmetterlinge, Fische, Schildkröten, Frösche und Spinnen);
2. Sorge zu gleichen Anteilen durch beide Eltern, wobei entweder die Aufgaben gleich verteilt oder strikt arbeitsteilig geregelt sind (viele Vogelarten, Fuchs);
3. Rollenübernahme, besonders dann, wenn ein Elternteil wegfällt (Turmfalke, Rebhuhn);
4. Haupt- oder alleinige Sorge durch das Weibchen (Schaf, Skorpion – hier wird das Männchen bei manchen Arten nach der Befruchtung sogar getötet, ebenso wie von der Gottesanbeterin);
5. Sorge durch mehrere Weibchen (Löwe, Elefant);
6. Sorge durch eine ganze Gruppe (Hamster, Maus);
7. Sorge durch Pflegeeltern bzw. „Tanten" (Kuckuck, Elefant);

---

[1] Snowdon & Suomi (1982) machen in diesem Zusammenhang darauf aufmerksam, daß in unserer Gesellschaft „gutes" väterliches Verhalten überwiegend in Termini guten mütterlichen Verhaltens definiert wird und damit „klassisches", eher komplementär zu verstehendes Vaterverhalten indirekt abgewertet oder doch zumindest stillschweigend vorausgesetzt wird. Sie merken kritisch an, daß für Soziologen und Soziobiologen eher substitutives Vaterverhalten von Interesse ist, und warnen vor moralischen Urteilen über die Adäquatheit väterlichen Verhaltens, wenn sich diese bloß an den in einer Gesellschaft geäußerten Erwartungen orientieren.

8. Sorge durch Hilfskräfte (Honigbiene, Ameise);
9. Sorge in einem Kindergarten (Kaiser-Pinguine, Adelie-Pinguine);
10. Sorge durch Geschwister (Mottenmilben);
11. Haupt- oder alleinige Sorge durch das Männchen (verschiedene Fischarten wie Stichling, Wels; auch Pinguin- und Straußenarten; verschiedene Affenarten).

Bis auf den nicht beobachteten Fall einer Sorge für den Nachwuchs ausschließlich durch mehrere Männchen ist in dieser Klassifikation eine weitgehende Symmetrie bei den Möglichkeiten erkennbar, wie sich die beiden Geschlechter an der Kinderaufzucht beteiligen können.

Lynns (1974) Aufteilung der nachwuchsbezogenen Aufgaben bei den Wirbeltieren in drei Arten von Familien, nämlich Mutter-, Eltern- und Vater-Familien, bleibt im Vergleich zu Howells' Einteilungsschema grobrastrig. Unterscheidungskriterium ist bei ihm ebenfalls das jeweilige Versorgungsverhalten der Eltern.

Nochmals eingeschränkt auf Säugetiere wählt dieser Autor das jeweils von der Art typischerweise gewählte Paarungssystem, wobei er vier Systeme genereller Art angibt (in Klammern jeweils einige Beispiele):
1. Die nur kurze Paarung mit nachfolgender Rückkehr zu einem isolierten Leben (Hamster),
2. die ebenfalls nur kurze Paarung bei sonst sozialer Lebensform, etwa in einer Horde oder einer Herde (Bison),
3. die fortdauernde unterstützende Paarbeziehung nach der Paarung (Fuchs),
4. die Haremsformation mit einem Männchen und mehreren Weibchen (Seehunde, Rotwild, Paviane).

Eine andere, hier vorzuschlagende Möglichkeit, Ordnung in die Vielfalt der hier zu behandelnden Phänomene zu bringen, besteht darin, zunächst Variationsdimensionen väterlichen Verhaltens zu bestimmen und hierfür Variationsquellen zu identifizieren. So lassen sich vier grobe Variationsdimensionen väterlichen Verhaltens unterscheiden, nämlich Unterschiede
1. zwischen den Arten,
2. innerhalb der Art (entweder bezogen auf diese insgesamt oder bloß auf soziale Teilgruppen),
3. lebens- und lerngeschichtlicher Art und
4. solche aufgrund der jeweiligen individuell-situativen Disposition.

Bei den Variationsquellen für väterliches Verhalten können in ähnlicher Weise und ohne unterstellte Rangfolge idealtypisch sechs Einflußschwerpunkte bestimmt werden, nämlich:
1. Die jeweilige genetische Anlage und biologische Ausstattung,
2. die ökologischen Rahmenbedingungen (frühere wie gegenwärtige),
3. die soziale Organisationsform,
4. die vorgängige Erfahrung des Individuums,

5. die psychophysiologische Verfassung und
6. die individuellen Neigungen und Eigenarten (Idiosynkrasien).

Dieser letzten Aufteilung wird in Annäherung und nach Maßgabe der vorhandenen Forschungsresultate bei der weiteren Darstellung gefolgt werden.

3.3 Empirische Befunde zum Vaterverhalten bei Tieren

Ziel des folgenden Abschnitts ist es, die Behauptung zu belegen, *daß* sich Väter im Tierreich – und zwar bei den unterschiedlichsten Arten und in unterschiedlichstem Ausmaß – an der Kinderpflege und -aufzucht beteiligen.

Parke & Suomi (1982) weisen darauf hin, daß unglücklicherweise die ersten experimentellen Arbeiten und Beobachtungsstudien an Tieren zu belegen schienen, daß (Primaten-)Väter an ihrem Nachwuchs kaum interessiert sind und infolgedessen auch kaum Pflegeverhalten an den Tag legen. So ergab eine der frühen Arbeiten (DeVore, 1963), daß sich männliche Paviane in freier Wildbahn kaum um ihre Jungen kümmerten; sie übernahmen aber für die gesamte Gruppe eine Beschützerrolle. Auch spielten sie wenig mit den Jungen, und nur selten kam es zu einem zärtlichen Körperkontakt zwischen diesen und dem Vater. Bei Rhesusaffen im Labor (Chamove, Harlow & Mitchell, 1967) zeigten Affenmännchen verglichen mit Weibchen gegenüber noch sehr kleinen Jungen eine zehnfach höhere Rate feindseligen Verhaltens und eine viermal geringere Rate von Pflegeverhalten. Howells (1969) berichtete von Lemuren-Weibchen, daß sie die Männchen sogar verjagten, wenn sie sich den Jungtieren näherten.

Typisch für diese Ergebnisse ist, daß sie in ihrer Spezifizität nicht erkannt und mit dem möglichen väterlichen Verhalten schlechthin gleichgesetzt wurden. Außerdem hatte man den komplementären Aspekt des Vaterbeitrags übersehen. Mit der wachsenden Zahl von Untersuchungen, einer verfeinerten Methodik sowie einem geschärften Bewußtsein für die zu berücksichtigenden Randbedingungen begann sich jedoch mit den neueren Untersuchungen das Bild zu wandeln. Heute weiß man, daß die Spannweite der Möglichkeiten einschließlich der beiden Extreme, d. h. völlige Übernahme der Sorge durch den Vater einerseits, keine Vaterbeteiligung bis hin zum Kindermord andererseits, in ihrem ganzen Umfang in der Natur vertreten ist.

Dieser Befund wirft fast zwangsläufig die Frage auf, was die Gründe gewesen sein mögen (bzw. welche es nach wie vor sind), die für die Ausbildung des jeweils artspezifischen oder sogar individuellen Vaterverhaltens verantwortlich zu machen sind. Erste Hinweise auf mögliche Antworten werden sich bereits dem nächsten Abschnitt entnehmen lassen. Für Nichtprimaten müssen die Beschreibungen aus Raumgründen relativ knapp ausfallen, da sie in erster Linie nur die angesprochene Vielfalt illustrieren sollen. Dagegen sollen die subhumanen Primaten ausführlicher behandelt werden, weil sie am ehesten Hinweise und Erklärungen für die Deutung der Verhältnisse beim Menschen liefern können.

3.3.1 Vaterverhalten bei Nichtprimaten

Bei Insekten gibt es in der Regel keinerlei elterliche Sorge für die Nachkommen, jedoch bemerkt Wilson (1975, zit. in Rypma, 1976), daß es einige Ausnahmen gibt, bei denen der Vater Bewachungs- und Schutzfunktionen übernimmt.

Eine reine Vater-Familie findet man bei manchen Fischarten oder anderen niederen Wirbeltieren (Ridley, 1978). Tinbergen (1952) hat ausführlich das Vaterverhalten des Stichlings (Gasteroteus aculeatus)[1] beschrieben, der nicht nur den Nestbau besorgt, sondern auch die abgelegten Eier mit frischem Wasser ventiliert, die geschlüpfte Fischbrut bewacht, gegenüber Eindringlingen verteidigt und den Schwarm der Jungfische zusammenhält. „Ausreißer" holt er zurück, indem er sie mit seinem Maul einfängt und wieder zum Schwarm führt. Bei südamerikanischen Welsarten, sogenannten Maulbrütern, transportieren die Männchen die Brut im Maul, bis sie schlüpft. Während dieser Phase stellen sie das Fressen völlig ein. Auch nach dem Ausschlüpfen ist das Maul des Vaters noch eine Zeitlang Zufluchtsort, falls Gefahren drohen (Howells, 1969). Das Seepferdchen-Weibchen (Hippocampus) legt die Eier in eine Körpertasche des Männchens ab, das von da an für die Eier und die ausschlüpfende Brut zu sorgen hat. Von der südeuropäischen Geburtshelferkröte (Alytes obstetricans) ist bekannt, daß das Männchen eine Schnur aus Eiern um seine Beine gewunden mit sich herumträgt, bis es an der Zeit ist, sie in einem Gewässer abzulegen, in dem später die Kaulquappen aufwachsen können (Etkin, 1964).

Die phylogenetisch weiterentwickelten Reptilien zeigen im allgemeinen überhaupt keine elterliche Sorge (Rypma, 1976). Dies ist erst bei der Spezies der Vögel der Fall, die als Warmblütler wieder besonderen Bedingungen gerecht werden müssen und sehr verschiedenartige Formen des Vaterverhaltens ausbildeten. Bei den Silbermöwen (Larus argentatus pontoppidan) (Tinbergen, 1953) und bei Tauben (Columbidae) brütet tagsüber fast ausschließlich das Männchen. Auch bei den meisten Straußenarten sind nur die Männchen für das Ausbrüten zuständig (Howells, 1969). Und bei den Phalaropodidaen kümmert sich das Männchen sogar ausschließlich um den Nestbau und das Brüten (Etkin, 1964). Die Jungen des Kaiser-Pinguins (Aptenodytes for-

---

[1] Die lateinischen Bezeichnungen der Tierarten werden im weiteren der besseren Lesbarkeit wegen nur bei der erstmaligen Nennung angefügt.

steri) leben nach dem Schlüpfen in der Bauchtasche des Vaters und werden überwiegend von ihm versorgt, während das Weibchen das Fischen besorgt (Howells, 1969).

Etkin (1964) macht auf einen Zusammenhang bei Vögeln aufmerksam, der zwischen der Auffälligkeit und Differenziertheit der Farbgestaltung des Gefieders einerseits und der Beteiligung an der Kinderaufzucht andererseits besteht: Je bunter und hervorstechender die Färbung ist, desto geringer ist das Ausmaß der Beteiligung und umgekehrt. Dieser Zusammenhang gilt unabhängig vom Geschlecht des Tieres. Bei den meisten Singvögeln kümmern sich Weibchen und Männchen gleichermaßen um die Nachkommen; dementsprechend wenig unterscheiden sie sich in ihrem Äußeren.

Während bei den Vögeln etwa 8000 monogam und nur wenige polyandrisch lebende Arten gezählt werden, ist Monogamie für Säugetiere keine kennzeichnende Lebensform (Katz & Konner, 1981). Bei den Arten, die eine relativ beständige Beziehung eingehen, sei es in Form eines Paares oder eines Harems, sind die Voraussetzungen günstig, daß sich auch Vaterverhalten bei den Männchen beobachten lassen wird, während in allen anderen Fällen, in denen sich Weibchen und Männchen nur kurzzeitig allein oder am Rande einer Herde zur Kopulation treffen, keine weiterreichende Beziehung zwischen den Nachkommen und ihren Vätern gestiftet wird. Ein anderer Gesichtspunkt ist, daß Neugeborene von Säugetieren auf die Mutter in besonderer Weise angewiesen sind und die Mutter für deren Versorgung physiologisch optimal ausgestattet ist, was eine reine Vater-Familienorganisation bei Säugetieren ausschließt und dementsprechend bei der großen Mehrzahl der Säugetiere kaum eine hohe Vaterbeteiligung erkennen läßt. Dennoch werden in der Literatur Fälle aufgeführt, in denen Männchen unterschiedlicher Arten ein Sorgeverhalten für ihre Jungen entwickeln, das sich weitestgehend deren Bedürfnissen anpaßt. Der Wolf (Lupus) versorgt z.B. das Weibchen und die Jungen, indem er Futter vorverdaut und für die Jungen wieder erbricht. Estes & Goddard (1967) berichten ähnliches von afrikanischen Wildhund-Männchen (Lycaon), die auf diese Weise fünf Wochen alte Jungtiere fütterten, nachdem deren Mutter gestorben war. Andere Wildhundarten bringen den Weibchen oder „Babysittern" (Katz & Konner, 1981) Nahrung, wenn diese nicht selbst jagen können (Fox, 1975; van Lawick & van Lawick-Goodall, 1971). Daß die Anwesenheit und Mithilfe des Vaters die Überlebenschancen der Nachkommen erhöht, hat Dudley (1974a, 1974b) am Beispiel der kalifornischen Maus (Peromyscus californicus) demonstriert, wenn die Mutter nur eingeschränkt verfügbar ist oder die Jungen früh entwöhnt worden sind. Half hier das Männchen mit, gewannen die Jungen schneller an Gewicht und überlebten eher.

Diese wenigen Beispiele sollen genügen, um zu zeigen, daß Vaterverhalten bereits bei verschiedenen Spezies, die nicht den Primaten zuzurechnen sind, sehr unterschiedliche Formen annehmen kann. Ein erstes, hier festzuhaltendes Ergebnis ist, daß eine Reihe von Faktoren für die Erklärung dieser Unterschiedlichkeit in Betracht gezogen werden muß (die noch genauer in Punkt 1.3.3 „Systematisch untersuchte Zusammenhänge" behandelt werden), daß genetische Faktoren, zumindest bei den entwickelteren Spezies, in Wechselwirkung mit Umgebungsbedingungen stehen und daß die Vermutung, es gebe eine genetische Festlegung für weibliche Tiere, die sie für die Aufzucht und Pflege des Nachwuchses prädisponiert, nicht uneingeschränkt aufrechterhalten werden kann.

3.3.2 Empirische Befunde zum Vaterverhalten bei subhumanen Primaten

Man kennt heute über 200 Arten nichthumaner Primaten (Mitchell, 1977), bei denen sich eine große Variabilität in den elterlichen Verhaltensweisen beobachten läßt. Dies gilt sowohl hinsichtlich des von der Mutter als auch des vom Vater eingebrachten Anteils. Auch bei ihnen reicht die Spannweite für das Vaterverhalten von Gleichgültigkeit, ja Feindseligkeit (und sogar Tötung des Jungen) bis hin zur regelmäßigen und langfristigen Pflege, manchmal fast ausschließlich durch ihn allein.

Längerfristige und noch dazu monogame Beziehungen sind bei Säugetieren allgemein die Ausnahme (Lynn, 1974). Bei Primaten lassen sie sich aber noch relativ häufig beobachten. Auch wenn mit Langfristigkeit und Monogamie der Beziehung zwei Voraussetzungen beschrieben sind, die im allgemeinen als günstig dafür angesehen werden, daß sich ein deutliches Vaterverhalten ausbildet, gilt für Primatenmännchen generell, daß sie – wahrscheinlich wegen der charakteristischen Ernährungsweise der Neugeborenen bei dieser Gattung – nicht so häufig an der Aufzucht und Pflege der Kinder beteiligt sind (Lynn, 1974). Dies trifft nicht für alle Arten gleichermaßen zu.

Von den Affen der Neuen Welt (Mittel- und Südamerika) ist bekannt, daß sich bei ihnen die Männchen in ausgeprägter Weise für die Kinder interessieren und aktiv an der Kinderaufzucht mitwirken. Das kann soweit gehen wie bei den Titi-Affen (Calicebus moloch), bei denen die Männchen die Jungen sofort nach dem Säugen bei der Mutter wegholen und fast ohne Ausnahme die übrige Zeit herumtragen bzw. halten und auch mit Futter versorgen (Mason, 1966; Starin, 1978). Bei anderen Krallenaffen sind die Weibchen weit aggressiver als die Männchen. Diese tragen die Hauptverantwortung für die Nachkommen (Hampton, 1964; Hampton, Hampton & Landwehr, 1966, zit. in Lynn, 1974). Sie helfen bei der Geburt, nehmen die Kinder entgegen, waschen diese und pflegen sie, bis sie selbständig leben können (Katz & Konner, 1981). Gelegentlich kauen sie sehr jungen Tieren sogar Futter vor, eine bemerkenswerte Tatsache insofern, als das Teilen von Nahrung bei Primaten, und zwar selbst zwischen Eltern und Nachkommen, ein ziemlich seltenes Verhalten ist (Redican & Taub, 1981).

Bei den Affen der Alten Welt (in erster Linie Asien) ist das Bild weit uneinheitlicher. Mitchell und seine Kollegen haben in einer Reihe von Arbeiten Unterschiede im Elternverhalten bei männlichen und weiblichen Rhesusaffen (Macaca mulatta) im Labor studiert (Gomber & Mitchell, 1974; Mitchell, 1968; Mitchell, Redican & Gomber 1974; Redican & Mitchell, 1974) und zudem mit dem Verhalten verglichen, das von Rhesusaffen in freier Wildbahn bekannt ist (Breuggeman, 1973; Kaufmann, 1967; Lindburg, 1971; Southwick, Beg & Siddiqi, 1965). Während männliche Rhesusaffen in der Natur Neugeborene und Jungtiere kaum beachten, sie sogar häufig attackieren und bei beengten Verhältnissen auch töten (Lynn, 1974), entwickeln sie im Labor durchaus elterliche Verhaltensweisen, wenn sie dazu Gelegenheit haben. Interessant ist dabei, daß sie nicht bloß mütterliche Verhaltensweisen übernehmen, sondern sich auf mindestens vier Arten deutlich in ihrem Verhalten von weiblichen Rhesusaffen unterscheiden: (1) Es kommt sehr selten zu einem Bauch-zu-Bauch-Kontakt zwischen Jungtieren und Vater; (2) die Vater-Kind-Beziehung verstärkt sich mit dem Alter der Jungtiere, während die Stärke der Mutter-Kind-Beziehung abnimmt; (3) das Rhesusmännchen schützt das Junge, indem es auf die Gefahrenquelle losgeht, während das Rhesusweibchen das Junge aufnimmt und flüchtet; und (4) die Rhesusmännchen spielen weit häufiger und intensiver mit den Jungen als die Weibchen. Darüber hinaus reagieren sie gelegentlich durchaus unterschiedlich auf Jungtiere, je nachdem, ob die Mütter eine Interaktion zuließen oder ob es sich um nah verwandte oder verwaiste junge Tiere handelte (Kaufmann, 1967). Zu einem ähnlichen Ergebnis kamen Spencer-Booth & Hinde (1967), als sie einige Weibchen aus einer Kolonie von Rhesusmakaken entfernten: Die Männchen spielten dann öfter mit den Jungen oder trugen sie Bauch an Bauch, ein Verhalten, das sonst nahezu nie zu beobachten war.

Selbst bei isoliert aufgezogenen Rhesusaffen ergaben sich bemerkenswerte Unterschiede, wenn diese Tiere mit Jungen zusammengebracht wurden. Es war hier bei weitem nicht so gefährlich, Männchen mit Jungen zusammenzulassen wie mit entsprechend aufgezogenen Weibchen. Die Männchen waren sogar in der Lage, die Jungen erfolgreich aufzuziehen. Auf eine Trennung vom aufziehenden Männchen reagierten die Jungtiere in einer ähnlichen Weise wie auf eine Trennung von der Mutter, was auf eine entwickelte Beziehung zwischen Jungen und Vater hindeutet. Mitchell (1977) sieht sich aufgrund dieser Beobachtungen zu der Vermutung veranlaßt, daß (zumindest die Rhesus-)Männchen über eine größere Plastizität im Verhalten verfügen, während die Mütter ein Verhalten von vergleichsweise geringer Unterschiedlichkeit zeigen. Gerade diese Verschiedenheit bedeute aber für das Jungtier wie für die Gruppe – so Mitchell – einen Zuwachs an Erfahrungsmöglichkeiten. Er meint, daß es sehr gewagt wäre, sichere Aussagen darüber machen zu wollen, welches Verhalten ein den Primaten zuzurechnendes Lebewesen tatsächlich zeigt, wenn man es jeweils verschiedenen Umständen aussetzt.

Ganz anders als die Rhesusaffen verhalten sich Japanische Makaken (Macaca fuscata) (Itani, 1959). Während der Geburt übernehmen die ranghohen Männchen Schutzaufgaben gegenüber ein- oder auch noch zweijährigen Jungtieren, die in der übrigen Zeit die Mutter wahrnimmt, und entlasten sie auf diese Weise zugunsten der Neugeborenen. Sie zeigen dann ein Pflegeverhalten wie die Mutter und spielen mit den Jungtieren gelegentlich über Stunden hinweg. Wenn ein Makakenjunges verwaist, werden erwachsene Männchen allen anderen Tieren, einschließlich der mit der Waise verwandten, als Ersatzeltern vorgezogen. Umgekehrt nehmen diese eine solche Aufgabe auch an, während erwachsene Weibchen dies nur höchst selten tun (Hasegawa & Hiraiwa, 1980). Gelegentlich versuchen Männchen über Jungtiere Gefallen bei höhergestellten Tieren zu finden und sozial aufzusteigen (Crook & Goss-Custard, 1972).

Interessant ist auch, was Kaufman & Rosenblum (1969) bei Stummelschwanz-Makaken (Macaca arctoides) feststellten. Während normalerweise die Männchen sich nicht um die Jungen kümmern, solange ein Weibchen dies tut, übernehmen sie diese Funktion für eine gewisse Zeit, falls die Mutter nicht verfügbar ist oder experimentell entfernt wurde. (Informationen zur Spezies der Berberaffen (Macaca sylvanus) vgl. unten, 3.3.3).

Für verschiedene Pavianarten ist kennzeichnend, daß sie nicht nur unterschiedlichen Paarungssystemen (Harems oder Gruppen mit jungen und alten Tieren, die nicht nach Geschlechtern getrennt leben) zugeordnet werden können, sondern differenzierte, alters- und geschlechtsabhängige Eltern-Kind-Beziehungen entwickeln. Dementsprechend gibt es ein sehr unterschiedliches Verhalten bei den Pavianmännchen.

Kummer (1967, 1968) hat bei Hamadryan-Pavianen (Papio hamadryas), die in sehr stabilen Harems-Formationen leben, soziale Dreiecksbeziehungen untersucht. Junge männliche Tiere haben hier oft eine Babysitter-Funktion für die Einjährigen, die von verschiedenen Müttern stammen. Bei Angriffen flüchten die kleinen Paviane in die Arme des älteren männlichen Tieres, das sich dann gegen die Gefahrenquelle wendet. Um diesen sicheren Platz entsteht bei den Jungtieren nicht selten ein Wettstreit. Weibliche, etwa einjährige Jungtiere verlagern ihre Abhängigkeit von der Mutter ganz auf ein junges Männchen, welches sie – bis sie ausgewachsen sind – beschützt und später der Anführer eines Harems wird, dem dieses Weibchen dann ebenfalls angehört. Männliche Jungtiere zeigen kein vergleichbares Verhalten gegenüber einem älteren Männchen. Statt dort Schutz zu suchen, ergreifen sie selbst ein noch jüngeres Tier, wenn sie von einem erwachsenen Männchen angegriffen werden, umarmen es und stehlen sich davon, quasi eine Mutter-Rolle übernehmend, was wiederum ältere weibliche Jungtiere nicht tun würden. Packer (1980) macht auf den Nutzen aufmerksam, der aus diesem Verhalten für die Männchen erwächst: Sie werden seltener von höher in der Hierarchie stehenden Männchen angegriffen und können sogar relativ zu anderen Männchen an

Dominanz gewinnen. Redican & Taub (1981) glauben, die Ergebnisse für verschiedene Pavianarten zusammenfassend, sogar sagen zu können: „Das primäre Charakteristikum der meisten Männchen-Kind-Interaktionen scheint zu sein, daß es der Beeinflussung der Beziehung zu anderen Hordenmitgliedern dient", (a. a. O., S. 233) womit aber nicht in Abrede gestellt werden soll, daß nicht auch die Jungen von diesem Verhalten profitieren.

Bei Anubis-Pavianen (Papio anubis), die in Herden leben, verhält sich das Männchen gegenüber den noch kleinen Jungen in einer Weise, die sich von der der Weibchen kaum unterscheidet. Ein krankes und noch dazu verwaistes weibliches Jungtier wurde sogar regelrecht von einem erwachsenen männlichen Pavian adoptiert, der es von da ab ständig beschützte und dessen ständiger Begleiter wurde (DeVore, 1963). Erwachsene dominante Männchen, nicht aber junge oder noch heranwachsende männliche Tiere, kommen häufig in die Nähe von Müttern mit Jungen, die noch keinen Monat alt sind. Diese verlassen aber selten die Mutter. Mit zunehmendem Alter kommt es bei diesen Pavianen zu einer Verlagerung der Bindung an die Mutter auf erwachsene männliche Tiere. Dies äußert sich z. B. darin, daß die Jungen in Streßsituationen eher zu letzteren als zur Mutter flüchten. Wenn sie zehn Monate alt sind, halten sie sich meistens in einer Gruppe von gleichaltrigen Tieren auf. Erst wenn die jungen Paviane etwa zweieinhalb Jahre alt sind, hört die beschützende Einstellung seitens der erwachsenen Männchen auf (bei der Mutter schon früher). Von diesem Alter an müssen sie sich in die Hierarchie der Herde einfügen (DeVore, 1963).

Über das Eltern-Verhalten der Männchen bei verschiedenen Menschenaffenarten ist allgemein wenig bekannt, doch glaubt man sagen zu können (Lynn, 1974), daß alle mehr oder weniger den Jungen (wie dem ganzen Trupp) gegenüber eine Schutzhaltung einnehmen, sie verteidigen und weglaufende Junge wieder einfangen, jedoch keine regelmäßigen Pflegeaufgaben wahrnehmen (Katz & Konner, 1981). Alle Männchen reagieren unmittelbar auf Notrufe der Jungen, und bei den meisten bestehen lockere Verbindungen zu den Jungtieren, die sich darin äußern, daß sie nach ihnen Ausschau halten oder sich in ihrer Nähe aufhalten.

Die Familie der Hidae-Gibbons (Hylobat) und die ihr zugehörige Gattung der Siamangs (Symphalangus) bilden die kleinste Menschenaffenart. Die Gibbons leben monogam, und der Beitrag der männlichen Tiere zur Aufzucht der Kinder ist groß. In der Wildnis hat man erwachsene Gibbon-Männchen beobachtet, die Neugeborene untersuchten und putzten (Redican & Taub, 1981). Solange die Jungen noch nicht älter als sechs Wochen sind, verlassen sie die Mutter kaum. Mit wachsendem Alter lösen sich die jungen Gibbons von der Mutter und treten häufiger mit dem Vater in Kontakt (Berkson, 1966), d. h. sie spielen und ringen mit diesem oder verfolgen einander. Noch bis zu einem Alter von 18 Monaten dürfen sich die Jungen einiges erlauben, was älteren Jungtieren nicht mehr gestattet ist. Diese müssen es sich zunehmend gefallen lassen, von den Eltern bedroht, verfolgt oder auch geschlagen und gebissen zu werden. Erreichen die jungen Gibbons schließlich die sexuelle Reife, werden sie von den Eltern solange bedroht, bis sie sich aus der Herkunftsgruppe entfernen und eine eigene Familie bilden (Carpenter, 1940; Ellefson, 1968, zit. in Redican & Taub, 1981). Man interpretiert dieses Verhalten als Versuch der Eltern, die Jungtiere von sich abzulösen und in die Lage zu versetzen, selbständig zu leben.

Ähnlich liegen die Verhältnisse bei den Siamang. Die jungen Tiere werden bis zu einem Alter von etwa einem Jahr von der Mutter geputzt, und sie schlafen auch bei ihr. Später tritt diesbezüglich der Vater an die Stelle der Mutter. Die Ablösung der geschlechtsreifen Tiere aus dem Familienverband erfolgt wie bei den Gibbons durch Vertreiben, jedoch scheint sie bei den Siamang weniger gewaltsam als bei den Gibbons betrieben zu werden (Chivers, 1971, 1972; Fox, 1972, 1974).

Aus Feldbeobachtungen von Fossey (1976) ist bekannt, daß ein erwachsener Berg-Gorilla (Gorilla beringei) ein weibliches Jungtier aufzog, dessen Mutter gestorben war. Er putzte es mehr, als es normalerweise eine Mutter tun würde, und blieb bei Aufenthalten in seiner Nähe. Sein Bedürfnis, das Gorillamädchen zu schützen, ging sogar so weit, daß er anderen nicht einmal erlaubte, mit ihm zu spielen. Dasselbe Männchen hatte aber zuvor auch ein Junges getötet, das von einem, später gestorbenen, ranghöheren Männchen gezeugt worden war (vgl. unten Kindermord). Der erwachsene Berg-Gorilla putzt manchmal auch noch sehr junge Tiere und trägt sie über kurze Strecken, hält sich aber im allgemeinen von ihnen und der Mutter fern. Gegenüber älteren Jungtieren ist das Männchen sehr duldsam. Diese scheinen wiederum seine Gegenwart zu suchen.

Vom erwachsenen männlichen Orang Utan (Pongo pygmeus) weiß man wenig mehr, als daß er im allgemeinen solitär lebt oder in Gruppen, die nur aus Männchen bestehen, und nur kurze Zeiten mit Jungtieren und Weibchen zusammen ist (Rodman, 1973), beide aber auch gelegentlich verteidigt (Davenport, 1967; Schaller, 1963, zit. in Lynn, 1974).

Der gleiche Wissensstand ist bei Schimpansen (Pan) gegeben. Schimpansen-Männchen gelten zwar als duldsam gegenüber dem Nachwuchs, gelegentlich sollen sie jedoch auch aggressives Verhalten zeigen. Auch während der Kopulation mit einem Weibchen werden sie jedoch nicht aggressiv gegenüber einem noch jungen Tier – wohl aber gegenüber einem bereits älteren –, wenn dieses sie von der Mutter zu stoßen versucht (van Lawick-Goodall, 1967).

Auch wenn die vorliegenden Informationen zum Teil noch spärlich sind und nicht als vollkommen gesichert gelten können, lassen sie doch erkennen, daß das, was für die Nichtprimaten gesagt wurde, für Primaten ebenfalls, wenn nicht sogar noch verstärkt zutrifft: Das im einzelnen gezeigte Verhalten läßt sich nicht hinreichend dadurch erklären, daß man ausschließlich auf ein genetisch verankertes Programm, welches noch dazu Weibchen für die Kinderaufzucht prädestiniert, zurückgreifen kann. Das aktuell gezeigte Verhalten ergibt sich vielmehr aus dem Zusammenspiel sehr unterschiedlicher Faktoren. Welche hierfür in Betracht kommen, dem soll nun näher nachgegangen werden.

3.3.3 Systematisch untersuchte Zusammenhänge

Die hier ausgewählten Themenschwerpunkte sind nicht deshalb als unabhängig voneinander zu sehen, weil sie aus analytischen Gründen jeweils für sich genommen dargestellt werden. Je nach Orientierung der Forscher, auf deren Ergebnisse Bezug genommen wird, rückt aber der eine oder andere Gesichtspunkt in den Vordergrund. Deren Schwerpunktsetzung soll deshalb auch bei der Darstellung der Befunde beibehalten werden, zumal eine kausalsystematische Abhandlung einen Erkenntnisstand vortäuschen würde, der bislang noch nicht gegeben ist.

Hinzu kommt, daß eingehende und längerfristige Untersuchungen heute Faktoren deutlich werden lassen, die naturgemäß bei Untersuchungen, die nur kurze Zeiträume umfaßten oder nur auf die Klärung spezieller Fragen ausgerichtet waren, nicht erfaßt werden konnten. Dies betrifft z.B. Formen des Verhaltens, die vergleichsweise selten auftreten, oder solche, die entwicklungsbedingt sind und nur während bestimmter Phasen im Lebenslauf auftreten, was eine Methodik verlangt, die entweder Entwicklungsverläufe erfaßt oder auf solche Entwicklungszeiträume abgestellt ist. Die Zahl derartiger (Längsschnitt-)Studien ist aber vergleichsweise gering, was das Bild, das sich an Hand der vorliegenden Ergebnisse zeichnen läßt, beeinflußt und eine klare Interpretation vielfach noch verhindert. Dies wird sich unvermeidlich auch in der folgenden Darstellung niederschlagen müssen.

(a) Der Einfluß der sozialen Organisation einer Art

Ältere Arbeiten leiden vielfach an dem Mangel, daß sie sich bei der Behandlung ihres Themas auf einen zu kleinen Ausschnitt der in Frage kommenden Bedingungen beschränkt haben und damit sowohl die Bedingungsvielfalt einengten als auch die Verschränktheit dieser Bedingungen verkannten. Die Folge war eine Vielzahl spezifischer, sich zugleich aber nicht selten widersprechender Ergebnisse. Das trifft gerade auch für die Untersuchung sozialer Variablen zu, deren Kontextabhängigkeit erst nach und nach erkannt wurde. Diese Kontextabhängigkeit und Verschränktheit der Bedingungen deutlich zu machen, ist eine Absicht, die bei der Auswahl der im weiteren behandelten „Einzel"-Fragen mitbestimmend war.

(aa) *Der Einfluß des Paarungssystems:* Verschiedentlich wurde in der wissenschaftlichen Literatur die Vermutung geäußert, daß die Art des Paarungs-

Triadische Interaktionen zwischen adulten bzw. subadulten Männchen der Spezies Macaca Sylvanus (Berberaffen) und Jungtieren

Deag & Crook (1971) beobachteten, daß adulte bzw. subadulte Berberaffenmännchen neonatale Säuglinge mit sich tragen, enge Beziehungen mit ihnen eingehen und ein einzigartiges, dem Ablauf nach stark ritualisiertes und komplexes System triadischer Interaktionen entwickeln, das in der Literatur unter ‚agonistic buffering' bekannt wurde: Rangtiefe Männchen benutzten die Babies als ‚soziales Werkzeug', um die „Aggressionsbereitschaft ranghöherer Männchen ‚abpuffern', dadurch Statusnachteile abmildern und die eigene soziale Position möglicherweise verbessern zu können" (Paul, 1984).

Diese ‚agonistic-buffering'-Hypothese wurde von Taub (1980) überprüft und mit folgender Begründung verworfen: (a) Männchen seien bei der Wahl der Babies, die sie tragen, sehr selektiv; (b) der erwartete Aggressionsabbau tritt nur extrem selten auf und (c) dyadische Interaktionen sind häufiger als triadische. Zur Interpretation dieser besonderen Beziehung zwischen adulten bzw. subadulten Berberaffenmännchen und den Jungtieren verwendet Taub (1980) dagegen die ‚parental-investment'-Hypothese, die besagt, daß das Fürsorgeverhalten von Männchen notwendig sei, um das Überleben des Kindes zu sichern, wobei den Männchen-Jungtieren-Beziehungen tatsächlich verwandtschaftliche Beziehungen zugrundeliegen. Triadische Interaktionen sind nach Taub gemeinsames Investment der Männchen in ‚ihr' Kind (Küster & Paul, 1984)[1].

In einer neueren Studie haben Küster & Paul (1984) die beiden Hypothesen einer Überprüfung unterzogen. An sechs Jungtieren im Berberaffenfreigehege in Salem erfaßten die Autoren 1983 über 3000 triadische Interaktionen. Die Analyse dieser interaktionalen Daten stützten die ‚parental-investment'-Hypothese von Taub nicht. Vielmehr sprechen die Daten für die ‚agonistic-buffering'-Hypothese von Deag & Crook (1971) mit dem Unterschied, daß „eine auf einem starren Dominanz/Inferioritäts-Prinzip basierende Interpretation der ‚agonistic-buffering'-Hypothese das Interaktionsmuster nicht hinreichend zu erklären (vermag), da ein nicht unerheblicher Teil der Interaktionen vom dominanten Partner initiiert wird" (Paul, 1984)[1]. Wie Paul weiter berichtet, wird das triadische Interaktionsmuster von der „Rangbeziehung der Interaktionspartner, dem Grad der Spannung zwischen ihnen und der Beziehung zum beteiligten Jungtier beeinflußt". Auch „läßt die bevorzugte ‚Benutzung' bestimmter Jungtiere den Schluß zu, daß die Interaktionspartner um die Beziehungen der anderen Gruppenmitglieder wissen und dieses Wissen zu ihrem Vorteil einsetzen" (Paul, 1984).*

---

* Herrn Andreas Paul sei an dieser Stelle für die Überlassung der Fotos herzlich gedankt.

[1] persönliche Mitteilung.

Triadische Interaktionen zwischen zwei adulten Berberaffenmännchen und einem vier Wochen alten Jungtier (‚agonistic buffering') (Foto: Andreas Paul, Affenberg Salem).

Soziale Fellpflege (‚Grooming') zwischen zwei adulten Berberaffenmännchen und einem vier Wochen alten Jungtier (Foto: Andreas Paul, Affenberg Salem).

systems einen maßgeblichen Einfluß auf die Ausbildung des Vaterverhaltens haben könnte. Dieser Frage soll hier nachgegangen werden. Die Gründe, die für die jeweilige „Wahl" des Paarungssystems in Frage kommen, werden jedoch erst später diskutiert. Lynn (1974) hat vier Typen von Paarungssystemen angegeben (vgl. oben 3.2), auf die hier zurückgegriffen werden soll, wobei jedoch die beiden ersten von ihm genannten Formen zusammengefaßt werden.

Die monogame Beziehung: Primaten mit monogamer Beziehung bilden eine relativ kleine Teilgruppe aller Primaten. Hierzu zählen vor allem die Callitricidae (z.B. die Krallenaffen und Tamarins) und die Hylobatidae (z.B. die Gibbons und die Siamangs). Typische Kennzeichen monogam lebender Säugetiere sind nach Kleiman (1977): (1) Weibchen und Männchen unterscheiden sich relativ wenig in ihrer Gestalt; (2) der Paarung geht selten ein Paarungszeremoniell voraus, d.h. es gibt kein ausgeprägtes Werbungsverhalten, und nur selten sind im Verhalten und Aussehen der Geschlechter Veränderungen beobachtbar, die darauf schließen lassen, daß bei den Weibchen eine Empfängnisbereitschaft vorliegt; (3) solange die Jungtiere noch bei den Eltern leben, dürfen sie selbst keinen Nachwuchs zeugen; und (4) heranwachsende Tiere beteiligen sich an der Sorge für jüngere Tiere. Kennzeichnend für diese Gruppe sind weiterhin eine territoriale Lebensweise und eine Beteiligung der Männchen an der Kinderaufzucht bis hin zu gelegentlichem „Rollentausch" zwischen Weibchen und Männchen (so bei den Krallenaffen und Tamarins).

Im Sinne der Investmenttheorie (vgl. 5.3) ist ein Pflegeverhalten bei den erwachsenen Männchen mit monogamer Lebensweise eher zu erwarten, da – im Gegensatz etwa zu einem Harem – nur ein Weibchen Junge gebären kann und deshalb die Zahl der Nachkommen relativ klein bleibt, und aus der Sicht der „Gewißheitsthese" (vgl. 5.4) die Sicherheit über die eigene Elternschaft ziemlich hoch sein kann.

In der Tat ist bei den monogam lebenden Primaten väterliches Pflegeverhalten in bedeutendem Ausmaß zu beobachten. Die Männchen tragen Jungtiere, bringen ihnen Nahrung und dienen ihnen als sichere Basis bei Erkundungen. Bei den Krallenaffen und Tamarins wurde öfter beobachtet, daß die Weibchen Eindringlinge in das Territorium vertreiben, während die Männchen die Jungen trugen und auf sie aufpaßten (Snowdon & Suomi, 1982). Andererseits variiert das gezeigte Verhalten bei den Männchen nicht nur innerhalb der monogam lebenden Arten, sondern auch von Tier zu Tier. Bei manchen Paaren sind die Männchen ausschließlich diejenigen, die bis auf kurze Zeiten des Säugens für die Jungen sorgen, bei anderen ist es dagegen gerade umgekehrt. Verglichen mit nichtmonogam lebenden Arten sind die erwachsenen männlichen Tiere aber generell zu einem weit höheren Anteil unmittelbar an der Aufzucht des Nachwuchses beteiligt. Gleiches gilt für die

Gibbons und Siamangs. Das Siamang-Männchen gehört zu denjenigen Hylobatiden, die am frühesten und häufigsten Jungtiere tragen. Dies geschieht in der Regel allerdings erst dann, wenn die Jungen nicht mehr gesäugt werden, d. h. wenn sie zirka zwei Jahre alt sind.

Eine intensive Vaterbeteiligung ist auch bei anderen monogam lebenden Säugetierarten festgestellt worden, z. B. beim Wolf oder bei afrikanischen Wildhunden (Estes & Goddard, 1967). Bei den überwiegend monogam lebenden Vögeln sammeln die Männchen Futter und Material für den Nestbau. Sie suchen und verteidigen den Brutplatz und beteiligen sich am Brüten (Trivers, 1972).

Die Haremsbeziehung: Eine Haremsbeziehung zeichnet sich dadurch aus, daß ein (dominantes) Männchen mit mehreren geschlechtsreifen Weibchen und Jungtieren beiderlei Geschlechts in einer Gruppe lebt. Weibchen und Männchen unterscheiden sich meist deutlich in Größe und Gestalt. Geschlechtsreifer männlicher Nachwuchs wird vom Anführer des Harems in der Regel aus der Gruppe verjagt. Kummer (1968) berichtet von Hamadryan-Pavianen, daß die Männchen eine beherrschende Stellung innehaben und die Weibchen in einem hohem Maße von ihnen kontrolliert werden. Paarungsversuche zwischen Weibchen und männlichen Jungtieren werden von ihnen unterbunden. Wenn von männlichen Tieren elterliches Verhalten gegenüber den Jungen gezeigt wird, dann von solchen, die gegenüber dem Haremsführer eine untergeordnete Position besitzen. Das gezeigte Elternverhalten ist zumeist substitutiver Art. Bei dem Männchen, das einer Haremsgruppe vorsteht, läßt sich jedoch derartiges Verhalten nicht (mehr) beobachten: Sein Beitrag beschränkt sich in der Regel auf den Schutz des Nachwuchses (bei einer im allgemeinen toleranten Einstellung den Jungtieren gegenüber), also auf komplementäres Vaterverhalten.

Lebensweise ohne feste Paarbeziehung: Bei den promiskuös lebenden Arten, hierzu zählen verschiedene Makaken- und Pavianarten, z. B. Berberaffen oder Bagots, Japanische Makaken und Anubis-Paviane, ist meist eine vergleichbare Unterschiedlichkeit in Körpergröße und Körperbau der Geschlechter zu beobachten wie bei den Arten mit Haremsorganisation. Snowdon & Suomi (1982) stellten nach einer kritischen Durchsicht der vorhandenen Forschungsliteratur über Primaten mit promiskuösen Beziehungen fest, daß sich zwar generell die väterliche Sorge auf komplementäre Aktivitäten beschränkt wie Verteidigung des Territoriums oder der Jungen, aber im einzelnen doch Unterschiede bestehen. Während männliche Rhesusmakaken im allgemeinen keinerlei väterliche Sorge zeigen, wenn sie in ihren natürlichen Lebensbedingungen erforscht wurden, kommt es bei den Berberaffen und bei Japanischen Makaken zu einem solchen Verhalten. Erstere nehmen Junge auf und tragen sie mit sich herum – und dies nicht nur in „Puffersituationen". Bei letzteren hat Itani (1959) festgestellt, daß sie sogar – mit Ausnahme des Säugens –

ähnlich wie Makakenmütter mit den Jungtieren umgehen. Während einer Geburt sorgen sie anstelle der Mutter für die älteren Jungtiere (Itani, 1963).

Kleiman & Malcolm (1981) haben für 70 verschiedene Säugetierarten untersucht, ob es eine korrelative Abhängigkeit zwischen Paarungssystem und Elternverhalten gibt. Von sechs zuvor bestimmten substitutiven Formen der Vaterbeteiligung mußten mindestens zwei bei den Männchen der jeweiligen Art nachweisbar sein, damit für diese substitutives Vaterverhalten angenommen werden konnte. Der nachfolgende Vergleich ergab, daß bei 22 (76%) der 29 als monogam eingestuften Arten substitutives Vaterverhalten vorlag, während dies bei den 41 polygamen Arten nur für 21 (51%) der Fall war. Dieses und die vorherigen Ergebnisse machen deutlich, daß der Variablen „Paarungssystem" keine entscheidende Rolle zukommt, wenn es um die Bestimmung derjenigen Bedingungen geht, die die Entwicklung und Performanz väterlichen Verhaltens steuern. Es ist gegenwärtig aber auch nicht auszuschließen, daß sie doch daran mitwirkt – möglicherweise überformt durch andere Einflüsse (vgl. auch 5.4 Die Diskussion der „Gewißheitsthese" bei Snowdon & Suomi (1982)).

(ab) *Die Bedeutung der sozialen Erfahrung für die Kinderaufzucht:* Für manche Primatenarten ist es unumgänglich, daß sie erst einmal als heranwachsende Tiere Erfahrungen im Umgang mit Jungtieren und ihrer Pflege sammeln, bevor sie später selbst Nachwuchs adäquat aufziehen können (Redican (1981) bzw. Redican & Taub (1981) haben dies für Krallenaffen und Tamarins bestätigt). Wo solche Erfahrungen fehlten, war zwar die Zeugung von Nachkommen möglich; später aber, bei der Aufzucht, versagten die Eltern (Epple, 1975; Ingram, 1975). Das bedeutet, daß die Fähigkeit zur Elternschaft bei diesen Primaten nicht als vollständig angeboren gelten kann; sie muß erst (und hier ist zu ergänzen: sie kann also auch) in ihrem vollen Umfang von beiden Eltern gelernt werden.

– *Der Einfluß von Rang und Alter der untersuchten Männchen:* Bei verschiedenen Untersuchungen stellte sich heraus, daß die Interaktionen zwischen erwachsenen männlichen Tieren und dem Nachwuchs auch innerhalb derselben Gruppe variierten und die Variationsbreite zum Teil beträchtlich war. Als ein bedingender Faktor für diese Unterschiede wurde der soziale Rang des Männchens in Betracht gezogen. Dies erwies sich aber als ein Problem, da die empirischen Daten diese These nicht einheitlich unterstützten, sondern ihr teilweise sogar widersprachen (Hendy-Neely & Rhine, 1977). Dieselbe Sachlage ergab sich, wenn anstelle des sozialen Rangs das Alter der Männchen als erklärende Variable herangezogen wurde (Estrada & Sandoval, 1977, Gouzoules, 1975, zit. in Parke & Suomi, 1982). Suomi & O'Neill (1982) geben jedoch einen Hinweis, wie einige der bis dahin widersprüchlichen Ergebnisse bezüglich des Einflusses von Alter und sozialem Rang geklärt werden könnten. Bei ihrer Untersuchung von männlichen Stummelschwanz-Makaken stellte sich nämlich heraus, daß beide Faktoren zusammenspielen. Der soziale Rang eines Männchens wuchs mit dem Alter und damit auch die Interaktionshäufigkeit mit den Jungen.

– *Der Einfluß von Alter und Geschlecht der Jungtiere auf die Vater-Kind-Interaktion:* Eine Vielzahl detaillierter Kenntnisse des Verhaltens von Tieren verdanken wir Beobachtungen an Rhesusaffen. Dies gilt auch für die meisten der im folgenden zu berichtenden Ergebnisse. So zeigte eine Längsschnittuntersuchung im Labor, die Redican (1975, 1976) an wildgeborenen Rhesusaffen vornahm, bei den erwachsenen Männchen im Vergleich zu den Weibchen eine größere Anteilnahme an den männlichen Jungtieren als an den weiblichen. Wenn die Weibchen mit Jungtieren spielten, bevorzugten sie wiederum weibliche Junge. Die Kontakte zwischen männlichen erwachsenen Tieren und männlichen Jungen fielen auch weit deutlicher aus und waren positiver, als wenn sie sich auf weibliche Junge bezogen (Redican, 1976).

Männliche und weibliche erwachsene Rhesusaffen unterscheiden sich ebenfalls in der Qualität der Interaktion, je nachdem, welchen Geschlechts das Jungtier ist (Suomi, 1977). Neuere Untersuchungen (Suomi, 1979) haben erkennen lassen, daß solche Unterschiede bezüglich des Verhaltens bei den erwachsenen Rhesusmännchen ebenfalls deutlicher ausfallen als bei den erwachsenen Weibchen. Eine ähnliche Tendenz wird von Stummelschwanz-Makaken (Estrada & Sandoval, 1977), Japanischen Makaken (Itani, 1963), Berberaffen (Deag & Crook, 1971) und Krallenaffen (Kleiman, 1980; Stevenson, 1978) berichtet (nach Parke & Suomi, 1982).

Daß das Alter des Jungtiers eine eigenständige Variable ist, die das (Spiel-)-Verhalten der erwachsenen wie der noch jungen Tiere beeinflußt, wurde aus einer eingehenden Untersuchung Suomis (1977) deutlich, die damit auch frühere Ergebnisse (Breuggeman, 1973; Suomi, 1972; Suomi, Eisele, Grady et al., 1973) korrigierte: Demnach ergaben sich geschlechtsspezifische Verhaltensunterschiede bei den erwachsenen Männchen erst, als die Jungtiere 16 Monate alt waren: Sie richteten dann häufiger Spielaufforderungen an die weiblichen Jungtiere. Umgekehrt traf das gleiche für die Jungtiere zu: Erst ab einem Alter von 18 Monaten suchten sie mehr das Spiel mit dem Vater. Zudem spielten sie zwar häufig mit den eigenen Vätern, dagegen nie mit anderen erwachsenen Männchen, während männliche Jungtiere zu keinem Zeitpunkt ihrer Entwicklung solche Unterschiede machten. Brandt, Irons & Mitchell (1970) stellten ebenfalls fest, daß sich männliche Stummelschwanz-Makaken eher an der Pflege jüngerer als älterer Tiere beteiligen. Suomi (1979) und Redican (1981) kommen zu dem Ergebnis, daß das Geschlecht des Jungtiers die Interaktion zwischen den erwachsenen Männchen und den Jungen stärker beeinflußt als irgendein anderer Faktor, während dies für die erwachsenen Weibchen nicht in gleichem Maße gilt.

– *Der Einfluß der Art der Interaktion:* Sofern es bei den Primaten zwischen dem Nachwuchs und männlichen Erwachsenen überhaupt zu Interaktionen kommt oder wenn solche generell selten stattfinden und nicht in aggressiver Absicht auf ein Jungtier gerichtet sind, dann ist Spielen bei weitem die häufigste von ihnen. Je mehr die Väter bei anderen Aktivitäten für den Nachwuchs mit engagiert sind (z. B. Pflege, Transport), desto geringer wird zwar der relative, kaum aber der absolute Anteil des Spiels an der Gesamtmenge der Interaktionen. Der prozentuale Anteil des Spielverhaltens wurde von Suomi (1977, 1979) für Rhesusmännchen zu etwa 60% bestimmt. Taylor, Teas, Richie et al. (1978) kamen für wild lebende nepalesische Rhesusaffen auf etwa den gleichen Prozentsatz. Auch für Orang-Utans stellten Zucker, Mitchell & Maple (1978) fest, daß der größere Anteil an den Interaktionen zwischen erwachsenen Männchen und Jungtieren spielerischer Natur ist. Schon wegen dieses relativ hohen Anteils des Spiels an allen Interaktionen zwischen Jungen und Männchen wird man davon ausgehen müssen, daß ihm im Vergleich mit den Interaktionsarten, wie sie für erwachsene Weibchen typisch sind – wozu Spiel gerade *nicht* gehört (Golopol, 1977; Suomi, 1979) –, ein hoher Stellenwert zukommt.

Eine weitere Abhängigkeit besteht zwischen dem Alter der Jungtiere und dem Anteil, den das Spiel an allen Interaktionen innehat. Wenn der Aufwand für die Pflege mit fortschreitendem Alter geringer wird, wird stattdessen häufiger mit dem Nachwuchs gespielt. Dies trifft beispielsweise für Japanische Makaken (Itani, 1963), Berberaffen (Deag & Crook, 1971), Stummelschwanz-Makaken (Estrada & Sandoval, 1977) und für Krallenaffen (Kleiman, 1980; Stevenson, 1978) zu.

(b) Kindermord durch erwachsene männliche Tiere der gleichen Art

Als eine extreme Form der Vater-Kind-„Interaktion" ist der relativ seltene, aber auch nicht völlig ungewöhnliche Kindermord durch erwachsene männliche Tiere der gleichen Art anzusehen. Er wurde bei Hyänen (Fox, 1975), Löwen (Bertram, 1975) und Primaten wie Languren (Hrdy 1974, 1977), Schimpansen (Suzuki, 1971) und Berg-Gorillas (Fossey, 1976, zit. in Redican, 1981) beobachtet. Weil aber gerade Säugetiere meist sehr sorgsam mit ihrem Nachwuchs umgehen (Redican, 1981), muß die Tatsache des Kindermords um so mehr zu denken geben. Dieses Verhalten ist gegenwärtig unter Primatologen (so Redican & Taub, 1981) Gegenstand einer heftigen Kontroverse. Hrdy (1974, 1977, 1979) habe, so diese Autoren, überzeugend dargelegt, daß der Kindermord durch eindringende Männchen eine „reproduktive Strategie" sei, die die Chance der Fortpflanzung für eigene Nachkommen erhöhe, da nach dem Tod der Jungen die Weibchen wieder empfängnisbereit würden, zumal ebenfalls feststeht, daß das neue, der Gruppe vorstehende Männchen gegenüber den nachgeborenen Jungtieren duldsam ist, diese besonders aktiv bei Angriffen von außen verteidigt und gelegentlich sogar mit ihnen spielt (Hrdy, 1974; Yoshiba, 1968). Hierzu ist anzumerken, daß diese Diskussion vor dem Hintergrund der Beobachtung geführt wird, daß „Junggesellen" in einen Harem eindringen und dann das hier lebende Männchen verjagen, woraufhin einer von den „Junggesellen" den Harem übernimmt und dann absichtlich alle noch jungen Nachkommen des Vorgängers tötet (dies wurde u. a. bei Languren (Presbytis entellus) festgestellt). Curtin & Dolhinow (1978) bzw. Curtin (1977) sind dagegen der Auffassung, ein solches Verhalten sei abnorm und möglicherweise eine fehlangepaßte Reaktion auf ungünstige ökologische Bedingungen wie eine hohe Populationsdichte. Hrdy (1979) behauptet dagegen, daß bei den möglichen Gründen für einen Kindermord, die er bei seinen Untersuchungen identifiziert hat, alle bis auf den des sozial pathologischen Verhaltens für das eindringende Männchen mit Vorteilen verbunden seien, weshalb dieser – trotz seines extremen Charakters – nicht ausschließlich als sozial unangepaßt gedeutet werden könne. Jüngste Untersuchungen von Vogel (1984) und seinen Mitarbeitern liefern Unterstützung für diese Auffassung.

(c) Einfluß der ökologischen Rahmenbedingungen

Die Form der Beziehung zwischen Weibchen und Männchen, aber auch das Alter und der soziale Rang eines Tieres oder die soziale Struktur einer Tiergruppe sind augenfällige Hinweise, die sich als kausale Faktoren für Erklärungen anbieten. Dies mag ein Grund dafür gewesen sein, daß die ökologischen Rahmenbedingungen als eigenständiger Faktor vergleichsweise spät Aufmerksamkeit auf sich zogen. Die Zahl der durchgeführten Untersuchungen war außerdem zunächst zu klein, als daß diese eine hinreichende Basis für verallgemeinerungsfähige Schlußfolgerungen hätten bieten können. Im Laufe der Zeit verbreiterte sich diese Basis aber nicht nur; die deutlicher werdende Inkonsistenz zwischen einer Reihe von Aussagen verlangte auch nach neuen Interpretationsmustern, und die bis dahin vernachlässigten ökologischen Rahmenbedingungen gewannen deshalb verstärkt an Interesse.

Heute wird ökologischen Faktoren ein zentraler Stellenwert bei der Erklärung unterschiedlicher Formen der väterlichen Beteiligung eingeräumt (Jolly, 1972), und die soziale Organisation einer Art wird ihrerseits als nicht unabhängig von der jeweiligen Ökologie erkannt. Von den bedeutenden Faktoren seien etwa genannt: (1) Die Ausgestaltung des Lebensraums (z. B. die Bedingungen im Urwald oder in der Savanne, oder auch das Leben in freier Wildbahn, als Haustier oder in einem Labor), (2) die damit verbundenen Versorgungsmöglichkeiten für die erwachsenen Tiere und die Nachkommen und (3) das Vorhandensein natürlicher Feinde, womit aber keinesfalls schon alle wichtigen Faktoren bezeichnet sind. Fox (1975) nennt z. B. noch die Jagdweise, die Beutegröße und deren Verteilung. Einige dieser Zusammenhänge sollen im folgenden kurz beleuchtet werden.

(ca) *Reichhaltigkeit bzw. Beschränktheit der Ressourcen:* Ein hohes väterliches Investment läßt sich vielfach dort beobachten, wo die Tiere Allesfresser sind, in isolierten Paaren oder Gruppen leben, wo die verfügbaren Ressourcen eher beschränkt sind und die Jungen nach der Geburt relativ lange von den Eltern abhängig bleiben (Chivers, 1971, 1972; Jolly, 1972, zit. in Katz & Konner, 1981; Lack, 1968; Orians, 1969). Diese Bedingungen gelten, wenn auch im einzelnen etwas unterschiedlich, z.B. für Gibbons und Siamangs, verschiedene wilde Hundearten, Coyoten, Füchse und viele Vogelarten.

Der entscheidende Punkt für den ökologischen Ansatz ist, daß sich das gezeigte Verhalten auch bei derselben Art deutlich verändern kann, wenn sich die ökologischen Rahmenbedingungen wandeln. Barash (1975) hat dies in einer Felduntersuchung an Murmeltieren demonstriert. Wenn die Populationsdichte aus ökologischen Gründen gering war, kam es zu häufigeren Interaktionen zwischen den Männchen und den Jungen, und die Männchen lebten im selben Bau mit den Weibchen. War die Populationsdichte jedoch groß, war beides nicht der Fall. Daß die Sozialstruktur von Veränderungen in den verfügbaren Ressourcen beeinflußt wird, ist u. a. auch belegt für Languren (Hrdy, 1974; Jay, 1965; Yoshiba, 1968). Kummer (1971) sieht einen reproduktiven Vorteil für Haremsformationen gegeben, wenn Futter in hohem Maße nur jahreszeitlich eingeschränkt zur Verfügung steht und sich deshalb die Überlebenschancen für die Nachkommen verringern.

Die enge Koppelung von Monogamie und territorialem Verhalten hat immer wieder zu einer Begründung herausgefordert. Redican & Taub (1981) bieten als Erklärung die These an, daß die Verteidigung eines Territoriums während der Paarungszeit eine stabile Futtermenge garantiere.

(cb) *Vorhandensein und Zahl natürlicher Feinde:* Die Strategien, die eine Art zur eigenen Verteidigung und zur Verteidigung des Nachwuchses einschlägt, zeigen in besonderer Weise die Verschränkung von ökologischen Bedingungen, die sich im phylogenetischen und ontogenetischen Maßstab auf die Beteiligung des Männchens auswirken, spielen hier doch der Körperbau der Geschlechter, die entwickelten Mittel zur Gegenwehr und die Eigenarten des Angreifers genauso eine Rolle, wie die soziale Organisation der Abwehr. Entsprechend breit gestreut sind die Möglichkeiten des Einsatzes der Männchen zur Verteidigung. Es gibt Arten, bei denen fast ausschließlich die Männchen einen Eindringling attackieren, während die Weibchen (mit den Jungen) flüchten oder sich verstecken, so z.B. bei den Rhesusmakaken oder den Japanischen Makaken (Alexander, 1970). Bei anderen ist es gerade umgekehrt: Hier sind die Weibchen die aggressiven und angreifenden Tiere wie etwa bei manchen Krallenaffen. Es kommt aber auch vor, daß Männchen und Weibchen gleichermaßen gegen einen Angreifer vorgehen oder sich sogar eine ganze Horde zur Verteidigung einsetzt. Estes & Goddard (1967) beobachteten dies z. B. bei afrikanischen Wildhunden. Generell zeigen bei den Anthropoiden die Männchen mindestens etwas Schutzverhalten gegenüber den Jungtieren (DeVore, 1965).

Besonders interessant sind in diesem Zusammenhang solche Fälle, in denen sich das Verhalten eines Männchens Jungtieren gegenüber ändert, weil es ein solches „adoptiert“, etwa weil das zugehörige Weibchen getötet wurde und das Männchen dessen Aufgaben übernimmt, und zwar selbst dann, wenn sonst – bei Verfügbarkeit des Weibchens – solche Verhaltensweisen nicht gezeigt werden. Solche „Adoptionen“ wurden bei verschiedenen Primaten beobachtet, so bei Japanischen Makaken (Hasegawa & Hiraiwa, 1980), bei Pavianen (Bolwig, 1959; Dolhinow & Bishop, 1970; Lynn, 1974), bei Berg-Gorillas (Fossey, 1976) oder auch bei Orang-Utans (MacKinnon, 1974).

(cc) *Leben in der Wildnis / Laborsituation:* Ein massiver Eingriff in die ökologischen Bedingungen eines Tieres liegt vor, wenn es in Gefangenschaft gehalten wird oder sogar unter ganz speziellen Laborbedingungen leben muß – und dies eventuell seit seiner Geburt. Die Spezifizität des hier gezeigten Verhaltens wird oft und zu Recht als künstlich kritisiert. Gleichwohl erlaubt es die Besonderheit dieser Bedingungen auch, Aufschluß über die Bedeutung ökologischer Faktoren zu erhalten und damit Aussagen, die aufgrund von Beobachtungen in anderen Umgebungen zustande kamen, einzuschränken. Dies wird an den folgenden Ergebnissen sehr deutlich.

Männliche Rhesusaffen, die in der Wildnis selten ein Elternverhalten entwickeln, sind dennoch dazu fähig, wenn ihnen dazu Gelegenheit gegeben wird (Gomber & Mitchell, 1974; Redican & Mitchell, 1973). Suomi (1977) hat über drei Jahre lang das Verhalten erwachsener männlicher Rhesusaffen im Labor registriert. Es zeigte sich, daß diese beträchtliche Fähigkeit zur Versorgung des Nachwuchses besitzen, die sich unter Freilandbedingungen, wo sie Jungen zumeist aus dem Weg gehen oder diese sogar angreifen, nicht ohne weiteres erkennen lassen. Beachtlich ist dabei, daß die Rhesusmännchen eine Flexibilität im Verhalten demonstrierten, die im gleichen Ausmaß im Verhalten der Weibchen nicht festzustellen war. Diese konnten sich weit weniger an Veränderungen in der sozialen und ökologischen Situation anpassen (Parke & Suomi, 1982). Spencer-Booth und Hinde fanden bereits 1967 heraus, daß dann, wenn die Mutter experimentell entfernt wurde, die Interaktionsrate zwischen Männchen und Jungen anstieg. Auch bei einem in Gefangenschaft lebenden männlichen Orang-Utan wurden zehn unterscheidbare, auf ein Jungtier gerichtete Verhaltensweisen aufgezeichnet, obwohl dieser Menschenaffe in der Wildnis nur selten mit Jungen interagiert (Zucker, Mitchell & Maple, 1978). Dolhinow (1975) machte dieselben Beobachtungen an Languren-Männchen.

Die hier vorgestellten Ergebnisse aus der Vaterforschung bei Tieren, insbesondere bei Primaten, die teils auf Verhaltensbeobachtungen in freier Natur oder im Labor, teils auf Tierexperimenten beruhen, widerlegen eine Auffassung, nach der gezeigtes Vaterverhalten ausschließlich genetisch festgelegt ist und weibliche Tiere „von Natur aus" für Aufgaben prädestiniert sind, die sich aus der Aufzucht des Nachwuchses ergeben. Die Ergebnisse sprechen vielmehr dafür, Vater – bzw. allgemein Elternverhalten als das Resultat des Zusammenspiels einer Reihe von Faktoren zu sehen, unter denen die genetische Information eine mehr oder minder große Rolle spielt. Je entwickelter eine Spezies ist, desto offener scheint sie dabei für Umwelteinflüsse zu sein. Dies verweist auf die Notwendigkeit, gezeigtes Elternverhalten vor allem im Hinblick auf seine adaptive Funktion unter den *jeweils besonderen* Bedingungen zu untersuchen, denen ein Lebewesen zu begegnen hat. Ob dieser Gedanke auch für den Menschen Gültigkeit besitzt, soll das nun folgende Kapitel zeigen.

4
Anthropologische und kultur-vergleichende Untersuchungen

Die bisher dargestellten Ergebnisse von Verhaltensbeobachtungen und die tierexperimentellen Befunde an Lebewesen unterschiedlichster Arten haben eindrucksvoll belegt, welch breites Spektrum an Reproduktionsverhalten in der Natur vorkommt. Sie haben weiterhin gezeigt, wie flexibel die Aufzuchtmethoden selbst innerhalb einer bestimmten Art bei der Anpassung an die jeweiligen Lebensbedingungen gewählt werden. Und sie haben schließlich einen Eindruck vom Gewicht solcher Faktoren vermitteln können, die in früheren Arbeiten oft zu wenig berücksichtigt worden waren, wie Alter und Geschlecht der Beteiligten, die Art der betrachteten Aktivitäten, die soziale Organisation der untersuchten Spezies, die soziale Stellung des Individuums und die ökologischen Bedingungen.

Damit wurde bereits für Tiere eine Bedingungsvielfalt angesprochen, von der man wahrscheinlich kaum sagen können wird, daß sie für den Menschen weniger bedeutsam ist. Psychologische und soziokulturelle Einflüsse haben bei ihm ungleich schwereres Gewicht, da das Vaterverhalten auf individueller und gesellschaftlicher Ebene Modifikationen zugänglich ist, z. B. über die Definition der Geschlechterrollen im Kontext der jeweiligen Familienstruktur und im Kontext der gesellschaftlichen Normen insgesamt. Von daher gesehen ist die Frage interessant, ob sich für ihn – sogar trotz dieser Faktoren, die die mögliche Bandbreite des Verhaltens eigentlich noch erweitern – ein dennoch vergleichsweise eingeschränkter Verhaltensspielraum für das Aufziehen bzw. Erziehen von Kindern abzeichnet. Eine andere wichtige Frage ist, *welche* Faktoren sich als maßgeblich für die Ausbildung von Unterschieden und Gemeinsamkeiten bei verschiedenen Kulturen identifizieren lassen. Die Antwort darauf wird mit darüber entscheiden, welche Chance eine bewußte Gestaltung der Vater-Kind-Beziehung in unserer Gesellschaft hat und welche Gestalt sie annehmen kann.

Einige der Überlegungen, die schon zuvor zu den Schwierigkeiten bei der Erforschung väterlichen Verhaltens im Tierbereich angestellt wurden, sind mutatis mutandis auf den Humanbereich zu übertragen. Es wird deshalb auf diesen Abschnitt verwiesen. Gleiches gilt für einen Teil der Fragestellungen, die noch im Kapitel „5 Spezielle Theorien und Erklärungsversuche für unterschiedliche Erscheinungsformen väterlichen Verhaltens“ behandelt werden.

Ein Wort sei auch zur Forschungssituation auf diesem Gebiet gesagt. Katz & Konner (1981) stellen fest, daß es gegenwärtig noch wenige Arbeiten gibt, die *nicht*westliche Väter im Umgang mit ihren kleinen Kindern zum Thema genommen haben, und zwar unter Ausnützung des heute vorhandenen Potentials an empirischen Methoden, das bei entsprechenden Untersuchungen mit westlichen Vätern verwendet worden ist. Als Gründe für diese Situation nennen sie unter anderem, daß nicht alle der bei Kulturvergleichen beobachteten Väter überhaupt so viel Zeit zusammen mit ihren Kindern verbringen, daß es etwa eine Zeitstichproben-Methodik erlaubt, unter natürlichen Bedingungen eine nennenswerte Menge von Informationen zu sammeln. Es ist einsichtig, daß bei dieser Ausgangslage klassische Vergleichsverfahren unter Umständen überhaupt nicht eingesetzt werden können. Dem widerspricht nur scheinbar ein weiterer, ebenfalls Grundsätzliches ansprechender Vorbehalt, den viele Anthropologen gegenüber einer Methodik haben, die primär dem westeuropäisch-amerikanischen Kulturzusammenhang entnommen und unkritisch auf andere Kulturen übertragen wird. Weil diese Methodik mit Implikationen und Konnotationen verknüpft ist, begünstige sie kulturbedingte Fehlinterpretationen und lasse umgekehrt wichtige kulturspezifische Besonderheiten gar nicht erst erkennen. Diesem Dilemma können sich auch die Arbeiten nicht immer entziehen, auf die hier Bezug genommen wird.

4.1 Die Entstehung der Familie und die historische Entwicklung der Vaterrolle

Obwohl man Genaues über die Entstehung der Familie nicht weiß, wird allgemein angenommen, daß die menschliche Evolution mit der Bildung der Familie einhergeht (Bloom-Feshbach, 1981), und zwar deshalb, weil sie in *allen* menschlichen Kulturen vorgefunden wird (Howells, 1969). Neben der Heirat und einer Arbeitsteilung auf kooperativer Basis schließt die Evolution der Familienstruktur das Phänomen der *sozialen* Vaterschaft mit ein. Auch wenn die Rolle des Vaters in verschiedenen menschlichen Gesellschaften sehr unterschiedlich bestimmt wird, kennen alle ein spezielles Band zwischen Kind und Vater, manchmal auch mehreren Vätern. Letzteres mag erstaunen, weil in unserer Zivilisation in der Regel kein Zweifel darüber besteht, *wer* der Vater eines Kindes ist. Dieses Wissen baut jedoch auf zwei Voraussetzungen auf, die keinesfalls selbstverständlich sind (schon gar nicht für Gesellschaften, die noch auf frühen Stufen der Entwicklung stehen), nämlich daß höchstens *ein* Mann der Vater sein kann und daß *überhaupt* ein Mann zur Zeugung eines Kindes hinreichend ist. Da die Geburt eines Kindes nicht die zwingende Folge einer vorausgegangenen Kopulation ist, war es durchaus logisch – und keinesfalls primitiv – anzunehmen, daß ein Mann zwar nötig, aber möglicherweise nicht von entscheidender Wichtigkeit für das Entstehen eines Kindes ist.[1] Deshalb ist es bemerkenswert, daß es dennoch in der ganzen Geschichte definitive soziale Vater-Kind-Beziehungen gab, gleichgültig, ob in der betreffenden Gesellschaft (1) die biologische Funktion des Mannes bei der Zeugung bekannt war, (2) die Männer zwar „Väter" waren, ohne jedoch die Kinder selbst gezeugt zu haben, (3) die Geschlechtsbeziehung polyandrisch war, d. h. eine Frau mit mehreren Männern verkehrte, oder schließlich (4) eine matrilineale Organisation der Gesellschaft bestand (Schneider & Gough, 1961).

Wie die umfassende kulturvergleichende Untersuchung von Murdock (1957, 1967) an 175 Jäger- und Sammlergesellschaften ergab, wiesen diese durchgehend eine Familienstrukur mit traditioneller Arbeitsteilung auf, die wahrscheinlich nicht wesentlich verschieden von der „ursprünglichen Familienstrukur" (Bloom-Feshbach, 1981) gewesen sein wird, wie sie vor zehn- bis fünfzehntausend Jahren bestanden hat. Es wird deshalb bereits an dieser Stelle auf deren Ergebnisse Bezug genommen. 97% dieser Kulturen betrachteten Jagen als Angelegenheit der Männer; Fischen wurde in 93% ebenfalls als Tätigkeit der Männer angesehen. In 60% der Kulturen sammelten nur die Frauen die Nahrung. In der Regel waren der Kampf, das Beschützen des Stammes sowie das Ausüben religiöser Funktionen Domäne des Mannes, während in den Aufgabenbereich der Frauen die Erziehung der Kinder, die Pflege des Heimes und die Zubereitung und Aufbewahrung von Nahrungsmitteln fielen (Gough, 1971). Entscheidungen, die den ganzen Stamm betrafen, wurden, wie Berndt & Berndt (1969) berichten, meist von den Männern getroffen, obwohl die Frauen dabei oft einen großen informellen Einfluß ausübten. Verglichen mit anderen Gesellschaftsstrukturen bedingte die Tatsache, daß Männer und Frauen ökonomisch aufeinander angewiesen waren, sogar eine relative Gleichberechtigung der beiden Geschlechter. Die soziale Beziehung des Vaters zu den Kindern war in den klassenlosen Jäger- und Sammlergesellschaften genau umrissen, und in der Regel waren die Väter den Kindern nahe. Bezüglich einiger Aspekte, vorwiegend der Unterweisung der Söhne in der Jagd und in religiösen Gebräuchen (Berndt & Berndt, 1969), beteiligten sie sich auch an der Kindererziehung.

---

[1] Rivière (1976) hat im Zusammenhang mit den Phänomen der Couvade (des Männerkindbetts, vgl. 5.5) darauf hingewiesen, daß die spirituelle Geburt des Kindes mit dessen leiblicher Geburt für verschiedene Gesellschaften nicht notwendig zusammenfällt. Dieses Denken ist möglich, wenn oder weil der Vater nicht als hinreichend für die Zeugung eines Kindes angesehen wird.

Die Jäger und Sammler hielten sich meist nur begrenzte Zeit an einem Wohnplatz auf, was aber nicht schon bedeutet, daß sie Nomaden waren. Der Übergang zur Ackerbaugesellschaft, der in verschiedenen Gegenden der Welt zu unterschiedlichen Zeitpunkten erfolgte (und manchmal auch überhaupt nicht), verlangte jedoch eine seßhafte Lebensweise, die wiederum die Entstehung des Dorfes begünstigte. Durch die Kultivierung des Ackerbaus über die Entwicklung diverser Techniken wurde es möglich, einen Produktionsüberschuß anzusammeln, der, wenn er sich ungleichmäßig verteilte, die Voraussetzung dafür schuf, daß sich erste Klassengesellschaften ausbildeten. Diese zeichnen sich unter anderem dadurch aus, daß es zu einer stärkeren sozialen Ausdifferenzierung kommt. Davon ist nicht nur die soziale Stellung des einzelnen betroffen; es kommt auch zur Entwicklung unterschiedlicher Familientypen innerhalb desselben gesellschaftlichen Kontextes und zu einer stärkeren Differenzierung bei den Geschlechtsrollen zugunsten einer Stärkung der Position des Mannes. In einer Klassengesellschaft nimmt er gewöhnlich eine privilegierte Stellung ein. Bloom-Feshbach weist allerdings darauf hin, daß die Übergänge fließend sind, so daß auch innerhalb agrarischer Gesellschaften Frauen einen starken Einfluß ausüben können. Er führt als Beispiel die Iroquois-, Samoa- und Yoruba-Frauen an (Sanday, 1974). Eine für die Vater-Kind-Beziehung interessante Folge war, daß in den genannten Kulturen ein stärkerer Einfluß der Frauen in ökonomischen Belangen mit einer ausgeglicheneren Beteiligung beider Geschlechter an der Kindererziehung korrespondierte. Dies sei jedoch keine allgemein hinreichende Bedingung, da etwa die Somali-Frauen eine sowohl wichtige als auch sichtbare wirtschaftliche Rolle spielen, ohne einen entsprechend einflußreichen sozialen Status zu besitzen. Dies verweist auf die Bedeutung psychologischer Momente, die mit den ökonomischen interagieren.

Aufbauend auf der agrarischen Gesellschaft bildeten sich mit Beginn des 18. Jahrhunderts im westeuropäischen Kulturkreis industriell-urbane Strukturen aus, mit weitreichendem Einfluß wiederum auf die Rollendefinition der Familienmitglieder und die Binnenstruktur der Familie. Eine der weitreichenden Konsequenzen für die Familienstruktur war die sich ausformende Rollenteilung zwischen den beiden Eltern: Der Vater wurde zum Hauptverdiener, und die Mutter übernahm fast die ganze Verantwortung für die Erziehung der Kinder, und zwar für die Mädchen wie für die Jungen. Dieser Wandel wird gleichfalls in einer veränderten Einstellung zur Vaterrolle deutlich. So bezeichnen Puertoricaner in den Slums von Manhattan einen Vater dann als gut, wenn er „a good provider" („ein guter Familienernährer") ist (Lintjen, Berle, Grossi et al., 1961).

Dieser Prozeß der Rollenneudefinition scheint heute eher wieder aufzuleben, als daß er bereits als abgeschlossen zu sehen ist. Es ist nicht beabsichtigt, an dieser Stelle im einzelnen nachzuzeichnen, welche Bedingungen diesen Wandel gesteuert haben oder auch nur annähernd genau zu demonstrieren, wie sich dieser auf die Vater-Kind-Beziehung ausgewirkt hat (vgl. hierzu Kapitel 1 „Geschichte der Vater-Kind-Beziehung"). Hier soll nur soviel deutlich werden, daß die sozioökonomische Entwicklung ihre Spuren auch in der typischen Art der Vater-Kind-Beziehung in den jeweiligen historischen Gesellschaftsformen hinterlassen hat. Parallelen zeigen sich auch, wenn man, statt entlang der Zeitachse zu sehen, Kulturen mit unterschiedlichem Entwicklungsstand in der Gegenwart betrachtet.

4.2 Vergleiche gegenwärtiger Kulturen

Bahnbrechende, auch in der nichtwissenschaftlichen Öffentlichkeit bekannt gewordene Arbeiten haben hier Margaret Mead (1935) und Malinowski (1927, 1962) vorgelegt. Malinowski hat Untersuchungen bei den Trobriandern in Melanesien durchgeführt. Die Trobriander gehören zu den Stämmen, die keine Kenntnis von der biologischen Bedeutung des Vaters besitzen. Eine Blutsverwandtschaft des Kindes mit einem erwachsenen Mann kann aus ihrer Sicht allenfalls mit dem Bruder der Mutter, d.h. mit dem Onkel, bestehen. Dennoch ist der Vater keine soziale Randfigur für die Mutter und die Kinder. Das findet seinen Ausdruck unter anderem darin, daß (1) eine Frau heiraten muß, bevor sie Kinder haben darf, daß (2) ein Mann in jedem Haushalt leben muß, daß (3) bei den Trobriandern eine patrilokale Lebensweise vorliegt (die Familie ihren Sitz also am Wohnort des Vaters hat) sowie (4) darin, daß Vater und Mutter sich die Aufgaben der Pflege, der Ernährung und des Transports eines Kindes teilen. Es wird berichtet, daß die Väter gelegentlich auch über Stunden hinweg die Kinder tragen, sie waschen und füttern und in einigen Fällen sogar in erster Linie versorgen. Die emotionale Beziehung des Vaters zu seinen Kindern wird als tief und echt geschildert. Die Kinder erleben ihn als ihren liebevollen Beschützer. Trotz Unkenntnis der biologischen Zusammenhänge erwarten die Trobriander sogar von den Kindern, daß sie versuchen, ihrem Vater ähnlich zu werden (Lynn, 1974).

Eine Äquivalenz im Verhalten von Müttern und Vätern wurde in kulturanthropologischen Untersuchungen bei den Ilocos auf den Philippinen, bei den Taira auf Okinawa und bei den Nyansongo in Kenia festgestellt.

Von Margaret Mead untersuchte Völker sind die Berg-Arapesh und die Mundugumor. Sie berichtet, daß die Arapesh-Männer Verhaltenszüge zeigen, die in unserer Kultur als ausgesprochen mütterlich bezeichnet würden, frauliche Pflichten übernehmen und an der Kindererziehung in gleichem Maße wie die Mütter beteiligt sind. Die Kindererziehung steht bei den Arapesh im Mittelpunkt des sozialen Lebens.

Geradezu gegenteilig verhalten sich die Mundugumor. Beide Geschlechter zeigen ein Verhalten, das nach westlichen Maßstäben als „übertrieben ‚maskulin'" (Hartley & Hartley, 1955) bezeichnet würde. Weder Frauen noch Männer sind besonders kinderlieb. Die Kinder werden allgemein rauh behandelt. Die Mutter verabscheut die Schwangerschaft als Last und verwendet nur ein Mindestmaß an Zuwendung an die Kinder, ohne erkennbar zärtlich zu sein.

Katz & Konner (1981) verwenden für ihre sozioökologische Analyse der Vaterrolle eine Teilstichprobe aus dem weltweiten Kulturvergleich von Murdock (1967) und Murdock & White (1969). Sie wählen aus dieser Stichprobe fünf, auch mit dem Blick auf ihre Existenzgrundlage jeweils exemplarische Beispiele aus, um die Variationsbreite im Verhalten des Vaters zu demonstrieren.

Die *!Kung San* leben in Nordwest-Botswanaland und gewinnen ihren Lebensunterhalt überwiegend durch Sammeln und Jagd. Das natürliche Nahrungsangebot ist so reichlich, daß in der Regel Frauen und Männer nicht mehr als den halben Tag benötigen, um die Ernährung sicherzustellen. Obwohl es gelegentlich vorkommt, daß ein einzelner Mensch getötet wird, bereiten sich diese Buschmänner doch nicht gezielt auf Kampf und kriegerische Handlungen vor. Dies gilt auch für die Erziehung der Jünglinge. Ihre Paarbeziehungen sind gewöhnlich monogam und eingebettet in größere Familieneinheiten (Klans). Den Kindern wird von klein auf mit viel Duldsamkeit und Nachsicht begegnet. Da die Väter relativ viel Zeit haben, bestehen zahlreiche Möglichkeiten zum Kontakt zwischen ihnen und den Kindern. Schon kleine Kinder werden von ihnen aufgenommen und liebkost; die tägliche Versorgung und Beruhigung weinender Kinder obliegt aber den Müttern. Die Kinder wenden sich häufig auch von sich aus an ihre Väter, reden mit ihnen und vermeiden dabei nicht körperlichen Kontakt. Die Väter wiederum weisen diese Annäherungen nahezu nie zurück (nach Katz & Konner, 1981).

Die Bewohner eines *Lesu-Dorfes* in Neuirland (Melanesien) können als typische Vertreter der Kulturen auf den pazifischen Inseln angesehen werden. Sie ernähren sich etwa zu gleichen Teilen durch Fischfang und Gartenanbau, die jeweils von den Männern und Frauen besorgt werden. Selten kommt es zu Kämpfen zwischen den verschiedenen Siedlungen. Auch hier sind die Paarbeziehungen vorwiegend monogam. Das öffentliche Leben ist nach Geschlechtern getrennt organisiert, und für die heranwachsenden, die ledigen und für die Männer mit schwangeren Frauen gibt es ein eigenes Männerhaus, wo sie nachts schlafen. Das Familienleben wird aber als innig und liebevoll geschildert; die Familie bildet eine enge Einheit. Der Ehemann kümmert sich häufig um Kleinkinder, spielt mit ihnen und ist zärtlich zu ihnen, wenn die Frau anderweitig beschäftigt ist. Auch wenn mehrere Männer und Kinder zusammen sind, gehen sie miteinander spielerisch und liebevoll um. Die kleinen Kinder bleiben sich selten selbst überlassen; entweder halten sie sich bei ihren Eltern oder bei ihren älteren Geschwistern auf und nehmen an allen Aktivitäten der Erwachsenen teil (Powdermaker, 1933, zit. in Katz & Konner, 1981).

Die Koreaner aus dem *Sondup'o-Dorf* auf der Kanghwa Insel leben überwiegend vom Ackerbau mit intensiver Bodennutzung durch Verwendung des Pfluges. Die Landbestellung erfolgt hier – im Gegensatz zu den vorherigen Beispielen – durch die Männer. Schutz und Verteidigung des Dorfes werden durch den Staat sichergestellt. Die Familien leben monogam und zumeist in größeren Familieneinheiten. Wohnort und Vererbung folgen einem patrilokalen bzw. patrilinearen Muster. Der älteste Sohn ist der Erbe des Vaters. Dieser ist streng und etwas distanziert den Kindern gegenüber. Nur jüngere Mädchen erfahren von ihm eine liebevolle Zuwendung, während sich seine Beziehung zu den Söhnen eher als ambivalent darstellt. Die disziplinäre Kontrolle liegt beim Vater, und er erwartet den unbedingten Gehorsam seiner Söhne. Die Mutter gilt dagegen als der verständige und entlastende Elternteil. Sie und die älteren Geschwister kümmern sich um die kleineren Kinder; ältere Kinder gehen zur Schule. Nur selten helfen sie dem Vater bei der Feldarbeit (Osgood, 1951, zit. in Katz & Konner, 1981).

Die *Thonga* aus dem Unterstamm der Ronga, die an der Ostküste Südafrikas leben, gewinnen ihren Lebensunterhalt aus einfachem Ackerbau und Viehzucht. Erstere Aufgabe wird von den Frauen verrichtet, letztere von den Männern. Beide tragen substantiell zum Lebensunterhalt bei. Die Thonga verfügen zu ihrer Verteidigung über Krieger mit eigens gestalteten Kriegskostümen. Die Familienorganisation folgt einem polygynen Muster innerhalb eines größeren Familienverbandes, wobei die verschiedenen Frauen eines Mannes jeweils in einer eigenen Hütte leben. Die Väter beziehen sich nahezu nie (mit Ausnahme spezieller Riten) auf die Kinder; von ganz kleinen Kindern halten Tabus den Vater fern. Mangel an freier Zeit spielt hier aber keine Rolle, da die Männer nur wenig durch ihre Aufgaben in Anspruch genommen sind. Kleinstkinder werden von den Müttern versorgt; sobald sie abgestillt sind, leben sie einige Jahre bei den Großeltern. Der Vater erwartet von den Kindern beiderlei Geschlechts absoluten Gehorsam, und er straft seine Söhne körperlich, wenn sie ihm diesen verweigern. Die Kind-Vater-Beziehung ist durch Respekt, der bis zur Furcht gehen kann, gekennzeichnet (Junod, 1927, zit. in Katz & Konner, 1981).

Die *Rwala* sind ein Beduinenstamm, der in der nordarabischen Wüste lebt. Als Halbnomaden bestreiten sie ihren Lebensunterhalt vorwiegend mit Kamelherden, Pferdezucht und dem Handel mit entsprechenden Produkten. Dies sind Aufgaben, für die die Männer zuständig sind, während die Frauen im Häuslichen wirken. Die Rwala gehören mit zu den kriegerischsten Stämmen, die in der Literatur bekannt sind; häufig finden bei ihnen Auseinandersetzungen und Überfälle statt. Die beiden Geschlechter leben streng voneinander getrennt; sie schlafen in abgetrennten Abteilen ihrer Zelte. Der Kontakt der Väter zu den Kindern beschränkt sich zumeist auf gelegentliche Gespräche. Strafen erfolgen von früher Kindheit an körperlich, solange die Kinder noch klein sind mit Stöcken, bei älteren Söhnen auch mit einem Säbel oder Dolch. Jegliche Auflehnung gegen den Vater wird auf diese Weise hart bestraft, auch mit der Absicht, die Söhne für ihr weiteres Leben abzuhärten. Wenn die Knaben älter sind, verbringen sie mehr Zeit mit dem Vater und anderen Männern und leisten ihnen Hilfsdienste. Wenn sie herangewachsen sind, erhalten sie eine Ausbildung als Krieger (Musil, 1928, zit. in Katz & Konner, 1981).

Aus diesen und anderen Beispielen lassen sich verschiedene Dimensionen der Vaterrolle herausschälen, die je nach den Lebensbedingungen und der sozialen Organisation der einzelnen Kulturen unterschiedliches Gewicht haben. Dazu zählen Katz & Konner (1981) die Rolle des Fürsorgenden, des Spielkameraden, des Erziehers und Lehrers, der Autoritätsperson, der Ritualfigur, des Ahnen, des Ernährers und des Verteidigers.

4.3 Vergleichsergebnisse aus hochentwickelten Ländern

In *Japan* bestand die historische Rolle des Vaters darin, Bindeglied zwischen der Privatheit der Familie und dem öffentlich-gesellschaftlichen Leben zu sein, so daß die Fürsorge für die Kinder hauptsächlich der Mutter zufiel. Diese konnte soweit gehen, daß die Mutter sich nach der Geburt eines Kindes völlig von ihrem Mann zugunsten des Kindes zurückzog (Lynn, 1974). Der moderne japanische Vater aus der Mittelklasse ist vor allem in seiner Firma engagiert, einschließlich der meisten seiner Freizeitaktivitäten, die ebenfalls wenig familienbezogen sind. Dies bewirkt eine emotionale Distanz zwischen ihm und der übrigen Familie. Der Vater spielt selten mit den Kindern und wird von diesen in erster Linie als Respektsperson erlebt, jedoch eher von den Jungen als von den Mädchen. Mutter und Kinder schaffen sich einen eigenen Lebensbezirk, der durch Wärme, Verständnis und emotionalen Rückhalt gekennzeichnet ist. Die Mütter sind der Meinung, daß Jungen schwieriger zu erziehen seien als Mädchen und Wünsche nicht so leicht zurückstellen könnten wie diese. Sie geben Jungen im allgemeinen mehr Freiheiten als den Mädchen.

Mackey & Day (1979) haben das Vaterverhalten in einem interkulturellen Vergleich in den *USA, Irland, Spanien, Japan* und in *Mexiko* untersucht. Sie interessierte, wie die Väter mit den Kindern umgingen, und zwar auch in Abhängigkeit von der Zusammensetzung der jeweiligen Erwachsenengruppe und vom Öffentlichkeitscharakter des Zusammenseins. Kriterien waren für sie gezeigter Körperkontakt, Blickkontakt und distanzierendes bzw. kontaktermunterndes Verhalten. Es zeigte sich, daß die amerikanischen Väter häufiger zu den Zeiten mit den Kindern zusammen waren, für die die gesellschaftlichen Normen einen solchen Zugang zuließen. Bei den Vätern aus den anderen Ländern gab es in dieser Hinsicht kaum Unterschiede. Je jünger die Kinder waren, desto öfter waren sie mit Vätern zusammen, desto mehr Berührung und Blickkontakt waren feststellbar – unabhängig vom Geschlecht des Kindes. Ob die Erwachsenengruppe nur aus Männern bestand oder gemischtgeschlechtlich war, spielte für diese Abhängigkeit in keiner der genannten Nationen eine Rolle. In reinen Männergruppen konnten wesentlich mehr Jungen als Mädchen beobachtet werden. Männer in gemischten Gruppen zeigten nur hinsichtlich der Nähe zum Kind geschlechtsspezifische Unterschiede: Die Nähe zu Jungen war größer. Insgesamt gab es nur leichte nationenspezifische Unterschiede im Verhalten der Erwachsenen in gemischten Gruppen. Die Spanierinnen und die Japanerinnen waren den Kindern näher und hatten diese mehr im Blickfeld als die Männer.

4.4 Anthropologische Erklärungsansätze für vorfindbare Unterschiede im Vaterverhalten

Die kulturanthropologische Forschung hat nicht nur auf die kulturelle Bedingtheit des Vaterverhaltens aufmerksam gemacht, sondern auch Erklärungen dafür gesucht, warum zu einem bestimmten Zeitpunkt innerhalb einer Kultur bestimmte Rollenrepertoires bei Mann und Frau vorzufinden sind.

Vergleichende Studien väterlichen Verhaltens bei Mitgliedern verschiedenartigster Kulturen haben zwar deutlich werden lassen, daß solche Verhaltensweisen mit der Familienstruktur, den Arbeitsbedingungen und weiteren sozioökologischen und sozioökonomischen Faktoren variieren. Genauere, insbesondere quantitative Bedingungsanalysen bilden gegenwärtig aber noch eine seltene Ausnahme.

Um zu einer Aussage darüber zu gelangen, welche Faktoren die Vaterrolle und das Vaterverhalten maßgeblich beeinflussen, haben Katz & Konner (1981) einen ersten Schritt unternommen und eine Sekundäranalyse ethnographischer Berichte vorgenommen. Hierzu wählten sie Untersuchungen von 166 historisch und sprachlich voneinander unabhängigen Kulturen aus, denen sie verläßliche Aussagen entnehmen zu können glaubten. Die Auswahl erfolgte so, daß die Berichte von 80 der Kulturen Aussagen über die Altersgruppe der frühesten Kindheit enthielten, die Berichte von den restlichen 86 Kulturen solche über die Altersgruppe der 2- bis 5jährigen. Für ihren Vergleich verwendeten sie als Maß die „Vater-Kind-Nähe“, ein Meßkonstrukt, das von Barry & Paxson (1971) entwickelt wurde. Dieses Maß erlaubt trotz unterschiedlicher Qualität der kulturbeschreibenden Untersuchungen, in einer ersten Näherung die Vater-Kind-Beziehung zu erfassen. In ihm spiegeln sich sowohl emotionale Wärme im Umgang mit den Kindern wie körperliche Nähe und Kontakt. Katz & Konner betrachten als relevante Faktoren für ihre Analyse die sozioökologischen Variablen „Existenzgrundlage“, „Familienorganisation“ und „Arbeitsteilung“. In diesen Variablen sehen sie beim Menschen eine Entsprechung zur Ökologie und sozialen Organisation des Tieres.

Die Auswertung ergab, daß in 90% der untersuchten Gesellschaften die Mutter die überwiegende bis ausschließliche Sorge für Kleinstkinder trug. Für die Gruppe der 2- bis 5jährigen reduzierte sich dieser Anteil auf 27%. Eine „ständige, enge Beziehung" zwischen Kleinstkindern und Vätern wurde umgekehrt nur bei 4% der Kulturen festgestellt; dieser Anteil stieg auf 9% bei der Altersgruppe der 2- bis 5jährigen. Nur gelegentlichen bis gar keinen Kontakt zu Kleinstkindern hatten andererseits die Väter in 57% der Kulturen; hier sank der Prozentsatz auf 31%, wenn die Gruppe der 2- bis 5jährigen betrachtet wurde. Die nächste Frage war, welche Variablen eine große Vater-Kind-Nähe vorherzusagen gestatteten. Hier zeigte es sich, daß keine einzelne Variable für sich genommen bedeutenden Erklärungswert hatte, sondern erst die Kombination bestimmter Variablen. Die Vater-Kind-Beziehung war dann am ausgeprägtesten, wenn die Lebensgrundlage der Kultur das Sammeln von Nahrung oder der Gartenbau war und *keine* Kombination aus Polygynie, patrilokaler Wohnform, erweitertem Familienverband und vaterbeherrschter Arbeitsteilung vorlag. Die regelmäßige Beteiligung des Vaters an kämpferischen Auseinandersetzungen und die Höhe des Beitrags der Mutter zum allgemeinen Lebensunterhalt waren weitere wichtige Faktoren. Die genannten Faktoren korrelieren zwar miteinander, nach den Angaben von Katz & Konner jedoch nicht sehr hoch. Whiting & Whiting (1975b) kommen bei ihrem Vergleich indirekt zu einem ähnlichen Ergebnis: Wenn es in einer Gesellschaft Besitz zu verteidigen gibt und von größeren Gruppen oder dem Staat keine Verteidigungskräfte bereitgestellt werden, ist die Distanz zwischen den Eheleuten größer und die Vateranwesenheit nimmt ab. Diese Bedingung fördere zudem eine aggressive Grundhaltung bei den Männern und lasse ein distanziertes väterliches Verhalten als notwendig erkennen, damit die heranwachsenden Knaben zu Kämpfern erzogen werden können.

Untersuchungen, wie die eben dargestellte, sind sicher nur als ein Anfang zu werten; eine ganze Reihe von Thesen bleibt spekulativ. Die vorliegenden Analysen der Vaterrolle und die ethnographischen Beschreibungen ihrer speziellen Ausprägungen haben aber deutlich gemacht, daß der Vater zwar selten an der unmittelbaren Kinderaufzucht beteiligt war und damit dieses Bild nicht einmal typisch für westliche Gesellschaften ist. Dennoch gibt es alles in allem eine nicht unwesentliche Zahl von Kulturen, die die These von der ausschließlichen Geeignetheit bzw. biologischen Notwendigkeit der Mutter für diese Aufgabe stichhaltig widerlegt (Parke, 1979, 1981). Elternverhalten kann nicht primär genetisch-konstitutionell verankert sein, sondern ist in erster Linie kulturell bedingt und unterliegt damit auch dem kulturellen Wandel. Erinnert sei daher noch einmal an die These von Rypma (1976), der meinte, daß kulturelle Unterschiede gelernte Antworten auf die Lebensbedingungen sind, Gleichheiten dagegen möglicherweise eine vererbte Basis haben. Der Vater spielt keineswegs in allen Kulturen nur eine sekundäre Rolle. Vielmehr sind in unterschiedlichen Gesellschaften zu unterschiedlichen Zeiten sehr verschiedene Manifestationen und Interpretationen der Vaterrolle möglich. Parke (1979) stellt fest, daß der neue Trend zu einer verstärkten Vaterbeteiligung in den USA, in Schweden und in anderen Ländern das bestehende Bild von der Vaterrolle auch in der westlichen Kultur zu relativieren verlangt. „In unserer Voreingenommenheit zugunsten universeller Gesetzmäßigkeiten waren wir zu oft bereit, die Tatsache zu übersehen, daß Veränderungen im Verhalten mit sozialen, ökonomischen und möglicherweise medizinischen Entwicklungen einhergehen" (a.a.O., S. 550). Mit Werner (1982, S. 207) läßt sich ergänzen: „Sobald wir einen Schritt aus der uns vertrauten Vorstellung von Kindheit heraustreten und in andere Kulturen hineingehen, in denen vier von fünf Kindern auf unserem Planeten leben, werden wir feststellen, daß die ausschließliche Sorge für die Kleinen durch die Eltern, und besonders durch deren Mütter, eher die *Ausnahme* als die *Regel* ist." Howells (1969, S. 128) bringt dies auf die prägnante Formel: „*Parenting* is more important than the parent."

Im folgenden wird ein Thema aufgegriffen, das bei Kulturanthropologen wie in der Öffentlichkeit immer wieder auf starkes Interesse stößt. Seine Darstellung im bisherigen Zusammenhang mit seinem eher systematischen Anspruch hätte zu sehr zur Unausgewogenheit geführt, da eine etwas ausführlichere Behandlung erfolgen soll.

4.5 Die Couvade

Der Begriff der Couvade (Männerkindbett) geht auf den Anthropologen Tylor (1865) zurück. Er leitet sich aus dem französischen Wort „couver" her, das man etwa mit „ausbrüten" übersetzen kann. Damit sollen bestimmte Praktiken von Männern schwangerer Frauen bezeichnet werden, die man in verschiedenen „primitiven" Gesellschaften in weit voneinander getrennten Gegenden der Erde beobachtet hat. Wenn sich nämlich die Geburt ankündigte, zeigten statt der Frauen ihre Männer alle Anzeichen der Beschwerden und Geburtswehen, wie sie in unserer Kultur üblicherweise bei Schwangeren erwartet werden.

Im westeuropäisch-amerikanischen Kulturkreis ist ein derartiges Verhalten „schwangerer Männer" unbekannt. Doch stellt sich bei einem gewissen Prozentsatz der werdenden Väter mit dem Einsatz der Schwangerschaft eine Reihe mehr oder weniger ausgeprägter Symptome ein, wie Appetitverlust, Ermüdung, Kopf- und Rückenschmerzen, ja sogar Übelkeit und Erbrechen (Trethowan & Conlon, 1965). Fast unmittelbar nach der Geburt pflegen diese Symptome wieder zu verschwinden.

Die Ergebnisse einer Befragung von Trethowan & Conlon (1965) lassen eine augenfällige Synchronizität zwischen den Maxima der Beschwerden beim werdenden Vater und denen bei der werdenden Mutter erkennen sowie eine beachtliche Ähnlichkeit mit der für werdende Mütter typischen Symptomatik. Sie prägten für diesen Beschwerdenkomplex, in Anlehnung an anthropologische Berichte und historische Überlieferungen, den Begriff des Couvade-*Syndroms*. Mit diesem psychiatrischen Fachbegriff grenzen sie sich nicht nur gegen die rituell zu verstehenden Praktiken in anderen Kulturkreisen ab, da die von den Betroffenen wahrgenommenen Symptome nicht Bestandteile eines Rituals sind (vgl. aber unten). Häufig war es auch so, daß die befragten Männer ihre Beschwerden überhaupt nicht bewußt in einen Zusammenhang mit der Schwangerschaft ihrer Frau brachten.

Von daher gesehen ist die Frage berechtigt, ob man es in beiden Fällen, bei dem Ritual aus der Anthropologie wie bei dem klinisch-psychiatrischen Sachverhalt, mit derselben Sache zu tun hat und ob es eventuell auch nicht so dramatische, klinisch kaum erfaßte „Schwangerschaftsbeschwerden des Mannes" gibt. Parke (1981) meint, daß die Schätzungen über die Verbreitung des Couvade-Syndroms weit auseinandergingen, aber zehn bis fünfzehn Prozent der Väter seien doch ernster davon betroffen. Er zitiert Untersuchungen von Liebenberg (1967, 1969), bei denen sich herausstellte, daß 65 Prozent der Männer, die erstmalig Väter wurden, unter dem Couvade-Syndrom erfaßte Symptome aufwiesen.

Überlegungen, die mehr ins einzelne gehen, verlangt dagegen die Antwort auf den ersten Teil der Frage. In der wissenschaftlichen Literatur ist hierzu inzwischen eine beachtliche Zahl von Hypothesen aufgestellt worden. Der Grund hierfür ist vermutlich nicht zuletzt in der Tatsache zu suchen, daß die Couvade-Forschung – wie Rivière (1976) erwähnt – als schon traditionelles Problemgebiet der anthropologischen Forschung betrachtet werden muß und diese von Anbeginn begleitet. Umgekehrt fällt ins Auge, daß Lewis auch noch im Jahre 1982 schreibt, die Möglichkeit, daß die Schwangerschaft der Frau beim Mann ganz allgemein körperliche Symptome verursachen könne, scheine niemals eingehend erforscht worden zu sein. Maltbie, Cavenar, O'Shanick et al. (1980) stellen fest, daß es einen auffallenden Mangel an Hinweisen auf Ängste und psychologischen Streß bei werdenden Vätern gäbe, verglichen mit entsprechenden Ergebnissen aus Untersuchungen an werdenden Müttern.

Die Couvade ist als Ritual sehr alt und wurde bereits von Diodorus Siculus (60 v. Chr.) beobachtet (Licht, 1935). Trethowan & Conlon (1965) berufen sich auf Überlieferungen eines Glaubens, wonach Hebammen und Hexen imstande seien, die Geburtswehen auf die werdenden Väter zu übertragen (Murray, 1921, zit. in Trethowan & Conlon, 1965; Pennant, 1772). Bachofen (1861) interpretiert die Couvade als ein Symbol für den Wechsel von der matriarchalischen zur patriarchalischen Gesellschaft. Tylor (1865) hält dagegen, die Couvade sei eine Technik zum Schutz aller an der Geburt Beteiligten, vor allem des Neugeborenen. Ploss (1911) wieder differenziert zwischen solchen Formen der Couvade, die für den Vater angenehm bzw. unangenehm waren. In seinem Werk „Totemism and Exogamy“ unterscheidet Frazer (1910) eine pränatale von einer postnatalen Couvade. Erstere kam hauptsächlich im Osten vor, während letztere vorwiegend in Südamerika festgestellt wurde. Eine weitere Interpretation liefert Kunike (1911). Demnach sei in der Couvade ein Versuch der Frau zu sehen, ihren Mann an sich zu binden. Malinowski (1927) geht in seinem Buch „Sex and Repression in Savage Society“ ebenfalls auf die Couvade ein. Für ihn dienen die Couvade und alle ähnlichen Rituale dazu, „das Prinzip der Legitimität zu betonen: Das Kind braucht einen Vater“ (Malinowski, 1927, S. 216; ähnlich: Hogbin, 1943). Englischen Militärärzten fiel während des Zweiten Weltkrieges auf, daß von ihnen betreute Soldaten von Unterleibsschmerzen zum vermeintlichen Zeitpunkt der Geburtswehen ihrer Frauen berichteten (vgl. hierzu Trethowan & Conlon, 1965). Gegen eine reduktionistische Sicht der Couvade, wie sie Frazer (1910) präsentierte, wendet sich Fock (1967). Er kann ihre Funktion nicht ausschließlich darin erkennen, daß sie dem Vater Gelegenheit geben soll, sich mit seinem Kind zu identifizieren und seine Vaterschaft auch nach außen hin zu dokumentieren. Er meint, dagegen spräche, daß die Couvade-Rituale immer die Mutter mit einbeziehen, sei es mit ähnlichen Praktiken oder in einer komplementären Rolle. Scott-Heyes (1982) sieht bis in die siebziger Jahre hinein psychologische Erklärungsversuche allenfalls psychoanalytischer Provenienz, während mehr unmittelbare Faktoren wie Einstellungen gegenüber Schwangerschaft und Geburt nicht auf ihren Einfluß hin untersucht worden seien. In der von ihr durchgeführten Untersuchung, bei der diese Faktoren berücksichtigt wurden, ergibt sich nicht das negative Bild von den Erfahrungen werdender Väter, das aufgrund früherer Arbeiten zu erwarten gewesen wäre. Sie macht außerdem darauf aufmerksam, daß diejenigen Männer, die *erstmalig* Vater wurden, auch in ihrer Untersuchung mehr Schwierigkeiten gehabt hätten als Väter weiterer Kinder – empirische Untersuchungen zur Couvade bzw. zum Couvade-Syndrom seien aber zumeist mit erstmalig Vater werdenden Männern durchgeführt worden. Möglicherweise sei bislang zu wenig beachtet worden, daß der Übergang zur Elternschaft als eigenständige Einflußgröße gewertet werden muß und Schwangerschaft und Geburt zu den beobachteten Erscheinungen für sich genommen vielleicht nur relativ wenig beitragen. Solche Faktoren werden auch von Coley & James (1976) und Liebenberg (1969) angesprochen, wenn sie auf die stärkere emotionale und finanzielle Verantwortung des werdenden Vaters verweisen. Andere, möglicherweise mit hereinspielende Faktoren, auf die hier nur hingewiesen werden kann (vgl. auch Weaver & Cranley, 1982), sind etwa ein Identifikationswunsch des Vaters mit der Mutter und Gebärneid (Trethowan & Conlon, 1965), der Wunsch des Mannes, das Schwangerschaftserleben mit seiner Frau zu teilen (Fein 1974), die weibliche Rolle zu imitieren (Munroe, 1964, zit. in Einzig, 1980) oder Couvade als Reaktion des Vaters auf die Geringschätzung seiner Rolle bei Schwangerschaft und Geburt durch die Gesellschaft (Kitzinger, 1979). Douglas (1975) verweist auf die symmetriestiftende Wirkung eines derartigen Rituals auch da, wo eine Beziehung offenkundig asymmetrisch ist. Für Stallworthy (1972) repräsentieren die Couvade-Symptome einen Angstzustand, der durch die Besorgnis um die Schwangerschaft intensiviert wird, während Antle (1975) in ihnen den unbewußten Ausdruck der emotionalen Schwangerschaft sieht. Goldberg (1976) sieht demgegenüber im Couvade-Syndrom einen unbewußten Widerstand gegen die Vaterschaft und Benedek (1970) ein Wiederaufleben von Konflikten zwischen dem werdenden Vater und seinen eigenen Eltern.

Nach Trethowan & Conlon (1965) tritt die Couvade in zwei Hauptformen auf: (1) der sogenannten *pseudo-mütterlichen Couvade* und (2) der *diätetischen Couvade*. Erstere besteht im wesentlichen darin, daß sich der Vater zum Zeitpunkt der Entbindung seiner Frau ins Bett legt, die Geburt simuliert und die Aufmerksamkeit erhält, die gewöhnlich einer Gebärdenden zuteil wird (Frazer, 1910). Die diätetische Couvade besteht in der Beachtung von Diätvorschriften und anderer Gebote durch den Vater während eines gewissen Zeitraums nach der Geburt, manchmal auch in der Abstinenz vom Jagen. Die diätetische Couvade richtet sich – im Gegensatz zur pseudo-mütterlichen – nicht an die Mutter, sondern an das Kind und scheint von der Idee abgeleitet zu sein, daß eine besondere Beziehung zwischen Vater und Kind besteht, so daß das Kind durch Aktivitäten des Vaters beeinflußt werden kann (Westermarck, 1921). Schmidt (1954) hat weitere Differenzierungen vorgenommen, darunter eine Unterscheidung in „wahre Couvade", die Simulation mit umfaßt, und „Pseudo-Couvade", die nur mit verschiedenerlei Einschränkungen verbunden ist.

Allen diesen Ansätzen liegt nach Rivière (1976) eine unzureichende definitorische Klärung und Klassifizierung der mit der Couvade verbundenen Phänomene zugrunde, auf die auch schon Kroeber (1948) aufmerksam gemacht habe. Statt dessen schlägt er vor, zwischen Couvade als Ritual einerseits und als Komplex psychosomatischer Beschwerden auf der anderen Seite zu unterscheiden, also stärker zwischen dem soziologischen und dem psychologischen Moment zu trennen, ohne damit jegliche Verbindung zwischen beiden leugnen zu wollen. Damit mag im Einzelfall bei Individuen wie auch für Gesellschaften, in denen die Couvade praktiziert wird, eine unzutreffende Trennung vorgenommen sein, jedoch lassen sich nach Rivière Ritual und körperliche Beschwerden deutlich gegeneinander abgrenzen: In westlichen Gesellschaften wird zwar kein Couvade-Ritual praktiziert, jedoch leidet eine signifikante Anzahl von Männern an verschiedenen physiologischen Beschwerden während der Schwangerschaft ihrer Frau. Andererseits simulieren die Männer in den Gesellschaften, in denen die Couvade vorkommt, nicht einfach Schmerzen, sondern sie erfahren diese auch.

In ähnlicher Weise lassen sich die bekannten Erklärungsansätze für die Couvade in zwei, allerdings nicht völlig überschneidungsfreie Klassen aufteilen, nämlich in Interpretationen instrumenteller und solche expressiver Art. Rivière (1976) hält insbesondere den expressiven Erklärungsversuchen entgegen, daß sie die wahre Natur des Problems verkannt hätten, indem sie die Couvade als isolierten Untersuchungsgegenstand behandelten, statt das Phänomen korrekt zu identifizieren. Die Couvade sei demnach zwar ein Ritus, der mit der Geburt zu tun hat; weit mehr noch müsse sie aber als Bestandteil eines umfassenderen Phänomens verstanden werden. Dies verbiete auch eine Deutung der Couvade als Übergangsritus (De Josselin de Jong, 1922), da dieser eigentlich immer irreversibler Natur sei, die Couvade dagegen unter- oder abgebrochen werden könne und gelegentlich auch noch lange nach der Geburt praktiziert wird. Schließlich weist er darauf hin, daß sich viele Anthropologen, Malinowski eingeschlossen, auf den körperlichen Aspekt der Couvade beschränkt hätten. Seiner Ansicht nach müsse Couvade im Zusammenhang mit der *seelischen Geburt* eines Kindes gesehen werden. Die Couvade-Praktiken seien deshalb nur verstehbar, wenn erkannt wird, wie in der jeweiligen Gesellschaft die Frage nach dem Leib-Seele-Zusammenhang beantwortet wird und welchen Stellenwert diese Praktiken darin haben. Für die meisten Gesellschaften besteht ein Individuum aus Körper und Seele. Beim lebenden Individuum ist es schwierig, beide als Getrenntes zu erkennen, aber im Tod wird zumeist eine Trennung wahrgenommen. Hier wiederum gibt es angemessene Riten, um mit dem Problem fertig zu werden, sich beider Elemente zu entledigen. In der Geburt sieht Rivière das umgekehrte Problem. Soll die Geburt vollständig und erfolgreich sein, muß eine seelische *und* eine körperliche Schöpfung stattfinden, wobei die der Seele mehr Probleme mit sich bringt als die des Körpers. Dies ist der Punkt, an dem seiner Ansicht nach die Couvade-Riten ansetzten.

Ältere experimentelle und/oder empirische Arbeiten, darunter auch die häufig zitierten Studien von Curtis (1955) und Trethowan & Conlon (1965), müssen es sich aus heutiger Sicht gefallen lassen, als methodisch unzulänglich kritisiert zu werden, etwa wegen des Fehlens von Vergleichsgruppen, wegen deren Inadäquatheit oder ganz allgemein wegen mangelnder Repräsentativität der untersuchten Gruppen. Von Interesse seien vor allem, so ergibt sich dies für Lewis (1982), merkwürdige oder pathologische Reaktionen der werdenden Väter gewesen. Die Erfahrungen und Veränderungen des „normalen werdenden Vaters“ dagegen seien für die psychologische Forschung weitgehend uninteressant geblieben. In diesem Falle hätten die Väter aber das Schicksal der werdenden Mütter geteilt, da sich die Mehrzahl der Arbeiten hier ebenfalls mit pathologischen Reaktionen, insbesondere körperlicher Art, befaßt hätten. Wo dennoch psychologische Momente zum Tragen gekommen seien, sei Schwangerschaft vorgängig im Modell der „psychologischen Krise“ gedeutet worden, noch dazu mit biologistischen Zügen. Notwendig sei deshalb heute ein breiterer, auch die soziologischen Bezüge berücksichtigender Interpretationsrahmen.

5
Spezielle Theorien und Erklärungsversuche für unterschiedliche Erscheinungsformen väterlichen Verhaltens

In diesem Kapitel werden einige spezielle Theorien und Erklärungsversuche behandelt, die sich mit unterschiedlichen Erscheinungsformen väterlichen Verhaltens beschäftigen und Gründe dafür aufzuzeigen versuchen. Zunächst wird der Frage nachgegangen, ob biochemisch-hormonellen Faktoren hierbei eine entscheidende Rolle zukommt, eine Frage, die deshalb besonders interessant ist, weil sich im Körper der Mutter während der Schwangerschaft und der Geburt deutliche hormonelle Umstellungen ergeben, die möglicherweise auch für das später gezeigte Verhalten noch relevant sind, während bei Vätern solche Veränderungen nicht bekannt sind. Im Anschluß werden einige Tier und Mensch übergreifende Ansätze diskutiert, die in der Fachliteratur größere Aufmerksamkeit auf sich gezogen haben und ebenfalls verhaltensdifferenzierende Faktoren beim Elternverhalten zu ermitteln versuchen. Die ihnen innewohnenden Schwierigkeiten und Begrenztheiten werden dabei deutlich gemacht, und es werden Wege gezeigt, wie diese, ausgehend vom Stand der heutigen Kenntnis, überwunden werden können.

5.1 Hat elterliches Verhalten ein biochemisch-hormonelles Substrat?

Man weiß heute eindeutig, daß sich biochemisch-hormonelle Einflüsse stark bis bestimmend auf die Verhaltensweisen von Lebewesen auswirken können, wobei sich diese Auswirkungen eventuell erst spät im Lebenslauf manifestieren. Mitchell (1977) erinnert an die zentrale Rolle, die dem Hormon Adrenalin in der vorgeburtlichen Entwicklung für die *körperliche* Geschlechtsdifferenzierung zukommt. Adrenalin kann, wie an Rhesusaffen gezeigt wurde (Goy, 1966, zit. in Mitchell, 1977), während bestimmter Entwicklungsphasen sogar gegenüber dem genetisch angelegten Geschlecht die determinierende Rolle für das sich morphologisch ausbildende Geschlecht spielen. Er sieht aber den maßgeblicheren Einfluß des Adrenalins in seiner Bedeutung für die psychosexuelle Ausdifferenzierung des Nervensystems mit seinen Konsequenzen nicht nur für das rein reproduktive Verhalten, sondern auch für generelle Verhaltensmuster. Es erstaunt deshalb nicht, daß solche Faktoren zur Erklärung für gezeigtes (oder auch nicht gezeigtes) elterliches Verhalten in Betrachtung gezogen wurden, zumal bekannt ist, daß gerade mit Einsetzen der Schwangerschaft und dann noch einmal um die Geburt herum deutliche hormonelle Veränderungen im Körper der Mutter (Shaikh, 1971) eintreten, die man für das von ihr gezeigte Pflegeverhalten verantwortlich zu machen versucht. Andererseits wurde jedoch – gerade von Kulturanthropologen – in Zweifel gezogen, daß hormonelle Faktoren einen für das Verhalten entscheidenden Einfluß ausüben.

Anhand einiger tierexperimenteller Untersuchungen läßt sich zunächst zeigen, daß die Verabreichung von Hormonen Verhaltensweisen von Tieren beeinflußt, die üblicherweise als „elterliche" charakterisiert werden. Testosterongaben an verschiedene weibliche Säugetiere führten bei diesen zu Einschränkungen im Pflegeverhalten (Katz & Konner, 1981). Die Wahrscheinlichkeit, daß Rattenweibchen Neugeborene töteten, stieg mit der Menge des injizierten Testosterons (Davis & Gandleman, 1972). Wurde Kaninchen während der letzten zwölf Tage des Austragens Testosteron verabreicht, hatte dies zur Folge, daß sie die Neugeborenen töteten oder bei der Pflege versagten (Fuller, Zarrow, Anderson et al., 1970). Testosteroninjektionen ins Hirnzentrum männlicher Ratten bewirkten mütterliches Verhalten, seitlich ins Hirn jedoch männliches Sexualverhalten. Andere Hormongaben und Elektroschocks blieben ohne Auswirkung auf das Verhalten (Fisher, 1964). Bei Haushähnen führte die Injektion des Hormons Prolactin dazu, daß diese ein elterliches Verhalten gegenüber jungen Kücken zeigten. Die endokrine Sekretion beeinflußte hier also elterliches Verhalten (Etkin, 1964). Ebenso zeigten unbegattete weibliche Ratten, die mit weiblichen Hormonen behandelt wurden, schneller mütterliches Verhalten als unbehandelte Kontrolltiere (Lott & Rosenblatt, 1969; Moltz, Lubin & Leon, 1970).

Jedoch macht Rosenblatt (1970) selbst darauf aufmerksam, daß das mütterliche Verhalten – und zwar schon bei Ratten – keinesfalls ausschließlich durch Hormone gesteuert wird. Der Einfluß von Hormonen zum Zeitpunkt der Geburt sowie während einer vorhergehenden und nachfolgenden Phase wird dabei nicht in Abrede gestellt. Genausowenig wird jedoch der Einfluß des hormonellen Systems als hinreichend angesehen. Vielmehr sind es die auf die Geburt folgenden sozialen Reize, und hier ganz wesentlich der Faktor „Anwesenheit des Jungtieres", die darüber entscheiden, ob letztendlich mütterliches Verhalten gezeigt und aufrechterhalten wird.

Maccoby & Jacklin (1974) fanden bei ihrer Durchsicht der Forschungsergebnisse bei subhumanen Säugetieren sogar heraus, daß dann, wenn ungedeckte Weibchen *und* Männchen ausreichend lange mit Neugeborenen zusammengebracht wurden, diese daraufhin elterliche Verhaltensweisen zeigten, auch wenn dieses Verhalten über eine bloße Exposition nicht so leicht auslösbar war wie dann, wenn den Versuchstieren Hormongaben verabreicht wurden. Daraus folgt, daß die Hormone, die in der Schwangerschaft, bei der Geburt und während der Stillzeit wirken, zwar hinreichend für das Auftreten von elterlichem Verhalten sein können, aber weder für ihr Zustandekommen noch für ihre Aufrechterhaltung unbedingt notwendig sind.

Von einem anderen Phänomen berichten Katz & Konner (1981), nämlich dem der „fötalen Androgenisation". Aus einer Reihe von Tierexperimenten, so die Autoren, ist bekannt, daß die Verabreichung von männlichen Sexualhormonen an Säugetierweibchen um den Zeitpunkt der Geburt bewirkt, daß die weiblichen Nachkommen, wenn sie erwachsen sind, ein „vermännlichtes" Verhalten an den Tag legen (so für Rattenweibchen: Quadagno & Rockwell, 1972). Direkt nach der Geburt kastrierte männliche Jungtiere aus demselben Versuch zeigten im Vergleich mit solchen, die erst 25 Tage nach der Geburt kastriert wurden, mehr Pflegeverhalten, was die Annahme nahelegt, daß es bei diesen Tieren eine sensitive Periode für die Einflußnahme der Androgene auf die Entwicklung des Nervensystems gibt, welches elterliches Verhalten steuert.

Eine andere Richtung gingen Chamove, Harlow & Mitchell (1967). Sie isolierten Rhesusaffen von Geburt an von sozialem Kontakt mit anderen Tieren ihrer Art. Noch bevor diese Tiere geschlechtsreif wurden, d. h. bevor sich bei ihnen hormonelle Umstellungen einstellten, die eventuell einen Einfluß auf das Verhalten gegenüber Jungtieren ausüben konnten, wurden sie mit solchen zusammengebracht. Dabei ergab sich, daß die männlichen Versuchstiere aggressiver und weniger pflegend mit den noch sehr jungen Rhesusaffen umgingen als die weiblichen. Da in diesem Versuch sowohl die soziale Erfahrung als auch hormonelle Veränderungen keine Rolle spielen konnten, stützen ihre Ergebnisse noch am ehesten die genetische These.

Es ist klar, daß die Übertragung aller dieser Forschungsbefunde auf den Menschen, bei dem der Einfluß sozialer Faktoren noch eine wesentlich größere Rolle spielt, nur mit großer Vorsicht erlaubt ist (Bernal & Richards, 1973; Lamb, 1976a). Klaus & Kennell (1976) vertraten die Ansicht, Mütter seien unmittelbar nach der Geburt ihren Kindern gegenüber hormonell sensitiviert. Pannabecker & Emde (1977, zit. in Parke & Suomi, 1982) und andere lieferten inzwischen Untersuchungsergebnisse, die mit dieser Aussage nicht in Übereinstimmung gebracht werden können.

Es liegen aber auch Ergebnisse vor, die die These von der „fötalen Androgenisation" beim Menschen nicht als völlig unbegründet erscheinen lassen. Money & Ehrhardt (1972) untersuchten Mädchen, die aus unterschiedlichen Gründen vor ihrer Geburt einem hohen Anteil von Androgenen im mütterlichen Blutkreislauf ausgesetzt waren. Verglichen mit einer Kontrollgruppe ergab sich, daß diese Mädchen weniger nach Puppen verlangten, wildere Spiele wählten und als Erwachsene seltener heirateten und Mutter werden wollten.

Die generelle Einschätzung (Feder, 1984; Parke & Suomi, 1982) geht heute dahin, daß man zwar den Einfluß von Hormonen nicht ableugnet, aber zum einen die Behauptung, hormonelle Faktoren hätten eine absolute Vorherrschaft über das gezeigte Verhalten, als unrichtig ablehnt und zum anderen nicht einmal mehr die Anwesenheit bestimmter Hormone voraussetzt, damit bestimmte Verhaltensweisen gezeigt werden können. Katz & Konner (1981) stellen überdies fest, daß es Eigenschaften des neuronalen und endokrinen Systems gibt, die die allfällig beobachtbare Plastizität im Elternverhalten eher einschränken statt sie umgekehrt zu determinieren. Damit ist indirekt eine mögliche Herangehensweise an die Untersuchung dieser Frage beschrieben, die von vornherein falsche Fragestellungen verhindern hilft.

5.2 Der Ansatz von Redican

Redican (1976) formulierte folgende Hypothese: Das Ausmaß der männlichen Beteiligung an der Kinderpflege variiert mit dem Grad der Einschränkung des Kontakts zwischen dem Vater und den Jungtieren, der von der Mutter ausgeht (und eventuell anderen erwachsenen Weibchen, wie Redican & Taub (1981) ergänzen). Ist die Einengung groß, sollte eine Vater-Beteiligung seltener zu beobachten sein und umgekehrt. Beide Forscher machen zwar darauf aufmerksam, daß diese These in gefährlicher Nähe zu einer Tautologie steht, denn wo die Kinder vom Vater ferngehalten werden, kann natürlich auch kein Pflegeverhalten beobachtet werden. Den praktischen Wert dieser These sehen sie jedoch in dem Hinweis, den sie auf die soziale Umgebung und deren Bedeutung für das tatsächliche Auftreten eines Verhaltens gibt.

Zum Beleg ihrer These führen Redican & Taub (1981) Ergebnisse aus zahlreichen Arbeiten an, die sich nicht nur auf Beobachtungen an unterschiedlichen Arten stützen, sondern zugleich auf verschiedenen Bedingungen wie Felduntersuchungen, Laborsituation und gezielten Experimenten beruhen (einschließlich operativer Eingriffe). So machte auch die Arbeit von Bucher (1970, zit. in Parke & Suomi, 1982) deutlich, daß es zu einer verstärkten Beteiligung der Männchen bei der Kinderpflege kommt, wenn es den Rhesusaffenmüttern durch einen chirurgischen Eingriff unmöglich gemacht wurde, verschiedene mütterliche Verhaltensweisen auszuführen. Redican (1976) selbst errechnete für verschiedene Makaken- und Pavianarten eine positive Rangkorrelation zwischen dem Ausmaß der Vaterbeteiligung einerseits und dem Grad der mütterlichen Einengung andererseits. Parke & Suomi (1982) führen weitere Beispiele an, die Redicans These stützen, fügen aber einschränkend hinzu, daß die behauptete Korrelation nicht perfekt über alle Arten hinweg gelte, jedoch beachtenswert hoch sei.

5.3 Das Modell von Trivers

Bereits weiter oben wurde auf den Begriff der ,,elterlichen Investition" hingewiesen, der auf Trivers (1972) zurückgeht. Gemeint ist damit die Summe aller Beiträge der Eltern, die geeignet sind, die Überlebenschance eines einzelnen Abkömmlings zu erhöhen, und zwar auf Kosten der Möglichkeit der Eltern für anderen Nachwuchs zu sorgen. Die Beteiligung des Vaters an der Kinderpflege und -aufzucht bildet aus dieser Sicht nur eine Teilmenge aus der Menge aller Verhaltensweisen, die unter diesem Begriff zu fassen sind. Trivers rechnet zu diesen die physische Produktion der Gameten genauso wie etwa die Verteidigung einer Gruppe von Jungtieren durch die erwachsenen Tiere. Je nach der betrachteten Gattung werden verschiedene Verhaltensweisen und Beiträge von unterschiedlichem Gewicht sein. Bei den Säugetieren spiegelt die erwähnte Gametenproduktion nur einen verschwindend geringen Teil des elterlichen Aufwands wider. Dieser erreicht, anders als bei vielen anderen Arten, erst mit der nachgeburtlichen Aufzucht und Pflege sein volles Ausmaß.

Trivers' Überlegungen lassen sich aber auch auf die Bestimmung des jeweiligen Anteils anwenden, der bei einer optimalen Aufteilung der ,,elterlichen Investition" auf beide Eltern entfallen sollte. Für Arten, bei denen die Spermienproduktion im Vergleich zur Eizellenproduktion einen vergleichsweise geringen Aufwand bedeutet (d.h. also auch für den Menschen), ist die Vermutung geäußert worden (vgl. Redican & Taub, 1981), daß ein evolutionär vorteilhaftes Verhalten für das Männchen darin bestehe, wenn es möglichst viele Weibchen befruchtet, womit z.B. bei Säugetieren ein ,,evolutionärer Druck" in Richtung Polygynie gegeben wäre. Eine Konsequenz dieses Gedankens ist, daß dann auch nur in geringem Maße väterliche Sorge für den Nachwuchs beobachtet werden dürfte (so Snowdon & Suomi, 1982). Da Polygynie unter Primaten zwar eine häufige, jedoch keine eindeutig überwiegende Form der Geschlechtsbeziehung ist, wird man annehmen müssen, daß die These entweder selbst unrichtig ist oder aber doch im Einzelfall wie auch für ganze Gattungen bedeutsame verändernde Einflüsse bestehen können.

5.4 Die Diskussion der ,,Gewißheitsthese" bei Snowdon und Suomi

Neben dieser eben beschriebenen These Trivers', daß nämlich die Zunahme elterlichen Pflegeverhaltens und eine Beteiligung des Vaters dann zu erwarten sei, wenn sich dadurch die Überlebenschance der Nachkommen erhöht, diskutieren Snowdon & Suomi (1982) eine weitere, damit eng verknüpfte These: Danach sollte ebenfalls ein um so größeres Ausmaß an elterlicher Beteiligung zu erwarten sein, je größer die Gewißheit ist, daß es sich bei den Nachkommen um eigene Nachkommen handelt. Da bei den Säugetieren die Mutter zu 100 Prozent ihrer Elternschaft sicher sein kann, kommt hier als Variable nur der Vater in Betracht. Die Autoren untersuchen, welche Evidenz die vorliegenden Ergebnisse für diese Annahme haben. Zu diesem Zweck stellten sie eine Rangfolge von Lebensformen bzw. von Formen der Paarorganisation auf, die mit abnehmender Gewißheit der Vaterschaft verbunden sind: (1) Monogamie, (2) Harem bzw. Polygynie und (3) Promiskuität bzw. Polyandrie[1] und überprüften anschließend, ob die vorhandenen Befunde zum Ausmaß der Vater-Beteiligung in einer entsprechend absteigenden Reihenfolge geordnet sind. Für die drei betrachteten Hauptformen kamen sie zu uneinheitlichen Ergebnissen, woraus sie ableiteten, daß die „elterliche Gewißheit" kein hinreichender Erklärungsgrund für den Einsatz zugunsten der Nachkommenschaft sein kann, zumindest nicht bei den von ihnen untersuchten subhumanen Primaten. Darüber hinaus wäre diese These nicht in der Lage zu erklären, was ebenfalls beobachtet wurde, nämlich die Fürsorge für die Nachkommen durch nichtverwandte Tiere. Hierfür müssen andere Erklärungsmodelle herangezogen werden.

5.5 Weitere Erklärungsansätze

Ein solches Modell formulieren Snowdon & Suomi (1982). Sie nennen es das „Helferkonzept". Von diesem Konzept werden nun nicht nur die Väter erfaßt, sondern alle, die auf ihre Weise zur Aufzucht der Kinder beitragen, seien sie nun mit dem Nachwuchs verwandt oder nicht. Vaterspezifische Beiträge können auf diese Weise nicht identifiziert werden, da gemessen an der Dimension des Helfens allenfalls quantitative Unterschiede zwischen dem Vater und anderen Mithelfenden der jeweiligen Gattung betrachtet werden.

Im Gegensatz zu der These von der „elterlichen Gewißheit" sprechen jedoch empirische Beobachtungen für dieses Helferkonzept. Snowdon & Suomi (1982) beziehen sich dabei auf Kleiman (1977) und Morse (1980), die feststellten, daß ein deutlicher Zusammenhang zwischen monogamer Lebenswei-

---

[1] Snowdon und Suomi machen darauf aufmerksam, daß in letzterem Fall eine Strategie der Männchen darin bestehen könnte, sich zwar promiskuös zu verhalten, jedoch bei der Mutter und den Schwestern mit deren Nachwuchs zu leben und für sie zu sorgen, da bei einer solchen Konstellation Gewißheit über die Verwandtschaft bestehe und die eigene genetische Information immerhin noch mit einem sicheren Anteil die Chance erhalte, weitergereicht zu werden. Derartiges Verhalten sei, so Snowdon und Suomi, zwar bei subhumanen Primaten noch nicht beobachtet worden, dafür aber durchaus aus kulturvergleichenden Untersuchungen beim Menschen bekannt.

se auf der einen Seite und beschränkten Ressourcen auf der anderen besteht. Sie schlossen daraus, daß Polygynie dort eine Chance hat, wo die Ressourcen entsprechend reichhaltig sind, da hier Weibchen und Junge ohne Zuhilfe durch das Männchen gute Möglichkeiten zum Überleben besitzen. In der Tat lebt die Mehrzahl der monogam veranlagten Arten unter eher beschränkten Verhältnissen, z.B. in nichttropischen Wäldern, während diejenigen Arten mit promiskuösen oder Harems-Beziehungen vorwiegend Allesfresser sind, die in vergleichsweise ungedeckten Gebieten wie etwa Savannen leben.

Unter solchen Voraussetzungen ist leicht einsehbar, daß Lebewesen, die einander helfen (bei der Futtersuche, Kinderpflege, Verteidigung des Nachwuchses, beim Ausfall des einen Elternteils), einen Vorteil gegenüber denjenigen haben sollten, bei denen eine Arbeitsteilung nur streng innerhalb des Paares erfolgt. Insbesondere fördert ein ,,Familien-Zusammenhalt", d.h. der Einbezug der beiden Eltern, der Geschwister und naher Verwandter für die Aufgaben der Kinderpflege und des Schutzes, eine Vergrößerung der Überlebenschance des ,,Genpools", der von der gesamten Verwandtschaft gebildet wird.

Die Notwendigkeit von Helfern ist auch dort zu erwarten, wo die reproduktive Bürde für die Weibchen so groß ist, daß weder sie noch der Nachwuchs ohne solche Hilfe sicher überleben könnten, etwa weil im Verhältnis zum Körpergewicht der Weibchen sehr schwere oder auch zahlreiche Jungtiere die Nachkommenschaft bilden oder die Gattung nach nur kurzen Pausen neuen Nachwuchs zeugt, so daß die Weibchen hierdurch permanent in Anspruch genommen sind.

Hinzu tritt für die Heranwachsenden die Möglichkeit des Beobachtungslernens, was die erfolgreiche Kinderaufzucht betrifft. Dies ist ein Umstand, der für lernfähige und lernbereite Lebewesen von nicht geringer Bedeutung ist. Redican & Taub (1981) weisen zwar auf den Widerspruch hin, der sich ergibt, wenn man ein sich altruistisch gebendes Aufzuchtverhalten und die Theorie der Blutverwandtschaftsauslese gegenüberstellt. Sie betonen aber ebenfalls die im ersten Falle bestehende Lernchance, die wiederum auf lange Sicht den eigenen Selektionsvorteil erhöht und damit zumindest nicht rein altruistischer Natur ist.

Gemeinsam ist diesen Überlegungen, daß sie plausibel erklären können, wie auch Mitglieder einer Art, die nicht oder nur entfernt miteinander verwandt sind, sinnvoll an der Kinderaufzucht und -pflege teilhaben können.

Zusammenfassung

Die hier vorgestellten phylogenetischen und anthropologischen Daten zeigen eine erstaunliche Vielfalt an Vater-Kind-Beziehungen. Dies gilt sowohl für Unterschiede zwischen den Arten als auch für solche innerhalb einer

Art. Während die Unterschiedlichkeit zwischen den Arten zu einem Gutteil auf genetischen, biologischen und/oder biochemisch-hormonellen Faktoren beruhen *kann,* sind Unterschiede im Verhalten innerhalb der Art durch solche Bedingungen weniger gut erklärbar. Wenn auch die vorhandenen Daten eine schlüssige Beweisführung noch nicht gestatten, dazu sind sie sowohl der Zahl nach zu begrenzt und der Qualität nach häufig noch zu beschränkt, geht doch die Tendenz der vorliegenden Ergebnisse in eine Richtung, die ökologischen Faktoren bei der Erklärung des beobachtbaren Vaterverhaltens und dessen Varianz innerhalb einer Spezies Vorrang gegenüber den genannten biologischen Faktoren einräumt.

Ausgehend von dieser Einschätzung läßt sich ein erstes Fazit für die Frage ziehen, inwieweit elterliches Verhalten, speziell aber väterliches Verhalten, durch Faktoren festgelegt ist, die in ihrer Natur als weitgehend unveränderlich einzustufen sind. Auch wenn über den rein quantitativen Anteil solcher festgeschriebenen (und festschreibenden) Faktoren noch keine Einigkeit herrscht, so ist doch soviel gewiß, daß sie nicht ausschließlich und bei vielen Gattungen wahrscheinlich nicht einmal entscheidend über das jeweils gezeigte Verhalten bestimmen. Zu Recht haben Parke & Sawin (1976) auf das Kompetenz-/Performanz-Problem aufmerksam gemacht: Nur weil ein bestimmtes Verhalten nicht gezeigt wird, läßt sich daraus nicht schließen, daß das betreffende Lebewesen zu diesem Verhalten nicht fähig ist. Die Ergebnisse vieler Laboruntersuchungen lassen sich ja gerade dahingehend zusammenfassen, daß aus ihnen deutlich wird, daß es oft erst besonderer Umstände bedarf, damit ein Verhalten auch aktuell gezeigt wird.

Ein weiteres wichtiges Ergebnis ist die erstaunliche Plastizität im gezeigten Verhalten innerhalb einzelner Arten, insbesondere bei den höher entwickelten Spezies. Die Verhaltensweise des Vaters läßt sich nach dem, was heute darüber bekannt ist, nicht einfach als starr im genetischen Material verankert bzw. in Form von Verhaltensprogrammen instinktiv gesteuert deuten. Den situativen Gegebenheiten und Notwendigkeiten ist mindestens ein ebenso breiter Einwirkungsspielraum einzuräumen.

Beim Menschen, dem darüber hinaus die Möglichkeit zur bewußten Planung und Kontrolle seines Verhaltens gegeben ist, spielen psychologische und soziale Faktoren in besonderem Maße eine Rolle. Legt man schon allein die Ergebnisse der kulturanthropologischen Forschung zugrunde, so wird man auch hier annehmen dürfen, daß die Vielfalt der Erziehungsformen bei den verschiedenen Völkern nicht auf einer grundlegend verschiedenen biologischen Natur der Rassen und Völker beruht, sondern in erster Linie ebenfalls auf den ökologischen und sozioökonomischen Rahmenbedingungen. Das Hauptgewicht bei Forschungen liegt demgemäß auch hier auf der Erforschung nicht-genetischer Informationen.

Insoweit diese Rahmenbedingungen dem menschlichen Zugriff unterliegen – im positiven wie im negativen Sinne –, folgt hieraus, daß wünschenswerte

Formen des Zusammenlebens und speziell elterlichen Verhaltens relativ zu jeder Gesellschaft, ihrer Geschichte, ihrer sozialen Struktur und ihren jeweiligen Lebensumständen beurteilt werden müssen. Bisher in unserem Kulturkreis gezeigte Verhaltensweisen lassen sich von daher gesehen ebenfalls überdenken. Dabei muß man sich davor hüten, der Beurteilung nur einen Ausschnitt aus der Gesamtheit der elterlichen Beiträge zur Kinderaufzucht und Erziehung zugrunde zu legen. Neben substitutiven Funktionen, also solchen, die ein Vater anstelle der Mutter übernehmen kann, darf sein heute vielfach in seiner Bedeutung unterschätzter komplementärer Beitrag auch nicht vergessen werden. Er darf aber auch nicht darauf reduziert werden.

Daß sich schließlich diese Frage nicht nur individuell stellt und auf dieser Ebene beantworten läßt, erhellt daraus, daß die jeweiligen gesellschaftlichen Rahmenbedingungen in ihrer Weise das Bild von den verwirklichbaren Vater-Kind-Beziehungen mitbestimmen. Es sei hier z.B. nur auf die beruflich bedingten und sozialen Schwierigkeiten hingewiesen, denen heute alleinerziehende Väter begegnen. In den nachfolgenden Kapiteln wie auch im Bd. II werden die hier anstehenden Probleme noch weiter verdeutlicht werden, bis im 15. Kapitel diese Frage noch einmal explizit aufgenommen werden wird (vgl. Bd. II, S. 119–247).

III. Zur Psychologie der Vater-Kind-Beziehung

6
Die Rolle des Vaters während der Schwangerschaft und Geburt

6.1 Einleitung

Die meisten Arbeiten zur Thematik Schwangerschaft und Geburt konzentrieren sich, der Natur der Sache entsprechend, auf die Frau. Im wesentlichen wurde Schwangerschaft vorwiegend als physiologisches Ereignis angesehen (Arbeit, 1975; Miller, 1973, zit. in Lewis, 1982; Oakley, 1979); die psychologischen Aspekte blieben weitgehend vernachlässigt. Auch psychoanalytische Arbeiten, die sich mit der Persönlichkeitsentwicklung schwangerer Frauen befaßten, konnten an der einseitigen Orientierung des Forschungsansatzes kaum etwas ändern (Bibring, 1959; Breen, 1975; Chertok, 1969).

Zu den wichtigsten psychologischen Determinanten des Schwangerschaftsverlaufs zählt der Vater, der jedoch zunächst nur hinsichtlich möglicher psychopathologischer Komponenten seines Verhaltens beobachtet, nicht aber in seiner Einflußnahme auf das Verhalten von Mutter und Kind untersucht wurde. Bis etwa zu Beginn der sechziger Jahre bot das sogenannte ‚medizinische Modell', in Verbindung mit psychoanalytischen Annahmen, vielfach *den* theoretischen Rahmen für Arbeiten über den ‚werdenden' bzw. ‚jungen' Vater an. So untersuchten Towne & Afterman (1955) 28 werdende Väter, die stationär behandelt werden mußten, und stellten fest, daß bei der Aufnahme in die Klinik Symptome wie Feindseligkeit und Rivalitätsgefühle, bei einer Nachuntersuchung Abhängigkeitsbedürfnisse dominierten. Zilboorg (1931) untersuchte dreißig depressive junge Männer und führte ihre Persönlichkeitsstörung auf den durch das Geburtserlebnis wiederbelebten, unbewußten Haß auf den eigenen Vater zurück. Diese frühen Studien wurden vielfach repliziert und deren Ergebnisse z.T. bestätigt (Ash & Rubin, 1974; Bucove, 1964; Coley & James, 1976; Curtis, 1955; Freeman, 1951). Leider weisen diese Arbeiten erhebliche methodische Mängel auf; sie basieren auf kleinen, nicht repräsentativen Stichproben und ihre Interpretationen sind mehr oder weniger spekulativ (vgl. hierzu Scott-Heyes, 1980). Richman (1982) kritisiert das Bild der Psychoanalyse vom werdenden Vater als einseitig und zu stark festgelegt.

Einen ersten Ansatz zur Überwindung des ‚medizinischen Modells' sah man zu Beginn der sechziger Jahre in der Berücksichtigung *sozialer* Faktoren. Rosengren (1962a, 1962b) zeigte z. B., daß Frauen, die während der Schwangerschaft die Rolle der Kranken übernommen hatten, mit sozial mobilen Männern von niedrigerem Bildungsstand als sie selbst verheiratet waren. Charakteristisch für die Arbeiten der sechziger Jahre ist, daß sie den Mann nicht als Vater, sondern lediglich als *Ehemann* in den Untersuchungsplan aufnehmen. Damit eröffnet sich zwar die Möglichkeit, die Ehepartnerbeziehung und deren Bedeutung für den Verlauf von Schwangerschaft und Geburt zu untersuchen, der Nachteil einer solchen Betrachtungsweise liegt jedoch darin, daß nichts gegen die negative Stigmatisierung der Vaterrolle unternommen wird; der Vater gilt weiterhin als ein die Ereignisse komplizierendes, störendes Moment (Richman, 1982).

Erst seit der Mitte der siebziger Jahre zeichnet sich ein grundsätzlicher Wandel ab, was die Bewertung der Rolle des Vaters während der Schwangerschaft und der Geburt betrifft. Dieser z. T. dramatisch verlaufende Prozeß ist äußerst komplex und beruht auf folgenden Hintergrundbedingungen: (1) An die Stelle der ‚natürlichen' tritt die sogenannte ‚partizipative' Geburt (Pedersen, 1981[2]). (2) Eine auf das Notwendigste reduzierte Anwendung medizinischer Eingriffe wird befürwortet; die Verabreichung von Medikamenten wird vor allem dann vermieden, wenn eine Beeinträchtigung der kindlichen Entwicklung zu befürchten ist. (3) Neue Geburtstechniken werden propagiert, psychoprophylaktische Ansätze finden ihre Anwendung in der geburtlichen Praxis, die zugleich ein verändertes Verständnis von Schwangerschaft und Geburt andeuten (Dick-Read, 1959; Lamaze, 1970; Leboyer, 1974; Leuner, 1977; Lukas, 1976[3]; Molinski, 1972, 1975; Molinski & Hertz, 1977; Perrez, Schenkel & Stauber, 1978; Platonow, 1953; Prill, 1967; Robrecht, Richter, Steiner et al., 1979; Schulz, 1964[11]; Velvowski, 1953). (4) Die Forderung nach einer Humanisierung der Geburt wird erhoben (Molinski, 1979). (5) Die Bedeutung intensiver sozialer Beziehungen und emotionaler Unterstützung für den Verlauf von Schwangerschaft und Geburt werden anerkannt und damit wird die Rolle des Vaters in dieser Zeit in ein neues Licht gerückt (Gladieux, 1978; Grossman, Eichler & Winickoff, 1980; Lukesch, 1975, 1977, 1981; Lukesch & Rottmann, 1976; Raush, Barry, Hertel et al., 1974; Shereshefsky & Yarrow, 1973; Switzky, Vietze & Switzky, 1979). (6) Die Relevanz des frühen Mutter-Kind- und später des Vater-Kind-Kontaktes wird hervorgehoben (De Château, 1976, 1977; De Château & Wiberg, 1977; Klaus & Kennell, 1976, 1982; Leiderman & Seashore, 1975; Leiderman, Leifer, Seashore et al., 1973; Leifer, Leiderman, Barnett et al., 1972). (7) Zahlreiche populärwissenschaftliche Veröffentlichungen informieren werdende Eltern über Geburt und Entwicklung des Neugeborenen. (8) Die Forschung beginnt, sich mit Fragestellungen zu befassen, die psychologische Aspekte von Schwangerschaft und Geburt betreffen. Die Ergebnisse der diesbezüglichen Arbeiten betonen die positiven Konsequenzen eines engen emotionalen Kontaktes zwischen Vater und Mutter und eines frühen direkten Kontaktes beider Elternteile zum Neugeborenen.

Entsprechend den verschiedenen Fragestellungen, die auf diesem Gebiet bearbeitet werden, gliedert sich dieses Kapitel in drei Teile: Im ersten Teil werden Untersuchungen referiert, die die Rolle des Vaters während der Schwangerschaft, seine Einstellungen und Funktionen beleuchten. Im zweiten Teil werden Fragen des Übergangs zur Vaterschaft behandelt und diesbezügliche theoretische Ansätze kurz vorgestellt. Die Anwesenheit des Vaters bei der Geburt, seine Rolle und die Probleme, denen er sich im Kreiß- und Operationssaal, bei einer Kaiserschnittgeburt, gegenübersieht, bilden einen dritten Teil. In diesem letzten Teil werden ferner die Auswirkungen, die eine stärkere Beteiligung des Vaters und insbesondere seine Anwesenheit bei der Geburt und ein früher Vater-Kind-Kontakt mit dem Neugeborenen auf die Ehepartner- und Eltern-Kind-Beziehung haben, erörtert.

6.2 Die Rolle des Vaters während der Schwangerschaft

In einer explorativen Studie untersuchte McCorkel (1964) 29 amerikanische werdende Väter aus der Mittelschicht bezüglich ihrer Reaktion auf die Schwangerschaft der Partnerin. McCorkel fand drei Gruppen werdender Väter mit unterschiedlichen Einstellungen: (a) Väter mit romantischer Haltung, bei denen die Schwangerschaft – insbesondere da sie die größere ökonomische Verantwortung als negativ empfinden – Schuldgefühle erzeugt; (b) Väter mit Karriere-Orientierung, von denen die Schwangerschaft als Last empfunden wird; (c) Väter mit familiärer Orientierung, welche die neue Verantwortung schnell akzeptieren. Bei der Aussicht, Vater zu werden, erleben sie ein Gefühl der ‚Erfüllung'. Es wird jedoch nicht geklärt, warum diese Männer unterschiedliche Bewältigungsstrategien entwickeln. Die Untersuchungen, auf die im folgenden hingewiesen wird, versuchen diese Fragen zu beantworten. Zunächst sollen dabei Determinanten der väterlichen Einstellung zu Schwangerschaft und Geburt näher betrachtet werden. Man kann hierbei zwischen Variablen differenzieren, die individuelle Charakteristika des Vaters betreffen, wie etwa seine Schichtzugehörigkeit, seine Herkunftsfamilie u. ä. m. Größeren Einfluß scheinen allerdings Variablen zu haben, wie z. B. die Geplantheit und Erwünschtheit der Schwangerschaft und die Qualität der ehelichen Beziehung. Danach soll diskutiert werden, wie die positive Haltung des Vaters sich effektiv auf den Verlauf der Schwangerschaft auswirken kann, etwa durch die emotionale Unterstützung der Frau durch ihren Mann, aber auch in seiner Hilfe für das ältere Kind.

6.2.1 *Individuelle Charakteristika und Schichtzugehörigkeit des werdenden Vaters*

Scott-Heyes (1980, 1982) entwickelte einen Fragebogen zur Messung der Einstellungen zu Schwangerschaft und Geburt. Von den sechs extrahierten Faktoren erwies sich das Alter, in dem ein Mann Vater wird, als entscheidend für die Einstellung zur Schwangerschaft. So reagierten in dieser Befragung Väter, die jünger als 26 und älter als 40 Jahre waren, weniger positiv auf eine Schwangerschaft als Väter zwischen 26 und 40 Jahren. Scott-Heyes fand auch bei Konstanthaltung des Alters keinen Unterschied in den Einstellungen zwischen den von ihr untersuchten Stichproben von Vätern und Nicht-Vätern, ein Befund, den sie dahingehend interpretiert, daß die tatsächliche Erfahrung, Vater zu werden, die Einstellung zur Schwangerschaft nicht systematisch beeinflußt. Der Faktor soziale Schichtzugehörigkeit erwies sich dahingehend als signifikant, als mit der Statusposition des Mannes seine positive Einstellung zum ‚emotionalen Zustand der Schwangeren' wie auch zum Faktor ‚allgemeiner Einbezug in Schwangerschaft und Vorbereitung auf die Geburt' zunahm; auch dies gilt gleichermaßen für die Kontrollstichprobe der Männer, die noch nicht Väter waren. Kritisch läßt sich hier anführen, daß die von Scott-Heyes extrahierten (sechs) Faktoren lediglich 28,4% der Gesamtvarianz erfassen.

Interessant sind zudem Untersuchungsergebnisse von solchen Männern, die sich von ihren Lebensumständen her eigentlich gar kein Kind leisten könnten und trotzdem positiv auf eine Schwangerschaft reagieren. So findet man bei Körperbehinderten hinter dem Zeugungsakt die Demonstration, daß der Mann trotz seiner Behinderung nicht ‚kastriert' sei. Vaterschaft wird häufig mit Männlichkeit und Leistungsfähigkeit gleichgesetzt. In anderen Fällen werden sexuelle Minderwertigkeitsgefühle durch das Publikmachen des Sexualverhältnisses in Form einer Schwangerschaft kompensiert. Bisweilen stehen hinter dem Sexualakt auch Aggressions- und Feindseligkeitstendenzen des Mannes. Ein schwaches Selbstbewußtsein kann schließlich allgemein durch den Nachweis der Fähigkeit, Leben zu zeugen, gestärkt werden. Durch die antizipatorische Identifikation mit dem Kind könne ein Mann zudem über seine Abhängigkeiten hinwegtäuschen (vgl. Lerner, 1975; Lukesch, 1981). Solche Überlegungen bleiben allerdings spekulativer Natur, da eine empirische Überprüfung bislang fehlt.

6.2.2 *Individuelle Erfahrungen des werdenden Vaters in seiner Herkunftsfamilie*

Bei dem Versuch der Eruierung präziser individueller Determinanten der väterlichen Einstellung zu einer Schwangerschaft bzw. seiner späteren Bereitschaft, in der Kinderversorgung und -erziehung Verantwortung zu übernehmen, wird zunehmend die Beziehung des werdenden Vaters zu seinen eigenen Eltern, und insbesondere zu seinem Vater, sowie die emotionale Situation in seiner Herkunftsfamilie berücksichtigt. Der angesprochene Fragenkomplex ist bereits seit den fünfziger Jahren Gegenstand psychoanalytischer Überlegungen. So meinte zum Beispiel Wainwright (1966), die Erfahrung, Vater zu werden, könne einem Mann seine unakzeptablen und ambivalenten Gefühle gegenüber den eigenen Eltern deutlich machen. Bernstein & Cyr (1957) fanden bei Interviews mit werdenden Vätern, daß die bevorstehende Vaterschaft in einigen Fällen die Erinnerung an eine unglückliche und emotional deprivierte Beziehung zu den eigenen Eltern wachrufe. Nach Curtis (1955) sei für eine Bewältigung der Vaterschaft die Identifikation mit einem liebenden und fähigen Vater entscheidend, welche bisweilen auch durch die Identifikation mit einer ‚guten Mutter' ersetzt werden könne. Andere wiederum behaupten, daß durch die Geburt eines eigenen Kindes unbewältigte Konflikte, wie sie im Zusammenhang mit der Geburt von Geschwistern aufgetreten sein können, wiederbelebt würden (Freeman, 1951; Wainwright, 1966).

In seiner Untersuchung an 104 (Ehe-)Partnern von Frauen, die im Wochenbett lagen, ging Lukesch (1977) den Auswirkungen von zwei Bedingungskomplexen auf das Schwangerschaftserleben nach: (a) die Art der Partnerbeziehung und (b) die Situation in der eigenen Herkunftsfamilie. Hinsichtlich der Elternbeziehung in der Herkunftsfamilie stellte Lukesch (1977) fest, daß die Intaktheit der Herkunftsfamilie eine günstige Voraussetzung für die eigene Haltung der Schwangerschaft gegenüber darstellt. Er bemerkte ferner, daß Väter, von denen beide Elternteile noch lebten oder beide bereits verstorben waren, einen deutlich höheren Grad der Geplantheit und Erwünschtheit der Schwangerschaft angaben als solche, bei denen ein Elternteil verstorben war. Im allgemeinen beeinflußt nach Lukesch eine spannungsgeladene Beziehung zwischen den eigenen Eltern das Schwangerschaftserleben des werdenden Vaters nachhaltiger als deren Scheidung (vgl. hierzu auch Fthenakis, Niesel & Kunze, 1982; Hetherington, 1980; Hetherington, Cox & Cox, 1978, 1982). Väter, die ihre Eltern nicht als Belastungsfaktor für die Schwangerschaft beurteilten, erlebten auch insgesamt eine geringere Schwangerschaftsbelastung. Direkte Auskünfte über eine gute oder schlechte Beziehung zum eigenen Vater kovariierten nicht signifikant mit dem Schwangerschaftserleben. Aus den Daten von Lukesch ergibt sich auch, daß bei den Männern, die strenger als ihre Väter erziehen wollten, der höchste Belastungsgrad durch die Schwangerschaft zu finden war. Bestand eine hohe Diskrepanz zwischen den Werten realer Selbst- und realer Vaterschilderung, so resultierte dies im Hinblick auf das erwartete Baby in einer erhöhten Verletzungs- und Geburtsangst, was auf Unsicherheiten in der Identifikation mit der Vaterrolle hinweist. Die Untersuchung von Lukesch (1977) kann als Beispiel dafür dienen, wie komplex die Verursachungsfaktoren der väterlichen Haltung zur Schwangerschaft sind.

6.2.3 Geplantheit und Erwünschtheit der Schwangerschaft

Generell ist die Haltung eines Mannes gegenüber seiner künftigen Vaterschaft nicht allein von statistischen Konstanten und persönlichen Erfahrungen geprägt. Geplantheit und/oder Erwünschtheit des Kindes als Überbegriff für bestimmte Motivkonstellationen, welche sich aus instrumentellen wie auch emotionalen Komponenten der gegenwärtigen Lebenssituation zusammensetzen, spielen in diesem Zusammenhang eine wichtige Rolle.

Studien, die den prozentualen Anteil geplanter Schwangerschaften zu erfassen suchten, zeigten übereinstimmend niedrige Werte. Nach Lukesch (1981) hat sich zwar in der letzten Zeit der Anteil der geplanten Schwangerschaften aufgrund einer zunehmenden Verbreitung antikonzeptioneller Mittel deutlich erhöht, er befindet sich jedoch in der Bundesrepublik Deutschland immer noch bei etwa 30% aller Schwangerschaften (eine Umfrage der Deutschen Forschungsgemeinschaft ergab 1977 einen Anteil von 25,6% und eine repräsentative Befragung des Bundesministeriums für Jugend, Familie und Gesundheit aus dem Jahre 1975 ergab 32,0%). Zum Vergleich sei hier der Anteil von ca. 70% geplanter Schwangerschaften in Schweden angeführt. Lukesch (1981) weist jedoch darauf hin, daß eine ungeplante Schwangerschaft keineswegs auch als unerwünscht einzustufen sei; allerdings findet man bei ungeplanten Schwangerschaften einen geringeren Erwünschtheitsgrad als bei geplanten. In einer Studie von Lukesch (1975) ergab sich dementsprechend, daß 66,4% der Frauen ihre Schwangerschaft als erwünscht, 17,3% als neutral und 16,4% als unerwünscht bewerteten. Bei den werdenden Vätern zeigte sich, daß 71,5% die Schwangerschaft als erwünscht, 13,7% als neutral und 14,7% als unerwünscht einstuften. Die Schätzungen über die Häufigkeit unerwünschter Schwangerschaften gehen allerdings weit auseinander (zwischen 10 und 50%), und nach Lukesch deutet sich hier ein erhebliches soziales Problem an.

Unabhängig davon, ob eine Schwangerschaft erwünscht oder unerwünscht ist, läßt sich in ihrem Verlauf ein Anpassungsprozeß an die eingetretenen Gegebenheiten konstatieren, der sich in einem Ansteigen der Erwünschtheitsrate im letzten Schwangerschaftsdrittel bzw. in der Neonatalzeit dokumentiert (Nilsson, 1970; Winokur & Webroff, 1956; Zemlick & Watson, 1953). Andere Autoren berichten, daß der Zusammenhang zwischen Geplantheit und Erwünschtheit einer Schwangerschaft bei den Männern enger sei als bei den Frauen (Lukesch, 1975; Winokur & Webroff, 1956). Nach Brüderl (1982) fühlen sich die Männer, die die Entscheidung für oder gegen eine Schwangerschaft dem Schicksal überlassen hatten, kurz vor der Entbindung ihres ersten Kindes emotional am stärksten belastet. Dies legt die Vermutung nahe, daß bei den Männern die Planung eine größere Rolle für die Akzeptierung des Kindes spielt als bei den Müttern. Die graduell geringere

Abhängigkeit der Einstellung zum Kind von rationalen Überlegungen bei der werdenden Mutter kann vermutlich durch die direkteren Zugangsmöglichkeiten der Frau (etwa durch körperliche Betroffenheit, Erleben der Fötusbewegungen) zum Kind erklärt werden.

Lukesch (1981) berichtet zudem über interessante Diskrepanzen, die bezüglich der bei Befragung eruierten Begründungen für einen Kinderwunsch zwischen den Angaben von Männern und Frauen auftreten (Infra-Test, 1972, zit. in Lukesch, 1981): Bei Männern steht demnach der Wunsch nach Nachkommen, welche den Familiennamen tradieren, an erster Stelle, bei den Frauen wird am häufigsten damit argumentiert, daß Kinder schlechthin zu einer Familie gehören. Auch erwähnen sie häufiger als Männer, daß Kinder eine Ehe zusammenhalten. Liebe zu Kindern bzw. Kinder als Lebensaufgabe werden im Vergleich zu den anderen Gründen deutlich seltener genannt. Jürgens & Pohl (1978) fanden, daß die Situation, daß ein Mann sich noch ein Kind wünscht, häufiger auftritt als dies bei Frauen der Fall ist. Der Kinderwunsch des Mannes steht in Zusammenhang mit dem Geschlecht vorhandener Kinder, der der Frau wird stärker von der bereits vorhandenen Kinderzahl bestimmt. Bei geplanten Schwangerschaften verschlechtert sich zudem die positive Haltung gegenüber dem Kind später nur bei einem verschwindend geringen Teil der Eltern (Hall & Mohr, 1933).

6.2.4 Qualität der Ehepartner-Beziehung

Daß die Qualität der Ehepartnerbeziehung von zentraler Bedeutung für die Einstellung des werdenden Vaters zur Schwangerschaft und zum Kind ist, wurde bislang in zahlreichen Studien bestätigt (Despres, 1937; Grimm & Venet, 1966; Hamilton, 1955; Heinstein, 1967; Helper, Cohen, Beitenmann et al., 1968; Hetzel, Bruer & Poidevin, 1961; Nilsson, 1970; Nilsson & Almgren, 1970; Rottmann, 1974; Sears, Maccoby & Lewin, 1957; Uddenberg, 1974; Uddenberg & Hakanson, 1972; Wenner, Cohen, Weigert et al., 1969).

Lukesch (1977) vermutet, daß eine Schwangerschaft insbesondere dann für den Mann zu einem belastenden Erlebnis wird, wenn die momentane Situation mit dem Partner als unbefriedigend erlebt wird. So kann die Befürchtung, die Frau sei den Aufgaben der Mutterschaft nicht gewachsen und deshalb müsse der Mann einen übermäßigen Beitrag für die Betreuung des Babys leisten, die Streßbetontheit einer Schwangerschaft aus der Sicht des Mannes erhöhen (Bernstein & Cyr, 1957). Auch die Aussicht, durch die Veränderung in der Familienkonstellation käme die Befriedigung der Abhängigkeitsbedürfnisse von seiten des Mannes zu kurz, kann zu Schwierigkeiten, z. B. in Form von verstärkt auftretenden Regressionstendenzen, führen (Meerloo, 1968). Schließlich stellt ein Kind ein gewisses bindendes Moment selbst für unbefriedigende Partnerbeziehungen dar. Der daraus resultierende Zwang bezüglich der unumgänglichen Forderungen des Neugeborenen kann zu einer zusätzlichen Belastung der ohnehin schlechten Beziehung werden (Cermak, 1973). Auch Lewis (1982) zitiert Untersuchungen, welche die Schwangerschaft unter der Perspektive der Paarbeziehung behandeln (Deutscher, 1970; Grossman, Eichler & Winickoff 1980). In diesem Kontext wird behauptet, daß die Anpassung und psychische Veränderung beider Partner in der Schwangerschaft von der Beschaffenheit der Beziehung zwischen ihnen und der aus den veränderten Geschlechtsrollen und dem sozialen Netzwerk abgeleiteten Befriedigung abhängt. Traditionelle Paare mit stärkerer religiöser Bindung und einer ausgeprägten geschlechtsspezifischen Rollenaufteilung der häuslichen Pflichten, die über ein umfassendes familiär begründetes soziales Netzwerk verfügen, genießen normalerweise die Schwangerschaft als besonderes, sozial befürwortetes Ereignis. Moderne, stärker gleichberechtigte Paare hingegen zeigen keine gleichgeartete Befriedigung (Gladieux, 1978). Die Ergebnisse von Schug (1982) und Csordas (1982) bestätigen diese Tendenz.

Nicht zu vernachlässigen ist hierbei die Rückwirkung einer guten Partnerbeziehung auf die Befindlichkeit der Ehefrau. So vermuten Jürgens & Pohl (1978) Zusammenhänge zwischen der gesunkenen Zufriedenheit der Frau mit ihrer Partnerwahl und der Gesamt-Kinderzahl: In allen Familien, die wunschgemäß noch ein Kind bekommen hatten, stimmten die Partner darin überein, ihren Mann oder ihre Frau auch in Zukunft wieder heiraten zu wollen. Lukesch (1975) fand die positivste Einstellung zur Schwangerschaft und zum Kind bei Frauen, die ihre Partnerbeziehung als glücklich und zufrieden einschätzten und eine positive Grundhaltung dem Partner gegenüber zeigten, jedoch ihrer Ehe realistisch gegenüberstanden, d. h. gelegentliche Unstimmigkeiten und Unzufriedenheiten akzeptierten.

Nach Ansicht von Lukesch (1975) zeigt sich dieser Trend zu positiven Werten im Mittelbereich der Partnerschaftsbeurteilungen auch bei anderen Angaben, etwa bei dem Ausmaß der erlebten Belastungen durch die Schwangerschaft, bei den Zukunftserwartungen oder bei der Frage der Erwünschtheit der Schwangerschaft. Lukesch & Rottmann (1976) untersuchten an einer Stichprobe von 141 werdenden Müttern Zusammenhänge in der Beantwortung eines Fragebogens zur Erfassung verschiedener Aspekte der Einstellung zur Schwangerschaft (offene Ablehnung der Schwangerschaft; Angst, das Kind zu verletzen; Geburtsangst; Ablehnung des Stillens und autoritäre Erziehungseinstellung) und soziofamiliären Bedingungen. Für die Fragestellung dieses Kapitels ist das Ergebnis interessant, daß Mütter, welche sagen, durch die Schwangerschaft habe sich die Beziehung zum Partner verschlechtert, häufiger Antworten in Richtung ‚erhöhte Ängstlichkeit dem Kind gegenüber', ‚größere Geburtsangst' und ‚Ablehnung des Bruststillens' geben. Zudem ist eine Ablehnung der Schwangerschaft durch den Partner mit ‚offener Ablehnung der Schwangerschaft' durch die Mutter und ‚Geburtsangst' korreliert.

Ein weiterer Gesichtspunkt für die Einstellung zur Schwangerschaft scheint die Dauer der Partnerbeziehung zu Beginn der Schwangerschaft zu sein. Partner, die drei oder mehr Jahre zusammen waren, erlebten durch die Geburt des ersten Kindes weniger Schwierigkeiten als Partner, die innerhalb der ersten beiden Jahre ihrer Partnerschaft das erste Kind erwarteten (Dyer, 1963; Bikkelmann, 1979; Russell, 1974). Als zuverlässige Indikatoren für die Zufriedenheit der Frau in der Ehe ermittelte Barry (1970) die emotionale Reife, die Sicherheit in der Geschlechtsrollen-Identifikation und den beruflichen Status des Mannes. Die hier angedeutete komplexe Wechselwirkung zwischen der Einstellung des Vaters, der von beiden Partnern erlebten Beziehungsqualität und dem Verlauf der Schwangerschaft legt eine detailliertere Untersuchung nahe.

6.2.5 Emotionale Unterstützung durch den Ehemann

Unter der Voraussetzung einer positiven Einstellung des Mannes zur Schwangerschaft ist seine wichtigste Rolle die der emotionalen Unterstützung seiner Frau. Emotionale Unterstützung hilft der Mutter bei der Anpassung an die Schwangerschaft und die Mutterrolle und wirkt sich vermittelt durch die Befindlichkeit der Mutter auch auf das Kind aus. Das Ausmaß väterlicher Unterstützung während der Schwangerschaft liefert zudem Hinweise auf zukünftiges väterliches Verhalten. So zeigen Studien, die diesen Zusammenhängen nachgingen, daß emotionale Unterstützung durch den Mann mit einer erhöhten mütterlichen Kompetenz und mit einer besseren Anpassung an die neue Situation assoziiert ist (Shereshefsky & Yarrow, 1973). Andere Autoren fanden Entsprechungen zwischen der emotionalen Unterstützung durch den Mann und erfolgreichem Stillverhalten der Mutter (Switzky, Vietze & Switzky, 1979) sowie einer erhöhten Sensitivität gegenüber kindlichen Bedürfnissen (speziell beim Stillen und bei der Flaschenfütterung). Auch Barry (1970) hebt für einen guten Verlauf der Schwangerschaft die Bedeutung der emotionalen Unterstützung durch den Mann als wichtige Hintergrundvariable hervor. Er stellte in diesem Kontext die Hypothese auf, daß die emotionale Unterstützung vor allem in Phasen des Rollenübergangs von Bedeutung sei und sieht in dem Rollenwechsel von der Ehefrau zur Ehefrau *und* Mutter eine solche Situation für gegeben.

Mangelnder emotionaler Beistand durch den Mann ist hingegen äußerst negativ zu bewerten. So zeigten Kaplan & Blackman (1969), daß Mütter mit depressiven Symptomen nach der Geburt in der Regel (retrospektiv) ihre Männer als emotional kalt schilderten. Ähnliche Symptome fand Oakley (1979) bei jungen Müttern aus Ehen mit starrer Rollenaufteilung.

Einige Längsschnittstudien auf diesem Gebiet erweisen sich als besonders interessant. Grossman, Eichler & Winickoff (1980) beobachteten in Boston Familien vom ersten Drittel der Schwangerschaft an bis ein Jahr nach der Geburt. Eines der interessantesten Ergebnisse dieser Arbeit war der Befund, daß sich die Qualität der ehelichen Beziehung im ersten Schwangerschaftsdrittel als ein zuverlässiger Prädiktor für die psychologische Anpassung der Mutter zwei Monate nach der Geburt erwies und auch Rückschlüsse auf das Verhalten der Mutter ein Jahr nach der Geburt zuließ; allerdings war die prädiktive Validität hier schwach ausgeprägt. Auch in der Längsschnittstudie von Barnard (1980), die den Zeitraum von der Geburt bis zum vierten Lebensjahr erfaßte, war väterliches Engagement während der Schwangerschaft konsistent mit Maßen des mütterlichen Engagements und ihrer Verantwortlichkeit für das Kind während der ersten vier Lebensjahre assoziiert. Dieses Bild wird durch weitere Forschungsevidenz, etwa durch die kalifornische Studie von Gladieux (1978), ergänzt.

Leiderman & Seashore (1975) fanden, daß beim Auftreten von Komplikationen während der Geburt (Frühgeburt) die eheliche Beziehung unter unverhältnismäßig großer Belastung stand. Im Fall einer Frühgeburt war die Scheidungsrate der betreffenden Ehen in der Follow-up-Studie im Vergleich mit Kontrollgruppen erhöht. Außerdem konnten Grossman, Eichler & Winickoff (1980) feststellen, daß Kinder von Müttern, die während der Schwangerschaft entspannt waren und von ihrem Mann unterstützt wurden, sich in den ersten drei Tagen nach der Geburt weniger irritierbar zeigten und auch zum Untersuchungstermin zwei Monate nach der Geburt in besserer körperlicher Verfassung waren. Wahrscheinlich besteht jedoch eine Wechselwirkung zwischen Charakteristiken des Kindes und ehelicher Zufriedenheit (Cook, 1979).

Insgesamt scheint es, daß diese Zusammenhänge bei den Eltern von Erstgeborenen stärker ausgeprägt sind als bei Eltern mit größerer Erfahrung. Pedersen (im Druck) leitet daraus die Schlußfolgerung ab, daß der anfängliche Übergang zur Elternrolle stärker durch die Qualität der ehelichen Beziehung geprägt sei, während die Gewöhnung an weitere Kinder mehr durch externe Umstände beeinflußt werde.

Väter, die ihrer Frau während der Schwangerschaft zuverlässig zur Seite standen, bieten zudem günstige Voraussetzungen für spätere Anteilnahme. So bestehen positive Zusammenhänge zwischen dem Ausmaß des Interesses eines Ehemanns an der Schwangerschaft und seiner Fürsorge für das Kind in den ersten sechs Lebenswochen, gemessen an Variablen, wie z. B. „das Kind auf den Arm nehmen“ und „sich um das Kind kümmern, wenn es weint“ (vgl. Barnard, 1980, und Painter, 1980). Parke (1982) bemerkt hierzu jedoch einschränkend, daß Verhaltensveränderungen des Ehemannes während der Schwangerschaft nicht stabil seien und daß Schwangerschaft nicht als Allheilmittel für gestörte Beziehungen angesehen werden darf. Nach Parke (1982) geht die emotionale Unterstützung vier Monate nach der Geburt auf das Normalmaß zurück.

Einige Untersuchungen weisen darauf hin, daß offensichtlich bei der werdenden Mutter generell ein starkes Bedürfnis nach emotionaler Unterstützung besteht. So gewinnen in dieser Zeit neben dem Ehemann auch andere

Personen größere Relevanz für die schwangere Frau als normalerweise. Bittman & Zalk (1978) zeigten z.B., daß schwangere Frauen zu etwa 40% häufiger Kontakt zu ihren Eltern aufnehmen.

Daß auch der werdende Vater der emotionalen Unterstützung bedarf, hat man trotz der Vielzahl der Arbeiten zu dieser Thematik fast übersehen. Nach Pedersen (im Druck) beruht die Vernachlässigung dieser Fragestellung auf den üblichen Geschlechtsrollenstereotypien. Eigentlich, so Pedersen, müßten aber gerade engagierte Väter, die die auf sie zukommenden Aufgaben ernst nehmen, in der Zeit des Übergangs zu einer aktiven Elternrolle einen gesteigerten Bedarf an emotionaler Unterstützung haben. Hinweise auf eine diesbezügliche Krisensituation liefert zum Beispiel die Arbeit von Fein (1976), welcher berichtet, daß Väter in der Zeit nach der Geburt häufig starke Anpassungsprobleme hatten und unfähig waren, eine kohärente Rolle zu entwerfen, die den Erwartungen ihrer Partnerin entsprach. Nach Bittman & Zalk (1978) wenden sich viele Männer während der Schwangerschaft an ihre eigene Mutter, intensivieren den Kontakt zu ihr und sind empfänglicher für „zusätzliche Streicheleinheiten". Einen positiven Zusammenhang zwischen der Verfügbarkeit von Menschen, die dem werdenden Vater mit Rat und Tat zur Seite stehen, und dem Grad der Zufriedenheit in der Zeit der Schwangerschaft, konnte Gladieux (1978) nachweisen. Insgesamt läßt sich mit Dickie, Schuurmans & Schang (1980 zit. in Pedersen 1981) folgern, daß wohl beide Elternteile von der gegenseitigen emotionalen Unterstützung profitieren.

Kritisch muß man hier einwenden, daß das Konzept der ‚emotionalen Unterstützung' unzureichend operationalisiert ist. In manchen Fällen wird es nicht einmal für notwendig gehalten, den Begriff präzise zu umschreiben. Nur wenige Autoren bemühen sich um objektive Definition, wie z.B. Pedersen (1981) (positive Wertschätzung der Mutter-Kind-Interaktion durch den Vater), Heath (1976) und Painter (1980) (zwanglose Kommunikation zwischen den Eltern über Themen, die das eigene Gefühlsleben und das des Kindes betreffen) sowie Dickie, Schuurmans & Schang (1980, zit. in Pedersen (im Druck)) (Übereinstimmung zwischen den Eltern im Hinblick auf Erziehungstechniken und -ziele).

In engem Zusammenhang zur emotionalen Unterstützung steht die Haltung, die der werdende Vater während der Schwangerschaft in sexueller Hinsicht einnimmt. Die Schwangerschaft scheint das sexuelle Verhalten von Mann und Frau zu beeinflussen. Im allgemeinen kann man eine Abnahme der sexuellen Beziehungen – vor allem während der ersten Schwangerschaft – verzeichnen. Masters & Johnson (1966) fanden, daß 31 der insgesamt 79 untersuchten Väter ihre sexuellen Aktivitäten aufgaben, obwohl sie bei ihren schwangeren Frauen – zumindest während der ersten Monate der Schwangerschaft – eine Zunahme der sexuellen Bedürfnisse bemerkten. Daß dies nicht in allen Fällen zutrifft, zeigten Bittman & Zalk (1978), die berichten, daß einige Männer sich zu ihren schwangeren Frauen verstärkt sexuell hingezogen fühlen. Einer der Faktoren, die für die Abnahme sexueller Aktivitäten verantwortlich gemacht werden, ist das Anraten vieler Ärzte, die schwangeren Frauen – zumindest im letzten Drittel ihrer Schwangerschaft – sexuelle Enthaltsamkeit empfehlen (nach Masters & Johnson, 1966, 77%) und dies, obwohl bekannt ist, daß sexuelle Aktivitäten im allgemeinen auch im letzten Stadium der Schwangerschaft nicht schädlich sind. Obgleich der Rückgang sexueller Aktivitäten in der Schwangerschaft als normal angesehen wird (Liebenberg, 1969; McCorkel, 1964), scheint es für schwangere Frauen wichtig zu sein, für ihren Mann körperlich attraktiv zu bleiben.

Wir wissen wenig darüber, welche weiteren Faktoren die Abnahme sexueller Aktivitäten während der Schwangerschaft bedingen. Scott-Heyes (1982) konnte nachweisen, daß Männer, die positiv zur Vaterrolle eingestellt waren, sich ihren Frauen sowohl in der Schwangerschaft als auch nach der Geburt stärker zugeneigt zeigten. Auch nach Meyerowitz (1970) drückt sich die Zufriedenheit der Männer in dieser Lebensphase darin aus, daß sie ihre Frauen auch während der Schwangerschaft körperlich anziehend finden. Kein Zusammenhang zeigte sich zwischen diesem Faktor und dem sexuellen Verlangen nach der Beendigung der Schwangerschaft, was auf die Zeitgebundenheit dieses Faktors hinweist. Aus einer anderen Perspektive wurde sexuelle Abstinenz während der Schwangerschaft als ‚Opfer' angesehen, das der Vater freiwillig als seinen speziellen Beitrag für einen erfolgreichen Verlauf der Geburt bringt.

Gibt der Vater der schwangeren Frau trotz verminderter Attraktivität das Gefühl, für ihn begehrenswert zu sein, so verhilft er ihr damit zu einer besseren Akzeptierung und Anpassung an die Mutterrolle.

6.2.6 Hilfe für das ältere Kind

Eine häufig übersehene Rolle des Vaters während der Schwangerschaft behandelt Parke (1982), nämlich die Hilfe des Vaters für das ältere Kind. Der Vater kann eine bedeutende Rolle dabei spielen, das ältere Kind auf die Geburt seines Geschwisters vorzubereiten, ihm die notwendige Zuwendung zukommen zu lassen, die seine schwangere Mutter ihm eventuell nicht bieten kann, und ihm zu helfen, den Übergang von der Triade zur Tetrade zu vollziehen. Bereits Baldwin (1947) hatte darauf hingewiesen, daß Schwangerschaft die Mutter häufig unnahbar und ungeduldig mache, was beim älteren Kind Irritierbarkeit hervorrufe. Er beobachtete, daß Frauen ihren Erziehungsstil während der Schwangerschaft veränderten, sie verbrachten weniger Zeit mit ihrem Kind, verhielten sich weniger warm und gefühlvoll und waren generell weniger effektiv in ihren Erziehungspraktiken. Zur selben Zeit wurden sie restriktiver, strenger, zwanghafter und weniger demokratisch (Parke, 1982). Nach Bittman & Zalk (1978) verbrachten 34% der Väter während der

Schwangerschaft mehr Zeit mit ihren älteren Kindern als vorher. Nur 2% berichteten von einer reduzierten Verfügbarkeit für ihre Kinder. Daß dieses Engagement des Vaters aus der Perspektive des Kindes erforderlich ist, zeigt die Studie von Legg, Sherick & Wadland (1974), die bei älteren Geschwistern eine Reihe negativer Reaktionen auf die Geburt eines neuen Kindes fanden: Rückfälle in der Sauberkeitserziehung, Schlafstörungen und wieder erwachtes Interesse an Schnullern, Fläschchen und Daumen. Sie beobachteten, daß verstärktes Engagement des Vaters während der Schwangerschaft dem älteren Kind die Anpassung erleichterte.

6.3 Der Übergang zur Vaterschaft

6.3.1 Vaterschaft als Krise?

Wie bereits die deutschen Soziologen Leopold von Wiese (1926) und Georg Simmel (1922) bemerkten, verläuft der Übergang von der Partnerschaft zur Elternschaft, von der Dyade zur Triade, nicht immer problemlos. Die Psychodynamik der Vaterschaft kann – in Interaktion mit sozialen, kulturellen und situativen Bedingungen – zu Fehlentwicklungen führen. In der psychologischen Literatur blieb diese Thematik jedoch lange vernachlässigt. Erst 1957 griff Le Masters auf die These von Hill (1949) zurück, wonach das Hinzukommen eines neuen Familienmitgliedes eine tiefgreifende Veränderung für das Familiensystem darstelle. Unter Verwendung der Definition von Hill, Krise sei „any sharp or decisive change for which old patterns are inadequate“, untersuchte Le Masters 46 Paare aus der Mittelschicht, die ihr erstes Kind erwarteten. Zur Bestimmung der Relevanz dieser kritischen Phase verwendete er eine fünfstufige Kategorisierung (keine, leichte, mäßige, ausgedehnte und schwere Krise). Le Masters stellte fest, daß 82,6% der untersuchten Paare deutliche Anzeichen einer ‚schweren Krise‘ zeigten. In einer Replikation der Untersuchung von Le Masters – unter Verwendung einer unterschiedlichen Methode zur Bestimmung der ‚Krise‘ (die Eltern mußten in Fragebögen Einschätzungen krisenbezogener Items vornehmen) – fand Dyer (1963), daß 53% der insgesamt 32 untersuchten Paare deutliche Merkmale einer ‚Krise‘ aufwiesen. Das Ausmaß der erlebten Krise durch die Ankunft des ersten Kindes wurde in dieser Arbeit von folgenden Merkmalen beeinflußt. Ehepaare erlebten eine relativ milde ‚Krise‘, wenn sie (a) eine gute eheliche Anpassung und (b) einen relativ hohen Bildungsstand hatten, (c) etwas länger als drei Jahre verheiratet waren, sowie (d) das Kind geplant hatten. Offensichtlich tragen bestimmte Rahmenbedingungen dazu bei, die Krise mehr oder weniger tief zu erleben. Wainwright (1966) untersuchte zehn Männer, die zum Zeitpunkt des Übergangs in die Vaterschaft bei ihm in psychiatrischer

Behandlung waren, und stellte Zusammenhänge mit der Beeinträchtigung mentaler Funktionen fest.

Hobbs griff das Konzept der ‚Krise' in seinen Arbeiten auf, umschrieb das Problem jedoch – abweichend von Hill's Definition – als „subjektiv erlebte Beeinträchtigung betroffener Eltern infolge notwendiger mit dem Übergang der Elternschaft verknüpfter Veränderungen und Umstellungen in ihrem Leben" (Hobbs, 1965, 1968; Hobbs & Cole, 1976; Hobbs & Wimbish, 1977). In seiner Studie von 1968, in der Hobbs sowohl Fragebögen als auch Interviews einsetzte, fand er, daß 18,5% der Mütter und 3,7% der Väter eine ‚schwere Krise' erlebten. In einer neueren Arbeit verglichen Gerzi & Berman (1981) eine Gruppe von israelischen werdenden Vätern mit einer Parallelgruppe kinderloser verheirateter Männer. Die werdenden Väter wiesen ein signifikant höheres Angstniveau auf, was die Autoren jedoch als möglicherweise durch die realen Belastungen dieser Zeit bedingt interpretieren. Auch in jüngster Zeit hat nach Schneewind (1983) eine Reihe von Studien auf einen ‚Schock' hingewiesen, der sich für beide Elternteile nach der Ankunft des ersten Kindes ergibt und somit zu einer Reduzierung der ursprünglich gewünschten Kinderzahl führt (Jürgens & Pohl, 1975; Oppitz, v. Rosenstiel & Scherf, 1980; Toman, Hölzl & Koreny, 1977).

Schon relativ früh begann man, an der Stichhaltigkeit dieser Ergebnisse zu zweifeln. Le Masters wurde vorgeworfen, eine nicht repräsentative (Mittelschicht-) Stichprobe verwendet zu haben. Rosenthal (1966) hielt ihm sogar Manipulation seines Experimentes vor, da Le Masters den von ihm untersuchten Paaren bei der Bestimmung der Krisenintensität geholfen haben soll. Auch Dyer (1963) verwendete eine Mittelschichtstichprobe und die Probanden von Wainwright (1966) waren, abgesehen von ihrer geringen Anzahl, hochselegiert. Hobbs' Studien waren insofern ein Fortschritt, als hierbei die Stichprobenerhebung nach dem Zufallsprinzip erfolgte. Mit den Schlußfolgerungen von Hobbs setzte sich vor allem Jacoby (1969) kritisch auseinander. Er bemerkte, daß die Krisenperspektive auf negative Ergebnisse ausgerichtet sei und gegenüber einer möglichen positiven Haltung werdender Eltern blind mache. Ähnliche Vorbehalte gegen die Krisenperspektive äußerte Rapoport (1963), der den Vorschlag machte, hier von einer ‚normalen Krise' zu sprechen. Meyerowitz & Feldman (1966) plädierten dafür, den Übergang zur Elternschaft in erster Linie als einen Übergang zu einer ‚reiferen' und ‚dankbareren' Triade anzusehen. Auch nach Schneewind (1983) spricht eine Reihe von Studien gegen das Auftreten eines Babyschocks (Gisser, 1980; Münz, 1980). Einer der heftigsten Kritiker der Krisenperspektive war Rossi (1968), der nahelegte, den Begriff ‚Krise' in diesem Kontext überhaupt fallen zu lassen. Inzwischen deutet sich jedoch eine Entwicklung an, die den Übergang zur Elternschaft neben der Krisenperspektive auch als ‚Chance' und ‚Gratifikation' (Russell, 1974) begreift.

Eine genaue Analyse der Daten von Le Masters, Dyer und Hobbs legt,

Junge Väter

Die Beschäftigung mit der Situation junger (d.h. minderjähriger) Väter stellt ein Desiderat der Vaterforschung dar. Die bislang vorliegenden Studien liefern zwar interessante aber weitgehend singuläre Befunde. Ein konsistentes Ergebnis besteht jedoch in der relativ deutlichen Widerlegung der weitverbreiteten Auffassung, daß Vaterschaft bei Minderjährigen mit psychosozialer Devianz einhergehe. Earls & Siegel (1980), Jessor & Jessor (1977) und auch Pauker (1971) fanden keinen Zusammenhang zwischen früher Vaterschaft bzw. frühem Geschlechtsverkehr und einer Beeinträchtigung der Persönlichkeit. Robinson, Barret & Skeen (1983) fanden hinsichtlich der Kontrollerwartungen (Locus of Control), einem wichtigen Aspekt der psychosozialen Entwicklung, keine Unterschiede zwischen minderjährigen Vätern und ihren kinderlosen Altersgenossen.

Wenngleich minderjährige Väter per se keine psychopathologischen Symptome aufweisen, sind sie dennoch einer Reihe von Problemen ausgesetzt, die eine nähere Beschäftigung mit ihrer Situation notwendig erscheinen lassen. So konnte in verschiedenen amerikanischen Untersuchungen (Card & Wise, 1978; Moore, 1978a, 1978b; bzw. Nye & Berardo, 1973) gezeigt werden, daß minderjährige Vaterschaft mit einer Reihe von typischen Folgeproblemen korrespondiert, wie z.B. häufigerem Ausbildungsabbruch, schlechteren Arbeits- und Einkommensverhältnissen, instabileren und kinderreicheren Ehen der eigenen Eltern im Vergleich zu ihren kinderlosen Altersgenossen. Vaz, Smolen & Miller (1983) fanden bei schwarzen minderjährigen Vätern deutlich depressive Zustände und soziale Isolation als kurzfristige Folgeprobleme. Allerdings gibt es auch Untersuchungen, wie beispielsweise die von Simms & Smith (1982), die nahelegen, daß die subjektive Betroffenheit jugendlicher Väter geringer ist, als die angesprochenen Folgeprobleme erwarten lassen. So äußerten 99% der von Simms und Smith befragten jugendlichen Väter, daß sie mit ihrer Ehe zufrieden seien, und 95%, daß sie mit ihrer Rolle als Väter zufrieden seien. Inwieweit solche Äußerungen durch die Selektivität der Stichprobe – es handelte sich weitgehend um Hilfsarbeiter – oder durch ein Wunschdenken erklärt werden können, ist unklar. Bemerkenswert erscheint allemal, daß nur 17% der von

neben der Kritik an der Stichprobenerhebung, auch Zweifel an der Generalisierbarkeit des Krisenparadigmas nahe. In der Studie von Le Masters (1957) erlebten etwa 13% der Paare offensichtlich keine ‚Krise' und bei Dyer betrug der Anteil der Paare, die ‚keine' oder nur eine ‚leichte' Krise durchmachten, 47%. Bei Hobbs (1968) hatten sogar 82,5% der Mütter und 96,3% der Väter keine Probleme. Für diese divergenten Ergebnisse sind sicherlich neben Unterschieden in der Definition einer ‚Krise' auch methodische Gründe verantwortlich.

Die Diskrepanz zwischen den Ergebnissen früherer und neuerer Studien ist teilweise darauf zurückzuführen, daß verschiedene Aspekte des Übergangs zur Vaterschaft im Mittelpunkt stehen. Neuere Arbeiten versuchen eher die

Simms und Smith befragten Personen erwarteten, daß ihre frühe Vaterschaft mit einer Verschlechterung ihrer Karrierechancen einhergeht.

Es gibt einige Hinweise dafür, daß die Einstellungen jugendlicher Väter zur Kindsmutter zumindest bis kurz nach der Geburt überwiegend positiv sind (z.B. bei Hendricks & Montgomery, 1983). Solche positiven Einstellungen münden typischerweise aber nicht in Heirat oder zumindest stabile Partnerschaften. Nach Earls & Siegel (1980) läßt sich dies indirekt daraus erschließen, daß nur 20% der minderjährigen Mütter heiraten und nach Furstenberg (1976a, 1976b), Lorenzini, Klerman & Jekel (1977) sowie Nettleton & Cline (1975) muß man davon ausgehen, daß die Kontakte zwischen nichtehelichen minderjährigen Vätern und der Kindsmutter bzw. dem Kind relativ rasch abnehmen. Zwei Jahre nach der Geburt halten nur noch etwa ein Viertel der Väter Kontakt, wobei das Ausmaß an übernommener Elternverantwortung bislang als unklar gelten muß.

Auch hinsichtlich der erleichternden oder erschwerenden Beiträge jugendlicher Väter während der Schwangerschaft gibt es nur wenige Hinweise. Zwar hielten nach Vaz, Smolen & Miller (1983) 83% der Väter in ihrer Stichprobe den Kontakt während der Schwangerschaft aufrecht, aber nur 48% schrieben sich selbst einen für die Mutter hilfreichen Einfluß – z.B. bei der Entscheidung über einen etwaigen Schwangerschaftsabbruch oder der weiteren Betreuung des Kindes nach der Geburt – zu. Hinzu kommt ein relativ deutlicher Dissens von Vätern und Müttern hinsichtlich der Förderlichkeit des väterlichen Beitrags während der Schwangerschaft (50%). Gewisse Hinweise für ein qualitativ unzureichendes väterliches Involvement liefern die Zahlen zur Informationsbeschaffung über Fragen der Schwangerschaft und Familiengestaltung. Nur 19% der jungen Väter informierten sich über Schwangerschaft und nur 9% holten professionelle Information über Geburtenplanung ein.

Was die Partizipation solcher junger Väter, die mit ihren Frauen in Kontakt bleiben, anbetrifft, gibt es gegenwärtig nur Vermutungen (Parke, Power & Fisher, 1980).

Baldwin & Cain (1980) sowie Rivara (1981) wiesen darauf hin, daß junge

Reaktionen auf Veränderungen (Gefühle und Einstellungen) als die Veränderungen selbst (Verhaltensmuster) zu erfassen. Hobbs' Kontrolliste fragt zum Beispiel danach, wie ‚gestört' Eltern durch die unterschiedlichen Probleme der neuen Elternschaft waren; auf diese Weise sind nur geringe Ausmaße einer Krise festgestellt worden.

Es wäre wahrscheinlich richtig zu sagen, daß die mit der neuen Elternschaft einhergehenden Verhaltensänderungen typisch exzessiv sind, doch die jungen Eltern sich meistens nur geringfügig davon betroffen fühlen. Zur besseren Vergleichbarkeit der Ergebnisse wäre deshalb eine möglichst direkte Messung der Variablen wünschenswert.

Eine deutliche Antworttendenz zu sozialer Erwünschtheit ist ein weiteres

Väter, die ihre Vaterschaft positiv erleben, eine Integrations- und Stabilisierungsressource für Mütter und Kinder darstellen können. Damit diese Chance wirklich aktualisiert werden kann, dürften aber auch spezifische pädagogische Kompetenzen erforderlich sein. Zumindest nach den Untersuchungen von De-Lissovoy (1973) bzw. Epstein (1979; zit. in Belsky, Lerner & Spanier 1984) über die pädagogischen Fähigkeiten jugendlicher Eltern gibt es eher Hinweise für diesbezügliche Defizite. In beiden Untersuchungen konnten unrealistische Erwartungen hinsichtlich der Entwicklungsfähigkeit der zu versorgenden Kinder festgestellt werden.

Ungeachtet der Unklarheiten hinsichtlich der demographischen Dimensionen jugendlicher Vaterschaft in der Bundesrepublik Deutschland ergibt sich angesichts der in den Forschungsberichten verdeutlichten Schwierigkeiten für jugendliche Väter (und Mütter) ein klarer Interventionsbedarf. Die Entwicklung von spezifischen Unterstützungsprogrammen für jugendliche Väter (und Mütter) muß daher an dieser Stelle dringend angeregt werden. Solche Programme sollten sowohl Aspekte der beruflichen und ausbildungsspezifischen Förderung, der Kinderpflege- und Erziehung sowie Partnerschaftsberatung umfassen.

Neben dem Interventionsbedarf gibt es einen klaren Präventionsbedarf. Dieser ergibt sich nicht erst aus den bislang bekannten Folgeproblemen jugendlicher Elternschaft, sondern schon deshalb, weil die Mehrzahl jugendlicher Schwangerschaften ungewollt ist. Das Alan Guttmacher Institut (1981) berichtete, daß etwa 80% der jugendlichen Schwangerschaften und gut zwei Drittel der Geburten nicht geplant waren, ferner, daß ein Fünftel dieser Schwangerschaften innerhalb des ersten Monats nach dem ersten Geschlechtsverkehr und etwa die Hälfte innerhalb der ersten 6 Monate nach dem ersten Geschlechtsverkehr entstehen. Dieser Befund liefert einen Hinweis dafür, daß der frühere Beginn sexueller Aktivität nicht per se die Ursache der hohen Zahl ungewollter Geburten – das Alan Guttmacher Institut (1981) nennt die Zahl 300000 pro Jahr – sein kann, da er für alle Altersgruppen innerhalb der Jugendlichen gilt.

methodisches Problem bei der Bestimmung von Veränderungen oder Reaktionen im Übergang zur Elternschaft. Auf Grund des starken *pronatalen* und romantischen Standpunktes z. B. der amerikanischen Gesellschaft gegenüber Kindern (Le Masters, 1957) ist es für junge Eltern schwierig, Fragen nach dem Ausmaß der Veränderung ihres Lebens durch Kinder objektiv zu beantworten. Demzufolge bestehen Zweifel an der Gültigkeit solcher Selbstauskünfte. Sozial erwünschte Antworten könnten zum Beispiel dadurch vermindert werden, wenn die Einstellung zu Kindern in Fragen nicht direkt mit der Bewertung der persönlichen und partnerschaftlichen Gefühle verknüpft wird.

Eine andere allgemeine Kritik an den meisten Forschungsarbeiten zum Übergang zur Elternschaft besteht darin, daß sie gewöhnlich nur nach dem

Eine Präventionspolitik der Verzögerung des Beginns sexueller Aktivitäten scheint aber nicht nur deshalb fragwürdig. Weitere Hinweise hierfür liefert die Art, wie am Ideal einer adulten Sexualität orientierte Inhalte bei Jugendlichen verfangen. Eine Vielzahl von Autoren konnte zeigen (vgl. im Überblick Belsky, Lerner & Spanier, 1984), daß ein konsistenter Trend zum früheren Beginn genital sexueller Aktivitäten besteht, trotz vorhandener Sanktionen für sexuelle Aktivitäten Jugendlicher. Die Akzeleration der Geschlechtsreifung und die Ubiquität sexueller Hinweise, kaum aber institutionelle Aufklärungsmaßnahmen wie Sexualkunde (Spanier, 1973, 1976), scheinen hierfür eine entscheidende Rolle zu spielen. Dennoch haben Inhalte, die mit dem Ideal eines relativ späten Einsatzes sexueller Aktivitäten assoziierbar sind, im Bewußtsein der Jugendlichen Bestand. Es gibt starke Hinweise dafür, daß solche Inhalte zwar nicht die sexuellen Aktivitäten Jugendlicher verhindern, wohl aber den Gebrauch von Kontrazeptiva. Lehfeldt (1971), Sandberg & Jacobs (1972), Shah, Zelnick & Kantner (1975) sowie Simms & Smith (1982) haben Gründe für die Nichtnutzung von Kontrazeptiva untersucht. Die Autoren nannten: Unsicherheit, welche Methode geeignet sei; mangelndes Vertrauen in die Empfehlung des Arztes; religiöse oder moralische Skrupel; Verantwortungslosigkeit; Unreife; Rebellion gegenüber Eltern und Gesellschaft; Gleichsetzung von Liebe und Opfer; Geschlechtsverkehr als Sünde, Geburt als Strafe; Schwangerschaft als Geschenk der Liebe; den irrationalen Glauben, daß ,,uns“ nichts passieren werde; mangelnde Romantik beim Gebrauch von Empfängnisverhütungsmitteln; Schwangerschaft als Mittel eine Heirat und somit legitimierte sexuelle Partnerschaft durchzusetzen. Hiermit ist nach Belsky, Lerner & Spanier (1984) die Richtung der Prävention klar anzugeben. Es wird in der Zukunft von zunehmender Bedeutung sein, daß Eltern und professionelle Erziehungspersonen sowohl Kenntnisse als auch eine Motivation zur Nutzung von Kontrazeptiva vermitteln. Letztere dürfte bei der vorherrschenden geringen Akzeptanz für jugendliche Sexualität nur schwerlich zu vermitteln sein.

Ereignis des Übergangs durchgeführt worden sind. Wenn Veränderungen und die mit ihnen einhergehenden Belastungen untersucht werden sollen, ist die abzuleitende Gültigkeit größer, wenn die untersuchten Personen sowohl vor als auch nach dem kritischen Zeitpunkt befragt werden. Längsschnittstudien sind demnach hier das günstigste Forschungsdesign.

Als bedeutsame Dokumentation dieses Themenbereichs sei auf die Arbeiten von Beail (1980, 1982) Cowan, Cowan, Coie et al. (1978) Csordas (1982) Entwisle & Doering (1981) Feldman (1974), La Rossa & La Rossa (1981), Miller & Sollie (1980), Raush, Barry, Hertel et al. (1974), Russell (1974), Ryder (1973), Schneewind (1983), Schug (1982), Sollie & Miller (1980), Zell (1977, zit. in Zell & Keller, 1979), verwiesen. Im folgenden soll zur weiteren

Klärung der Fragestellung der Versuch unternommen werden, die diesbezüglichen theoretischen Perspektiven kurz darzustellen und sie zusammen mit vorliegenden Untersuchungen zu diskutieren. Neben der psychoanalytischen, sozialpsychologischen, kulturanthropologischen und entwicklungstheoretischen Betrachtungsweise und der Theorie des sozialen Lernens sind in diesem Kontext insbesondere familiensoziologische und rollentheoretische Ansätze von Interesse.

6.3.2 Psychoanalytische Ansätze

Aus psychoanalytischer Sicht findet sich eine Vielzahl von Erklärungen für eine Krise des Mannes beim Übergang zur Vaterschaft. Benedek (1959) behauptet, daß die primäre Trieborganisation der oralen Phase bei Männern wie bei Frauen die Grundlage für elterliches Verhalten bildet. Die Wiederbelebung der Kindheitserfahrungen eines Mannes mit seinen eigenen Eltern ist mit seiner aktuellen Erfahrung der werdenden Vaterschaft verknüpft. Wainwright (1966) fand aus psychoanalytischer Perspektive folgende wesentliche Ursachen psychischer Probleme des Mannes in Zusammenhang mit einer künftigen Vaterschaft: 1. Der Vater hat erweiterte Verantwortlichkeit für andere. 2. Ein Sohn kann einen homosexuellen Konflikt reaktivieren und dies insbesondere in der Zeit kurz nach der Geburt, wenn die Frau sexuell nicht verfügbar ist. 3. Ungelöste Geschwisterrivalität kann reaktiviert werden. 4. Die eheliche Beziehung kann sich infolge der engen Mutter-Kind-Bindung verändern. 5. Der Vater kann sich ambivalenter Gefühle gegenüber seinen eigenen Eltern stark bewußt werden. 6. Eine unbefriedigende Ehe wird durch ein Kind kompliziert. 7. Wenn in der Familie Erbkrankheiten vorgekommen sind, ist der Vater diesbezüglich stark um sein Kind besorgt.

Während nach Caughlan (1960) zukünftige Vaterschaft einen Test der Ich-Stärke darstellt, sprechen Jessner, Weigert & Foy (1970) von einer Entwicklung väterlicher Gefühle. Diese entstünden aus dem Wunsch des Mannes, ein Kind zu zeugen, aus seinem Neid auf die weibliche Gebärfähigkeit, aus seinen schöpferischen Fähigkeiten und aus seiner Identifikation mit dem eigenen Vater. Das Ausmaß der Unterdrückung, Integration oder des Fehlens von Hemmungen gegenüber dem männlichen Neid auf die Frau als Gebärerin ist nach Kernberg (1974) eng mit der Fähigkeit des Mannes zu intimen Objektbeziehungen verknüpft. Diesen unterschiedlichen Annahmen über Probleme beim Übergang zur Vaterschaft entsprechen verschiedene Theorien zur Erklärung der physischen Phänomene des Couvade-Syndroms (vgl. Einzig, 1980).

In der Untersuchung von Einzig (1980) versuchten fast alle Männer während der Schwangerschaft der Frau, ihre Rollen neu zu definieren. Fast alle werdenden Väter durchliefen auch einen Prozeß der latenten Identifikation mit dem Schwangerschaftsprozeß. Einige Männer dieser Stichprobe zeigten in gesteigertem Maße „feminine“ Tendenzen. Im Gegensatz zu Liebenbergs (1969) Ergebnissen waren sie am Verlauf und an den Stadien der Schwangerschaft jedoch aktiv interessiert. Während Liebenberg (1969) die femininen Tendenzen als latente Homosexualität interpretiert, ist es doch wahrscheinlich, daß sie ein Wiederaufleben der präödipalen Identifikation mit der Mutter repräsentieren, welche durch das neue Entwicklungsstadium ausgelöst ist. Grossman, Eichler & Winickoff (1980) fanden, daß Männer, die erfreut über die Schwangerschaft ihrer Frau waren und sie akzeptieren konnten, stärker maskuline Züge zeigten. Dieses Ergebnis ist insbesondere deshalb von Interesse, da es die Möglichkeit zu bestätigen scheint, daß, wie Lacoursière (1972) und McCorkel (1964) angenommen haben, Männer während der Schwangerschaft unter Problemen der sexuellen Identität leiden. Auch in der Untersuchung von Gerzi & Berman (1981) hatten werdende Väter häufiger mit starken ödipalen Konflikten, Geschwisterrivalität und Schuldgefühlen zu kämpfen. Klinische Interviews mit sechs Probanden enthüllten beträchtliche Ambivalenzgefühle, häufig in Zusammenhang mit wiederauflebenden kindlichen Phantasien, weiblicher Identifizierung, Kastrationsängsten und ödipalen Themen, wie auch den Versuch der Abwehr dieser negativen Gefühle durch Ablehnung, Verleugnung, Unterdrückung, Intellektualisierung und Reaktionsbildung.

Arbeiten wie diese scheinen psychoanalytische Hypothesen über die Bedeutung der Schwangerschaft für den werdenden Vater zu stützen. Insgesamt sind psychoanalytische Hypothesen zum Problem des Übergangs zur Vaterschaft jedoch einer exakten empirischen Überprüfung nur schwer zugänglich.

6.3.3 Sozialpsychologische und kulturanthropologische Ansätze

Zur Stützung der These vom Übergang zur Elternschaft als einer Krise wurden auch sozialpsychologische und kulturanthropologische Ansätze herangezogen (Crumette, 1975; Donnor, 1972; Gilberg, 1975; Rossi, 1968). Hierbei wird eine längsschnittliche Betrachtung der sozialen Veränderungen einer Familie konzeptuell mit den Begriffen der Entwicklungs- und Familienaufgaben und deren Bearbeitung verknüpft. So dürfte die fehlende Klarheit in der Definition sich häufig als Erschwernis bei der Übernahme der Vaterrolle auswirken und in zunehmender diesbezüglicher Ambivalenz zum Ausdruck kommen. Auch fehlende Vorbereitung auf die Elternschaft trägt nach diesen Autoren dazu bei, daß die Eltern Probleme mit ihrer neuen Rolle haben. Zudem erwecken romantische Vorstellungen vom Familienleben unrealistisch hohe Erfolgs- und Glückserwartungen und den meisten Eltern fehlt es heutzutage an der Unterstützung durch die Großfamilie (Gilberg, 1975; in der Bundesrepublik Deutschland beträgt die Zahl der Mehrgenerationenfamilien, die einen solchen schützenden Rahmen bieten können, lediglich 2,7%). Auch die Absicherung im sozialen Netz ist oft nicht ausreichend.

Duvall (1957) und Rogers (1964) haben kulturelle Modelle väterlicher Entwicklung vorgelegt, wonach Veränderungen in der Familie vor allem auf die Ankunft und das Wachstum von Kindern zurückgeführt werden. Väterliche Erwartungen knüpfen demnach mehr oder weniger direkt an das an, was eine Kultur an Modellen väterlicher Entwicklung bietet. Dies können direkt erfahrene oder symbolisch bzw. kognitiv vermittelte Modelle sein; ein Kulturrelativismus väterlichen Verhaltens zeichnet sich ab. Ansätze dieser Art bedürfen jedoch noch einer eingehenden empirischen Überprüfung.

6.3.4 Theorie des sozialen Lernens

Die Theorie des sozialen Lernens beschreibt Verhaltensveränderungen als Funktion des Reizangebotes der sozialen Umwelt. Neben Verhaltenskontrollen, Reiz- oder Signalkontrollen und Reaktionskontrollen dürfte insbesondere die symbolische Regulation für Verhalten und Verhaltenserwartung werdender Väter entscheidend sein, haben sie doch kaum physische, zudem nur über die Partnerin vermittelte Erfahrungen mit dem Kind. Unter symbolischer Regulation versteht man hierbei eine Kontrolle des Verhaltens, die über das Denken, über verbale Mediatoren oder über Bilder verläuft. Zusätzlich führt Ahammer (1979) die Mechanismen des Beobachtungslernens und der differentiellen Verstärkung seitens der Sozialisationsagenzien ein, um Entwicklungsveränderungen zu erklären. Hervorzuheben ist zudem die Rolle der – direkt oder symbolisch vermittelten – Erfahrung.

Zur Erklärung der Verhaltensveränderung von Erwachsenen während der Schwangerschaft nach Prinzipien des sozialen Lernens zieht Ahammer (1979) insbesondere Veränderungen in der Verteilung sozialer Macht zwischen den Ehepartnern heran. Während zu Beginn einer Ehe, und zwar insbesondere wenn die Frau berufstätig ist, ein relatives Gleichgewicht in den Machtverhältnissen vorzuherrschen scheint, geht mit der Ankunft von Kindern ein starker Traditionalisierungseffekt zum Nachteil der Frau einher. Auf den Vater bezogen ist festzustellen, daß die Ausübung sozialer Macht väterlich-fürsorglichem Verhalten geradezu im Wege steht.

6.3.5 Der familientheoretische Ansatz

Der familientheoretische Ansatz knüpft an die bereits erwähnte Forschungstradition von Le Masters (1957) und Dyer (1963) an und konzentriert sich vor allem auf die Bestimmung der Faktoren, die für Veränderungen im

Familiensystem und die daraus resultierenden Konsequenzen für die Subsysteme (der Vater hier verstanden als Subsystem) verantwortlich sind. Aus dieser Perspektive wird die noch immer vorherrschende Meinung gestützt, daß Elternschaft eine Krise darstellt, da sie das familiäre Gleichgewicht verändere (Lidz, 1963). Als Stressoren werden gewöhnlich erwähnt Schlafmangel, chronische Erschöpfung, Einschränkung der Bewegungsfreiheit, zusätzliche Hausarbeit, die Abnahme sexueller Bedürfnisse und vor allem verstärkter ökonomischer Druck sowie psychische Belastung, die aus der Übernahme zusätzlicher Verantwortung resultiert. Zudem belasten durch Generationsunterschiede bedingte Veränderungen in der Erziehungsphilosophie das familiäre System (Gilberg, 1975).

Hobbs (1968) berichtet von einer positiven Korrelation zwischen dem Übergang zur Elternschaft und dem Auftreten von Anpassungsschwierigkeiten, die bei Vätern sogar höher als bei Müttern ausfallen. Während unmittelbar nach der Geburt diese Zusammenhänge noch schwach ausgeprägt seien, was Hobbs zur Annahme einer Art ‚Babyflitterwochen' führt, nehmen die positiven Korrelationswerte insbesondere für Anpassungsschwierigkeiten des Vaters mit dem Alter des Kindes zu. Auch in der Untersuchung von Wente & Crockenberg (1976) berichten die Väter der älteren Kinder von größeren Schwierigkeiten, was jedoch nach Ansicht der Autoren zur Stützung der Hypothese von den ‚Babyflitterwochen' nicht herangezogen werden kann, da häufig neue Erfahrungen erst nach einiger Zeit als Schwierigkeit interpretiert werden. Nachuntersuchungen (Russell, 1974) konnten diesen Befund zudem nicht bestätigen.

Auch in den systemtheoretischen Ansätzen setzt sich während der letzten Jahre zunehmend die Tendenz durch, die Einseitigkeit der Krisenperspektive zugunsten einer realistischeren und differenzierteren Betrachtungsweise aufzugeben. So berichtet Russell (1974) in ihrer Studie an 271 Paaren, die zwischen Juli 1970 und Juni 1971 ihr erstes Kind bekommen hatten, zwar von Problemen aber auch von der Befriedigung, die mit der Ankunft des ersten Kindes zusammenhängt. Immerhin gaben 42% der von Russell befragten Eltern an, daß ihre Ehe sich seit Geburt des ersten Kindes gebessert oder zumindest für 43,5% der Eltern sich nicht verschlechtert hätte. In der Arbeit von Hangsleben (1983) zeigten die jungen Eltern keine Zeichen von Depression und waren trotz erheblicher Veränderungen ihres Lebensstils, was ihre Ehe betraf, gut angepaßt.

Miller & Sollie (1980) verbinden die familiensoziologische mit der entwicklungspsychologischen Perspektive. Entsprechend beschreiben sie den Übergang zur Vaterschaft als Zeitpunkt einer neuen Rollenübernahme wie auch als normatives Lebensereignis. Sie untersuchten 120 Paare in der Mitte der Schwangerschaft, im ersten Lebensmonat des Kindes und sechs bis acht Monate nach der Geburt und interessierten sich hierbei insbesondere für das persönliche Wohlergehen sowie für das Ausmaß der persönlichen und der ehelichen Belastung bei den werdenden Eltern. Sie stellten fest, daß werdende Väter zunächst eine stärkere persönliche Belastung verspürten als werdende Mütter. Das persönliche Wohlergehen des Vaters fiel zum dritten Untersuchungstermin ab, es blieb jedoch auf einem relativ hohen Niveau. Hinsichtlich der ehelichen Belastung konnten sie für Männer keine Veränderungen mit der Zeit feststellen, während diese bei den Frauen stark zunahm.

Die Erkenntnis, daß Schwangerschaft auch für den werdenden Vater zu einer Belastung werden und zu Anpassungsschwierigkeiten führen kann, daß sie ihm sogar besondere Anpassungsleistungen abverlangt, wird auch in einer Literaturübersicht von Osofsky (1980) deutlich. Interessant ist hier eine Reihe von Faktoren, die Osofsky zur Erklärung der Anpassungsleistung aufführt. Er hebt vor allem die ‚Reife des Mannes' als ein globales Kriterium hervor, das sich in gefühlsmäßiger Ausgeglichenheit ebenso wie in relativ stabilem persönlichem und partnerschaftlichem Verhalten zeige. Auch kognitive Merkmale, Faktoren der sozialen Situation eines Paares und in begrenztem Umfang affektive Faktoren können den Übergang zur Elternschaft beeinflussen. Als störende Prozesse führt Osofsky (1980) in Anlehnung an Ginath (1974), Gurwitt (1976), Herzog (1979), Jarvis (1962) und Zilboorg (1931) auf: Aggressive Phantasien, in denen sich eine unbewußte Ablehnung oder aber eine Verletzungsangst dem Baby gegenüber ausdrücken können, magische und mythische Interpretationen der bevorstehenden Lebensumstellung, Schuldgefühle, depressive Reaktionen, ungewöhnlich starke ärgerliche oder verletzende Gefühle und Gedanken in bezug auf Schwangerschaft und Geburt, Neid und Rivalität.

Zudem zeigte sich infolge der Geburt eines Kindes in den meisten untersuchten Familien ein starker Traditionalisierungseffekt in bezug auf die familiäre Rollenverteilung (Lamb, 1978a; vgl. auch Brüderl, 1982), welcher in Widerspruch zu den von den Vätern während der Schwangerschaft geäußerten Absichten steht. Insofern haben Paare, die bislang auf eine Gleichverteilung der Rollen achteten, bei der Umstellung zur Elternschaft größere Schwierigkeiten.

Die Untersuchung von Zell (1977, zit. in Zell & Keller, 1979) scheint diese Tendenz zu bestätigen. Die Autorin untersuchte an einer Stichprobe von zehn Paaren die Auswirkungen der Geburt des ersten Kindes auf die familiäre Rollenverteilung. Demnach trugen nach der Geburt die Frauen die volle Verantwortung für die Kinderpflege und gaben die Berufstätigkeit fast vollständig auf. Die Väter übernahmen im Vergleich zur Zeit vor der Geburt nur geringfügig mehr Hausarbeit, beteiligten sich aber entgegen vorher geäußerten Plänen recht wenig an der Pflege des Kindes. Die Pflege des Kindes wurde werktags zu 85% und am Wochenende zu 65% von den Müttern geleistet. Dieses Auseinanderklaffen von Ideal und Wirklichkeit kann vielleicht als ein generelles Merkmal des Übergangs zur Elternschaft angesehen werden.

Ahammer (1979) weist in diesem Kontext auf die Veränderung der sozialen

Machtverteilung zwischen Frauen und Männern beim Übergang zur Elternschaft hin. Während der Schwangerschaft gewinnt oftmals der männliche Partner an Dominanz und es kommt zu einer asymmetrischen Machtbeziehung. Untersuchungen deuten darauf hin, daß dieses Machtgefälle zwischen den Partnern um so größer zu sein scheint, je jünger die Frau zum Zeitpunkt der Eheschließung war und je früher sie ihr erstes Kind erwartet. Hierbei zeigt sich der Einfluß von Prinzipien der Theorie des sozialen Lernens auf die familientheoretische Perspektive. Leider wurden im familientheoretischen Ansatz des Übergangs zur Vaterschaft bisher die vielfältigen Wechselwirkungen zwischen den einzelnen Subsystemen weitgehend vernachlässigt.

La Rossa & La Rossa (1981) kritisieren insbesondere, daß sich die Familienforschung nur auf Ergebnisse konzentrierte und die zugrunde liegenden Prozesse vernachlässigte. Eine genauere Analyse der sozialen Muster, Prozesse und sozio-historischen Verknüpfungen, welche den Konflikten beim Übergang zur Elternschaft zugrunde liegen, scheint ihnen dringend erforderlich. In ihrer Arbeit untersuchen sie demgemäß, inwieweit Variablen wie Beschützerhaltung, die Austauschbarkeit von Funktionen, der Wert der Freizeit sowie die Legitimität der Aufgabenteilung dem Gelingen des Übergangs zur Elternschaft förderlich sein können.

6.3.6 Entwicklungstheoretische Ansätze

Die entwicklungspsychologische Betrachtungsweise bezieht sich auf das Zusammenwirken und die Interaktion aller bisher genannten Einflußvariablen. Entwicklungstheoretiker sehen in der Elternschaft eine vorhersagbare Reifungskrise, welche den Übergang zu einem neuen Lebensabschnitt kennzeichnet (Benedek, 1959; Erikson, 1950; Hill, 1949). Die neue Elternrolle macht eine besonders schwer zu erreichende Anpassungsleistung erforderlich, da sie plötzlich und unwiderruflich auf die betreffende Person zukommt (Rossi, 1968). Erikson (1950) stellt in diesem Kontext die enge Verknüpfung von Vaterschaft und Partnerschaft heraus: Der junge Mann, der die psychosoziale Krise der Intimität versus Isolation sowie die davor liegenden fünf psychosozialen Krisen erfolgreich bearbeitet hat, ist zu einer Form der Interaktion mit der Partnerin fähig und bereit, in der gegenseitige Unterstützung möglich ist.

Havighurst (1972) baut mit seiner deskriptiven Konzeption der Entwicklungsstufen auf der Theorie von Erikson auf (vgl. auch Gloger-Tippelt, 1981, zit. in Csordas, 1982). Zentral ist hierbei das Konzept der Entwicklungsaufgabe, welche biologische Reifungsprozesse, kulturelle und gesellschaftliche Erwartungen, sowie individuelle Wertvorstellungen impliziert. Entwicklung wird als Prozeß angesehen, der von einer aktiven Person geleistet wird, die eine integrierende Bearbeitung von aus den unterschiedlichen Bereichen auf sie treffenden Anforderungen bzw. Veränderungen vornimmt. Nichtbewältigung einer Entwicklungsaufgabe schwächt das Vertrauen in die eigene Kompetenz und schafft entsprechend ungünstige Ausgangsbedingungen für die Bewältigung zukünftiger Entwicklungsaufgaben.

In neuerer Zeit wird in der Entwicklungspsychologie ein Ansatz favorisiert, der die Entwicklung im Erwachsenenalter in Hinblick auf ‚normative Krisen' (Datan & Ginsberg, 1975) betrachtet. ‚Kritische Lebensereignisse' (Filipp, 1981) werden als ‚Markierungspunkte der Entwicklung' (Danish & D'Augelli, 1981) angesehen. Stabilität und Krisen werden nicht als positiv oder negativ per se, sondern zwar als widersprüchlich, aber wechselseitig voneinander abhängige Bedingungen verstanden, die nur in ihrer dialektischen Verknüpfung Entwicklung überhaupt erst ermöglichen (vgl. Riegel, 1980).

Konzipiert man die beginnende Elternschaft als ‚critical life event', so eröffnet sich zusätzlich die Dimension gelingender und nicht gelingender Bewältigung, die im Rahmen des „stressful life event"-Ansatzes schon seit geraumer Zeit untersucht wird (vgl. Dohrenwend & Dohrenwend, 1974, Katschnig, 1980) (siehe 2.3.6). Eine Integration der entwicklungspsychologischen und der klinisch-psychologischen Betrachtungsweise ist nach Filipp (1981) auf diese Weise möglich.

6.3.7 Der rollentheoretische Ansatz

Noch einen Schritt weiter geht eine rollentheoretische Betrachtungsweise des Übergangs zur Vaterschaft, deren Hauptaugenmerk nicht auf der Beschreibung von Entwicklungskrisen, sondern auf der Erfassung individueller Bewältigungsstrategien liegt, die in dieser Problemsituation zur Anwendung kommen (vgl. Filipp, 1981; Katschnig, 1980; Moos, 1976). Wenn man Elternschaft eher als Rollenübergang denn als Krise betrachtet, so impliziert dies gleichermaßen belohnende wie belastende Aspekte (Hirschowitz, 1976; Rossi, 1968; Silverman, 1976). Die Betonung von Bewältigungsstrategien beim Rollenübergang steht im Gegensatz zur Krisenperspektive, welche Immobilität und Regression impliziert. Aus der Perspektive des Rollenübergangs wird es möglich, präventive Interventionsstrategien zu formulieren, welche dann die Entwicklung von Bewältigungsstrategien für werdende Eltern erleichtern.

Cronenwett & Kunst-Wilson (1982) greifen zur Erklärung der Probleme beim Übergang zur Vaterschaft auf ein Paradigma aus dem Bereich der Streßforschung zurück. Im Streßparadigma von House (1981) wird die Beziehung zwischen sozialen Bedingungen und gesundheitlichen Folgen durch die individuelle Wahrnehmung der sozialen Situation, die Natur der Person und die Art der sozialen Situation sowie die Kurzzeitreaktionen des Individuums auf die Situation bestimmt. Diese Kurzzeitreaktionen teilen Cronenwett & Kunst-Wilson (1982) in Bewältigungs- und Abwehrstrategien auf. Durch Bewältigungsstrategien (d.h. Verhaltensreaktionen) wird versucht, die Situation zu verändern, während durch Abwehrstrategien (d.h. psychische Reaktionen) erstrebt wird, die Wahrnehmung einer Situation zu verändern.

Die Übernahme einer neuen Lebensrolle, wie der des Vaters, führt häufig zu einer Anzahl von Rollenkonflikten und dementsprechendem Streß. Abgesehen davon, daß nach Fein (1974) das Hauptproblem des werdenden Vaters darin begründet liegt, daß in unserer Gesellschaft eine klare Definition der Vaterrolle fehlt, ist insbesondere ein Mann, der eine aktive Vaterfunktion übernehmen will, starken objektiven und subjektiven Rollenkonflikten ausgesetzt (Araji, 1977; Cordell, Parke & Sawin, 1980; Fein, 1978). Männer, die die traditionellen Erwartungen an ihre Geschlechtsrolle erfüllen, haben normalerweise nur ein kleines Repertoire an Bewältigungsstrategien für die neue Situation. Die wenigsten Männer würden zum Beispiel eine Reduktion der Arbeitsverpflichtungen für die Übernahme der Vaterrolle – eine Rolle mit geringerem Status als andere männliche Rollen – anstreben. Abwehrstrategien können den objektiven Streß aber nicht vermindern und auf längere Sicht auch nicht gegenüber dessen Wahrnehmung oder seinen negativen Folgen vorbeugen.

Überhaupt nimmt durch eine Vergrößerung der Familie die Anzahl der zu erfüllenden Rollenerwartungen zu (Rollenakkumulation). In der Folge wird eine Verschlechterung, sowohl der subjektiv wahrgenommenen Qualität des eigenen Rollenverhaltens als auch des wahrgenommenen Rollenverhaltens des Ehepartners erwartet. Zusätzlich wird die Erfüllung vermehrter Pflichten sich verstärkend auf eventuelles Mangelerleben auswirken. Die Verknüpfung von Rollenakkumulation und Rollenstreß kann nach Rollins & Galligan (1978) abgemindert werden, wenn eine der folgenden Bedingungen erfüllt ist: (a) Die mit Kindern verbundenen Pflichten werden so hoch bewertet, daß ihre Erfüllung als belohnend erlebt wird (Burr, Leigh, Day et al., 1979); (b) die Delegation von Aufgaben an Dritte ist möglich; (c) Erleichterungen bei der Erfüllung elterlicher Pflichten durch persönliche Eignung und Erfahrung sind verfügbar; (e) es besteht die Möglichkeit der Kombination familiärer Pflichten mit anderen Aufgaben oder mit Freizeitaktivitäten (Rollenintegration). Für Cronenwett & Kunst-Wilson (1982) ist die dem Vater gewährte soziale Unterstützung von entscheidender Bedeutung für die Bewältigung der neuen Lebensaufgaben.

Brüderl (1982) unterschied in ihrer Analyse der jungen Eltern verfügbaren Bewältigungsmechanismen oder -strategien zwischen drei Bewältigungsformen (Coping, Abwehr und Anpassung) sowie vier Lebensbereichen (Partnerschaft – häuslicher Bereich, Schwangerschaft – Geburt – Kind, Ausbildung – Beruf, Freizeit – soziale Kontakte). Berücksichtigt man den zeitlichen Bezug der Bewältigungsbemühungen der werdenden Eltern, so zeigt sich in dieser Studie, daß vor der Geburt weitgehend aktive und offensive Bewältigungsstrategien im Vordergrund der Verarbeitung standen, nach der Geburt jedoch

Strategien der Anpassung zunehmend an Bedeutung gewannen. Jedoch waren es vor allem die werdenden Mütter, die beim Übergang zur Elternschaft diese aktiven und offensiven Strategien zeigten, während die Väter häufig Mechanismen anwendeten, die dazu dienen sollten, die Bewältigung der Anforderungen zu umgehen oder aufzuschieben, insbesondere was die Bereiche ‚Partner' und ‚Kind' betrifft.

In der *Familien-Coping-Theorie* werden personenspezifische Coping-Prozesse mit sozial-adaptiven Prozessen, die auf eine Umstrukturierung des Systems, in der eine Person lebt, hinauslaufen, verbunden (McCubbin, 1979; McCubbin & Joy, 1980). Diese Betrachtungsweise kombiniert Elemente aus der persönlichkeitspsychologischen Krisentheorie (Datan & Ginsberg, 1975) mit einer sozialpsychologischen Theorie zur Erklärung der Reorganisation sozialer Systeme (Hill & Joy, 1979, zit. in Csordas, 1982). Diesbezügliche empirische Befunde werden von Clarke-Stewart (1978, 1980) sowie von Belsky (1981) vorgelegt.

Zusätzlich muß die Frage beantwortet werden, wie frühere Erlebnisse mit aktuellen Bewältigungsstrategien interagieren (Thomae, 1955). Nach Thomae (1970, 1971) tendiert das Individuum dazu, ein Gleichgewicht zwischen kognitiven und motivationalen Systemen herzustellen, womit sowohl die innerlich repräsentierten Erfahrungen und Erwartungen als auch die äußerlich repräsentierten situativen Anforderungen gemeint sind. Auch Olbrich (1981) hat die Fruchtbarkeit einer theoretischen Verbindung von episodischen (aktuellen) und diachronischen (chronifizierten) Interaktionen erkannt.

Das Ausmaß an erlebtem Streß beim Übergang zur Elternschaft kann also insbesondere in Abhängigkeit von persönlichen, sozialen und materiellen Voraussetzungen sehr unterschiedlich sein (McCubbin, 1979; Miller & Sollie, 1980). Belastungen, aber auch Möglichkeiten zur Streßreduktion, ergeben sich nach Schneewind (1983) auf folgenden Ebenen: 1. persönliche Ebene; hierbei handelt es sich um Voraussetzungen, die durch Vorerfahrungen und Persönlichkeitsmerkmale der einzelnen Elternperson umschreibbar sind. Beispielhaft sei hier das Ausmaß an erzieherischer Kompetenz, d. h. Einfühlsamkeit und angemessenes Handeln im Umgang mit Kindern, angeführt. Auf der innerfamiliären Beziehungsebene (2) kann sich vor allem die mangelnde Anpassungsbereitschaft eines oder beider Elternteile an die neue Familiensituation belastungsintensivierend auswirken. Auf der außerfamiliären Beziehungsebene (3) kann es sich für Eltern mit keinen oder wenigen Verwandten-, Bekannten- und Nachbarschaftskontakten als schwierig erweisen, Vorkehrungen für alltägliche Probleme oder unvorhergesehene Ereignisse zu treffen, die nicht mehr innerhalb der Familie reguliert werden können. Auf der staatlichen Ebene wirkt sich insbesondere die Tatsache belastend aus, daß (von staatlicher Seite) keine hinreichenden Vorkehrungen getroffen werden, flexibel auf die Lebenslage insbesondere von solchen Familien einzugehen, die ohnehin unter einem starken Belastungsdruck stehen. Insgesamt bildet das

Streßparadigma und die Analyse von Bewältigungsstrategien einen vielversprechenden Ansatz für eine grundlegende theoretische Erfassung der Probleme beim Übergang zur Elternschaft.

6.4 Die Anwesenheit des Vaters bei der Geburt

6.4.1 Einleitung

Noch zu Beginn der siebziger Jahre wurden Väter, die der Geburt ihres Kindes beiwohnen wollten, häufig vom Klinikpersonal davon abgehalten und hatten gegen eine Reihe von Vorurteilen zu kämpfen. So berichtet z. B. Parke (1981), daß das amerikanische Kollegium der Geburtshelfer und Gynäkologen erst 1974 die Anwesenheit des Vaters im Kreißsaal bewilligt hat. Das bislang am häufigsten geäußerte medizinische Argument gegen die Anwesenheit des Vaters bei der Geburt betrifft die ‚Hygiene'. Ferner wurde argumentiert, der Vater könnte zu einer zusätzlichen Belastung für die Mutter und das Klinikpersonal werden. In einigen Fällen wurde sogar darauf hingewiesen, daß möglicherweise aufgrund des abschreckenden Anblicks künftige sexuelle Beziehungen für den Mann unmöglich gemacht würden, während wieder andere eine unklare rechtliche Grundlage für ihre ablehnende Haltung zum Vorwand nahmen. Nicht selten wurde dem Vater, der die Geburt seines Kindes miterleben wollte, ‚sadistische Perversion' unterstellt (Alexander, 1972; Goodrich, 1966; Morton, 1966; Schaefer, 1965; vgl. auch hierzu Richman, 1982). Einige Kliniken verlangten für eine diesbezügliche Erlaubnis vom Vater den Nachweis des Besuchs von geburtsvorbereitenden Kursen (Bean, 1972; Goodrich, 1966; Lechtman & Jenan, 1971).

Vor diesem Hintergrund ist es verständlich, daß sich erste Veröffentlichungen zu diesem Thema mit der Widerlegung unbegründeter Annahmen befassen mußten (Bean, 1972; Bradley, 1965; Cronenwett & Newmark, 1974; Goetsch, 1966; Rutherford, 1966; Stender, 1971). So zeigten z. B. die Ergebnisse einer umfassenden Untersuchung von Philips & Anzalone (1978) an 45000 Geburten, daß kein einziger Fall von Ansteckung auftrat, der auf die Anwesenheit des Vaters zurückzuführen gewesen wäre. Ähnliche Ergebnisse veranlaßten Parke (1981) zu der Bemerkung, daß wohl wenige Väter die Verheerung verursachen, die die Geburtshelfer für den Fall befürchtet haben, daß ihnen die Kliniktüren geöffnet würden.

Heute wohnt die Mehrzahl amerikanischer, deutscher, englischer und schwedischer Väter, um hier nur einige zu nennen, der Geburt des eigenen Kindes bei, ein Umstand, der nicht zuletzt auf einem Wandel in den Einstellungen junger Väter beruht, die nunmehr beginnen, mehr Kontrolle über den Geburtsvorgang zu fordern, die Regeln der Klinikorganisation nicht mehr widerspruchslos hinzunehmen, Begründungen für notwendige Maßnahmen zu verlangen und Wert auf einen möglichst frühen und intensiven Kontakt mit dem Neugeborenen zu legen. Das Verlangen nach Humanisierung des Geburtserlebnisses korrespondiert mit Veränderungen in der Gestaltung der Kreißsäle, die den werdenden Eltern mehr Häuslichkeit vermitteln sollen und in manchen amerikanischen Kliniken bereits eher wie gemütliche Schlafzimmer aussehen.

Während heute die meisten Kliniken bereit sind, dem Vater einen angemessenen Stellenwert bei der Geburt seines Kindes einzuräumen, seine Anwesenheit sogar vielfach befürwortet und angeregt wird, ist die Frage, ob er auch im Falle einer Kaiserschnittgeburt im Operationssaal anwesend sein darf, immer noch Gegenstand kontroverser Diskussionen. Das Problem ist insbesondere deshalb von Interesse, da, wie z. B. Bottoms, Rosen & Sokol (1980) berichten, sich die Häufigkeit der Kaiserschnittgeburten in den Jahren zwischen 1970 und 1980 zumindest verdreifacht hat, und dies trotz der festgestellten ablehnenden Haltung vieler Eltern gegenüber medikamentöser Beeinflussung des Geburtsvorganges. Das medizinische Personal scheint sich einig darüber zu sein, daß der Operationssaal kein Platz für Väter ist (Brown, 1982). Die Gründe für eine solche ablehnende Haltung betreffen einmal die Gefühle des Vaters, zum anderen die Asepsis. Ein weiterer Grund wird im Druck gesehen, den die Anwesenheit des Vaters auf das Operationsteam ausüben könnte. Zumindest in den USA sucht man in den letzten Jahren nach neuen Lösungsmöglichkeiten für diese Problematik. Man unterscheidet zunächst zwischen einer Operation mit lokaler Anästhesie und einer solchen mit Vollnarkose. Im ersteren Fall sind einige Geburtshelfer dazu übergegangen, die Anwesenheit des Vaters im Operationssaal in bestimmten Abschnitten der Geburt für angebracht zu halten.

Trotz sicherlich erheblicher Fortschritte während der letzten Jahre darf nicht übersehen werden, daß auch gegenwärtig noch eine Reihe von Hindernissen überwunden werden muß, um dem Vater eine angemessene Teilnahme an der Geburt seines Kindes zu ermöglichen. Tavris & Offir (1977) weisen auf den Umstand hin, daß Väter zwar klare Vorstellungen von ihrer helfenden Rolle bei der Geburt haben, aber kaum wissen, wie sie diese realisieren können. Ferner wirken sich bei manchen werdenden Vätern Faktoren der Krankenhaushierarchie offensichtlich hemmend aus. Sieht man von einigen wenigen Versuchen in den USA ab, bei welchen dem Vater ein größerer Aktivitätsspielraum (in einigen Fällen sogar als aktiver Geburtshelfer) zugestanden wird, bleibt er immer noch im Kreißsaal zu relativer Passivität verurteilt. Auch das medizinische Personal hat vielfach noch kaum klare Intentionen über die Rolle des Vaters im Kreißsaal. In manchen Kliniken fehlt auch infolge knapper Personalbesetzung ganz einfach die Zeit, die Väter anzuleiten und zu ermutigen (Woollett, White & Lyon, 1982). Man darf jedoch nicht übersehen, daß viele Kliniken während der letzten 10 Jahre erhebliche An-

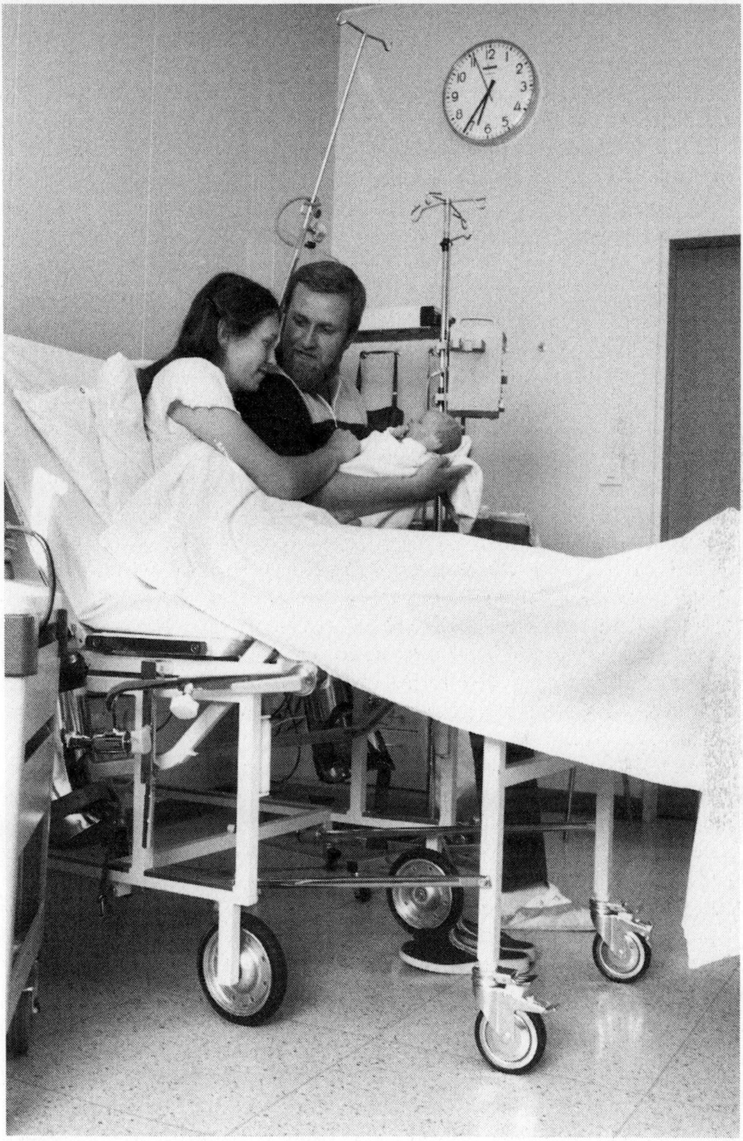

Immer mehr Väter sind bei der Geburt anwesend.

strengungen unternommen haben, um den werdenden Eltern zu helfen, die Geburt ihres Kindes gemeinsam und intensiv partizipatorisch zu erleben (Zander, 1979).

6.4.2 Angaben über die Anzahl der Väter, die bei der Geburt anwesend sind

Der Anteil werdender Väter, welcher der Geburt ihres Kindes beiwohnt, hat während der letzten 10 Jahre erheblich zugenommen. Während noch im Jahre 1972 nur 27% der werdenden Väter in amerikanischen Kliniken bei der Geburt anwesend waren, stieg der Prozentsatz 1980 auf 80% an (Parke, 1981). Richards (1980) schätzt, daß zwischen 60% und 80% der englischen Männer, die zum ersten Mal Vater werden, nunmehr bei der Geburt dabei sind. Oakley (1979) berichtet, daß 77% der Frauen die Gesellschaft ihres Mannes bei der Geburt wünschten, jedoch nur 43% Männer ähnliche Bestrebungen zeigten; schließlich waren dann 74% der Männer bei der Geburt anwesend. Ali (1980) berichtet von 80% Vätern, die an der Geburt teilnahmen. Besonders interessant bezüglich des Wandels von Einstellungen und Verhaltensweisen in diesem Bereich ist eine Studie von White & Woollett (1981), die englische Mütter, welche zwischen 1940 und 1980 entbunden haben, über die Partizipation des Vaters bei der Geburt sowie ihre Haltung dazu befragten. Sie fanden, daß bei Müttern, die zwischen 1940 und 1950 entbunden haben, der Vater weder dabei war, noch seine Anwesenheit gewünscht wurde. In den 60er Jahren wären viele Mütter über den Beistand ihres Partners erfreut gewesen (43%), dieser Wunsch konnte aber nur selten realisiert werden. In den 70er Jahren entsprach dann die Zahl der Mütter, die die Geburt mit ihrem Partner erleben wollte (82%) in etwa der sprunghaft gestiegenen Zahl partizipierender Väter (71%). Hier ist auch der Befund von Pawson & Morris (1971) zu erwähnen, wonach in 74,8% der Fälle die Anwesenheit des Vaters aus einem gemeinsamen Entschluß der Ehepartner, in 13,9% aus der Initiative des Ehemannes und in 7,4% aus der der Ehefrau resultierte.

Was die Daten aus der Bundesrepublik Deutschland betrifft, so ergab eine 1980 vom Allensbacher Institut für Demoskopie (1983a) durchgeführte Befragung, daß 80% der Väter angaben, bei der Geburt des Kindes zugegen gewesen zu sein. 95% der befragten Mütter bestätigten dies. Schneider (1976) befragte 102 deutsche Ehepaare und fand, daß 43,5% der Ehemänner sich während des gesamten Geburtsverlaufes im Kreißsaal aufgehalten hatten. Auch die Angaben der Münchener Perinatalstudie zeigen in den Jahren 1979 bis 1981 einen deutlichen Anstieg der Vateranwesenheit bei der Geburt (1979: 26,81%; 1980: 35,08% und 1981: 42,60%), sie bleiben jedoch weit unter dem vom Allensbacher Institut für Demoskopie ermittelten Prozentsatz. Eine *eigene* Umfrage 1983 in acht bayerischen Geburtskliniken ergab, daß die Partizipation des Vaters bei der Geburt etwa 80% und in manchen Privatstationen sogar bis zu 90% betrug. Unabhängig davon, wo die Gründe für diese Differenzen liegen (aller Wahrscheinlichkeit nach in der Art der Datenerhebung), ist zu erwarten, daß die Bereitschaft junger werdender Eltern, die Geburt ihres Kindes zu einem gemeinsamen Erlebnis zu machen, eher noch zunehmen wird.

6.4.3 Die Rolle des Vaters während der Geburt

Über das gemeinsame Geburtserlebnis von Elternpaaren liegen zahlreiche Untersuchungen vor. Die Anwesenheit des Vaters bei der Geburt wird demnach in konsistenter Weise überwiegend positiv beurteilt (Macfarlane, 1977; McKee, 1980; Pawson & Morris, 1971; Richman & Goldthorp, 1978; Schneider, 1976; Wimmer-Puchinger, 1982). Wie bei Wimmer-Puchinger (1982) sieht man die positive Beurteilung des Geburtserlebnisses häufig darin, daß Frauen (in diesem Fall 92%) und Männer (79%) angeben, „unbedingt, auf jeden Fall" die Geburt eines (weiteren) Kindes wieder zusammen erleben zu wollen. Auch Richman (1982) berichtet, daß 93% der bei der Geburt anwesenden englischen Väter auch der nächsten Geburt beiwohnen möchten. Gleichermaßen beabsichtigen die von Schneider (1976) befragten deutschen Väter (von einer Ausnahme abgesehen), bei einer erneuten Geburt wieder anwesend zu sein.

Es wurde bereits angedeutet, daß noch viele Väter unsicher bezüglich ihrer Funktion im Kreißsaal sind, daß jedoch manche Kliniken versuchen, die Rolle des Vaters in diesem Kontext neu zu konzipieren, ein Bemühen, das in Richtung auf stärkeres und aktiveres Engagement bis hin zur Übernahme der Rolle eines aktiven Geburtshelfers reicht. Woollett, White & Lyon (1982) führen drei Aspekte der Vaterrolle im Kreißsaal an: (a) der Vater hält Kontakt zwischen der Mutter und dem medizinischen Personal und dient gleichsam als Puffer zwischen den Klinikangehörigen und der Mutter; er gibt ihr kontinuierliche Zuwendung und Ermutigung, indem er Angst und Aufregung mit ihr teilt (vgl. auch Fein, 1976; Klein, Gist, Nicholson et al., 1981; Lewis, 1980a; McKee, 1980); (b) der Vater hilft der Mutter sich zu entspannen und erleichtert ihr auf diese Weise die Wehen (Henneborn & Cogan, 1975; Schneider, 1976); (c) der Vater kann durch seinen Beistand das emotionale Geburtserlebnis der Mutter steigern (Doering, Entwisle & Quinlan, 1980; Entwisle & Doering, 1981; Kitzinger, 1972; Macfarlane, 1977; Wimmer-Puchinger, 1982). Zudem hält er die Verbindung zwischen der Mutter, der Familie und der Außenwelt aufrecht.

In ähnlicher Weise erscheint für Richman (1982) die Anwesenheit werdender Väter bei der Geburt aus drei Gründen wünschenswert: (a) sie stehen ihren Frauen bei, erleichtern ihnen das Warten und entlasten das Klinikpersonal; (b) sie bleiben wacher Zeuge des Geburtsvorgangs, während die Frauen aufgrund medizinischer Behandlung häufig nicht wissen, was wirklich geschah und (c) sie haben das Gefühl, ein wichtiges Ereignis zusammen mit ihrer Frau bewältigt zu haben. Die Geburt wird als Eröffnungsritus für einen neuen Lebenszyklus der Familie angesehen.

Auch deutsche Experten betonten während der letzten Jahre immer wieder die Nützlichkeit und Zweckmäßigkeit der Anwesenheit des Vaters bei der Geburt. So schreibt Zander (1979): „Die Gegenwart des Vaters und seine aktive Hilfeleistung während und unmittelbar nach der Geburt halte ich aufgrund vielfältiger Erfahrungen für außerordentlich hilfreich. Es ist durchaus möglich, daß auch im Kreißsaal der Klinik eine kooperative Atmosphäre zwischen der Mutter, dem Vater und dem geburtshilflichen Team entsteht, welche die Geburt für alle Beteiligten, auch für die Hebamme und für den Arzt, zu einem bewegenden Familienereignis werden läßt" (Zander, 1979, S. 61). Pawson & Morris (1971) untersuchten 730 Väter, die überwiegend aus der Mittelschicht stammten und bei der Geburt ihres Kindes anwesend waren. 61,3% dieser Väter erlebten den gesamten Geburtsvorgang mit und 96% von ihnen äußerten sich glücklich darüber. Allerdings waren 34,4% dieser Ehemänner durch einige Aspekte der Entbindung unangenehm berührt, insbesondere durch das Miterleben der Schmerzen ihrer Frau und durch ein Gefühl der eigenen Hilflosigkeit. 92,0% beurteilten jedoch ihre Anwesenheit als nützlich und sahen ihren Beitrag vor allem in der emotionalen Unterstützung der Frau, in einer Erleichterung ihrer körperlichen Anstrengungen und in einer Verbesserung der ehelichen Beziehung. Auch nach Schneider (1976) glaubten 71,9% der untersuchten Männer, daß durch ihre Anwesenheit bei der Geburt die Beziehung zu ihrer Frau enger geworden sei. Generell zeigte sich, daß durch aktive Zusammenarbeit von Mann und Frau während der Geburt sich häufig positivere Einstellungen zum Partner entwickelten und die gegenseitige Kommunikation verbessert wurde (Auzias, 1969; Henneborn & Cogan, 1975; Makkonen, Ruoppila & Rönka, 1981; Pawson & Morris, 1971; Tanzer & Block, 1972). Nach Makkonen, Ruoppila & Rönka (1981) waren Männer, die an der Geburt teilnahmen, generell entscheidungsfreudiger und tatkräftiger als die Männer der Kontrollgruppen.

Trotz dieser positiven Einschätzungen darf nicht übersehen werden, daß eine große Zahl der Väter sich bei der Geburt als relativ „Außenstehende" erlebt. Richman (1982) berichtet, daß der Vater im Kreißsaal zwischen Intimität und Befremdung hin- und hergerissen sei. Er nehme eine „Statuslücke" zwischen der explizit definierten medizinischen Hierarchie, den Hebammen und der Mutter bzw. dem Fötus ein, die nunmehr der Verantwortlichkeit der Klinik obliegen. Auch Fein (1976) hat auf den Konflikt des Vaters in diesem Setting hingewiesen. Es wäre demnach wünschenswert, wenn man die Rolle des Vaters im Kreißsaal besser operationalisieren und in Richtung auf eine aktivere Einflußnahme neu definieren würde, was die Situation für den Mann besser vorhersagbar machen und ihm Vorbereitung erlauben würde.

Zu ähnlichen Schlußfolgerungen kommt Forbes (1971), die das Problem der Anwesenheit des Ehemanns im Kreißsaal vor allem unter einem soziokulturellen Aspekt betrachtet. Sie sieht die Emanzipation in der heutigen Gesellschaft insofern recht einseitig voranschreiten, als der Mann kaum Unterstützung dafür finde, wenn er das überlieferte Männlichkeitsstereotyp durchbrechen will. Man müsse demnach insbesondere den Ehemännern helfen, die den Rollenwechsel zum werdenden Vater und die damit verbundene Einstellungsänderung vollziehen wollen. Die Anwesenheit im Kreißsaal helfe diesbezüglich dem Ehemann selbst. Durch das Erleben der eigenen aktiven Hilfeleistung für die Frau erhöhe und verstärke sich sein Selbstwertgefühl.

Ob diese Rolle bis zur Übernahme der Funktion eines aktiven Geburtshelfers ausgedehnt werden sollte, kann aufgrund limitierten Wissens und der Vorläufigkeit der vorliegenden Berichte noch nicht beurteilt werden. Vielmehr gilt es heute, die vorhandenen und zum Teil erprobten Ansätze allen werdenden Eltern zu öffnen und sie bei deren Realisierung zu unterstützen.

Aufgrund derartiger Überlegungen sind immer mehr Geburtskliniken während der letzten Jahre dazu übergegangen, geburtsvorbereitende Kurse einzurichten und schwangeren Frauen und insbesondere deren Männern den Besuch solcher Kurse zu ermöglichen und zu empfehlen. Man verfügt jedoch über keine exakten Angaben darüber, wieviele werdende Väter von diesem Angebot tatsächlich Gebrauch machen. Beail (1980) berichtet zum Beispiel, daß nur wenige Väter in England solche Kurse besuchen können, da sie meistens tagsüber stattfinden. Die wenigen vorliegenden Berichte und Untersuchungen belegen, daß durch intensive Geburtsvorbereitung die Bereitschaft des Vaters zur Unterstützung seiner schwangeren Frau steigt (Fein, 1974, 1976, 1978), dies wiederum die Geburt erleichtert und die notwendige medikamentöse Behandlung während der Geburt erheblich reduziert (Henneborn & Cogan, 1975; Parke, Grossmann & Tinsley, 1981). In der Untersuchung von Cronenwett & Newmark (1974) zeigte sich z. B., daß Frauen, deren Männer an einem geburtsvorbereitenden Kurs teilgenommen hatten, einen um 40% geringeren Bedarf an lokalen Anästhesien aufwiesen und es sich wesentlich häufiger (26%) um Geburten handelte, die weniger als 10 Stunden dauerten. Insgesamt sind die Ergebnisse, was die Faktoren der Geburtserleichterung und der verringerten Medikation betrifft, nicht einheitlich, was nicht zuletzt aus der nicht repräsentativen Stichprobenerhebung und dem meist deskriptiven Charakter der Studien resultiert. Eine Generalisierung der Ergebnisse ist deshalb bislang nicht möglich (Beail, 1980).

Andere Arbeiten unterstreichen die Bedeutung von geburtsvorbereitenden Kursen für die Einwilligung des Vaters, an der Geburt teilzunehmen, und seine Rolle im Kreißsaal sowie für seine positiv veränderte Einstellung zum Neugeborenen und zu seiner Frau (Makkonen, Ruoppila & Rönka, 1981).

Manion (1977) fand beispielsweise, daß Männer, die medizinisch betreute geburtsvorbereitende Kurse besucht hatten, häufiger an der Geburt des Kindes teilgenommen hatten als Väter einer Kontrollstichprobe. Generell sehen viele Autoren die ausreichende Vorbereitung des Ehepaares auf das bevorstehende Ereignis als besonders bedeutsam für eine erfolgreiche Teilnahme des Ehemanns an der Entbindung an (Forbes, 1971; Pawson & Morris, 1971; Sasmor, 1971; Wiggins, 1971).

Nach Cronenwett & Newmark (1974) ergaben sich Unterschiede zwischen vorbereiteten und nichtvorbereiteten Vätern hinsichtlich der Gefühle gegenüber der Ehefrau und ihrer Rollenkompetenz im Kreißsaal, nicht jedoch hinsichtlich ihrer Empfindungen dem Kind gegenüber. Ähnliche Effekte zeigten sich aber auch bei Vätern, die ohne Vorbereitung an der Geburt teilgenommen hatten (vgl. Wente & Crockenberg, 1976). Daß sich die Vorbereitung des Vaters auf die Geburt wahrscheinlich insbesondere in seinen Erwartungen niederschlägt, wird zum Beispiel aus der Arbeit von Gayton (zit. in Beail, 1980) ersichtlich, in der zwei Gruppen von Vätern verglichen wurden. Die eine Gruppe nahm an geburtsvorbereitenden Kursen teil und war bei der Geburt anwesend, Gruppe zwei bestand aus Männern, bei denen beides nicht der Fall war. Der Autor konnte unterschiedliche Angstniveaus für beide Gruppen ermitteln. Während Väter der zweiten Gruppe ihre stärkste Angst während des ersten Stadiums der Geburt entwickelten, beobachtet Gayton den Höhepunkt der Angst bei Vätern der ersten Gruppe während des zweiten Stadiums der Geburt, während der starken Wehen.

An den diesbezüglichen Arbeiten ist jedoch stark zu kritisieren, daß nicht genügend zwischen der Auswirkung der Geburtsvorbereitung und der tatsächlichen Anwesenheit des Vaters bei der Geburt differenziert wird. Zudem tragen wahrscheinlich vielfältige Hintergrundbedingungen zur Effektivität einer väterlichen Geburtsvorbereitung bei. So zeigte sich in der Evaluierung der Ergebnisse aus dem ersten Jahr der Durchführung eines primären Präventionsprogrammes für werdende Eltern in Pennsylvania (Beebe, 1978), daß für die Väter die im Kurs erhaltene Rückversicherung von geringerer Bedeutung war als für die Mütter. Die Väter benutzten den Kurs mehr zur Sammlung objektiver Daten und zur Unterstützung ihrer Frauen. Viele Väter berichteten, daß sie selbst keine Angst hätten, aber wegen ihrer Frauen besorgt wären und ihrer Ansicht nach der Kurs diese Ängste reduzierte.

Zudem bestehen anscheinend schon vor Beginn des Kurses grundlegende *Einstellungen,* welche durch Faktoren der Teilnahme, Information oder Kenntnisse nicht beeinflußt werden können. So gaben z. B. in einer Untersuchung von Henneborn & Cogan (1975) Frauen, deren Männer an der Geburt teilgenommen hatten, signifikant häufiger an, daß sie und ihre Männer Geburtsvorbereitungskurse besucht hätten, um ihre „emotionale Anteilnahme“ zu steigern.

6.4.4 Auswirkungen der Anwesenheit des Vaters bei der Geburt auf die Vater-Kind-Beziehung

Über den Verlauf und die Determinanten des frühen Vater-Kind-Kontaktes liegen unterschiedliche Meinungen vor. Einige Autoren berichten, daß der Erstkontakt zum Kind bei Vätern wie auch bei Müttern nach bestimmten stereotypen Mustern verlaufe und daß sich Väter zwar am Neugeborenen interessiert zeigen, zu ihm sprechen, es berühren, aber im Ganzen gesehen, sich relativ passiv verhalten (Klaus & Kennell, 1976; MacDonald, 1978; Rödholm & Larsson, 1979). Mit diesen Befunden setzten sich White & Woollett (1981) auseinander. Sie untersuchten den ersten Kontakt zwischen englischen Vätern und ihrem neugeborenen Baby und konnten ein stereotypes Verhaltensmuster in diesem frühen Interaktionsprozeß nicht feststellen. Was nach Ansicht von White & Woollett (1981) allen Vätern gemeinsam war, war die Intensität dieses ersten Vater-Kind-Kontaktes. Die Autoren identifizierten drei Variablen-Komplexe, die das väterliche Verhalten in der Situation des Erstkontaktes beeinflussen: 1. Möglichkeit, das Kind auf den Arm zu nehmen; 2. Notwendigkeit einer medizinischen Versorgung der Mutter; 3. Merkmale des Neugeborenen, wie z. B. Geschlecht, physischer Zustand und ähnliches. Hier sei lediglich darauf hingewiesen, daß Väter, die ihre Babies auf den Arm nahmen, sie weniger berührten und streichelten als Mütter; sie lächelten sie häufiger an, wiegten sie mehr und sprachen mehr mit ihnen und über sie. In der triadischen Situation übernehmen nach Parke (1979) die Väter meistens die aktivere, dominantere Rolle. Sie nehmen das Kind häufiger auf den Arm, vokalisieren mehr und berühren es öfter.

Nach White & Woollett (1981) beeinflußte die medizinische Versorgung der Mutter das auf das Baby gerichtete Verhalten des Vaters nur wenig und Väter schenkten während dieser Zeit ihren Frauen weniger Aufmerksamkeit als zu anderen Zeitpunkten der Geburt. Die Autoren prüften auch einen Befund von Parke & O'Leary (1976), die sechs bis 48 Stunden nach der Geburt durch das Geschlecht und die Stellung des Kindes in der Geschwisterkonstellation bedingte Unterschiede im Interaktionsverhalten zwischen Vätern und Neugeborenen beobachtet hatten. White & Woollett (1981) waren insbesondere an der Frage interessiert, ob sich ähnliche Interaktionsmuster im Kreißsaal – in Anwesenheit des Klinikpersonals – nachweisen lassen. Sie konnten zeigen, daß sich Väter bei Söhnen länger im Kreißsaal aufhielten, mehr mit ihnen sprachen und über sie sechs- bis zehnmal mehr Bemerkungen als über Töchter machten, wobei viele dieser Bemerkungen geschlechtsspezifisch waren. Als irrelevant für die Vater-Kind-Interaktion erwies sich der „Zustand" des Kindes (erfaßt am Kriterium „ruhiges" bzw. „unruhiges" Kind). Dieser Befund ist insofern bemerkenswert, weil Oakley (1979) dieses Merkmal als relevant für die Mutter-Kind-Interaktion identifiziert hat.

Neben dieser generellen Charakterisierung früher Vater-Kind-Kontakte interessiert insbesondere, wie diese durch die Anwesenheit des Vaters bei der Geburt modifiziert werden können. Einige Studien liefern empirische Evidenz für die Hypothese, daß die Anwesenheit des Vaters bei der Geburt geeignete Voraussetzungen und erweitertes Interesse an frühem Kontakt mit dem Neugeborenen biete, die der Intensität der Vater-Kind-Interaktion im allgemeinen und der Vater-Kind-Bindung insbesondere förderlich seien.

Hinsichtlich der Qualität der Auswirkung dieser Erfahrung ergaben sich jedoch zum Teil widersprüchliche Ergebnisse. Greenberg & Morris (1974) z. B. verglichen zwei weitgehend parallelisierte Stichproben von Vätern in drei Londoner Kliniken 48 bis 72 Stunden nach der Geburt ihres Kindes. Väter der Experimentalstichprobe hatten während der Geburt Kontakt mit ihrem Kind, die der Kontrollstichprobe erst nach der Geburt. Sie stellten fest, daß die bei der Geburt anwesenden Väter überzeugter waren, ihr Kind von anderen Neugeborenen unterscheiden zu können. Auch fand sich bei diesen Vätern die spontane Gewißheit, daß es sich um das eigene Kind handelte und sie fühlten sich wohler, wenn sie das Baby hielten. Mit Hilfe des Begriffes „engrossment", definiert als ein Gefühl der Inanspruchnahme, der eindringlichen Beschäftigung und des Interesses am Neugeborenen, welches möglicherweise angeboren ist und durch frühe Kontakte mit dem Neugeborenen ausgelöst wird, postulierten die Autoren qualitative Unterschiede zwischen den Vätern *beider* Stichproben. Allerdings stellten sie ebenfalls fest, daß die erste Begegnung mit dem Neugeborenen bei den Vätern beider Stichproben einen nachhaltigen Eindruck hinterlassen hatte.

Zwei weitere Studien lieferten Unterstützung für die Annahme, daß die Anwesenheit des Vaters bei der Geburt die Vater-Kind-Beziehung positiv beeinflusse. Entwisle & Doering (1981) setzten vier unabhängige Variablen väterlichen Verhaltens (frühere Erfahrungen mit Kindern; Vorbereitung auf die Elternschaft; Teilnahme an der Geburt; emotionale Färbung der Geburtserfahrung) zu späteren Berichten von Vätern über ihre Gefühle gegenüber dem Baby bzw. ihrer Reaktionsbereitschaft gegenüber kindlichen Bedürfnissen in Beziehung. Der prognostische Wert dieser vier Variablen erwies sich als schichtabhängig. Pedersen (im Druck) empfiehlt, diese Arbeit insbesondere bei der Erstellung von Modellen möglicher Kausalzusammenhänge zu berücksichtigen. Allerdings verwendeten die Autoren abhängige Variablen, die auf Selbstbeschreibung beruhen, welche bekanntlich nur wenig valide sind und der Ergänzung von durch Beobachtung ermittelten Verhaltensweisen bedürfen. Zudem scheint nach Makkonen, Ruoppila & Rönka (1981) die Anwesenheit des Vaters bei der Geburt für die Entwicklung eines engen Kontaktes zwischen Mutter und Kind förderlich zu sein.

Peterson, Mehl & Leiderman (1979) untersuchten eine Stichprobe aus 46 weißen amerikanischen Paaren der Mittelschicht zwischen dem sechsten und achten Schwangerschaftsmonat sowie eine Woche, ein, zwei, vier und sechs Monate nach der Geburt unter Verwendung von Interviews und Verhaltensbeobachtungen. Die Autoren konnten zeigen, daß das während der Geburt beobachtete väterliche Verhalten einen höheren prognostischen Wert für die spätere Vater-Kind-Interaktion und -Bindung hatte als die pränatalen Einstellungen der Väter. Zudem standen ein positives Geburtserlebnis, längere Wehen und eine Hausgeburt in positiver Beziehung zur Vater-Kind-Interaktion. Nach Palkowitz (1982) zeigten hingegen Väter, die *nicht* an der Geburt ihres Kindes teilgenommen hatten signifikant stärkeres Engagement in der Interaktion mit ihrem fünf-monatigen Kind, ein Ergebnis, das jedoch nur in Anwesenheit der Mutter beobachtet werden konnte. Der Autor interpretiert dies dahingehend, daß ursprünglich weniger beteiligte Väter auf diese Weise ihren Frauen einen Gefallen erweisen wollen.

Die einzige Arbeit, die den Kontakt des Vaters zum Neugeborenen manipulierte, wurde von Keller, Hildebrandt & Richards in der Konferenz der Society of Research in Child Development in Toronto (1981) referiert. Die Autoren verglichen zwei Gruppen von Vätern, die bei der Geburt anwesend waren. Die eine Gruppe hatte „normalen“ Kontakt, die zweite Gruppe vier Stunden zusätzlichen Kontakt zum Neugeborenen in zeitweiser An- und Abwesenheit der Mutter. Diese Väter wurden sechs Wochen später unter zwei Untersuchungsbedingungen (Fütterung und Spiel) beobachtet; ferner wurden sie hinsichtlich ihrer Einstellung zur Elternschaft befragt. Verschiedene Fragebogenmaße differenzierten zwischen den beiden Gruppen, und zwar stets in der Richtung, daß Väter mit zusätzlichem Kontakt positiveres Engagement und stärkeres Selbstvertrauen äußerten. Während der Fütterungssituation zeigten die Väter der erweiterten Kontaktgruppe häufiger Augenkontakt mit dem Kind und sprachen mehr mit ihm als die Väter mit „normalem“ Kontakt. Die Dauer des väterlichen Erstkontaktes mit dem Baby stand auch bei Palkowitz (1982) in signifikantem Zusammenhang mit dem generellen väterlichen Engagement, der Häufigkeit sozialen Spielverhaltens, seiner Anpassung und seinem Vergnügen in der Interaktion mit dem fünf-monatigen Kind.

Insbesondere scheint die Anwesenheit des Vaters bei der Geburt mit seinem zukünftigen Engagement in der Kinderpflege verknüpft zu sein (Lind, 1974a, 1974b). So stellten Richards, Dunn & Antonis (1977) unter Verwendung der Kategorien von Newson & Newson (1963) (Füttern, Spielen, Baden und Auf-den-Arm-Nehmen des Kindes) bei einer Stichprobe von 80 befragten Müttern fest, daß Väter, die bei der Geburt anwesend gewesen waren, sich 30 (nicht jedoch 60) Wochen nach der Geburt stärker an der Kinderpflege beteiligten (vgl. Manion, 1977). Als für das Wohl des Kindes besonders bedeutsam halten auch Makkonen, Ruoppila & Rönka (1981) ihr Ergebnis, daß Väter, die die Geburt miterlebt hatten, noch drei Jahre nach der Geburt wesentlich stärker in der Routineversorgung ihrer Kinder engagiert waren als die Väter der Kontrollgruppen. Sie waren zudem sensibler gegenüber den unterschiedlichen Bedürfnissen eines Kindes.

Parke & O'Leary hatten zunächst aufgrund eigener Befunde positive Zusammenhänge zwischen dem Geburtserlebnis des Vaters und seiner späteren Beteiligung an der Kinderpflege angenommen, revidierten jedoch diese Ansicht in einer nachfolgenden Untersuchung (Parke & O'Leary, 1976). Auch andere Autoren können sich der Interpretation von Peterson, Mehl & Leiderman (1979) nicht anschließen. Ähnlich wie Richards, Dunn & Antonis (1977) behauptet Manion (1977), daß es sich bei den beobachteten Fakten weniger um kausale Zusammenhänge handle; vielmehr sei die Anwesenheit des Vaters bei der Geburt und seine spätere Beteiligung an der Kinderpflege wahrscheinlich durch die Einstellungen des Vaters zur Schwangerschaft und Geburt bedingt (vgl. Jones, 1981). Zu ähnlichen Ergebnissen kamen Grossmann & Volkmer (1984) in ihrer Untersuchung. Sie fanden, daß Väter sich unabhängig davon, ob sie bei der Geburt ihres Kindes anwesend waren oder nicht, an dessen Pflege beteiligten, wenn dies ihrer Einstellung zur Vaterschaft entsprach.

Nach Parke (1979) müssen Einstellung und Verhalten gegenüber dem Neugeborenen nicht unbedingt in Bezug zueinander stehen. Nur direkte Beobachtungsstudien väterlichen Verhaltens können zeigen, ob die Selbstbeschreibung von Gefühlen und Interessen (vgl. Greenberg & Morris, 1974) sich in den Aktionen der Väter widerspiegelt.

Auch Packer & Rosenblatt (1979) sowie White & Woollett (1981) weisen darauf hin, daß aktives Verhalten des Vaters nicht unbedingt auch eine starke Beziehung zum Neugeborenen impliziert.

Nach Pannabecker, Emde & Austin (1982) läßt sich das väterliche Verhalten in einer Kontaktsituation (in diesem Fall vier Wochen nach der Geburt) vermutlich eher auf frühere Erlebnisse, das Selbstkonzept und die Bewältigungsstrategien der Väter zurückführen als auf den frühen Kontakt. Nash (1976) wendet ein, daß Väter, die an der Geburt partizipieren, eine hochselegierte Stichprobe darstellen. Ferner hätten insbesondere Peterson, Mehl & Leiderman (1979) keine Kontrollstichprobe (Väter ohne Anwesenheit bei der Geburt) einbezogen, wie überhaupt die meisten Untersuchungen auf relativ kleinen Stichproben basierten. Entwisle & Doering (1981) schätzen aufgrund von eingehenden Interviews die Zahl der Väter, die bei der Geburt ein starkes, emotionales Erlebnis hatten, sogar nur auf 23%.

Diese Tendenz wird in der Arbeit von White & Woollett (1981) bestätigt, welche insbesondere an der Langzeitwirkung des frühen väterlichen Kontaktes interessiert waren. Zu diesem Zweck zeichneten sie Familieninteraktionen über 18 Monate hinweg in Intervallen von zwei bis drei Monaten auf Video auf. Erfaßt wurden folgende Variablen väterlichen Verhaltens: (a) die Zeit, die der Vater im gleichen Raum mit dem Kind verbringt; (b) die Zeit, in der der Vater sich in Reichweite des Kindes aufhält; (c) die Menge der direkten verbalen Kommunikation; (d) die Menge der Antworten; (e) das Ausmaß expressiven Berührens; (f) das Ausmaß funktionalen Berührens. Das väterli-

Ziehen Väter Söhne ihren Töchtern vor?

Es gibt Anzeichen dafür, daß das Geschlecht des zu erwartenden Kindes für den Vater wesentlicher ist als für die Mutter. Studien aus den USA zeigten, daß Männer männlichen gegenüber weiblichem Nachwuchs in einem Ausmaß bevorzugen, welches das ihrer Frauen noch übersteigt (Coombs, Coombs & McClelland, 1975; Hoffman, 1977; Pedersen, 1975). Amerikanische Väter wünschen sich, verglichen mit Müttern, eher Söhne und sie zeigen für bestimmte Verhaltensweisen bei ihren Kindern schon von deren frühesten Kindheit an deutliche Präferenzen (Kotelchuck, 1976; Lamb, 1977a; Parke & O'Leary, 1976; Weinraub & Frankel, 1977). In einer interkulturellen Studie zeigte Williamson (1976), daß dieser Trend auch in anderen Ländern existiert, in Europa ist er noch am wenigsten offensichtlich.

McGuire (1982) fand in England keine Unterschiede zwischen Vätern und Müttern, die retrospektiv befragt wurden, welches Geschlecht sie sich für ihr erstes Kind gewünscht hätten. Die Mehrheit der Befragten wünschte sich jedoch einen Jungen oder hatte keinen Wunsch bezüglich des Geschlechts des (ersten) Kindes. Nur eine Minderheit (von Vätern) wünschte sich eine Tochter; bei den Müttern hingegen war das Verhältnis ausgeglichener. McGuire befragte die Väter und Mütter auch nach den Motiven für eine solche Präferenz: 70% der Väter, die sich einen Jungen wünschten, gaben an, daß es (a) ‚natürlich' sei, sich einen Sohn zu wünschen, weitere 25% meinten (b), mehr mit einem Sohn unternehmen zu können, und lediglich 5% sahen (c) in dem gewünschten Sohn die Möglichkeit, daß ihr Name weitergeführt würde. Die Gründe für eine eventuelle Präferenz für die Tochter waren bei den befragten Vätern nicht klar: Es wurde angegeben, daß ein Mädchen seinem Vater mehr Zuneigung entgegenbringen würde als ein Sohn oder dies würde die Frau freuen.

Eine größere Vielfalt in den Begründungen für die Präferenz eines Jungen zeigten die Mütter: (a) ein Sohn wäre dem Vater lieber, oder er würde dem Vater ähnlich sein; (b) einige wollten das erste männliche Kind der Familie haben, während (c) andere wiederum fanden, daß es am besten sei, das älteste Kind sei ein Junge, weil er die nachfolgenden Kinder beschützen könne. Die Vorliebe für einen Sohn war also nicht ein Wunsch, dessen Erfüllung der Mutter zugute kommen würde, sondern die beste Art, eine Familie zu planen oder andere Familienmitglieder zufriedenzustellen. Im Gegensatz dazu sagten viele Mütter, daß eine Tochter nett wäre, weil sie sich besser mit ihr beschäftigen bzw. sie hübsch anziehen könnten. Die Väter haben in der Regel keine Vorstellungen davon, was die Kinder, besonders Jungen, für sie persönlich bedeuten. Die größte Vorliebe für Mädchen fand die Autorin in der Gruppe der Mütter mit Söhnen. Im Gegensatz dazu hätten Väter mit Söhnen Vorliebe für Jungen. Väter, die eine Tochter hatten, sagten am ehesten, daß sie keine besondere Vorliebe gehabt hätten. Dies mag eine gewisse Enttäuschung deutlich werden lassen, die es nach McGuire (1982) zu kompensieren gelte.

che Verhalten bei der Geburt wurde mit folgenden Variablen erfaßt: (a) Zeit auf der Station, (b) Dauer, die der Vater das Kind im Arm hält, (c) Anzahl der Bemerkungen zum Neugeborenen. Alle Variablen bezogen sich auf die Bereitschaft des Vaters, sich für sein Kind verfügbar zu machen. White & Woollett (1981) konnten zwischen den Verhaltensweisen bei der Geburt und 18 Monate später keinerlei signifikante Zusammenhänge nachweisen. Allerdings waren die Korrelationen höher für Väter von Töchtern als für Väter von Söhnen. Väter, die eine starke Beziehung zu ihrer Tochter bei der Geburt entwickelt hatten, behielten diese auch nach 18 Monaten bei. Die ursprüngliche Euphorie und die augenscheinlich starke Verbindung der Väter zu ihren Söhnen im Augenblick der Geburt hielt nicht über die ersten 18 Lebensmonate hinweg an. Nach White & Woollett (1981) bedingt die Anwesenheit des Vaters bei der Geburt nicht notwendigerweise ein hohes Maß an aktivem Vaterverhalten; zudem scheint diese erste, bei der Geburt gezeigte Beziehung das spätere väterliche Verhalten zum Kind nicht unabänderlich zu bestimmen. Nach Pedersen (im Druck) soll hingegen das frühe Muster der Vater-Kind-Interaktion zumindest über das erste halbe Lebensjahr des Kindes hinweg bestehen bleiben.

Die Auswirkung des frühen Vater-Kind-Kontaktes wird durch eine Vielzahl von Hintergrundbedingungen modifiziert. Insbesondere nach einer Kaiserschnitt-Geburt bietet sich eine völlig andersgeartete Kontaktsituation. Besondere Beachtung verdienen hier die Arbeiten des Forscherteams der Child and Family Research Branch. Sie berichten übereinstimmend, daß nach einer Geburt durch Kaiserschnitt die väterliche Aktivität bei der Sorge für das Kind erhöht ist. Pedersen, Zaslow, Cain et al. (1981) stellten fest, daß Väter von Kindern, die durch Kaiserschnitt auf die Welt kamen, signifikant aktiver an der Kinderpflege beteiligt waren als Väter normal geborener Kinder. Ihre Interview-Daten ergaben, daß die Väter häufiger Pflegetätigkeiten wie Füttern, Wechseln der Windeln, Baden und Anziehen übernahmen. Ihre Beobachtungsdaten wiesen in die gleiche Richtung. Von den Autoren wurde diesen Vätern im Vergleich mit Vätern normal geborener Kinder auch eine signifikant größere Bereitschaft attestiert, auf Mißbehagensäußerungen ihrer Kinder einzugehen. Pedersen (im Druck) warnt jedoch davor, diese Unterschiede zu generalisieren: Maße der sozialen Stimulation wiesen bei Vätern von Kaiserschnitt-Kindern konsistent niedrigere Werte auf, und insbesondere waren bei der Interaktion zwischen Kind und Vater signifikant weniger positive Gefühlsäußerungen zu beobachten. Zu ähnlichen Ergebnissen kam – trotz unterschiedlicher methodischer Vorgehensweise – ein anderes Forscherteam der Child and Family Research Branch (vgl. Vietze, MacTurk, McCarthy et al., 1980). In einer dritten Studie zeigten Pedersen, Zaslow, Cain et al. (1982; zit. in Pedersen, im Druck), daß die Rate der Distanzstimulierungen – das sind insbesondere Augenkontakt und Lächeln – bei den Vätern von Kaiserschnittkindern erhöht war. Die Autoren beobachteten jedoch zugleich eine signifikant reduzierte Rate direkter Stimulierung, wie Auf-den-Arm-Nehmen und körperbetonte Spiele.

Eine deutliche Relativierung erfahren diese Ergebnisse wieder durch Studien, die die längerfristige Entwicklung der Interaktionen untersuchten. Vietze, MacTurk, McCarthy et al. (1980) konnten zwölf Monate nach der Geburt keinerlei signifikante Unterschiede zwischen den Vätern von Kaiserschnitt- und normal geborenen Kindern beobachten.

Vergleichbare Ergebnisse über eine veränderte Beteiligung des Vaters lieferten auch Untersuchungen von Vätern frühgeborener Kinder. Yogman (1977) beobachtete bei amerikanischen Vätern, daß sie stärker bei Pflegeaktivitäten wie Baden, Windelwechseln u. ä. m. involviert waren als Väter normalgeborener Kinder. Auch eine kanadische Studie zeigte Ergebnisse in dieser Richtung (Marton & Minde, 1980). Herzog (1979) fand in einer Interviewstudie bei über 100 Familien, deren Kind zu früh geboren worden war, daß die wichtigste Funktion des Vaters darin bestand, die Mutter zu unterstützen und ihr die Pflege des Kindes zu erleichtern. Eine englische Studie zeigte, daß Väter den Müttern frühgeborener Kinder halfen und sich stark an der Kinderpflege beteiligten (Hawthorne, Richards & Callon, 1978). Offensichtlich hat die Art der Geburt und hier speziell eine Frühgeburt, auch Einfluß auf das Spielverhalten des Vaters, wie neuerdings eine Arbeit von Parke, Thomas, Neff et al. (1981) nachweisen konnte. In einem Vergleich zwischen Vätern frühgeborener und normalgeborener Kinder in der Geburtsklinik und nach der Entlassung nach Hause stellten die Autoren fest, daß Väter das für sie charakteristische Spiel (höhere Rate von körperlichem Spiel) nur dann initiierten, wenn das Kind normal ausgetragen war. Bei Frühgeborenen zeigten sich zunächst im Krankenhaus keine Unterschiede zwischen Vätern und Müttern in ihrem Spielverhalten, wohl aber drei Wochen danach. Parke und seine Mitarbeiter beabsichtigen, die Stabilität dieser Effekte durch eine Nachuntersuchung zu überprüfen.

Auch andere mit der Geburt verknüpfte Faktoren haben also möglicherweise dauerhafte Auswirkungen (Peterson, Mehl & Leiderman, 1979). Geht man mit Marut & Mercer (1979) davon aus, daß die Mutter nach einer Kaiserschnitt-Geburt erschöpfter und niedergeschlagener oder depressiver ist als nach einer normalen Geburt, so scheinen die mütterlichen Bedürfnisse in dieser Situation das väterliche Verhalten zu beeinflussen, was als eine indirekte Einflußnahme der Mutter auf die Vater-Kind-Interaktion zu bewerten ist. Ein systemorientierter Ansatz scheint also bei der Untersuchung der Vater-Kind-Beziehung dringend notwendig zu sein.

Aufgrund seiner Beobachtung von 51 Vater-Kind-Dyaden, 24 bis 27 Stunden und einen Monat nach der Geburt, welche keine Bestätigung für die These brachte, daß Väter mit frühem Kontakt zu ihrem Baby eine stärkere Bindung zu ihm entwickeln, kommt Jones (1981) zu der Schlußfolgerung, daß die positiven Auswirkungen väterlicher Anwesenheit eher kumulativ sind und nicht allein von der Dauer des ersten Kontaktes abhängen. Da der Vater bei der Geburt keine hormonalen Veränderungen erfahre, seien die Auslösungen für väterliches Bindungsverhalten wohl eher extern und benötigen zu ihrer Entfaltung den wiederholten Kontakt zum Kind. Ein geringes Ausmaß väterlichen Engagements bei der Geburt ist also nicht unbedingt abnormal oder pathologisch und Väter – und möglicherweise auch Mütter, die die Geburt nicht als den Höhepunkt ihrer Erlebnisse erfahren oder nicht sofort aktiv mit ihrem Neugeborenen in Interaktion treten, müssen nicht zu unzuverlässigen oder unengagierten Eltern werden. Elterliches Verhalten ist flexibel und veränderlich. Die Anfangssituation sagt nicht allzuviel über die spätere Entwicklung aus (Woollett, White & Lyon, 1982).

Aufgrund der vorliegenden Untersuchungen lassen sich Annahmen über die Bedeutung des frühen Kontaktes oder gar einer „sensiblen Phase", in der das Verhalten des Kindes zum Auslöser für Pflegeverhalten wird (Klaus & Kennell, 1982), insbesondere für die Vater-Kind-Bindung nicht aufrechterhalten. Obwohl klinischen Berichten zufolge die erste Stunde nach der Geburt für die Entwicklung von Bindungsverhalten eine besondere Rolle spielen soll, weil sich das Neugeborene zu diesem Zeitpunkt in einem Zustand wacher Aufmerksamkeit befindet und die Mutter eine hormonell bestimmte sensitive Periode durchläuft – eine optimale Voraussetzung für die Etablierung neuer Sozialbeziehungen – mißt man diesen frühen Kontakten nicht mehr die entscheidende Bedeutung bei. Insbesondere beim Vater, der nicht über, dem Erleben der Mutter vergleichbare, körperliche Erfahrungen verfügt, ist die Entwicklung eines Bindungssystems wohl eher das Ergebnis eines längeren Prozesses in einer lebenslangen Perspektive der Entwicklung und stark von seinen diesbezüglichen Einstellungen und weiteren Hintergrundfaktoren, wie die sozioökonomische Situation sowie Eigenschaften des Kindes und dessen Geschlecht determiniert.

Die Vater-Mutter-Kind-Bindung muß deshalb in einem umfassenden systemtheoretischen familienorientierten Ansatz untersucht werden (Belsky, 1980; Clarke-Stewart, 1978, 1980; Fthenakis, Niesel & Kunze, 1982; Pedersen, Anderson & Cain, 1980).

6.5 Zusammenfassung

Die Rolle des Vaters während der Schwangerschaft und der Geburt wurde – wie seine Bedeutung für die Entwicklung des Kindes generell – in der psychologischen Forschung lange Zeit vernachlässigt. Erste diesbezügliche Untersuchungen befaßten sich lediglich mit psychopathologischen Konsequenzen, die eine Schwangerschaft möglicherweise für den Mann haben kann, ließen jedoch seinen Beitrag zum Schwangerschaftsverlauf, zur Geburt und zum Wohlbefinden von Mutter und Kind völlig außer acht.

Erst seit Mitte der siebziger Jahre, insbesondere seit der Entdeckung der entscheidenden Rolle der Vater-Kind-Beziehung für verschiedene Bereiche der kindlichen Entwicklung, versuchte man dem komplexen psychischen Geschehen während der Schwangerschaft durch eingehendere Untersuchungen gerecht zu werden. Dabei beschränkte man sich jedoch bislang weitgehend auf einzelne, leicht isolierbare Aspekte, ohne die vielfältigen möglichen und tatsächlichen Wechselwirkungen zu berücksichtigen, ein Umstand, der vielleicht eine Erklärung für die bislang widersprüchlichen Forschungsergebnisse bietet.

Entsprechend den verschiedenen Fragestellungen, die in diesem Kapitel im Mittelpunkt des Forschungsinteresses stehen, werden drei Themenbereiche behandelt: (1) Die Darstellung von Forschungsarbeiten, die die Rolle des Vaters während der Schwangerschaft untersuchen und in diesem Kontext seine Einstellungen und Funktionen beleuchten; (2) Fragen des Übergangs zur Vaterschaft und diesbezügliche theoretische Ansätze; und (3) die Anwesenheit des Vaters bei der Geburt, seine Rolle und seine Probleme im Kreiß- und Operationssaal, sowie die Auswirkung des Geburtserlebnisses und eines frühen Vater-Kind-Kontaktes auf die Ehepartner- und die Eltern-Kind-Beziehung.

Bei der Betrachtung der Determinanten der väterlichen Einstellung zu Schwangerschaft und Geburt zeigte sich, daß neben spekulativen Annahmen über individuelle Charakteristika, wie Selbstbewußtsein oder Aggressionstendenzen des Vaters, insbesondere sein Alter und seine soziale Schichtzugehörigkeit präzisere Aussagen zulassen. Auch eigene Kindheitserfahrungen wirken sich auf das Schwangerschaftserleben des Mannes aus: Eine spannungsreiche Beziehung zwischen den eigenen Eltern sowie starke Diskrepanzen zwischen dem erlebten Selbst- und Vaterbild scheinen besonders negative Folgen zu haben. Auch bei Männern spielt zudem die Erwünschtheit einer Schwangerschaft eine bedeutsame Rolle für die Akzeptanz des Kindes. Die wesentliche Einflußvariable ist hier jedoch seine Einschätzung der Partnerbeziehung. Eine (von beiden Partnern) als befriedigend erlebte und zugleich realistisch eingeschätzte eheliche Gemeinschaft reduziert das Ausmaß der Belastungen, die von der Schwangerschaft ausgehen, und führt seltener zum Auftreten von Geburtskomplikationen.

Die positive Einstellung des Mannes vorausgesetzt, besteht seine wichtigste Funktion während der Schwangerschaft in der emotionalen Unterstützung seiner Frau. Diese hilft ihr bei der Anpassung an die Mutterrolle und wirkt sich – vermittelt über die Befindlichkeit der Mutter – auch auf das erwartete Kind aus. Das Ausmaß väterlicher Anteilnahme während der Schwangerschaft liefert zudem Hinweise auf zukünftiges väterliches Verhalten. Gibt der werdende Vater z. B. seiner Frau weiterhin das Gefühl, für ihn attraktiv und sexuell begehrenswert zu sein, so erleichtert ihr dies, die Beschwerden der Schwangerschaft zu akzeptieren. Daß auch der engagierte Vater selbst der emotionalen Unterstützung bedarf, sollte hierbei aber nicht vernachlässigt werden.

Die meisten theoretischen Arbeiten, die den Übergang zur Vaterschaft behandeln, gehen von einer Krisenperspektive aus. Während der letzten Jahre setzte sich jedoch zunehmend eine differenziertere Betrachtungsweise durch. Offensichtlich tragen bestimmte Rahmenbedingungen und Bewältigungsstrategien zur Modifikation des Krisenerlebens bei oder lassen dieses Deutungsmuster insgesamt als fragwürdig erscheinen. Aus dieser Erkenntnis heraus wird der Übergang zur Eltern- bzw. Vaterschaft nunmehr auch als ‚Chance' und ‚Gratifikation' konzipiert.

Insbesondere aus psychoanalytischer Sicht wird jedoch die Krisenperspektive favorisiert. Kindheitserfahrungen des Mannes – Kastrationsängste und ödipale Themen – würden durch das Erleben der Schwangerschaft reaktiviert. Zudem habe der werdende Vater unter Neid auf die weibliche Gebärfähigkeit und generellen Problemen mit seiner sexuellen Identität zu leiden.

Aus sozialpsychologischer Perspektive entstehen Probleme beim Übergang zur Elternschaft primär aus dem mangelnden Rückhalt der Kleinfamilie im Verwandtschaftsgefüge sowie der ungenügenden Absicherung im ‚sozialen Netz'. Erfolgs- und Glückserwartungen seien zum Teil überhöht und könnten aus eigener Kraft nicht immer realisiert werden. Der Verlauf des Übergangs zur Vaterschaft sei zudem kulturspezifisch geprägt.

Zur Erklärung von Verhaltensveränderungen während der Schwangerschaft nach den Prinzipien des sozialen Lernens werden beispielsweise Umstrukturierungen in der Verteilung der sozialen Macht zwischen den Ehepartnern herangezogen. Man konzentriert sich bei dieser Sichtweise also vorrangig auf die den offensichtlichen Verhaltensvariationen zugrunde liegenden Prozesse.

Im familientheoretischen Ansatz hingegen interessieren hauptsächlich die Faktoren, die für Veränderungen im Familiensystem und die daraus resultierenden Konsequenzen für die Subsysteme in der Familie verantwortlich sind. Auch in diesem Kontext wird in einer Reihe von Untersuchungen von starken Anpassungsschwierigkeiten des Vaters berichtet, welche mit dem Alter des Kindes eher noch zunehmen. Man eruierte jedoch auch Charakteristiken des Vaters, welche die Anpassungsleistung erleichtern können.

Die entwicklungstheoretische Betrachtungsweise bezieht sich auf das Zusammenwirken aller bisher genannten Einflußvariablen. Entwicklungstheoretiker sehen in der Elternschaft eine vorhersagbare Reifungskrise, welche den Übergang zu einem neuen Lebensabschnitt kennzeichnet. Nach dem Konzept der Entwicklungsaufgabe muß das Individuum eine integrierende Bearbeitung von aus unterschiedlichen Lebensbereichen (biologische Reifungsprozesse, kulturelle und gesellschaftliche Erwartungen, individuelle Wertvorstellungen) resultierenden Anforderungen vornehmen. Neuere entwicklungstheoretische Ansätze betrachten ‚kritische Lebensereignisse' jedoch lediglich als Markierungspunkte in der Entwicklung. Die negative Stigmatisierung der Übergangssituation tritt damit endgültig in den Hintergrund.

Aus der rollentheoretischen Sicht des Übergangs zur Vaterschaft liegt das Hauptaugenmerk auf der Erfassung individueller Bewältigungsstrategien für Krisensituationen. In der Familien-Coping-Theorie werden zusätzlich sozialadaptive Prozesse berücksichtigt, die auf eine Umstrukturierung des Systems, in dem eine Person lebt, hinauslaufen. Zudem sucht man, die Frage zu beantworten, wie frühere Erfahrungen mit aktuellen Bewältigungsstrategien interagieren.

Während sich die Theorien über den Verlauf des Übergangs zur Vaterschaft noch im Stadium der Hypothesengenerierung befinden, liegt zur speziellen Fragestellung der Auswirkungen väterlicher Anwesenheit bei der Geburt – in Relation zu der für diese Untersuchungen zur Verfügung stehenden Zeitspanne (die Anwesenheit des Vaters im Kreißsaal ist erst seit wenigen Jahren generell erlaubt) – eine relativ große Anzahl empirischer Untersuchungen vor. Die Teilnahme des Vaters am Geburtsvorgang wird hiernach konsistent überwiegend positiv beurteilt, obwohl sich noch viele Väter als unsicher bezüglich ihrer Funktion im Kreißsaal erleben. Insbesondere drei Aspekte werden dabei betont: (a) der Vater dient gleichsam als ‚Puffer' zwischen Klinikpersonal und Mutter; (b) er gibt seiner Frau kontinuierliche Zuwendung und Ermutigung und hilft ihr auf diese Weise, sich zu entspannen; (c) er kann durch seinen Beistand das emotionale Geburtserlebnis der Mutter steigern. Generell zeigte sich, daß durch die aktive Zusammenarbeit von Mann und Frau während der Geburt sich häufig positivere Einstellungen zum Partner entwickelten und die gegenseitige Kommunikation verbessert wurde.

Zur Verminderung der immer wieder festgestellten Unsicherheit beider Elternteile gegenüber dem neuen Aufgabenbereich werden zunehmend häufiger geburtsvorbereitende Kurse durchgeführt. Was die Väter betrifft, so scheint sich die Teilnahme an diesen Kursen zwar positiv hinsichtlich ihrer Gefühle gegenüber der Partnerin sowie ihrer Rollenkompetenz im Kreißsaal auszuwirken, nicht jedoch hinsichtlich der Intensität des Geburtserlebnisses und ihrer Bindung an das Neugeborene. Wahrscheinlich tragen vielfältige Hintergrundbedingungen zur Effektivität der väterlichen Geburtsvorbereitung bei.

Widersprüchliche Ergebnisse zeigen sich insbesondere in der Untersuchung des Zusammenhangs zwischen der Teilnahme des Vaters an der Geburt und der späteren Vater-Kind-Beziehung. Als zusätzliche Variable wurde in einigen diesbezüglichen Arbeiten die Gelegenheit zu erweitertem Vater-Kind-Kontakt kurz nach der Geburt eingeführt. Während einerseits positive Korrelationen zwischen einer intensiven Beteiligung des Vaters bereits in den ersten Lebensstunden seines Kindes und seinem weiteren Engagement in der Kinderpflege zu bestehen scheinen, werden diese Reaktionen andererseits eher auf frühere Erfahrungen des Vaters, sein Selbstkonzept, seine Bewältigungsstrategien und andere Hintergrundbedingungen zurückgeführt. Insbesondere liegt bislang keine Bestätigung für die Langzeitwirkung solcher frühen Vater-Kind-Interaktionen vor.

7
Die Beteiligung des Vaters an der Kleinkindpflege

7.1 Einleitung

Frühere Studien zeigten, daß über verschiedene Kulturen hinweg in der Regel die Mutter die Hauptverantwortung für die Versorgung der Kinder übernahm, vor allem in Familien mit traditioneller Rollenteilung. Obwohl es Phasen in der Geschichte gegeben haben soll, in denen man die Übernahme expressiver und instrumenteller Rollen durch den Mann für selbstverständlich hielt (Fasteau, 1975), war es doch bis vor nicht allzu langer Zeit in westlichen Industriestaaten nicht üblich, daß der Vater aktiv an der Pflege seiner kleinen Kinder teilnahm. Vätern wurde lediglich die Rolle eines ‚Zaungastes' im Leben ihrer Kinder (Lewis, Newson & Newson, 1982), eines ‚Teilzeitassistenten' der Mutter (McKee, 1982), eines ‚Helfers in Notfällen' (Lewis, zit. in McKee, 1982) und manchmal, in verharmlosender Weise, die des ‚besten Freundes' für die Kinder, der nur Vergnügliches mit ihnen unternimmt, zugeschrieben. Solche Annahmen fanden auch ihre empirische Bestätigung in Untersuchungsergebnissen aus Studien, die noch gegen Ende der 50er Jahre in England durchgeführt wurden. So konnte in der Studie von Newson & Newson (1963) festgestellt werden, daß 43% der englischen Väter, die 1959 befragt wurden, niemals die Windeln ihrer Kinder gewechselt und 61% ihr Kind nie gebadet hatten.

Dies hat sich offensichtlich in den zurückliegenden Jahren geändert, und das Interesse der Väter an der Pflege und Erziehung ihrer Kinder scheint im Wachsen begriffen zu sein. Die Ergebnisse der später in England durchgeführten Nachuntersuchung bestätigen diesen Wandel: 89% englischer Väter wechselten die Windeln ihrer Babies, 78% standen wegen der Kinder während der Nacht auf und sogar 95% waren bereit, die Versorgung des Kindes und der Mutter nach der Geburt – zumindest vorübergehend – zu übernehmen (Lewis, Newson & Newson, 1982). Studien und Berichte aus Schweden (Liljeström, 1976), Australien (Russell, 1978, 1982a, 1982b, 1983), Norwegen (Gronseth, 1978), den Niederlanden (Tavecchio, Van IJzendoorn, Goossens et al., 1984) und den USA (Nettelbladt, Uddenberg & Englesson, 1980) liefern weitere Evidenz für diesen Wandel in den Einstellungen und im Erziehungsverhalten von Vätern, die in die Richtung einer aktiveren Beteiligung des Vaters an der Kleinkindpflege weisen.

Daß Väter sich in stärkerem Maße, als bislang angenommen, für die Versorgung und Erziehung ihrer Kinder eignen und auch bereit sind, diese Aufgaben zu übernehmen, bestätigen Studien über alleinerziehende Väter (vgl. S. 85–113, Bd. II), Untersuchungen über geschiedene Väter (Fthenakis, Niesel & Kunze, 1982; Hetherington, Cox & Cox, 1976, 1978, 1979a, 1982) und Forschungsergebnisse, die an alternativ organisierten Familien gewonnen wurden (Alexander & Kornfein, 1983; Eiduson, 1980, 1982; Eiduson & Alexander, 1978; Eiduson, Kornfein, Zimmerman et al., 1982).

Über die Kompetenz und die Bereitschaft von Vätern, die Hauptverantwortung für ihre Kinder in der intakten Familie zu übernehmen, wenn hierfür die Voraussetzungen vorliegen, geben neuere Studien Aufschluß, die in Familien mit nichttraditioneller Rollenteilung durchgeführt wurden. Solche Arbeiten liegen gegenwärtig aus Norwegen (Gronseth, 1978), Schweden (Frodi, Lamb, Hwang et al., 1983; Lamb, Frodi, Frodi et al., 1982; Lamb, Frodi, Hwang et al., 1982a, 1982b, 1982c, 1983; Lamb, Hwang, Frodi et al., 1982), aus Israel (Radin & Sagi, 1982; Sagi, 1982), Australien (Harper, 1980; Russell, 1978, 1982a, 1982b) und aus den USA (Carlson, 1984; DeFrain, 1979, Field, 1978; Levine, 1976, Radin, 1978, 1981, 1982) vor. In ihnen werden die Auswirkungen variierender Partizipation des Vaters auf die eheliche Beziehung und auf die Eltern-Kind-Beziehung untersucht.

Bevor der Frage nach dem Ausmaß väterlicher Partizipation unter verschiedenen familiären Settings nachgegangen wird, gilt es, kurz auf die Motive der Forschung einzugehen, die diesen Arbeiten zugrunde liegen. Im wesentlichen lassen sich drei unterschiedliche Gründe anführen, die die Forscher bewogen haben, der väterlichen Beteiligung Aufmerksamkeit zu widmen: (1) Einige Autoren waren primär daran interessiert zu erfahren, welche Auswirkungen verschiedene Grade väterlicher Beteiligung auf die eheliche Beziehung haben. Würde die Verminderung der Zufriedenheit in der ehelichen Beziehung, die oft mit der Geburt des ersten Kindes einhergeht (Rollins & Feldman, 1970; Wandersman, 1980), durch eine stärkere Beteiligung des Vaters an der Kinderpflege verringert werden oder sogar ganz verschwinden? Wird durch die Teilnahme des Vaters an der Kinderpflege während der Ehe die Vater-Kind-Beziehung nach einer Scheidung besser? (2) Andere Forscher wiederum interessierten sich für die Auswirkungen variierender (väterlicher) Partizipation auf die Entwicklung der Kinder. Fragen wie: In welcher Weise entwickelt sich die Intelligenz der Kinder, wenn der Vater an der Pflege beteiligt ist? Haben sie einen höheren Wert auf der Empathie-Skala? Weisen sie eine eher interne Kontrollüberzeugung auf? standen im Mittelpunkt einer Reihe von Untersuchungen, auf die später noch näher eingegangen wird. (3) Theoretiker, die der Ansicht sind, daß sich menschliche Entwicklung über ein ganzes Leben hinzieht, waren daran interessiert, ob die stärkere Beteiligung an der Kleinkinderpflege auf die Väter selbst persönlichkeitsverändernd wirkt (Veroff & Veroff, 1980).

7.2 Das Konzept der Beteiligung

Es gibt viele Möglichkeiten, väterliche Beteiligung zu definieren bzw. zu operationalisieren. So kann man von einer aktiven Beteiligung des Vaters während der Schwangerschaft über seine Anwesenheit bei der Geburt und die Beteiligung an der Pflege bis hin zur Übernahme der Hauptverantwortung für die Kinder ausgehen.

Eine vergleichende Analyse der Studien, die auf diesem Gebiet durchgeführt wurden, zeigt, daß kaum Übereinstimmung darüber besteht, welche Kategorien bei der Operationalisierung des Konstruktes „väterliche Beteiligung" verwendet werden sollten. In der englischen Studie von Richards, Dunn & Antonis (1977) wurden fünf Kategorien verwendet: Füttern, Windelwechseln, Spielaktivitäten, Baden und Ausgehen mit dem Kind. Lamb, Frodi, Hwang et al. (1982a) benutzten sechs Kategorien: Halten des Kindes und Spielaktivitäten mit ihm (jeweils mehrere Subkategorien), Zärtlichkeit, Zuwendung, Lächeln und Vokalisieren. Russell (1978) verwendet ein Modell mit acht Kategorien zur Beschreibung väterlicher Partizipation: Füttern, Anziehen, Windelwechseln, Baden, Aufstehen wegen des Kindes während der Nacht, Geschichten vorlesen, bei Schulaufgaben helfen und Spielen mit dem Kind. Radin (1978) unterscheidet fünf Aspekte väterlicher Beteiligung: Erreichbarkeit und Verfügbarkeit für das Kind, Übernahme der Pflege sowie der Verantwortung für die Sozialisation des Kindes, Treffen von Entscheidungen und allgemeine Beteiligung des Vaters. Sagi (1982), der die Kategorien Radins übernimmt, betont, daß die Beteiligung der Väter auf diesen Dimensionen über die Kulturen hinweg variiert: Er zeigt z. B., daß die Anwesenheit des Vaters bei den Mahlzeiten für die Beteiligung eines Vaters im Kibbuz ein viel weniger verläßlicher Indikator ist als für die eines Vaters in einer israelischen Stadt. Radin & Russell (1983) schlagen deshalb vor, die verschiedenen Komponenten der Beteiligung getrennt zu diskutieren und diese nicht in ein allgemeines Maß väterlicher Beteiligung zu transformieren. Eine Kritik am quantitativen Ansatz zur Bestimmung der Beteiligung des Vaters übt McKee (1982). Es komme nicht nur auf zählbare Häufigkeit und Regelmäßigkeit einzelner Tätigkeiten allein an; vielmehr müsse man die einzelnen Aktivitäten des Vaters in dieser Hinsicht stets im Zusammenhang mit entsprechenden Aktivitäten der *Mutter* sowie mit Ansprüchen und Bedürfnissen der Kinder in jeweils individuellen Betreuungskonstellationen sehen, wobei auch andere, nichtphysische Dimensionen der Kindererziehung miteinbezogen werden sollten.

Allgemein unterschieden sich Väter hinsichtlich der Bereiche der Kinderbetreuung und -pflege, an denen sie sich beteiligten, von Müttern. Bei Interviews von Müttern in den späten 50er Jahren stellte sich heraus, daß Väter in erster Linie mit den Kindern spielten und sich generell auf leichtere und saubere Aktivitäten beschränkten: etwa dem Kind zu trinken geben oder es ins Bett bringen; Aufgaben, bei denen man sich schmutzig machen kann, wie Windeln wechseln oder Füttern, wurden eher gemieden (Newson & Newson, 1963).

Ähnliche Ergebnisse werden aus den Jahren 1965/1966 (Robinson, 1977) und aus den Jahren 1968 bis 1970 (Oakley, 1979; Richards, Dunn & Antonis, 1977) berichtet.

Robinson (1977) schlägt eine Unterscheidung der Aufgaben bei der Pflege und Betreuung von Kindern in primäre und sekundäre Aktivitäten vor; erstere erfordern danach die größere Aufmerksamkeit und sind zeitaufwendig, letztere dagegen erfordern weniger intensive Widmung und können mit anderen parallelen Aktivitäten kombiniert werden. Robinson (1977) forderte Eltern auf, eine Art Tagebuch darüber zu führen, welche Aktivitäten sie mit dem Kind unternahmen, sie sollten auch parallel ablaufende Beschäftigungen aufzeichnen. Robinson (1977) kam zu dem Schluß, daß die Beschäftigung der Väter mit den Kindern in erster Linie den sekundären Aktivitäten zuzurechnen sei, die der Mütter dagegen den primären. In Interviews sowohl mit Vätern als auch mit Müttern wurden diese Ergebnisse in jüngerer Zeit bestätigt (LaRossa & LaRossa, 1981). Dabei weisen LaRossa & LaRossa (1981) auch auf die Rolle der persönlichen Bedürfnisse der Väter bei der Auswahl der Aktivitäten mit dem Kind hin: Diese Betätigungen ließen sich am leichtesten mit ihrer eigenen Freizeitgestaltung in Einklang bringen, da sie während des Fernsehens, Ausruhens usw. durchgeführt werden konnten und weder an einen bestimmten Ort noch an eine bestimmte Zeit – im Gegensatz zum Füttern und Baden – gebunden waren. Die Variable ‚väterliche Bedürfnisse' im Interaktionsprozeß mit dem Kind ist aber ihrerseits an weitere Variablen, die die Organisation der Familie betreffen, geknüpft. So dürfte z. B. ein Vater, der ganztags berufstätig ist und sich nur abends den Kindern widmen kann, ausgeprägtere Bedürfnisse nach Erholung und Freizeit haben.

Zur Zeit liegen etliche Studien zur väterlichen Beteiligung an der Kindererziehung und -pflege aus Großbritannien, Norwegen, Schweden, aus den USA, aus Israel und Australien vor.

Die meisten dieser Arbeiten haben ihre Aufmerksamkeit auf die Teilnahme des Vaters an der Geburt, die Verfügbarkeit und Beteiligung des Vaters an der Kleinkindpflege und auf das Spielen mit dem Kind gerichtet. Eine Gegenüberstellung der vorliegenden Studien hat vor kurzem Cronenwett (1982) vorgenommen. In der von ihr vorgelegten tabellarischen Übersicht sind vor allem Studien berücksichtigt, die über die Beteiligung des Vaters in Familien mit traditioneller Rollenteilung berichten. Die Autorin unterscheidet zwischen Studien, die (1) die Beteiligung des Vaters an der Geburt untersuchen, (2) Einstellungen und Meinungen zur Beteiligung von Vätern an der Kleinkindpflege überprüfen, und (3) Studien, die sich mit der väterlichen Beteiligung und ihrer Beziehung zu anderen Variablen befassen. Letztere Studien wiederum unterteilt Cronenwett (1982) nach sechs Schwerpunkten: (a) Untersuchung direkter väterlicher Beteiligung; (b) Ausmaß des väterlichen Spiels oder der affektiven Beschäftigung des Vaters mit dem Kind; (c) die Beteiligung an der indirekten Kinderpflege; (d) die Zeit, während der der Vater die alleinige Verantwortung für das Kind hat, und (f) das Ausmaß der Beteiligung des Vaters an Entscheidungen, die das Kind betreffen.

Wenig beachtet wurde bislang die Verantwortung des Vaters für Disziplinierung und Sozialisation der Kinder sowie seine Beteiligung an der Erziehung älterer Kinder. Dagegen ist in jüngster Zeit in der Bundesrepublik Deutschland eine Erhebung zur relativen Beteiligung der Eltern an den Aufgaben, die mit den Kindern zusammenhängen, veröffentlicht worden (Schmidt-Denter, 1984), die neben Pflege, Betreuung, emotionaler Zuwendung, Spiel und kognitiver Anregung auch die Kontrolle der Kinder durch die Eltern erfragte. In der Tabelle von Cronenwett (1982) ist eine weitere Differenzierung sichtbar: Die bisher durchgeführten Studien lassen sich je nach dem Familientypus, in dem sie durchgeführt wurden, weiter untergliedern: Einerseits gibt es Studien an traditionellen Familien, die bislang die Grundlage für die meisten Abhandlungen über väterliche Beteiligung boten, andererseits wurde die Partizipation des Vaters in einigen Fällen auch in Familien mit nichttraditioneller Rollenteilung untersucht, in denen die väterliche Beteiligung in einer größeren Bandbreite variierte. Trotz erheblicher Unterschiede in den Stichproben und in den angewandten Methoden der Datengewinnung hat sich als konsistentes Ergebnis herausgestellt, daß sich Väter – verglichen mit Müttern – in erheblich geringerem Maße an den täglichen Aufgaben der Betreuung und Versorgung kleiner Kinder beteiligen und daß im allgemeinen der Schwerpunkt väterlicher Beteiligung auf Spielaktivitäten mit dem Kind liegt. Verschiedene Autoren haben die Ansicht vertreten, daß man Forschungsergebnisse, die man bei Familien mit nichttraditioneller Rollenteilung gewonnen hat, nicht direkt mit denen aus traditionellen Familien vergleichen kann. Aus diesem Grunde werden im folgenden die Studien getrennt für traditionell und nichttraditionell organisierte Familien dargestellt. Innerhalb jeden Schwerpunktes erfolgt die Darstellung getrennt nach einzelnen Kategorien des Beteiligungskonzeptes.

7.3 Beteiligung des Vaters in Familien mit traditioneller Rollenteilung

7.3.1 Verfügbarkeit von Vätern

Die Studien, die sich mit dem Ausmaß der Verfügbarkeit des Vaters und mit quantitativen Aspekten der Vater-Kind-Interaktion beschäftigen, konzentrieren sich zumeist auf drei Fragenkomplexe: (1) Sind Väter grundsätzlich kompetent, die Pflege und Erziehung ihrer Kinder in der Familie zu übernehmen? (2) In welchem Ausmaß sind Väter für ihre Kinder verfügbar? (3) Welche Art von Aktivitäten leiten sie in der Interaktion mit ihren Kindern ein?

7.3.2 Kompetenz des Vaters zur Übernahme der Kleinkindpflege

Frühe Arbeiten auf diesem Gebiet mußten sich mit der Annahme auseinandersetzen, Väter seien grundsätzlich nicht geeignet, die Pflege und Erziehung ihrer Kinder zu übernehmen. Die im vorigen Jahrhundert eingeleitete und im zwanzigsten Jahrhundert zelebrierte Glorifizierung der Mutterschaft, die durch Grundannahmen der Psychoanalyse und der Bindungstheorie gestützt wurde, blieb bis Ende der sechziger Jahre weitgehend unangefochten. Erst seit etwa zehn Jahren begann man Fragen nachzugehen, die Ähnlichkeiten und Unterschiede im Pflege- und Erziehungsverhalten von Müttern und Vätern betrafen. Greenberg & Morris (1974) konnten z. B. keinerlei Differenzen zwischen Vater und Mutter hinsichtlich ihrer Bereitschaft und Fähigkeit, die Pflege des Neugeborenen zu übernehmen, feststellen. Parke & O'Leary (1976), Parke & Sawin (1975) sowie Parke, O'Leary & West (1972) haben bei Untersuchungen an amerikanischen Vätern in triadischen Situationen (Vater-Mutter-Kind) sechs und 48 Stunden nach der Geburt belegen können, daß Väter und Mütter im gleichen Maße für die Pflege ihres neugeborenen Kindes geeignet sind und daß Väter sich in solchen Tätigkeiten auch von sich aus engagieren. Väter interagieren mit dem Neugeborenen gleich intensiv wie Mütter, wenn sich auch die Interaktion in einigen Merkmalen unterschied. Die Autoren weisen darauf hin, daß die Nicht-Beteiligung des Vaters an der Kleinkindpflege nicht zugleich prinzipiell als fehlende Kompetenz interpretiert werden darf. Dieser Fragenkomplex trat aber relativ früh wieder in den Hintergrund und man wandte sich statt dessen der Frage nach der Verfügbarkeit des Vaters zu.

(a) Verfügbarkeit des Vaters

Die Forscher interessierten sich für das zeitliche Ausmaß väterlicher Beteiligung an der Pflege der Kinder. Sie versuchten, in Erfahrung zu bringen, wie häufig und wie umfangreich die Vater-Kind-Interaktion, verglichen mit der Mutter-Kind-Interaktion, ist. Die hierfür vorliegenden Arbeiten liefern ein relativ konsistentes Ergebnis: Die Zeit, die Väter in Familien mit traditioneller Rollenteilung gemeinsam mit ihren Kindern verbringen, ist im allgemeinen recht begrenzt. Angaben, die in den verschiedenen Untersuchungen darüber gemacht werden, variieren jedoch: Pedersen & Robson (1969) rechneten, daß die Väter pro Woche 26 Stunden während der Zeit anwesend waren, in der das Baby wach war und daß sie im gleichen Zeitraum etwa acht Stunden mit ihm spielten. Lewis & Weinraub (1974) stellten bei den von ihnen befragten Vätern fest, daß sie etwa 15 bis 20 Minuten pro Tag für ihre Kinder verfügbar waren. In der Bostoner Studie von Kotelchuck (1976) widmeten die Väter 3,2 Stunden pro Tag ihren Kindern (die Mütter hingegen neun Stunden täglich). Zu annähernd ähnlichen Ergebnissen führte auch eine von Golinkoff & Ames (1979) veröffentlichte Untersuchung: Die interviewten Eltern gaben an, daß Mütter 8,33 Stunden pro Tag, Väter hingegen 3,16 Stunden täglich für ihre Kinder verfügbar waren. Im allgemeinen bewegt sich in den amerikanischen Studien die zeitliche Verfügbarkeit des Vaters um die 25 Stunden pro Woche, bei australischen Vätern beträgt sie etwa 33. Die entsprechenden Angaben für Mütter: 63 für USA (Kotelchuck 1976) und 76 Wochenstunden für Australien (Russell, 1978). Newland (1980) gibt eine zusammenfassende tabellarische Übersicht von Szalai (1975) wieder, aus der die durchschnittliche Verteilung der täglichen Stundenzahl auf Arbeit, Freizeit, Schlaf usw. bei berufstätigen Männern und Frauen sowie bei Hausfrauen in zwölf Nationen (Belgien, Bulgarien, der Bundesrepublik Deutschland, der Deutschen Demokratischen Republik, Frankreich, Jugoslawien, Peru, Polen, Sowjetunion, Tschechoslowakei, Ungarn und den USA) hervorgeht. Danach arbeiten berufstätige Männer durchschnittlich etwa eine Stunde pro Werktag im Haushalt und wenden zwölf Minuten für Kinderversorgung und -pflege auf, an freien Tagen 2,3 Stunden im Haushalt und 20 Minuten für die Kinder. Im Vergleich dazu arbeiten berufstätige Frauen an Werktagen zusätzlich noch drei Stunden und 20 Minuten im Haushalt und an Feiertagen etwas mehr als fünf Stunden; für mit den Kindern zusammenhängende Arbeiten wird doppelt soviel Zeit aufgewendet wie bei den berufstätigen Männern. Die höchsten Werte erzielen die Hausfrauen: siebeneinhalb Stunden an Werktagen und gut fünf Stunden wird an Feiertagen im Haushalt gearbeitet, hinzu kommen 66 Minuten täglich während der Woche und etwas mehr als eine halbe Stunde an Feiertagen für Aufgaben der Kinderpflege und -versorgung.

(b) Art der väterlichen Beteiligung

Das absolute Maß an Zeit, das die Eltern mit ihren Kindern verbringen, stellt keinen zuverlässigen Indikator für die Art und vor allem für die Qualität der Eltern-Kind-Interaktion dar. Bereits zu Beginn der siebziger Jahre wies Clarke-Stewart (1973) nach, daß Mütter und Kinder nur 10 bis 15% der gemeinsam in einem Raum verbrachten Zeit miteinander interagierten. Von ähnlichen Überlegungen ausgehend, interessierten sich einige Autoren für die Art der Aktivitäten, die die Vater-Kind-Interaktion charakterisieren, sowie für deren Ausmaß, verglichen mit denselben Aspekten bei der Mutter-Kind-Interaktion. So fand Kotelchuck (1976), daß die von ihm untersuchten Mütter dem Füttern (1,45 Stunden gegenüber 0,25 beim Vater) und der Pflege (0,92 gegenüber 0,15 Stunden beim Vater) mehr Zeit als die Väter widmeten. In Familien mit traditioneller Rollenteilung waren es die Mütter, die in ihrer überwiegenden Mehrzahl die alleinige Verantwortung für die Pflege ihrer Kinder trugen (64%). Nur 7,5% der Väter übernahmen einen ähnlich großen Teil der Kinderpflege wie ihre Frauen. Nicht mehr als 25% beteiligten sich regelmäßig an der Kinderpflege. Die Untersuchung von Kotelchuck (1976) brachte auch einen weiteren interessanten Befund: Während Mütter, *absolut* gesehen, mehr mit dem Säugling spielten (2,3 Stunden gegenüber 1,2 Stunden bei Vätern), verbrachten Väter einen größeren *relativen* Zeitanteil mit Spielaktivitäten (37,5% gegenüber 25,8% bei den Müttern). Zu ähnlichen Ergebnissen kamen auch Rendina & Dickerscheid (1976): Väter von fünf bis 13 Monate alten Kindern verbrachten 10,4% ihrer in der Familie verbrachten Zeit mit sozialer Kontaktaufnahme zum Kind – einschließlich Spiel – und nur 3,8% mit Pflegetätigkeiten. Auch in der englischen Studie von Richards, Dunn & Antonis (1977) gab es im allgemeinen eine Hierarchie väterlicher Aktivitäten, wobei Wickeln und Baden im unteren Bereich der Skala, Spielen hingegen an erster Stelle der väterlichen Aktivitäten standen. Die englischen Väter spielten in dieser Untersuchung häufig mit ihren 30 bis 60 Wochen alten Kindern (über 90% von ihnen regelmäßig). 35% fütterten sie im Alter von 30 Wochen, 45% waren es im Alter von 60 Wochen. Diese Angaben reichen aus, um zu zeigen, daß sich Väter je nach Beteiligungskonzept und vermutlich auch je nach Situation unterschiedlich verhalten. Im folgenden werden die Studien getrennt nach Komponente bzw. Situation väterlicher Beteiligung dargestellt.

(ba) *Beteiligung des Vaters bei der Geburt:* Auf die Beteiligung und die Rolle des Vaters bei der Geburt wurde bereits ausführlich eingegangen. Die Teilnahme der Väter an der Geburt ist während der letzten Jahre sprunghaft angestiegen. Nach Alwyn (1977, zit. in Russell & Radin, 1983) waren in einem großen Krankenhaus in Australien 1962 nur 0,75% der Väter bei der Geburt anwesend. In einer Quasi-Zufalls-Stichprobe, die Russell (1982a) untersucht hat, waren bereits 50% der Väter bei der Geburt anwesend. In einer weiteren Stichprobe, die Russell (1981) aus großen Kliniken in Sydney selektierte, ermittelte er Beteiligungsquoten, die zwischen 60 und 80% lagen. Richards (1981) berichtet von einer prozentualen Beteiligung britischer Väter bei der Geburt ebenfalls zwischen 60 und 80%. In einer 1983 vom Autor durchgeführten Befragung bayerischer Kliniken konnte eine Beteiligungsquote der Väter bei der Geburt ihres Kindes von 80% festgestellt werden, in manchen Privatstationen von Universitätskliniken wurde sogar eine Beteiligungsquote von nahezu 90% angegeben. Nach einer Studie in allen Staaten der USA, die 1972 durchgeführt wurde, waren nur 27% der Väter bei 320000 Geburten in den Kreißsaal gelassen worden (Philipps & Anzalone, 1978). An der reservierten Haltung des amerikanischen Klinikpersonals wurde heftige Kritik geübt und in den siebziger Jahren entstand (nicht nur) in den USA eine heftige Debatte darüber, welche Veränderungen in den Einstellungen des Klinikpersonals notwendig wären und welche Maßnahmen weiterhin zu treffen seien, damit sich der prozentuale Anteil bei der Geburt anwesender Väter erhöht. In diesem Zusammenhang wurden Fragen organisatorischer Veränderungen in der Klinik (z.B. Rooming-In) aufgeworfen (Haire, 1975). Von amerikanischen Vätern wird gegenwärtig allgemein erwartet, daß sie geburtsvorbereitende Kurse besuchen und bei der Geburt anwesend sind (Newman & Newman, 1978). Während heute die Notwendigkeit der Anwesenheit per se im allgemeinen eingesehen und in vielen Kliniken praktiziert wird, bleibt die Rolle des bei der Geburt anwesenden Vaters weitgehend undefiniert: Wie soll er sich verhalten, was sollte er im einzelnen tun? Die Entwicklung läuft jedenfalls über das bloße Gestalten der Anwesenheit hinaus und man versucht, dem Vater insgesamt eine aktive Rolle einzuräumen. Die höchste Stufe, die gegenwärtig in manchen amerikanischen Kliniken erprobt wird, bezieht den Vater als aktiven Geburtshelfer ein. Zur Zeit trainieren einige amerikanische Gynäkologen werdende Väter in der Klinik für diese Aufgabe; wie berichtet wird, mit gutem Erfolg (Block, 1981, zit. nach Russell & Radin, 1983; Yarrow, 1981).

(bb) *Beteiligung des Vaters an der Kleinkindpflege:* Auch über das Ausmaß der Zeit, in der sich traditionelle Väter an der Pflege ihrer Kinder engagieren, gibt es konsistente Forschungsergebnisse. Das Durchschnittsmaß liegt bei etwa 2 Wochenstunden. Aus den USA liegen folgende Angaben vor: Robinson (1977) und Walker & Woods (1976) fanden übereinstimmend, daß Väter wöchentlich 2,1 Stunden für die Pflege ihrer Kinder aufwenden. Pleck & Rustad (1980) ermittelten 1,7 Stunden pro Woche und Kotelchuck (1976) fand eine väterliche Beteiligung an der Kinderpflege von 2,8 Stunden pro Woche. Newland (1980) berichtet, daß Väter für Pflegetätigkeiten zu Hause 1,6 Wochenstunden aufbrachten. Ähnlich liegen die Verhältnisse in Australien, wo Russell (1982a) eine Beteiligung des Vaters an der Pflege des Kindes von 2 Wochenstunden ermittelte. In allen Studien stellte sich heraus, daß die

Mütter jeweils den größten Teil der Pflege übernehmen. Newland (1980) kam auf ein mittleres Maß mütterlicher Beteiligung an der Kinderpflege von 9 Wochenstunden, bei der Untersuchung von Russell (1982a) betrug es sogar 18 Wochenstunden. Diese Unterschiede zwischen väterlicher und mütterlicher Beteiligung lassen sich nicht einfach durch die unterschiedliche Tageszeit erklären, die traditionell berufstätige Väter und Mütter zu Hause verbringen, denn Untersuchungen bei nichttraditionellen Familien zeigten, daß Väter auch dort nur 35% der Pflegeaufgaben ausführten, obwohl beide Elternteile eine gleichmäßigere Aufteilung der Aufgaben anstrebten als in der herkömmlichen Familie.

(bc) *Beteiligung des Vaters an Spielaktivitäten:* Die Studien zur väterlichen Beteiligung haben zu einem weiteren, ebenfalls konsistenten Ergebnis geführt: Väter verbringen mehr Zeit mit ihren Kindern beim Spiel als bei pflegerischen Aufgaben. Dieses Ergebnis wird gestützt durch Beobachtungsstudien von Vater-Kind-Interaktion zu Hause (Lamb, 1976a, 1976b, 1976c) und durch Interviewstudien (Kotelchuck, 1976; Russell, 1979a). Die Interviewstudien ermittelten einen Mittelwert von 9 Wochenstunden, ein Wert, der wiederum signifikant unter dem absoluten Zeitwert der Beteiligung der Mütter an spielerischen Aktivitäten mit ihren Kindern liegt. Kotelchuck (1976) und Russell (1982a) zeigten, daß Mütter zwischen 14 und 20 Wochenstunden mit ihren Kindern spielen. Lediglich der relative Anteil der Spielaktivitäten an allen kindbezogenen Aktivitäten liegt beim Vater höher als bei Müttern.

(bd) *Ausmaß der Verantwortung, das die Väter in der Kleinkindpflege übernehmen:* Nur wenige Arbeiten befassen sich mit dem Ausmaß der Verantwortung, das die Väter für die Kleinkindpflege zu übernehmen bereit sind. Die meisten von ihnen untersuchen das Ausmaß der mit den Kindern verbrachten Zeit oder ermitteln relative Häufigkeiten einzelner Aufgaben, die Väter wahrnehmen. Radin & Russell (1983) weisen darauf hin, daß eine Beziehung zwischen der Übernahme der Verantwortung und der tatsächlichen Verrichtung einzelner Tätigkeiten nicht notwendigerweise bestehen muß.

Eine Studie von Kotelchuck (1976) ergab, daß nur ein geringer Teil der Väter in traditionell organisierten Familien bereit ist, die Hauptverantwortung für die Pflege und Erziehung der Kinder zu tragen (7,5%). 75% dagegen hatten keinerlei Verantwortung für die tägliche Pflege der Kinder übernommen. In der Studie von Russell (1982a) war in 90% der befragten Familien die Mutter die Hauptbetreuungsperson für die Kinder. Russell berechnete die Zeit, während der der Vater die alleinige Verantwortung für die Kinder hatte und die Mutter nicht anwesend war. Diese Zeit betrug bei Vätern im Durchschnitt 1 Stunde pro Woche, bei Müttern jedoch 40 Wochenstunden, außerdem zeigte Russell, daß 80% der Väter in dieser Form die Verantwortung für die Kinder nicht *jede* Woche, 60% von ihnen sie *nie* hatten.

In neuester Zeit wurde auch für die Bundesrepublik Deutschland eine Studie vorgelegt, aus der die relative Beteiligung der Eltern an den Aufgaben der Betreuung und Versorgung von Kleinkindern hervorgeht (Schmidt-Denter, 1984). Schmidt-Denter führte 1979–1980 eine Repräsentativbefragung von über 1000 Eltern mit Kindern bis zu sechs Jahren durch. Dabei lag ein Analyseschwerpunkt auf der Bestimmung der subjektiven Häufigkeitseinschätzung für unterschiedliche Aspekte der Kinderbetreuung durch Personen aus der sozialen Umgebung des Kleinkindes. Hinsichtlich der absoluten Häufigkeiten nahmen bei allen erfragten Funktionen die Mutter den ersten, der Vater den zweiten, Geschwister den dritten und Großmütter den vierten Rang ein. Bei den einzelnen untersuchten Funktionen, nämlich Schutz und Betreuung, Pflege, emotionale Zuwendung allgemein sowie in besonderen Situationen, Kontrolle, Spielaktivität und kognitive Stimulation, ergaben sich deutliche Unterschiede in Bezug auf das relative Gewicht für die verschiedenen Personen der sozialen Umwelt des Kindes: Demnach dominieren bei den Müttern Pflegeleistungen und emotionale Zuwendung, bei den Vätern emotionale Zuwendung und kontrollierende Betreuungsfunktionen.

Es zeigte sich eine beträchtliche Variabilität der Betreuungsanteile in Abhängigkeit vom Alter des Kindes. Bei der Schutz- und Betreuungsfunktion war für die Mütter – die absolut gesehen innerhalb aller kindlichen Altersgruppen die größten Häufigkeitswerte erzielten – ein stetiger Rückgang zu verzeichnen, für den Vater dagegen ein Maximum, wenn die Kinder zwei bis drei Jahre alt waren. Für ältere Geschwister war ein kontinuierlicher Anstieg der Beteiligung an Schutz und Betreuung für die jüngeren Geschwister festzustellen.

Der Pflegeaufwand war für die Mütter bei allen erfragten Altersstufen auf einem hohen subjektiven Niveau ohne interpretierbare Veränderungen über die Zeit. Bei den Vätern gab es wiederum ein Beteiligungsmaximum, wenn die Kinder zwei bis drei Jahre alt waren bei insgesamt geringer absoluter Beteiligung. Hinsichtlich der emotionalen Zuwendung in Alltagssituationen befanden sich die Mütter auf einem sehr hohen Häufigkeitsniveau, das sich mit dem Alter der Kinder nicht änderte. Bei Vätern wie auch bei älteren Geschwistern dagegen war mit wachsendem Alter der Kinder eine wachsende Zuwendungsrate zu verzeichnen. Bei den Kontrollfunktionen gab es bei beiden Elternteilen einen signifikanten Anstieg während des zweiten Lebensjahres des Kindes; von da an blieben die mütterlichen Kontrollhäufigkeiten in der Kategorie „oft", die väterlichen in der Kategorie „manchmal". Wichtig ist die Feststellung, daß der Vater nicht zur wichtigsten Sanktionsinstanz wurde; dennoch besteht eine gewisse Berechtigung für das traditionelle Bild vom „strafenden Vater", da die Kontrollfunktionen zu den drei am häufigsten vom Vater wahrgenommenen Funktionen gehörten. Bei den Spielaktivitäten fällt auf, daß für Mütter, Väter und Geschwister ein Minimum im zweiten Lebensjahr des Kindes berichtet wurde. Das Maximum für Mütter wurde für das erste Lebensjahr des Kindes mit ,,oft" berichtet, ab dem dritten Lebensjahr bleiben die mütterlichen Spielaktivitäten mit ,,manchmal" konstant. Bei Vätern dagegen stiegen die Spielaktivitäten mit dem Kind ab dessen drittem Lebensjahr an, jedoch fielen alle Häufigkeiten der Spielaktivitäten des Vaters in die Kategorie ,,sehr selten". Hinsichtlich der kognitiven Stimulation zeigte sich bei den Müttern ein Anstieg bis zum dritten Lebensjahr des Kindes und danach wieder ein Absinken, wobei die subjektiven Häufigkeiten in die Kategorie ,,oft" fallen. Für die Väter war eine kontinuierliche Zunahme der kognitiven Förderung mit steigendem Alter der Kinder festzustellen, die aber insgesamt nie die subjektive Häufigkeit ,,manchmal" überschritt. Aus methodischen Gründen sind die ,,absoluten" Häufigkeiten in den vorgelegten Untersuchungsergebnissen von Schmidt-Denter (1984) nur vorsichtig zu interpretieren, die berichteten Tendenzen dagegen sind zuverlässiger.

Diese Ergebnisse bestätigten, daß Väter im allgemeinen – und dies wenn man die wenigen diesbezüglichen Untersuchungsergebnisse verallgemeinern darf, auch über verschiedene Kulturen hinweg – für ihre Kinder weniger verfügbar sind, sowohl beim Spiel als auch bei Pflege und Betreuung. Wenn sich der Vater beteiligt, sind seine Aktivitäten eher spielorientiert – Aufgaben der Pflege und reinen Betreuung werden dagegen überwiegend den Müttern überlassen. Andererseits gibt es einen ,,indirekten" Indikator dafür, daß Väter zunehmend bereit sind, ihre Kinder im Krankheitsfalle selber zu betreuen (vgl. Tabelle Nr. 1).

Kritik an den Untersuchungen über die väterliche Beteiligung an Pflege und Betreuung kleiner Kinder wurde aus verschiedenen Blickwinkeln geübt: Es wurde bemängelt, daß die Studien in Familiensettings durchgeführt worden waren, in denen väterliche Partizipation an der Aufzucht der Kinder aufgrund der traditionellen Familienorganisation kaum *variiert;* wichtige Faktoren für die Beeinflussung von Ausmaß und Art der väterlichen Beteiligung seien zudem unberücksichtigt geblieben. Obwohl einige Autoren auf die Bedeutung von Variablen wie ,,sozioökonomischer Status" und ,,kulturelle" bzw. ,,subkulturelle Normen" hingewiesen haben (Lewis, Newson & Newson, 1982), finden sich in den wenigsten Untersuchungen präzise Angaben über diese Variablen bei den befragten Familien. Cronenwett (1982) weist darauf hin, daß lediglich Korrelate wie ,,Besuch von geburtsvorbereitenden Kursen" mittelbar auf Zugehörigkeit zur Mittelschicht schließen ließen. Auch das Alter der Kinder variiert in diesen Arbeiten sehr stark: In manchen Studien wurde die Beteiligung des Vaters gemessen, als das Kind ein Jahr alt oder jünger war; in anderen Untersuchungen finden sich andere, völlig unterschiedliche Alterskategorien der Kinder: 20 Monate, 15 bis 30 Monate, unter drei Jahren, von drei bis sechs Jahren, unter zehn Jahren, unter zwölf Jahren. Allein aus dem Verlauf der Entwicklung des Kindes während des ersten Lebensjahres und aus den wechselnden Anforderungen an Pflege und Betreuung – man denke an das Stillen und die jeweils unterschiedliche Stilldauer, nach der zur

Tabelle 1: Beteiligung des Vaters an der Betreuung des kranken Kindes*

Leistungszeiten	Pflichtmitglieder		Freiwillige Mitglieder	
	weiblich	männlich	weiblich	männlich
1976	93,2%	6,7%	60,9%	39,0%
1977	91,7%	8,2%	51,1%	48,8%
1978	90,7%	9,2%	44,0%	45,0%
1979	88,9%	11,1%	35,8%	64,2%
1980	88,5%	11,5%	34,3%	65,7%
1981	87,9%	12,1%	37,3%	62,7%

1976–1981: Steigerung bei Vätern: 81% bei Pflichtmitgliedern, 61% bei freiwilligen Mitgliedern

Wenn ein Elternteil wegen Erkrankung eines kleinen Kindes zu Hause bleibt, ersetzen die Krankenkassen den Lohn- bzw. Verdienstausfall. Aus einer Aufstellung über die Inanspruchnahme solcher Leistungen durch Mütter einerseits und durch Väter andererseits lassen sich Rückschlüsse auf die relative Beteiligung der Eltern an der Betreuung des kranken Kindes gewinnen. Wenn die Prozentzahlen der Leistungsfälle und Leistungszeiten der Kassen in diesen Fällen auch eine überwiegende Inanspruchnahme durch Mütter wiedergeben, so zeigt sich bei den männlichen Versicherten im Zeitraum von 1976 bis 1981, also über fünf Jahre, eine Zunahme um 60 bis über 80%. Es zeichnet sich mithin eine starke Tendenz in der Richtung ab, daß auch Väter zu Hause bleiben, um sich um kranke Kinder zu kümmern.

* (Prozentzahlen errechnet aus den absoluten Zahlen aus: Der Bundesminister für Arbeit und Sozialordnung (1981: T 30/76 bzw. T 30/77 bzw. T 30/78; 1982: T 35/1979 bzw. T 31/1980; 1983: T 31/1981))

Flaschenfütterung übergegangen wird – ergibt sich die Notwendigkeit, in den Untersuchungen das Alter der Kinder genauer zu spezifizieren, wenn man die Beteiligung des Vaters an den einzelnen Aufgaben sinnvoll erfassen will (McKee, 1982). Bei einem großen Teil der Untersuchungen fehlen Angaben über eine eventuelle Berufstätigkeit der Mutter. Auch die Geschwisterkonstellation wurde nur in wenigen Studien kontrolliert – in der Regel in der Form, daß nur Erstgeborene in den Untersuchungsplan aufgenommen wurden. Die Geschwisterkonstellation ist bezüglich der Beteiligung des Vaters jedoch von Bedeutung: So wiesen Peterson, Mehl & Leiderman (1979) nach, daß sich die Beteiligung des Vaters mit jedem neu ankommenden Kind verringert. Die bislang erfaßten Variablen sind zudem teilweise situationsbedingt – etwa tageszeitlich, die meisten Untersuchungen wurden abends durchgeführt –, andere wiederum persönlichkeitsbedingt, und nur zwei dispositionale Variablen wurden bei den Vätern erfaßt: Selbstbewußtsein einerseits und

Maskulinität versus Femininität andererseits. McKee (1982) demonstrierte anhand von Fallstudien, bei denen die befragten Familien eingehend interviewt wurden, in welcher Weise die erhobenen Maße väterlicher Beteiligung von unterschiedlichen Variablen beeinflußt werden können, so daß aus der Erhebung der Maße allein und ohne genaue Kenntnis des Funktionszusammenhanges in der jeweiligen Familie relativ wenig über die tatsächliche Beteiligung des Vaters an der Erziehung seiner Kinder und an der Übernahme einzelner Aufgabenbereiche gesagt werden kann. Die quantitativen Maße allein sagen unter Umständen recht wenig über die Bedeutung des Engagements des einzelnen Vaters für die Kinder und die Familie aus.

Wenn im nachfolgenden Abschnitt Familien dargestellt werden, in denen sich der Vater entgegen der traditionellen Rollenteilung ungewöhnlich stark an der Aufzucht der Kinder beteiligt, ist zunächst eine größere Variation im Ausmaß der väterlichen Beteiligung gegeben, was aus methodologischer Sicht zu begrüßen ist, da der Einfluß vermehrter Partizipation des Vaters sich nunmehr beobachten läßt. Dennoch bleiben einige Bedenken hinsichtlich Auswahl und Bedeutung der erhobenen Maße auch bei diesen Studien bestehen.

7.4 Die Beteiligung des Vaters in Familien mit nichttraditioneller Rollenteilung

Wie Pedersen (1981) bemerkt, wurden nahezu alle Untersuchungen zur frühen Vater-Kind-Interaktion an Stichproben durchgeführt, die dem „traditionellen“ Familientypus entsprachen (Belsky, 1979a, 1979b; Clarke-Stewart, 1978; Lamb, 1976a, 1976b, 1976c, 1977a, 1977b, 1977c; Parke & Sawin, 1980; Pedersen, Anderson & Cain, 1980). Diese Untersuchungen übersahen, daß der gegenwärtige gesellschaftliche Trend eindeutig in die Richtung des Familientypus tendiert, in dem beide Partner berufstätig sind, auch wenn kleine Kinder zur Familie gehören. In den USA ist die Zunahme in der Beschäftigungsrate für die Gruppe von Eltern am größten, die kleine Kinder haben. Im gleichen Zeitraum, in dem sich die Beschäftigungsrate für Mütter von schulpflichtigen Kindern verdoppelte, verdreifachte sich die Beschäftigungsrate für Mütter von Kindern im vorschulischen Alter (Pedersen, 1981). Im Jahre 1979 waren in den USA 39% der Mütter von Kindern unter drei Jahren außer Haus beschäftigt (U.S. Department of Commerce, 1979).

Zum Vergleich einige entsprechende Angaben aus der Bundesrepublik Deutschland (Statistisches Bundesamt, 1981, S. 112): 1980 waren hier 33,5% aller Mütter mit Kindern unter drei Jahren am Erwerbsleben beteiligt. Dabei gab es jedoch bedeutende Unterschiede hinsichtlich ihres ehelichen Status': Nur 33% der verheirateten und zusammenlebenden Mütter von Kindern unter drei Jahren waren berufstätig, aber 43,9% der geschiedenen und sogar 54,4% der unverheirateten Mütter von Kindern unter drei Jahren. 1982 hatten sich die Zahlen geringfügig verändert (Statistisches Bundesamt, 1983, S. 103): 34% aller Mütter mit Kindern unter drei Jahren waren berufstätig, und zwar 34% der verheirateten Mütter, aber nur noch 37% der geschiedenen und 48% der unverheirateten Mütter mit Kindern unter drei Jahren. Wenn man als schulpflichtig alle Kinder bezeichnen will, die unter 15 Jahre alt sind, so ergibt sich, ebenfalls für 1982, folgendes Bild: 43% der Mütter mit Kindern unter 15 Jahren leisteten bezahlte Arbeit. Bei den verheirateten Müttern waren es 41%, bei den geschiedenen 64% und bei den unverheirateten Müttern 62%. 41% der verwitweten Mütter mit schulpflichtigen Kindern waren 1982 berufstätig (Statistisches Bundesamt, 1983). Eine vergleichende Übersicht über Einzelbefunde hinsichtlich des Zusammenhanges zwischen Berufstätigkeit beider Eltern und der Beteiligung des Vaters an Kinderbetreuung und Haushalt geben Gowler & Legge (1982). Danach helfen die Männer unmittelbar nach der Aufnahme der Berufstätigkeit durch die Mutter sowie auch nach der Geburt eines Kindes zunächst mehr; vor allem Familien, in denen die Eltern Berufe mit niedrigerem sozioökonomischem Status ausüben, kehren schneller wieder zu traditioneller Rollenteilung zurück. Bailyn (1971) untersuchte britische Ehepaare mit höherem Ausbildungsstatus. Die Zufriedenheit in der Ehe war dort am größten, wo Frauen, die eine eigene Karriere mit den Aufgaben in der Familie vereinbaren konnten, mit Männern verheiratet waren, die zwar auch eine Karriere anstrebten, aber dennoch die Hauptbetonung auf die Familie legten.

Sieht man von wenigen Ausnahmen ab, so lagen bis vor kurzem kaum Studien über Familien vor, in denen der Vater die Hauptverantwortung für die Kinderpflege übernommen hatte. Erst mit der Veröffentlichung neuerer Studien aus den USA (Carlson, 1984; DeFrain, 1979; Field, 1978; Levine, 1976; Radin, 1978, 1981, 1982), aus Australien (Harper, 1980; Russell, 1978, 1982a, 1982b, 1983), Israel (Sagi, 1982), Norwegen (Gronseth, 1978) und Schweden (Lamb, Frodi, Frodi et al., 1982; Lamb, Frodi, Hwang et al., 1982a, 1982b, 1982c, 1983; Lamb, Hwang, Frodi et al., 1982) gelang ein wichtiger Durchbruch in der Vaterforschung: die Untersuchung der Vaterrolle in Familien mit variierender väterlicher Beteiligung an der Versorgung der Kinder. Man war bis vor vier Jahren darauf angewiesen, entweder auf verschiedene theoretische Grundlagen (etwa die psychoanalytische oder die Theorie des sozialen Lernens) zur Hypothesengenerierung über das Verhalten der Väter in nichttraditionellen Familien zurückzugreifen (Reuter & Biller, 1973), oder mangels empirischer Daten Spekulationen anzustellen (Hoffman, 1977; Lamb & Bronson, 1980). Diese Studien in der Vaterforschung stellen auch in anderer Hinsicht eine konsequente Weiterentwicklung dar: Sie berücksichtigen die in den siebziger Jahren erhobene Forderung nach einer Integration der Ehepartner- und Eltern-Kind-Beziehung, indem sie die Auswirkungen väterlicher Beteiligung sowohl auf die eheliche Interaktion als auch auf die Eltern-Kind-Interaktion untersuchen. Obwohl diese Arbeiten sich für vergleichende Analysen nur bedingt eignen, da sie hinsichtlich der Stichprobenerhebung und der verwendeten Methoden stark variieren, geht doch aus ihren Ergebnissen hervor, daß eine verstärkte Beteiligung des Vaters an der Versorgung und Betreuung der Kinder eine Reihe von Veränderungen der innerfamiliären Interaktionsstruktur bewirkt. Im folgenden wird die Definition der Nichttraditionalität dieser Familien erläutert und die Rahmenbedingungen beschrieben, innerhalb derer Väter sich veranlaßt sehen, stärker an der Versorgung und Erziehung der Kinder teilzunehmen. Schließlich werden neben Angaben über die in diesen Familienorganisationen getroffenen Arrangements der Kinderbetreuung auch die Auswirkungen vermehrter väterlicher Partizipation (a) auf die Ehepartner-Beziehung, (b) auf die Eltern-Kind-Interaktion und (c) auf die weitere Entwicklung des Vaters selbst erörtert.

7.4.1 Definition nichttraditionell organisierter Familien

In diesem Abschnitt wird – ungeachtet einer noch ausstehenden kritischen Betrachtung der in den einzelnen Untersuchungen verwendeten Methoden – einleitend kurz dargestellt, wie über das unterschiedliche Ausmaß väterlicher Beteiligung an der Pflege und Betreuung der Kinder die Nichttraditionalität der Familien definiert wurde. Gewöhnlich verwenden Wissenschaftler, die nichttraditionelle Familien untersuchen, die Typologie von Parsons & Bales (1955) und definieren „nichttraditionell" als vom Parsonsschen Konzept abweichende Familienorganisationsformen (vgl. auch S. 33ff.). Obwohl diese Typologie in gewisser Weise die Definition von Nichttraditionalität erleichtert, liefert sie nach Sagi (1982) keine adäquate Bestimmung des Begriffs. Eine solche Vorgehensweise setzt voraus, daß man die väterliche Beteiligung bei der Aufzucht der Kinder nur im Vergleich zur Mutter mißt. Danach wäre die väterliche Nichttraditionalität nur durch quantitative Vergleiche einer bestimmten Auswahl von Fürsorge-Aktivitäten bei Vater und Mutter zu bestimmen (Sagi, 1982). Nichttraditionalität läßt sich jedoch nach Sagi auch über Vergleiche in anderen Dimensionen erfassen: Die Aktivitäten des Vaters lassen sich mit denen anderer Väter vergleichen oder können unabhängig davon charakterisiert werden, indem man das Ausmaß expressiver und instrumenteller Aktivitäten bestimmt, die ein- und derselbe Vater ausübt. Darüber hinaus kann man den historischen Wechsel bei der Kinderaufzucht durch den Vater bestimmen, indem man jeden Vater mit seinem eigenen Vater vergleicht und das Ausmaß des Wechsels als Index für Nichttraditionalität nimmt. Sagi (1982) macht darauf aufmerksam, daß, gleich welche dieser Alternativen gewählt wird, die Definition der Nichttraditionalität des Einbezugs des kulturellen Kontextes bedarf. Auch der Versuch, „nichttraditionelle" Familien mit „rollenteilenden" oder sogar „rollentauschenden" Familien gleichzusetzen, mußte aufgegeben werden, da neuere Forschungsergebnisse (Levi-

Väter mit behinderten Kindern[1]

Über die Rolle von Vätern mit behinderten Kindern liegen spärliche und z. T. widersprüchliche Informationen vor. Studien, die sich damit befassen, beruhen in erster Linie auf klinischen Berichten, auf Beurteilungen elterlicher Einstellungen und auf Interviews mit Müttern über die Beteiligung des Vaters an der Versorgung behinderter Kinder. Es gibt nur wenige Beobachtungs- und experimentelle Studien über die Interaktion von Vätern mit ihren behinderten Kindern. Hinzu kommt noch, daß der Schwerpunkt klinischer Studien auf dem behinderten Kind selbst lag und sie deshalb in diesem Kontext nur wenig über Mutterschaft bzw. Vaterschaft aussagen.

Dennoch darf nicht übersehen werden, daß das Interesse an der Vaterrolle in Familien mit behinderten Kindern im Steigen begriffen ist. Erste Beiträge auf diesem Gebiet konzentrieren sich auf die Überwindung überlieferter Meinungen über die Rolle des Vaters in solchen Familiensettings (Pueschel & Murphy, 1976), auf die Untersuchung der Erstreaktion des Vaters auf die Nachricht, ein behindertes Kind zu haben (Hannam, 1975; Kanner, 1953; Murray, 1967) bzw. auf spätere Reaktionen beider Elternteile (Bayley, 1973; Boston, 1981; Cain & Levine, 1963; Candy, 1976; Collins & Collins, 1976; Corney, 1981; Cummings, 1976; Fox, 1974a; Gregory, 1976; Staton, 1972; Tallman, 1965; Wing, 1975; Wishart, Bidder & Gray, 1980; Wolfensberger & Kurtz, 1971). Die Forscher interessierten sich weiter für die Lebensverhältnisse in Familien mit behinderten Kindern (Beveridge, Flanagan, McConachie et al., 1982; Gath, 1978; Love, 1973; McConachie, 1979, 1981; Sax, 1980; Wishart, Bidder & Gray, 1981) sowie für die Verfügbarkeit und das Ausmaß der Beteiligung des Vaters an der Versorgung und an der Pflege behinderter Kinder, für ihre Spielaktivitäten und für ihre Beteiligung an Fördermaßnahmen. Darüber hinaus beschäftigen sich einige Arbeiten mit der Frage nach der Konsistenz des Erziehungsstils von Eltern mit behinderten Kindern (Carr, 1975; Cheseldine, 1977; Gregory, 1976; Hewett, 1970, 1972; Honig, 1984; Markova, MacDonald & Forbes, 1980; McConachie, 1979, 1981; Mitchell, 1980; Wilkin, 1979; Wishart, Bidder & Gray, 1980, 1981).

Diese Studien zeigen gegenwärtig ein relativ globales und unvollständiges

[1] nach McConachie (1982)

ne, 1980) zeigen, daß Väter, die mehr involviert sind als in traditionell organisierten Familien, immer noch weniger involviert sind als die durchschnittliche Mutter. Levine (1980) meint, daß man nicht über „Männer, die ‚Mütter' werden", oder über ein „neues Vater-Image" sprechen sollte. Vielmehr erscheine es angezeigt, von einem neuen Image der Familie zu sprechen, das unterschiedliche Grade väterlicher Beteiligung impliziert. Radin (1978, 1981, 1982) verwendet zur Bestimmung der väterlichen Beteiligung fünf Komponenten: (a) Selbsteinschätzung auf einer 5-Punkte-Skala; (b) Verantwortung für Körperpflege (etwa Füttern); (c) Verantwortung für Sozialisation (Gren-

Bild von der Rolle des Vaters in Familien mit behinderten Kindern, das hier nur in groben Umrissen skizziert werden kann. Wie die Studie von Pueschel & Murphy (1976) zeigte, erfahren in der Regel die Mütter mongoloider Kinder (etwa zu 50%) als erste die Behinderung ihres Kindes. Nur in 20% der Fälle wurden die Eltern gemeinsam informiert. Die Reaktion des Vaters auf diese Nachricht ist in einigen Berichten beschrieben worden: Sie können diese Tatsache als einen ‚Anschlag' auf ihr ‚Ich' empfinden, zeigen Gefühle der Verzweiflung, reagieren mit Trauer, Aggression oder Zorn. Zuweilen kommt ihnen auch der Gedanke, ihr Kind zu töten. Sie leiden an Schuldgefühlen und sie möchten häufig dem Arzt nicht glauben, da sie selbst nichts Auffälliges bei ihrem Kind bemerkt haben (Hannam, 1975; Kanner, 1953; Murray, 1967). Die Frage, wen die Nachricht über die Behinderung des Kindes härter trifft, die Mutter oder den Vater, läßt sich gegenwärtig nicht zuverlässig beantworten. Es liegt einige Evidenz für die Annahme vor, wonach bei Vätern und Müttern der Anpassungsprozeß an die für sie neue Situation unterschiedlich verläuft: Es zeigte sich, daß Väter ein Kind weniger akzeptieren, dessen Behinderung durch die äußere Erscheinung offensichtlich ist, wobei die Akzeptierung bei Mädchen geringer als bei Jungen ist (Boston, 1981; Cain & Levine, 1963; Gregory, 1976; Tallman, 1965). Die Anpassung der Mutter hängt mit anderen Variablen zusammen (etwa mit dem Fähigkeitsniveau des Kindes) als mit dem Aussehen des Kindes. Die Arbeiten von Staton (1972) und Wolfensberger & Kurtz (1971) konnten auch eine ältere Annahme widerlegen, wonach für Väter eine geistige Retardierung bei ihren Söhnen schwerer zu akzeptieren sei als bei ihren Töchtern. Einen interessanten Befund lieferte die Studie von Wing (1975): Väter von behinderten Kindern entwickeln seltener psychiatrische Symptome als Mütter. So wiesen 57% der Mütter und nur 20% der Väter von schwer geistig behinderten Kindern leichte oder schwere psychiatrische Symptome zu irgendeinem Zeitpunkt zwischen der Geburt des Kindes und seinem 14. Lebensjahr auf (in der Normalpopulation: 2:1-Verhältnis von Frauen und Männern). Die überwiegende Mehrzahl der Mütter, aber nur wenige Väter führen die Symptome auf die Belastung zurück, ein behindertes Kind zu haben. Cummings (1976) weist allerdings auf die Langzeit-Belastung des Vaters eines behinderten Kindes hin. Wishart, Bidder & Gray (1980) berichten über negativere Einstellungen von Vätern mit geistig behinderten Kindern zum Entwicklungsfortschritt des Kindes oder zur Hilfe von Freunden und Verwandten. Eine ungewöhnliche Stärke entwik-

zen setzen, etc.); (d) Beteiligung an Entscheidungen, die das Kind betreffen, und (e) Verfügbarkeit für das Kind. Die Relation zwischen dem erreichten Ergebnis und der maximal zu erwartenden Punktezahl bildet den sogenannten ‚PICCI-Index', mit dessen Hilfe die väterliche Partizipation an der Kleinkindpflege näher beschrieben und auf diese Weise die Familie als „traditionell" versus „nichttraditionell" eingestuft werden kann. Kritik wurde gegen eine Aufsummierung der einzelnen Komponenten geäußert, da sich Väter auch (über verschiedene Kulturen hinweg) je nach Situation unterschiedlich hinsichtlich der einzelnen Komponenten verhalten können.

keln Eltern im Kampf um die Rechte ihrer behinderten Kinder (Candy, 1976; Collins & Collins, 1976; Hannam, 1975). Die Belastungen, die ein behindertes Kind mit sich bringt, können die eheliche Beziehung gefährden; zum anderen können sie sie aber auch festigen: Während Love (1973) berichtet, daß die Scheidungsrate solchermaßen betroffener Eltern signifikant höher liegt, berichten Wishart, Bidder & Gray (1981), daß sich Eltern in solchen Situationen häufiger gemeinsam mit Erziehungsfragen und Zukunftsplänen beschäftigen als Eltern nichtbehinderter Kinder. Gath (1978), der Eltern neugeborener mongoloider Kinder zwei Jahre lang beobachtete, kam zu dem Schluß, daß die Geburt eines mongoloiden Kindes häufiger eine mäßig funktionierende Ehe in eine schlechte Ehe verwandelt, als eine gute Ehe zerstört. Die Ergebnisse von Interviewstudien führten zu dem konsistenten Ergebnis, daß Väter behinderter Kinder sich nicht stärker an der Kinderbetreuung und -pflege beteiligen als in normalen Familien. McConachie (1981) zitiert in diesem Zusammenhang die Studien von Vätern körperbehinderter (Hewett, 1970), hörbehinderter (Gregory, 1976) und geistig behinderter (Down Syndrom) Kinder (Carr, 1975), die diesen Befund unterstützen: 50 bis 58% dieser Väter wurden als ,,stark partizipierend“ an der Betreuung ihrer behinderten Kinder eingestuft, im Vergleich mit englischen Vätern nicht behinderter vierjähriger Kinder, die zu 51% ‚stark partizipierend‘ waren (Newson & Newson, 1968). Die Zusammenhänge zwischen Schwere des Symptoms und Ausmaß der väterlichen Beteiligung schienen nicht unabhängig von der Art der Behinderung und dem Vernehmen nach auch von einer Reihe situativer Faktoren zu sein: Carr (1975) fand keinen, Markova, MacDonald & Forbes (1980) einen negativen Zusammenhang zwischen der Schwere der Behinderung (Mongolismus bzw. Hämophilie) und der Partizipation des Vaters. Positive Zusammenhänge konnte Wilkin (1979) zwischen geistig und körperlich schwer behinderten Kindern und der Partizipation des Vaters nachweisen. Weniger als ein Viertel dieser Väter engagierte sich stark an der Kinderbetreuung und im Haushalt. Naturalistische Studien über das Spiel des Vaters mit geistig behinderten Kindern stammen von Cheseldine (1977) und Mitchell (1980): Ihre Daten belegen eine Ähnlichkeit zwischen Vätern und Müttern in der Interaktion mit ihren etwa 5jährigen behinderten Kindern in strukturierten Situationen. McConachie (1981) zeigte in einer ähnlichen Untersuchung von Eltern mit jüngeren geistig behinderten Kindern, daß Eltern in den

Betrachtet man die vorliegenden Studien, so läßt sich kaum eine Übereinstimmung darüber ablesen, was unter Nichttraditionalität einer Familie verstanden wird. Russell (1978) ging z.B. von Zwei-Elternfamilien aus, ,,bei denen sich die Eltern die Versorgung der Kinder teilen oder der Vater die Hauptverantwortung für das Kind hat *und* in denen der Vater die *alleinige* Verantwortung für das Kind während wenigstens 15 Stunden in der Woche hat, während derer das Kind wach ist“ (Russell, 1982b, S. 14). Die Problematik dieser Form der definitorischen Bestimmung von Nichttraditionalität hinsichtlich der Beteiligung des Vaters lieferten die Untersuchungsergebnisse

meisten Aspekten ihrer Interaktionsstile gleich waren. Geringe Unterschiede, die es zwischen Vater und Mutter gab, wurden dahingehend interpretiert, daß sich Mütter in ihrem Verhalten der jeweiligen Situation anpaßten, während Väter in einer mehr konstanten Weise auf das Kind reagierten. Von Interesse ist auch der Befund von Wishart, Bidder & Gray (1981): Je behinderter das Kind war, desto weniger häufig wurde es vom Vater gefördert. Väter benötigen nach diesen Autoren selbst mehr Ermutigung und spezielle Anweisung als Mütter. In einer Studie von McConachie (1981), in der 20 Familien mit geistig behinderten Kindern hinsichtlich der väterlichen Beteiligung an einem Wochentag und am Wochenende interviewt wurden, konnte festgestellt werden, daß behinderte Kinder am Wochentag mehr Zeit mit ihrer Mutter als mit ihrem Vater verbrachten. Immerhin waren die Väter ein Drittel der Zeit vom Aufwachen des Kindes bis zu seinem Zubettgehen verfügbar. McConachie (1981) verwendet die komplexe Variable ,,konzentrierte Interaktion" (gemeinsame Aktivität; volle Aufmerksamkeit gegenüber dem Kind und der Aktivität; enger physischer Kontakt): Väter und Mütter verbrachten einen gleichen Anteil ihrer verfügbaren Wochentagzeit in ,konzentrierter Interaktion' und am Wochenende erhöhte sich die ,konzentrierte Interaktion' beim Vater; das Verhältnis ,,verfügbare Zeit: Interaktion" nahm jedoch ab. Im allgemeinen war die Aufmerksamkeit der Väter während der Spielaktivitäten, die der Mutter während der Betreuungsaktivitäten intensiver. Auch das in der Familienforschung mehrfach bestätigte Ergebnis, daß zwischen der Quantität der Verfügbarkeit und der Qualität der Interaktion keine Korrelation besteht, ließ sich hier erneut bestätigen.

Es bleiben nach wie vor mehr Fragen offen, als Antworten gegenwärtig gegeben werden können: Welche Faktoren die väterliche Beteiligung beeinflussen, welche Bedeutung der Art und dem Ausmaß der Behinderung beizumessen ist und, vor allem, welche Relevanz kindlicher Kompetenz und anderen Charakteristika einzuräumen ist.

Die Erkenntnis, daß die Behinderung des Kindes die ganze Familie berührt, und daß den familiären Anpassungsprozeß an die neue Situation mannigfaltige Faktoren beeinflussen, hat in anderen Ländern dazu geführt, Modelle für Dienstleistungen zu entwerfen, die den Bedürfnissen aller dieser Familienmitglieder gerecht werden (Beveridge, Flanagan, McConachie et al., 1982; Sax, 1980).

Russells selbst: Er konnte nachweisen, daß trotz der großen Beteiligung der Väter die Mütter in der Experimentalstichprobe insgesamt mehr Zeit für die Versorgung ihrer Kinder aufbrachten als die Väter und daß immer dann, wenn beide Eltern zu Hause waren, die Mütter stärker in die Betreuung der Kinder involviert waren als die Väter, ungeachtet der relativen väterlichen Beteiligung. Russell (1982b) selbst weist darauf hin, daß zur Definition dessen, was mit nichttraditionellem Familienstil gemeint ist, die Bestimmung des Ausmaßes, in dem ein Vater die Betreuung der Kinder übernimmt, nicht ausreicht. Radin (1978, 1981, 1982) und Sagi (1982) sowie Carlson (1984) verwenden den von Radin entwickelten ‚PICCI-Index' väterlichen Involvements bei der Kinderversorgung. Lamb, Frodi, Hwang und Mitarbeiter (Frodi, Lamb, Hwang et al., 1983; Lamb, Frodi, Hwang et al., 1982a, 1982b, 1982c, 1983; Lamb, Hwang, Frodi et al., 1982) untersuchten Familien in Schweden und machten sich eine Einrichtung zunutze, nach der ein Paar, das ein Kind bekommt, neun Monate bezahlten Elternschaftsurlaub erhält, den die Eltern untereinander aufteilen können. In einem ersten Schritt befragten Lamb und Kollegen werdende Eltern zu ihren Plänen bezüglich des Elternschaftsurlaubs und zu ihrer Einstellung zur Elternschaft und beruflichen Karriere. Danach wurden Väter, die mindestens einen Monat bei den Kindern bleiben wollten und Elternschaft hoch, berufliche Karriere aber niedriger bewerteten, als „nichttraditionell" eingestuft. Zu einem Zeitpunkt, als die Kinder acht Monate alt waren, konnte bei erneuter Einteilung in traditionelle und nichttraditionelle Väter davon ausgegangen werden, wieviele der Väter tatsächlich mehr als einen Monat vor der nun stattfindenden Beobachtung von Vater und Kind einen Vaterschaftsurlaub genommen und das Kind zu Hause betreut hatten. Diejenigen Väter, die sich für einige Zeit nach der Geburt eines Kindes beurlauben ließen, während die Mutter wieder berufstätig war, wurden nunmehr als ‚nichttraditionell' klassifiziert, diejenigen Väter dagegen, die weiter arbeiteten, während die Mutter den gesamten Elternschaftsurlaub nahm und sich um das Kind kümmerte, wurden als ‚traditionell' bezeichnet. Die nichttraditionellen Väter hatten, als das Kind bereits einige Monate alt war und bis dahin hauptsächlich von der Mutter versorgt worden war, Pflege und Betreuung für einen Zeitraum von etwa drei Monaten übernommen und danach wieder an die Mutter übergeben. Nach eigenen Berichten und denen der Frauen hatten die Väter während dieser Zeit beinahe ausschließlich die Verantwortung für die Kinder. Leider beschreiben die Autoren die Beteiligung der Mutter morgens und abends nach der Rückkehr in die Wohnung nicht, so daß das relative Ausmaß der Beteiligung der Mutter während der Übernahme der Hauptversorgung durch den Vater nicht bestimmt werden kann. Russell (1982b) berichtet, daß das von ihm beschriebene Familienarrangement im Durchschnitt 31 Monate gedauert habe, Radin (1981) nennt 35 Monate als durchschnittliche Dauer des untersuchten Familienstils. Bei Sagi (1982) finden sich keine diesbezüglichen Angaben. Die Heterogenität, die den einzelnen Untersuchungen bei der Definition von „Nichttraditionalität" zugrunde liegt, setzt der Vergleichbarkeit der Untersuchungsergebnisse enge Grenzen. Sie verdeutlicht zugleich, daß man heute noch weit davon entfernt ist, eine verbindliche Definition von „Nichttraditionalität" hinsichtlich der Beteiligung des Vaters an der Kleinkindpflege geben zu können. Diese methodischen Bedenken sind bei der folgenden Darstellung „nichttraditioneller" Familien zu berücksichtigen.

7.4.2 *Beteiligung des Vaters in Familien mit nichttraditioneller Rollenteilung*

Die Organisation der Familie nach nichttraditionellem Muster brachte in der Regel sowohl einen radikaleren Wechsel bei der Verteilung von Verantwortlichkeiten innerhalb der Familie als zunächst angenommen, als auch größere Veränderungen bei der aktuellen Beteiligung des Vaters an einzelnen Aufgaben mit sich. Bemühungen, Familien anders als in herkömmlicher Weise zu organisieren, bleiben in modernen Industriegesellschaften allgemein noch relativ seltene Ereignisse, und es gibt vorläufig keine Anzeichen für eine weitergehende Verbreitung dieser Familienformen oder dafür, daß die Struktur der traditionell organisierten Kernfamilie bedroht ist. Nach Russell (1982a) besagen Schätzungen, daß in dieser Form nichttraditionelle Familien lediglich ein bis zwei Prozent der Familien in Australien ausmachen und damit noch eine kleine Minderheit innerhalb der Gesellschaft bilden. Angaben über das Gesamtausmaß der vom Vater übernommenen Aufgaben, die Schätzungen über seine generelle Verfügbarkeit für die Kinder zuließen, wechseln. Amerikanische Autoren berichten, daß in Familiensettings, die der genannten Kategorie zuzurechnen sind, der Vater etwa 46% der Aufgaben, die mit der Erziehung und Betreuung der Kinder direkt zusammenhängen, übernommen hatte (DeFrain, 1979). Radin (1978, 1981, 1982) fand, daß in einer der beiden von ihr untersuchten amerikanischen Stichproben von den Vätern 41% der die Kinder betreffenden Pflichten, in der zweiten sogar 57% der Pflichten übernommen worden waren. Sagi (1982) macht keine vergleichbaren prozentualen Angaben. Er stellt lediglich fest, daß in 15 Familien beide Eltern übereinstimmend angaben, daß der Vater stärker involviert war als die Mutter und daß bei 20 Familien beide Eltern berichteten, daß Vater und Mutter jeweils im selben Ausmaß die Verantwortung für Versorgung und Betreuung der Kinder übernommen hatten. In der Studie von Russell (1982a) hatten die nichttraditionellen Väter während 27 Wochenstunden die alleinige Verantwortung für die Kinder. Wie der Tabelle Nr. 2 zu entnehmen ist, verteilten sich diese Stunden auf Kinderversorgung (neun Wochenstunden) und Spielaktivitäten (18 Wochenstunden). Die entsprechenden Werte für die Mutter betrugen elf Wochenstunden (Versorgung) und 17 Wochenstunden (Spiel). Bei den Familien mit Arbeitsteilung, die Gronseth (1978)[1] in Norwegen interviewte, stellte sich heraus, daß dann, wenn der Mann etwa die Hälfte der Aufgaben im Haushalt und in der Kinderversorgung übernommen hatte (was nahezu bei allen 16 befragten Familien der Fall war), diejenigen Aufgaben, die unmittelbar die Kinder betrafen, denjenigen vorgezogen wurden, die

[1] In der Untersuchung von Gronseth (1978) wird „Arbeitsteilung" sowohl innerhalb des Hauses, als auch in der Berufswelt als spezielle Form der Rollenteilung diskutiert.

sich sonst im Haushalt und im Garten oder in Form des Einkaufens ergaben. Russell (1982a) beobachtete, daß üblicherweise in diesen Familien die Mutter dann, wenn sie nach Hause kam, „das Kommando übernahm" und sich verstärkt um die Belange der Kinder kümmerte. In dieselbe Richtung gehen die Befunde von Lamb und Kollegen aus der schwedischen Studie: Auch hier interagieren die Mütter, deren Ehemänner sich tagsüber vorwiegend um die Kinder gekümmert hatten, am Abend intensiver mit den Kindern – eine Beobachtung, die der aus eher traditionellen Familien, in denen die Mutter jedoch ebenfalls berufstätig war, entspricht (Pedersen, Cain, Zaslow et al., 1982).

Tabelle 2: Partizipation der Eltern in (australischen) Familien mit traditioneller vs. nichttraditioneller Rollenteilung in der Kinderversorgung und in Spielaktivitäten (nach Russell, 1982a) in Stunden pro Woche

Art der Aktivität	traditionelle Familie		nichttraditionelle Familie	
	Väter	Mütter	Väter	Mütter
Kinderversorgung	2	20	9	11
Spielaktivitäten	10	23	18	16

Tabelle 3: Veränderungen im Ausmaß väterlicher Beteiligung, die von Lewis, Newson & Newson (1982) aufgrund einer Längsschnittstudie in England ermittelt wurden

Art der Aktivität	1959		1979	
	ja	nein	ja	nein
Windelwechseln	57%	43%	89%	11%
Baden des Kindes	39%	61%	54%	46%
In der Nacht wegen des Kindes aufstehen	49%	51%	78%	12%
Mutter und Kind nach der Geburt versorgen	30%	70%	95%	5%

Noch ein weiteres durchgehendes Ergebnis läßt sich erkennen: Während sich die nichttraditionellen Väter zwar verstärkt in der Kindererziehung und -versorgung engagieren, erreichen sie dennoch kein höheres Ausmaß der Beteiligung als die Mütter in diesen Familien. Beispielsweise stellte sich heraus, daß nichttraditionelle schwedische Väter zwar sehr viel öfter als traditionelle die Windeln ihrer etwa drei Monate alten Kinder wechselten, dies jedoch nicht öfter als ihre Ehefrauen. Wenn man sich noch einmal in Erinnerung ruft, daß die Definition der „Nichttraditionalität" der untersuchten Familien über ein gewisses Ausmaß der Abweichung von einer als traditionell geltenden Rollenteilung innerhalb (bzw. auch außerhalb) der Familie vorgenommen worden ist, so ergibt sich insgesamt ein Bild der väterlichen Partizipation in diesem familiären Kontext, das weiterhin sehr stark von traditionellen Rollenvorstellungen geprägt scheint. Selbst wenn der Vater einen großen Teil der Aufgaben in der Kindererziehung übernimmt, behält die Mutter den überwiegenden Anteil an diesen Aufgaben. In den Fällen, in denen ihr zur Wahrnehmung von Verantwortung für die Belange der Kinder aufgrund einer eigenen beruflichen Tätigkeit weniger Zeit zur Verfügung steht, bemüht sie sich in kompensierender Weise um eine Intensivierung des Kontaktes zu den Kindern in der ihr verbleibenden Zeit. Dabei kann ihnen das Verhalten der Väter, die ihnen Gelegenheit geben, intensiv zu interagieren und einen Anteil an Pflege- und Betreuungsaufgaben zu übernehmen, entgegenkommen. Von einem „Rollentausch" kann mithin auch in diesen nichttraditionellen Familien nicht gesprochen werden.

7.4.3. Auswirkungen väterlicher Partizipation in Familien mit nichttraditioneller Rollenteilung

Wie bereits erwähnt, konzentrieren sich die Studien hinsichtlich der Auswirkungen einer stärkeren Beteiligung des Vaters an der Kinderversorgung in einer solchen Familienorganisation auf drei Ebenen: (a) auf die Ehepartner-Beziehung, (b) auf die Eltern-Kind-Beziehung und (c) auf Effekte, die sich auf eine Persönlichkeitsveränderung des Vaters selbst beziehen.

(a) *Ehepartner-Beziehung:* Eine Veränderung der Rollenorganisation, wie sie in Familien mit nichttraditioneller Rollenteilung erfolgt, hat Konsequenzen für die Zufriedenheit der beteiligten Elternteile und für die Qualität der ehelichen Beziehung. Hinsichtlich der Frage nach der elterlichen Zufriedenheit konnte Radin (1982) feststellen, daß 85% der Väter und 90% der Mütter mit dieser Familiensituation generell zufrieden waren. Damit gleichzeitig verbundene Nachteile sahen 70% der Väter hauptsächlich in der Behinderung ihrer Karriere und 85% der Mütter vermißten die Nähe zu ihrem Kind. In der australischen Stichprobe berichteten die Väter von einer verbesserten Vater-Kind-Beziehung; sie sahen darin den Hauptvorteil ihres Engagements. Die Mütter dagegen betrachteten ein größeres Selbstbewußtsein, die Befriedigung, die sie aus ihrer Arbeit zogen, und die verminderte Bürde der Kinderversorgung als die herausragenden Vorteile. Ebenso sahen sie in dem engeren

Verhältnis zwischen Vater und Kindern und dem gewachsenen Verständnis der Väter für die Aufgaben der Kinderbetreuung und -erziehung einen eindeutigen Gewinn. Nachteile ergaben sich für die australischen Mütter aus den physischen Anforderungen eines so organisierten Lebensstils, der von ihnen beruflichen Einsatz wie auch Erziehungsbeteiligung verlangte. Sie sprachen hauptsächlich von Hetze und Erschöpfung. Häufig empfanden sie Schuldgefühle wegen der Vorstellung, ihre Kinder allein zu lassen. Die Nachteile, die für Väter resultierten, betrafen die Art der Rolle, die ihnen zufiel, nämlich ständig verfügbar sein zu müssen.

Radin & Russell (1983) halten bei einer Organisation der Familie nach nichttraditionellem Muster zwei Veränderungen in der ehelichen Beziehung für denkbar: Eine stärkere Beteiligung des Vaters kann zu größerer Gleichberechtigung in der ehelichen Beziehung führen, die wiederum mit einer größeren Zufriedenheit der Partner verbunden ist. Zum anderen kann die Qualität der Ehepartner-Beziehung in der Hinsicht beeinträchtigt werden, daß der Vater unzufrieden damit ist, mehr Zeit mit den Kindern zu verbringen, oder weil mehr Konflikte wegen Haushalt und Kindererziehung auftreten. Mit diesem Fragenkomplex befassen sich Gronseth (1978) in Norwegen, Russell (1982a, 1982b) in Australien sowie DeFrain (1979) und Lein (1979), wenn auch peripher, in den USA. Gronseth (1978) berichtet über positive Auswirkungen auf die eheliche Beziehung. 50% der befragten Eltern berichteten von mehr Gleichberechtigung in ihrer Beziehung; etwa ein Drittel gab an, daß es weniger Dominanz des einen oder anderen Teils gab. Wie Gronseth (1978) berichtet, gab es auch Anzeichen für Konflikte und Spannungen bei veränderter Rollenteilung. Australische Eltern (Russell, 1982a) reagierten nicht einheitlich auf eine stärkere Beteiligung des Vaters: Etwa 40% beider Elternteile meinten, daß es entweder größere Gleichberechtigung gegeben hätte oder daß ihre Beziehung sich verbessert hätte, weil die Eltern jetzt sensibel füreinander und für ihre jeweiligen Rollen waren. 50% der Eltern berichteten aber auch, daß ihre Beziehung darunter gelitten hätte, weil sie weniger Zeit füreinander gehabt hätten oder weil es mehr Spannungen und Konflikte gegeben hätte. Was die Entstehung von Konflikten und Spannungen angeht, betrafen sie vor allem die erste Zeit der Anpassung des Vaters an seine neue Rolle, und sie bezogen sich vorwiegend auf die Kindererziehung und die Haushaltsführung. Nach Radin & Russell (1983) können jedoch diese Konflikte und Spannungen in der ehelichen Beziehung auf andere Faktoren zurückgeführt werden, wie z. B. die Arbeitsüberlastung der Mutter. Allerdings sprechen auch etliche Anhaltspunkte dafür, daß vermehrte Konflikte mit der stärkeren Partizipation des Vaters an der Kinderpflege zusammenhängen: Es wird berichtet, daß die Mütter mit der Qualität der Hausarbeit der Männer nicht zufrieden waren; Russell spekuliert, daß die Konflikte daher rühren könnten, daß die Frauen sich in ihrer traditionellen Rolle und Domäne durch die Übernahme ihrer Aufgaben seitens des Mannes bedroht fühlen könnten, eine Bedrohung, die äquivalent derjenigen Bedrohung sei, die sich für die Männer aus dem verstärkten Engagement der Frauen im beruflichen Bereich ergeben habe.

Die Studien aus Norwegen und Australien zeigten, daß die Auswirkungen der verstärkten Beteiligung des Vaters auf die Ehe-Beziehung uneinheitlich sind. Für einige Familien scheint sich die Beziehung zu verbessern, für andere steigt die Zahl der Konflikte und die Unzufriedenheit. Andere gaben an, daß negative Aspekte nur anfangs während der Anpassungszeit einträten und diese keine langfristigen Wirkungen gehabt hätten. Diese relative Uneinheitlichkeit der Untersuchungsergebnisse läßt sich auf die eingeschränkte Vergleichbarkeit der Studien zurückführen. So praktizierten z. B. viele der in der norwegischen Untersuchung befragten Familien auch vorher einen Lebensstil, der sich durch Gleichheit und Gleichberechtigung kennzeichnen läßt. In der norwegischen Studie war kein einziger Elternteil ganztags beschäftigt, in der australischen hingegen mehr als die Hälfte. Es bleibt daher späteren Studien überlassen, die Frage nach den Auswirkungen der Familienorganisation auf die ehelichen Beziehungen verbindlicher zu beantworten. Daß Längsschnittstudien gerade hier notwendig sind, bedarf nicht der besonderen Erwähnung. Selbstverständlich sind bei den Untersuchungen auch kulturelle Variablen wie z. B. die soziale Akzeptiertheit verstärkter Beteiligung des Vaters entgegen traditioneller Rollenvorstellungen zu berücksichtigen. Institutionelle Hilfen können gerade in der Anpassungsphase der Familie an veränderte elterliche Rollen Unterstützung bieten.

(b) *Eltern-Kind-Beziehung:* Die Übernahme der Hauptverantwortung durch den Vater bedingt Veränderungen (aa) bei den Kindern und (bb) in der Vater-Kind-Beziehung

(aa) *Kinder:* Auswirkungen starker Partizipation auf die Kinder wurden in diesen Studien durch Variablen erfaßt wie Entwicklung geschlechtsspezifischen Verhaltens, Empathie, kognitive Entwicklung, Kontrollüberzeugungen und schulische Leistung. Im folgenden werden einige Ergebnisse angeführt, die die Effekte starker väterlicher Partizipation auf die kindliche Entwicklung verdeutlichen sollen. Die schwedischen (Frodi, Lamb, Hwang et al., 1983; Lamb, Frodi, Frodi et al., 1982; Lamb, Frodi, Hwang et al., 1982a, 1982b, 1982c, 1983; Lamb, Hwang, Frodi et al., 1982) und die israelischen Studien (Sagi, 1982) zeigten, daß Väter, die sich zur Übernahme der Hauptverantwortung entschließen, ein breites Verhaltensspektrum aufweisen, das sowohl instrumentelle als auch expressive Fähigkeiten umfaßt. Dies erhöht ihre Einflußmöglichkeiten auf die Kinder, da sie ein umfassenderes Modell als traditionelle Väter für ihre Kinder darstellen. Russell (1982a) hat allerdings die These aufgestellt, daß Väter mit starker Beteiligung an der Kinderpflege eher „verweiblicht“ und weniger „maskulin“ seien. Diese These konnte jedoch bislang nicht bestätigt werden. Die Ergebnisse widerlegen auch ältere Annahmen der Sozialisationstheorie, wonach die Geschlechtsrollenidentifikation zu den Eigenschaften gehört, die am ehesten von elterlichen Rollenveränderungen beeinflußt wird. So unterschied sich die Geschlechtsrollenorientierung der Kinder bei den Gruppen Radins (1982) nicht. Das Ausmaß der Beteiligung des Vaters an der Betreuung der Kinder schien hierauf keinen Einfluß zu haben. Interessanterweise sehen Kinder stark involvierter Väter die geschlechtsrollenspezifischen Eigenschaften ihrer Eltern stereotyper, besonders was den Vater in seiner Bedeutung für Disziplinierung anbetrifft: Sie erleben ihn im Vergleich zur Mutter noch punitiver, d.h. als strafende Instanz, als in traditionellen Familien. Dies bestätigen auch die Ergebnisse der australischen Studie (Russell, 1982a, 1982b), nach der Väter in nichttraditionellen Familien als strikter und mit höheren Anforderungen hinsichtlich des kindlichen Verhaltens angesehen wurden. Radins (1982) Ergebnisse widerlegen eindeutig eine Vermutung älteren Datums (z.B. Bronfenbrenner, 1958), daß die kindliche Wahrnehmung der Eltern durch eine Gleichsetzung von Aktivitäten (z.B. Hausarbeit) und Charakteristika (z.B. weiblich) determiniert wird. Im Gegensatz zu dieser These wurden bei Radin mit Haushaltsgeräten hantierende Väter von ihren Kindern als nicht weniger maskulin erlebt als traditionelle Väter. In einer Untersuchung an 20 Familien, in denen beide Eltern berufstätig waren, wurden die Kinder danach gefragt, welcher Elternteil typischerweise eine Reihe von auf Fotographien vorgelegten Objekten benutzt, und somit erfaßt, wie die Kinder die elterliche Geschlechtsrolle wahrnahmen (Carlson, 1984). Es zeigte sich hier, daß in diesen Familien die Jungen ihre stark involvierten Väter und die Mädchen ihre berufstätigen Mütter weniger stereotyp wahrnahmen als die Kinder aus einer Vergleichsstichprobe traditionell organisierter Familien.

Russell (1982b) und Lamb, Frodi, Hwang et al. (1982b) betrachteten auch die Art der Interaktion zwischen Eltern und Kindern in nichttraditionellen Familien näher. Während Lamb, Frodi, Hwang et al. (1982b) an Kindern im Alter bis zu einem Jahr noch keine Veränderungen geschlechtsspezifischer Spielstile bei nichttraditionellen Eltern feststellen konnten, befaßten sich die nichttraditionellen Väter in Australien mit ihren Kindern im Alter zwischen drei und sechs Jahren im Gegensatz zu traditionellen Vätern mehr mit Spielen im Haus, mit konventionellen und kreativen Spielen. Dies bedeutet nach Field (1978), daß die Väter sich in dieser Hinsicht wie traditionelle Mütter verhielten.

Hinsichtlich der Auswirkungen väterlicher Beteiligung auf bestimmte Dimensionen kindlichen Verhaltens läßt sich – stark zusammengefaßt – folgendes sagen: Hochinvolvierte Väter bemühen sich generell erfolgreich um die kognitive Förderung ihrer Kinder. Das israelische Projekt zeigte, daß Kinder stark engagierter Väter höhere Werte auf der Empathie-Skala (erfaßt nach Borke, 1971) sowie eine verstärkt interne Kontrollüberzeugung aufwiesen und häufiger ermutigt wurden, höhere Leistung und Unabhängigkeit anzustreben. Auch Radin (1982) fand positive Zusammenhänge zwischen väterlichem Involvement und internaler Orientierung der Kinder. Außerdem korrelierten die Werte der Kinder in verbalen Intelligenztests positiv mit dem Ausmaß väterlicher Beteiligung. Bei Mädchen waren es neben interner Kontrollüberzeugung (Internalität) eher die verbalen Fähigkeiten, die erhöht waren, bei Jungen hingegen – neben Internalität – eher die Intelligenzscores, die signifikant höher ausfielen. Radin nimmt an, daß das letztere Ergebnis auf ein geschlechtsspezifisches Interaktionsmuster des Vaters mit seinen Kindern zurückgeht. Obwohl nichttraditionelle Väter im Gegensatz zu traditionellen ihre Töchter auf kognitivem Niveau mehr stimulieren und höhere Erwartungen an deren Karriere haben, behandeln sie doch Söhne und Töchter unterschiedlich: Direkte Lehr-Aktivitäten richten sich immer noch auf die Söhne, nicht auf die Töchter, was sich offensichtlich auf die kognitiven Leistungen signifikant auswirkt. Auch das Ergebnis, nach dem väterliche Beteiligung verstärkt zu internalen Kontrollüberzeugungen führt, ist im Zusammenhang mit einem Befund von Bridge & Moock (1979) von besonderem Interesse. Diese Autoren konnten nämlich eine Beziehung zwischen Internalität und schulischer Leistung bei Kindern nachweisen.

Der Vater, der sich in „nichttraditioneller" Weise stärker an der Betreuung und Erziehung der Kinder beteiligt, bietet zwar einerseits ein erweitertes Rollenmodell, ist jedoch hinsichtlich seiner geschlechtsspezifischen Reaktionen auf Söhne und Töchter in mancher Hinsicht ebenso „traditionell" wie der Vater in Familien mit herkömmlicher Rollenteilung.

(bb) *Vater-Kind-Beziehung:* Wenn Väter die Hauptverantwortung für ihre Kinder übernehmen, erleben sie mehr Spannungen und Konflikte mit den Kindern. Die Art und die Intensität dieser Konflikte ist vergleichbar den Konflikten, die Mütter in traditionellen Familien erleben. Erste empirische Evidenz hierfür lieferten die Arbeiten von Kelley (1981) und Russell (1982a). Beide Autoren berichten übereinstimmend, daß die Konflikte zwischen Vätern und Kindern mit steigender Beteiligung zunehmen. Auch die Studien von Sagi (1982), Radin (1982) und Radin & Sagi (1982) liefern indirekte Hinweise: Kinder in nichttraditionellen Familien erlebten ihren Vater als strafender, verglichen mit Vätern aus traditionellen Familien. Russell (1982a) fand, daß 18% der hochbeteiligten Väter (verglichen mit 9% der traditionellen Väter) der Meinung waren, daß die Eltern-Kind-Beziehungen sich mit mehr Geduld verbessern ließen. Trotz der häufigeren Konflikte, die in beiden Gruppen berichtet wurden, empfanden die Eltern die Vater-Kind-Beziehung als realistischer, weil die Kinder mehr Seiten des Vaters kennenlernten. Die Mütter sahen dies als eine positive Veränderung an (Radin & Russell, 1983).

Das verstärkte Tragen der Alltagsverantwortung für die Kinder seitens des

Vaters hat wahrscheinlich auch Folgen für die Eltern-Kind-Beziehung, für die Bewertung der eigenen elterlichen Rolle und für die Selbstwahrnehmung. Russell (1982 a) fragte die traditionell organisierten Eltern danach, wie sie ihr gegenwärtiges Verhalten ändern könnten, um die Beziehung zu den Kindern zu verbessern. 40% der Mütter, aber nur 9% der Väter meinten, sie könnten toleranter oder geduldiger mit den Kindern sein. 50% der Väter meinten hingegen, sie könnten die Beziehungen verbessern, indem sie mehr Zeit mit den Kindern verbrächten. Die Mütter scheinen also bei dieser Familienstruktur durch den Druck der täglichen Probleme und Konflikte mit der Kindererziehung stärker belastet zu sein, und ihre Auffassung ist es, daß die eigenen Reaktionen auf diese Probleme die Mutter-Kind-Beziehung beeinflussen.

Etliche Studien konnten nachweisen, daß vermehrte Beteiligung des Vaters seine Gefühle für die Kinder und seine wahrgenommene Nähe zu ihnen beeinflußt (Gronseth, 1978; Hood & Golden, 1979; Kelley, 1981; Radin, 1982; Russell, 1982 a). Russell (1982 a) untersuchte die Veränderungen der Vater-Kind-Beziehung, sofern sie von den Eltern in Familien mit nichttraditioneller Rollenteilung wahrgenommen wurden: 60% der Väter und 64% der Mütter berichteten, daß die Väter ein viel engeres Verhältnis zu ihren Kindern bekommen hätten und die Beziehung zu ihnen sicherer und positiver empfanden. So sahen 64% der befragten Väter in der australischen Studie den größten Vorteil in der verbesserten Beziehung zu ihren Kindern. Die Eltern schätzten die veränderten und verbesserten Beziehungen zu den Kindern als hohen Wert ein. Diese positiven Effekte wurden durch weitere Arbeiten bestätigt. So berichtet Gronseth (1978) über arbeitsteilende norwegische Eltern, daß die Vater-Kind-Beziehung infolge der vermehrt gemeinsam verbrachten Zeit und vermehrter Erfahrung der Väter mit ihren Kindern besser und offener wurde. Hood & Golden (1979) zeigten, daß eine höhere Beteiligung des Vaters in dieser Studie (bedingt durch entsprechende Arbeitsregelungen) damit einherging, daß sich Väter ihren Kindern enger verbunden fühlten. Kelley (1981) stellte in Familien, in denen die Mütter ihre Ausbildung fortsetzten, fest, daß die Väter ihre Beteiligung verstärkt hatten und als Folge davon 52% der Väter und 60% der Mütter das Gefühl einer verbesserten Vater-Kind-Beziehung äußerten. In der Untersuchung von Radin (1982) sprachen 19 von 20 befragten Eltern spontan ebenfalls über Vorteile: 60% nannten dabei Faktoren, die mit den *Kindern* zusammenhängen; sie berichteten, daß sie sich den Kindern enger verbunden fühlten, daß sie ihre Kinder besser kennenlernten und daß sie das Zusammensein mit ihnen genossen. Kelley (1981) und Russell (1982 a) berichten, daß beide Elternteile übereinstimmend angegeben hätten, daß die positiv veränderte Vater-Kind-Beziehung auch positive Effekte für den Vater selber gehabt habe.

(c) *Auswirkungen auf den Vater selbst:* Auf eine Veränderung der Partizipation des Vaters an der Kinderbetreuung folgt auch eine Veränderung seines

Verständnisses für die Kinder und seiner Sensibilität für kindliche Bedürfnisse. Zu diesem Schluß führen unter anderem die Ergebnisse von Gronseth (1978), der zeigte, daß 60% der Väter mit geteilten Rollen ihre Kinder besser verstanden; Lamb & Easterbrooks (1981) vermuten, daß das Ausmaß der väterlichen Beteiligung mit der Sensitivität für die Kinder zusammenhängt und Russell (1982a) fand, daß 28% stark involvierter Väter und 26% der Mütter aus Familien mit nichttraditioneller Rollenteilung angaben, infolge einer stärkeren Beteiligung an der Kinderpflege ihre Kinder und deren Bedürfnisse besser zu verstehen. Wesentlich dazu beigetragen hat für die Väter nicht das Ausmaß der gemeinsam verbrachten Zeit, sondern die *Art,* wie diese Zeit miteinander verbracht wurde. Nach Russell (1982a) war der wichtigste Faktor die Tatsache, daß die Kinder allein mit dem Vater waren und er im Alltag die alleinige Verantwortung für sie hatte. Russell (1982a) berichtet ferner, daß das vermehrte Verständnis für die Kinder auch einen Wechsel in der Auffassung der eigenen Rolle als Vater bewirkt hätte: Sie fühlten sich als Vater selbstsicherer und effektiver. Dies konnte allerdings durch die Ereignisse der Studie von Radin (1982) nicht bestätigt werden. Radin kontrollierte die Vater-Kind-Interaktion hinsichtlich väterlicher Fürsorglichkeit (Sensitivität eingeschlossen) und Restriktivität und fand keinerlei Differenzen in beiden Kategorien zwischen traditionellen und nichttraditionellen Vätern. Zu vergleichbaren Ergebnissen führte auch eine Selbsteinschätzung der befragten Väter beider Gruppen: Auch hier ergaben sich keine signifikanten Unterschiede. Hier ist noch weitere Forschungsarbeit notwendig, da eine Studie von Radin & Sagi (1982) aus Israel zu dem Ergebnis kam, daß dort wiederum das Ausmaß der Beteiligung positiv mit der Fürsorglichkeit von Vätern (aus der Mittelschicht) korreliert.

Mögliche Auswirkungen verstärkter Beteiligung an Aufgaben innerhalb der Familie auf die Entwicklung des Vaters selber werden gegenwärtig bezüglich folgender Aspekte erörtert: (ca) Geschlechtsrollenidentität; (cb) Zufriedenheit und Selbstschätzung sowie (cc) Einstellungen und Überzeugungen.

(ca) *Geschlechtsrollenidentität:* Auf die Bedeutung gesellschaftlicher Erwartungen, individueller Sozialisationserfahrungen und kultureller Modelle hochinvolvierter Väter wird näher bei der Erörterung von Faktoren eingegangen, die das Ausmaß väterlicher Partizipation beeinflussen. Im vorliegenden Fall sei lediglich kurz auf die Hypothese hingewiesen, daß die Bereitschaft von Vätern, sich an der Kinderpflege zu beteiligen, mit Selbstkonzepten einhergehe, die weniger rigide Vorstellungen von Männlichkeit beinhalten. Es zeigte sich, daß hochinvolvierte Väter ihr Verhalten als voll vereinbar mit männlicher Identität ansahen; die Abneigung anderer Väter gegen eine Übernahme der Hauptverantwortung für die Kinder innerhalb der Familie verstanden sie dagegen als „enge“ Ansicht über Männlichkeit und rollenadäquates Verhalten. Die hochinvolvierten Väter selber hatten mit ihrer Identität als Mann wegen der Beschäftigung mit den Kindern kaum Probleme. Gronseth (1978) berichtet von nur einem der 16 arbeitsteilenden Väter, der Probleme in dieser Hinsicht äußerte, Russell (1982a) von fünf von insgesamt 37 – wobei bei letzterer Stichprobe mit zu berücksichtigen ist, daß die nichttraditionelle Rollenteilung in vielen Fällen aufgrund wirtschaftlicher Notwendigkeiten und nicht „freiwillig“ erfolgt war.

(cb) *Zufriedenheit:* Der Frage nach der Zufriedenheit starkbeteiligter Väter mit dem getroffenen Arrangement sind etliche Arbeiten nachgegangen (Gronseth, 1978; Lamb, Frodi, Hwang et al., 1982a, 1982b, 1982c, 1983; Lein, 1979; Russell, 1982a; Sagi, 1982). Es wird dort von erhöhtem Selbstwertgefühl, größerer Zufriedenheit und größerem Selbstvertrauen der Väter berichtet. Insbesondere Russell (1982a) wies darauf hin, daß gestiegene Selbstachtung und Zufriedenheit gerade mit der Übernahme der Sorge für die Kinder zusammenhingen. Ebenfalls hohe Korrelationen zwischen der Beteiligung des Vaters an der Sorge für die Kinder und seiner Zufriedenheit mit seiner Rolle als Vater fand Sagi (1982) in Israel. In einer amerikanischen Stichprobe wurde jedoch kein Zusammenhang zwischen dem Grad an Zufriedenheit und dem Ausmaß väterlicher Partizipation festgestellt (Radin & Sagi, 1982). Möglicherweise war diese Stichprobe jedoch selbstselegiert, wobei ein kultureller Faktor mitgewirkt haben könnte (Radin & Russell, 1983), d.h. auf Inserate, die zur Teilnahme an der Forschungsuntersuchung aufriefen, haben sich nur Personen gemeldet, die eine bestimmte Bildung und bestimmte Einstellungen aufweisen. Die Stichprobe ist dann nicht für alle Familien in dieser Situation repräsentativ. Übereinstimmend wird darauf hingewiesen, daß die Tendenz der Ergebnisse zwar die Vermutung bestätigt, daß vermehrte Beteiligung bei der Beschäftigung mit den Kindern zu höherer Zufriedenheit führt, es aber andererseits plausibel erscheint, daß nur solche Väter, die selbstsicher sind, eine nichttraditionelle Rolle übernehmen.

(cc) *Einstellungen:* Die australische Studie (Russell, 1982a, 1982b) legt nahe, daß verstärkte Beteiligung des Vaters an der Kinderpflege mit Veränderungen in seinen Einstellungen und Überzeugungen hinsichtlich der Kinder einherging. Die Väter äußerten größere Wertschätzung der Kinder allgemein und betonten, wie wichtig es sei, daß es den Kindern gut gehe. Außerdem traten sie verstärkt für eine Unterstützung der Familien bezüglich der Betreuungs- und Versorgungsmöglichkeiten von Kindern ein. Zudem hatten sie ein verändertes Verständnis von der Rolle der Frau: Sie vertraten verstärkt egalitäre Auffassungen von Geschlechtsrollen und zeigten mehr Akzeptanz und Einfühlung hinsichtlich desjenigen, der sich ganztags um die Kinder kümmert. Diese Veränderungen dauerten auch an, wenn die Familien wieder zu einer traditionellen Rollenorganisation zurückgekehrt waren (Russell, 1982b).

7.5 Rahmenbedingungen nichttraditionell organisierter Familien sowie Faktoren, die die Beteiligung des Vaters an der Pflege, Betreuung und Erziehung der Kinder beeinflussen

Um das unterschiedliche Ausmaß der Beteiligung des Vaters an kinderbezogenen Aufgaben innerhalb der Familie zu erklären, das von völliger Delegation an die Mutter bis zur Übernahme der Hauptverantwortung variieren kann, ist in der Literatur eine Reihe von Rahmenbedingungen und mitwirkenden Faktoren – vor allem bei den nichttraditionellen Familien – erörtert worden. Es handelt sich dabei um (1) die Berufstätigkeit der Eltern und im Zusammenhang damit (2) Flexibilität der Arbeitszeit, (3) den sozioökonomischen Hintergrund der Familie und den Bildungsstand der Eltern, (4) Zahl und Alter der Kinder, (5) Faktoren, die mit der Geburt des Kindes zusammenhängen, (6) Sozialisationserfahrungen des Vaters, (7) Einstellungen und Überzeugungen von Vätern hinsichtlich Elternrollen und (8) psychische Merkmale, wie etwa die Geschlechtsrollenorientierung.

7.5.1 Berufstätigkeit der Eltern

Darauf, daß sich die Rolle des Vaters, und dies über verschiedene Kulturen hinweg, in Abhängigkeit von der Familienstruktur und der Berufstätigkeit der Eltern verändert, haben bereits West & Konner (1976) mit Nachdruck hingewiesen. Studien, die sich auf elterliche Berichte über die Pflegeaktivitäten stützen, kommen zu dem übereinstimmenden Schluß, daß Väter, deren Frauen außer Haus arbeiten, tatsächlich mehr Aufgaben bei der Versorgung des Kindes übernehmen. Hoffman (1977) faßte einige Untersuchungen zusammen, die zeigen, daß Väter eine aktivere Rolle bei der Erziehung schulpflichtiger Kinder spielen, wenn die Mutter berufstätig ist. Trotz kritischer Anmerkungen von Cook (1978) kann man davon ausgehen, daß die Berufstätigkeit der Mutter, während die Kinder noch sehr klein sind, einen starken Einfluß auf das väterliche Rollenverhalten hat und eine aktivere Beteiligung des Vaters an der Pflege und Verantwortung des Kindes bewirkt. Young (1975) untersuchte Väter mit einjährigen Kindern, deren Frauen berufstätig waren, und fand, daß sie wesentlich mehr Zeit in enger körperlicher Nähe zu ihren Kindern verbrachten und häufiger Aufgaben der Säuglingspflege übernahmen als Väter, deren Frauen nicht außer Haus arbeiteten. Carlson (1984) untersuchte Familien, in denen beide Eltern berufstätig waren, mit jeweils zwei Kindern im vorschulischen Alter. Diejenigen Väter, die sich dabei verstärkt um die Kinder kümmerten, waren auch fürsorglicher mit ihnen; daneben waren sie vermehrt auch an anderen Haushaltsaufgaben beteiligt. Eine Beobachtungsstudie von Fein (1976), die vier Wochen vor der Geburt und sechs Wochen nach der Geburt durchgeführt wurde, zeigte, daß Väter, die die nichttraditionelle Rolle übernahmen, im allgemeinen aus Familien kamen, in denen die Mutter ebenfalls berufstätig gewesen war und gelernt hatte, ihre Aufgaben als Mutter damit in Einklang zu bringen. Fein (1976) konnte aus den Interviewdaten, die vor der Geburt des Kindes erhoben worden waren, das Ausmaß vorhersagen, in dem die Väter Aufgaben der Kinderpflege übernehmen würden. Er schließt daraus, daß viele Eltern bereits, bevor sie Kinder haben, festlegen, wie die Verantwortlichkeiten verteilt werden sollen. Gegen die Zulässigkeit von Prognosen aus Daten, die vor der Geburt des Kindes gewonnen wurden, spricht jedoch die Beobachtung, daß viele Paare, die noch vor der Geburt des ersten Kindes eine Rollenteilung nach nichttraditionellem Muster praktiziert hatten, nach der Geburt des Kindes zu einer traditionellen Rollenteilung zurückkehrten. Auch neuere Untersuchungsergebnisse aus Schweden relativieren die Gültigkeit derartiger Prognosen. In der von Lamb, Frodi, Hwang et al. (1982a) durchgeführten Studie wurden nichttraditionelle Väter vor der Geburt gefragt, wie stark sie sich später an der Säuglingspflege beteiligen wollten. Das Ausmaß der beabsichtigten Beteiligung diente der Klassifikation der Familien in traditionelle vs. nichttraditionelle. Drei Monate nach der Geburt des Kindes führten die Autoren Beobachtungen der Eltern-Kind-Interaktion durch. Dabei konnten sie feststellen, daß die vom Vater vor der Geburt geäußerten Absichten zur Übernahme von Pflegeaufgaben nur geringfügig mit seinem späteren tatsächlichen Verhalten korrelierten. Keine signifikanten Unterschiede konnten die Autoren zwischen später als traditionell und nichttraditionell klassifizierten Vätern hinsichtlich ihrer *vor* der Geburt des Kindes geäußerten Bereitschaft feststellen, *gelegentlich* einmal die Verantwortung hinsichtlich Betreuung und Versorgung des Kindes für einen Tag zu übernehmen. Interessanterweise traten die Unterschiede zutage, als man das Geschlecht des Kindes in Betracht zog: In traditionellen Familien erhielten Jungen mehr Aufmerksamkeit und Stimulation, während in nichttraditionellen Familien Mädchen bevorzugt in diesem Sinne behandelt wurden.

Keine Unterschiede in der Pflege fanden Pedersen, Cain, Zaslow et al. (1982) in einer Untersuchung bei Familien mit fünf Monate alten Kindern, in denen entweder der Vater oder beide Eltern berufstätig waren. Signifikante Differenzen wiesen die Autoren jedoch in der Eltern-Kind-Interaktion nach: Mütter, die außer Haus arbeiteten, zeigten abends, wenn sie sich zu Hause mit dem Baby beschäftigten, eine signifikant höhere Rate an verbaler Interaktion mit dem Baby, verglichen mit Müttern in Familien, in denen ausschließlich der Mann für den Unterhalt der Familie zuständig war. Diese Studie erbrachte noch ein weiteres interessantes Ergebnis: Während die bisherigen Arbeiten von Parke (1979) das soziale Spielen als die Domäne des Vaters ansahen, konnten Pedersen und Kollegen zeigen, daß bei Berufstätigkeit beider Eltern der Vater weniger soziales Spiel mit seinem Baby initiierte als die Mutter. Bei traditionellen Familien war genau das Umgekehrte der Fall.

Diese Ergebnisse legen eine Differenzierung der Familien auf einer Skala „traditionell vs. nichttraditionell" hinsichtlich der Beteiligung des Vaters nahe und sie schränken zugleich die Generalisierbarkeit von in traditionell organisierten Familien gewonnenen Ergebnissen ein. Eine weitere Relativierung erweist sich aus methodischen Gründen als notwendig, und zwar bezüglich der auf der Grundlage von Elterninterviews gewonnenen Ergebnisse hinsichtlich der Rollenannäherung bei berufstätigen Ehepartnern: Untersuchungen, die sich auf elterliche Berichte stützten, führten zu der Annahme, daß – bei Berufstätigkeit beider Elternteile – das Erziehungsverhalten von Vater und Mutter sich annähern würde. Im Gegensatz zu dieser Annahme zeigten Pedersen und Kollegen in der von ihnen durchgeführten Beobachtungsstudie, daß Mütter, die wie ihr Mann berufstätig sind, bei der Summierung aller erfaßten elterlichen Verhaltensweisen (Pflegehandlungen, Interaktionen) die höchsten Werte aufwiesen, während Väter aus demselben Familientypus die niedrigsten Werte hatten. Väter und Mütter aus traditionellen Familien mit nur einem berufstätigen Elternteil liegen zwischen diesen beiden Extremen. Pedersen und Kollegen interpretieren diesen Befund dahingehend, daß möglicherweise die von den Eltern vermuteteten Defizite an Zuwendung, die das Kind während des Tages in einer Ersatzpflegestelle erlebt haben kann, zu kompensieren versucht werden. Die Autoren bemerkten ferner, daß in Familien, in denen beide Elternteile berufstätig sind, der Vater wegen des starken Bedürfnisses der Mutter nach Kontakt zu ihrem Kind vermutlich „gar nicht zum Zug kommt". Auch in weiteren Arbeiten über Familien mit zwei berufstätigen Eltern wurde nur selten berichtet, daß die Väter einen größeren oder gar den überwiegenden Teil der Verantwortung für unterschiedliche Aufgaben bei der Betreuung, Pflege und Versorgung der (kleineren) Kinder übernommen hatten (Ericksen, Yancey & Ericksen, 1979; Gecas, 1976; Weingarten, 1980). Kritisch merkt Pedersen (1981) hierzu an, daß die Diskrepanz in den Befunden, die mit Beobachtungsdaten bzw. mit Hilfe elterlicher Berichte gewonnen wurden, auf Charakteristika der Untersuchungsmethode zurückzuführen sein könnte. Möglicherweise spielt nämlich nach Pedersen der Faktor der sozialen Erwünschtheit eine unterschiedliche Rolle bei den Teilnehmern: Wenn ein Interview über elterliches Verhalten erhoben wird, betonen zwei berufstätige Elternteile vielleicht die Gleichgewichtigkeit in der Erziehungspraxis; wenn in Familien von diesem Typus hingegen eine Verhaltensbeobachtung durchgeführt wird, fühlt sich die Mutter dagegen gedrängt, sich intensiver mit dem Kind zu beschäftigen (Pedersen, 1981).

Hoffman (1979) machte auf einen weiteren Aspekt aufmerksam, der mit der Berufstätigkeit der Mutter verbunden ist: die Zufriedenheit mit ihrer Rolle als arbeitende Mutter. Er vertritt dabei die Auffassung, daß die Zufriedenheit einer Mutter mit dieser Rolle auch ihre Effektivität als ‚Elter' erhöhe.

In diese Richtung gehen auch die Ergebnisse von Schubert, Bradley-Johnson & Nuttal (1980), die berichten, daß die Qualität der Mutter-Kind-Interaktion bei berufstätigen Müttern nicht schlechter war als die bei nicht berufstätigen Müttern.

Es ist aufgrund der genannten Ergebnisse anzunehmen, daß sich die Berufstätigkeit beider Eltern, insbesondere auch bei den nichttraditionellen Eltern, als wesentliche, die gewählte Familienorganisation mitbestimmende Rahmenbedingung erweist, innerhalb derer die Väter individuell ihre Beteiligung an den Aufgaben der Kinderbetreuung und -erziehung gestalten.

In der bereits erwähnten australischen Studie stellte Russell (1982b) fest, daß in nichttraditionellen Familien die Mütter einen höheren Berufsstatus hatten, ein Befund, der auch von Hoffman (1977, 1979) und Hock (1980) hervorgehoben wird. Bei den Vätern fand Russell zwei Extreme: Eine Gruppe der stark beteiligten Väter waren angelernte Arbeiter oder Hilfsarbeiter, die eine entsprechende Arbeitstätigkeit ausübten; andere hingegen hatten einen sehr hohen Berufsstatus (Russell, 1982a). Bei der Entscheidung für eine nichttraditionelle Familienorganisation hatten bei etwa der Hälfte der Familien seiner Stichprobe wirtschaftliche Notwendigkeiten den Ausschlag gegeben, und zwar konnten einmal die Väter keine Stellung finden, oder aber es konnte durch das getroffene Abkommen das Gesamteinkommen der Familie erhöht werden, da die Mutter eine höher bezahlte Tätigkeit ausübte und/oder mehr Stunden in der Woche bezahlt arbeiten konnte.

In der Studie von Radin (1982) waren sich zwei von insgesamt 19 Paaren einig, daß aufgrund der individuellen ökonomischen Rahmenbedingungen die Frau ganztags arbeiten mußte und dies, obwohl sie lieber nur eine Teilzeitbeschäftigung gehabt hätte. Bei vier Vätern und vier Müttern war es so, daß die Frau arbeiten wollte und bei gut der Hälfte aller Paare waren beide Aspekte gemischt. Die Eltern betonten dabei allerdings eher den freiwilligen Wunsch gegenüber wirtschaftlichen Gründen bei dem Entschluß, die Familie nach nichttraditionellem Muster zu organisieren. Bei Sagi (1982) bleibt unklar, ob die Beziehung zwischen Berufstätigkeit der Mutter und Beteiligung des Vaters bei der Versorgung der Kinder auf motivationale oder andere Faktoren zurückzuführen ist. Es läßt sich, insgesamt gesehen, nicht sagen, ob der Wunsch der Mutter, beruflich tätig zu sein, die Beteiligung des Vaters gefördert hat oder ob z.B. Gedanken über Rollenteilung bei der Sorge für das Kind die Mütter ermutigt haben, berufliche Selbstverwirklichung zu erproben (Sagi, 1982). Der Wunsch der Frau nach beruflicher Karriere nämlich war als Grund *des* (kleineren) Teils der Stichprobe von Russell (1982a) für eine alternative Rollenteilung genannt worden, der sich freiwillig für diese Rollenorganisation in der Familie entschieden hatte. Radin (1982) betrachtet den Wunsch der Mutter nach Berufstätigkeit als prognostisch relevanten Faktor dafür, ob der Vater mehr Aufgaben bei Betreuung und Versorgung der Kinder übernimmt.

Russell (1982b), der die Bedeutung wirtschaftlicher Erwägungen bei der Entscheidung zu einem nichttraditionellen Lebensstil betont, meint, daß die *Art* der Berufstätigkeit für die Erhellung einiger Sachverhalte genauer untersucht werden sollte. Wenn er in seiner Studie den Einfluß dieser Variable auch nicht belegen konnte, so hält er sie dennoch für wichtig hinsichtlich der Frage, warum einige Familien (seiner Stichprobe) den nichttraditionellen Lebensstil beibehielten und andere ihn wieder aufgaben, um in den traditionellen Familienstil zurückzukehren. Die Berufstätigkeit *beider* Eltern scheint dagegen eher die Aufrechterhaltung eines traditionellen Lebensstils zu begünstigen. Die Studie von Gronseth (1978) bildet in diesem Zusammenhang eine Ausnahme, da in ihr die Nichttraditionalität gerade über die freiwillig gewählte geteilte Berufsrolle definiert wird.

7.5.2 Flexibilität der Arbeitszeit

Russell (1982a, 1982b) nennt als ein auffallendes Merkmal der Gruppe nichttraditioneller Familien, daß mindestens ein Elternteil flexible Arbeitszeit hatte. Auch Radin (1982) stellt für ihre amerikanische Stichprobe fest, daß Flexibilität in den Arbeitsbedingungen ein wichtiger Faktor bei der vermehrten Versorgung der Kinder durch den Vater war; sie bemerkt allerdings auch, daß in der Umgebung, in der die von ihr untersuchten Väter lebten (Ann Arbor, Michigan), sehr unterschiedliche Berufe ausgeübt werden können, da es sich um das Umfeld einer großen Universität handelt. Ihrer Meinung nach würden sich auch feste Arbeitszeiten mit der Versorgung der Kinder durch den Vater koordinieren lassen, wenn dieser teilzeitbeschäftigt ist oder seine Tätigkeit es ihm erlaubt, das Kind am Nachmittag oder am frühen Abend zu versorgen und zu betreuen. Radin (1982) neigt angesichts der Arbeitsmöglichkeiten, die den von ihr befragten amerikanischen Vätern zur Verfügung standen, dazu, die entscheidenden Faktoren für die nichttraditionelle Organisation der Familie eher auf der Mikro- als auf der Makroebene zu suchen. Bei den nichttraditionellen schwedischen Vätern, die von Lamb, Frodi, Hwang und Mitarbeitern untersucht wurden, ist zu bedenken, daß die Einrichtung des Vaterschaftsurlaubes keine beruflichen Nachteile für die Väter mit sich brachte, da in diesen Fällen der Lohn fortgezahlt wird und der Arbeitsplatz dem Vater vorbehalten bleibt. Bei der Stichprobe von Russell (1982b), in der nach einiger Zeit die Eltern mehrheitlich zu einer traditionellen Arbeitsteilung innerhalb der Familie zurückgekehrt waren und die Väter wieder eine berufliche Tätigkeit aufgenommen hatten, hatte es bei der Rückkehr ins Berufsleben ebenfalls keine Probleme gegeben. (Das war vorher jedoch eine der Hauptsorgen der nichttraditionellen Väter in Australien gewesen!) Bei Sagi (1982) wird über die berufliche Situation der Väter nichts gesagt. In jedem Falle ist es aber plausibel, daß Flexibilität der Arbeitsbedingungen einen nichttraditionellen Familienstil in der beschriebenen Weise fördert.

7.5.3 Sozioökonomischer Hintergrund und Bildung der Eltern

Als weiterer Faktor, der offensichtlich die Bereitschaft der Väter beeinflußt, sich aktiv an der Kinderpflege zu beteiligen, wird in der Literatur die soziale Schichtzugehörigkeit genannt, auf die hier kurz eingegangen wird.

In der Northingham-Studie (Lewis, Newson & Newson, 1982) stellte sich beim Vergleich väterlichen Involvements bei 7jährigen Kindern heraus, daß sich Väter aus der sozialen Mittelschicht signifikant stärker beteiligen als solche aus der Arbeiterschicht. Bei älteren Kindern (bei 11- bis 16jährigen) war dieser Trend noch stärker ausgeprägt. Als Erklärung werden genannt: (a) die spezifischen Arbeitsbedingungen der Arbeiterklasse (physisch stark belastend; unterliegt strengen Vorschriften bezüglich Arbeitszeit und -platz), (b) die besseren ökonomischen Bedingungen der Mittelschicht (Angehörige dieser Schicht können sich eher die Kosten für gemeinsame Unternehmungen und Hobbies leisten, welche die Arbeiterfamilien davon abhalten, gemeinsam etwas zu planen) und (c) Mittelklassefamilien können aufgrund weiterreichender zeitlicher Flexibilität und ausreichender finanzieller Mittel eine zeitweise Abwesenheit des Vaters besser kompensieren.

Allgemein gehörten die untersuchten Familien mit alternativer Organisation der Sorge für die Kinder der Mittelschicht bzw. der oberen Mittelschicht an. Dabei kann laut Radin (1982) der Berufs- oder Bildungsstatus des Vaters, der zu Hause bei den Kindern bleibt, etwas niedriger sein als der der Familie insgesamt, was bedeuten würde, daß die Mutter etwa eine höhere berufliche Qualifikation aufweisen kann. In diesen Fällen hätte nämlich die Mutter bessere Chancen, als Alleinverdienende die gesamte Familie zu unterhalten und könnte mithin die Rahmenbedingungen dafür bieten, daß sich der Vater um die Kinder kümmert.

Nichttraditionelle Familien hatten eher Mütter und Väter mit einem höheren Bildungsstatus als hinsichtlich Alter und Kinderzahl vergleichbare traditionelle Familien (Russell, 1982b). Bei dem Teil der Stichprobe Russells, der sich freiwillig zu einem alternativen Familienstil entschlossen hatte, fand er vor allem hoch ausgebildete Mütter; die Bildung der Mutter korrelierte signifikant mit der Zugehörigkeit zu traditioneller bzw. nichttraditioneller Familienorganisation. Auch in der Stichprobe von Lamb, Frodi, Hwang et al. (1982a, 1982b, 1982c, 1983) waren die nichttraditionellen Eltern etwas höher gebildet als die traditionellen Eltern. In den übrigen Untersuchungen wird diese Variable nicht hinreichend geprüft; die Bildung der Frau ging entweder in den sozioökonomischen Status von ihr selbst ein, wenn sie alleine berufstätig war (etwa bei Radin, 1981; erfaßt nach der Hollingshead-Skala, 1970, sowie bei Lamb, Frodi, Hwang et al. (1983)), bzw. in den Status der Familie, wenn beide Eltern berufstätig waren (Hollingshead, 1970; zit. in Radin, 1982), oder sie wurde gar nicht erfaßt (Sagi, 1982).

7.5.4 *Zahl und Alter der Kinder*

Lewis, Newson & Newson (1982) teilten die von ihnen untersuchten Familien nach „groß“ (mit vier oder mehr Kindern) und „klein“ (drei oder weniger Kinder) ein.

Es zeigte sich, daß die väterliche Beteiligung auf jeder der erfaßten Altersstufen der Kinder (sieben, elf und 16 Jahre) – auch innerhalb der einzelnen sozialen Schichten – in „kleinen“ Familien signifikant größer war als in den „großen“ Familien. Es ist plausibel, anzunehmen, daß allein die Tatsache, daß eine größere Zahl von Kindern zu versorgen und zu betreuen ist, die verfügbare Zeit für das einzelne Kind einschränkt.

Hinsichtlich der nichttraditionellen Familien stellte Russell (1982a, 1982b) bei seiner australischen Stichprobe fest, daß diese Familien weniger und ältere Kinder hatten als eine Vergleichsstichprobe traditioneller Familien. Das steht in Übereinstimmung mit früheren Ergebnissen, die ebenfalls einen Zusammenhang zwischen Arbeitstätigkeit der Mütter und Alter und Anzahl der Kinder hergestellt hatten (Hoffman & Nye, 1974). Alternative Familienarrangements zur Versorgung der Kinder werden danach dort eher vorgefunden, wo die Kinder nicht mehr ganz klein sind. Auch in der schwedischen Studie von Lamb und Kollegen nahmen die Väter erst dann Vaterschaftsurlaub und kümmerten sich um die Kinder, wenn diese bereits einige Monate alt und entwöhnt waren. Da in Schweden nur Familien in die Untersuchung aufgenommen worden waren, die ihr erstes Kind bekamen, lassen sich zur Kinderzahl keine Vergleiche anstellen. Radin (1981, 1982) hatte in den USA ihre Stichprobe auf Familien mit einem Kind im Alter von drei bis sechs Jahren beschränkt; Sagi (1982) in Israel war von allen Familien in Haifa ausgegangen, die zwei Kinder hatten, von denen eines zwischen drei und sechs Jahren alt war (hinsichtlich des Alters der von ihm untersuchten Kinder lehnte er sich an das Verfahren von Radin an).

7.5.5 *Sozialisationserfahrungen des Vaters*

In die Überlegungen darüber, warum einige Väter sich entgegen traditioneller Rollenauffassung in der Familie verstärkt bei Betreuung und Versorgung der Kinder engagieren, wurden auch Sozialisationserfahrungen des Vaters mit eingeschlossen. Es wurde versucht, zwischen dem Verhalten der Eltern des Vaters und dem eigenen späteren Verhalten als Vater einen Zusammenhang herzustellen. Radin (1982) und Sagi (1982) sowie Blendis (1982) haben einige der Möglichkeiten, auf welche Weise das Verhalten eines Vaters durch das in seiner Kindheit erfahrene Verhalten des eigenen Vaters mitbestimmt worden sein könnte, diskutiert (vgl. „Die Beziehung des Vaters zum

Die Beziehung des Vaters zum eigenen Vater

In der psychologischen Forschung ist schon lange bekannt, daß das mütterliche Verhalten im Lichte der Erfahrungen der Frauen mit ihren Müttern gesehen werden muß (Breen, 1975; Frommer & O'Shea, 1973; Hall, Pawlby & Wolkind, 1979). Etliche Studien aus der letzten Zeit lassen annehmen, daß ähnliche Zusammenhänge auch für den Vater bestehen. Erste Evidenz für diese Annahme lieferten Studien über Kindesmißhandlung. Einige Autoren fanden, daß Eltern, die ihre Kinder mißhandeln, oft selbst als Kinder mißhandelt wurden (Oliver & Taylor, 1971; Steele & Pollock, 1968). In der Literatur der letzten Jahre finden sich weitere Hinweise, die auf die Relevanz der Großvater-Vater-Beziehung für die Vater-Kind-Beziehung hindeuten. Mendes (1976) zeigte z.B., daß Väter, die sich ganz besonders um das Sorgerecht für ihre Kinder bemühten, teilweise durch traumatische Kindheitserlebnisse motiviert waren, die sie auf diese Weise zu kompensieren versuchten. Eiduson & Weisner (1976, zit. in Radin, 1982) stellten bei einer Untersuchung nichttraditioneller Familien, die Kinder in Gemeinschaft oder in einem nichtehelichen Arrangement aufzogen, fest, daß diese Eltern ihre frühe Kindheit als unglücklicher als eine Kontrollstichprobe traditioneller Eltern ansahen. DeFrain (1979) befragte Mütter und Väter, welche Faktoren sie in ihrer Kindheit oder ihrem Erwachsenenleben als einflußreich bezeichnen würden, die sie auf die von ihnen praktizierte Rollenteilung vorbereitet hätten. Als wichtigster Faktor stellte sich das zu Hause angebotene Rollenmodell der eigenen Eltern heraus. Eine Studie von Gersick (1979) mit Vätern, die die elterliche Sorge beantragt und angestrebt hatten, zeigt, daß diese Männer von der emotionalen Distanz enttäuscht waren, die ihre eigenen Väter in ihrer Kindheit gezeigt hatten und daß sie dies in ihrer eigenen Vater-Kind-Beziehung vermeiden wollten.

In den letzten Jahren wurden vier Arbeiten veröffentlicht, die der vorliegenden Frage mehr oder weniger systematisch nachgingen (Blendis, 1982; Eitler & Rollett, 1984; Radin, 1980; Sagi, 1982). Radin (1980) stellte, im Gegensatz zu anderen Befunden, keine direkte Beziehung zwischen dem Engagement des Vaters und dem seines eigenen Vaters fest. Sie fand vielmehr, daß, je erfreulicher die *Mütter* ihre eigenen Väter in der Kindheit erlebt hatten, desto mehr engagierten sich ihre Ehemänner in der Kindererziehung. Generell hing in dieser Studie das Ausmaß väterlicher Beteiligung an der Kinderpflege und -erziehung mit mehr mütterlichen als väterlichen Variablen zusammen. Die Autorin konnte damit die Behauptung der oben angeführten Autoren, daß die Väter von Männern mit nichttraditioneller Rollenauffassung lieblos, nicht verfügbar oder machtlos gewesen seien, mit ihren Daten nicht unterstützen.

Nach Auffassung Sagis (1982) kann man die Bereitschaft des Vaters zum Engagement in der Kinderbetreuung dadurch bestimmen, daß man jeden Vater mit seinem eigenen vergleicht und dann das Ausmaß des Wechsels oder Wandels als Index für Nichttraditionalität bestimmt. In seiner israelischen Studie überprüfte er die beiden Hypothesen: (1) Väter imitieren das Verhalten ihrer eigenen Väter, und (2) sie versuchen, die von ihnen empfundene fehlende Bereitschaft des eigenen Vaters zu kompensieren. Er kommt zu dem Ergebnis, daß hoch involvierte Väter anscheinend ‚expressive‘ und ‚instrumentelle‘ Aktivitäten in sich vereinen können. Diese väterlichen Charakteristika werden imitiert und verstärkt, wenn der Sohn selber Vater wird, auch wenn das Schema der Vaterschaft aus ‚maskulinen‘ und ‚femininen‘ Aktivitäten besteht. Außerdem schätzen die Väter ihre Beteiligung generell höher ein als die ihrer eigenen Väter.

Blendis (1982) befragte in England Väter im Alter zwischen 20 und 50 Jahren und stellte fest, daß ihre Interviewpartner sich selbst signifikant höher als ‚feminin‘ einstuften als ihre Väter, was damit übereinstimmt, daß sie sich selbst für fürsorglicher ansahen als ihre Väter; sie bezeichnen sich auch signifikant als mehr androgyn. Blendis (1982) kommt zu dem Schluß: Je weniger feminin die eigenen Väter erlebt werden, desto unterschiedlicher zu ihnen beschreiben sich die untersuchten Väter selbst.

Ein mögliches Problem dieser Studien liegt darin, daß versucht wurde, das Vaterverhalten der vorigen Generation mit Begriffen heutiger Entwicklungen zu erfassen. Bei diesen retrospektiven Studien wurde nach den Gründen, die Väter in damaliger Zeit zur Übernahme der Sorge für Kinder veranlaßten, nicht gefragt. Auch läßt sich schwer feststellen, welcher Elternteil bei der Entscheidung zum Rollenwechsel den größeren Einfluß gehabt hatte. Blendis (1982) verdeutlicht diese Schwierigkeiten an der Studie von Sagi (1982): Sie bemerkt, daß Sagi in seiner Untersuchung ein Verfahren anwendet, das dem PICCI-Index Radins sehr ähnlich ist. In diesem Verfahren sind jedoch Items enthalten, die nicht nur Disziplin und Entscheidungen betreffen, sondern auch solche, die sich auf die Beteiligung an körperlicher Pflege (Baden, Windelwechseln, Füttern etc.) und Körperkontakt (Küssen, auf den Arm nehmen u. ä.) beziehen. Jedenfalls berichten die Väter in der Studie Blendis’ (1982), daß Verhaltensweisen, die die direkte Kinderpflege betreffen, bei ihren Vätern selten vorkamen und zu ihrer Zeit für unangemessen gehalten wurden, so daß sie der Mutter vorbehalten blieben.

Die angeführten Ergebnisse werden in erster Linie im Rahmen von drei Hypothesen diskutiert: (a) der Kompensationshypothese (Väter engagieren sich stark in der Pflege und Erziehung ihrer Kinder, wenn ihre eigenen Väter sich wenig um sie gekümmert haben); (b) der Formungshypothese (ein starkes Engagement der Väter entwickelt sich, wenn die eigenen Väter ebenfalls stark an der Erziehung beteiligt waren) und (c) der Identifikationshypothese (ist der Vater warmherzig und fürsorglich – und die Mutter ebenso –, identifiziert sich der Sohn mit dem Vater und wird später ein warmherziger und fürsorglicher Vater; ist hingegen der Vater kalt und zurückweisend, aber die Mutter warmherzig und fürsorglich, identifiziert sich der Sohn mit der Mutter und wird ebenfalls ein warmherziger und fürsorglicher Vater). So berichtet Manion (1977), daß hoch involvierte Väter sich, an ihren eigenen Vätern gemessen, als fürsorglich ansahen. Die Ergebnisse von Sagi (1982) lassen sich durchaus mit Hilfe der Formungshypothese erklären, während die von Blendis (1982) mit Hilfe der Identifikationshypothese interpretiert werden können. Kompensationshypothese und Formungshypothese schließen sich jedoch nicht aus: Die Einführung einer ‚Schwellenhypothese‘ könnte den scheinbaren Widerspruch auflösen: Unterhalb einer näher zu bestimmenden Schwelle väterlichen Engagements kompensiert der Sohn u. U. mangelhafte Verfügbarkeit des eigenen Vaters. Oberhalb dieser Schwelle imitiert der Sohn den Vater und übertrifft ihn noch.

Eitler & Rollett (1984) untersuchten 43 (Wiener) Familien, in denen der Vater, sein Sohn (im Alter von zehn bis dreizehn Jahren und der älteste in der Geschwisterreihe) sowie der Vater des Vaters (Großvater) mit Hilfe einer adaptierten Version des „Fragebogens zur Erfassung selbstperzipierter elterlicher Erziehungseinstellungen" (SEE) von Schneewind & Engfer (1978), einer modifizierten Form des Fragebogens von Winterbottom (1958) und der „Marburger Erziehungsstilskala" von Stapf, Herrmann, Stapf et al. (1976). Zusätzlich wurde, neben der Erfassung von Sozialdaten und Daten zur Familiensituation, „ein semantisches Differential konstruiert, um zu erfassen, wie das Kind den Vater erlebte" (Eitler & Rollett, 1984, S. 181). Die Autorinnen konnten feststellen, „daß die heutige Erziehergeneration der Väter differenziertere Angaben über ihre Erziehungseinstellungen und -haltungen machen als die Großväter" (S. 183). Sie interpretierten hierarchische Clusteranalysen der SEE-Ergebnisse der Großvater- und Vaterstichprobe mit Hilfe von Diskriminanzanalysen. Die Großvaterstichprobe zeigte fünf, die Vaterstichprobe hingegen vier Cluster: Die Diskriminanzanalyse für die Großvaterstichprobe erbrachte vier signifikante Diskriminanzfunktionen: (1) autoritäres Erzieherverhalten (71% der Varianz); (2) autokratisches Erzieherverhalten (15,27% der Varianz); (3) Permissivität (11,39% der Varianz) und (4) traditionsgeleitetes Erzieherverhalten (2,33%). Die Vater-Cluster wurden durch drei Diskriminanzachsen differenziert: (1) Zärtlichkeit (57,4% der Varianz); (2) kindzentrierte Permissivität bei konsequentem Erzieherverhalten (33,11%) und (3) inkonsistente Permissivität (9,44%). Aus dem Vergleich der beiden Stichproben schließen die Autorinnen „tiefgreifende Veränderungen in den Einstellungen von der Großvater- zur Vatergeneration" (S. 184).

Danach zeigt sich, „daß autoritäre Erziehungsformen von unterstützenden abgelöst worden sind" (S. 187). Ein interessantes Ergebnis ist dabei, daß weniger die Erziehungseinstellung, die die Väter gegenüber den Söhnen haben, entscheidend dafür ist, was an Erzieherverhalten an die nächste Generation weitergegeben wird, sondern wie von den Söhnen die tatsächliche Erziehung erlebt wird: Väter, die sich selbst am strengsten bezeichneten, wurden von den Söhnen am permissivsten erlebt und umgekehrt.

eigenen Vater", s. u.). So könnte im Sinne einer Kompensationshypothese ein Vater versuchen, eine von ihm selbst erlebte wenig intensive Vaterbeziehung mit verstärkter Beteiligung bei der Erziehung der eigenen Kinder auszugleichen; er könnte aber auch im Sinne einer Modellhypothese seinen eigenen, eher stark an der Kindererziehung beteiligten Vater imitieren oder schließlich im Sinne einer Identifikationshypothese sich hinsichtlich des Elternverhaltens mit einem seiner beiden Eltern identifizieren und dessen Verhaltensstil annehmen. Der Faktor, der sich allerdings in Radins (1981) Studie als der

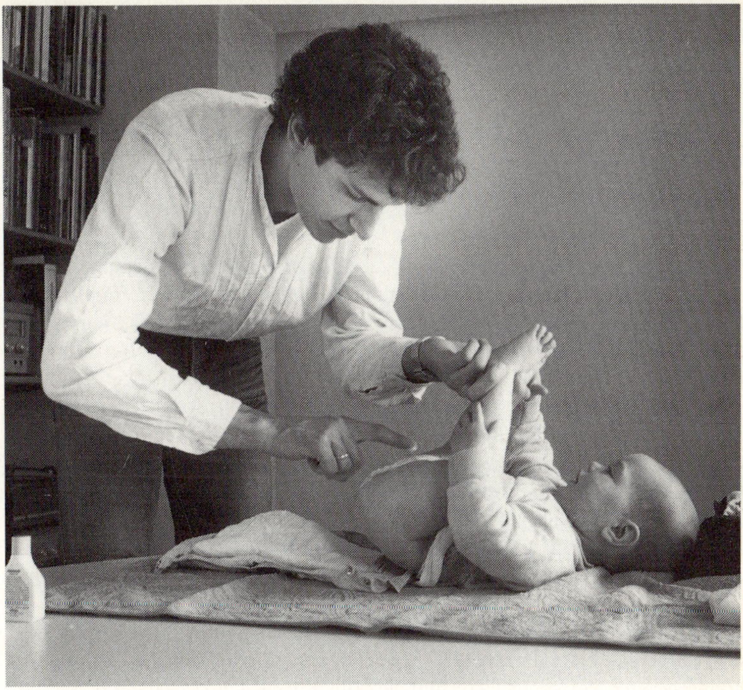

Väter sind nicht nur gründsätzlich kompetent zur Pflege auch Neugeborener und Säuglinge, sondern sind auch zunehmend zur Beteiligung an der Pflege bereit, wenn ihnen Gelegenheit dazu gegeben wird.

bedeutendste erwies, war, daß in nichttraditionellen Familien sehr häufig beide Partner in Familien groß geworden waren, in denen die Mutter berufstätig gewesen war. Zudem fand Radin einen Zusammenhang zwischen einer verstärkten Beteiligung des Vaters und der Beziehung der Mutter zu deren eigenem Vater: In den Familien mit stark engagiertem Vater hatten die Mütter überwiegend selber Väter gehabt, die zwar wenig involviert gewesen waren, deren – wenn auch geringe – Beteiligung jedoch als sehr positiv erlebt worden war (Radin, 1981). Die Vermutung geht dahin, daß solche Mütter ihre Ehemänner ermutigten, sich ihrerseits verstärkt an der Betreuung und Versorgung der Kinder zu beteiligen. Sagis (1982) Ergebnisse unterstützen diese Modellhypothese: Stark involvierte Väter hatten ebenfalls stark involvierte Väter gehabt, diese stellten für sie mithin ein geeignetes Lernmodell dar.

7.5.6 Einstellungen und Überzeugungen von Vätern hinsichtlich Elternrollen

Elterliche Einstellungen werden für die Erklärung einer stärkeren Beteiligung des Vaters an der Kinderpflege in den meisten Studien über nichttraditionelle Familien betont. Russell (1982a) fand, daß bei denjenigen Eltern, die sich freiwillig zu einem nichttraditionellen Lebensstil entschlossen hatten, sehr häufig die Einstellung geäußert wurde, daß die Versorgung und Erziehung der Kinder Angelegenheit beider Eltern wäre. Diese Einstellung bestätigten auch Äußerungen arbeitsteilender norwegischer Eltern (Gronseth, 1978). Elterliche Einstellungen schienen auch einen Einfluß auf die Entscheidung jener nichttraditionellen Familien Russells (1982b) gehabt zu haben, die ihren Lebensstil änderten und zu einem traditionellen Familienstil zurückkehrten, weil dieser ihren Vorstellungen über das Leben einer Familie doch eher entsprach. Daß Einstellungen der Eltern zu Beruf und Kindererziehung über die Zeit stabil sein können und signifikant mit der Entscheidung darüber korrelierten, ob sich der Vater eine Zeitlang alleine um die Kinder kümmerte, konnten Lamb, Frodi & Hwang et al. (1982b) zeigen. Offensichtlich bewerteten Männer in traditionellen Familien Beruf und Arbeit höher als Elternschaft; ihre Frauen nehmen ihre Bewertungen in umgekehrter Richtung vor. Für sie stand Elternschaft gegenüber dem Beruf im Vordergrund. Bewertungen von Elternschaft durch den Vater während der pränatalen Phase und antizipierte väterliche Beteiligung hingen mit der später tatsächlich gezeigten Beteiligung des Vaters an der Versorgung der fünf Monate alten Kinder zusammen. Zu diesem Zeitpunkt war auch die Bewertung der Elternschaft mit der vor der Geburt des Kindes geäußerten Bewertung von Arbeit und Beruf leicht negativ korreliert. Lamb und Kollegen fanden in ihrer schwedischen Studie Unterstützung für die von Owen, Chase-Lansdale & Lamb (im Druck, zit. in Lamb, Frodi, Hwang et al., 1982b) formulierte Hypothese, wonach Mütter, die innerhalb von einem Jahr nach der Geburt des Kindes wieder in ihren Beruf zurückkehren wollten, Elternschaft niedriger bewerteten und Arbeit bzw. Beruf höher als andere Mütter, die so lange nicht arbeiten wollten, bis die Kinder älter wären. Besonders bei den Müttern hatte sich dabei eine beachtliche Stabilität der Einstellungen, sowohl prä- als auch postnatal, ergeben.

In seiner Untersuchung extrahierte Russell (1982a) ein Reaktionsmuster der Väter auf die Frage, was alles zur Rolle und zum Verantwortungsbereich des Vaters gehöre. Die befragten Väter neigten dazu, ihre Berufsrolle zu betonen, sie hoben den Prozeß der Entscheidungsfindung, ihre Beteiligung an der Erziehung ihrer Kinder und das Spielen mit ihnen hervor. Auch hielten Väter ihre Rolle während der Kindheit für wichtiger als während der Jugendlichen- und Heranwachsendenzeit, betonten aber, daß dabei jedoch in den ersten Jahren die Mutter besonders wichtig sei (Russell, 1982b). Die australischen Väter äußerten die Überzeugung, daß diese Rollenunterschiede fundamentale geschlechtsspezifische Unterschiede zwischen Vater und Mutter darstellten; Frauen seien für die Elternrolle biologisch prädisponiert, während Väter nicht über dieselbe Kapazität oder Fähigkeit verfügten, Kinder zu versorgen. Es gäbe sogar einen „mütterlichen Instinkt" (Russell, 1982a). Eine solche Definition der Vaterrolle – in Übereinstimmung mit vorherrschenden gesellschaftlichen Normen – scheint nicht nur für die Überbetonung der Bedeutung der Mutterschaft und für die weite Verbreitung der „Tender Years Doctrine" verantwortlich zu sein. Sie stellt in der Regel auch ein wesentliches Hindernis für eine stärkere Beteiligung des Vaters an der Kinderpflege dar. Ein Vater, der felsenfest davon überzeugt ist, daß ein Kleinkind nur seine Mutter braucht und daß Mütter einen Mutter-Instinkt haben, wird kaum die elterliche Sorge für sein wenige Monate altes Kind oder die Pflege während eines ganzen Tages für dieses Kind übernehmen.

Zwar sind diese Ansichten unter Vätern weit verbreitet, jedoch findet sich kaum empirische Evidenz, die sie stützen könnte. Hinsichtlich Sensitivität und Reagibilität sind Väter für die Übernahme der Sorge für das Kind ähnlich kompetent wie Mütter; sie reagieren auf dessen Signale und gehen auf seine Bedürfnisse ein (vgl. S. 244ff.). Die Einstellungen von Männern zur Beteiligung an der Versorgung und Betreuung von kleinen Kindern sind natürlich mitgeprägt von allgemeinen in der Gesellschaft vorherrschenden Erwartungen an Väter.

Sagi (1982), der seine Untersuchung – neben seiner Stichprobe von Familien in einer israelischen Stadt – auch an zwei anderen kulturellen Gruppen durchgeführt hat, nämlich an Familien in Kibbuzim und an Familien aus der drusischen Minderheit in Israel, hebt die Bedeutung des kulturellen Kontextes hervor, innerhalb dessen der nichttraditionelle Vater sich mit seinen Kindern beschäftigt und innerhalb dessen seine Nichttraditionalität vollständig definiert werden kann. Bei den vorliegenden Untersuchungen zur Nichttraditionalität ist die Vergleichbarkeit der Ergebnisse unter anderem deswegen erschwert, weil die untersuchten Väter aus vier verschiedenen Kontinenten und unterschiedlichen Kulturen stammen und die Nichttraditionalität vor dem jeweiligen kulturellen Hintergrund betrachtet werden muß. Die Studien geben aber einzelne Informationen über die soziale Unterstützung oder den sozialen Druck, die nichttraditionelle Väter erfahren. So berichten die australischen Väter von Nachteilen, die mit ihrer nichttraditionellen Rolle verbunden waren: Mangel an Gesellschaft mit anderen Erwachsenen (statt dessen Isolation des Vaters in der Rolle des Kinderversorgers) und Mangel an Unterstützung von (wichtigen) Außenstehenden oder sogar Kritik (Russell, 1982b). Nur 30% der Verwandten, Freunde und Nachbarn wurden von den Eltern als unterstützend erlebt, Frauen dabei eher als Männer (Russell, 1982b). Angesichts dieser negativen Reaktionen der Außenstehenden auf die nichttraditionelle Teilung der Elternrollen vermutet Russell (1982b), daß

Väter weniger Sozialkontakte nach außen haben als normalerweise Mütter in derselben Rolle. Dies könnte dazu führen, daß die nichttraditionellen Väter kein unterstützendes soziales Netzwerk in der Nachbarschaft aufbauen können. Dies würde wiederum die Kinder daran hindern, Kontakt mit anderen Erwachsenen und anderen Kindern aufzunehmen (Cochran & Brassard, 1979). Dagegen berichtete von der amerikanischen Studie keiner der Befragten von Druck aus der sozialen Umgebung, die allerdings stark von Lehrpersonal und Studenten einer großen Universität bestimmt war (Radin, 1982). Lamb und Kollegen befragten ihre schwedischen Paare ebenfalls – bereits vor der Geburt des Kindes – nach der Ansicht ihrer Familien und Freunde über ihre Pläne bezüglich der Aufteilung des Elternschaftsurlaubs. Sie fanden lediglich, daß deren Aussagen hierzu widersprüchlich waren. Die Ausführungen Lambs und seiner Kollegen zum schwedischen Modell, das die Bemühungen der (Palme-)Regierung widerspiegelt, Geschlechtsrollenstereotypen in der Gesellschaft zu reduzieren, besagen aber, daß bezahlter Elternschaftsurlaub und die Erhaltung des Arbeitsplatzes es den Eltern eher erlauben würden, elterliche Aufgaben nach eigenem Gutdünken untereinander aufzuteilen und einem entgegenstehenden sozialen Druck und sozialen Erwartungen nicht nachzugeben. Nur drei von 16 befragten Vätern in Norwegen, die sich mit der Mutter die Arbeit teilten, berichteten von negativen Reaktionen von Freunden und Verwandten (Gronseth, 1978). Aus den vorliegenden Studien läßt sich entnehmen, daß die negativen Einstellungen der Gesellschaft zur nichttraditionellen Vaterrolle in Australien am rigidesten sind. Russell (1982b) berichtet, daß die negativste Einstellung zu einem Rollentausch von Vater und Mutter die Vorstellung beinhalten würde, daß die Kinder vernachlässigt würden, daß der Vater mit der Tochter Inzest begehen könnte und daß insgesamt die Homosexualität steigen würde. Die nichttraditionellen, berufstätigen Mütter der australischen Stichprobe berichteten, daß sie Schuldgefühle hätten, die Kinder alleine zu lassen. So kann Russell (1982a) das Faktum, daß die Kinder in nichttraditionellen Familien durchschnittlich älter waren als in den traditionellen Familien der Kontrollstichprobe, damit erklären, daß es weniger Konflikte mit kulturellen Einstellungen wie „Stillen ist wichtig“ und „Kleine Kinder brauchen ihre Mutter“ geben würde. Allgemein legten die nichttraditionellen Familien in Australien weniger Wert auf Konformität mit sozialen Normen und bewerteten Unabhängigkeit in Gedanken und Handlung höher als die Kontrollgruppe traditionell organisierter Familien. Bei der überraschend hohen Zahl der Familien, die, wie sich bei einer Nachuntersuchung zeigte, zu einem traditionellen Lebensstil zurückgekehrt war, könnte seiner Meinung nach mitgespielt haben, daß die alleinige Berufstätigkeit der Frau eine radikalere Abweichung vom traditionellen Lebensstil bedeutet und deshalb der nichttraditionelle Lebensstil nicht durchgehalten werden konnte (Russell, 1982b).

7.5.7 Psychische Merkmale des Vaters: Geschlechtsrollenorientierung

Ausgehend von der Hypothese, daß es der weniger stereotyp maskulin orientierte Vater ist, der sich verstärkt an der Erziehung und Pflege der Kinder beteiligt, sind in einigen Untersuchungen die Überzeugungen und Einstellungen der Väter hinsichtlich der Geschlechtsrollen oder die aktuelle Geschlechtsrollenorientierung erfragt worden. Die Auffassung, daß Väter mit starker Beteiligung an der direkten Versorgung und Betreuung kleiner Kinder eher „verweiblicht" und weniger „männlich" seien, muß zunächst vor dem Hintergrund der Arbeit von Abrahams, Feldman & Nash (1978) relativiert werden. Diese Autoren haben gezeigt, daß sich die Geschlechtsrollenorientierung bei Männern und Frauen im Laufe des Lebens ändert, wobei bestimmte Lebensphasen mehr stereotyp männliches oder weibliches Verhalten als andere verlangen. Auch Hyde & Phillis (1979) konstatierten einen Wandel des Rollenverständnisses im Kontext geschlechtsrelevanter Lebenserfahrungen. Ob allerdings ein in diesem Sinne zu verstehender Wandel in der Geschlechtsrollenorientierung einiger Väter die Voraussetzung dafür ist, daß sie sich verstärkt an Pflege und Betreuung ihrer Kinder beteiligen, werden erst weitere Studien klären können, die sich gezielter mit dieser Hypothese auseinandersetzen. Pleck (1981b) berichtet, daß die Daten im großen und ganzen der Hypothese verringerter maskuliner Orientierung stark involvierter Väter entsprächen, wenn auch die Beziehung zwischen Einstellung des Vaters zu Geschlechtsrollen einerseits und seiner Übernahme von Aufgaben innerhalb der Familie in absoluten Maßen gemessen nur schwach ausgeprägt sei. Die neueren Studien über nichttraditionelle Väter aus Schweden, den USA, Australien und Israel haben ergeben, daß die Versuche, Geschlechtsrollenorientierung und Beteiligung des Vaters an Aufgaben der Kinderpflege und -erziehung in Beziehung zueinander zu bringen, keineswegs zu konsistenten Ergebnissen führten. So fand zunächst DeFrain (1979) *keine* Unterschiede zwischen Vätern in Familien mit traditioneller Rollenteilung und solchen, die sich die Rollen innerhalb und außerhalb der Familie mit den Müttern teilten. Dagegen hatten die Mütter mit geteilter Rolle sich selbst als weniger traditionell feminin beschrieben als traditionelle Mütter. Lamb, Frodi, Hwang et al. (1982a) fanden zwischen dem Ausmaß der väterlichen Beteiligung und der Geschlechtsrollenorientierung bei schwedischen Vätern, die sich einige Wochen der Pflege und Betreuung ihrer etwa sechs Monate alten Kinder gewidmet hatten, keinen Zusammenhang. Auch Radin (1982) konnte die These Russells (1980, 1982a) hinsichtlich der stärker femininen Geschlechtsrollenorientierung stark beteiligter Väter in der genannten Richtung nicht bestätigen. Vielmehr zeigte sich in ihrer Untersuchung, daß einige Aspekte elterlichen Verhaltens bei der Betreuung von Kindern (so das Treffen von kindbezogenen Entscheidungen) mit hohen Maskulinitätswerten, andere (wie reine

Pflegeaufgaben) mit niedrigen Maskulinitätswerten verknüpft waren. Sagi (1982) kommt zu dem interessanten Schluß, daß stark involvierte Väter in der Lage sind, instrumentelle (d.h. herkömmlicherweise eher ,,maskuline") und expressive (d.h. eher ,,feminine") Aktivitäten in ihrem Verhaltensrepertoire zu integrieren. Sie bieten demnach ein weniger stereotyp maskulines Verhaltensmodell als traditionelle Väter.

Radin (1982) und Sagi (1982) weisen in diesem Zusammenhang darauf hin, daß Väter, die sich stark an den Aufgaben der Pflege und Betreuung kleiner Kinder innerhalb der Familie beteiligen, *neue* Rollen entwickeln. Sie könnten, um mit der Terminologie von Aldous (1974) zu sprechen, als ,,Rollen-Macher" angesehen werden. Diese ,,Rollen-Macher" beschreibt Aldous (1974) folgendermaßen: Sie haben ein hohes Selbstwertgefühl, sind flexibel, sensibel für interpersonale Beziehungen und weisen eine internale Kontrollüberzeugung auf. Diese Merkmale werden als Voraussetzung dafür angesehen, daß Männer ihre traditionelle Rolle hinsichtlich der Kindererziehung aufgeben und sich dennoch als Vater wohlfühlen können.

7.6 Kritik am Forschungsstand und Anregungen für weitere Forschung

Etliche Autoren haben sich kritisch mit dem gegenwärtigen Forschungsstand auseinandergesetzt (vgl. Cronenwett, 1982; McKee, 1982). Die Kritik konzentriert sich dabei auf folgende Punkte: (1) Die meisten Studien über väterliche Partizipation wurden in Familien mit traditioneller Rollenteilung durchgeführt. (2) Das klassische Modell der Rollenteilung von Parsons & Bales (1955), das vielen dieser Studien zugrunde liegt, und damit einhergehend die Verwendung eines eindimensionalen Modells der intrafamiliären Rollenteilung wird zunehmend als inadäquat betrachtet. (3) Die Operationalisierung des Konzeptes ,Beteiligung' erfolgt in den einzelnen Studien unterschiedlich, wobei vor allem die methodische Enge des Ansatzes bemängelt wird. (4) Als weiterer Nachteil dieser Studien wird die fehlende Standardisierung einzelner Kindheitsperioden angesehen, die jeweils für die Bestimmung väterlicher Partizipation in Betracht gezogen worden sind. (5) Starke Bedenken wurden hinsichtlich der Tauglichkeit der Informationsquellen und der Methodik der Datengewinnung (etwa Vernachlässigung des Einflusses von Geschlecht und Alter des Interviewers) geliefert. (6) Ferner wird kritisiert, daß es wenige naturalistische Studien gibt und daß Längsschnittstudien auf diesem Gebiet noch ausstehen. Im folgenden wird auf einige dieser Aspekte mit der Absicht eingegangen, hier Anregungen für weitere Forschung zu geben.

7.6.1 Organisation der Familie

Wie bereits mehrfach betont, wurden ältere Studien auf diesem Gebiet u. a. deshalb bemängelt, weil sie in einer Form familiärer Organisation durchgeführt wurden, die väterliche Beteiligung infolge einer herkömmlichen Rollenteilung nur gering oder gar nicht variieren läßt. Um dem Phänomen angemessen Rechnung zu tragen, erweist es sich jedoch als notwendig, Studien, die sich mit der Auswirkung väterlicher Beteiligung an Pflege und Betreuung kleiner Kinder befassen, in *unterschiedlichen* Formen familiärer Organisation und elterlicher Rollenteilung durchzuführen. Untersuchungen in Familien mit nichttraditioneller Rollenteilung stellen einen Schritt in diese Richtung dar. Neben diesen Familienformen bieten auch andere Familienstile (etwa nichteheliche Lebensgemeinschaften, Wohngemeinschaft mehrerer Familien) einen möglichen Rahmen zur Analyse väterlicher Partizipation. Ergänzt werden sollten diese Arbeiten mit Untersuchungen an Familien, die sich im Prozeß der Auflösung oder Reorganisation befinden, wie dies z. B. bei Scheidung und Wiederverheiratung der Fall ist. Ferner könnten Studien in Familien mit einem alleinerziehenden Elternteil wichtige Hinweise für die Bereitschaft und die Kompetenz des Vaters, Verantwortung für die Versorgung und Erziehung seiner Kinder zu übernehmen, liefern (vgl. hierzu Kap. 13). Nur auf diese Weise, nämlich über eine Ausweitung des Untersuchungsparadigmas auf Familienorganisationen mit variierendem Anteil väterlicher Partizipation, wird es möglich sein, ein annähernd befriedigendes Bild über die väterliche Beteiligung mit ihren Möglichkeiten und Auswirkungen zu zeichnen.

7.6.2 Konzept der Beteiligung

Das klassische Modell der Rollenteilung (von Parsons & Bales, 1955) ist in den letzten Jahren zum Gegenstand kritischer Auseinandersetzungen geworden (vgl. Kap. 2). Viele der vorliegenden Arbeiten leiden u. a. an einer zu engen Definition der Rollenteilung. Statt dieses eindimensionalen Modells wird es künftig erforderlich sein, ein multidimensionales Modell anzuwenden, das sowohl situativen Faktoren als auch einem Rollenwandel in einer lebenslangen Perspektive menschlicher Entwicklung angemessen Rechnung trägt. Erste Ansätze lieferten bereits die Arbeiten von Abrahams, Feldman & Nash (1978), Bem (1974), Block (1973), Bloom-Feshbach (1981^2), Heilbrun (1976) sowie Hyde & Phillis (1979), um hier nur einige zu nennen. Eine Minimalforderung künftiger Forschung auf diesem Bereich beinhaltet die Aufgabe des Parsons-Balesschen Ansatzes zugunsten einer Betrachtung, die Väter und Mütter hinsichtlich ihrer Maskulinitäts-, Femininitäts- und Androgynitätsscores (bzw. Indifferenzscores) beurteilen läßt.

7.6.3 Operationalisierung der Beteiligung

Die Vergleichbarkeit der Studien väterlicher Beteiligung wird dadurch erheblich eingeschränkt, daß die Forscher unterschiedliche Konzepte der Beteiligung angewandt haben. In diesem Sinne kritisiert McKee (1982) die Operationalisierung bisheriger Beteiligungskonzepte in Studien zur Erfassung väterlicher Partizipation. Nach ihr wird typischerweise eine kleine Auswahl väterlicher Tätigkeiten getroffen, die alle mit der Beteiligung des Vaters bei der Kinder*pflege* zu tun haben (z. B. Füttern, Baden, Windelwechseln; Beruhigen eines weinenden Babys, Aufstehen in der Nacht wegen des Kindes u. ä. m.). Die mangelnde Brauchbarkeit eines solchen quantitativen Ansatzes als einzigem Index väterlicher Partizipation wird deutlich, wenn man versuchen wollte, auf diese Weise „Mutterschaft" zu „messen". Künftige Forschungsarbeiten sind auf die Entwicklung viel feinerer und komplexerer Indizes angewiesen, in die neben direkten auch indirekte Aspekte der Kinderpflege eingehen. Darüber hinaus sollten Spielaktivitäten, Daten über affektive Zuwendung, allgemeine Verfügbarkeit des Vaters, das Ausmaß der Verantwortung für die Versorgung des Kindes und nicht zuletzt der Grad der Beteiligung am familiären Entscheidungsfindungsprozeß im Kontext bedingender Variablen berücksichtigt werden. Einige Forscher empfehlen, auch soziale Aktivitäten (Spazierengehen mit dem Kind) und schließlich die Anwesenheit des Vaters bei der Geburt und die Versorgung von Frau und Kind während und kurz nach der Geburt mit einzubeziehen (Gallagher, 1978; Gavron, 1966; McKee, 1982; Newson & Newson, 1965; Richards, Dunn & Antonis, 1977). McKee (1982) fordert für die Analyse eine Erweiterung des Gesichtsfeldes über die direkte und indirekte Pflege des Kindes hinaus und befürwortet die Erfragung von Einstellungen und Gefühlen der Väter bezüglich ihrer Rolle als Ernährer der Familie. Dabei sollte ihrer Meinung nach insbesondere interessieren: Inwiefern sind die Rollen zu Hause und im Beruf miteinander verknüpft? Wie groß ist das Interesse an den Kindern? Welche Sensibilität besteht hinsichtlich der Äußerungen des Babys und inwieweit engagieren sich Männer an moralischen, disziplinarischen, kognitiven und anderen Erziehungsaspekten? Die empirische Grundlage, auf die McKee (1982) in ihrer Kritik Bezug nimmt, bildet eine Einzelfall-Analyse von 13 Paaren, die in eingehenden Interviews darüber befragt wurden, wie sie es empfanden, Eltern zu werden und zu sein. Jeder Elternteil wurde dreimal (z. T. einzeln) über einen Zeitraum von 15 Monaten hinweg befragt. Es wurden zudem jeweils kurz nach der Geburt bei der Familie Besuche gemacht. Das Schwergewicht der Arbeit von McKee liegt auf der Enthüllung der *Bedeutung,* die die von ihr befragten Eltern ihren jeweiligen Familienrollen zuschrieben. McKee (1982) berichtet über die wesentlichen Ergebnisse ihrer Einzelfallanalysen, die die postulierte Erweiterung des Verständnisses verdeutlichen sollen: Alle befragten Väter fühlten sich seit der Geburt des Kindes als Hauptverantwortliche für die finanzielle

Sicherheit der Familie (dies war aus ihrer Sicht eine der wesentlichsten Veränderungen mit dem Beginn der Elternschaft). Die Väter fühlten sich auf vielerlei Weise verstärkt an ihre Frauen, an ihr Zuhause und an ihren Beruf gebunden. Daß es wiederum gerade Interferenzen zwischen dem Beruf einerseits und den Möglichkeiten des Kontaktes mit dem Kind andererseits gibt, haben 1980 Moss & Fonda nachgewiesen. Die Entscheidungsfindung der Eltern hinsichtlich Aufgaben, die mit den Kindern zusammenhängen, wurde von Kerr & McKee (1981) an Fragen untersucht, die die Gesundheit des Kindes betrafen, wie: Wer hat bemerkt, daß das Kind krank ist? Wer holt Hilfe? Wer entscheidet, was getan wird? Die Autoren stellten dabei fest, daß die Mütter die meiste Verantwortung für die Gesundheit der Kinder trugen und „kleinere" Entscheidungen auch in der Regel alleine trafen. Bei der Frage nach den Schlaf- und Schreigewohnheiten der Babies stellte sich heraus, daß die Väter meistens genaue Kenntnis davon hatten. Sie wiesen ferner einen hohen Kenntnisstand darüber auf, wie oft und wann gefüttert wurde, über die Art der Nahrung, die Anzahl der Stunden, die das Baby wach war, und die Gelegenheiten, bei denen das Kind wahrscheinlich schreien würde, sowie die Gründe dafür. Diese Kenntnis erwarben die Väter dadurch, daß sie wenigstens einige Tage unmittelbar nach der Geburt frei hatten und so direkte Beobachtungen anstellen und Erfahrungen sammeln konnten. Ferner lernten sie die Babies aus Berichten der Mütter kennen, die eine Schlüsselrolle als Berichterstatter und Vermittler von Kenntnissen über kindliche Angelegenheiten spielten. Die Väter in der Studie McKees behaupteten sogar, sie seien in der Lage, unterschiedliche Arten des Schreiens und dessen Ursachen zu erkennen; einige hatten konkrete Vorstellungen darüber, wie bestimmte elterliche Reaktionen auf Bedürfnisse des Kindes späteres Verhalten und seine Persönlichkeitsentwicklung beeinflussen könnten. Ferner konnte in dieser Studie nachgewiesen werden, daß Väter ihre Verantwortung für die moralische und intellektuelle Entwicklung des Kindes ernst nahmen und sich verpflichtet fühlten, für Behaglichkeit, Hilfe, Anregung oder Kontrolle zu sorgen. Die von McKee (1982) vorgeschlagene und sicherlich auch berechtigte Erweiterung des Konzeptes väterlicher Partizipation kann dazu führen, die engen Grenzen, wie sie durch eine Betrachtung nur der physischen Dimension von Beteiligung gesetzt sind, zu sprengen und feine, gleichwohl aber wichtige Unterschiede zwischen den Vätern hinsichtlich ihrer Werte, Ideale und genereller Beiträge zur Kindererziehung aufzudecken, die infolge der bisherigen Untersuchungsmethoden verborgen geblieben sind.

7.6.4 Standardisierung der Kindheitsperioden

Cronenwett (1982) hat auf die mangelnde Übereinstimmung hingewiesen, die zwischen den Forschungsansätzen besteht, wenn es um die Festlegung der Phasen kindlicher Entwicklung geht, in denen die Beteiligung des Vaters untersucht werden soll. Ähnlich wie Cronenwett (1982) geht auch McKee (1982) auf die weitgehende Vernachlässigung dieser Variablen ein und betont, daß viele Forscher Vergleiche anstellen zwischen Studien, in denen das Alter der Kinder von vier bis 12 Monaten variiert (Graham & McKee, 1978; Richards, Dunn & Antonis, 1977). In einer Studie werden sogar Väter von einjährigen Kindern mit Vätern von Kindern im Alter von einem bis fünf Jahren verglichen (Gavron, 1966). Die Frage nach dem günstigsten Alter des Kindes für eine Untersuchung der Beteiligung des Vaters läßt sich nicht in dieser Form beantworten. Man könnte z.B. mit Lewis & Feiring (1979) die Auffassung vertreten, daß bei der Erfassung der Effekte verschiedener Grade väterlicher Beteiligung eine Messung dann am effektivsten ist, wenn das Kind zwischen neun und zwölf Monate alt ist. Dies sei der Zeitpunkt, in dem das Kind ein Selbstkonzept entwickelt hat und seine soziale Umwelt organisiert. Man kann aber auch der Meinung sein, daß die Messung väterlicher Partizipation im Zeitraum von der *Geburt* an bis zu diesem Alter sinnvoll ist. Und wenn man sich für die Auswirkungen väterlicher Beteiligung auf die Zufriedenheit mit der ehelichen Beziehung interessiert, wird es sich als schwierig erweisen, Richtwerte für geeignete Zeitpunkte anzugeben. Jedenfalls muß eine Übereinkunft in der Präzisierung der ausgewählten Kindheitsperiode und eine Begründung dieser Auswahl angestrebt werden. Darüber hinaus sollte erörtert werden, ob Studien dieser Art sich sinnvollerweise zunächst auf Kinder im Alter von null bis vier oder fünf Jahren konzentrieren sollten, ohne damit zu verkennen, daß dann die Beteiligung des Vaters an der Pflege und Erziehung älterer Kinder eigenständig untersucht werden muß.

Die Notwendigkeit der Zeitspezifizierung solcher Untersuchungen zeigt sich an den deutlichen Veränderungen im Verhalten der Väter im Verlauf des ersten Jahres nach der Geburt eines Kindes. Wenn man drei grundlegende Pflegeaufgaben – Füttern, Windelwechseln und Baden – nimmt, so ergab es sich nach McKee (1982), daß einige Väter ihre Beteiligung bei der einen Aufgabe erhöht, bei einer anderen dagegen verringert hatten. Während die einen ihre Anteilnahme generell vergrößerten, hatten andere die ihre insgesamt eingeschränkt. Die Studie zeigte z.B. auch, daß drei Monate nach der Geburt sechs (von 13) Väter ihr Kind kein einziges Mal gebadet hatten. Nach einem Jahr war es nur noch einer, sechs dagegen badeten ihr Baby regelmäßig oder ausschließlich. Baden war zu diesem Zeitpunkt zu einer Aufgabe mit starkem Interaktionsanteil geworden und wurde von vielen Vätern als Gelegenheit zum Spielen wahrgenommen. Außerdem wurde verschiedentlich festgestellt, daß die Intensität der Beschäftigung des Vaters mit dem Neugeborenen über die Zeit hinweg variieren kann: In den ersten beiden Wochen nach der Geburt beschäftigten sich die Väter viel und ausdauernd mit dem Neugeborenen (Entwisle & Doering, 1981; Leifer, 1980; Oakley, 1979), danach ließ die Beschäftigung des Vaters mit dem Kind zunächst nach. Angaben der Mütter zufolge nahmen zu einem Zeitpunkt, da die Kinder etwa 30 Wochen alt waren, nurmehr 36% der Väter starken Anteil an der Betreuung (Richards, Dunn & Antonis, 1977). Auch die Mithilfe des Vaters an der Pflege war zu diesem Zeitpunkt geringer (Oakley, 1979). Waren die Kinder fünf Monate alt, gaben nur noch 11% der Mütter an, daß die Väter sehr viel beitrugen – diese Zurückhaltung änderte sich jedoch, wenn die Kinder älter wurden: Zu einem Zeitpunkt, als sie 60 Wochen alt waren, beschäftigten sich wieder 62% der Väter viel mit den Kindern (Richards, Dunn & Antonis, 1977).

7.6.5 Weitere methodische Einwände

Weitere Einwände, die gegen die Methodik bei Studien zur väterlichen Partizipation erhoben werden, beziehen sich auf allgemeine Fragen der Vorgehensweise bei der Familienforschung und sind weniger spezifischer Art für diesen Fragenkomplex. Sie werden jedoch im folgenden kurz angesprochen. Sie betreffen (a) die Quelle und die Art der Gewinnung solcher Informationen, (b) die Situation, in der sie erhoben werden, sowie (c) das Geschlecht und das Alter des Untersuchers. Die Vorgehensweise bei der Erhebung von Informationen über das Ausmaß väterlicher Beteiligung an der Kinderpflege ist uneinheitlich: Einige Forscher befragten nur Mütter darüber (Pedersen & Robson, 1969; Schaffer & Emerson, 1964), andere wiederum nur Väter (Kotelchuck, Zelazo, Kagan et al., 1975; Peterson, Mehl & Leiderman, 1979; Rendina & Dickerscheid, 1976). Erst in neueren Arbeiten ist man dazu übergegangen, beide Eltern zu interviewen (Radin, 1982). Wie Radin nachweisen konnte, liefert eine einseitige Informationsgewinnung (allein über den Vater oder die Mutter) signifikant unterschiedliche Ergebnisse über das Ausmaß väterlicher Partizipation.

Auch die Methoden, mit deren Hilfe diese Information gewonnen wird, wurden eingehend erörtert. Allgemein wird die Notwendigkeit, mit Hilfe von gezielter Beobachtung zuverlässigere Informationen zu gewinnen, hervorgehoben (Belsky, 1979a; Clarke-Stewart, 1978, 1980; Cronenwett, 1982; McKee, 1982; Parke & O'Leary, 1976; Pedersen, 1980). Mit der Analyse sogenannter Effekte zweiter Ordnung (vgl. S. 257, 262) konnte auch die bislang verwendete Analyseeinheit, die Dyade (Mutter-Kind- bzw. Vater-Kind-Beziehung), zugunsten der Analyse triadischer und multipler Interaktionsmuster überwunden werden. Rendina & Dickerscheid (1976) sowie Clarke-Stewart (1978, 1980) beobachteten Väter in Anwesenheit von Müttern und bemerkten, daß die in der Triade gewonnenen Ergebnisse sich nicht ohne Einschränkungen auf die Dyade übertragen ließen. Daß sich die Interaktion verändert, je nachdem, ob die Beobachtung in der Dyade oder in einer Triade stattfindet, haben etliche Autoren bestätigt. Belsky (1979b) fand z. B., daß Eltern aktiver mit dem Kind interagieren, wenn der andere Elternteil nicht anwesend war. In der Studie von Parke & O'Leary (1976) zeigten Väter in der Triade intensiveres Interaktionsverhalten als Mütter. In dieselbe Richtung geht auch der Befund von Katsh (1981): Väter interagieren mit ihrem Kind mehr, wenn die Mutter anwesend war. Belsky (1979b) und Clarke-Stewart (1978), die die Eltern-Kind-Interaktion in dyadischen und triadischen Situationen in der Familie beobachteten, kamen ebenfalls zum gleichen Ergebnis: Wenn der Vater abwesend war, sprach und spielte die Mutter signifikant mehr mit ihrem Kind, als wenn er anwesend war. Von daher gesehen erweist sich eine Kombination aus Beobachtung, Interview und gegebenenfalls von Fragebögen als sinnvoll. Das Geschlecht des Untersuchers sowie sein Alter sollte ebenfalls in künftigen Arbeiten besser kontrolliert und exakt angegeben werden. Um die Vergleichbarkeit von Studien zu gewährleisten, sollten ferner mindestens einige weitere wichtige Variablen Berücksichtigung finden wie das Geschlecht des Kindes, sein Alter und die Stellung in der Geschwisterreihe. Angaben zur sozialen Schichtzugehörigkeit, zur Ausbildung und Berufstätigkeit beider Elternteile sowie über ihre Einstellungen zu wesentlichen die Erziehung des Kindes betreffenden Fragen sollten zuverlässiger erfaßt werden.

7.6.6 Komplexe Untersuchungspläne – Längsschnittstudien

Sagi (1982) weist angesichts der Vielseitigkeit des Phänomens ,,Vaterbeteiligung" bereits auf die Notwendigkeit multivariater Forschungsansätze hin. Er befürwortet einen erweiterten Ansatz, in dem familiäre Interaktionsmuster untersucht werden sollen. Er selbst berücksichtigt in seiner Studie folgende Beziehungen: (a) Einfluß des eigenen Vaters auf den Vater; (b) Einfluß des Vaters auf Söhne und Töchter; (c) gegenseitige Beeinflussung beider Ehepartner; (d) Einfluß der Kinder auf beide Elternteile. Hinzu kommt noch bei Radin (1982) der Einfluß der Eltern der Mutter auf den Vater bzw. der Einfluß der eigenen Mutter auf den Vater. Verschiedentlich werden auch Variablen erfaßt, die aus Wechselwirkungen abgeleitet werden: So war in der Interaktion mit Töchtern die mütterliche Beteiligung bei kognitiv stimulierenden Tätigkeiten reduziert, wenn sich gleichzeitig der Vater verstärkt betätigte (Radin, 1982). Es ist auch denkbar, daß die Erwachsenen ihre nichttraditionellen Familienrollen wegen besonderer Eigenschaften ihrer Kinder wählten (Radin, 1982). Russell (1982 a, 1982b) betont den Umstand, daß in einer nichttraditionellen Familie der Vater sich den Kindern näher fühlt. Der Einfluß dieser Vater-Kind-Beziehung auf das Verhalten des Vaters selber sollte beobachtet werden. Auch elterliche Einstellungen und Werte können durch Ausmaß und Art der Interaktion mit den Kindern beeinflußt werden; unterschiedliche Interaktionen können für unterschiedliches Verhalten von Vätern und Müttern verantwortlich sein. Diese wirken wiederum auf die Entwicklung des Kindes zurück. In der Studie von Russell (1978) engagierten sich Männer mit maskuliner Rollenorientierung, die mit einer maskulin oder androgyn orientierten Frau verheiratet waren, *mehr* bei der Kinderbetreuung als ,,maskuline Männer" mit ,,femininen Frauen". In der schwedischen Studie nichttraditioneller Familien hatte das Geschlecht des Kindes keinen Einfluß auf das Elternverhalten. Aus diesen Teilerkenntnissen geht hervor, daß es offensichtlich mehrere Subsysteme in der Familie gibt, die untereinander und mit ihrer Umgebung interagieren, und daß es nur auf dem Wege über eine genauere Kenntnis der Gesetzmäßigkeiten gelingen wird, Ursachen und Folgen väterlicher Partizipation mit Erfolg zu studieren. Eine solche, am Familiensystem orientierte Betrachtungsweise wird ferner eine angemessene Bewertung der Relevanz einzelner Faktoren ermöglichen, die väterliche Partizipation beeinflussen. Daß dafür vermehrt Längsschnittstudien notwendig sind, bedarf nicht der besonderen Erwähnung.

7.7 Effekte verstärkter väterlicher Beteiligung an der Kinderpflege – Zusammenfassung

Entgegen tradierten Rollenvorstellungen, nach denen der Vater primär die Berufsrolle und damit die Rolle des Ernährers übernimmt, während die Mutter für die Kinder zuständig ist, war in den westlichen Industriestaaten in den zurückliegenden Jahren eine zunehmende Bereitschaft von Vätern zu verzeichnen, sich aktiv an der Betreuung, Versorgung und Pflege ihrer kleinen Kinder zu beteiligen. Diese Entwicklung kann nicht unabhängig davon gesehen werden, daß ein wachsender Anteil der Mütter – aus finanziellen Erwägungen ebenso wie aus dem Wunsch nach beruflicher Selbstverwirklichung heraus – selber berufstätig wird.

Von den Sozialwissenschaften ist die Frage sowohl nach Art und Ausmaß väterlicher Beteiligung an den die Kinder betreffenden Aufgaben gestellt worden, aber auch nach den Auswirkungen, die diese Beteiligung für die elterliche Partnerschaft, für die Entwicklung der Kinder und schließlich für den Vater selbst hat.

Im vorangegangenen Kapitel wurde dargelegt, daß das Konzept der Beteiligung in den einzelnen Untersuchungen sehr unterschiedlich operationalisiert worden ist, wobei die Schwerpunkte auf die zeitliche Verfügbarkeit des Vaters für das Kind, auf die Häufigkeit einzelner Pflegeaktivitäten oder auf das Ausmaß und die Art spielerischer Interaktion mit dem Kind gelegt wurden. Daneben sind aber auch Studien zu Einstellungen hinsichtlich väterlicher Beteiligung durchgeführt worden. Trotz grundsätzlich gegebener Kompetenz zur Betreuung und Pflege von Kleinkindern ließ sich insgesamt ein geringes Ausmaß väterlichen Involvements erkennen, wofür die traditionelle elterliche Rollenverteilung und soziale Einstellungen verantwortlich gemacht wurden. In den Zeiten, in denen die Väter für die Kinder verfügbar waren, waren sie bevorzugt deren Spielpartner; seltener übernahmen sie Versorgungsfunktionen wie etwa Füttern und am geringsten fiel ihre Beteiligung bei reinen Pflegehandlungen wie Baden oder Windelwechseln aus. Ein kritischer Punkt bei diesen Untersuchungen war, daß das Ausmaß der Beteiligung des Vaters insgesamt kaum variierte und die spezifischen Auswirkungen auf die Entwicklung der Familie und ihrer Mitglieder damit kaum erfaßt werden konnten.

In jüngster Zeit sind nun aus mehreren Ländern, nämlich Australien, den USA, Schweden und Israel, Studien über Familien vorgelegt worden, in denen der Vater für einen längeren Zeitraum die primäre Verantwortung für die Kinder übernommen hatte. Im Hinblick auf die innerfamiliäre Rollenverteilung bei Pflege und Betreuung der Kleinkinder sind diese Familien als ‚nichttraditionelle' bezeichnet worden. Die Variation der Beteiligung des Vaters war jetzt erstmals innerhalb von intakten Familien gegeben und nicht mit weiteren strukturellen Bedingungen kontaminiert wie dem Umstand, daß der Vater abwesend, nach einer Scheidung lediglich umgangsberechtigt oder allein sorgeberechtigt war. Für die Vaterforschung bedeutete diese Erweiterung des Untersuchungsrahmens einen wichtigen Durchbruch.

Über die Verbreitung dieser innerfamiliären Rollenorganisation liegen so gut wie keine Erkenntnisse vor; in jedem Falle handelt es sich um eine kleine Minderheit der Familien. Hinsichtlich der Rahmenbedingungen und der mitwirkenden Faktoren für eine in dieser Form veränderte väterliche Beteiligung ist zunächst die Berufstätigkeit der Mutter anzuführen; mit der Wiederaufnahme einer Arbeitstätigkeit durch die Mutter verstärkt sich generell die Bereitschaft von Vätern, sich aktiver in der Familie zu engagieren. Dementsprechend war der Berufsstatus der Mütter in diesen Familien allgemein hoch; daneben schien es wichtig für die Entscheidung zu nichttraditioneller Rollenorganisation gewesen zu sein, daß daraus zumindest keine wirtschaftlichen Nachteile für die Familie erwuchsen. Die Väter hatten ebenfalls häufig einen höheren Berufsstatus, was vor allem wegen der damit häufiger verbundenen Flexibilität der Arbeitszeiten und der Möglichkeiten, zu Hause zu arbeiten, von Bedeutung war; außerdem kamen sie häufiger selbst aus einer Familie, in der die Mutter berufstätig gewesen war. Die Kinder in den nichttraditionellen Familien waren in der Regel älter als diejenigen aus den Vergleichsstichproben traditioneller Familien; in den ersten Lebensmonaten war also auch hier die Mutter die hauptsächliche Betreuungsperson für die Kinder gewesen. Die Väter hatten zum Untersuchungszeitraum allgemein etwa die Hälfte der mit dem Kind zusammenhängenden Aufgaben übernommen. Die Mütter waren in den Zeiten, in denen sie sich zu Hause aufhielten, verstärkt aktiv mit dem Kind beschäftigt, was eine gewisse Kompensationsneigung vermuten läßt.

Die Einstellungen der Eltern spielten bei der Entscheidung über die Änderung der Rollenorganisation eine nicht unbedeutende Rolle; so zeigte sich, daß hinsichtlich der Bewertung von Beruf gegenüber Elternschaft nichttraditionelle Mütter verstärkt berufsorientiert und die Väter verstärkt familienorientiert waren. Die Überzeugung, daß ganz kleine Kinder in erster Linie ihre Mutter brauchen, führte dazu, daß Väter erst zu einem Zeitpunkt, als die Kinder wenigstens einige Monate alt waren, zur Übernahme der Hauptverantwortung für sie bereit waren. Im Zusammenhang mit den Einstellungen der Eltern dürfte als ein wesentlicher mitwirkender Faktor für Entscheidungen hinsichtlich Veränderungen der Rollenorganisation die soziale Akzeptanz dieser Veränderungen gelten; wo Väter in ihrer Absicht, sich verstärkt um die Kinder zu kümmern und dafür die berufliche Laufbahn zurückzustellen, Unterstützung seitens der Umgebung erfahren und andererseits Mütter, die ihre Kinder der Obhut des Vaters anvertrauen, sich nicht mit dem Vorwurf konfrontiert sehen, sie vernachlässigten sie zugunsten eines egoistischen beruflichen Ehrgeizes, kann wohl erwartet werden, daß Rollenkonflikte der Eltern verringert werden und die getroffenen innerfamiliären Arrangements zu stabilen und positiven Beziehungen zwischen Kindern und Eltern führen.

In der ehelichen Partnerschaft wirkte sich die verstärkte Beteiligung des Vaters in Richtung auf eine verstärkte Gleichberechtigung und verbesserte Beziehungen in der Ehe aus. Dies wurde mit einem korrigierten bzw. erweiterten gegenseitigen Verständnis für die Rolle von Vätern und Müttern erklärt. Trotz anfänglicher Anpassungsschwierigkeiten von Vätern und Müttern und gelegentlichen Rollenkonflikten berichteten beide von großer Zufriedenheit mit der gewählten Organisationsform. Von großer Bedeutung war die veränderte Beziehung der Väter zu ihren Kindern: sie berichteten zwar häufiger von Konflikten mit den Kindern als Väter in den Vergleichsstichproben traditioneller Familien, gleichzeitig sahen sie aber ihre Beziehungen als realistischer an und bewerteten sie positiv. Die Väter berichteten von erhöhter Sensitivität und von vermehrtem Verständnis für die Kinder – dies entspricht dem Befund, daß Erfahrung im Umgang mit den Kindern in der Regel zu effektiverem Elternverhalten und darüber wieder zu erhöhter Zufriedenheit mit der eigenen Rolle als Elternteil führen.

Für die Kinder bietet der stark beteiligte Vater ein vergleichsweise umfassenderes Rollenmodell, das sowohl instrumentelle als auch expressive Aspekte umfaßt. Einige Bereiche der Beteiligung des Vaters an der Kinderbetreuung und -pflege korrelierten mehr mit maskuliner (Treffen von kinderbezogenen Entscheidungen), andere mehr mit femininer Geschlechtsrollenorientierung (reine Pflegehandlungen). Kinder in nichttraditionellen Familien nahmen die Geschlechtsrollen ihrer Väter differenzierter wahr, teils als stereotyper wie bei dem Aspekt des Vaters als strafender Instanz, teils als weniger stereotyp wie beim Hantieren mit Haushaltsgeräten; dabei war die Geschlechtsrollenorientierung der Kinder selber grundsätzlich nicht verändert. Nach diesen Befunden ist zu fragen, inwieweit der bislang vorherrschende Ansatz geschlechtstypischer Selbstkonzepte und das inhärente Maskulinitäts- bzw. Femininitätsschema für die Beschreibung des Entwickelns *neuer* Rollen von Vätern und Müttern in veränderten familiären Kontexten noch angemessen ist.

In den nichttraditionellen Familien waren verstärkte Bemühungen des Vaters um die kognitive Förderung der Kinder zu verzeichnen. Es zeigte sich insbesondere, daß verbale Fähigkeiten bei Mädchen und Intelligenzmaße sowie Locus of Control bei Jungen im Verhältnis zu Vergleichsgruppen erhöht waren. Diese differentiellen Befunde – abgesehen vom quantitativen Aspekt – entsprechen denen von Kindern in traditionellen Familien und konnten auf geschlechtsspezifische Reaktionen von Vätern auf Jungen und Mädchen zurückgeführt werden – in dieser Hinsicht verhielten sich die Väter in den untersuchten Familien mithin traditionell.

Die Studien über nichttraditionelle Familien stellen sicher einen ersten Schritt in Richtung auf die Berücksichtigung einer größeren Variabilität väterlicher Beteiligung an der Kinderpflege und damit der präziseren Untersuchung des Einflusses von väterlichem Verhalten auf die Entwicklung von Kindern dar. Die Rollenteilung zwischen Vätern und Müttern in der Familie muß jedoch insgesamt weit differenzierter gesehen und die Operationalisierung von Beteiligung umfassender und eingehender vorgenommen werden. Allein wegen der äußerst unterschiedlichen Altersstufen der Kinder in den vorgelegten Untersuchungen ist die Vergleichbarkeit der Ergebnisse bereits stark eingeschränkt, denn mit den Altersstufen verändern sich auch die Anforderungen an elterliche Aktivitäten, was sich in Befunden über aktive Beteiligung deutscher Väter im Laufe der ersten Lebensjahre des Kindes abzeichnet. Damit ändern sich wiederum wechselseitige Unterstützungs- bzw. Ergänzungsmöglichkeiten innerhalb der elterlichen Partnerschaft, wobei nicht zuletzt die Dynamik der Anpassung der Eltern an die neuen Rollen und Aufgaben, die sich nach der Geburt des Kindes ergeben, nicht übersehen werden darf. Es muß vielmehr nach der jeweiligen Funktion einzelner Parameter von Pflege, Betreuung und Interaktion innerhalb des familiären Geschehens und der Beziehungen der Familienmitglieder untereinander gefragt werden, um Art und Ausmaß der Beteiligung des Vaters angemessen einschätzen zu können. Dies kann wiederum nicht unabhängig von Faktoren der sozialen Umgebung und ihren Erwartungen geschehen, denn die Familie und ihr Beziehungsgeflecht leben eingebettet in umfassendere ökopsychologische Systeme, mit denen sie interagieren.

Als Ergebnis darf einmal mehr festgehalten werden, daß angesichts der vielfältigen sich durchdringenden Einflüsse im komplexen Prozeß des Zusammenwirkens von Elternverhalten und kindlicher Entwicklung eine systemische Sichtweise am ehesten geeignet erscheint, adäquate Forschungsansätze zu liefern.

Die bereits vorliegende empirische Evidenz und insbesondere der Befund, daß die positiven Auswirkungen auch nach Rückkehr zu traditioneller Familienorganisation erhalten blieben, geben Anlaß, Väter zu verstärktem Involvement in der Familie zu ermutigen und das vermehrte Übernehmen der tagtäglichen Verantwortung für die Kinder als Chance zu sehen, ihre Beziehung zu ihnen qualitativ zu verbessern und die kindliche Entwicklung in größerem Umfange positiv mitzugestalten.

8
Die Entwicklung der Kind-Vater-Bindung

8.1 Einleitung

Während der fünfziger Jahre war man der Auffassung, daß Kinder nur an solche Personen Bindung entwickeln können, die in die grundlegende körperliche Versorgung des Kleinkindes involviert sind. Unter dem Einfluß der Psychoanalyse und der damals vorliegenden Ergebnisse zur (Mutter-)Deprivationsforschung ging man davon aus, daß Kleinkinder Bindungsverhalten erst nach Erreichen jener Entwicklungsphase zeigen, die man als Phase der ‚Objekt-Permanenz' bezeichnet hat (Piaget, 1936, 1937), d.h. etwa zwischen dem sechsten und achten Lebensmonat. Sowohl die Psychoanalyse als auch später die Bindungstheorie räumten dem Vater lediglich die Möglichkeit einer indirekten (d.h. durch die Mutter vermittelten) Einflußnahme auf die kindliche Entwicklung ein. Es bedurfte deshalb einer kritischen Auseinandersetzung mit diesen Grundannahmen der Psychoanalyse und der Bindungstheorie, um das Feld für die Erforschung der Vater-Kind-Beziehung zu bereiten.

Nach der Pionierarbeit von Schaffer & Emerson (1964), auf die an anderer Stelle noch näher eingegangen wird, war man bis zur Mitte der siebziger Jahre mit Fragen beschäftigt wie z.B.: Ist das Kleinkind in der Lage, neben der Bindung an seine Mutter auch an andere Personen gleichzeitig und ähnlich intensiv Bindungen zu entwickeln? Welche Rolle spielt hierfür die Beteiligung eines Elternteils an der Versorgung und Pflege des Kindes? Welchen prognostischen Wert hat eine stärkere Beteiligung des Vaters an der Kleinkindpflege für die Entwicklung der Kind-Vater-Bindung?

In einem zweiten Stadium, ab Mitte der siebziger Jahre, lassen sich Fortschritte in theoretischer, methodischer und experimenteller Hinsicht feststellen. Ainsworth und Kollegen nahmen eine Erweiterung der Bindungstheorie Bowlbys vor und entwickelten eine Methode („Fremde Situation"), die genauere Studien der Kind-Eltern-Bindung erlauben sollte. Innerhalb der Psychoanalyse zeichnete sich ein Positionswechsel hinsichtlich der Bewertung der

Rolle des Vaters in den ersten beiden Lebensjahren des Kindes ab. Die Vaterforschung hat dazu beigetragen, daß bislang unverrückbar erscheinende Thesen der Bindungstheorie stark in Frage gestellt wurden. Die Auseinandersetzung mit Grundannahmen der Bindungstheorie erreichte damit einen ersten Höhepunkt. Erst vor kurzem (Lamb, Thompson, Gardner et al., 1984; Thompson, Lamb & Estes, 1982, 1983; Vaughn, Egeland, Sroufe et al., 1979; Waters, 1978, 1983) begann eine interessante Auseinandersetzung mit dem Ansatz von Ainsworth und Kollegen, die, noch während das vorliegende Kapitel geschrieben wurde, d.h. Anfang April 1984, in New York einen weiteren Höhepunkt erreichte (vgl. S. 272f., 280ff.). Methodisch wurde jene Phase überwunden, in der das Verhalten des Vaters in der Familie und die Kind-Vater-Beziehung allein über die Mutter erfragt wurde. Anstelle solcher Befragungen traten nunmehr Beobachtungsstudien, die zugleich unter variierenden Kontextbedingungen durchgeführt wurden. Fragen, die die empirische Forschung beschäftigten, lauteten etwa: Stellt der Vater für das Kleinkind eine der Mutter äquivalente Bindungsperson dar? Oder: Wann entsteht Bindungsverhalten bei Kleinkindern? Ferner begann man sich mit den Ähnlichkeiten und Unterschieden im Verhalten von Vätern und Müttern in der Interaktion mit kleinen Kindern zu befassen, und man versuchte herauszufinden, ob zu einem bestimmten Zeitpunkt der kindlichen Entwicklung der eine oder andere Elternteil vom Kleinkind bevorzugt wird und wie dieses Präferenzverhalten aussieht. Um bestimmten, aus der Ethologie kommenden, Fragen nachgehen zu können, untersuchten insbesondere Ainsworth und ihre Mitarbeiter das Bindungsverhalten des Kindes unter sogenannten ‚Streß'-Bedingungen. Zugleich bemühte man sich, Aufschluß über diejenigen Faktoren zu erhalten, die Bindungsverhalten beeinflussen.

In einer dritten, sich erst in jüngster Zeit abzeichnenden Phase der Vaterforschung wird die Notwendigkeit betont, Anfänge der Kind-Vater-Beziehung viel früher zu datieren und dementsprechend früh zu untersuchen, und zwar in einem familiensystemtheoretischen Ansatz.

Die Kritik am bislang unbefriedigenden Stand der Bindungsforschung (Lamb, Thompson, Gardner et al., 1983, 1984; Masters & Wellman, 1974; Rajecki, Lamb & Obmascher, 1978; Waters, 1982) hat unter anderem dazu beigetragen, daß Forschungsarbeiten zum Phänomen der Bindung zunächst reduziert wurden. Bereits 1973 meinte Rosenthal, daß „all das, was man mit dem Begriff eines Bandes zwischen Kind und Erwachsenen gemeint hat, erfaßt werden kann, ohne das Bindungskonzept zu bemühen" (nach Waters, 1982, S. 721). Andere Forscher haben sogar die Frage aufgeworfen, ob ein Bindungskonzept vom logischen und wissenschaftlichen Standpunkt aus überhaupt irgendeinen Wert habe (Weinraub, Brooks & Lewis, 1977). Waters (1982) stellt in seinem Übersichtsartikel zur Problematik des Bindungsbegriffes fest: „... Wir (haben) es unterlassen .., jenseits der Unterschiedlichkeit *theoretischer* Orientierungen die *Modelle* und *Konstrukt*-Typen zu untersuchen, die wir bei der Entwicklung *unserer eigenen* Bindungstheorie und bei der Versuchsplanung verwenden ..." (Waters, 1982, S. 721). Dies hat, nach Ansicht von Waters, nicht nur zu Kommunikationsschwierigkeiten zwischen den theoretischen Schulen, sondern auch zur Einengung des deskriptiven Zugangs zum emotionalen Band zwischen Kind und Erwachsenen geführt. Vielleicht ist dies einer der Gründe für die Schwierigkeiten, in denen sich gegenwärtig die Bindungsforschung befindet. In der Bundesrepublik Deutschland haben Fthenakis, Niesel & Kunze (1982) davor gewarnt, den „Bindungen des Kindes insbesondere an seine Eltern und Geschwister", wie sie in dieser Formulierung als einzig gesetzlich verankertes Sorgerechtskriterium im § 1671, Abs. 2, BGB bestimmt sind, hinreichende prädiktive Validität für Sorgerechtsregelungen von Kindern geschiedener Eltern zu unterstellen. Fthenakis (1984 d, 1984 e, 1984 f) wendet sich gegen eine Apostrophierung „der Bindungen" des Kindes als gesetzlich abgesicherte, bloß verkürzte Formel des Kindeswohlbegriffes (vgl. auch Coester, 1983).

In diesem Kapitel werden im ersten Teil, nach einem Überblick über lerntheoretische Ansätze, die Grundannahmen der Psychoanalyse, der Bindungstheorie Bowlbys (1969, 1973, 1980) und des Ansatzes von Ainsworth dargestellt. Im nächsten Teil erfolgt eine Darstellung der Forschungsergebnisse aus den erwähnten verschiedenen Phasen der Erforschung der Kind-Vater-Bindung. Im dritten Teil werden die wichtigsten Argumente und Standpunkte der kritischen Auseinandersetzung um die Bindungstheorie Bowlbys und um die „Fremde Situation" Ainsworths kurz zusammengefaßt, da diese Kritik zu einem großen Teil die Forschung bezüglich der Kind-Vater-Bindung mitbetrifft. Das Kapitel schließt mit einigen Hinweisen, wie das Dilemma überwunden werden könnte, in dem die Bindungsforschung gegenwärtig noch steckt, nicht nur, was die Kind-Vater- und allgemeiner, was die Kind-Eltern-Bindung, sondern auch umgekehrt, was die Eltern-Kind-Bindung angeht.

8.2 Theoretische Ansätze zur Kind-Eltern-Bindung

In mehreren theoretischen Bereichen sind Bindungstheorien entwickelt worden, die sich in lerntheoretische, psychoanalytische und ethologische Theorien gruppieren lassen. Dabei sind – neben bestimmten Aspekten der psychoanalytischen – jedoch vor allem die ethologischen Ansätze bedeutend geworden, da sie zahlreiche Untersuchungen angeregt haben.

Von einzelnen lerntheoretischen Positionen sollen im folgenden lediglich Grundannahmen in konzentrierter Form wiedergegeben werden, daran schließen sich Darstellungen der psychoanalytischen Erklärung von Bindung und die Bindungstheorie von John Bowlby mit den Erweiterungen durch Mary Ainsworth und ihrer Mitarbeiter an.

8.2.1 Lerntheoretische Konzeptionen zum Bindungsphänomen

Dollard & Miller (1950) stellen die Verminderung von Unlust beim Kind infolge von Pflege- und Versorgungshandlungen eines Erwachsenen in den Vordergrund ihrer Erklärung von Bindung: Bindungsverhaltensweisen erfahren dadurch eine primäre Verstärkung. Der Erwachsene werde so zum sekundären Verstärker und das Verhalten des Kindes richte sich in erster Linie auf ihn als die „Bindungsfigur". Hoffman (Hoffman & Boskoff, 1972; Hoffman & DePaulo, 1977; Hoffman & Ratner, 1973) vertritt ein Modell der klassischen Konditionierung, was die Bindung des Kindes an ein bestimmtes erwachsenes Individuum betrifft. Die Reaktionen eines Tierjungen bzw. Kindes auf prägende Stimuli, wie z. B. Aufhören des Schreiens/Weinens bei Erscheinen eines erwachsenen Individuums, seien angeboren. Die gleichzeitige, damit verbundene Reduzierung der Erregung führe zur Verstärkung des Bindungsverhaltens. Auf die übrigen, individuellen Merkmale einer erwachsenen Betreuungsperson werde das Kind dann klassisch konditioniert. Angstvolle Reaktionen auf weitere Individuen, die zwar ebenfalls den ursprünglich reaktionsauslösenden Stimulus aufweisen, auf die das Kind jedoch nicht hinsichtlich der weiteren Merkmale konditioniert sei, werden von Hoffman mit Reifungsprozessen erklärt. Gewirtz (1972) betont ebenfalls Konditionierungsprozesse, die zu positiver Stimuluskontrolle hinsichtlich des sozialen Verhaltens des Kindes führen sollen. Merkmale des sozialen Objektes – der Bindungsfigur – funktionieren danach als evokative, diskriminative und/oder verstärkende Stimuli. Bei Wegfall der positiven Stimuluskontrolle brechen konditionierte Verhaltenssysteme des Kindes zusammen. Die Reaktionen des Kindes auf eine Trennung von der Bindungsfigur sollen mit diesem operant-instrumentellen Ansatz erklärt werden. Dabei sollen Intensität und Dauer der Trennungsreaktionen davon abhängig sein, wie oft das Kind mit seinen Reaktionen die Rückkehr der erwachsenen Person erreicht hat. In dieser Hinsicht gleicht die Theorie von Gewirtz derjenigen von Scott (1971), der die Erleichterung des Kindes bei der Rückkehr der Betreuungsperson nach kurzen Trennungen als Verstärker ansieht und über die Anzahl solcher Trennungen in der Lerngeschichte des Kindes die Intensität der Bindung ableitet. Cairns (1966) erklärt den Bindungsprozeß vorwiegend als Konditionierung des kindlichen Verhaltens auf eine Person seiner sozialen Umgebung über Kontingenz. Über die gleichzeitige Wahrnehmung von Stimuli, die von einer Person ausgehen, die sich häufig beim Kind aufhält, sowie von weiteren Stimuli aus der unmittelbaren Umgebung des Kindes erhalte diese Person Bedeutung für das Kind und werde zur Bindungsfigur. Mithin führe alleine das zeitliche Ausmaß der Anwesenheit einer Betreuungsperson zu Bindungsverhalten, das als Reaktionssubsystem verstanden wird. Trennung von der Bindungsfigur ziehe die Desorganisation der entsprechenden Verhaltensweisen in Form der Trennungsreaktionen nach sich. Eine verlängerte Trennung führt nach dieser Theorie zur Abschwächung von Bindung, weil die Reaktionen des Kindes auf andere Stimuli seiner sozialen Umgebung konditioniert werden. Hoffman & Solomon (1974) bieten mit einer Theorie entgegengesetzter Prozesse der Motivation eine weitere Erklärung für Verhaltensweisen an, die mit Bindung in Zusammenhang gebracht werden. Wenn danach ein Stimulus über einen Prozeß „a" einen Zustand mit „Ä" positiver oder negativer Valenz herbeiführt, werde mit leichter zeitlicher Verzögerung ein paralleler Prozeß „b" wirksam, der zu einem Zustand „B" führe, dessen Valenz der des Zustandes „A" entgegengesetzt sei. Aus der Differenz der Valenzen zu einem bestimmten Zeitpunkt ergebe sich die aktuelle Motivation bezüglich der Reaktion auf Stimuli. Es lassen sich damit auch Phänomene wie psychische Sättigung beschreiben. Der Prozeß „b" werde mit seiner Dauer stärker und bleibe auch nach Wegfall des für das Auslösen des Prozesses „a" verantwortlichen Stimulus und nach Beendigung des Prozesses „a" wirksam. Je länger sich ein Kind in der Gegenwart einer Bindungsfigur befinde, desto stärker werden die Prozesse, die entgegengesetzt zu denjenigen seien, die mit dem Bindungsverhalten einhergehen und sie führen schließlich zur Verminderung und zum Aufhören von Bindungsverhaltensweisen. Mit den länger andauernden, im Verlauf des gesamten Bindungsprozesses stärker gewordenen entgegengesetzten Prozessen erklären Hoffman & Solomon (1974) auch die Reaktionen auf die Trennung von der Bindungsfigur: Diese seien Ausdruck der „b"-Prozesse, die bis dahin von den „a"-Prozessen überlagert gewesen seien.

Es dürfte klar sein, daß diese Theorien möglicherweise einzelne Aspekte von Bindungsverhalten oder Bindung erklären, aber hinsichtlich Entstehung und Dynamik dessen, was als Bindung von Kindern an Erwachsene Eingang in die wissenschaftliche Literatur gefunden hat, kein umfassendes Erklärungsmodell bieten. Dies demonstrieren auch Rajecki, Lamb & Obmascher (1978), die Bindungstheorien und empirische Forschungsevidenz zur Bindung bei mehreren Spezies vergleichen und aufzeigen, was die einzelnen Theorien dabei zu erklären vermögen.

8.2.2 Psychoanalyse

Die Rolle der Psychoanalyse innerhalb der Vaterforschung wurde bereits im Abschnitt I (vgl. S. 25ff.) behandelt, so daß hier lediglich einige für die Bindungstheorie wichtige Grundannahmen Freuds in Erinnerung zu rufen sind. Bekanntlich vertritt die Psychoanalyse die Auffassung, daß das Kind unmittelbar nach der Geburt eine ‚biologische' und kurz darauf eine ‚symbiotische' Einheit mit der Mutter bildet. Das Charakteristikum dieser vorödipalen Stufe der kindlichen psychosexuellen Entwicklung sei es, daß das Kind zwischen Ich und Nicht-Ich noch nicht unterscheiden könne. Erst zwischen dem 6. und

8. Lebensmonat setze eine neue Phase ein, deren Hauptcharakteristikum darin bestehe, daß das Kind Personen und Objekte auch dann für existent hält, wenn sie sich nicht in seinem unmittelbaren Wahrnehmungsfeld befinden. Der Eintritt in diese Phase wird als Voraussetzung für die Entwicklung von Bindungsverhalten angesehen. Freud betont, daß die Mutter diejenige Person sei, an die das Kind die primären Bindungen entwickle. Dieses Postulat der Exklusivität der Mutter-Kind-Beziehung stellt die zweite Grundannahme analytischer Theoriebildung auf dem Gebiet der Bindung dar. Die dritte Annahme leitet sich aus der zweiten ab: Wegen der Exklusivität der Mutter-Kind-Beziehung ist zumindest die frühe Kind-Vater-Beziehung vernachlässigbar. In der Tat gewinnt aus psychoanalytischer Sicht der Vater in der psychosexuellen Entwicklung von Jungen und Mädchen erst während der sogenannten phallischen Phase um das vierte Lebensjahr herum an Bedeutung. Diese Auffassung hat, von wenigen Ausnahmen abgesehen, psychoanalytisch orientierte Forscher davon abgehalten, Säuglinge und Kleinkinder in die Untersuchung der Kind-Vater-Beziehung aufzunehmen.

Es ist evident, daß aus einer solchen theoretischen Sicht Beziehungen des Kleinkindes zu anderen Familienmitgliedern als der Mutter nur als indirekt durch die Mutter vermittelt betrachtet werden können (Atkins, 1981).

Seit Beginn der sechziger Jahre befassen sich Psychoanalytiker zunehmend mit dem spezifischen Entwicklungsprozeß der Vaterschaft. Es läßt sich sogar eine deutlicher werdende Tendenz beobachten, daß von der orthodoxen psychoanalytischen Auffassung über die Bedeutung des Vaters in der frühkindlichen psychosexuellen Entwicklung abgewichen und statt dessen seine besondere Rolle gerade in der vorödipalen Entwicklungsstufe hervorgehoben wird. So beschäftigen sich Psychoanalytiker mit dem Phänomen des Übergangs zur Vaterschaft, wenden sich den Prozessen und Ereignissen zu, die den vorödipalen Entwicklungsstufen zugrunde liegen, und bemühen sich um eine neue theoretische Interpretation der Kind-Vater-Beziehung. Diese Entwicklung hat Mächtlinger (1976, 1981[2]) ausführlich behandelt. Hier sei lediglich auf einige Charakteristika der Entwicklung in den siebziger Jahren hingewiesen: (a) die Bedeutung der Kind-Vater-Beziehung wird für den Prozeß der Identifikation und Individuation des Kindes gesehen; (b) der systemtheoretische Ansatz (Hervorhebung *beider* Elternteile und der übrigen Familienmitglieder in der Entwicklung des Kindes) gewinnt an Forschungsinteresse; (c) die vorödipale Entwicklungsstufe erfährt hinsichtlich ihrer Bedeutung für die Entwicklung der Beziehung des Kleinkindes zu seinem Vater eine neue Bewertung; (d) insbesondere wird die Bedeutung des Vaters für die Entwicklung der Geschlechtsrollenidentität bei Jungen schon in der vorödipalen Phase gewürdigt; (e) der Einfluß des Vaters auf die Ausbildung der Geschlechtsrollenidentität wird insgesamt neu interpretiert, und es wird darauf hingewiesen, daß eine erfolgreiche Entwicklung der Geschlechtsrollenidentität des Mädchens nicht allein von einer erfolgreichen Identifikation mit der Mutter abhängt; (f) als von besonderem Interesse erweisen sich Bemühungen um eine neue theoretische Fundierung der Kind-Vater-Beziehung, wie sie in den letzten Jahren in Ansätzen wie der Separations-Individuations-Theorie (Mahler, 1972; Mahler, Pine & Bergman, 1975) oder im Konzept des sogenannten Modells der frühen Triangulation manifest werden (Abelin, 1971, 1975) (vgl. auch S. 28f.).

Auch eine nur vorsichtige Einschätzung der gegenwärtigen Lage läßt letztlich die Hoffnung auf einen grundsätzlichen Einstellungswandel innerhalb der psychoanalytischen Theoriebildung hinsichtlich der Bedeutung der frühen Kind-Vater-Beziehung als durchaus gerechtfertigt erscheinen.

8.2.3 Die Bindungstheorie Bowlbys

Eine der vielen Schulen, die aus der Psychoanalyse hervorgegangen sind, ist die der Objekt-Beziehungs-Theoretiker. Diese begannen sich auch für die ersten Monate im Leben des Kindes zu interessieren (Fairbairn, 1952; Klein, 1957; Winnicott, 1958). Der ebenfalls von der Psychoanalyse kommende Bowlby (1969, 1973, 1980) versuchte, die Sekundär-Trieb-Theorie Freuds durch eine aus der Ethologie abgeleitete Theorie zu ersetzen, innerhalb derer Bindung ein Verhaltenssystem darstellt. Aus dieser Sicht wird das Kind mit der biologisch verankerten Tendenz geboren, die schützende Nähe einer erwachsenen Person zu suchen. Die evolutionär-adaptive Funktion dieses Verhaltenssystems wird dabei im Schutz vor Raub gesehen. Bowlby (1951, 1958) hatte sich schon in den fünfziger Jahren mit den Konsequenzen der frühen Mutter-Deprivation befaßt. Ähnlich wie Freud behauptet Bowlby (1969), daß das Kleinkind Bindungen vorwiegend zu *einer* Betreuungsperson, und zwar, unter Einbeziehung von Elementen kognitiver Entwicklungspsychologie, erst *nach* Erreichen der Phase der ,,Objekt-Permanenz", entwickeln könne. Diese Beziehung wird als monotrop bezeichnet, d.h. als einseitig auf die Betreuungsperson ausgerichtet, womit in der Regel die Mutter gemeint ist. Ab diesem Alter beginne das Kleinkind auch gegen eine Trennung von seinen Eltern zu protestieren. Nach Bowlby zeigt der Trennungsprotest, daß das Kind die abwesende Betreuungsperson zurück haben möchte und nicht mehr bereit ist, einen Ersatz zu akzeptieren. Bowlby betont ferner, daß Kinder erst zur Mutter Bindung entwickeln und diese durchgehend dem Vater vorziehen. Die meisten Kinder zeigen danach konsistentes Bindungsverhalten bis zum Ende des dritten Lebensjahres. Erst ab diesem Alter sind Kinder in der Lage, ,,sich in einer fremden Umgebung mit untergeordneten Bindungsfiguren sicher zu fühlen", etwa mit einer Verwandten oder einer Lehrerin (Bowlby, 1975, S. 195). Diese untergeordneten Bindungsfiguren müssen jedoch dem Kind gut bekannt sein. Darüber hinaus soll das Kind immer wissen, wo sich seine Mutter aufhält, um mit ihr Kontakt aufnehmen zu können. In der Suche nach der (räumlichen) Nähe – als einer evolutionstheoretisch relevanten Verhaltensweise – sieht Bowlby das wichtigste Kriterium zur Bestimmung von Bindungsverhalten.

Im deutschsprachigen Raum hat vor allem Hassenstein (1973, 1978²) zur Verbreitung verhaltensbiologischer Ansichten über die Bindung des Kindes beigetragen. Nach Hassenstein (1978²) führt die angeborene Hinwendungsreaktion des Neugeborenen zum menschlichen Gesicht bei der Nahrungsaufnahme zur Bindung an die Betreuungsperson, in der Regel also an die Mutter.

Im Sinne des Modells der sensiblen Phase festigt sich die individuelle Kind-Mutter-Bindung in der Zeit vom dritten bis zum 18. Lebensmonat. Hat das Kind während dieser Zeit keinen ausreichenden Kontakt zu einer konstant verfügbaren Betreuungsperson oder wird das Kind von wechselnden Betreuungspersonen versorgt, könne das Kind mit großer Wahrscheinlichkeit danach keine sichere Bindung mehr herstellen und Deprivationserscheinungen wie allgemein erhöhte Angst (Meierhofer & Keller, 1966, 1970², zit. in Hassenstein, 1978²) und anaklitische Depression (Spitz, 1946) träten auf. Neben der Bindung an die Hauptbetreuungsperson, auf die das Kind im ersten Lebensjahr „im Sinne der Mutter-Kind-Bindung geprägt ist" (Hassenstein, 1978², S. 377) entwickle das Kind – gewissermaßen nachrangige – Bindungen auch an weitere Bezugspersonen der Umgebung (dazu zählt auch der Vater), sowie an die räumliche Umgebung und an den Rhythmus des Tagesablaufes.

Die Entwicklung von Bindungsverhalten wurde ferner von Murphy (1962) für Kinder im vorschulischen Alter untersucht. Während sich jüngere Kinder im Alter von zweieinhalb Jahren weigerten, einem Fremden ohne Mutterbegleitung zu folgen, hatten fünfjährige Kinder diese Ängste bereits weitgehend überwunden. Zu vergleichbaren Ergebnissen kam auch eine englische Studie von Newson & Newson (1966, 1968). Bowlby betont, daß die meisten Kinder nach dem dritten Lebensjahr weniger intensives Bindungsverhalten zeigen, wenn dies auch nach wie vor ein Hauptaspekt ihres Verhaltens bleibe. Bindungsverhalten ist nach Ansicht Bowlbys aber auch noch in den ersten Schuljahren manifest: „... Beim Spazierengehen werden Kinder von fünf, sechs oder sogar mehr Jahren bisweilen gerne vom begleitenden Elternteil an der Hand geführt oder sie fassen auch selbst danach ..." (Bowlby, 1975, S. 196). Bindung an die Eltern wird, nach Ansicht Bowlbys, mit der Adoleszenz schwächer. Zu diesem Zeitpunkt können andere Personen als die Eltern für Jugendliche die wichtigste Rolle spielen. Während der Jugend und des Erwachsenenalters richtet sich ein Teil des Bindungsverhaltens an Personen oder sogar an Gruppen und Institutionen außerhalb der Familie, wobei prominente Personen in der Gruppe oder in der Institution eine wesentliche, vermittelnde Rolle übernehmen können. Bowlby impliziert eine qualitative Fortsetzung kindlichen Bindungsverhaltens bis ins Erwachsenenalter hinein: „... In Unglücksfällen sucht der Mensch fast immer die Nähe einer bekannten Person, zu der er Zutrauen haben kann" (Bowlby, 1975, S. 197; vgl. auch hierzu Bowlby, 1982). Bei den meisten Menschen halte die Bindung an die Eltern bis ins Erwachsenenalter hinein und wirke sich auf vielerlei Art und Weise aus. Im höheren Alter und dort, wo es nicht mehr möglich ist, Bindungsverhalten an eine ältere oder die eigene Generation zu richten, könne es sich statt dessen wieder Mitgliedern einer jüngeren Generation zuwenden.

Bowlbys Ansichten, die hier nur stark verkürzt wiedergegeben werden konnten, haben die neuere Forschung wesentlich beeinflußt. Es ist zweifelsohne sein Verdienst, auf das Phänomen der frühen Mutter-Deprivation und deren Folgen für die kindliche Entwicklung aufmerksam gemacht und mit seinem Bindungskonzept eine Reihe von Untersuchungen stimuliert zu haben. Unser heutiges Verständnis von ‚Bindung' wird noch weitgehend durch die Ergebnisse bestimmt, die aus den Arbeiten Bowlbys (und sicherlich auch von Spitz, 1945, 1946, 1947) stammen. Einige dieser, inzwischen zum Allgemeingut gewordenen Überzeugungen, die nichtsdestoweniger zunehmend Gegenstand kritischer Auseinandersetzungen mit der Bindungstheorie Bowlbys sind, seien kurz angeführt: (a) Bindung wird als unidirektionales Phänomen verstanden; (b) das kognitive Entwicklungsstadium der Objekt-Permanenz wird als notwendig für das Auftreten von Bindung vorausgesetzt (was sich als Hindernis für die Untersuchung der Kind-Erwachsenen-Bindung unmittelbar nach der Geburt bis zum Alter von sechs bis acht Monaten erwies); (c) die Heraushebung der ‚primären Bezugsperson' impliziert ein Exklusivitätspostulat der Mutter-Kind-Bindung (und führte bis zu einem gewissen Grad zu einer „wissenschaftlichen" Rechtfertigung der herrschenden „tender-years-doctrine" (Fthenakis, 1982)); (d) das Pflegeverhalten der Betreuungsperson wird in der Regel als alleinige Grundlage für das Entstehen von Bindung angesehen bzw. damit in Zusammenhang gebracht; (e) das zeitliche Ausmaß der physischen Anwesenheit einer Betreuungsperson wird zur Erklärung der Entstehung von Bindung an diese Person herangezogen (eine Sichtweise, die die *Qualität* der Kind-Erwachsenen-Beziehung nicht angemessen berücksichtigt); (f) die frühe Bindungsqualität bzw. frühe Mutter-Deprivation hat schicksalhafte, d.h. lebensbestimmende Bedeutung (eine Annahme, die während der letzten fünf Jahre im Rahmen der von den Entwicklungspsychologen international geführten Debatte um Kontinuität versus Diskontinuität menschlicher Entwicklung diskutiert wird (Fthenakis, Niesel & Kunze, 1981a, 1981b); (g) die Suche nach Nähe „zur primären Bezugsperson" gilt als Hauptkriterium zur Beurteilung der „Bindungsstärke" (inzwischen sieht man sich veranlaßt, andere Kriterien zur Erfassung von Bindung heranzuziehen).

Die Vaterforschung hat wesentlich zur Revision der Annahme beigetragen, wonach Kleinkinder Bindungen nur zu einer Person, in der Regel zur Mutter, entwickeln und lieferte empirische Evidenz gegen das Monotropieprinzip Bowlbys.

8.2.4 Der Beitrag von Ainsworth

Ainsworth und Mitarbeiter haben Bowlbys Konzept im Rahmen einer Längsschnittstudie über das Verhalten von Kindern zu ihren Bezugspersonen vervollständigt und erweitert (Ainsworth, Blehar, Waters et al., 1978). Ainsworth entwickelte die sogenannte „Fremde Situation", die, indem sie das Kind in mehreren Episoden zunehmendem ‚Streß' aussetzt, die Erfassung kindlichen Bindungsverhaltens im Rahmen eines sechsdimensionalen deskriptiven Modells zuläßt. Die Verhaltensdimensionen, die in der „Fremden Situation" erfaßt werden, sind (1) Nähe bzw. Kontaktsuche zur vermuteten Bindungsfigur; (2) Aufrechterhaltung des Kontaktes; (3) Widerstand; (4) Vermeidungsverhalten; (5) Suchen und (6) Distanz-Interaktionen. Mit Hilfe dieser Verhaltensdimensionen, die als Bindungskriterien dienen, werden Aussagen gemacht hinsichtlich (a) des Einbezugs eines Erwachsenen in das kindliche Verhaltensmuster in der Form, daß dieser Erwachsene als „sichere Basis" für Erkundigungen in der Umgebung des Kindes dient; (b) der Reaktionen des Kindes auf eine fremde Person und (c) seiner Reaktionen auf Trennung von und Wiederbegegnung mit dem Erwachsenen (Ainsworth & Wittig, 1969). Der Schwerpunkt der bisherigen Forschung unter Verwendung der „Fremden Situation" lag zweifelsohne auf dem Aspekt der „sicheren Basis", da „die Fähigkeit, die Mutter als sicheren Ausgangspunkt für Explorationen zu verwenden, das wesentliche Kriterium einer gesunden Bindung darstellt" (Ainsworth & Wittig, 1969, S. 112). Bindung hat aus dieser Sicht im Laufe der Evolution nicht nur den Vorteil mit sich gebracht, daß die Nähe zur Mutter Sicherheit vor Raub bietet, sondern auch den der ungestörten Gewinnung von Informationen über die unbelebte und belebte Umwelt.

Lamb, Thompson, Gardner et al. (1984) haben die Implikationen der Methode der „Fremden Situation" wie folgt zusammengefaßt: (1) Individuelle Unterschiede im kindlichen Verhalten in der „Fremden Situation" stehen in einem gesetzmäßigen und interpretierbaren Bezug zu vorangegangenen Mustern der Eltern-Kind-Interaktion. (2) Aus einer evolutionär-adaptiven Perspektive lassen sich manche Verhaltensmuster in der „Fremden Situation" als adaptiv, andere als nicht adaptiv einstufen. (3) Kleinkinder, welche häufiger in der „Fremden Situation" beobachtet werden, zeigen gewöhnlich jedesmal ähnliche Verhaltensweisen, was darauf hinweist, daß die Prozedur eher stabile Verhaltensdimensionen erfaßt. (4) Individuelle Verhaltensunterschiede in der „Fremden Situation" lassen Vorhersagen über Verhaltensunterschiede unter anderen Kontextbedingungen über einen längeren Zeitraum zu.

Die „Fremde Situation" Ainsworths sieht eine Klassifikation der untersuchten Kinder nach drei Gruppen (A, B, C) und insgesamt acht Subgruppen (A 1, A 2; B 1, B 2, B 3, B 4; C 1, C 2) vor. Kinder der Gruppe A weichen in der „Fremden Situation" ihren Eltern aus und ignorieren sie nach deren

Rückkehr: A 1-Kinder zeigen auffallendes Vermeidungsverhalten, während bei A 2-Kindern abweisendes und nähesuchendes Verhalten wechselt. Kinder der Gruppe B werden als in „sicherer Bindung stehend" eingestuft. Sie begrüßen den Elternteil nach dessen Rückkehr durch Kontaktsuche oder durch distale Interaktion wie Blick- und Sprechkontakt. Die Gruppen B 1 bis B 4 unterscheiden sich hinsichtlich der Intensität der Interaktion: B 1-Kinder sind z. B. mit Interaktion aus der Distanz zufrieden, während B 4-Kinder stark an engem körperlichem Kontakt interessiert sind und nach der Trennung auch bei wiederhergestelltem Kontakt nur langsam zu beruhigen sind. Kinder der C-Gruppe werden als ‚trotzig' bezeichnet. Bei ihnen wechseln sich insbesondere nach der Rückkehr des Elternteils nähe- bzw. kontaktsuchendes Verhalten mit Zorn und Zurückweisung ab. Während C 1-Kinder recht aktiv in der Kontaktsuche wie in der Zurückweisung sind, sind C 2-Kinder durch Passivität gekennzeichnet. Ein Großteil der wissenschaftlichen Arbeiten über die Methode der „Fremden Situation" versucht, Zusammenhänge zwischen der diagnostizierten Zugehörigkeit zu einer dieser Gruppen (bzw. Subgruppen) und verschiedenen Maßen kindlichen oder elterlichen Verhaltens in vorangegangenen, gleichzeitigen oder nachfolgenden Beobachtungen herzustellen. Dabei scheint die Subgruppe B 4 eine Zwischenstellung zwischen allgemein „sicherer" und „ängstlich-vermeidender" Bindung einzunehmen (vgl. Befunde und Diskussion bei Van IJzendoorn, Tavecchio, Goossens et al., 1983).

Der Beitrag Ainsworths zur Bindungstheorie besteht in der Entwicklung von zwei miteinander in Beziehung stehenden Konzepten: dem Gleichgewicht von Bindung und Exploration und dem Phänomen der sicheren Basis. Sie formuliert damit das unidirektionale Modell, innerhalb dessen ausschließlich die Bewegung des Kindes auf die Mutter hin betrachtet wurde, in ein *bidirektionales* um. Die Hauptfunktion von Bindungsverhaltenssystemen wird nunmehr darin gesehen, dem Kind Exkursionen in seine Umwelt zu ermöglichen und Unbekanntes zu erforschen. Das Gleichgewicht zwischen Explorationsverhalten und der Suche nach Nähe erlaubt differenzierte Reaktionen auf verschiedene Ereignisse. Die Betonung des Gleichgewichts zwischen Bindung und Exploration als grundlegender Analyseeinheit beim Beobachten der Kind-Erwachsenen-Bindung stellt nach Waters (1978) eine bedeutende deskriptive Erkenntnis dar, der modifizierte Reiz-Reaktions- oder kausale Merkmalsmodelle nichts Gleichwertiges entgegenzusetzen haben.

Die Studien von Ainsworth und Mitarbeitern bleiben zwar dem ethologischen Ansatz treu, sie haben jedoch den Blickwinkel erweitert und durch ihre empirische Evidenz seit Mitte der siebziger Jahre eine Reihe von Studien, unter anderem zur Vaterrolle (Lamb, 1974, 1976a), angeregt und damit letztendlich einen wichtigen Beitrag zur Überwindung der einseitigen Sichtweise der Freudschen Psychoanalyse und der Theorie Bowlbys geleistet.

Im deutschsprachigen Raum haben Großmann, Großmann und Mitarbeiter (Großmann & Großmann, 1982; Großmann, Großmann, Huber et al., 1981;

Großmann, Großmann & Wutz, 1983) in der Tradition Ainsworths die Bindungstheorie weiterentwickelt. Aufgrund der von ihnen in Norddeutschland erhobenen Befunde an 49 Kindern, deren Entwicklung von der Geburt an über mehrere Jahre verfolgt wurde, haben sie insbesondere zwei weiterführende Forschungsergebnisse erarbeitet: Modifizierung des Bindungsverhaltens durch individuelle Charakteristika des Kindes und kulturelle Normen der Erziehung. Beides wirkt mit auf die Ausformung einer individuellen Bindung ein. Wie Ainsworth sehen auch Großmann und Großmann vor allem den interaktionalen Aspekt des Entstehens von Bindung und die besondere Bedeutung der Feinfühligkeit der Betreuungsperson für die weitere Entwicklung der Kinder.

Großmann & Großmann (1983) setzen sich sowohl mit dem Hospitalismusargument nach Spitz (1946) als auch mit dem Monotropismusmodell Bowlbys kritisch auseinander und betonen, daß Kinder bereits früh anfangen, zu weiteren anwesenden Personen ihrer sozialen Umgebung individuelle Beziehungen aufzubauen. Im Sinne Bronfenbrenners (1979) stelle die Kind-Eltern-Bindung nur ein Mikrosystem innerhalb des Mesosystems, d.h. des unmittelbaren sozialen Feldes, und des weiteren Exosystems sowie der gesellschaftlichen und kulturellen Erwartungen insgesamt dar (Großmann, 1984b). Von daher lassen sich die Unterschiede in der Verteilung von Bindungsklassifikationen, die Großmann, Großmann und Mitarbeiter bei ihrer norddeutschen Stichprobe von Kindern feststellten, daß nämlich, verglichen mit der Verteilung, die Ainsworth, Blehar, Waters et al. (1978) aus Nordamerika berichteten, ein weit größerer Anteil der Kinder als ,,unsicher gebunden" eingestuft wurde, mit den höheren Anforderungen der norddeutschen Mütter an Selbständigkeit und Selbstbeschäftigung der Kinder erklären (Großmann, Großmann, Huber et al., 1981).

Van IJzendoorn, Tavecchio, Goossens et al. (1983) haben 62 niederländische Kinder im Alter von zwei Jahren nach ihrer Bindungsqualität klassifiziert und ihre Ergebnisse in Beziehung zu denen von Ainsworth, Blehar, Waters et al. (1978) sowie Großmann, Großmann, Huber et al. (1981) gesetzt. Ohne auf das Argument unterschiedlicher kulturell bedingter Anforderungen an die Kinder weiter einzugehen, sahen sie die von ihnen mit der ,,Fremden Situation" gefundenen Ergebnisse insofern als validiert an, als sich große Übereinstimmungen zwischen vorgenommenen Klassifizierungen und den zusätzlich erhobenen Berichten der Mütter über kindliche Angst- und Unsicherheitsreaktionen im Alltag ergaben. Weitere vergleichende Studien mit der ,,Fremden Situation" werden aus Japan (Miyake, 1984; Miyake, Chen, Ujiie et al., 1981–1982) und Israel (Sagi, 1984; Sagi, Lamb, Lewkowicz et al., im Druck) berichtet. Auch aus diesen Untersuchungen lassen sich Differenzen in der Verteilung von Bindungsklassifikationen bei den untersuchten Kindern teilweise auf kulturell bedingt unterschiedliche Erziehungs- und Interaktionspraktiken zurückführen (vgl. im Überblick Tabelle 4).

Tabelle 4: Die ‚Fremde Situation': Klassifikation von Bindungsqualität in internationalen Untersuchungen

In den letzten Jahren sind in mehreren Ländern Beobachtungen von Kleinkindern in der ‚Fremden Situation' durchgeführt worden. Dabei wurden teilweise krasse Unterschiede in den Häufigkeitsverteilungen der einzelnen Kategorien A, B und C berichtet, die zu einer Diskussion über kulturelle Einflüsse auf die Eltern-Kind-Interaktion sowie weiterer möglicher Faktoren bei der Erklärung kindlichen Bindungsverhaltens geführt haben. Diese unterschiedlichen Ergebnisse sind in der folgenden Tabelle zusammengestellt.

Bindungsqualität Kind-Mutter	Ainsworth, Blehar, Waters et al. (1978) USA	Van IJzendoorn, Tavecchio, Goossens et al. (1983)* Niederlande	Großmann, Großmann, Huber et al. (1981) Bielefeld	Beller (1983, 1984b); Ziegenhain, Pohl & Hedervari (1983) Berlin-West	Sagi, Lamb, Lewkowicz et al. (im Druck)** Israel: Stadt	Kibbuz: Mütter	Kibbuz: Väter	Kibbuz: Metaplot
A-Gruppe	22%	19%	49%	21%	3%	8 (13) %	11 (14) %	15 (22) %
B-Gruppe	66%	79%	33%	74%	81%	56 (69) %	65 (79) %	52 (64) %
C-Gruppe	12%	2%	12%	5%	16%	33 (17) %	22 (7) %	32 (14) %

* Die Kinder der niederländischen Stichprobe waren im Gegensatz zu allen übrigen bei der Beobachtung nicht ein, sondern *zwei* Jahre alt.

** Bei der Stichprobe von Kibbuzim-Kindern wurde die Bindung an Mütter, Väter und Betreuungspersonen (Metaplot) klassifiziert. 80 von 251 Beobachtungen mußten unterbrochen werden, weil die Kinder zu sehr weinten. In Klammern sind die Zahlen derjenigen Kinder angegeben, mit denen das Verfahren vollständig durchgeführt werden konnte.

Bindungskriterien in der Diskussion

Die zentralen Kriterien, die zur Erfassung von Bindungsverhalten in der psychologischen Literatur verwendet wurden, sind: (1) Präferenz für eine Person – nämlich für die (mutmaßliche) Bindungsperson – gegenüber einer anderen; (2) Suchen nach und Aufrechterhaltung der Nähe zu der Bindungsperson; (3) Trennung von der Bindungsperson – langfristige Folgen; (4) Reaktion auf Wiedervereinigung mit der Bindungsperson; (5) Bindung als Ausgangsbasis für Exploration der Umwelt sowie (6) Trennungsprotest.

(1) Präferenz für eine Person

Der Nachweis eines bevorzugten Reagierens auf ein bestimmtes Individuum wird als wichtigster Bestandteil einer operationalen Definition von Bindung angesehen (Cohen, 1974). Dabei ist es wichtig, daß die Reaktion des Kindes selektiv auf die Bindungsfigur erfolgt und nicht auf eine allgemeine Klasse von Stimuli, die auch von anderen Personen ausgehen könnten. (Diese Spezifität muß im einzelnen bei jedem der verwendeten Kriterien nachgewiesen werden.) Üblicherweise wird dem Kind die Wahl zwischen der Mutter bzw. dem Vater und einer fremden Person angeboten, die dem Kind gleichzeitig oder nacheinander präsentiert wird. Das Wiedererkennen der Mutter oder des Vaters und die Präferenz für sie werden dabei durch einen Unterschied im Verhalten (etwa bei subhumanen Primaten durch Schnüffeln und Anklammern) bestimmt. Diese Reaktion wird in Gegenwart der Mutter gezeigt und läßt sich dann mit dem in der Beobachtungssituation auf die fremde Person gerichteten Verhalten vergleichen. Dabei ist zu bedenken, daß dann, wenn ein Kind physisch mit der Mutter *und* der fremden Person interagieren kann, (1) das Verhalten des Kindes durch die Gegenwart der dritten Person beeinflußt wird, andererseits (2) Mutter und fremde Person interagieren können, was wiederum das Verhalten des Kindes beeinflußt und schließlich (3) das Verhalten des Kindes auf die Mutter und die fremde Person einwirkt. Das Kind kann sich z. B. deswegen mehr an die Mutter anklammern oder mehr Zeit in ihrer Nähe verbringen, weil es die Mutter erkennt und vorzieht, oder aber, weil die Mutter das Kind erkennt und dies signalisiert, oder weil die fremde Person das Kind meidet oder es erschreckt. Aufgrund des üblichen methodischen Vorgehens (in der ‚Fremden-Situation') kann man zwischen diesen Interpretationen nicht unterscheiden.

Wenn das Kind jedoch mehr Zeit bei der Mutter verbringt, kann dies aber auch heißen, daß es einfach das *Vertraute dem Nichtvertrauten* vorzieht (Zajonc, 1971). Wenn das Kind jedoch bei beiden anwesenden Personen gleich viel Zeit verbringt oder sogar mehr Zeit in der Nähe der fremden Person, muß dies nicht bedeuten, daß es keine Bindung an die Mutter oder den Vater entwickelt hat. Es kann im Gegenteil sogar dahingehend interpretiert werden, daß es eine Bindung an seinen Elternteil hat und darum um so eher in dessen Gegenwart die Umgebung exploriert und sich auch einer fremden Person nähert (Ainsworth, 1972;

Harlow, 1958). Außerdem wenden sich Kinder in einer neuen ungewohnten Umgebung durchaus auch einem unvertrauten sozialen Stimulus zu und halten die Nähe zu ihm aufrecht (unter anderem auch durch tierexperimentelle Studien bestätigt: Pettijohn, 1977, bei Meerschweinchen; Rosenblum & Alpert, 1974, bei Affen). Gubernick (1981) verweist auf Cohen (1974) und fordert mit Recht einen Vergleich zwischen den kindlichen Reaktionen auf verschiedene *vertraute* Personen. Die Reaktionen auf Kombinationen von vertrauter Person und fremder Person, Mutter bzw. Vater und fremde Person, Mutter und vertrauter Person können die Wirkung von Vertrautheit alleine anzeigen und die Spezifität der Reaktionen im Sinne von Bindungsverhalten auf die Mutter verdeutlichen.

(2) Suchen nach und Aufrechterhalten der Nähe zur Bindungsperson

Die Operationalisierung des Bindungskonstrukts als Suche nach und Aufrechterhalten der Nähe zu der Bindungsperson wird häufig als Nachweis für eine Präferenz verwendet. Wenn das Suchen von Nähe bzw. das Aufrechterhalten von Nähe fehlt, beweist dies allerdings allein nicht das Fehlen von Präferenz oder Bindung. Im Laufe der Entwicklung eines Kindes können proximale Formen des Kontaktes (z. B. Anklammern) zu distaleren Formen übergehen (u. a. Beobachtung aus der Entfernung, Vokalisieren) (u. a. Serafica, 1978). Es ist demnach erforderlich, jeweils zu definieren, was für einen Entwicklungsabschnitt als Nähesuchen und Aufrechterhalten von Nähe gelten soll. Die einzelnen diesbezüglichen Verhaltensweisen können auch durch andere Faktoren wie (a) den motivationalen Zustand, (b) den Kontext (Streß oder vertraute Person), (c) das Geschlecht des Kindes (und des Elternteils) oder (d) das Alter des Kindes beeinflußt werden. Nähe allein reicht also zur Bestimmung von Bindung nicht aus. Die Schwierigkeiten bei der Definition von Maßen der Nähe für die Bestimmung von Bindung bei sich frei bewegenden Tieren, die diese gegenüber Individuen, Objekten und Orten zeigen, sind bereits von Wickler (1976) und Hinde (1977) diskutiert worden. Wickler (1976, s. 27) schreibt: „... Bindungen werden durch Verhaltensweisen sichtbar, die das Individuum bevorzugt oder ausschließlich in der Nähe des Bindungsobjektes ausführt oder auf es richtet. Typische Nähe zum Objekt der Bindung ist zwar leicht zu messen, aber nicht leicht zu deuten; denn die sich einstellende Entfernung vom Bindungsobjekt kann durch gleichzeitig aktive, in verschiedene Richtungen zielende Tendenzen bestimmt sein."

(3) Trennung von der Bindungsperson – langfristige Folgen

Die Auswirkungen einer Trennung auf die Mutter-Kind-Beziehung und das nachfolgende Verhalten des Kindes sind ausführlich von Bowlby (1969), Harlow & Harlow (1965, 1969), Hinde & Davies (1972), Rutter (1972, 1978,

1979a, 1979b, 1981[2]) beschrieben worden. Die Kinder zeigen danach auf eine Trennung von der mutmaßlichen Bindungsperson hin Kummerreaktionen, die Bowlby (1973) als Indikator für Bindung deutet. Solche Reaktionen sind jedoch nicht unvermeidbar und sie können durch eine Reihe von Faktoren beeinflußt werden: (a) durch die soziale Beziehung zwischen Mutter und Kind *vor* der Trennung; (b) durch den sozialen Kontext der Umgebung während der Trennung; (c) davon, *wer* aus der Situation herausgeht und (d) von der Spezies (vgl. hierzu Hinde & McGinnis, 1977; Mineka & Suomi, 1978). Die Frage ist, ob ein Bruch im Verhalten, der nach einer Trennung zu beobachten ist, das Vorhandensein von Bindung anzeigt, bzw. das Fehlen solcher Reaktionen die Abwesenheit von Bindung an die mutmaßliche Bindungsperson. Sie kann nicht eindeutig beantwortet werden. Gubernick (1981) schlägt eine alternative Erklärung vor: Das Weggehen der Mutter bedeutet auch einen Verlust an Stimulation (u.a. Wärme, Bewegung), die normalerweise das Verhalten des Kindes reguliert. So könnte es auch die fehlende Stimulation sein, die zu den beobachteten Kummerreaktionen führt. Die Mutter könnte außerdem Signale bieten, die mit vielen Verhaltensmustern des Kindes assoziiert sind bzw. diese bereits koordiniert haben (Cairns, 1966; Gewirtz, 1972). Das Ausbleiben dieser Signale resultiert dann möglicherweise in einem Auseinanderbrechen der organisierten Verhaltensabfolgen.

Untersuchungen mit Kindern, die nicht mit beiden Eltern aufwachsen konnten und eine Trennung hinnehmen mußten, sind sicher wichtig für das Verständnis der Natur der Eltern-Kind-Beziehung und der Effekte einer Trennung auf die Entwicklung der Kinder, genauso wie sie Wege aufzeigen können, wie man die traumatischen Wirkungen erleichtern kann. Jedoch liefern Trennungsstudien allein nicht genügend Beweise für das Bestehen von kindlicher und elterlicher Bindung. Dazu wären experimentelle Untersuchungen (u.a. Präferenztests) zusätzlich zu den Trennungsstudien erforderlich.

(4) Wiedervereinigung mit der Bindungsperson

Auch die Reaktion auf die Wiedervereinigung mit der mutmaßlichen Bindungsperson kann durch verschiedene Faktoren beeinflußt sein: (a) Dauer der Trennung; (b) soziale Beziehung von Mutter und Kind *vor* der Trennung; (c) Umgebung *während* der Trennung und *nach* der Wiedervereinigung: Einmal kann das Kind unmittelbar nach der Wiedervereinigung einen stabilen Kontakt zur Mutter wiederherstellen. In anderen Fällen könnte das Kind sich der Mutter nicht zuwenden, weil es während der Trennung eine andere Betreuungsperson angenommen hat. Aus dem Tierreich ist dies für nordindische Languren belegt (Dolhinow, 1978). Auf Bindung darf auch dann nur geschlossen werden, wenn die Verhaltensweisen nach der Wiedervereinigung in bezug auf die Bindungsperson spezifisch dieser gelten und nicht durch eine andere Person hervorgerufen werden können, die ähnliche Stimulus-Charakteristika aufweist.

(5) Sichere Basis

In Gegenwart seiner primären Bindungsperson exploriert das Kind eher eine neue Umgebung oder es nähert sich einem fremden Individuum. Ainsworth, Blehar, Waters et al. (1978) sowie Harlow (1958, für subhumane Primaten) haben gezeigt, daß im Sinne eines bidirektionalen Bindungsverhaltens ein Kind (bzw. ein Junges) einmal in der Nähe der Mutter bleiben kann, während es sich in anderen Fällen von ihr entfernen kann. Aufgrund der Nähe des Kindes zur Mutter könnte man schließen, daß das Kind im ersten Fall an die Mutter gebunden ist, aber nicht im zweiten Fall. Jedoch treten hier dieselben Schwierigkeiten wie bei der Verwendung von Maßen der Nähe auf. Wiederum muß man zeigen können, daß das Verhalten der Kinder auf die Gegenwart dieser spezifischen Betreuungsperson zurückzuführen ist und nicht auf andere Einflußgrößen.

(6) Trennungsprotest

Den Grad des Trennungsprotestes, den ein Kind in Form von Weinen, Schreien, Festklammern zeigt, wenn die Bindungsfigur sich von ihm entfernt, hatte Bowlby (1969) als Ausdruck für die Intensität der Bindung des Kindes an diese Person vorgeschlagen. Dabei war er von den Berichten Spitz' (1946, 1965) über den Zusammenhang zwischen Qualität der Mutter-Kind-Beziehung und Ausmaß des Leidens des Kindes bei längerfristigen Trennungen von der Mutter ausgegangen. Vor allem in Untersuchungen, die vor der Erweiterung des Bindungskonzepts durch Ainsworth und Mitarbeiter (Ainsworth, Blehar, Waters et al., 1978; Ainsworth & Wittig, 1969) durchgeführt worden sind, hat Trennungsprotest als Bindungskriterium Anwendung gefunden, so bei Fleener & Cairns (1970), Schaffer & Emerson (1964) und Tennes & Lampl (1964).

Die Untersuchungsergebnisse zur Bindung des Kindes an beide Eltern erbrachten, daß Trennungsprotest wohl zwischen Eltern und einer fremden Person, aber kaum zwischen den beiden Eltern diskriminierte (Kotelchuck, 1972, Lamb, 1976a). Weitere Ergebnisse von Kotelchuck und Mitarbeitern zeigten, daß Kinder, die häufige und intensive Interaktion mit ihren Vätern erlebten, erst in späteren Lebensmonaten Trennungsprotest bei der Trennung von ihm zeigten und dies insgesamt während einer kürzeren Phase ihrer Entwicklung, verglichen mit Kindern wenig involvierter Väter (Kotelchuck, 1972; Spelke, Zelazo Kagan et al., 1973; Lester, Kotelchuck, Spelke et al., 1974). Vermehrtes Involment des Vaters zu Hause korrelierte zwar in einer weiteren Untersuchung mit vermehrter Interaktion zwischen Vater und Kind im Labor, jedoch blieben die Maße für Trennungsprotest davon unbeeinflußt (Zelazo, Kotelchuck, Barber et al., 1977, zit. in Parke, 1981). Diese Untersuchungsergebnisse aus der Vaterforschung geben Anlaß zu der Vermutung, daß Trennungsprotest kein zuverlässiger Indikator für kindliche Bindung ist, wobei diese Interpretation durch den Umstand gestützt wird, daß Maße für Trennungsprotest Unterschiede, die mit anderen, empfindlicheren Messungen hervortraten, nicht aufdecken konnten (Cohen & Campos, 1974; Stayton, Ainsworth & Main, 1973).

8.3 Untersuchungen zur Kind-Vater-Bindung

8.3.1 Erste Versuche zur Bestimmung der Kind-Vater-Bindung

Schaffer & Emerson (1964) unternahmen den Versuch, die Frage, ob und wann Kleinkinder Bindungen auch an ihre Väter entwickeln, empirisch zu beantworten. Sie fragten Mütter von Kindern im Alter von sechs bis 18 Monaten, ob ihr Kind in bestimmten Situationen (etwa wenn es im Zimmer allein gelassen wurde, wenn es abends ins Bett gebracht wurde, wenn es in seinem Kinderwagen vor einem Geschäft allein auf einen Elternteil warten mußte), Protestverhalten zeigte. Als Maß für Bindungsverhalten verwendeten die Autoren somit den Grad des Protestes bei der Trennung von einem vertrauten Elternteil. Sie fanden, daß Kinder im Alter von neun Monaten auf die Trennung von der Mutter mit stärkerem Protest reagierten, jedoch 71% aller Kinder gegen die Trennung von Mutter *und* Vater protestierten, was die Autoren als Beleg für Bindung an beide Elternteile interpretierten. Diese Studie ist unter anderem deshalb von Interesse, weil sie schon relativ früh Zusammenhänge zwischen verschiedenen unabhängigen Variablen und der abhängigen Bindungsverhaltensvariable „Trennungsprotest" untersucht hat. Dabei zeigte sich, daß die Variablen ‚Verfügbarkeit des Vaters' und ‚Ausmaß der Beteiligung an der Kinderpflege' nicht für die Vorhersage des Trennungsprotestes bestimmend waren. Dieser Befund wird in etlichen Arbeiten der Vaterforschung bestätigt (u.a. Cohen & Campos, 1974; Kotelchuck, 1972, 1973, 1976; Lamb, 1976a; Ross, Kagan, Zelazo et al., 1975). Positiv mit Bindung korrelierten hingegen Variablen wie (a) soziale Stimulation (Sprechen, Berühren, Spielen) und (c) Antwortbereitschaft und Sensitivität des Erwachsenen hinsichtlich kindlicher Bedürfnisse und Signale. Die Studie lieferte erste empirische Evidenz für die Annahme, daß Kleinkinder Bindungen nicht nur zur Mutter, sondern zu mehreren Personen, mit denen sie interagieren, entwickeln können. Die Ergebnisse stehen damit im Gegensatz zur Freudschen Annahme der Exklusivität der Mutter-Kind-Beziehung und widersprechen auch der Monotropie-Annahme Bowlbys.

Die Ergebnisse von Schaffer & Emerson (1964) finden weiterhin durch frühere tierexperimentelle Forschungsergebnisse über Rhesusaffen eine Bestätigung. Harlow & Zimmermann (1959) und Harlow (1961) konnten nachweisen, daß die rein physische Bedürfnisbefriedigung keine signifikante Rolle für die Mutter-Kind-Beziehung spielt. Darauf, daß Pflege und Versorgung nicht die ausschlaggebenden Faktoren für die Qualität der Mutter-Kind-Interaktion sind, hat später Rutter (1971, 1978, 1979a, 1979b, 1981[2]) in seiner Übersicht über die Mutterdeprivationsforschung erneut hingewiesen.

Leider weist die Studie von Schaffer & Emerson (1964) zwei wesentliche Nachteile auf: Die Daten wurden lediglich aus Berichten der Mütter gewonnen, die nicht als uneingeschränkt reliable Informationsquelle über die Kind-Vater-Beziehung angesehen werden können. Außerdem verwendeten die Autoren ein viel zu enges Kriterium für die Erfassung von Bindungsverhalten, nämlich die Wahrscheinlichkeit des Auftretens kindlichen Protestes infolge kurzer, täglich wiederkehrender Trennungen von Personen aus der Umgebung.

Pedersen & Robson (1969) befragten ebenfalls Mütter nach den Reaktionen ihrer Kinder auf die Heimkehr des Vaters von der Arbeit. Als Indikator für Bindungsverhalten verwendeten sie nicht den ‚Trennungsprotest', sondern die Reaktion des Kindes bei der Wiedervereinigung: Etwa drei Viertel der Mütter berichteten von einer positiven Reaktion ihrer 18 Monate alten Kinder auf die Rückkehr des Vaters. Die Autoren schließen daraus, daß die Kinder zu ihren Vätern eine Bindung haben. „... Diese Bindungen spiegeln sich deutlich in dem Interesse des Kindes am Verhalten des Vaters wider. Beispielsweise schauen Kinder, die an ihren Vater gebunden sind, diesen länger an, reagieren lebhaft, wenn er den Raum betritt oder verläßt, und machen oft Bewegungen, die den Wunsch nach Nähe zum Vater anzeigen" (Pedersen & Robson, 1969; S. 469). Zu einem ähnlichen Ergebnis kam auch Lamb (1976a), der zeigte, daß der Vater – gemessen an der Begrüßungsreaktion des Kindes – gegenüber der Mutter leicht bevorzugt wurde. Die Studie von Pedersen & Robson (1969) verdient auch deshalb Aufmerksamkeit, weil sie Anhaltspunkte für geschlechtsabhängige kindliche Reaktionen auf das Verhalten des Vaters liefert: Für Jungen erwiesen sich als relevante Prädikatoren für die Intensität der Begrüßung folgende Variablen: (a) die Häufigkeit der Versorgung durch den Vater; (b) die Geduld des Vaters und (c) die Intensität des gemeinsamen Spiels. Bei Töchtern hingegen zeigten sich signifikante Zusammenhänge zwischen Intensität in der Begrüßung und väterlicher ‚Besorgnis über das Wohlbefinden' der Tochter. Die Aussagekraft dieser Studie ist allerdings wegen der Methode wiederum eingeschränkt, da ausschließlich die Mütter befragt worden waren.

Besondere Beachtung verdienen die Arbeiten von Kotelchuck und seiner Kollegen (Kotelchuck, 1972, 1973, 1976; Lester, Kotelchuck, Spelke et al., 1974; Ross, Kagan, Zelazo et al., 1975; Spelke, Zelazo, Kagan et al., 1973). Kotelchuck (1972) beobachtete Väter und Babies sowohl zu Hause als auch im Labor. In einer laborähnlichen Situation (Labor-Spielzimmer) verglich Kotelchuck die Reaktion von Babies auf Anwesenheit, Fortgehen und Wiederkehr sowohl des Vaters als auch der Mutter und einer fremden Person. Als abhängige Variablen verwendete Kotelchuck kindliche Reaktionen wie z.B. Spielen, Weinen, Berühren, Lächeln und die Nähe des Kindes zu einer Person oder der Tür, durch die diese den Untersuchungsraum verlassen hatte. Diese Studie ist zudem aus methodischen Gründen interessant, weil die bis dahin übliche Vorgehensweise, nämlich die Befragung (von Müttern), zugunsten der direkten Beobachtung aufgegeben wurde. Es wurde damit eine Reihe von

Beobachtungsstudien zur Kind-Vater-Bindung eingeleitet, die die Vaterforschung der siebziger Jahre maßgeblich beeinflußten. Stark zusammengefaßt lassen sich die Ergebnisse Kotelchucks wie folgt darstellen: Kinder im Alter von zwölf Monaten weinten, wenn die Mutter, aber auch, wenn der Vater fortging. Daraus schließt der Autor, daß Kinder dieser Altersstufe zu *beiden* Elternteilen Bindung entwickelt hatten. Das Weinen nahm nicht ab, wenn die zurückgebliebene fremde Person den Raum verließ und die Kinder allein im Zimmer blieben; manche Kinder weinten in dieser Situation weniger als vorher. Kinder blieben an der Tür stehen, wenn Vater *oder* Mutter das Zimmer verlassen hatten und berührten beide Eltern, wenn diese wieder kamen. Keine dieser Reaktionen wurde beobachtet, wenn eine fremde Person das Zimmer verließ oder zurückkehrte. Wenige Kinder protestierten gegen die Trennung von einem Elternteil, wenn der andere bei ihnen blieb. 55% schienen insgesamt ihre Mutter zu bevorzugen, 25% ihren Vater und 20% zeigten keine Präferenz. Die Arbeiten, die dieser ersten Studie folgten (Lester, Kotelchuck, Spelke et al., 1974; Ross, Kagan, Zelazo et al., 1975; Spelke, Zelazo, Kagan et al., 1973; Zelazo, Kotelchuck, Barber et al., 1977) bestätigten im wesentlichen die Ergebnisse Kotelchucks.

Spelke, Zelazo, Kagan et al. (1973) stellten zusätzlich Zusammenhänge zwischen der Intensität des kindlichen Trennungsprotestes und dem Ausmaß der väterlichen Beteiligung bei der Kinderversorgung fest: Erhöhtes väterliches Engagement verzögerte, was das Alter der Kinder anbetraf, das Auftreten des Protestes. Dieser Frage sind einige weitere Arbeiten aus dem Kreis Kotelchucks nachgegangen. Kotelchuck (1972) wies in einer Studie nach, daß amerikanische Kinder im Alter von 15 bis 18 Monaten stark gegen die Trennung von beiden Eltern protestierten. Kinder mit weniger interaktiven Vätern protestierten hingegen in der Studie von Spelke, Zelazo, Kagan et al. (1973) bereits mit 13 Monaten. Auch in Kulturen, in denen Väter sich kaum um ihre Kinder kümmern, wurden ähnliche Zusammenhänge gefunden. Lester, Kotelchuck, Spelke et al. (1974) untersuchten guatemaltekische Kinder, die kaum je mit ihrem Vater Interaktionen hatten, und fanden, daß diese Kinder bereits mit neun Monaten gegen Trennung protestierten. Die Ergebnisse von Kotelchuck und Mitarbeitern zeigen, daß Kinder, die häufig und intensiv mit ihren Vätern interagierten, erst in späteren Lebensmonaten gegen die Trennung protestieren und die Protestphase insgesamt kürzer ist, verglichen mit der von Kindern nichtinvolvierter Väter. Die Problematik liegt bei diesen Untersuchungen in der Annahme, die Intensität des Trennungsprotestes sei ein zuverlässiger Indikator für Bindungsintensität oder -qualität.

Zelazo und Mitarbeiter (1977) zeigten, daß vermehrte Beteiligung des Vaters in der Kleinkindpflege zu Hause mit einer Zunahme der Kind-Vater-Interaktion im Labor einherging. Die Maße für den Trennungsprotest blieben jedoch davon unbeeinflußt. In der Studie von Kotelchuck (1972) war niedrige väterliche Beteiligung bei der Versorgung mit verminderter Interaktion im

Labor und mit dem Suchen von Nähe verbunden. Ban & Lewis (1974), die die Zusammenhänge zwischen väterlicher Beteiligung und Intensität des kindlichen Trennungsprotestes in einer streßfreien Spielsituation untersuchten, konnten die Befunde von Spelke, Zelazo, Kagan et al. (1973) nicht bestätigen. Ban & Lewis (1974) führen die Widersprüchlichkeit der Ergebnisse auf methodische Unterschiede zwischen den beiden Studien zurück.

Cohen & Campos (1974), die die Reaktionen von Kindern im Alter von zehn bis 16 Monaten auf kurze Trennungen untersuchten, stellten hinsichtlich einer Reihe von Variablen (etwa: Häufigkeit und Geschwindigkeit des Annäherns; Dauer der Nähe und Verwendung der Eltern als ‚sichere Basis', von der aus mit einem Fremden interagiert wird) bei zehn, 13 und 16 Monate alten Kindern fest, daß die Kinder die Mutter ihrem Vater und den Vater einem Fremden gegenüber bevorzugten. Letzteres Ergebnis (Präferenz für den Vater gegenüber einem Fremden) haben inzwischen mehrere Studien bestätigt. So wiesen Yogman, Dixon, Tronick et al. (1976) nach, daß Kinder, die jünger als sechs Monate alt waren, signifikant mehr negative Emotionen gegenüber einem Fremden äußerten als gegenüber ihrem Vater.

Im Gegensatz zu Cohen & Campos (1974) ergaben die Untersuchungen von Feldman & Ingham (1975) sowie Willemsen, Flaherty, Heaton et al. (1974), daß ein- und zweijährige Kinder unter vergleichbaren Streßbedingungen keine Bevorzugung irgendeines Elternteils zeigten. Auch Biller (1974c) und Biller & Meredith (1974) betonen, daß Kleinkinder eine ebenso starke, wenn nicht sogar eine stärkere Bindung an den Vater haben. Schließlich testete Lamb (1978b) Kleinkinder mit beiden Elternteilen in der ‚Fremden Situation': Von den 32 erfaßten einjährigen Kindern hatten 20 eine stabile Bindung zum Vater und 21 eine solche zur Mutter entwickelt. Neunzehn dieser Kinder waren an beide Elternteile gleichermaßen gebunden (vgl. auch Main & Weston, 1981).

Lewis und Kollegen (Ban & Lewis, 1974; Lewis & Ban, 1971; Lewis, Weinraub & Ban, 1972) beobachteten ein und zwei Jahre alte Kinder nicht innerhalb eines Trennungs- und Wiedervereinigungsparadigmas, sondern beim freien Spiel, und zwar je einmal mit jedem Elternteil. Sie registrierten sowohl distale Verhaltensweisen (das Kind schaut den Elternteil an, vokalisiert usw.) als auch proximale Verhaltensweisen (Kind berührt den Elternteil, sucht Nähe zu ihm etc.) und stellten fest, daß Jungen und Mädchen zweimal so oft proximale Verhaltensweisen gegenüber der Mutter als gegenüber dem Vater äußerten. Die Unterschiede in den distalen Verhaltensweisen hingegen waren minimal. Nach Ban & Lewis (1974) besteht jedoch eine signifikante Wechselwirkung zwischen dem Geschlecht des Kindes und dem Geschlecht des Elternteils in bezug auf ‚Anschauen'. Während Mädchen Vater und Mutter gleich oft ansehen, schauen Jungen den Vater signifikant häufiger und länger an als die Mutter. Die Autoren wiesen auch eine positive Korrelation zwischen proximalen und distalen Verhaltensweisen bei Jungen, hingegen

Bindungsverhalten unter Streßbedingungen

Die Arbeiten von Lamb machen deutlich, daß Kinder im ersten Lebensjahr keinerlei Präferenzen für den einen oder anderen Elternteil zeigen müssen. Solche Präferenzen wurden jedoch im Laufe des zweiten Lebensjahres – zumindest bei einigen Kindern – sichtbar. Während dieser Zeit bevorzugte ein Teil der Kinder den Vater gegenüber der Mutter.

Dennoch erweist sich die Frage nach einer validen Erfassung von Präferenzverhalten bei Kindern als schwierig. Bindungstheoretiker und unter diesen vor allem Anhänger der ethologischen Richtung behaupten, daß echte Präferenzen nicht ermittelt werden können, wenn nicht das System der Bindungsverhaltensweisen im engeren Sinne aktiviert wird. Für Lamb (1980) ist hier die entscheidende Frage: Wem wendet sich das Kind zu, wenn es in eine belastende (Streß-)Situation gerät? Die implizierten Grundannahmen lauten: Bei Nichtaktivierung des Systems wird Bindungsverhalten willkürlich auf Personen verteilt, bei Aktivierung kommt es hingegen zu einer höheren Selektivität. Bindungstheoretiker (Ainsworth, 1973; Ainsworth, Blehar, Waters et al., 1978; Bowlby, 1969) interessieren sich nicht zuletzt wegen der adaptiven Funktion von Bindungsverhalten in der kindlichen Entwicklung für diese streßbezogene Bevorzugung eines Elternteils. Aus ihrer Perspektive deckt die Präferenz für einen Elternteil in einer Belastungssituation wesentliche Unterschiede in der psychologischen Bedeutung von Vater und Mutter auf.

Daß sich der Trennungsprotest nur bedingt als brauchbare Variable zur Erfassung kindlicher Reaktionsmuster in Streßsituationen erweist, wird an anderer Stelle hervorgehoben (vgl. S. 227). Cohen & Campos (1974) griffen deshalb auf eine von Harlow & Zimmermann (1959) entwickelte Technik zur Erfassung von Bindungsverhalten zurück, die im wesentlichen darin besteht, daß dem Kind verschiedene Personen ‚angeboten' werden. Sie untersuchten Kleinkinder im Alter von 10, 13 und 16 Monaten unter experimentellen Bedingungen und in vier unterschiedlichen Situationen: Anwesenheit von (a) Mutter, Vater und einer fremden, weiblichen Person; (b) Mutter, Vater und einer fremden, männ-

eine negative Korrelation zwischen distalen und proximalen Reaktionen bei Mädchen nach. Bei den Jungen waren alle vier Bindungskriterien positiv miteinander korreliert. Ein ähnliches Muster zeigte sich bei den Interkorrelationen der gegenüber dem Vater gezeigten Bindungsverhaltensweisen: Bei den Jungen korrelierten alle Verhaltensweisen signifikant positiv, während bei Mädchen kaum signifikante Beziehungen zwischen den einzelnen Verhaltensweisen bestanden. Ein Vergleich des Verhaltensmusters gegenüber Vätern und Müttern ergab, daß Jungen, die eine Bindung an einen Elternteil

lichen Person; (c) Mutter und zwei Fremden und (c) Vater und zwei Fremden. Die Ergebnisse zeigten deutlich in allen Maßen eine Bevorzugung des Vaters gegenüber Fremden. Im Vergleich zur Mutter aber war der Vater in allen erhobenen Maßen unterlegen. (Ausnahmen waren (a) die Latenzzeit, die das Kind benötigte, bevor es sich auf den Vater zubewegte, diese war kürzer und (b) die negative Reaktion auf die Trennung vom Vater, diese war heftiger.) So näherte sich das Kind im Durchschnitt zweimal so häufig der Mutter, es legte die Entfernung zu ihr fast doppelt so schnell zurück, es blieb länger in ihrer Zone und hatte von dort auch mehr Augenkontakt mit der fremden Person. Dennoch gab es Gemeinsamkeiten in der Behandlung von Vater und Mutter, insbesondere wenn nur ein Elternteil anwesend war: Befand sich das Kind in der Zone um Vater oder Mutter, so blieb es dort bis zum Schluß des Versuchs. War das Kind also einmal beim Vater, so verhielt es sich ihm gegenüber genauso wie gegenüber der Mutter, Fremden gegenüber tauchte dieses Verhaltensmuster nicht auf. Die Bindung des Kindes an den Vater, wenn man sie über das Auftreten der genannten Verhaltensweisen bestimmt, steht hier außer Zweifel, und auch mit zunehmendem Alter wurde keine Veränderung beobachtet. 90% aller Kinder, unabhängig vom Geschlecht, zeigten sich in dieser Weise an den Vater gebunden. Da der Versuch in einem Laborraum unter relativ strengen Bedingungen durchgeführt wurde, kann man davon ausgehen, daß eine Streßsituation für das Kind gegeben war.

Kotelchuck und Kollegen prüften, wie gut die Einjährigen damit fertig wurden, wenn man sie mit einer fremden Person allein ließ. Sie verglichen drei Gruppen von Kindern hinsichtlich des Kriteriums variierender Partizipation des Vaters: (a) Eine Gruppe mit stark an der Versorgung und Betreuung der Kinder beteiligten Vätern, (b) eine mit ‚gleichgültigen' und nicht involvierten Vätern und (c) Kinder einer dritten Gruppe, in der die väterliche Beteiligung zwischen den Extremen von (a) und (b) lag. Die meiste Angst und Unruhe zeigten unter Streßbedingungen Kinder der zweiten, die geringste Angst die der ersten Gruppe. Kinder der dritten Gruppe lagen mit ihren Werten dazwischen. Die Autoren folgern daraus, daß Babies mit mehr Kontakt zu ihren Vätern fremde Situationen besser meistern können. In diese Richtung geht auch ein weiterer Befund

zeigten, eine ebenso starke Bindung an den anderen Elternteil hatten und auch konsistent in der Äußerung dieses Bindungsverhaltens waren; bei Mädchen dagegen ließen sich kaum Beziehungen zwischen ihren Bindungsverhaltensweisen gegenüber Müttern und Vätern feststellen. Diese Ergebnisse bieten weitere Hinweise dafür, daß Kinder zu beiden Elternteilen Bindungsverhalten entwickeln. Auf die hier beobachteten geschlechtsspezifischen Unterschiede wird noch in Zusammenhang mit der Interpretation der Arbeit von Lamb (1976a) eingegangen.

von Kotelchuck (1972, 1973): Je seltener Väter ihre Kinder zu Hause badeten und anzogen, desto länger weinten diese Kinder, wenn man sie mit einem Fremden allein ließ. Parke (1981) fügt hier hinzu, daß möglicherweise in Familien, in denen die Pflege von beiden Eltern gehandhabt wird, Kinder öfter auch mit weiteren Erwachsenen konfrontiert werden. Diese Kinder hätten darum weniger Angst vor Fremden. Außerdem seien die Babies in diesen Familien gewöhnt, daß der eine Erwachsene weggehe und der andere dableibe. Auf diese Weise mit dem Weggehen eines Elternteils vertraut gemacht, hätten diese Kinder unter Umständen von früh auf weniger Trennungsangst. Dies wäre ein Hinweis darauf, daß situative oder auch Lernfaktoren auf Bindungsverhaltensweisen von Kindern Einfluß haben.

Brooks & Lewis haben bereits 1974 die Ansicht vertreten, daß der Kontext, in dem die Beobachtungen stattfinden, äußerst wichtig ist. So konnten sie beispielsweise zeigen, daß die Zeit, die im Spielzimmer verbracht wird, Bindungsverhalten in der Weise beeinflußt, daß individuelle Differenzen, die nach Ablauf von nur drei Minuten nicht beobachtet werden konnten, nach 15 Minuten deutlich feststellbar waren. Auch die Ökologie des Raumes (Zahl und Art der bereitgestellten Spielmaterialien) kann das aktuelle Bindungsverhalten des Kindes beeinflussen.

Lamb (1976a, 1977a, 1977b, 1977c) hat die Ergebnisse von Laborbeobachtungen herangezogen, um die hier aufgeworfenen Fragen zu beantworten. Das Alter der von ihm untersuchten Kinder betrug 8, 12, 18 und 24 Monate. Geprüft wurde die Hypothese, ob Kinder in Streßsituationen ihr Bindungsverhalten deutlich stärker auf primäre Bindungspersonen ausrichten. Als Stressoren dienten: (a) Eine fremde Situation, d.h. eine ungewohnte Umgebung eines Laborraumes; (b) das Auftauchen eines unbekannten Erwachsenen und (c) Müdigkeit bzw. Langeweile. In streßfreien Situationen konnte Lamb keinerlei Unterschiede im Bindungsverhalten der Kinder zu Vater und Mutter beobachten. Bei den sogenannten affiliativen Verhaltensweisen, d.h. solchen, die in streßfreien Situationen auftreten (z.B. Grußverhalten, Zeigen von Spielzeug usw.), bestätigte sich der Befund der Präferenz für den Vater. Befand sich

8.3.2 Zur Situation der Forschung in der zweiten Hälfte der siebziger Jahre

Etwa um die Mitte der siebziger Jahre lag hinreichend empirische Evidenz für die Annahme vor, daß Kleinkinder grundsätzlich auch zu ihren Vätern Bindung entwickeln. Die zu diesem Zeitpunkt verfügbaren Daten in der Bindungsforschung erlaubten jedoch keine Antwort auf die Frage, ob tatsächlich, wie von der Psychoanalyse und der Bindungstheorie postuliert, Bindungsverhalten erst nach Erreichen der sogenannten Phase der „Objekt-Permanenz" entwickelt wird. Kontrovers wurde auch die Frage diskutiert, ob eine Präferenz für die Mutter gegenüber dem Vater vorliegt. Außerdem fehlten Daten

jedoch ein Kind im Alter von 12 oder 18 Monaten mit einem Fremden im Untersuchungsraum, so wandten sich die Kinder mehr an die Mutter als an den Vater. Dieses Ergebnis bestätigt die Annahme, daß Mütter für Kinder in Streßsituationen die primäre Bindungsperson zu sein scheinen. Bei den acht Monate alten Kindern ergaben sich hier allerdings keinerlei Präferenzen für den einen oder anderen Elternteil. Dasselbe Ergebnis zeigte sich bei 24 Monate alten Kindern. Offensichtlich handelt es sich bei dieser Form des Präferenzverhaltens um ein entwicklungsbedingt zeitlich eingegrenztes Phänomen.

Clarke-Stewart (1978, 1980) beobachtete Reaktionen von Kleinkindern auf eine freundliche, aber unbekannte Frau, die in spezifischer Weise mit dem Kind interagieren sollte. Clarke-Stewart stellte fest, daß die kindlichen Reaktionsformen, wenn auch in unterschiedlicher Weise, sowohl von Eigenschaften und Verhalten des Vaters als auch der Mutter beeinflußt waren. Wenn die Mütter allgemein gefühlvoll und entgegenkommend und die Väter für die Kinder oft verfügbar und gesprächig waren, reagierten Mädchen freundlich auf Fremde. Jungen hingegen, wenn sie eine gefühlvolle und entgegenkommende Mutter in Verbindung mit einem ablehnenden, strafenden Vater hatten, waren gegenüber der fremden Person besonders freundlich. Diese Ergebnisse legen nicht nur nahe, daß Vater und Mutter nicht austauschbar sind; sie machen auch die Notwendigkeit einer systemorientierten Betrachtung intrafamiliärer Prozesse besonders deutlich.

Fassen wir die Ergebnisse zusammen: (1) In streßfreien Situationen zeigen Kinder keinerlei Präferenzen für den einen oder anderen Elternteil; im zweiten Lebensjahr zeigen Jungen eine zeitlich begrenzte Präferenz für ihren Vater. (2) Bei mäßiger Streßbelastung in der Laborsituation nimmt das Bindungsverhalten des Kindes zum verfügbaren Elternteil – unabhängig von seinem Geschlecht – zu. (3) In Streßsituationen unter Laborbedingungen, in denen beide Elternteile verfügbar sind, neigen Kinder im zweiten Lebensjahr dazu, ihre Mütter dem Vater vorzuziehen. Diese Präferenz ist ebenfalls zeitlich begrenzt und tritt bei jüngeren Kindern (im Alter von acht Monaten) und bei älteren Kindern (im Alter von 24 Monaten) nicht auf.

über die Vater-Kind-Interaktion in der familiären Umgebung, die man mit Ergebnissen aus Laboruntersuchungen hätte vergleichen können.

Erst ab Mitte der siebziger Jahre rückten Fragen wie die folgenden in den Mittelpunkt des Forschungsinteresses: Ist der Vater eine der Mutter äquivalente Bindungsperson? Zeigt das Kleinkind zu irgendeinem Zeitpunkt seiner Entwicklung Präferenz für einen Elternteil? Entsteht Bindungsverhalten erst nach dem sechsten Lebensmonat? Gibt es Ähnlichkeiten und Unterschiede im Verhalten von Vätern und Müttern bei der Interaktion mit Kleinkindern? Auf alle diese Fragen konnte bereits gegen Ende der siebziger Jahre eine Antwort gegeben werden.

Stellvertretend für einige Arbeiten seien hier die Ergebnisse zweier Längsschnittstudien wiedergegeben, die Lamb (1976a, 1977a, 1977b, 1977c, 1980) in der häuslichen Umgebung von Familien durchgeführt hat. Er wählte das Alter der von ihm untersuchten Kleinkinder so, daß er die Angaben Bowlbys über den Zeitpunkt der Entstehung von Bindung beim Kleinkind überprüfen konnte (sechster bis achter Lebensmonat). In seiner ersten Längsschnittstudie untersuchte er Kinder im Alter von sechs bis acht und von zwölf bis 13 Monaten. In der zweiten Untersuchung, die teilweise dieselben Familien wie die erste umfaßte, konnten noch Messungen im Alter von 15, 18, 21 und 24 Monaten vorgenommen werden. Bei Kindern im Alter von sechs bis acht Monaten konnte Lamb keinerlei Präferenz für den einen oder anderen Elternteil feststellen. Kleinkinder dieser Entwicklungsstufe hatten Bindungen an ihre Mütter und Väter entwickelt, ein Befund, der im Gegensatz zu den Annahmen der Psychoanalyse und der Bindungstheorie Bowlbys steht. Lamb (1976a) griff auf die von Bretherton & Ainsworth (1974) vorgenommene Differenzierung in „Attachment“ und „Affiliation“ zurück und untersuchte das Verhalten der Familienmitglieder getrennt nach diesen Aspekten. Er konnte zunächst zeigen, daß „Attachment“-Variablen zwischen Eltern und fremder Person deutlich diskriminierten. Wie die Analyse der Daten der zweiten Längsschnittstudie ferner bestätigte, zeigen Jungen im Alter von 18 Monaten eine Präferenz für ihren Vater (erfaßt anhand affiliativer Verhaltensweisen) gegenüber der Mutter. Für die Mädchen war eine Vorhersage ihres Präferenzverhaltens nicht möglich: Manche bevorzugten den Vater, andere die Mutter und etwa ein Drittel keinen der beiden Elternteile. Ähnlichkeiten und Unterschiede im Verhalten von Müttern und Vätern untersuchte Lamb an zwei elterlichen Verhaltensaspekten: Spielaktivitäten mit dem Kleinkind und Halten des Kindes (vgl. hierzu S. 237ff. bzw. 253ff. und S. 243ff.).

Ethologisch orientierte Forscher betonten um diese Zeit, daß die Tatsache der Entwicklung von Bindung an *beide* Elternteile von untergeordneter Bedeutung sein könnte, wenn die eine der beiden Bindungen sich als redundant erweisen sollte. Aus diesem Grund interessierten sie sich für die Frage, ob die Kind-Vater-Bindung qualitativ verschieden von der Kind-Mutter-Bindung ist bzw. ob beide Bindungen für das Kind verschiedene Erfahrungen beinhalten. Die Durchführung solcher Studien, die nach Ähnlichkeiten und Unterschieden im Verhalten von Vätern und Müttern suchten, bildete in der zweiten Hälfte der siebziger Jahre einen eigenen Forschungsschwerpunkt, der den Weg für eine umfassende Analyse familiärer Beziehungen geebnet hat und wesentliche Anregungen für die Überwindung des engeren Ansatzes in der Bindungsforschung gab.

Das übereinstimmende Ergebnis, zu dem alle diese Studien kommen, besagt, daß Väter und Mütter mehr Ähnlichkeiten als Unterschiede in ihrem Verhalten gegenüber Kleinkindern aufweisen. Zugleich ergaben Studien, die bei Familien mit traditioneller Rollenteilung durchgeführt wurden, daß neben überwiegenden Ähnlichkeiten auch bestimmte Unterschiede im mütterlichen und väterlichen Verhalten bestehen. Studien, die sich mit der Beteiligung des Vaters an der Kinderversorgung und mit seinem Beitrag in Form spielerischer Aktivitäten befaßten, stellten weitgehend übereinstimmend fest: Sowohl Väter als auch Mütter sind aktive Spielpartner des Kleinkindes. Der Anteil der Spielaktivitäten, verglichen mit dem Ausmaß anderer Interaktionsformen, ist bei Vätern jedoch proportional höher als bei Müttern, was Parke (1981, s. 51) zu der Feststellung veranlaßt hat: ,,Väter sind sekundäre Pflegepersonen, aber sie haben eine bedeutende Rolle als Spielpartner des Kindes inne".

A) Ähnlichkeiten und Unterschiede im elterlichen Interaktionsverhalten

Die Untersuchungen, die bis Ende 1980 durchgeführt wurden und nach Ähnlichkeiten und Unterschieden suchten, lassen ein mehr differenziertes Bild entstehen: Parke & O'Leary (1976) sowie Parke & Sawin (1975) erforschten Ähnlichkeiten und Unterschiede im Verhalten von Müttern und Vätern ihrem neugeborenen Kind gegenüber, und zwar bereits unmittelbar im Anschluß an die Geburt in der Klinik. Nur bei drei von insgesamt 27 der von ihnen erfaßten Variablen konnten signifikante Unterschiede zwischen Müttern und Vätern ermittelt werden: (a) Mütter verrichteten mehr Pflegetätigkeiten; (b) sie küßten ihr Baby häufiger während der Nahrungsaufnahme und (c) Väter gaben häufiger visuelle Stimulation (sie ahmten häufiger als Mütter den Gesichtsausdruck des Babys nach). Pedersen, Anderson & Cain (1980) untersuchten fünf Monate alte Babies in der familiären Situation. Neun von den insgesamt zwölf Variablen elterlichen Verhaltens zeigten keinerlei Unterschiede zwischen Vätern und Müttern. Eine Variable (Füttern mit flüssiger Nahrung) erwies sich für diese Stichprobe als irrelevant, da 88% der Mütter stillten. Signifikante Unterschiede stellten die Autoren nur bei zwei Variablen fest: (a) elterliche Verbalisierung, die an das Kind gerichtet war und (b) Lächeln. Für diese Variablen wurden auch in anderen Untersuchungen signifikante Differenzen gefunden. In *vielen* Studien, die diese Variable überprüft hatten, wurde für die Mutter eine höhere Rate beim Lächeln nachgewiesen (Field, 1978; Parke & O'Leary, 1976; Parke, O'Leary & West, 1972). Auch steht die von Pedersen, Anderson & Cain (1980) ermittelte höhere Rate mütterlicher Verbalisierung in Übereinstimmung mit den Ergebnissen von Rebelsky & Hanks (1971) und von Clarke-Stewart (1978, 1980).

Diesbezüglich widersprüchliche Ergebnisse lieferten die Studien von Parke & Sawin (1975, 1980), Belsky (1980) und Field (1978).

Keine Unterschiede fanden sich in den Variablen ,,objektbezogenes soziales Spiel", ,,Vokalisieren der Eltern" und ,,taktil-kinästhetische Stimulation". Pedersen, Anderson & Cain (1980) weisen auf die Arbeiten von Pedersen &

Robson (1969) und Russell (1974) hin, in denen sich Hinweise für eine beachtliche Rollenflexibilität des Vaters finden, und erklären damit die fehlenden Unterschiede in der Variablen ‚objektbezogenes' und ‚soziales Spiel'. Im Gegensatz zu Lamb (1980) und Clarke-Stewart (1978, 1980), die feststellten, daß bei älteren Kindern die taktil-kinästhetische Interaktion mit dem Vater charakteristisch sei, fanden Pedersen, Anderson & Cain (1980) keinen Unterschied hinsichtlich der Rate taktil-kinästhetischer Stimulation bei Vätern und Müttern. In Übereinstimmung mit Field (1978) und Rheingold & Adams (1980) ergab sich ferner bei diesen Autoren auch keine Differenz zwischen Vätern und Müttern hinsichtlich der Rate der dem Säugling angepaßten Vokalisierungen. Damit sind Äußerungen in hoher Stimmlage oft imitativer Art gemeint, wie sie zwischen Erwachsenen nicht vorkommen (‚Babysprache') (vgl. hierzu die kulturvergleichenden Studien von Ferguson (1964) sowie Parke, Großmann & Tinsley (1981), Blount & Padgug (1977) und Snow, De Blauw & Van Roosmalen (1979)). Field (1978) fand, daß diese ‚Babysprache' in gleichem Ausmaß bei Müttern und bei solchen Vätern, die sich aktiv bei der Säuglingspflege engagierten, zu beobachten war. Ausführlich dokumentieren ferner Papoušek und Papoušek diese besondere, universelle Form des Sprechens Erwachsener mit Neugeborenen und Säuglingen, dort als ‚Ammensprache' bezeichnet (Papoušek, 1982; Papoušek & Papoušek, 1981b, 1981c, 1981d; 1982; Papoušek, Papoušek & Bornstein, 1984).

Belsky (1980) untersuchte an 15 Monate alten Kindern den elterlichen Einfluß auf die Entwicklung der Erkundungskompetenz des Kindes. Von den 13 erfaßten Variablen differenzierten nur zwei zwischen Vater und Mutter. Belsky (1980) stellt zusammenfassend fest, daß die Ähnlichkeiten bei der Art und Weise, in der Mütter und Väter aus traditionellen Kernfamilien mit ihren 15 Monate alten Kindern interagierten, gegenüber den Unterschieden überwogen. Die von Belsky ermittelten vereinzelten *Differenzen* waren: (a) Mütter regten die Kinder häufiger zu einer Tätigkeit an und (b) sie kümmerten sich mehr um die Körperpflege des Kindes. Letzteres Ergebnis erwies sich dabei, wie bereits an anderer Stelle ausgeführt, als konsistentes Ergebnis über verschiedene Stile familiärer Organisation und – auch dafür gibt es Belege – über verschiedene Kulturen hinweg.

Lamb (1980), der in den erwähnten beiden Längsschnittstudien ebenfalls der Frage nach Ähnlichkeiten und Unterschieden im elterlichen Verhalten bei der Interaktion mit Kleinkindern nachging, stellte fest, daß signifikante Unterschiede in der Art des Spiels wie der physischen Interaktion der Kinder mit ihren Vätern bestanden und daß diese zeitstabil waren. In beiden Studien zeigen die Daten Lambs eine positivere Reaktion der Kinder auf das Spiel mit dem Vater, verglichen mit dem Spiel mit der Mutter oder einer fremden Person. Mütter spielten signifikant häufiger konventionelles und spielzeugvermitteltes Spiel, während Väter eher körperliche oder – wie Lamb sie bezeichnet – „idiosynkratische" Spielaktivitäten wählten, worauf die Kinder besonders stark reagierten. Bei der Variable ,,Halten des Kindes" wurden ähnliche Ergebnisse ermittelt. Auch wenn die Mütter die Kinder öfter als die Väter hielten, war die durchschnittliche Reaktion der Kinder gegenüber den Vätern signifikant positiver. Mütter hielten nach Lamb ihre Kinder aus anderen Gründen als die Väter, nämlich vorwiegend, um Pflegehandlungen vorzunehmen. Wenn Halten zum Zwecke des Spielens nicht mitgerechnet wurde, ergaben sich durchschnittlich keine Unterschiede zwischen den Eltern, was wiederum die Präferenz für das Spiel, nicht für das Geschlecht des Elternteils bestätigt. Dieses Verhaltensmuster war in der Studie von Lamb bemerkenswert stabil.

Clarke-Stewart (1978, 1980) untersuchte Kinder im Alter von 15 bis 30 Monaten in der natürlichen häuslichen Umgebung und in halbstrukturierten Situationen. Sie fand, daß die Mutter mit der Aufsicht und Pflege des Kindes weit mehr beschäftigt war als der Vater. Diese Unterschiede traten bei allen Interaktionsraten auf und waren bei elterninitiiertem Verhalten offensichtlicher als bei reaktivem Elternverhalten. Ähnlichkeit bestand hinsichtlich der Häufigkeit im Spielangebot; das Spiel mit dem Vater war jedoch etwas kürzer, weniger durch Spielzeuge vermittelt und bestand eher in einer körperlichen Aktivität. Die Beobachtungen des elterlichen Verhaltens in halbstrukturierten Spielsituationen bestätigten die Existenz unterschiedlicher Spielstile der Eltern mit ihren 15 Monate alten Kindern: Mütter bevorzugten Aktivitäten, die nicht ,,sozial", sondern eher ,,intellektuell" waren und Spielmaterial einbezogen, während Väter ,,soziale" und ,,physische" Aktivitäten wählten. Ferner ergaben die täglichen Aufzeichnungen der Mütter, daß die Rolle des Vaters als Spielgefährte über eine Zeitdauer von 15 bis 30 Monaten an Bedeutung zunahm. Zur gleichen Zeit, als der Vater vermehrt zum Spielpartner wurde, nahm bei der Mutter die Häufigkeit von Pflegehandlungen ab: Die Eltern unterschieden sich hinsichtlich dieser beiden Variablen zunehmend weniger. Väter demonstrierten in der Untersuchung von Clarke-Stewart (1978, 1980) die Fähigkeit, ihre Söhne in einem gemeinsamen Spiel zu engagieren, und sie spielten auch in der häuslichen Beobachtungssituation mehr mit ihnen. Die Anwesenheit des Vaters hatte eine starke Auswirkung auf das Verhalten der Mutter. Sowohl die verbalen Reaktionen der Mutter auf das Kind als auch das Spielen mit ihm nahmen während der Anwesenheit des Vaters ab. Spielverhalten und Verbalverhalten des Vaters waren in dieser Studie mit der sozialen Kompetenz des Kindes korreliert. Diese Unterschiede interpretiert Clarke-Stewart (1978, 1980) eher als Funktion des elterlichen Verhaltens und weniger als Funktion einer Präferenz des Kindes für einen Elternteil. Demnach bevorzugten Kinder nicht per se die Väter oder die Interaktion mit ihnen, sondern die Art und Weise des Spielens. Der Spielstil des Vaters beinhaltet physische Nähe und Stimulation. Das Spiel ist eher sozial und motorisch als intellektuell, und es vollzieht sich in kurzen Episoden.

Diese Ergebnisse stehen in Übereinstimmung mit den Befunden von Lamb

(1976a, 1980) und Yogman (1981b), die die körperliche Stimulation, die eher wilde, ausgelassene und nicht-intellektuelle Art des väterlichen Spielstils hervorheben. Sie bestätigen auch die Beobachtung von Burlingham (1973), daß das väterliche Spiel mit dem Kind aktiver, aufregender und stimulierender sei als dasjenige der Mutter, und gelegentlich sogar leichtes Unbehagen oder Angst beim Kind hervorrufe. Yogman (1977, 1981a, 1981b) interessierte sich für Ähnlichkeiten und Unterschiede zwischen Vätern und Müttern in der Interaktion mit ihren drei Monate alten Kindern, speziell für die Struktur und den Inhalt der Spiele. Er zeigte, daß sich für die Mutter-Kind-Interaktion ein sanft-fließender Rhythmus von Phasen erhöhter und verminderter Aufmerksamkeit gegenüber dem Interaktionspartner als typisch erwies, während in der Vater-Kind-Interaktion der Wechsel zwischen aktiven und passiven Phasen akzentuierter bzw. abrupter verlief. Diese letzteren Befunde werfen die Frage nach den qualitativen Unterschieden elterlichen Spielverhaltens auf und legen nahe, hier nach möglichen ätiologischen Faktoren für das kindliche ‚Präferenz'-Verhalten zu suchen.

B) Gründe für Ähnlichkeiten und Unterschiede im elterlichen Interaktionsverhalten

Die Frage nach den Faktoren, die Ähnlichkeiten und Unterschiede im elterlichen Interaktionsverhalten mit Kleinkindern bedingen, sowie nach jenen, die kindliches Bindungs- und Präferenzverhalten bestimmen, wird in der Literatur nicht eindeutig beantwortet. Es gibt unterschiedliche Erklärungsversuche, die aber nicht veranlassen, andere Faktoren für die Ausformung der Kind-Vater-Beziehung und -Bindung anzunehmen als jene, die für die Kind-Mutter-Beziehung verantwortlich sind. Neben biologischen Faktoren werden in der Literatur die (kulturell oder soziologisch bestimmte) Übernahme der Kinderpflege, die Verfügbarkeit der Elternteile, das Geschlecht des Kindes, der Kontext, in dem Eltern-Kind-Interaktionen stattfinden, die soziale Gruppierung in der Beobachtungssituation und nicht zuletzt qualitative Aspekte der Vater-Kind- bzw. Mutter-Kind-Interaktion behandelt.

a) Biologische Faktoren

Einige Autoren interessierten sich für Unterschiede, die sich z.B. in den Reaktionen von Männern und Frauen auf ihre Kinder äußerten (Berman, 1976). Nach Clarke-Stewart (1980) versuchte man, diese mit einer unterschiedlichen biologischen Verbindung von Müttern und Vätern zu ihren Kindern zu erklären. Lewis & Weinraub (1976) nehmen an, daß Mütter wegen der biologischen Verbundenheit mit dem Kind einen eher direkten Einfluß auf das Kind hätten und ihre Rolle im Behüten des Kindes und der Sorge um sein körperliches Wohl bestehe, während der Vater mit größerer Wahrscheinlichkeit eine ‚indirekte' Beziehung zum Kind habe und seine Rolle beim Spiel mit seiner Beziehung zur Außenwelt zusammenhänge. Bei vergleichenden verhaltensmikroanalytischen Untersuchungen früher Interaktionen eines Neugeborenen mit seinen Eltern stellte sich heraus, daß die Kommunikation, vor allem auch die verbale Kommunikation, zunächst mehr biologisch determiniert scheint; sie ist bei beiden Eltern in mehreren beobachteten Kulturen anfangs relativ uniform. Erst nach einiger Zeit sind familiäre, soziologische und kulturelle Einflüsse beobachtbar (Papoušek, Papoušek & Bornstein, 1984). Wie Clarke-Stewart (1980) bemerkt, weiß man nicht, ob der väterliche Spielstil biologisch begründet ist, sich aufgrund kultureller Erwartungen entwickelt oder lediglich das Ausmaß der relativen Erfahrung der Mütter und Väter mit ihren Kindern widerspiegelt.

Ergebnisse der Studie Fields (1978) schließen die relative Erfahrung aus der erzieherischen Tätigkeit als Erklärung für den väterlichen Spielstil bereits aus. Auch der Befund von Suomi (1977), daß selbst bei Affen der physische Spielstil bei den Männchen vorherrscht, macht eine Erklärung, die allein auf der kulturellen Rollenerwartung beruht, unwahrscheinlich. Freedman (1974) hat eine kulturanthropologische Argumentation ins Feld gebracht, wonach das Spiel möglicherweise eine sozial akzeptierte Form des mehr aktiven und aggressiven Stils sei, die das männliche Verhalten in allen Kulturen und Spezies charakterisiere. Nach Clarke-Stewart (1980) erhält die Annahme, daß der physische Spielstil des Vaters biologisch begründet sei, weitere Unterstützung aus den Befunden ihrer eigenen Studie und aus den Arbeiten von Lamb (1976a), Ban & Lewis (1974), Lynn & Cross (1974), Lytton (1976) sowie Rendina & Dickerscheid (1976). Sie bemerkt jedoch zugleich, daß, obgleich eine biologische Grundlage für einen unterschiedlichen Spielstil bei Männern angenommen werden könne, nicht übersehen werden dürfe, daß dieser Stil in unserer Gesellschaft durch kulturelle Erwartungen für Väter und Söhne unterstützt werde.

b) Kinderpflege

Einige Autoren postulieren eine direkte Beziehung zwischen Pflegeverhalten von Eltern und Bindungsverhalten des Kleinkindes; vor allem psychoanalytisch und bindungstheoretisch orientierte Forscher nahmen solche Zusammenhänge an. Auch Kotelchuck (1976), der die Eltern darüber interviewte, wieviel Zeit sie mit ihren Kindern verbrachten und auf welche Weise sie sich mit ihnen beschäftigten, konnte eine positive Korrelation zwischen dem Ausmaß väterlicher Partizipation an der Kinderpflege und der Zeit, die ein Kind sich im Labor nahe beim Vater aufhielt, konstatieren. Die Frage, ob Pflegeaktivitäten das Bindungsverhalten des Kindes beeinflussen, wird noch heute kontrovers diskutiert. Bereits 1964 haben Schaffer & Emerson die Ansicht vertreten, daß ein direkter Zusammenhang zwischen Pflegeverhalten und Eltern-Kind-Bindung nicht bestehe. Pedersen & Robson (1969) fanden, daß neben der Beteiligung des Vaters an der Pflege vor allem die Intensität der Spielinteraktionen zwischen Vater und Kind für die Entwicklung von Bindungsverhalten wichtig ist. Bei der Postulierung direkter Zusammenhänge zwischen Pflegeaktivitäten und Bindungsverhalten ist jedoch Vorsicht geboten, denn in anderen Studien konnten weitere Faktoren für das Bindungsverhalten identifiziert werden: Parke (1979) vermutet, daß auch die Attraktivität des Kindes hier eine Rolle spielt: Er konnte zeigen, daß Väter attraktive und weniger attraktive Babies bereits kurz nach der Geburt unterschiedlich behandeln. Sie stimulierten attraktive Babies vergleichsweise mehr, berührten, küßten und bewegten sie häufiger. Auch Unterschiede im Temperament der Babies beeinflussen die Beziehung zwischen Vater und Kind.

c) Geschlecht des Kindes

Daß elterliches Verhalten durch das Geschlecht des Kindes modifiziert wird, ist mehrfach bestätigt worden. Väter und Mütter behandeln Jungen und Mädchen von Geburt an unterschiedlich (Rebelsky & Hanks, 1971; Rendina & Dickerscheid, 1976). Rebelsky & Hanks (1971) beobachteten, daß Väter im Laufe der ersten Lebensmonate ihren Sprechkontakt zu den Töchtern, nicht jedoch zu den Söhnen reduzierten. Ähnliches berichten auch Spelke, Zelazo, Kagan et al. (1973). Parke & O'Leary (1976) fanden, daß Väter erstgeborene Söhne, verglichen mit erstgeborenen Töchtern, häufiger berührten und mehr mit ihnen spielten. Rubin, Provenzano & Luria (1974) beobachteten deutliche Unterschiede im Einfühlungsvermögen von Vätern gegenüber Jungen und Mädchen. Weinraub & Frankel (1977) berichten, daß Väter mehr Zeit im gemeinsamen Spiel mit ihren Söhnen verbrachten als mit ihren Töchtern und mehr mit ihnen sprachen. Zwischen Müttern und Töchtern bestand eine ähnliche Relation. Ferner fanden Voland, Dobner, Bruns et al. (1981) bei 12 dreimonatigen Säuglingen, daß Mütter ihre Söhne eher proximal, ihre Töchter eher distal stimulierten.

d) Verfügbarkeit des Vaters

Die Frage nach der Verfügbarkeit des Vaters für das Kind wurde bereits ausführlich erörtert (vgl. S. 157ff.). Deshalb beschränkt sich die Behandlung dieses Faktors hier auf die Frage, ob das Ausmaß der Verfügbarkeit des Vaters prognostisch relevant für die Kind-Vater-Bindung ist. In der Vaterforschung besteht eine weitgehende Übereinstimmung darin, daß nicht die Quantität der Zeit (jenseits eines noch näher zu bestimmenden Schwellenniveaus), sondern die *Qualität* der Eltern-Kind-Beziehung als entscheidend für die Entstehung von Bindung betrachtet wird. Wie Feldman (1973, 1974), Pedersen & Robson (1969), Schaffer und Emerson (1964), Biller (1974b), sowie Reuter & Biller (1973) zeigten, ist das absolute Maß an Zeit, das ein

Elternteil mit seinem Kind zusammen verbringt, ein schwacher Prädikator für die zwischen Eltern und Kind entstehende emotionale Beziehung. In diesem Zusammenhang gewinnen auch die Studien an Interesse, die eine mögliche Beeinträchtigung der Eltern-Kind-Beziehung infolge Berufstätigkeit und somit verringerter Verfügbarkeit eines oder beider Elternteile untersuchten. Die Ergebnisse dieser Studien weisen in die gleiche Richtung: Das absolute Maß an gemeinsam verbrachter Zeit korrelierte nur schwach mit der Mutter-Kind-Bindung (Belsky & Steinberg, 1978; Doyle, 1975; Doyle & Somers, 1975; Feldman, 1973; O'Connell, 1983; Ragozin, 1975). Smith (1981) bestätigt im Rahmen einer Kritik der Trilogie Bowlbys (1969, 1973, 1980) mit einer Literaturübersicht, daß der Aufenthalt des Kindes während der ersten drei Jahre in einer Tageseinrichtung mit hoher Qualität die Mutter-Kind-Beziehung nicht beeinträchtigt. Schwarz (1975) referiert dies für Kinder unter zwei Jahren und Moskowitz, Schwarz & Corsini (1977) für Kinder ab drei Jahren. Ferner sei hier auf die Ergebnisse von Tizard und Mitarbeitern hingewiesen, die in einem anderen Kontext zu ähnlichen Schlußfolgerungen kommen (Tizard & Hodges, 1978; Tizard & Rees, 1975; Tizard & Tizard, 1971).

e) Sensitivität und Reaktionsbereitschaft der Eltern

Bei dem Bemühen um Präzisierung der Qualität der Eltern-Kind-Beziehung einigten sich die Forscher relativ schnell auf die Untersuchung der Sensitivität und Reaktionsbereitschaft der Eltern auf kindliche Signale. Dabei trat die Frage in den Vordergrund, ob Väter in ähnlicher Weise sensitiv auf die Signale des Kindes reagieren (vgl. S. 244ff).

C) Verhaltensunterschiede zwischen Vätern und Müttern als ätiologische Faktoren für die Kind-Eltern-Bindung

Unterschiede im Verhalten von Vätern und Müttern wurden an bestimmten Aspekten elterlichen Verhaltens untersucht. Dabei nehmen das *Halten* des Babies und das *Spielen* mit ihm einen zentralen Stellenwert ein:

a) Halten des Babys

Wenn die Eltern ihr Baby, vor allem während der ersten sechs Lebensmonate, hochnehmen und im Arm halten, liegt nach Auffassung etlicher Autoren ein wichtiger Kontext für Interaktionen zwischen einem Elternteil und dem Säugling vor (Lamb, 1977c; Packer & Rosenblatt, 1979; Parke & O'Leary, 1976; Parke & Sawin, 1977; Rödholm & Larsson, 1979; White & Woollett, 1981; White, Woollett & Lyon, 1982; Woollett, White & Lyon, 1982). Beobachtungsstudien haben gezeigt, daß solche Aktivitäten häufig vorkommen (White, Woollett & Lyon, 1982). Packer & Rosenblatt (1979) sehen im

Sind Väter ebenso sensitiv für kindliche Botschaften wie Mütter?

Was versteht man unter elterlicher Sensitivität? (In einigen Untersuchungen wird sie auch mit (sensitiver) Responsivität oder Reagibilität, in deutschsprachigen Berichten mit Feinfühligkeit umschrieben.) In ihrem Übersichtsreferat definieren Lamb & Easterbrooks (1981) elterliche Sensitivität als die Fähigkeit, auf kindliche Signale kontingent, konsistent und angemessen zu reagieren. Kontingenz, Konsistenz und Angemessenheit als elterliche Reaktionsformen auf kindliche Signale kommen nur zustande, wenn (a) die kindlichen Signale wahrgenommen und (b) zutreffend interpretiert werden und wenn (c) adäquate Reaktionsweisen zur Verfügung stehen.

Worin liegt die Bedeutung elterlicher Sensitivität? Unabhängig von ihrem theoretischen Standort sind sich die meisten Autoren darüber einig, daß Sensitivität eine entscheidende Variable für die kindliche Entwicklung darstellt (vgl. u. a. den Überblick bei Keller & Meyer, 1982). Sander, Stechler, Burns et al. (1979) wiesen auf kurzfristig entstehende positive Effekte erzieherischer Sensitivität hin: Babies, die von kontingent und angemessen reagierenden Krankenschwestern betreut werden, weinten weniger und schliefen besser. Brody & Axelrad (1978) zeigten langfristige Effekte elterlicher Sensitivität auf: So waren beispielsweise Kinder von als sensitiv klassifizierten Müttern zufriedener, wiesen mehr Durchsetzungsvermögen und bessere soziale Beziehungen auf und legten mehr altersentsprechendes Verhalten an den Tag. Es gibt auch eine Reihe von Hinweisen dafür, daß gerade der Aspekt der Kontingenz zur Entwicklung eines kindlichen Effektivitätsbewußtseins beiträgt und somit zur Entstehung einer Lernbereitschaft für Kontexte jenseits der Eltern-Kind-Interaktion (Finkelstein & Ramey, 1977; Watson, 1966; Watson & Ramey, 1972). Auch die zahlreichen Studien der Gruppe um Ainsworth legen nicht nur nahe, daß mütterliche Sensitivität zur Entstehung einer sicheren Bindung (an die Mutter) beiträgt, sondern daß sie sich auch in anderen Kontexten adaptiv auswirkt. Main (1973) verwies auf ein kooperatives Verhältnis zu anderen Erwachsenen. Matas, Arend & Sroufe (1978) fanden Auswirkungen auf Problemlösekompetenzen.

Auf die Charakterisierung der sensitiven elterlichen Verhaltensanpassung in der Interaktion mit dem Säugling als „vollkommenes Modell einer didaktischen Erziehung" (Papoušek & Papoušek, 1981c, S. 236; vgl. auch Papoušek, Papoušek & Giese, 1984) soll an dieser Stelle ebenfalls hingewiesen werden. Entsprechend den jeweiligen kindlichen Integrationsfähigkeiten vermitteln die Eltern Umwelterfahrungen, indem sie „intuitiv" einen optimalen Wachzustand erfassen und berücksichtigen, kontingent Aufmerksamkeit und kommunikatives Verhalten belohnen, Stimulation einfach strukturieren und häufig wiederholen (Papoušek, 1984).

Neben der Übereinstimmung hinsichtlich grundsätzlicher Fragen, was die Bedeutung von Sensitivität in der kindlichen Entwicklung anbelangt, gibt es jedoch auch eine Reihe bislang kontrovers diskutierter Aspekte von Sensitivität. So akzentuieren beispielsweise psychoanalytische Studien den Aspekt der Irreversibilität früher Sensivitätsdefizite (Brody & Axelrad, 1978); ethologisch orientierte Autoren wie Ainsworth (1969, 1972) und Bowlby (1969) betonen biologische Prädispositionen sowohl für kindliche Signalisierungs- als auch für elterliche (in der Regel jedoch mütterliche) Decodierungs- und Handlungskompetenzen. Auch geht die Meinung vieler Autoren weit auseinander, wenn sie die Relevanz unterschiedlicher Bedingungsfaktoren zu bestimmen versuchen. Brazelton (1979) betont z.B. das konkrete Verhalten und Temperament des Kindes (ähnlich Gewirtz, 1977, und Goldberg, 1977); Lamb, Owen & Chase-Lansdale (1979) verweisen auf situationsbedingte Faktoren und elterliche Einstellungen; andere wiederum betonen die Rolle allgemeiner überdauernder Persönlichkeitseigenschaften. Ebenso kontrovers wird auch die Frage der Abhängigkeit der Sensitivität vom Geschlecht des Erziehers diskutiert.

Sind Väter so sensitiv wie Mütter? Angesichts der angedeuteten Bedingungsvielfalt für elterliche Sensitivität muß diese Frage zwangsläufig als simplifizierend erscheinen. Dennoch wurde sie in der Literatur so gestellt und sowohl in den herkömmlichen Auffassungen über Kompetenz von Müttern und Vätern als auch in manchen wissenschaftlichen Abhandlungen mit „*nein*" beantwortet. So kamen Klaus, Trause & Kennell beispielsweise noch 1975 zu dem Schluß, daß Mütter biologisch stärker als Väter dazu prädisponiert seien, auf kindliche Signale zu reagieren. Lamb & Goldberg (1982) haben dagegen nach kritischer Durchsicht der herangezogenen Belege darauf hingewiesen, daß dies bei Nagetieren zutreffen mag; sie bezweifelten jedoch die Gültigkeit dieser Aussage für elterliches Verhalten bei Menschen. In der Zwischenzeit gibt es eine Reihe von Studien, die eine unterschiedliche biologische Prädisposition von Müttern und Vätern für elterliche Sensitivität nicht unterstützen.

So konnten z.B. Greenberg & Morris (1974) zeigen, daß sich Väter und Mütter in der intensivierten Wahrnehmung des neugeborenen Babys und in ihren Gefühlen ihm gegenüber nicht unterschieden. Es ließen sich auch keine Unterschiede zwischen den Eltern in solchen Studien nachweisen, die sich mit der elterlichen Kompetenz zur Wahrnehmung und richtigen Interpretation kindlicher Signale befaßten (Parke, O'Leary & West, 1972; Parke & O'Leary, 1976, letztere in triadischen Situationen). Parke (1981) berichtete aus einer Studie, in der sich männliche College-Studenten nicht signifikant von kinderlosen Frauen in der Diskriminationsfähigkeit für unterschiedliche Arten des Weinens von Säuglingen unterschieden. In der gleichen Arbeit verwies er darauf, daß von ihm untersuchte Eltern über das gleiche Verhaltensrepertoire zur Reaktion auf kindliche Lautäußerungen verfügten (Vokalisieren, Berühren, Ansehen). Phillips & Parke (1979) fanden, daß Väter ähnlich wie Mütter ihre Sprechmuster in der Interaktion mit ihrem Kind variieren. Auch hinsichtlich der Kontingenz und Effektivität ihrer Reaktionen unterscheiden sich die von Lamb

& Goldberg (1982) und die von Phillips & Parke (1979) untersuchten Eltern nicht. Frodi, Lamb, Leavitt et al. (1978a, 1978b) registrierten die physiologischen Reaktionen von Vätern und Müttern, während ihnen auf einem Bildschirm ruhende, lächelnde und weinende Babies gezeigt wurden. Sie fanden bei der Darbietung weinender und lächelnder Kinder keinerlei Unterschiede in den Reaktionsmustern der Eltern. Ebenfalls keine geschlechtsspezifischen Differenzen fanden Frodi & Lamb (1978) in den physiologischen Reaktionen bei achtjährigen Jungen und Mädchen. Lediglich im Alter von 14 Jahren reagierten Mädchen stärker als gleichaltrige Jungen.

Sehr eingehende Beobachtungen der Interaktion zwischen Säugling und Eltern unternahmen Papoušek, Papoušek und Mitarbeiter mit Hilfe der Verhaltensmikroanalyse (Papoušek, 1981; Papoušek & Papoušek, 1981a). Sie gewannen detaillierte Erkenntnisse über Mimik, Gestik sowie Prosodik der elterlichen Sprechweise (Papoušek & Papoušek, 1981b). Die Sprache der Eltern ist danach linguistisch einfach, findet in einer höheren Tonlage statt und weist spezifische Muster mit häufigen Wiederholungen, Abwandlungen und wechselseitiger Nachahmung auf. Es lassen sich Differenzen im Sprechen mit Säuglingen, älteren Kindern und Erwachsenen präzisieren (Papoušek, Papoušek & Bornstein, 1984). Die melodischen Konturen von Vätern und Müttern beim Sprechen mit drei Monate alten Kindern unterscheiden sich dabei *nicht.* In einer weiteren deutschen Beobachtungsstudie konnte dieser Befund bei Kindern bis zu drei Monaten bestätigt werden (Keller, Gauda, Miranda et al., 1982). Eine begleitende, nachahmende Mimik in der Interaktion konnte sogar bereits bei kleinen Kindern beobachtet werden, was – neben dem transkulturellen Auftreten bei Erwachsenen – auf einen angeborenen Anteil dieser intuitiven Verhaltensweisen schließen läßt (Papoušek & Papoušek, 1983; Papoušek, Papoušek & Bornstein, 1984). Voraussetzungen für das Auftreten der beobachteten sensitiven Reaktionen in der Kommunikation mit dem Säugling sind Entspanntheit und Aufmerksamkeit bei den Eltern sowie ausreichende zeitliche Gelegenheit für gemeinsame Kommunikation (Papoušek & Papoušek, 1983). Gegen Ende des ersten Lebensjahres zeigen die Eltern entsprechend dem erreichten Entwicklungsstand der Kinder veränderte phonetische Modelle gegenüber den Kindern. Es werden Worte eingeführt und assoziiert und Sprechintentionen des Kindes gefördert. Die elterliche Didaktik wird zunehmend heterogener; soziologische und kulturelle Einflüsse werden beobachtbar (Papoušek, Papoušek & Bornstein, 1984). Die von Bowlby (1969) und Ainsworth (1969, 1972) genannte allgemeine biologische Prädisposition für Sensitivität einer erwachsenen Pflegeperson, worunter in der Regel die Mutter verstanden wurde, haben insofern eine Bestätigung erfahren; gleichzeitig stellte sich aber auch heraus, daß unter vergleichbaren Bedingungen Väter ebenso wie Mütter diese sensitiven Verhaltensanpassungen zeigen; eine stärkere biologische Prädisposition bei Müttern kann von daher gesehen nicht behauptet werden. Es darf in diesem Zusammenhang darauf hingewiesen werden, daß Klaus & Kennell (1982) inzwischen ihre Thesen über den frühen Körperkontakt zwischen Mutter und Kind und seiner Bedeutung für das Ausbilden von Bindung der Mutter an das Kind – was ebenfalls als unterschiedliche biologische Prädisposition für eine Beziehung zwischen Kind und Elternteil anzusehen wäre – in der früher postulierten Form nicht mehr aufrechterhalten. Darüber, wie ein unterschiedliches Ausmaß an *Erfahrung* in der Interaktion mit dem Kind die Kommunikation effektiver machen kann, dürften nach ersten Beobachtungsergebnissen (Kestermann, 1981) weitere Studien näheren Aufschluß geben. Es ließe sich auch das Ausmaß an Kontakt, das im Sinne eines Schwellenniveaus zur Entstehung einer engen individuellen Beziehung des Kindes zu einem Elternteil nötig ist, mit Hilfe der Erfassung von Parametern präzisieren, die auf die Kommunikation mit dem ganz kleinen Kind einwirken.

Neben einer Vielzahl von Ähnlichkeiten in den Reaktionsmustern der Eltern bei vorhandener väterlicher und mütterlicher Sensitivität wurden dennoch auch Unterschiede ermittelt. So stellten z. B. Parke & Sawin (1975) fest, daß Väter bei kindlichen Lautäußerungen tendenziell öfter vokalisierten, Mütter dagegen öfter mit Berührung des Kindes reagierten. Unterschiede in der zeitlichen Strukturierung der väterlichen und mütterlichen Interaktion fanden Brazelton, Yogman, Als et al. (1979) sowie Yogman (1977, 1981a, 1981b). Die väterliche Interaktion wies mehr affektive Höhepunkte auf und war eher spielerisch als die mütterliche. Die Interaktion der Mutter war eher ausgeglichen und gleichmäßig. Feldman & Nash (1978) fanden, daß unter der Bedingung sozialen Drucks Mütter eher in Richtung geschlechtsspezifischen Verhaltens und stärker als Väter reagierten.

Schon diese kurze und unvollständige Darstellung läßt deutlich werden, daß es eine Reihe von Verhaltensweisen bei Müttern und Vätern gibt, die nicht auf geschlechtsspezifische Differenzen hinsichtlich elterlicher Sensitivität im Sinne einer biologischen Prädisposition schließen lassen. Hierzu gehören der Aspekt der Signalwahrnehmung und -interpretation, die bei der Wahrnehmung kindlicher Signale stattfindenden physiologischen Reaktionen und intuitiv ablaufendes, sprachliches und mimisches Kommunikationsverhalten bei Müttern und Vätern. Gleichzeitig gibt es auch Unterschiede, z. B. in der zeitlichen Strukturierung und der Akzentuierung bzw. in der bevorzugten Modalität der Reaktion.

Parke (1981) stellte die These auf, daß Mütter und Väter sich nicht unter dem Decodierungsaspekt, wohl aber unter dem Reaktionsaspekt von Sensitivität unterscheiden. Diese These ist, wenn man von der verbalen Interaktion absieht, mit den hier referierten Befunden konkordant, während die These von Klaus, Trause & Kennell (1975) einer biologisch geringeren Prädisposition von Vätern, kindliche Signale erkennen zu können, angesichts der vorliegenden Forschungsergebnisse bislang keine empirische Bestätigung erfahren konnte. Dem wird in der genannten neueren Arbeit von Klaus & Kennell (1982) Rechnung getragen.

Hochheben des Babys durch den Vater einen wichtigen Faktor für die Aufnahme und Fortsetzung einer kontinuierlichen emotionalen Beziehung zu seinem Kind: Ein Vater befinde sich in psychischer Distanz zum Säugling, bis er ihn im Arm hält. Die meisten Studien konzentrieren sich gegenwärtig auf die Häufigkeit und die Dauer des Hochnehmens und gehen auf Unterschiede im Verhalten als Funktion des kindlichen Geschlechts ein; andere bemühen sich um eine Klassifikation der Positionen, in denen Babies gehalten werden. Einige wenige Autoren befassen sich mit der Bedeutung, die solche Haltepositionen für die Eltern-Kind-Interaktion haben können. Im folgenden werden einige Untersuchungsergebnisse dargestellt; einen Zugang zu dieser Thematik ermöglicht die oben angegebene Literatur. Parke & O'Leary (1976) berichten, daß Neugeborene im Alter von vier bis 24 Stunden von ihren Eltern in den Armen oder im Schoß gehalten werden. Andere Autoren wiederum fanden, daß Väter zunächst eine gewisse Scheu zu überwinden haben, bevor es ihnen – in der Regel durch entsprechende Ermutigung des Klinikpersonals – gelingt, ihr Baby aufzunehmen. MacDonald (1978) und Rödholm & Larsson (1979) stellten fest, daß Väter, die mit ihrem Baby allein waren, dieses äußerst selten aufnahmen und im Arm hielten. Nach entsprechender Ermutigung durch das Klinikpersonal waren dies in der Studie von Packer & Rosenblatt (1979) immerhin etwa 50% der Väter. Woollett, White & Lyon (1982), die das Verhalten britischer Väter nach der Geburt ihres Kindes untersuchten, fanden, daß 66% der Väter das Baby sogar spontan aufnahmen. Amerikanische Väter hoben in der Studie von Parke & O'Leary (1976) in den ersten Tagen nach der Geburt im Krankenhaus ihr Baby häufiger auf, und sie hielten es länger als die Mütter: 56% der Beobachtungszeit, wenn die Mutter anwesend war und 65% der Zeit, wenn die Väter allein mit dem Baby im Zimmer waren. Woollett, White & Lyon (1982) stellten fest, daß Väter neugeborene Töchter und Söhne gleich häufig hochnahmen; sie hielten jedoch ihre Söhne um etwa 50% länger als Töchter (White & Woollett, 1981). Parke & O'Leary (1976) beobachteten, daß sowohl Väter als auch Mütter erstgeborene Kinder in den Armen, Nachgeborene hingegen häufiger auf dem Schoß halten. Parke (1982, S. 55) erwähnt, daß beim Halten der Kinder „Väter ihre Söhne nicht eng an sich (drücken). Mütter dagegen tun dies mehr mit ihren Söhnen als mit ihren Töchtern".

Von Interesse erweisen sich in der letzten Zeit Studien, die sich mit der Klassifikation von Haltepositionen befassen und hier vor allem jene, die Zusammenhänge zwischen der Art der Halteposition und der Eltern-Kind-Interaktion zum Thema haben. Die Frage nach der Klassifikation von Haltepositionen wurde zunächst bei Müttern und ihren Babies untersucht (De Château, 1979; Ginsberg, Fling, Hope et al., 1979; Kennell, Voos & Klaus, 1979). Ausgehend von diesen Arbeiten hat Rödholm (1981) auch Väter in die Untersuchung einbezogen. Väter mit Kindern im Alter von drei Monaten wählten am häufigsten die Position, in der das Kind vom Vater weg nach außen blickt. In diesen Studien wurde grundsätzlich die En-Face-Position als Hinweis für elterliches Engagement und eine nach außen gerichtete Position als Indiz für eher reduzierte elterliche Beteiligung gewertet. White, Woollett & Lyon (1982) bemerkten mit Recht, daß die Frage, welche Position Väter wählen, wenn sie ihren Säugling hochnehmen, bislang wenig untersucht wurde. Sie führten deshalb eine Untersuchung durch, die als Fortsetzung ihrer früheren Studien des elterlichen Verhaltens unmittelbar nach der Geburt anzusehen ist (vgl. Woollett, White & Lyon, 1982), in denen Mütter und Väter in der alltäglichen familiären Umgebung bei ihren Interaktionen mit dem Säugling bis zum Alter von 30 Monaten beobachtet wurden. In ihrer Arbeit erfaßten sie insgesamt 41 Familien und 81 Kinder. White, Woollett & Lyon (1982) entwarfen ein fünfdimensionales Klassifikationssystem, das in den Abbildungen auf S. 250f. illustriert wird.

Sie machten deutlich, daß Väter unmittelbar nach der Geburt bevorzugt zwei Positionen wählen: (a) Die Querposition, in der Babies nah am Körper gehalten wurden, die mit 87% der Beobachtungszeit quantitativ am häufigsten vorkam und (b) die Position nach innen, in der Babies fern vom Körper gehalten wurden, die mit 21% der Gesamtbeobachtungszeit vertreten war. Zwei Monate nach der Geburt wurde in der Untersuchung von White, Woollett & Lyon (1982) ein geschlechtsspezifisches Reaktionsmuster des Vaters beobachtet: Väter von Töchtern zeigten weiterhin deutlich eine Vorliebe für die Querposition (66%), die sie schon unmittelbar nach der Geburt in den meisten Fällen anwandten. Väter von Söhnen hingegen zeigten ein völlig anderes Verhaltensmuster: Die bevorzugte Position für Söhne war die nach innen gerichtete (46%), d.h. die Position, die bei Söhnen unmittelbar nach der Geburt schon gelegentlich hergestellt wird; sie überwiegt im Alter von zwei Monaten. Die Querposition war hingegen mit 31% halb so häufig vertreten wie bei Töchtern. Vier oder fünf Monate nach der Geburt tritt eine Veränderung in den Häufigkeiten der beobachteten Positionen ein: Die Position nach innen ist dann bei Vätern von Söhnen nicht mehr die beliebteste; an ihre Stelle ist die Querposition getreten (40%), weiterhin die Position nach innen (22%) sowie die Schulterposition (24%). Dennoch kommt die nach innen gerichtete Position bei Söhnen immer noch wesentlich häufiger vor als die bei Mädchen. Bei Töchtern wurde die Querposition weiterhin bevorzugt, wenn die Häufigkeit auch nach dem Alter von zwei Monaten abnahm (48%). Häufig wurde zu diesem Zeitpunkt auch die Position nach außen (23%) gewählt. Die Position nach unten wurde in der Studie von White, Woollett & Lyon (1982) generell selten verwendet (nicht häufiger als 4%) und wird von den Autoren nicht weiter berücksichtigt. Diese Veränderungen väterlichen und mütterlichen Verhaltens in den ersten fünf Monaten nach der Geburt führen die Autoren auf eine wechselseitige Beeinflussung zurück, der beide Elternteile unterliegen. Als Beispiel zur Untermauerung ihrer These greifen die Autoren die Anwendung der Querposition bei einem Sohn heraus: Väter

01 *Querposition:*
Das Baby wird quer zum Körper des Elternteils gehalten und zwar entweder in der Armbeuge oder auf dem Knie.

02 *Position nach innen:*
Das Baby wird in einer face-to-face-Position gehalten; es blickt also nach innen zu dem Elternteil, der es hält.

03 *Position nach außen:*
Das Baby wird so gehalten, daß es vom Elternteil weg gerichtet ist; Vater und Baby blicken in die gleiche Richtung.

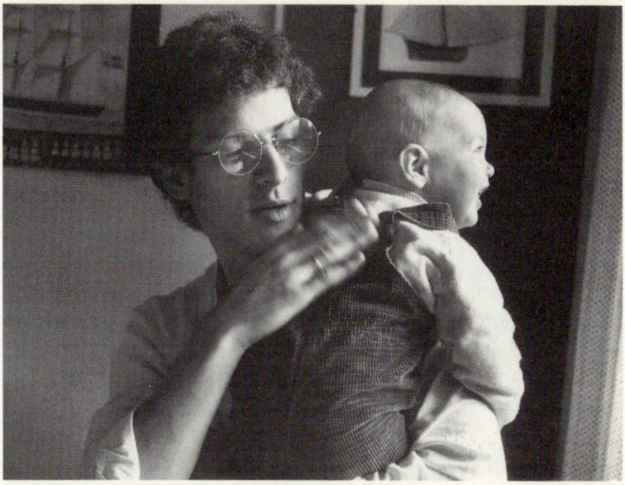

04 *Schulterposition:*
Das Baby wird an die Schulter gelehnt gehalten; es blickt dabei über die Schulter des Vaters.

05 *Position nach unten:*
Das Baby wird so gehalten, daß es nach unten blickt. Es wird dabei entweder auf das Knie gestützt oder liegt auf dem Arm des Vaters.

Positionen, die von Vätern beim Halten ihres Babys benutzt werden (nach White, Woollett & Lyon 1982):

zeigen vom zweiten bis zum fünften Lebensmonat des Säuglings eine Zunahme von 57% bei deren Anwendung, während im selben Zeitraum die Häufigkeit, in der die Mutter diese Position zeigt, um 46% abnimmt. Aus dieser Studie geht hervor, daß die Gesamtdauer und die Wahl der Positionen, in denen Väter ihr Baby halten, in Abhängigkeit von Alter und Geschlecht des Säuglings variieren.

Wie bereits angedeutet, interessierten sich einige Autoren auch für die Implikation, die die Wahl einer Position für die Art und Weise hat, in der ein Vater mit seinem Baby interagiert. Lamb (1977c) hat eine Reihe von Gründen angeführt, warum Eltern ihr Baby hochnehmen: (a) um verschiedene Aufgaben der Körperpflege und Versorgung des Babys zu erfüllen; (b) um es zu beruhigen, wenn es schreit oder unruhig ist; (c) um ihm gegenüber Zuneigung und Zärtlichkeit auszudrücken; (d) um mit ihm ein Spiel fortzusetzen oder einzuleiten und (e) um es zurückzuhalten oder zurückzuholen, wenn es wegkrabbeln will. White, Woollett & Lyon (1982) bemerken mit Recht, daß Lamb auf die Frage nicht eingeht, ob die einzelnen Positionen, in denen das Baby gehalten werden kann, unterschiedlich gut für die Erfüllung dieser einzelnen Funktionen geeignet sind, was nach ihrer Meinung jedoch sinnvoll wäre. Die Autoren verweisen auf entsprechende Interpretationsansätze bei De Château (1979), Kennell, Voos & Klaus (1979), LaRossa & LaRossa (1981) und bei Rödholm (1981). Sie unternehmen selbst den Versuch einer Aufhellung der Zusammenhänge zwischen Halteposition und Eltern-Kind-Interaktion. Die Ergebnisse dieser Analyse seien hier kurz zusammengefaßt:

(a) Die *nach innen gerichtete Position,* die in der Studie von White, Woollett & Lyon (1982) von Vätern häufiger bei Söhnen als bei Töchtern eingenommen wird, eignet sich nach Auffassung der Autoren optimal für einen reichhaltigen Austausch und eine Interaktion zwischen Vater und Kind. In einer solchen Situation kann jeder Teilnehmer sensitiv auf den anderen reagieren, und es sind ideale Voraussetzungen für wechselseitige reziproke Interaktion gegeben. Außerdem erhöhen sich für das Baby die Möglichkeiten, auf Stimulation zu reagieren. Dies kann nach White und Kollegen die Einstellung des Elternteils gegenüber dem Kind bestimmen.

(b) In den ersten Lebenswochen halten Väter ihre Töchter in der *Querposition* und nur selten in der nach innen gerichteten Position. Die Querposition bietet weniger Gelegenheit für soziale Interaktionen. Dadurch, daß das Baby zumeist sehr nahe an den Körper gehalten und auf diese Weise das Blickfeld eingeengt wird, kann zwar der Elternteil das Baby beobachten, die Position ermöglicht jedoch eher eine Ein-Weg-Kommunikation und erleichtert weniger eine wechselseitige Interaktion.

(c) Die *Position nach außen:* Wenn das Kind älter wird, läßt sich eine Verschiebung von der Querposition zur nach außen gerichteten Position beobachten. Diese Veränderung ist nach White und Kollegen deshalb wichtig, weil sie Neugier und Entdeckungsverhalten des Kindes fördert. Der Elternteil, der das Kind hält, kann beobachten, worauf sich Wahrnehmung und Interesse des Kindes richten. Dadurch, daß der Elternteil gleichzeitig verbalisieren kann, was das Kind gerade beobachtet, eignet sich diese Position für die Sprachförderung des Kindes. Sie dient dem Kind auch dazu, weitere anwesende Personen leichter wahrzunehmen, wobei der Elternteil, der das Kind hält, beschreiben kann, was diese Personen tun. Beide, Elternteil und Kind, können auf diese Weise mit einer dritten Person interagieren und damit auch triadische Interaktionen einleiten.

(d) Die *Schulterposition:* Diese Position wurde von den Autoren bei Töchtern und Söhnen im Alter sowohl von zwei als auch von vier/fünf Monaten gleich häufig beobachtet. Nach Meinung von White und Kollegen trägt diese Position zur Entwicklung triadischen Interaktionsverhaltens (zwischen Kind, Vater und Mutter) bei, da sie es dem Kind ermöglicht, den Elternteil wahrzunehmen, der es hält und gleichzeitig den anderen Elternteil zu beobachten. Ähnlich wie die Position (c) bietet sie eine Gelegenheit zu gemeinsamen Familienerfahrungen.

Wenn diese Studien auch der weiteren Überprüfung bedürfen und in der Bundesrepublik Deutschland noch auf eine Replikation warten, zeigen sie dennoch im Ansatz, daß Väter und Mütter unterschiedlich auf Söhne und Töchter reagieren und aus verschiedenen Gründen ihre Kinder hochnehmen und daß sich dieses Verhalten während der ersten Lebensmonate verändert.

b) Spielen mit dem Kind

Ähnlichkeiten und Unterschiede im elterlichen Verhalten konnten noch umfassender in Spielaktivitäten untersucht werden, auf die im folgenden eingegangen wird.

Die hierzu vorliegenden Arbeiten liefern ein relativ konsistentes Bild: Väter beteiligen sich nicht so sehr wie Mütter an der Pflege des Kindes, aber sie verbringen einen größeren Anteil der ihnen verfügbaren Zeit beim Spielen mit dem Kind. In einem ersten Stadium war man bemüht, quantitative Unterschiede hinsichtlich der beim Spiel verbrachten Zeit von Vätern und Müttern zu ermitteln. Kotelchuck (1976) stellte z.B. fest, daß Väter 37,5% der mit den Kindern gemeinsam verbrachten Zeit spielerischen Aktivitäten widmen. Die Studie von Richards, Dunn & Antonis (1977) in England ergab, daß sowohl im Alter des Kindes von 30 Wochen als auch im Alter von 60 Wochen der Hauptanteil der Interaktion zwischen Vater und Kind aus Spielen bestand; etwa 90% der Väter spielten regelmäßig mit ihrem Kind. In diesselbe Richtung gehen auch die Befunde von Lamb (1976a) bei Eltern mit sieben bis acht und zwölf bis 13 Monate alten Kindern: Auf die Frage, warum sie das

Kind aufheben, antworteten Väter in der Regel, daß sie mit dem Kind spielen, Mütter hingegen, daß sie das Kind zu Zwecken der Pflege aufheben wollten. Diese Studien liefern ein weiteres durchgängiges Ergebnis: Väter spielen zwar während der Zeit, in der sie mit ihrem Kind interagieren, proportional mehr; absolut gesehen lag jedoch der Zeitanteil der Mütter bei Spielaktivitäten höher als der der Väter.

Die Art und Weise, wie Eltern mit ihren Kindern spielen, ist als mögliche Ursache für die Qualität und Intensität der Bindung des Kindes an seine Eltern inzwischen hinreichend untersucht worden. Vor allem die Vermutung, daß nicht die Quantität des Spielens, sondern die Qualität des Spiels entscheidend für die Kind-Vater-Bindung sei, hat etliche Forscher veranlaßt, sich dieser Frage zuzuwenden (Clarke-Stewart, 1978, 1980; Lamb, 1976a, 1977a, 1977b, 1977c, 1980; Parke, 1979, 1981; Pedersen, 1980, Power & Parke, 1982, Yogman, 1981a, 1981b, Yogman, Dixon, Tronick et al., 1977). Sie erforschten dazu Unterschiede im Spielstil, in den Spielformen und im Spielverlauf. Ferner untersuchten sie die Entwicklung der Rolle des Vaters als Spielpartner, die Reaktionen der Kinder auf den Spielstil von Vater und Mutter, und sie fragten nach Zusammenhängen zwischen spielerischem Verhalten und anderen Verhaltensdimensionen.

Die ermittelten Ergebnisse zeigen stark zusammengefaßt, daß zwischen Vätern und Müttern solche Unterschiede im *Spielstil,* d.h. *wie* gespielt wird, bestehen. Yogman (1981a, 1981b) und Yogman, Dixon, Tronick et al. (1977) beobachteten Väter, Mütter und Fremde beim Spielen und fanden, daß sich Erwachsene in ihrem Spiel mit dem Kleinkind hinsichtlich Vokalisation und Berührungsmuster verschieden verhalten: Mütter vokalisierten in sanftem, sich wiederholendem, imitierendem und von Pausen unterbrochenem Sprechen und dies viel öfter als Väter, die wiederum öfter als Fremde in der beschriebenen Weise mit dem Kind kommunizierten. Väter hingegen berührten ihr Baby öfter mit rhythmischen kleinen Stößen als die Mütter, und die Mütter wiederum interagierten mit dem Kind auf diese taktile Art öfter als eine fremde Person.

Power & Parke (1982) videographierten Eltern mit ihren erstgeborenen, acht Monate alten Kindern im Labor beim Spielen. Dabei spielten die Väter mehr in einer Weise, bei der das Kind angestoßen und aufgenommen wurde, also körperlich mehr stimuliert wurde, während Mütter mehr Beobachtungsspiele initiierten, bei denen ein Spielzeug gezeigt oder durch Bewegung oder Schütteln bemerkbar gemacht wurde. Generell besteht Übereinstimmung darüber, daß Bewegungsspiele mit Armen und Beinen sowie taktile Spiele bei Vätern häufiger als bei Müttern vorkommen. Im Gegensatz zu dieser Art physisch anregender Spiele verwenden Mütter bei Körper-Spielen mehr konventionelles Spielen.

Hinsichtlich der *Spielformen,* d.h. *was* gespielt wird, zeigte sich, daß Väter mit einem Spielzeug die Aufmerksamkeit des Kindes nicht so lange aufrechterhalten konnten wie Mütter, woraufhin die Väter in der Regel zu einem mehr körperlichen Spielstil übergingen, um das Interesse des Kindes wiederum zu wecken. In der Studie von Lamb (1977a) spielten Väter zu Hause mehr physische und sogenannte ‚idiosynkratische' Spiele als die Mütter, die konventionelle Spiele bevorzugten und dabei häufig Spielzeug einbezogen *oder/und* ihrem Kind vorlasen. Zu vergleichbaren Ergebnissen kam auch Clarke-Stewart (1980) bei Kindern im Alter von 15 bis 30 Monaten. Zusammenfassend läßt sich feststellen, daß Väter eher taktil und physisch, Mütter hingegen eher verbal mit ihren Kindern interagieren. Eltern haben also vermutlich einen (geschlechtsspezifisch) bevorzugten Spielstil.

Die genannten Arbeiten lieferten auch Evidenz für die Annahme, daß Kleinkinder nicht *mehr* Stimulation von ihren Väter als von ihren Müttern erfahren; vielmehr erfahren sie ein qualitativ unterschiedliches Stimulationsmuster. Daß die Vater-Kind-Interaktion sich mit der Entwicklung des Kindes wandelt, haben Parke & Sawin (1980) für die ersten drei Lebensmonate hinreichend dokumentiert. Auch der Befund von Lamb (1976a), wonach Jungen im Alter von 18 Monaten den Vater gegenüber der Mutter bevorzugen, läßt auf einen solchen Wandel schließen. In der Untersuchung von Clarke-Stewart (1980) war bei Kindern im Alter von 15 Monaten die Mutter die primäre Spielgefährtin des Kindes, im Alter von 20 Monaten spielten dagegen die Väter mehr mit ihrem Kind als die Mütter. Im selben Zeitraum verringerte sich die Bedeutung der Rolle der Mutter als Pflegeperson, und nach 30 Monaten gab es nur noch wenige Unterschiede zwischen Vätern und Müttern im relativen Anteil des Spiels am Umgang mit dem Kind. Lamb (1976a) und Clarke-Stewart (1980) befaßten sich auch mit der Frage, wie Kleinkinder auf das unterschiedliche Spiel von Vater und Mutter reagieren. Lamb (1976a) fand, daß die Kinder auf das Spiel mit dem Vater positiver reagierten als auf das Spiel mit der Mutter. Clarke-Stewart (1980) berichtete, daß 20 Monate alte Kinder bedeutend empfänglicher für vom Vater initiierte spielerische Interaktionen sind als für das Spiel mit der Mutter. Im Alter von zweieinhalb Jahren waren die Kinder beim Spiel mit dem Vater kooperativer, angeregter und interessierter als beim Spiel mit der Mutter.

Die Diskussion der Befunde zum Halten und Spielen sollte zeigen, daß die Kind-Vater-Beziehung durch konsistent zu beobachtende Verhaltensunterschiede von Vätern und Müttern beeinflußt wird. Der Nachteil dieser Studien ist jedoch, daß sie sich auf einen bloßen quantitativen Vergleich zwischen einzelnen mütterlichen und väterlichen Verhaltensweisen beschränkten. Es liegt auf der Hand, daß sie damit eine Reihe relevanter Bedingungen übersahen, die für die Entstehung der Kind-Vater- und Kind-Mutter-Bindung von großer Bedeutung sind, wie etwa Faktoren des situativen oder ökologischen Kontextes. Zu wenig oder gar nicht wurde die Qualität der ehelichen Beziehung beachtet, und wie sie sich auf die Eltern-Kind-Beziehung auswirkt. Das Setting, in dem diese Studien durchgeführt wurden (Klinik, Laborsituationen und nur in wenigen Fällen die häusliche Umgebung) schränkt zudem die Generalisierbarkeit der Ergebnisse wesentlich ein. Erst gegen Ende der siebziger und zu Beginn der achtziger Jahre wurden Untersuchungen veröffentlicht, die die Kind-Vater- und Kind-Mutter-Beziehung nicht isoliert, sondern im Gesamtzusammenhang des Systems Familie untersuchten und dabei eine Integration der soziologischen (Ehepartner-Beziehung) und der entwicklungspsychologischen (Eltern-Kind-Beziehung) Ebene vornahmen (Pedersen, Anderson & Cain, 1980). Die Einschränkung auf die Variablen ,,Pflege" und ,,Spiel" wurde damit überwunden; Charakteristika des Kindes wurden als eigenständige relevante Variablen für den intrafamiliären Interaktionsprozeß erkannt (Belsky, 1980; Clarke-Stewart, 1980). Insgesamt veränderte sich der theoretische Kontext, so daß nun die Familie als ein System von Mitgliedern mit reziproken, interagierenden Einflüssen begriffen wurde, das zugleich zeitlichen Veränderungen unterliegt (Parke & Sawin, 1980). Aus der Anerkennung der weiteren Tatsache, daß das System nicht lediglich aus drei interagierenden Mitgliedern besteht, sondern daß jedes dieser Mitglieder (Kind, Mutter, Vater) eine Reihe von persönlichen Komponenten mit in das System einbringt (etwa Interaktionsstil, frühere Erfahrungen und Wissen, Merkmale wie Alter und Geschlecht sowie individuelle Charakteristika) und hinsichtlich der Eltern weitere Faktoren (Werte, Einstellungen, Kenntnisse in Kindererziehung etc.) (vgl. z.B. Großmann, 1984b) zu berücksichtigen sind, ergibt sich methodisch die Notwendigkeit, multiple Maße und Ebenen der Analyse anzuwenden (Hartup, 1979; Parke & Sawin, 1980). Zusammen mit dem sich anbahnenden familiensystemtheoretischen Ansatz begann man, Modelle zu entwerfen, die eine umfassende Analyse der komplexen Interaktionsprozesse in der Familie und ihre Integration ermöglichen sollen.

8.3.3 Ansätze zur Überwindung der traditionellen Bindungsforschung

In einer Beobachtungsstudie wiesen Parke & O'Leary (1976) nach, daß Mütter weniger dazu neigten, ihre Neugeborenen zu wiegen, zu halten, sie zu berühren usw., wenn der Vater in der Klinik anwesend war. Bronfenbrenner (1958) hatte bereits auf solche Effekte hingewiesen, die er ,,Auswirkungen zweiten Grades" nannte. Die Tatsache, daß der Einfluß des Vaters auch indirekter Art sein könnte, wurde bereits von Bowlby (1969) erkannt, von ihm und anderen Autoren jedoch als die überwiegende, wenn nicht einzige Einflußnahme des Vaters interpretiert.

Gegenwärtig sind nach Radin (1982) vier Prozesse indirekter Einflüsse des Vaters auf die Entwicklung seiner Kinder bekannt: (1) Die Mutter als Mediator väterlicher Einflüsse: z. B. neigen Männer mit wenig Macht in ihrer beruflichen Situation dazu, zu Hause Macht über ihre Frauen auszuüben, die ihrerseits machtsichernde Interaktionen mit den Kindern einleiten. Der häufige

Gebrauch von Machtbehauptungen seitens der Mutter wiederum ist mit einer „schwachen moralischen Entwicklung“ bei den Kindern verbunden (Hoffman, 1970[3]b, 1975a). (2) „Effekte zweiter Ordnung“ (im Sinne von Parke & O'Leary, 1976): Es wurde etwa gezeigt, daß Mütter weniger mit ihren Kindern interagieren, wenn der Vater anwesend ist (Clarke-Stewart, 1978, 1980; Lamb, 1976b). Lytton (1979) hat in diesem Zusammenhang festgestellt, daß Mütter bei Anwesenheit des Vaters strenger darauf achten, daß das Kind das tut, was man von ihm erwartet. (3) Eine dritte Form indirekter väterlicher Einflußnahme wird von Cochran & Brassard (1979) beschrieben: Väter bringen ihre Kinder mit Personen ihrer eigenen sozialen Umgebung außerhalb des Haushaltes in Kontakt. Diese Personen können die Kinder in andere Formen der Interaktion einführen und ihnen als Modell dienen. (4) Eine vierte Form der indirekten Einflußnahme des Vaters entsteht durch die Schaffung von Rahmenbedingungen, etwa indem er für die Anwesenheit bestimmter Materialien sorgt. Im allgemeinen geht man davon aus, daß Einflüsse in einer Familie nicht nur in eine Richtung gehen und daß auch keine einfache bidirektionale Beeinflussung bei Familienmitgliedern vorliegt, etwa Vater – Kind bzw. Kind – Vater. Vielmehr zieht man heute zirkuläre und transaktionale Modelle heran (Sameroff, 1977). Clarke-Stewart (1980) zeigte, daß solche zirkulären Einflußschemata zwischen Müttern, Vätern und Kindern existieren.

Ähnliche Effekte wie Parke & O'Leary (1976) berichtet auch Belsky (1979b) in bezug auf beide Elternteile hinsichtlich ihrer Vokalisation, Stimulation und des Spiels mit dem Kind bei An- bzw. Abwesenheit des Partners. Pedersen, Rubenstein & Yarrow (1979) gingen den Ursachen für diese Effekte zweiter Ordnung nach und stellten fest, daß nicht die physische Anwesenheit des Partners, sondern vielmehr die eheliche Interaktion die (oft beachtete) Reduktion im elterlichen Verhalten in der Triade bedingte. Nach Belsky (1981) hat die Untersuchung der Effekte zweiter Ordnung demonstriert, daß der Einbezug des Vaters in die Erforschung der frühen Kindheit mehr darstellt als lediglich die Erweiterung der Eltern-Kind-Beziehung um eine neue Dimension: Sie transformiert die Mutter-Kind-Dyade in ein Familiensystem, das Ehepartner- und Eltern-Kind-Beziehung einschließt. Die Untersuchung der Effekte zweiter Ordnung führt folglich zu einer Neukonzeption der Erforschung der frühen Kindheit. Die in den letzten drei Jahren vorgelegten Arbeiten lassen die Erwartung Belsksys (1981) als nicht unrealistisch erscheinen.

Kritisch bemerkte Belsky (1980), daß sich die überwiegende Zahl der Studien zur Rolle des Vaters in der frühen Kindheit mit dem Herausarbeiten von Ähnlichkeiten und Unterschieden zwischen den Kind-Mutter- und Kind-Vater-Beziehungen begnügte, indem lediglich Untersuchungen bei Vätern repliziert wurden, die vorher bei den Müttern durchgeführt worden waren.

Pedersen, Anderson & Cain (1980) betonen, daß in keiner einzigen Untersuchung, die mit Beobachtungsmethoden die frühkindliche Erfahrung zu erfassen suchten, explizit berücksichtigt wurde, daß die Ehepartner-Beziehung einen Einfluß auf das kindliche Verhalten haben könnte. Sie untersuchten deshalb, ob die Vater-Mutter-Interaktion einen mittelbaren Einfluß auf die Auftretenshäufigkeit und die Art des Verhaltens gegenüber einem fünf Monate alten Baby hat, und umgekehrt, ob die Interaktion mit dem Baby einen Einfluß auf die Vater-Mutter-Interaktion ausübt. Fragestellungen dieser Art setzen voraus, daß Familie als *interaktives System* verstanden wird. Die Autoren fanden, daß in 51% aller Zeiteinheiten eine Kommunikation zwischen den Ehepartnern stattfand. Für sich betrachtet stellt es bereits ein wichtiges deskriptives Ergebnis dar, daß Interaktion zwischen den Eltern eine relativ hohe Auftretenswahrscheinlichkeit auch in der triadischen Situation besitzt. Der Zusammenhang zwischen der Ehepartner- und Eltern-Kind-Interaktion zeigte sich dann deutlich: Bei neun der insgesamt zwölf erfaßten Variablen ist die Kommunikation der Ehepartner signifikant mit den Verhaltensweisen gegenüber dem Kind verknüpft. Die Autoren konnten zeigen, daß in Intervallen, in denen eine intensive Kommunikation zwischen den Ehepartnern stattfand, die Interaktionsrate mit dem Kind zurückging und umgekehrt. Es fanden sich auch zwei signifikante Wechselwirkungen der Geschlechtszugehörigkeit auf der Kommunikation der Ehepartner: bei den Verbalisierungen, die an das Kind gerichtet waren, und bei der Beschäftigung des Kindes mit Spielzeug. Diese beiden Verhaltensweisen traten signifikant häufiger bei den Müttern auf, wenn keine Kommunikation mit dem Ehemann stattfand. Bei einer Untersuchung der gleichzeitig ablaufenden Interaktionen mit dem Ehepartner und mit dem Kind schien es, daß zwischen Mutter und Kind eine etwas engere Beziehung bestand, als zwischen Vater und Kind. Interessant ist auch ein weiteres Ergebnis von Pedersen, Anderson & Cain (1980), wonach bei allen drei gemessenen Größen des kindlichen Sozialverhaltens eine sensible Koordination mit den Verhaltensänderungen der Eltern stattfand: Während der Perioden verminderter bzw. fehlender Ehepartnerkommunikation stieg beim Kind regelmäßig die Rate der sozialen Verhaltensweisen gegenüber Vater und Mutter an.

Sie beobachteten weiter, daß das fünf Monate alte Kind sein Verhalten an die Veränderungen der es umgebenden sozialen Gruppierung (Dyade bzw. Triade) anpaßt. In der dyadischen Interaktion zeigte sich wieder eine signifikante Zunahme der Häufigkeit bei allen drei gemessenen Formen des gerichteten Sozialverhaltens (das Kind blickte häufiger auf das Gesicht des Elternteils; es lächelte häufiger und es zeigte mehr Vokalisierungen bei gleichzeitigem Blickkontakt). Von Interesse ist auch der Befund, wonach diese Reaktionen des Kindes unabhängig davon sind, ob der soziale Interaktionspartner die Mutter oder der Vater ist. Ferner zeigten Pedersen, Anderson & Cain (1980), daß die Werte bei zwei der drei Messungen des kindlichen Verhaltens gegenüber der unbelebten Umwelt (visuelle Konzentration auf Objekte, Vokalisierungen während der Beschäftigung mit Objekten) in der Dyade höher liegen als in der Triade, was die Autoren zu der Bemerkung veranlaßt, daß man annehmen könne, in der Dyade werde mehr Information über unbelebte Objekte verarbeitet, ein Ergebnis, das man aber im Hinblick auf die Untersuchungssituation relativieren und noch weiterer Überprüfung überlassen sollte.

Pedersen und Kollegen zeigten mithin, daß ein fünf Monate altes Kind nicht nur sein Verhalten der *Größe der sozialen Gruppierung*, in der es sich gerade befindet, anpaßte, sondern daß das Kind bereits in diesem Alter die Fähigkeit besitzt, sein Verhalten in komplexer Weise auf die beiden Elternteile abzustimmen und dabei das Verhalten der Eltern untereinander zu berücksichtigen. Auch Bruns (1981) konnte in einer kleineren Studie an acht Familien mit drei Monate alten Töchtern Interaktionsveränderungen in Elternteil-Kind-Dyaden infolge der Anwesenheit eines weiteren Elternteils zeigen. Beim Wickeln in Anwesenheit des Vaters sprach die Mutter weniger mit dem Kind, streichelte, küßte und stimulierte es weniger als in der Dyade, auch der Vater stimulierte es weniger als in der dyadischen Interaktion. In einer Teilnahmesituation, in der die Eltern das Verhalten des Kindes beobachteten, ohne mit ihm beschäftigt zu sein, betrachtete dann, wenn beide Eltern anwesend waren, das Kind die Mutter weniger und berührten sie weniger; auch die Mütter schauten das Kind weniger an und nahmen es seltener auf den Arm und der mimische Kontakt zwischen Mutter und Kind reduzierte sich. Ferner zeigte Bruns (1981), daß die Kind-Vater-Interaktionen mit der Dauer der täglichen Beschäftigungszeit der Väter mit den Säuglingen variierte. Väter, die sich an Werktagen relativ lange mit ihren Töchtern beschäftigen konnten, nahmen zwar auch mehr Pflegehandlungen (Wickeln, Füttern) vor als nur kurzzeitig verfügbare Väter, interagierten aber vor allem in nichtpflegerischen Situationen wesentlich häufiger mit den Säuglingen als wenig verfügbare Väter. In den Familien, in denen Väter wenig Zeit für die Beschäftigung mit dem Säugling hatten, waren in der triadischen Situation die Väter Hauptinteraktionspartner der Kinder.

Auch Clarke-Stewart (1980) stellte komplexe Zusammenhänge in der Form fest, daß Unterschiede im elterlichen Verhaltensstil positiv mit Messungen der kognitiven und sozialen Entwicklung des Kindes korrelierten, Unterschiede in den elterlichen Einstellungen hingegen negativ mit der intellektuellen Entwicklung des Kindes zusammenhängen. Belsky (1980) differenzierte zwischen verschiedenen Familientypen, indem er hinsichtlich bestimmter elterlicher Verhaltensweisen (etwa Vokalisation, Stimulation, Berührung) den Medianwert für Mütter und Väter ermittelte: Es zeigte sich, daß Krabbelkinder aus Familien, in denen die Mutter einen Wert unter und der Vater einen Wert über dem Median hatte, am geschicktesten in einer freien Spielsituation die Umwelt explorierten. Im Rahmen einer Familiensystem-Perspektive untersuchten Easterbrooks & Goldberg (1984) die Entwicklung von 20 Monate alten Kindern in 75 Familien. Die untersuchten Aspekte umfaßten bei den Eltern quantitative wie die verfügbare Zeit ebenso wie qualitative, nämlich

Einstellungen, Sensitivität und Art der Reaktionen. Bei den Kindern wurden Bindungsqualität, Affekte und Problemlösungsverhalten erfaßt. Es zeigte sich, daß stärkere väterliche Beteiligung mit einer besseren kindlichen Entwicklung korrelierte. Das Verhalten der Väter hing dabei eher mit dem kindlichen Problemlösungsverhalten zusammem, während mütterliche Charakteristika eher Einfluß auf die Sicherheit der kindlichen Bindung hatten. Insgesamt standen positive elterliche Charakteristika in positivem Zusammenhang mit Bindungsqualität und Problemlösungsverhalten, und diese qualitativen Charakteristika hatten stärkere Auswirkungen als rein quantitative wie die verfügbare gemeinsame Zeit mit dem Kind. Belsky, Gilstrap & Rovine (1984) berichten ebenfalls von einer Studie mit einem familiensystemtheoretischen Ansatz, in der 72 Familien hinsichtlich der Vater-Kind-Beziehung und Formen mütterlichen und väterlichen Verhaltens über drei Untersuchungszeitpunkte hinweg beobachtet wurden. In 31 der untersuchten Familien handelte es sich bei dem Neugeborenen um das zweite oder ein weiteres Kind; die Beobachtungen fanden statt, als das Neugeborene einen, drei und neun Monate alt waren. In der häuslichen Umgebung gab es große Unterschiede hinsichtlich des Ausmaßes an Beteiligung; in allen Maßen und zu allen Beobachtungszeitpunkten waren die Mütter sehr viel stärker in der Versorgung und Betreuung ihrer Kinder involviert als die Väter. Durch die Geburtenfolge bedingte Verhaltensunterschiede waren dabei beim Vater stärker ausgeprägt; bei älteren Kindern waren die Väter vergleichsweise stärker involviert. Abgesehen von den quantitativen Unterschieden waren im Muster mütterlichen und väterlichen Verhaltens dabei grundsätzlich Ähnlichkeiten festzustellen. So fehlten bei beiden vom Geschlecht des Kindes abhängige Verhaltensunterschiede, bei beiden Elternteilen nahmen im Laufe der Zeit Reaktionsbereitschaft auf kindliche Signale und stimulierendes Verhalten zu, bei beiden Eltern nahmen Pflegetätigkeiten und Ausdruck positiver Gefühle im Laufe der ersten 9 Monate ab. Interindividuelle Differenzen im Verhalten von Vätern und Müttern blieben gleichermaßen über die Untersuchungszeitpunkte hinweg konstant, was besonders deutlich für den Vergleich der Beobachtung mit drei und mit neun Monaten war. Elterliche und eheliche Rollen waren bei Vätern stärker miteinander verknüpft als bei Müttern, denn während bei den Müttern das Ausmaß mütterlichen Verhaltens nicht mit der Kommunikation in der ehelichen Partnerschaft zusammenhing, bestand dieser Zusammenhang bei den Vätern deutlich. Das stellt wiederum einen Hinweis dafür dar, daß die Untersuchung der Bedeutung des Vaters für die Kinder nicht unabhängig von der Partnerbeziehung in der Ehe vorgenommen werden kann (Belsky, 1981).

Aus diesen Studien läßt sich folgern, daß der soziale Kontext einen größeren Einfluß auf das kindliche Verhalten ausübt als z.B. das Geschlecht des Elternteils und daß die Größe der sozialen Gruppierung über das Verhalten in der Familie wesentlich mitentscheidet. Andererseits wird der Faktor ‚soziale Gruppierung‘ nicht nur von der Zahl der Personen, sondern auch von den weiteren sozialen Rahmenbedingungen mitbestimmt: In Familien mit traditioneller Rollenteilung finden z. B. die meisten Interaktionen zwischen Vater und Kind in der Triade statt, und zwar deswegen, weil dann, wenn der Vater zu Hause ist und mit dem Kind interagiert, in der Regel auch die Mutter anwesend ist, während die meisten Mutter-Kind-Interaktionen dyadischer Natur sind; d. h. das Kind macht bereits von daher unterschiedliche Erfahrungen in seinen Beziehungen zu beiden Elternteilen. Diese Unterschiede wurden in der Studie von Pedersen, Anderson & Cain (1980) besonders deutlich beim Vergleich des Verhaltens des Vaters in der Triade mit dem der Mutter in der Dyade: Bei jeder Variablen, mit Ausnahme der intensiven taktil-kinästhetischen Stimulation, erreichten die Mütter auch in der Triade signifikant höhere Quantitätswerte in den Interaktionsmaßen als die Väter.

Allgemein läßt sich zeigen, daß die Häufigkeit der Interaktionen zwischen einem Elternteil und dem Kind in der dyadischen Situation konsistent größer ist als in der Triade. Die Gruppenzusammensetzung als Einflußfaktor auf die Interaktionen scheint in der Tat weitgehend bestimmend zu sein, was sich auch in einer Anzahl elterlicher und kindlicher Verhaltensweisen zeigt. Die einzige Studie, die einen hierzu widersprüchlichen Befund lieferte, war die Untersuchung von Parke & O'Leary (1976): Mütter lächelten das Neugeborene häufiger an, wenn der Vater in der Klinik anwesend war. Pedersen (im Druck) fordert in diesem Zusammenhang, die ökologische Realität stärker zu berücksichtigen, in der die Eltern-Kind-Interaktion stattfindet.

Wie notwendig es ist, die Einseitigkeit des Schemas ,,Untersuchung der Vater-Kind-Beziehung einerseits, der Mutter-Kind-Beziehung andererseits" zu überwinden und neue Perspektiven mit einem systemtheoretischen Ansatz zu eröffnen, belegen auch andere Studien. Bereits 1975 fand Pedersen eine hohe (positive) Korrelation zwischen der Häufigkeit des Spielverhaltens zwischen Vater und Sohn und der Wertschätzung, die der Vater seiner Frau bezüglich ‚mütterlicher Qualitäten' entgegenbringt, sowie eine (negative) Korrelation mit dem Ausmaß ehelicher Konflikte und Spannungen. Die Studie von Parke & O'Leary (1976) liefert ebenfalls Belege für eine solche Interdependenz. Auch Clarke-Stewart (1980) kam zu dem Ergebnis, daß die Mutter-Kind-Interaktion sich verändert, wenn dieses Subsystem in die Vater-Mutter-Kind-Triade eingebettet wird: Die Mutter ergriff in diesem Falle seltener die Initiative für Gespräche und Spielaktivitäten mit dem Kind, engagiert sich weniger, gab weniger Verstärkung und zeigte sich in geringerem Maße verantwortlich für auf das Kind bezogene Interaktionen.

Zwei neuere Studien, die die notwendige Berücksichtigung des sozialen Kontextes bei einer umfassenderen Analyse der Eltern-Kind-Beziehungen und -Bindungen besonders deutlich machen, sollen zum Schluß dieses Teils noch erwähnt werden.

Pedersen, Rubenstein & Yarrow (1979) fanden auffallende Unterschiede im sozialen Kontext der Interaktion von Mutter oder Vater mit dem Kind.

Wie bereits erwähnt, ist in Familien mit tradioneller Rollenteilung bei der Mutter eine dyadische, beim Vater eine triadische Einheit charakteristisch für die soziale Interaktion mit dem Kleinkind. Die Autoren leiten daraus ab, daß die häufig beobachtete Neigung der Väter zu robustem, aktivierendem sozialem Spiel (Lamb, 1976a; Clarke-Stewart, 1978) vielleicht dazu dienen soll, eine reduzierte Interaktionsrate in der Triade mit intensiverer Stimulierung zu kompensieren. Möglicherweise könnte eine Vater-Kind-Beziehung mit erweiterten Qualitäten dadurch gefördert werden, daß mehr Zeit für dyadische Vater-Kind-Interaktionen zur Verfügung steht.

Rubenstein, Howes & Pedersen (1982) führten in einer Untersuchung über Effekte zweiter Ordnung Beobachtungen an verschiedenen Gruppierungen von Kleinkindern, ihren Müttern und Altersgenossen der Mütter und Kinder (Peers) durch. Die Autoren zeigten, daß in Anwesenheit einer Altersgenossin der Mutter beim Kind hilfesuchende, ‚abhängige' oder regressive Verhaltensweisen verstärkt auftraten. Die Anwesenheit gleichaltriger Kinder in der Beobachtungssituation hingegen förderte unabhängiges, autonomes Agieren des Kindes, eine Konstellation, welche nach Pedersen (im Druck) eine Entwicklung in Richtung auf Ablösung und Individuation (Mahler, 1968) erleichtert. Waren Mutter und Kind miteinander allein, so nahmen positive wie auch disharmonische Interaktionen zu. Die Ergebnisse legen die Hypothese nahe, daß die jeweilige Betonung der Ehegatten- vs. Elternrolle die Mutter-Kind-Interaktion selektiv beeinflußt. Dies ist nach Pedersen (im Druck) ein umfassenderer Effekt als die bisher berichteten Veränderungen der Interaktionsraten bei verschiedenen großen sozialen Gruppierungen, macht aber zugleich deutlich, daß diese Hypothese noch der näheren Überprüfung in der natürlichen familiären Umgebung bedarf.

An anderer Stelle (vgl. S. 40) wurde auf das Modell des sozialen Netzwerkes hingewiesen, und es wurde angedeutet, daß dieses Modell eine Möglichkeit bietet, komplexe Interaktionsprozesses zu beschreiben und zu analysieren (Edwards & Lewis, 1979; Lewis & Feiring, 1978, 1979; Lewis, Feiring & Weinraub, 1981). Lewis, Feiring & Weinraub (1981) erörterten die Möglichkeiten, im Rahmen des Modells des sozialen Netzwerkes die Vater-Kind-Beziehung zu konzeptualisieren, was zugleich neue Perspektiven für die Analyse multipler Beziehungsmuster in intrafamiliären Prozessen eröffnen würde. Vielleicht bieten Ansätze dieser Art eine Möglichkeit, die Bindungsforschung aus der Sackgasse, in der sie gegenwärtig steckt, herauszuführen und *Bindungsverhalten als Beziehungsverhalten* mit Hilfe derartiger komplexerer Modelle zu studieren. Die Vaterforschung hat jedenfalls zur Eröffnung dieser Perspektive Anlaß gegeben und selbst schon dazu beigetragen.

8.4 Kritik an der Bindungstheorie Bowlbys und an der ‚Fremden Situation' Ainsworths

Bei der Darstellung der Bindungstheorie von Bowlby und des Ansatzes von Ainsworth und Mitarbeitern wurde hinsichtlich einer kritischen Würdigung auf das Ende dieses Kapitels verwiesen. Zwei Gründe sprachen dafür: (a) Die vorher dargestellten Studien zur Kind-Vater-Bindung sind, wie die Untersuchungen zur Kind-Mutter-Bindung, von den Autoren vorwiegend vor dem theoretischen Hintergrund dieser beiden Ansätze geplant und interpretiert worden. Die Kritik dieser theoretischen Ansätze stellt demnach zugleich eine Kritik an der bisherigen Forschung zur Kind-Vater-Bindung dar. (b) Die kritischen Auseinandersetzungen, die über die Bindungstheorie von Bowlby und um die ‚Fremde Situation' Ainsworths geführt wurden und zum Teil noch andauern, haben zugleich zu einer Präzisierung und Weiterentwicklung der theoretischen Ansätze in der Bindungsforschung geführt. Damit bietet sich die Möglichkeit an, nach der Kritik auch neue mögliche Wege in der theoretischen Fundierung der Bindungsforschung zu prüfen. Es soll mit anderen Worten die Frage zu beantworten versucht werden, ob das Konstrukt der Bindung nicht aufgegeben werden kann zugunsten einer umfassenden Analyse der Qualität der Eltern-Kind-Beziehung, wobei dann die Entwicklung des ‚Bindungsverhaltens' innerhalb dieser Analyse einen Aspekt neben anderen darzustellen hätte.

An dieser Stelle kann der gegenwärtige Diskussionsstand innerhalb der Bindungsforschung nicht einmal nur annähernd vollständig wiedergegeben werden, ohne damit den Rahmen des Buches zu sprengen. Aus der Vielzahl der Aspekte, unter denen die Bindungstheorie Bowlbys während der letzten Jahre kritisiert worden ist, werden deshalb nur die bedeutenderen herausgegriffen, um auf diese Weise dem näher interessierten Leser den Zugang zur Literatur und einen ersten Einblick in die Debatte zu ermöglichen. Im Mittelpunkt der Diskussion um die Bindungstheorie Bowlbys stehen Fragen (a) bezüglich des Bindungskonstrukts und ihm zugrunde liegender Annahmen wie z. B. der Monotropie von Bindung, ob Bindung als Persönlichkeitsmerkmal aufzufassen sei und im Zusammenhang damit, (b) welche Konsistenz Bindungsverhalten über die Zeit besitzt, (c) welche Dimensionalität Bindungsverhalten aufweist und ob die Monotropie der Bindung eine empirische Grundlage hat, (d) inwieweit Kontinuität der Betreuung des Kleinkindes als Grundvoraussetzung für die Entwicklung von Bindungsverhalten anzusehen ist und (e) welche Bedeutung sogenannten Kontextfaktoren bei der Entstehung von Bindungsverhalten beizumessen ist. Die Beantwortung dieser Fragen erweist sich von grundsätzlicher theoretischer und, wie im Abschnitt V (Bd. II) noch gezeigt werden soll, auch von großer praktischer Relevanz.

Während die Diskussion um die Bindungstheorie Bowlbys eher im theoretischen Rahmen verbleibt, hat sich die seit 1978 einsetzende Kritik an Ainsworth vorwiegend auf die von ihr entwickelte Methode der ‚Fremden Situation' zur Erfassung der individuellen kindlichen Bindungsqualität konzentriert.

Der Übersichtlichkeit halber folgt die Kritik an der Bindungstheorie Bowlbys den oben aufgeworfenen Fragen. Anschließend soll die Diskussion um den Ansatz von Ainsworth dargestellt werden. Einige Hinweise für die Überwindung der Sackgasse, in der die Bindungsforschung gegenwärtig steckt, und eine Zusammenfassung der wichtigsten Ergebnisse schließen dann das Kapitel zur Kind-Vater-Bindung ab. (Für Leser, die sich für die Kritik an Bowlby und an der ‚Fremden Situation' Ainsworths nicht näher interessieren, empfiehlt sich, die Lektüre dieses Kapitels auf S. 282 fortzusetzen.)

8.4.1 Kritik an der Bindungstheorie Bowlbys

Bowlbys Bindungstheorie hat in den zurückliegenden Jahren die Forschung angeregt und bot in gleichem Maße auch eine willkommene Plattform für kritische Debatten, die zwar von unterschiedlichen Standpunkten aus, in allen Fällen jedoch mit der gleichen Vehemenz geführt wurden.

(a) Das Bindungskonstrukt

Gubernick (1981) hat darauf hingewiesen, daß es problematisch ist, konkretem beobachtbarem Verhalten in definierten Situationen, wie dies Sroufe & Waters (1977) und Ainsworth (1972) getan haben, das Konstrukt Bindung zu unterstellen (vgl. auch Smith, 1981). Ein Problem ergibt sich zusätzlich dann, wenn das Bindungskonstrukt gleichzeitig als Motivator und Organisator für dasjenige Verhalten verwendet wird, aus dem es abgeleitet wurde. So ist beispielsweise die Veränderung im Verhalten eines kleinen Kindes, das von seiner ‚primären Bezugsperson' getrennt wurde, auf den Bruch des Bandes zwischen ihnen zurückgeführt worden (Bindung als Erklärung), doch schließt man auf ein solches Band gerade aus der Beobachtung, daß das Kind unter der Trennung leidet (Gubernick, 1981).

Direktem beobachtbarem Verhalten wie Suchen nach Nähe wird ein Konstrukt unterstellt, das damit andere Zwecke des Verhaltens ausschließt, wobei überdies etwa ab dem 4. Lebensjahr des Kindes *nicht* mehr die beobachtbare Nähe zur Mutter, sondern eine vom Kind interpretierte Verfügbarkeit der Mutter zum Kriterium für Bindung wird (Smith, 1981). Hier zeigt sich die Problematik der Operationalisierung dieses Konstruktes.

Ein dem Bindungskonstrukt zugrunde liegendes Prägungsmodell, wie es von Bowlby (1969) (und in der Bundesrepublik Deutschland von Dürr, 1978;

Hassenstein, 1973, 1978[2]; Klußmann, 1981) für die Entwicklung von Bindung des Kindes an die Mutter (und von Klaus, Jerauld, Kreger et al. 1972, für die Bindung der Mutter an das Kind) vorgeschlagen wird, erscheint jedoch zu einfach, um eine sich entwickelnde Beziehung zwischen Kind und Eltern beschreiben zu können (Brazelton, Koslowski & Main, 1974). Das Konzept der Prägung und der kritischen Phasen, das aus tierexperimentellen Studien abgeleitet und zur Unterstützung der Annahme herangezogen wurde, daß frühe Einstellungen und frühes Verhalten der Mutter einen entscheidenden und andauernden Effekt auf den Säugling haben würden, wurde in mehreren systematischen Übersichten einer kritischen Würdigung unterzogen, mit dem Ergebnis, daß die Abschaffung dieser Konzepte empfohlen wurde (Connolly, 1972; Wolff, 1970). Die Annahme einer kritischen Phase steht auch im Widerspruch zu einem grundlegenden Interaktions-Modell, in dem psychische Entwicklung als ein sequentieller Prozeß kontinuierlicher gegenseitiger Interaktionen zwischen Organismus und Umgebung begriffen wird (Sameroff, 1977; Thomas & Chess, 1980). Clarke & Clarke (1976) und Wolff (1970) haben daher das Vorhandensein einer solchen frühen ‚kritischen Phase' für die menschliche Entwicklung ernsthaft in Frage gestellt (vgl. auch S. 32).

Eine weitere Grundannahme der Theorie Bowlbys ist, daß (biologisch im Sinne eines Verhaltenssystems angelegtes) Bindungsverhalten zu einem gefühlsmäßigen Band führe. Ein Säugling bilde im Laufe des ersten Lebensjahres ein primäres emotionales Band zu nur einer Bezugsperson, und dieses Band werde mit einem hohen Maß an Kontinuität während der Kindheit aufrechterhalten. Diese Neigung eines Kindes, sich speziell an eine Person zu binden („Monotropismus"), gehe auf zwei Faktoren zurück: (a) auf die „sensible" oder „kritische Phase" für die Entwicklung von Bindung und (b) auf den hemmenden Effekt der primären Beziehung auf die Ausbildung nachfolgender Beziehungen. Smith (1981, S. 137) führt hierzu aus: „Untersuchungen an kleinen Kindern, die gemeinsam betreut werden, unterstützen so eine Ansicht nicht. Eher stützt das verfügbare Material die Meinung, daß es Beschränkungen in der *Anzahl* sicherer Bindungen gibt, die ein kleines Kind bilden kann, aber daß die Faktoren, die die Anzahl von Bezugspersonen eingrenzen, ganz andere sein können als die von Bowlby angenommenen." Smith kommt zu dem Ergebnis, daß Bowlbys Konzept des „Monotropismus" als Hypothese über die frühe soziale Entwicklung unhaltbar sei. Auch Atkins (1981, S. 540) weist darauf hin, daß „die Mutter-Kind-Dyade traditionellerweise als der Prototyp aller nachfolgenden Dyaden verstanden (wird). Das ist eine fragwürdige Annahme". Atkins (1981) bleibt jedoch psychoanalytischem (und auch bindungstheoretischem) Gedankengut treu, indem er (auch einen früh einsetzenden) Vatereinfluß auf die kindliche Entwicklung hauptsächlich als durch die Mutter vermittelt ansieht. Am Schluß der wohl umfassendsten Literaturübersicht über die Forschungsergebnisse zur ‚Mutterdeprivation', in der die Vielzahl der dabei wirksam werdenen Faktoren aufgezeigt wird, heißt es: ,,Es wurde vorgeschlagen, daß sich die erste und hauptsächliche Bindung in ihrer Art von allen nachfolgenden unterscheidet. Die meisten Forschungsergebnisse lassen vermuten, daß dies nicht der Fall ist . . . Bowlbys Argument ist, daß sich die Beziehung des Kindes zu seiner Mutter von allen anderen Beziehungen unterscheidet, speziell in Hinsicht auf deren *Bindungsqualitäten*, und die Evidenz zeigt, daß dies nicht so ist" (Rutter, 1981[2], S. 142).

Waters (1982, S. 747) stellt fest: ,,Die einflußreichsten Kritiken des Bindungskonstrukts sind in Wirklichkeit Kritiken des klassischen Merkmalkonstrukts und haben nur begrenzte empirische und konzeptuelle Konsequenzen für die Erforschung von Bindung aus deren Blickwinkeln". Daß Bindung als ein Persönlichkeitsmerkmal angesehen und konsequenterweise auf dieser Basis untersucht wurde, legt Bowlby allerdings durch eigene Formulierungen nahe: ,,Die Disposition, sich in dieser Weise zu verhalten (d.h. Suchen und Aufrechterhalten von Nähe, besonders unter bestimmten, spezifischen Bedingungen) ist ein Attribut der gebundenen Person, ein persistentes Attribut, das sich nur langsam über die Zeit ändert und das durch die momentane Situation nicht beeinflußt wird" (Bowlby, 1982, S. 670).

In der Erweiterung der Bindungstheorie durch Ainsworth wird davon ausgegangen, daß es nicht Bindungsstärke oder Bindungsintensität gebe, sondern mehr oder weniger intensives Bindungsverhalten, das Ausdruck der von ihr postulierten drei grundlegenden Bindungs*qualitäten* sei. Diese wiederum seien nicht als Persönlichkeitsmerkmal aufzufassen, sondern charakterisierten eine Beziehung zwischen Kind und Erwachsenem. Diese Annahme hat Implikationen für die Methodik, wie der folgende Absatz (b) zeigen wird.

(b) Konsistenz des Bindungsverhaltens

Etliche Studien der Bindungsforschung beruhen explizit oder implizit auf der Annahme, daß die erfaßten Bindungsvariablen lediglich Indizes eines einheitlichen Merkmals seien (Coates, Anderson & Hartup, 1972). Ferner wird eine hohe Interkorrelation zwischen diesen Variablen und deren Konsistenz über die Zeit hinweg postuliert. Hohe Interkorrelationen über verschiedene Altersstufen hinweg werden dabei als Merkmalskonsistenz interpretiert. Masters & Wellman (1974) haben sich in diesem Sinne mit der Frage nach der Konsistenz von Bindungsverhalten auseinandergesetzt. Sie fragten in ihrer kritischen Untersuchung der Bindungstheorien, ob (a) Punktewerte individuellen Bindungsverhaltens über mehrere Laborsitzungen hin stabil sind, ob (b) die erhobenen einzelnen Verhaltensweisen tatsächlich hoch interkorrelieren, wie man dies von Meßwerten desselben Konstruktes erwarten sollte, und ob (c) die Verhaltensweisen, die zur Operationalisierung von Bindungsqualitäten benutzt wurden, unabhängig von nicht-bindungsrelevanten Variablen (wie etwa Temperament, Intelligenz, soziale Schichtzugehörigkeit etc.) sind. Masters & Wellmann (1974) konnten in den von ihnen analysierten Daten nur wenig Stabilität finden. Jedenfalls boten ihre Daten keine sichere Gewähr für die Annahme, daß die übereinstimmend beurteilten Verhaltensweisen dasselbe Bindungskonstrukt messen, und die ,,Korrelationsanalyse kindlichen Bindungsverhaltens bietet nicht genügend Anhaltspunkte für ein Konzept der Bindung im Sinne eines psychologischen Persönlichkeitsmerkmals oder eines zentralen motivationalen Zustands. Die Stabilität und funktionale Äquivalenz von theoretisch relevanten Verhaltensweisen, die von einer derartigen Konzeptualisierung verlangt wird, wurde in den empirischen Daten nicht gefunden" (Masters & Wellmann, 1974, S. 228).

Kritisch mit Masters & Wellmann (1974) setzt sich Waters (1982) auseinander. Er hält ihnen vor, nicht richtig gefolgert zu haben, denn nach Cronbach und Meehl (1955) seien Abweichungen von theoretisch vorhergesagten Zusammenhängen zur Bewertung von Konstrukten nicht unmittelbar interpretierbar. Diese könnten darauf hinweisen, daß (a) die verwendeten Meßinstrumente das Konstrukt nicht gemessen haben, (b) der Untersuchungsplan nicht geeignet zur Prüfung der Hypothese war oder eben (c) die Theorie, in die das Konstrukt eingebettet ist, inadäquat ist. Nach Auffassung von Waters (1982) haben Masters & Wellmann (1974) nur den Aspekt (c) herangezogen. Dabei sei allein die Verwendung von Zeitstichproben bereits sehr problematisch. Waters (1982) überprüfte die nötige Mindestdauer der Beobachtungsintervalle und kam zu dem Schluß, daß die verwendeten 3-Minuten-Intervalle viel zu kurz seien, um eine für Klassifikationszwecke ausreichende Variabilität des Verhaltens zuzulassen. Die Interpretation der geringen Zuverlässigkeit, Stabilität und Konvergenz sollte sich nach Waters (1982) auf Meßfehler konzentrieren; über das Konstrukt selber sei damit im vorliegenden Fall noch nichts ausgesagt. Daß damit jedoch noch nicht das letzte Wort gesprochen ist, zeigte die Diskussion, die auf den Beitrag von Waters (1982) folgte; bei der Erörterung der ‚Fremden Situation' von Ainsworth wird hierauf näher eingegangen.

(c) Dimensionalität und Systemcharakter von Bindungsverhalten

Neben der Kritik an der Bindung als Merkmals-Konstrukt und an der fehlenden Stabilität von Bindungsverhalten wurde die *Eindimensionalität* von Bindung kritisiert. Diese Kritik kam sowohl aus den Reihen der Ethologen als auch von Systemtheoretikern. Engel (1971) weist darauf hin, daß Bowlbys Modell in erster Linie ein homöostatischer Mechanismus sei, angelegt, um der kindlichen Tendenz, ein bestimmtes Maß an Nähe zum Erwachsenen aufrechtzuerhalten, Rechnung zu tragen. Waters (1982) bemerkt, daß der Mechanismus ‚geschlossen' im Hinblick auf das sei, was Bertalanffy (1969) einen ‚Substanzaustausch mit der Welt' nennt, d.h. daß der Mechanismus selbst unverändert bleibt, obwohl gesetzte Ziele von Zeit zu Zeit modifiziert werden können. Engel stellte fest, daß es, obwohl in Bowlbys Modell auch eine Reihe innerer Zustände das gesetzte Ziel modifizieren können, in der Hauptsache äußere, die räumliche Entfernung zwischen Mutter und Kind betreffende, Faktoren sind, die bestimmte Handlungen auslösen. Waters faßt hier zutreffend zusammen: „Wenn es als das gesetzte Ziel von Bindungsverhaltens-Systemen angesehen wird, ein bestimmtes Maß an Nähe zu einer erwachsenen Person aufrechtzuerhalten, dann ist es schwierig zu erklären, warum Kinder dazu neigen, bei wiederholten Trennungs- und Wiedervereinigungs-Erfahrungen schneller beunruhigt zu sein. Wenn das gesetzte Ziel so definiert wird, ist es außerdem schwer zu verstehen, warum Alternativen zum Nähe-Verhalten (z.B. Interaktionen auf Distanz wie Zeigen, Schauen, Vokalisieren) wirkungsvoll sind. Es scheint auch nahezuliegen, daß, wenn die Evolution eines Systems von Bindungsverhalten nicht mehr einbringt als den Vorteil der Nähe zu Erwachsenen, dieses Ziel nicht ökonomischer zu erreichen wäre durch die Evolution einer Tendenz, sich ständig anzuklammern, als durch die Entwicklung eines komplexen Systems, das ein Gleichgewicht zwischen Bindungs- und Explorationsverhalten organisiert. Schließlich scheint Bowlbys Steuerungs-System-Modell keinen Weg zu weisen zur Integration von Bindungsverhalten mit der Darstellung anderer Verhaltensmuster als Steuerungssystemen wie etwa Vorsicht, Angst, Spiel und Exploration" (Waters, 1982, S. 733).

Bischof (1975b) würdigt Bowlbys Pionierleistung der systemtheoretischen Formulierung von Bindungsverhalten. Seiner Meinung nach bedarf sie jedoch der weiteren Ausarbeitung. Insbesondere scheint das „Phänomen der Furcht keinen wohldefinierten Platz in Bowlbys Kontroll-Modell zu haben, und hier könnte die Kombination von Bowlbys Ideen mit denen anderer wie Mason (1965) fruchtbringend sein" (Bischof, 1975b, S. 802). Weiter bemängelt Bischof, daß Bowlbys Formalisierung der (negativen) Feedback-Schleife, die er für das „zielkorrigierte Verhalten" postuliert, nicht exakt sei. Bischof wendet sich auch gegen die unidirektionale Sicht des Bindungsverhaltens bei Bowlby: Die einzige Richtung bestehe in der Annäherung an die Mutter. Im Gegensatz dazu scheinen aber auch das Studium des Sozialverhaltens bei Tieren (Bischof, 1972a, 1972b, 1975a) wie auch Experimente mit Kindern anzuzeigen (Rheingold & Eckermann, 1970, nach Bischof, 1975b), daß das fragliche Kontroll-System tatsächlich *bidirektional* ist (Bischof, 1975b, S. 804).

Sroufe & Waters (1977) stellen, aufbauend auf Bischof (1975b), ebenfalls Mängel an Bowlbys kybernetischem Modell fest. Ihrer Meinung nach kann dieses Modell nicht erklären, warum das Kind nach einer Trennungs-Wiedervereinigungs-Episode zu intensiviertem Bindungsverhalten neigt, wenn Bindungsverhalten an das gesetzte Ziel geknüpft ist und Information, nämlich, ob die Mutter in der Nähe ist, die Hauptdeterminante für die Aktivierung von Bindungsverhalten darstellt. Sroufe & Waters (1977) nahmen als gesetztes Ziel nicht Nähe, sondern ‚gefühlte Sicherheit' an. Dabei spielen Umgebungs-, Erfahrungs- und andere Kontextfaktoren ebenso eine Rolle wie die motivationale Situation des Kindes und sein Entwicklungsstand. Die Sicherheit läßt sich dabei nicht aus dem Suchen von Nähe allein erschließen, „sondern aus der Fähigkeit des Kindes, den Betreuer als sichere Basis zu benutzen, von der aus es seine Umwelt erforschen kann“ (Sroufe & Waters, 1977, S. 1186). Damit wird der Bezug hergestellt zu den Arbeiten von Ainsworth und Mitarbeitern.

Waters (1982) sieht es, Ainsworth folgend, als eine Hauptfunktion von Bindungsverhalten an, dem Kind Exkursionen in seine Umgebung zu ermöglichen und das Gleichgewicht des Verhaltens zwischen Exploration und Suchen von Nähe als Reaktion auf verschiedene Ereignisse zu verstehen. Bowlbys unidirektionales Modell, das „seinem Wesen nach ein immer in eine Richtung gehendes Modell“ sei, das „Distanz zwischen Kind und Erwachsenem als tatsächlich räumliche Entfernung des Kindes vom Erwachsenen“ definiert, übersehe „die komplexen Aspekte des aktiven kindlichen Interesses an seiner Umwelt“ (Waters, 1982, S. 734). Wie Bischof (1975b) bereits feststellte, sind Gefühle wie Furcht oder Sicherheit für die Auslösung von Bindungs- und Explorationsverhalten wichtig. Waters (1982) bemerkt hierzu: „In Bowlbys Steuerungs-System-Modell übt Information (Diskrepanz) und nicht Affekt den vorherrschenden Einfluß auf das Verhalten aus. An keiner Stelle bewertet er die ‚Bedeutung‘ der Diskrepanz zwischen realer Welt und gesetztem Ziel. Loevinger (1976) hat gezeigt, daß die Unfähigkeit, bewertende Einflüsse auf das Verhalten zu erklären, einer der beständigsten Mängel kognitiver Verhaltens- und Entwicklungsmodelle ist“ (Waters, 1982, S. 734).

(d) Kontinuität in der Betreuung als notwendige Voraussetzung

Einen weiteren Schwerpunkt kritischer Auseinandersetzungen bildete die Annahme, daß Kontinuität in der Betreuung eine Vorbedingung für die Entwicklung von Bindungsverhalten bei Kleinkindern sei. Bindungstheoretiker haben die Ansicht vertreten, daß die kontinuierliche Betreuung eines Kleinkindes während des ersten Lebensjahres durch ein und dieselbe Person eine wesentliche Voraussetzung für die gesunde Entwicklung des Kindes und für das Ausbleiben von Deprivationserscheinungen darstelle (vgl. Hassenstein, 1973, 1978[2]). Bowlby (1960, 1961, 1969) hat die Annahme vertreten, daß Kinder auf eine Trennung von dieser Person, unabhängig von der Art der Ersatzbetreuung und unabhängig vom Entwicklungsstand, mit Trauer reagieren, und zwar in der Abfolge: Protest, Verzweiflung und Abwendung: „... die Ergebnisse (sind) von bemerkenswerter Einheitlichkeit. Ist ein Kind erst einmal mehr als sechs Monate alt, pflegt es auf das Erlebnis der Trennung von der Mutter in bestimmter, typischer Art zu reagieren“ (Bowlby, 1969, S. 26).

Gegenwärtig gewinnt dieser Aspekt erneut an Bedeutung. Eine Gruppe von Wissenschaftlern, die in der Kommission „Frühe Kindheit“ der Deutschen Gesellschaft für Erziehungswissenschaft organisiert sind, bemüht sich um die

Etablierung eines eigenen Forschungsschwerpunktes, der die Auswirkungen der Diskontinuität in den Betreuungsumwelten des Kleinkindes zum Thema haben soll (Beller, 1984a, 1984c; Fthenakis, 1981, 1984g; Fthenakis, Niesel & Kunze, 1981a, 1981b; Tietze, 1984).

Etwa seit Mitte der siebziger Jahre zeichnet sich hinsichtlich der kontinuierlichen Betreuung die Entstehung eines Konsenses in der Forschung ab: „Die Mutter hat sicher einen bedeutenden Einfluß auf die Entwicklung des Kindes, aber daneben werden eine ganze Reihe anderer Faktoren wirksam – Vater, Geschwister, Form der Familienorganisation und -funktion, Schule, Altersgenossen, die weitere soziale Umgebung und eigene Charakteristika des Kindes" (Chess & Thomas, 1982, S. 215). Dieser Konsens ist nicht zuletzt das Ergebnis einer intensiven Auseinandersetzung mit dem Konzept von Bindung, das Bowlby vorgeschlagen hat und das von anderen übernommen und z.T. erweitert worden ist.

Einen Hauptpunkt in dieser Auseinandersetzung bildeten die von den Bindungstheoretikern behaupteten negativen Folgen fehlenden frühen Kontaktes zwischen Mutter und Kind und anderer postulierter Vorbedingungen für das Entstehen von Bindung. Nachuntersuchungen über diese vermuteten negativen Konsequenzen fehlender permanenter Betreuung des kleinen Kindes durch ein und dieselbe Person während des ersten Lebensjahres widerlegten diese Annahme in ihrer verabsolutierenden Formulierung (Smith, 1981; Rutter, 1972, 1978, 1979a, 1979b, 1981[2]). Statt dessen gehen die Bemühungen dahin, Faktoren zu identifizieren, die im einzelnen für Deprivationserscheinungen bei Kindern verantwortlich sind.

Einige Autoren bestreiten generell, daß die Entwicklung eines Kindes durch frühe „traumatische" Erfahrungen festgelegt sei (Chess & Thomas, 1982; vgl. im Überblick Fthenakis, Niesel & Kunze, 1982). Robertson & Robertson (1975) bemerken schließlich, daß Bowlby, der sich bei der Entwicklung seiner Theorie auf von Robertson (1958, 1970[2]) in Heimen gesammelte Erfahrungen stützt, dessen Beobachtung der Reaktionsabfolge von Protest, Verzweiflung und Abwendung auf außerhalb von Heimen liegende Zusammenhänge in unzulässiger Weise verallgemeinert hätte. Robertson & Robertson weisen darauf hin, daß mit der Trennung von der Mutter stets viele Faktoren wirksam seien, die Bowlby (1969) vernachlässige. Bereits 1960 hat Anna Freud vermutet, daß die Trauerreaktion vom Reifestand, nämlich vom Erreichen der Phase der Objekt-Permanenz, abhängig sei. Während Bowlby Faktoren der fremden Umgebung, die Mutter-Kind-Beziehung vor der Trennung und den Zustand der Mutter in der Schwangerschaft anerkennt, behandelt er die Qualität der Ersatzpflege, wechselnde Pflegepersonen sowie Alter und Reifestand des Kindes zum Zeitpunkt der Trennung nicht (Robertson & Robertson, 1975, S. 629). Die Robertsons sind der Ansicht, daß die Trennung von der Mutter per se angesichts der mitwirkenden Variablen zumindest nicht mehr die von Bowlby behauptete ausschlaggebende Bedeutung habe und nicht, wie er vermutete, in jedem Fall die bei Heimkindern beobachtete Reaktionsfolge auslöse.

Auch neuere Forschungsergebnisse von anderen Wissenschaftlern, auf die Bowlby sich bezieht, legen eine Revision seiner Annahme nahe, daß eine fehlende permanente Betreuung durch ein und dieselbe Person in den beiden ersten Lebensjahren eine unvermeidliche Beeinträchtigung der Entwicklung von Bindung beim Kind zur Folge habe. Bowlby (1973) bezieht sich auf Arbeiten, die von Tizard & Tizard (1971) durchgeführt wurden, in denen sie die Entwicklung von zweijährigen Kindern beschrieben, die bis zu einem Alter von vier Monaten in einem Heim mit zahlenmäßig gutem Verhältnis zwischen Mitarbeitern und Kindern sowie mit guter Ausstattung gelebt hatten, wohingegen enge Beziehungen zu den Betreuungspersonen wegen häufigen Personalwechsels nicht möglich waren. Dazu gibt es nunmehr Nachuntersuchungen von Tizard & Rees (1975) und Tizard & Hodges (1978) zu Zeitpunkten, als die Kinder vier und acht Jahre alt waren. Die Ergebnisse dieser Nachuntersuchungen konnte Bowlby bei der Formulierung seiner Annahme natürlich noch nicht kennen. Sie zeigen jedoch, daß die Mehrzahl der nach dem Heimaufenthalt adoptierten Kinder eine enge emotionale Beziehung zur neuen Mutter entwickelte. Es muß allerdings gesagt werden, daß Tizard und Mitarbeiter auch Unterschiede in verschiedenen psychosozialen Parametern zwischen den Kindern fanden, die von Anfang an in Familien aufgewachsen waren, und solchen, die einen frühen Heimaufenthalt erlebt hatten.

Bowlbys Schlußfolgerungen hinsichtlich der Beeinträchtigung der Mutter-Kind-Beziehung infolge einer Unterbringung des Kindes in einer Tageseinrichtung (etwa in einer Kinderkrippe, bei einer Tagesmutter etc.) basieren außerdem auch auf Moore (1969). Inzwischen gibt es zahlreiche Untersuchungen zum Zusammenhang zwischen dem Aufenthalt in einer Tageskrippe und der Entwicklung der Eltern-Kind-Beziehung. Verwiesen sei hier auf die zusammenfassende Darstellung von Belsky & Steinberg (1978) sowie auf die von Schwarz (1975) und O'Connell (1983) vorgelegten Übersichten. Danach stört ein Aufenthalt in den ersten drei Lebensjahren in einer Kindertagesstätte mit guter Qualität des Förderprogramms und mit gut ausgebildetem Personal die Entwicklung einer normalen Mutter-Kind-Beziehung nicht. Kagan, Kearsley & Zelazo (1978), die eine eigene umfangreiche und gut kontrollierte Untersuchung auf diesem Gebiet durchgeführt haben, kamen zu dem Ergebnis, daß Kinder, die in einer Tagesbetreuungsstätte und solche, die zu Hause aufwuchsen, sich hinsichtlich sozioemotionaler Qualitäten generell ähnlich entwickeln.

(e) Kontextvariablen

Während Bowlby Nähe bzw. Verfügbarkeit der Mutter als *die* Schlüsselvariable für die Abfolge emotionaler Reaktionen auf (kurze) Trennung von der

Mutter ansieht, werden Kontextvariablen und vor allem die Qualität der Fürsorge für das Kind während der Abwesenheit der Mutter vernachlässigt (Gubernick, 1981; Smith, 1981). Dabei kann das Suchen nach Nähe zur Mutter nicht nur Folge des Wunsches und des Bedürfnisses nach Interaktion sein, sondern u. U. mehr damit zu tun haben, daß Nahrung, Wärme und Stimulation benötigt werden. Die Reaktion (z. B. eines Tierjungen) auf Trennung von dem es betreuenden Individuum wurde oft seiner Bindung an dieses Individuum zugeschrieben. Eine alternative Erklärung für die Reaktion auf Trennung vom Bindungsobjekt (bei Tieren) kann aber sein, daß die Reaktion eine Funktion des Ausbleibens von Stimulation ist, mit der das Bindungsobjekt es versorgte. Eine Erleichterung der Trennungsreaktion könnte dann durch eine ersatzweise Versorgung mit entsprechender Stimulation bewirkt werden (Gubernick, 1981). Studien, die sich mit dem Zusammenhang zwischen Ausmaß der Verfügbarkeit und Qualität der Eltern-Kind-Beziehung beschäftigen, haben jedenfalls ein konsistentes Ergebnis geliefert: Nicht die Quantität, sondern die Qualität der Eltern-Kind-Interaktion ist für die Mutter-Kind- und Vater-Kind-Beziehung entscheidend. Auch bei berufstätigen Müttern und Vätern steht offensichtlich hinreichend Zeit zur Verfügung, um den Kindern den Aufbau einer Beziehung zu ermöglichen, wenn es gelingt, die qualitativen Dimensionen der Betreuung entsprechend zu gestalten. Dazu gehört, daß sie sensitiv auf die kindlichen Bedürfnisse reagieren, dem Kind Stimulation zukommen lassen und die familiären Interaktionsprozesse fördern (vgl. hierzu Anderson, Nagle, Roberts et al., 1981; Smith, 1981).

Das herkömmliche, mutterzentrierte Bindungskonzept wird weiter durch die Ergebnisse der Vaterdeprivationsforschung in Frage gestellt. Beide Forschungsparadigmen, Mutter- und Vaterdeprivationsforschung, zeigen letztendlich eindrucksvoll, daß nicht nur An- oder Abwesenheit in unterschiedlichem Ausmaß von Elternteilen per se, sondern damit zusätzlich einhergehende Veränderungen in den Kontextbedingungen maßgeblich für das Auftreten von Deprivationserscheinungen sind. Andererseits bestimmen Kontextbedingungen die Qualität von Eltern-Kind-Beziehungen wesentlich mit, wie u. a. von Nickel, Arora, Thilmann et al. (1981) betont wird.

Abschließend sei hier auf die Diskussion hingewiesen, die im Rahmen eines Symposiums über ‚Bindung, Adaption und Kontinuität' während der International Conference of Infant Studies im April 1984 in New York stattfand, das von Ainsworth organisiert wurde und an dem sich u. a. Bretherton, Großmann, Main und Waters beteiligten. Ainsworth hob bei dieser Diskussion hervor, daß vor allem die weiteren Bände der Trilogie Bowlbys (1973, 1980) gezeigt hätten, daß die Bindungstheorie nur von einer Lebensspannen-Perspektive her voll verstanden werden könne. Sie betonte die Offenheit der Bindungstheorie für Veränderungen, Erweiterungen und Ergänzungen im Lichte der fortschreitenden Forschung und vertrat die Auffassung, daß es trotz dieser Kritik hinsichtlich ihres heuristischen Wertes keine konkurrierende Theorie gebe. Generell läßt sich während der letzten Zeit ein Rückzug von Bindungstheoretikern auf Grundpositionen beobachten, von denen aus sie ihre Offenheit für weitere Entwicklungen betonen (Ainsworth, 1984).

8.4.2 Die ‚Fremde Situation‘ Ainsworths in der Diskussion

In zahlreichen Studien zur Kind-Vater- und Kind-Mutter-Bindung spielt die Methode der ‚Fremden Situation‘ (Ainsworth & Wittig, 1969) eine zentrale Rolle, da sie als einziges standardisiertes (Labor-)Verfahren zur Erfassung der Qualität der kindlichen Bindung weithin Verwendung gefunden hat. In etlichen Ländern (USA, Deutschland, den Niederlanden, Schweden, Israel und Japan) verwendete man die ‚Fremde Situation‘, um das Kind-Eltern-Bindungsverhalten zu untersuchen. Neben einer weltweiten Verbreitung hat die ‚Fremde Situation‘ während der letzten Jahre zahlreiche kritische Würdigungen erfahren, die sich in erster Linie auf Annahmen beziehen, die bei diesem Verfahren impliziert sind: (a) Die Klassifikation – als reliabler und valider Ausdruck einer Bindungsqualität – weist über die Zeit hinweg eine gewisse Stabilität auf; (b) Qualität einer Bindung ist das Ergebnis bestimmter elterlicher Interaktionsmuster im ersten Lebensjahr und (c) Bindungsqualität besitzt prädiktive Validität für die weitere Entwicklung des Kindes.

(a) Stabilität der Klassifikation nach der ‚Fremden Situation‘

Waters (1982) beobachtete Kinder aus einer homogenen Mittelschichtspopulation in der ‚Fremden Situation‘ im Alter von zwölf und 18 Monaten. 96% der untersuchten Kinder erhielten zu beiden Zeitpunkten dieselbe Klassifikation. In einer Dissertation (Connell, 1976; zit. in Campos, Barrett, Lamb et al., 1983) wurde bei 46 gleichaltrigen Kindern eine Übereinstimmung in der Klassifikation von 81% festgestellt. Vaughn, Egeland, Sroufe et al. (1979) untersuchten 100 Kinder aus Familien mit niedrigem sozioökonomischem Status ebenfalls mit zwölf und mit 18 Monaten; sie fanden eine Übereinstimmung in der Klassifikation von 62%. Auf der Suche nach Faktoren, die hierfür verantwortlich waren, bildeten Egeland & Sroufe (1981) zwei Teilstichproben aus den 100 untersuchten Kindern der Studie von Vaughn und Kollegen (1979) und stellten fest, daß bei denjenigen Kindern, die als sehr gut betreut angesehen werden konnten, 81% beide Male gleich klassifiziert worden waren; bei solchen Kindern hingegen, die schlecht betreut wurden, nur 48%. Dementsprechend führten die Autoren die fehlende Stabilität der Bindungsklassifikation auf Streßfaktoren der Lebensumstände dieser Kinder zurück. Main & Weston (1981) fanden eine Übereinstimmung in der Klassifikation bei 80% der von ihnen zweimal beobachteten Kinder; allerdings führten sie eine zusätzliche Unterkategorie (‚unklassifiziert‘) ein.

Thompson, Lamb & Estes (1982) nahmen die Diskrepanzen der bis dahin vorliegenden Ergebnisse zum Anlaß, ihrerseits 43 Kinder im Alter von 12,5 und 19,5 Monaten mit ihren Müttern in der ‚Fremden Situation' zu beobachten, wobei die Stichprobe mit dem Hollingshead-Index als eine heterogene Mittelschichtstichprobe identifiziert wurde. Über einen Fragebogen wurde zusätzliche Information über Veränderungen der familiären Rahmenbedingungen erhoben. Nur 53% der Kinder waren in beiden Untersuchungen derselben Kategorie zuzuordnen. Mit Veränderungen der Bindungsklassifikation hingen Faktoren, wie Wiederaufnahme von Berufstätigkeit der Mütter und Betreuung der Kinder durch andere Personen als die Eltern zusammen.

Schließlich wiederholten Ainsworth, Blehar, Waters et al. (1978) eine Beobachtung von 23 Kindern, die zum Zeitpunkt der ersten Untersuchung 50 Wochen alt waren, nach zwei Wochen und fanden eine Übereinstimmung von lediglich 57% der Klassifikationen in der ‚Fremden Situation'; die Übereinstimmung unterschied sich kaum von einer, die durch Zufallsverteilung der Kinder auf die einzelnen Kategorien zu erwarten gewesen wäre. Die Autoren erklärten ihr Ergebnis mit Veränderungen des kindlichen Bindungsverhaltens infolge vermehrten Stresses, der über einen Transfereffekt der erst zwei Wochen zurückliegenden ersten Begegnung mit der ‚Fremden Situation' entstanden sein könnte.

Die Richtung, in der sich die Klassifikationen veränderten, war in den genannten Untersuchungen nicht eindeutig vorhersagbar. Da zudem mit Fehlerquoten bei der Klassifikation zu rechnen ist und die Wahrscheinlichkeit groß ist, daß für etwas ältere Kinder der in der ‚Fremden Situation' hergestellte Streß weniger Belastung darstellt und damit Verhaltensmuster hervorbringt, die eher auf ‚sichere Bindung' schließen lassen (Campos, Barrett, Lamb et al., 1983), ist die Schlußfolgerung zulässig, daß eine hohe zeitliche Stabilität in den Klassifikationen der Bindungsqualitäten mit Hilfe der ‚Fremden Situation' allgemein nicht gegeben ist. Angesichts der häufig zu erwartenden Veränderung in der Bindungsklassifikation schlagen Thompson, Lamb & Estes (1982, S. 148) vor, „daß die Bindungsklassifikation als ein Index des *aktuellen* Status der Mutter-Kind-Beziehung betrachtet wird, daß sich die Qualität dieser Beziehung aber wahrscheinlich verändert, und zwar in Abhängigkeit von sich verändernden familiären Umständen und der Betreuungssituation". Waters (1983) kommentierte die Befunde von Thompson, Lamb & Estes (1982), indem er generell die Relevanz von Stabilitätsdaten bei der Untersuchung der Qualität der kindlichen Bindung an mehr als einen Erwachsenen unterstreicht. Dabei haben die Befunde, die ergaben, daß die Bindungsqualität eines Kindes in bezug auf seine Mutter anders sein kann als die in bezug auf seinen Vater (Großmann, Großmann, Huber et al., 1981; Lamb, 1978b; Lamb, Hwang, Frodi et al., 1982; Main & Weston, 1981; Sagi, Lamb, Estes et al., 1982) große Bedeutung für die Bindungstheorie. Sie bestätigen, daß Bindungsqualität Ausdruck einer individuellen Beziehung ist und nicht als Persönlichkeitsmerkmal aufgefaßt werden kann. Waters (1982) hat in seiner Übersicht in Anlehnung an Hindes (1976) Ansatz, Möglichkeiten zu einer qualitativen Analyse auf unterschiedlichen Beziehungsebenen sowie deren Veränderungen über die Zeit bei gleichbleibender Basisqualität (etwa im Sinne der ‚dynamischen Stabilität' von Hinde & Stevenson-Hinde, 1976) angesprochen. Obwohl Waters (1982) dem Beziehungskonzept als dem umfassenderen Analyse-Modell für Bindungsverhalten tendenziell zustimmt, geht er doch weiterhin davon aus, daß mit Hilfe der ‚Fremden Situation' die grundlegende Qualität einer Bindung erfaßt werden könne, während Thompson, Lamb & Estes (1982) die Klassifikation mit dieser Methode lediglich als einen Index eines temporären, von äußeren Bedingungen beeinflußbaren Status der Eltern-Kind-Beziehung gelten lassen wollen, dessen prädiktive Validität begrenzt sei. In einer Entgegnung auf Waters (1983) erkennen Thompson, Lamb & Estes (1983) die Empfindlichkeit der ‚Fremden Situation' für Unterschiede und Veränderungen als von Waters belegt ausdrücklich an. Die Kernfrage sehen sie aber nicht darin, ob der Bindungsstatus über die Zeit stabil ist, sondern darin, unter welchen Bedingungen Stabilität und wann Veränderungen der Klassifikation zu erwarten sind. Die Klassifikation – gemäß der ‚Fremden Situation' – gibt nach Meinung der Autoren nicht die grundlegende Qualität einer Bindung wieder, sondern ist lediglich Ausdruck eines gegenwärtigen, nicht notwendigerweise andauernden Zustandes der Kind-Eltern-Bindung. Stabilität der mit der fremden Situation erfaßten Beziehung ist nur dann zu erwarten, wenn die familiären und die Pflegebedingungen, unter denen das Kind lebt, keinen Veränderungen unterworfen sind. Lamb, Thompson, Gardner et al. (1984) schlagen, in Fortsetzung der Diskussion, vor, Alternativen für das bisher gebräuchliche Verfahren zu entwickeln; Gardner, Lamb & Thompson (im Druck) sind danach bereits mit der Erarbeitung eines Meßinstrumentes befaßt, das von kontinuierlichen Dimensionen ausgehen soll, die Verhaltensunterschiede von Kindern in der ‚Fremden Situation' vorhersagbar machen würden. Sie verfolgen einen Ansatz, nach dem unter validierten ökologischen Kontextbedingungen kindliches Sozialverhalten erfaßt werden soll. Damit soll eine größere Verläßlichkeit von Verhaltensdaten erreicht werden, als dies auf der Grundlage der bisher gebräuchlichen, in der Regel 20 Minuten dauernden Prozedur möglich ist. Dies lenkt den Blick auf den nächsten zentralen Diskussionspunkt, nämlich daß die von der ‚Fremden Situation' erfaßte Bindungsqualität das Ergebnis bestimmter Eltern-Kind-Interaktionsmuster ist, worauf nun eingegangen wird.

(b) Bindungsqualität als Funktion elterlicher Interaktionsmuster

Ainsworth (Ainsworth, 1973, 1979; Ainsworth, Blehar, Waters et al., 1978) geht aufgrund der von ihr und ihren Kollegen gemachten Beobachtungen davon aus, daß es vorwiegend die Muster der Eltern-Kind-Interaktion sind, welche die Qualität der Bindung des Kindes an die Eltern bestimmen. Sensitivität bzw. sensitive Responsivität des betreuenden Elternteils stellt danach bei der Interaktion mit dem Kind eine Schlüsselvariable hinsichtlich der Entwicklung von Bindung dar: Ein Kind, dessen Eltern aufmerksam für seine Signale sind, diese richtig entschlüsseln und angemessen darauf reagieren, wird in bezug auf diese Eltern ein Gefühl von Sicherheit entwickeln, das die Basis für Eltern-Kind-Bindung darstellt. Kinder, die sensitiv reagierende Eltern haben, werden später ‚bindungssicher' (Gruppe B), während Kinder, deren Mütter auf Bindungsverhaltensweisen hin mit Zurückweisung antworten, in der ‚Fremden Situation' eher ‚vermeidend' (Gruppe A) und Kinder von unsensitiven Müttern ‚ablehnend' (Gruppe C) reagieren. Die Kinder der Gruppen A und C entwickeln mithin keine sichere Bindung. Die Bedeutung der Eigenschaften des Kindes wird in diesem Ansatz gegenüber dem Elternverhalten als sekundär eingeschätzt (Ainsworth, 1979; Bowlby, 1973).

Die in Baltimore an 23 Kindern durchgeführte Untersuchung, auf der die Entwicklung der ‚Fremden Situation' als Erfassungsinstrument basiert, ist jedoch trotz ihres unbestrittenen heuristischen Werts aufgrund vielfältiger methodischer Bedenken nicht geeignet, verbindliche Schlußfolgerungen zuzulassen, wie Lamb, Thompson, Gardner et al. (1984) ausführlich darlegen. Ihrem Artikel in ‚The Behavioral and Brain Sciences' schließt sich eine interessante Diskussion an, an der sich mit kritischen Beiträgen Denenberg, Feinman, Freedman, Großmann & Großmann, Hay, Klopfer, Kovach & Kovach, Masters, Mills & Eiserer, Petrovich & Gewirtz, Rajecki und Salzen beteiligen (vgl. auch dort die Replik von Lamb, Gardner, Charnov et al., 1984). Damit setzt die Zeitschrift ‚The Behavioral and Brain Sciences' eine bereits im Jahre 1978 mit dem Beitrag von Rajecki, Lamb & Obmascher (1978, S. 417–464) eingeleitete Diskussion der Bindungstheorie fort. Lamb, Thompson, Gardner et al. (1984) kommen zu dem Schluß, daß die vorliegende empirische Evidenz nicht ausreicht, um als gegeben annehmen zu können, daß sich mit der ‚Fremden Situation' bestimmen läßt, ob sich bei einem Kind artgemäßes adaptives Verhalten in einem Erziehungskontext mit sensitiv reagierenden Eltern herausgebildet habe. Wenig zuverlässige Erkenntnisse liegen danach auch über die spezifischen Dimensionen elterlichen Verhaltens vor, die das Verhalten des Kindes in der ‚Fremden Situation' bestimmen. Insbesondere in einer Studie an 267 Müttern und ihren Kindern (Egeland & Farber, in Vorbereitung; zit. in Campos, Barrett, Lamb et al., 1983), die in zwei Unterstichproben aufgeteilt wurden (Vaughn, Gove & Egeland, 1980; Egeland & Sroufe, 1981), konnten keine konsistenten Beziehungen zwischen den Maßen mütterlicher Sensitivität und kindlichem Verhalten in der ‚Fremden Situation' über zwei Meßzeitpunkte hinweg beobachtet werden. Es handelte sich jedoch um eine Stichprobe sozial benachteiligter, meist alleinerziehender Mütter und insofern nicht um eine direkte Replikation der Studie von Ainsworth. Wiederum war bei Berücksichtigung belastender Erfahrungen im Leben des Kindes, wie Rückkehr der Mutter zur Berufstätigkeit (Vaughn, Gove & Egeland, 1980) oder schlechter Behandlung bzw. Vernachlässigung durch die Mutter (Egeland & Sroufe, 1981), das Elternverhalten nicht über zwei Zeitpunkte hinweg konsistent mit den Bindungskategorien A oder C korreliert.

Crockenberg (1981) erfaßte in einer Studie, die 48 Mutter-Kind-Paare umfaßte, die mütterliche Sensitivität gegenüber Unmutsäußerungen des drei Monate alten Kindes sowie die soziale Unterstützung, welche die Mutter zu diesem Zeitpunkt erfuhr. Als die Kinder zwölf Monate alt waren, wurden sie in der ‚Fremden Situation‘ beobachtet. Ein Zusammenhang zwischen mütterlicher Sensitivität und sicher gebundenen Kindern ließ sich nur bei solchen Müttern nachweisen, die wenig soziale Unterstützung erfahren hatten, als das Kind drei Monate alt war. Großmann, Großmann, Huber et al. (1981) untersuchten im „Bielefeld-Projekt“ eine Stichprobe von 49 norddeutschen Familien mit ihren Kindern über einen Zeitraum von mehreren Jahren hinweg. Dabei wurden sowohl Maße mütterlicher Sensitivität zu unterschiedlichen Zeitpunkten als auch ähnliche Maße bei Vätern erhoben, die jedoch weniger präzise erfaßt worden waren. Sie kamen zunächst zu einer völlig unterschiedlichen Verteilung der Bindungsklassifikationen über die drei Kategorien als Ainsworth, Blehar, Waters et al. (1978), aber auch die Beziehungen zwischen den Maßen mütterlicher Sensitivität, väterlicher Responsivität und Bindungsklassifikation der Kinder waren nicht durchgängig konsistent. Insgesamt werden immer wieder einzelne positive Zusammenhänge berichtet, aber stets nur zwischen einzelnen Maßen elterlichen Verhaltens und einzelnen Kategorien der Bindungsqualität des Kindes, was jedoch einen Anspruch auf Verallgemeinerung des postulierten Zusammenhangs zwischen Elternverhalten einerseits und Bindungssicherheit andererseits in der von Ainsworth vorgeschlagenen Form nicht rechtfertigt (Campos, Barrett, Lamb et al., 1983). Statt dessen scheint bei der Erklärung kindlichen Verhaltens in der ‚Fremden Situation‘ neben bereits berichteten äußeren Einflüssen, wie Veränderungen des Pflegekontextes, auch eine Reihe von Variablen des Kindes selber nicht ausreichend berücksichtigt worden zu sein. In diesem Kontext werden vor allem Temperamentmaße des Kindes diskutiert. Dabei werden unterschiedliche theoretische Möglichkeiten der Beeinflussung des Verhaltens in der Fremden-Situation‘ über das kindliche Temperament erörtert, von einer Veränderung der Interaktion mit der Mutter durch individuelle Reaktionsmuster des Kindes (Waters & Deane, 1982) über das Modell des Zusammenpassens von Kind und Pflegeperson (Thomas & Chess, 1977) bis hin zu direkt vom Temperament des Kindes bestimmtem Verhalten in Trennungs- und Wiederbegegnungssituationen (Kagan, 1982). So berichtet Connell (1976) von einem Zusammenhang zwischen Reaktionswerten, niedrigem Geburtsgewicht und späterer C-Klassifizierung von Neugeborenen, Waters, Vaughn & Egeland (1980) von mit dem Brazelton-Test gefundenen häufigeren „nicht-optimalen“ Verhaltensweisen im Alter von sieben Tagen bei später als „vermeidend“ klassifizierten Kindern. Allerdings konnten Waters und Kollegen diesen Zusammenhang mit Messungen an zehn Tage alten Kindern nicht mehr belegen. Auch von anderen Autoren (Großmann, Großmann, Huber et al., 1981; Miyake, 1984; Miyake, Chen, Ujiie et al., 1981–82) werden Temperamentseinflüsse berichtet und vermutet, daß diese einen Teil der Varianz des Bindungsverhaltens in der ‚Fremden Situation' erklären. Untersuchungen zur Bindung des Kindes sowohl zur Mutter als auch zum Vater zeigten, daß diese Bindungsqualitäten relativ unabhängig voneinander sind (Großmann, Großmann, Huber et al., 1981; Lamb, 1978b; Lamb, Hwang, Frodi et al., 1982; Main & Weston, 1981; Sagi, Lamb, Estes et al., 1982; Sagi, Lamb, Lewkowicz et al., im Druck), was – wie auch situationale und kontextuale Beeinflußbarkeit und interkulturelle Differenzen infolge unterschiedlicher Interaktionspraktiken – eher ein Indiz dafür darstellen dürfte, daß kindliche Charakteristika allenfalls einen Teil der Varianz des in der ‚Fremden Situation' gezeigten Verhaltens aufklären können (Waters, 1984). Dieser Varianzanteil bedarf weiterer Präzisierung. Festzuhalten ist, daß weiterhin unbestimmt bleibt, bis zu welchem Grad elterliches Interaktionsverhalten die Entwicklung einer bestimmten Form von Bindungsqualität bestimmt, so daß die Bemerkung von Keller & Meyer (1982, S. 114) berechtigt erscheint: „Bisher ist nicht hinreichend geklärt, was der ‚Fremde Situation's-Test . . . tatsächlich mißt."

(c) Prädiktive Validität von Bindungsverhalten

Die dritte Annahme, die mit der Methode der ‚Fremden Situation' verbunden ist, besagt, daß die Bindungsqualität prognostischen Wert für die weitere kindliche Entwicklung hat. Eine Durchsicht der hierfür vorliegenden Arbeiten legt jedoch nahe, Beziehungen zwischen der Klassifikation von Kindern mit Hilfe der ‚Fremden Situation' und späteren Maßen kognitiver, sozialer und Persönlichkeitsentwicklung mit Vorsicht zu genießen. Zu einer ähnlichen Bewertung kommen auch die Literaturübersichten von Campos, Barrett, Lamb et al. (1983), Keller & Meyer (1982) und von Lamb, Thompson, Gardner et al. (1984). Einige der Untersuchungsergebnisse werden im folgenden berichtet, um die These von der gebotenen Vorsicht zu untermauern:

Einen starken Zusammenhang zwischen Bindungssicherheit und Personen-Permanenz gegenüber Objekt-Permanenz stellte Bell (1970) fest, was als wichtiger Aspekt der kognitiven Entwicklung betrachtet werden kann. Ein solcher Zusammenhang konnte allerdings in der Studie von Levitt, Antonucci & Clark (1984) nicht bestätigt werden; bei ihnen erreichten ‚unsicher gebundene' Kinder aber niedrigere Werte beim Wiedererkennen von Personen als von Objekten. Main (1973) berichtet von besseren Ergebnissen bei einjährigen B-Kindern auf der Bayley-Skala später mit 20 Monaten. Connell (1976) fand, daß die Bindungsklassifikation zwölf Monate alter Kinder keinen prognostischen Wert für das Cattell-Entwicklungsalter derselben Kinder im Alter von 14 Monaten hat. In einer weiteren Arbeit berichtet Bell (1978), daß sich ‚bindungssichere‘ und ‚nicht bindungssichere‘ Kinder mit 30 Monaten im Stanford-Binet-Intelligenztest unterschieden, nicht jedoch mit 24 und 36 Monaten. Matas (1977) fand, daß die Bindungsqualität im Alter von 18 Monaten mit Problemlöseverhalten im Alter von 24 Monaten sowie auch die Unterstützung der Kinder durch die Mütter bei der Lösung von Aufgaben zusammenhingen. Als ‚bindungssicher“ eingestufte Kinder zeigten höhere ‚praktische Intelligenz‘ als Kinder der A- und C-Gruppen (Bretherton, Bates, Benigni et al, 1979; Matas, Arend & Sroufe, 1978).

In einer Reihe weiterer Untersuchungen wurden auch hinsichtlich der sozialen Entwicklung der Kinder Zusammenhänge mit früherer Bindungsklassifizierung hergestellt. So korrelierten positiv ‚sichere Bindung‘ mit 18 Monaten und Kompetenzmaße mit 24 Monaten (Matas, Arend & Sroufe, 1978) bzw. auch mit 66 Monaten (Arend, Gove & Sroufe, 1979). B-Gruppen-Kinder waren kooperativer und engagierter beim Spielen (Main, 1973; Londerville & Main, 1981). Einige Autoren berichten von größerer sozialer Kompetenz von B-Gruppen-Kindern im Umgang mit Gleichaltrigen (Pastor, 1981), Erwachsenen (Main & Weston, 1981) und Fremden (Thompson & Lamb, 1983). Höhere Selbstschätzung, mehr positive Affekte, mehr Empathie und soziale Kompetenz bei geringer Abhängigkeit berichtet Sroufe (1979) für bindungssichere Vierjährige, verglichen mit Kindern aus den beiden Kategorien mit unsicherer Bindung. Die Kinder waren in dieser Hinsicht sowohl mit 12 als auch mit 18 Monaten, und zwar überwiegend übereinstimmend, klassifiziert worden. Waters, Wippman & Sroufe (1979) fanden mit einem modifizierten Verfahren, daß ‚Bindungssicherheit‘ mit 15 Monaten und persönliche und soziale Kompetenz, wie sie sich im Kindergarten zeigte, positiv korrelierten. Gegen die meisten der berichteten Studien werden allerdings massive methodische Einwände erhoben (Lamb, Thompson, Gardner et al., 1984)

Diese widersprüchliche Ergebnisse lassen erneut die Frage auftauchen, was die ‚Fremde Situation‘ tatsächlich mißt. Diese Frage gewinnt an Interesse, weil – selbst wenn man von einer Teilung der Stichproben lediglich in ‚sicher gebunden‘ und ‚unsicher gebunden‘ ausgeht und den Vorhersagewert der Unterscheidung von A- und C-Gruppe vernachlässigt – auch die B-Gruppe ‚unsichere‘ Kinder enthalten kann. Starke Unterschiede hinsichtlich der Freundlichkeit von Kindern gegenüber Gleichaltrigen innerhalb der B-Gruppe berichten Easterbrooks & Lamb (1979), nach denen B1- und B2-Kinder die freundlichsten, während B3- und B4- zusammen mit C2-Kindern die am wenigsten freundlichen darstellten (Thompson & Lamb, 1983). Lamb, Thompson, Gardner et al. (1984) berichten von einer Cluster-Analyse von in der ‚Fremden Situation‘ zu beobachtenden kindlichen Verhaltensweisen und kommen zu dem Schluß, daß die Unterteilung in die drei grundlegenden Kategorien, wie von Ainsworth & Wittig (1969) aufgrund ihrer Baltimore-Studie an 23 Mutter-Kind-Dyaden vorgeschlagen, kein optimales System der

Gliederung biete. Vielmehr seien die Grenzen zwischen den einzelnen Kategorien unscharf und es entstehe der Eindruck eines ‚künstlich trichotomisierten Kontinuums' (Lamb, Thompson, Gardner et al., 1984, S. 135). Hinsichtlich der Untergruppe B4 stellt aufgrund von in den Niederlanden kürzlich untersuchten 147 Mutter-Kind-Dyaden Van IJzendoorn (vgl. Van IJzendoorn, Kroonenberg, Goossens et al., 1984; Van IJzendoorn, Tavecchio, Goossens et al., 1983) die Frage, ob diese Untergruppe tatsächlich ‚sicher gebundene' Kinder enthalte; die Studie von Van IJzendoorn und seinen Kollegen scheint eine Verneinung dieser Frage nahezulegen.

Mit der Übertragung der Methode der ‚Fremden Situation' in andere kulturelle Kontexte sind, wie bereits mehrfach angedeutet, neue Fragen aktuell geworden, die die Debatte um das Verfahren von Ainsworth wiederum belebt und um neue Dimensionen bereichert haben. Es hatten sich in den Untersuchungen in verschiedenen Ländern zunächst krasse Unterschiede in den Verteilungen von Bindungsklassifikationen ergeben (vgl. Tabelle 4, vgl. S. 223), wofür verschiedene Interpretationen angeboten wurden. Insbesondere wurde die oben unter (b) dargestellte Implikation der ‚Fremden Situation' diskutiert und die Frage aufgeworfen, welche Formen elterlichen Verhaltens und gegebenfalls welche weiteren Faktoren auf das Bindungsverhalten des Kindes und damit auf die Klassifikation mittels der ‚Fremden Situation' einwirken.

Anfang April 1984 wurde in New York im Rahmen der ‚International Conference on Infant Studies' ein von Abraham Sagi (Israel) organisiertes Symposium (‚The Strange Situation Procedure: Insights From an International Perspective') abgehalten, an dem auf diesem Gebiet tätige Wissenschaftler aus den USA (Ainsworth, Lamb), aus der Bundesrepublik Deutschland (Beller, Großmann & Escher-Gräub), aus den Niederlanden (Van IJzendoorn und Kollegen) und aus Japan (Miyake) teilnahmen. Im folgenden werden einige Aspekte dieser Diskussion wiedergegeben. Einige Referenten vertraten die Ansicht, daß unterschiedliche Verteilungen der Bindungsklassifikationen, wie sie sich etwa in Deutschland, in den Niederlanden, Japan und Israel ergaben, grundsätzlich die Frage nach der Validität der Methode erneut stellen lassen (Beller, 1984b; Van IJzendoorn und Kollegen, 1984; Lamb, 1984; Sagi, 1984). Großmann & Escher-Gräub (1984) betonen allerdings, daß man von der ‚Fremden Situation' nicht eine A-Priori-Validität erwarten dürfe, statt dessen müsse die Methode mit Hilfe umfassender Beobachtungen innerhalb jeder Kultur zunächst einzeln validiert werden. Diese Validierung müsse danach auf der Grundlage eines weiter gefaßten Bindungskonzeptes erfolgen, das jedoch nicht vollständig durch die ‚Fremde Situation' repräsentiert werde. Dabei spiele die Funktion unterschiedlicher Interaktionsformen zwischen Eltern und Kindern innerhalb einer Kultur mit ihren spezifischen Anforderungen an kindliches Verhalten eine wichtige Rolle. So erklären sie ihre Befunde, daß norddeutsche Kinder sich in der ‚Fremden Situation' häufiger ablehnend verhielten, damit, daß ihre Mütter sie gemäß den kulturellen Anforderungen zu früher Selbständigkeit und eigener Beschäftigung erzögen. Die Bedeutung kultureller Faktoren (neben Temperamentseigenschaften des Kindes) hob auch Miyake (1984) hervor. In seiner japanischen Längsschnittstudie war kein Kind in die Kategorie A entfallen, 66% der Stichprobe wurden als B- und 34% als C-Kinder klassifiziert. Miyake (1984) begründet den kulturellen Einfluß auf diese Verteilung damit, daß das Kind in Japan selten von der Mutter getrennt und schon gar nicht mit einer fremden erwachsenen Person allein gelassen werde. Der für diese Kinder besonders starke Streß in der ‚Fremden Situation‘ habe zu der vorliegenden Verteilung geführt, was theoretisch in Einklang mit den bereits berichteten Verschiebungen der Klassifikation von Kindern steht, wie sie Ainsworth, Blehar, Waters et al. (1978) bei einer Nachbeobachtung der Kinder nach zwei Wochen berichtet haben. Auch Sagi (1984) machte ebenfalls kulturelle Faktoren für seine Beobachtungsergebnisse verantwortlich, als die in israelischen Kibbuzim aufwachsenden Kinder zum Teil extreme Belastung in der ‚Fremden Situation‘ erlebten und 80 von insgesamt 251 Beobachtungen daher vorzeitig abgebrochen werden mußten. Lamb (1984) hat zusammenfassend betont, daß die aus unterschiedlichen Ländern vorliegenden Beobachtungsergebnisse den Schluß nahelegen, daß kulturelle Faktoren bei der Pflege, Betreuung und Erziehung der Kleinkinder die Wahrnehmung der ‚Fremden Situation‘ seitens der Kinder modifizieren und sie ihnen, verglichen mit den Kindern aus Ainsworths ursprünglicher nordamerikanischer Stichprobe, mehr oder weniger stressintensiv erscheinen lassen. Dabei scheint dieses Verfahren nicht Bindungsqualität oder frühere Interaktionsqualität zwischen Eltern und Kind zu erfassen; vielmehr scheinen sich multiple Dimensionen sozialer und emotionaler Entwicklung in dem kindlichen Verhalten niederzuschlagen, das dann nach Bindungsqualitäten klassifiziert werde. Die relative Bedeutung der einzelnen Faktoren zwischen und innerhalb der Kulturen sowie ihre Konsistenz bleibe vorerst unbekannt, was zusätzliche Interpretationsfragen für das mit Hilfe der ‚Fremden Situation‘ erfaßten Interaktionsverhalten bereite.

Beller (1984b) berichtete von einer Untersuchung mit Hilfe der ‚Fremden Situation‘ an einer Stichprobe zwölf Monate alter Kinder und ihrer Mittelschichtmüttern in Berlin (Ziegenhain, Pohl & Hedervari, 1983). Er stellt aufgrund seiner Ergebnisse die Generalisierbarkeit und Validität der ‚Fremden Situation‘ in Frage, selbst wenn man kulturelle Faktoren für einzelne Verschiebungen der Klassifikationen heranziehen könne. Er konnte selbst keinerlei Zusammenhänge zwischen ermittelter mütterlicher Responsivität und der getroffenen Bindungsklassifikation konstatieren. Dagegen ließ sich eine Beziehung zwischen über Fragebögen ermittelten elterlichen Einstellungen und konkreten elterlichen Verhaltensweisen einerseits und der Bindungsklassifikation andererseits herstellen. Beller (1984b) legt nahe, die ‚Fremde Situation‘ als standardisiertes Verfahren sowie das Bindungskonzept insgesamt zu überdenken. Er schlägt vor, ‚sichere Bindung‘ versus ‚unsichere

Bindung' gegenüber ‚Abhängigkeit/Unabhängigkeit' bzw. ‚Konflikt' zu diskutieren, um so zu versuchen, die Verwirrung infolge der unterschiedlichen Ergebnisse der zahlreichen Bindungsstudien aufzulösen.

Ainsworth selbst zog sich während der Debatte in New York auf Grundpositionen zurück und betonte die generelle Offenheit des Bindungskonzeptes. So vertrat sie die Auffassung, Bindung sei ein universelles Phänomen und von kulturellen Faktoren nur insofern abhängig, als entsprechend veränderte Interaktion mit der Mutter zu veränderten konkreten Bindungsverhaltensmustern führe. Nach alldem hält Ainsworth die Hypothese weiter für plausibel, daß es Bindung in den drei Qualitäten, wie sie von den Kategorien A, B und C repräsentiert werden, über alle Kulturen und über die gesamte Lebensspanne hinweg gibt. Hinsichtlich der von ihr entwickelten ‚Fremden Situation' betont sie, daß dieses Verfahren nicht überall und nicht zu jedem Zeitpunkt die Bindungsqualität von Kindern erfassen könne, das Verfahren solle in erster Linie als ein Forschungsinstrument angesehen werden und nicht als ein standardisierter Test. Als weiterhin relevante Diskussionsfragen betrachtete Ainsworth (1984), neben der prädiktiven Bedeutung von Bindungsqualität, auch den transkulturellen Relativismus innerhalb der Bindungsforschung.

Die hier wiedergegebene Debatte um das Verfahren der ‚Fremden Situation' hat nicht nur zur Präzisierung der einzelnen Standpunkte beigetragen; sie hat auch die Bedeutung kultureller Faktoren und kindlicher Eigenschaften für das Entstehen von Bindungsqualität bzw. konkreten Bindungsverhaltensweisen des Kindes hervorgehoben und die Frage nach Alternativerklärungen dafür erneut laut werden lassen. Die geforderte Anwendung eines umfassenderen, „weiteren" Bindungskonzeptes (Großmann & Escher-Gräub, 1984 bzw. auch Großmann & Großmann, 1984) und die Relativierung der ‚Fremden Situation' als Forschungsinstrument, das für einzelne kulturelle Kontextebedingungen und für verschiedene Altersstufen jeweils validiert werden müsse, sowie der prädiktive Wert der Bindungsklassifikation für verschiedene Parameter der kindlichen Entwicklung stellen eine vielversprechende Diskussionsgrundlage für die kommenden Jahre dar.

8.5 Zusammenfassung und Ausblick

Die Vaterforschung der vergangenen zehn Jahre hat gerade für das Verständnis der frühen Erfahrungen des Kindes in der Familie neue Einsichten gebracht. So wurde gezeigt, daß kurz nach der Geburt differenzierte Interaktionen nicht nur zwischen Kind und Mutter, sondern auch zwischen Kind und Vater sowie in der Triade stattfinden. Wenn man dabei von der Annahme einer biologischen Prädisposition für eine wechselseitige Anpassung der Partner in der Kommunikation ausgeht, so läßt sich belegen, daß nicht nur Mütter, sondern auch Väter die Voraussetzungen hierfür uneingeschränkt mitbringen, d.h. daß beide Eltern gleichermaßen in der Lage sind, ein Kind von Geburt an mit der notwendigen Sensitivität angemessen zu betreuen und zu versorgen, sein Bedürfnis nach Kommunikation zu stillen und seine Entwicklung entsprechend zu fördern. Beide Eltern entwickeln unter entsprechenden Bedingungen enge emotionale Beziehungen zum Kind, und das Kind seinerseits entwickelt enge emotionale Beziehungen zu beiden Elternteilen, und zwar individuelle Beziehungen, die eigenständig zu sehen sind. Dabei spielt für das Entstehen einer solchen Beziehung das rein zeitliche Ausmaß an gemeinsamer Interaktion nicht die ausschlaggebende Rolle, sondern allein die *Qualität* der Interaktion. Jenseits eines noch nicht näher bestimmten zeitlichen Minimums an gemeinsamer Interaktion bilden die Bereitschaft und die Gelegenheit, mit dem Kind sensitiv umzugehen, die Voraussetzungen für eine qualitativ gute Beziehung zwischen Kind und Elternteil. Art oder Inhalt des Umganges, so zeigt es sich, spielen dabei nicht die Hauptrolle; statt dessen kann es deutlich voneinander abgegrenzte Bereiche der Interaktion, nämlich Pflege und Versorgung auf der einen Seite, spielerische Aktivitäten auf der anderen Seite geben. Nach den bisher berichteten Beobachtungen an Familien mit Kindern unterschiedlicher Altersstufen in unterschiedlichen Situationen und Kontexten verstärkt sich der Eindruck, daß in der Regel der Vater der bevorzugte Spielpartner des Kindes ist, die Mutter eher die Pflege und Versorgung übernimmt, wobei sich diese Rollen keineswegs ausschließen müssen. Es lassen sich auch über mehrere Situationen und Kontexte hinweg deutliche Verhaltensunterschiede zwischen Vätern und Müttern feststellen, die sich – ausgehend von universellen Reaktionsformen auf Neugeborene – im Laufe des ersten Lebensjahres differenzieren. Ob diese Verhaltensunterschiede – taktil-robuster Interaktionsstil beim Vater, distal-sanfter bei der Mutter – über unterschiedliche Sozialisationserfahrungen, Rollenbedingungen in der Familie und gesellschaftliche Erwartungen zustande kommen oder aber biologisch-genetische Komponenten mitwirken, kann derzeit nicht definitiv beantwortet werden.

Für die Erklärung des Zustandekommens einer engen, emotionalen und individuellen Beziehung des Kindes zu Erwachsenen ist ein Prozeß der „Bindung" vorgeschlagen worden. Mit diesem, aus der Ethologie abgeleiteten Konzept ist impliziert, daß bestimmte angeborene Verhaltensweisen des Kindes dazu führen, daß es von einer erwachsenen Person mit Nahrung, Pflege und Stimulation versorgt wird, und daß das Kind nach Erreichen einer kognitiven Entwicklungsstufe, in der das Kind diese Person von anderen zu unterscheiden gelernt hat, ein Gefühl der Sicherheit in Gegenwart dieser erwachsenen Person entwickelt. Diese „gefühlte Sicherheit" (Sroufe & Waters, 1977) in bezug auf eine bestimmte Person wird zur Erklärung einer Reihe von Verhaltensweisen des Kindes herangezogen, die es, abhängig von Gegenwart oder Entfernung der „Bindungsfigur" und dem Ausmaß erlebter Belastung in einer bestimmten Situation in vorhersagbarer Weise zeigen soll. Diese Verhaltensweisen werden dabei als Bestandteile eines Verhaltenssystems interpretiert. Ist das Kind einer gewissen Belastung ausgesetzt (Müdigkeit, Ängstigung o. ä.), trachtet es mit sogenannten „Bindungsverhaltensweisen" wie Weinen, Annähern, Bitten um Aufgenommenwerden oder Nachfolgen, die Nähe zur Bindungsfigur wieder herzustellen. Andererseits neigt das Kind in entspannten Situationen dazu, in Anwesenheit einer Bindungsfigur sich von dieser zu entfernen und verstärkt die Umgebung zu explorieren, indem es sich fremden Gegenständen und Personen zuwendet. Sind diese Verhaltensweisen bei einem Kind zu beobachten und können sie auf An- bzw. Abwesenheit einer (mutmaßlichen) individuellen Bindungsfigur bezogen werden, wird auf eine vorhandene *Bindung* des Kindes an die Bindungsfigur geschlossen.

Aus den Ergebnissen der Untersuchungen, die zur Kind-Mutter- wie auch zur Kind-Vater-Bindung unternommen worden sind, läßt sich schließen, daß wegen der eigenständigen Bindungen an Mutter und Vater Bindung nicht im Sinne eines Persönlichkeitsmerkmales oder eines zentralen motivationalen Zustandes zu verstehen ist, sondern als Ausdruck einer individuellen Beziehung zwischen Kind und einem Erwachsenen. Es läßt sich demnach auch nicht allgemein die „Stärke" oder „Intensität" einer Bindung bestimmen; statt dessen ist ihre Qualität zu ermitteln.

Mit der Entwicklung der Bindungstheorie hat sich auch die mutmaßliche Funktion des Verhaltenssystems für die evolutive Adaptation gewandelt. Bowlby (1969) spekulierte, daß der Überlebensvorteil für die Art wie auch für das Individuum darin bestanden haben könnte, daß die Nachkommen mit der Evolution dieses Verhaltenssystems vor Raub durch andere Tiere geschützt gewesen seien. Ainsworth erweiterte das Bindungskonzept um den Aspekt der kindlichen Exploration: Die evolutiv-adaptive Funktion der Bindung bestehe darin, die für die Art überlebensnotwendige Erkundung der belebten und unbelebten Umgebung sicherzustellen. Aus den beobachteten spezifischen Kommunikationsformen zwischen Säuglingen und Eltern leitet Papoušek (1984) ab, daß die Funktion der angeborenen kommunikativen Verhaltensweisen, über die sich Bindung zwischen Kind und Eltern entwikkelt, in der Förderung der überlebenswichtigen Integrations- und Kommunikationsprozesse bestehe. Alle genannten Funktionen, ob auf phylogenetischer oder ontogenetischer Ebene, haben aber gemeinsam, daß sie weder ausschließlich von einem *weiblichen* Erwachsenen, noch, daß sie einzig von *einem* Erwachsenen gewährleistet werden müssen.

Anhand eines kritischen Überblicks über die vorliegende Forschungsliteratur zur Kind-Eltern-Bindung wurde der Versuch unternommen, die Problematik der Verwendung eines solchen „organisationalen Konstruktes" (Sroufe & Waters, 1977) aufzuzeigen bzw. deutlich zu machen, welche Schwierigkeiten sich ergeben, wenn man bei der Interpretation bestimmter Verhaltensweisen als Verhaltenssystem von anderen möglichen Funktionen der Verhaltensweisen absieht. Die heute vorliegenden Befunde zeigen, daß sich Bindungen bereits sehr früh entwickeln, und zwar unabhängig voneinander und zu verschiedenen Personen der sozialen Umgebung des Kindes; dies spricht dafür, daß Analogien zu Prägungsphänomenen aus der Ethologie ungerechtfertigt sind. Anstelle einer sensiblen Phase für das Etablieren von Bindung ist nach neuesten Forschungsresultaten beim Menschen eher ein fortlaufender dynamischer Prozeß anzunehmen, der eine gegenseitige Anpassung, wechselseitige Kommunikation und wachsende Information über den anderen einschließt, und so von einer „dynamische(n) Qualität der Bindung des Kindes an die Eltern" ausgeht (Papoušek, 1984).

In engem Zusammenhang mit der Annahme einer ‚sensiblen Phase' als Voraussetzung für das Entstehen von Bindung steht die bereits angeschnittene Frage nach der Anzahl von Personen, zu denen das Kind Bindung entwikkelt. Monotrope Bindung, d.h. Bindung vorwiegend oder ausschließlich an eine einzelne Person, dürfte – dies als ein Hauptergebnis der Vaterforschung – in Familien, die aus mehr Personen als nur einer Pflegeperson und dem Kind bestehen, eher die Ausnahme darstellen, und auch eine Hierarchie der Bindungsfiguren, wie von Bowlby (1969) postuliert, scheint nicht der Regelfall zu sein. Die Evidenz, die für frühe Bindungen des Kindes sowohl an die Mutter als auch an den Vater vorliegt, erweckt begründete Zweifel an der Ansicht, daß eine „primäre" Bindung eines Kindes sich in ihrer Art von allen anderen unterscheidet und daß diese Beziehung zu einer „Hauptbezugsperson" oder „primären Bindungsperson", im Rahmen einer Lebensspannen-Perspektive, Modellcharakter für die Bindungen eines Erwachsenen an spätere Partner und wiederum an eigene Kinder hat.

Hinsichtlich der Bedingungen für die Ausbildung bestimmter Beziehungs- oder Bindungsqualität konnte mit den Studien zur frühen Interaktion zwischen Kind und seinen beiden Eltern gezeigt werden, daß neben dem elterlichen Verhalten auch Charakteristika des Kindes selbst, z.B. sein Temperament, einen nicht zu unterschätzenden Einfluß auf die sich entwickelnde Kind-Eltern-Beziehung ausüben. Von besonderer Bedeutung ist weiter der wohl unumstrittene Befund der Bindungsforschung, daß die Qualität einer Bindung des Kindes an einen bestimmten Erwachsenen nur dann stabil ist, wenn auch die familiären bzw. die Pflege- und Betreuungsbedingungen keinen Veränderungen unterworfen sind. Die Qualität der Bindung bzw. der Beziehung ist mithin von situationalen und kontextualen Faktoren beeinflußbar.

Es wurde im vorliegenden Kapitel ausführlich auf die problematische Operationalisierung des organisationalen Konstruktes ‚Bindung' eingegangen. Dabei stellte sich heraus, daß die Erfassung der Qualität einer Bindung an verschiedene Personen in unterschiedlichen Situationen und auf unterschiedlichen Altersstufen des Kindes methodisch nur schwer zu bewältigen ist. Ein Grund dafür liegt darin, daß bislang noch nicht hinreichend geklärt ist, was in ein konkretes Bindungsverhalten eines Kindes (einer bestimmten Altersstufe, mit individueller Disposition, in einer bestimmten Situation) an weiteren Faktoren eingeht, wie etwa vorangegangene Interaktionserfahrungen mit den Eltern oder kontextuale und kulturelle Faktoren. Da Bindungsverhalten also nicht mit hinreichender Genauigkeit vorhergesagt werden kann und weiterhin fraglich ist, was unter welchen Umständen als spezifisches Bindungsverhalten interpretiert werden darf, bleibt offen, ob aus ausgewählten Verhaltensweisen eines Kindes generell auf ein Konstrukt „Bindung" geschlossen werden kann, und weiter, ob aus einem Schluß auf vorhandene, nicht vorhandene oder qualitativ näher spezifizierte Bindung Prognosen für die zukünftige Entwicklung des Kindes abgeleitet werden dürfen. Allein sogenannte „Deprivationsstudien" über Kinder, die in den ersten anderthalb Lebensjahren – bei vorhandener, qualitativ guter Ersatzbetreuung – keine stabile personale Umgebung vorgefunden haben und später Entwicklungsdefizite aufweisen, könnten die Bedeutung von Bindung per se für die Entwicklung eines Kindes näher eingrenzen; allerdings ist – neben vielen methodischen Unzulänglichkeiten – weiterhin ungeklärt, ob diese „Deprivation" nicht auf unzureichend erfahrene Kommunikations- und Integrationsmöglichkeiten und damit beeinflußte soziale, emotionale und kognitive Kompetenzen zurückzuführen ist.

Exemplifiziert wurde die Problematik der Erfassung von Bindung an der derzeit laufenden Diskussion um die bislang einzige standardisierte Methode zur Erfassung von Bindungsqualität: die ‚Fremde Situation' von Ainsworth. Die besondere Relevanz der Problematik des Bindungsbegriffes – außerhalb eines eher akademischen Interesses – ergibt sich daraus, daß „Bindungen des Kindes" in der Bundesrepublik Deutschland vom Gesetzgeber im Zusammenhang mit dem Kindeswohl zu einem Kriterium bei Entscheidungen über das Sorgerecht für Kinder nach einer Trennung und Scheidung der Eltern bestimmt worden sind. Im § 1671, Absatz 2 BGB heißt es wörtlich: „Das Gericht trifft die Regelung, die dem Wohle des Kindes am besten entspricht; hierbei sind die Bindungen des Kindes, insbesondere an seine Eltern und Geschwister, zu berücksichtigen."

Folgt man der Entstehungsgeschichte dieser Formulierung und fragt, aufgrund welcher Überlegungen und Einsichten sie in den Gesetzestext gelangt ist (Fthenakis, 1984e), stellt man fest, daß nach einigen Vorformulierungen mehrerer vom betreffenden Bundestagsausschuß befragter Sachverständiger (vgl. Presse- und Informationszentrum des Deutschen Bundestages, 1978) der Bindungsbegriff ohne weitere Diskussion um inhaltliche Bestimmung oder gar wissenschaftliche Fundierung im § 1671 BGB Aufnahme gefunden hat (vgl. Verhandlungen des Deutschen Bundestages, 1979). Vielmehr scheint man von einer unausgesprochenen Übereinstimmung im Sinne eines umgangssprachlichen Verständnisses von Bindung wie etwa „liebevolle, gute Beziehung" ausgegangen zu sein bzw. einen „Grundkonsens der Humanwissenschaften" unterstellt zu haben (Coester, 1983, S. 178). Wenn in diesem

Zusammenhang die Liebe zwischen Kind und Eltern als Basis guter familiärer Beziehungen und kindlicher Entwicklung auch nicht in Frage gestellt werden soll, so wird doch das Dilemma offenbar, das sich für den Richter ergibt, der im konkreten Fall die kindlichen Bindungen feststellen und berücksichtigen soll. Dem Dilemma der unterschiedlichen vorwissenschaftlichen und wissenschaftlichen Standpunkte zur Bindung kann er selbstverständlich auch dann nicht entgehen, wenn er einen Sachverständigen beauftragt, weil wiederum unterschiedliche Positionen zum Tragen kommen können. Insofern ist die Forderung von Luthin (1984) verständlich, daß sich einerseits der Familienrichter um ein eigenes Vorverständnis von Bindung bemühen und andererseits vom Sachverständigen die Offenlegung dessen Konzepts von Bindung verlangen soll.

Aber auch, wenn man Bindung nicht in diesem „engeren“, sondern im „weiteren“ Sinne verstehen will (Großmann, Großmann, Spangler et al., im Druck), steht eine Validierung von Bindungsverhalten auf unterschiedlichen Altersstufen und in unterschiedlichen kulturellen Kontexten noch aus (Großmann & Escher-Gräub, 1984).

Es stellt sich angesichts dieser vielschichtigen Probleme, die die Verwendung des Konzepts „Bindung“ aufwirft, die Frage, ob das Konzept nicht in eines der „Qualität der Kind-Eltern-Beziehung“ übergeführt werden sollte. Eine Längsschnittuntersuchung an 49 Familien in Norddeutschland, die die Entwicklung des Kindes in der frühen Kindheit zum Thema hatte und den Vater mit einbezog (Großmann, 1984a), zeigte, daß es neben einer „Sicherheit gebenden, vertrauensvollen Beziehung“ zwischen Elternteil und Kind unabhängig davon eine weitere „Spielpartnerbeziehung“ geben kann (Großmann, 1984a). Weder sind diese beiden Beziehungsqualitäten an einen bestimmten Elternteil geknüpft, noch schließen sie sich gegenseitig aus. Es ließen sich jedoch jeweils eigene Zusammenhänge mit späteren Entwicklungsmaßen des Kindes herstellen; so scheint die Qualität der Spielpartner-Beziehung mit späterer sozialer Kompetenz des Kindes zu korrelieren (Großmann, 1984a).

Insgesamt läßt sich als Ergebnis der Vaterforschung auch auf diesem Gebiet feststellen, daß sich die frühen sozialen Beziehungen des Kindes, nämlich die zu seinen Eltern, nicht auf eine einzelne Dimension „Bindung“ als grundlegender Beziehungsdimension eingrenzen lassen, sondern daß es daneben weitere, relevante Beziehungsqualitäten gibt. Gleichzeitig wird offenbar, daß sich die Entwicklung eines Kindes nicht lediglich aus der Betrachtung dyadischer oder triadischer Beziehungen bestimmen läßt, sondern daß die vielfältigen Beziehungsdimensionen und verschiedenen Einflußrichtungen es nahelegen, eine systemische Sichtweise der Familie innerhalb größerer Kontexte zur Grundlage weiterer methodischer Ansätze empirischer Forschung auf diesem Gebiet zu machen.

9
Der Einfluß des Vaters auf die kognitive Entwicklung, auf die Internalisation moralischer Standards sowie auf die Entwicklung geschlechtsrollenspezifischen Verhaltens

9.1 Einleitung

Im Mittelpunkt dieses Kapitels steht der spezifische Einfluß des Vaters auf die kognitive Entwicklung des Kindes, auf die Internalisierung moralischer Standards und auf die Entwicklung der Geschlechtsrollenidentität von Mädchen und Jungen.

Nach einem kurzen Überblick über die vorliegenden Arbeiten zur Bedeutung des Vaters für die intellektuelle Entwicklung des Kindes wird zu der Frage nach dem Stellenwert früher Stimulation durch den Vater im Hinblick auf die kognitive Entwicklung des Kindes im vorschulischen Alter Stellung genommen. Die Zusammenhänge zwischen väterlichem Pflegeverhalten und geistiger Entwicklung des Kindes und die Bedeutung direkter und indirekter Einflüsse des Vaters werden im Überblick erörtert. Dieser Teil schließt mit einer zusammenfassenden Darstellung der Zusammenhänge zwischen väterlichem Verhalten und schulischem Erfolg sowie mit einigen Anmerkungen über die Rolle väterlichen Verhaltens bei der kognitiven Anpassung im frühen Erwachsenenalter.

In einem weiteren Teil dieses Kapitels wird – kursorisch – die Rolle des Vaters bei der Internalisierung moralischer Normen durch das Kind in Anlehnung an Hoffman (1981[2]) behandelt. Ansätze und Forschungsergebnisse zur Bedeutung des Vaters für die Entwicklung geschlechtsrollenspezifischen Verhaltens bei Jungen und Mädchen ergänzen dieses Kapitel und sie vermitteln einen weiteren Einblick in die differentielle Wirkung väterlichen Verhaltens auf die Entwicklung des Kindes.

In diesem Kapitel wird auf die Arbeiten von Biller (1969a, 1969b, 1971, 1974a, 1974b, 1974c, 1981[2]a, 1981[2]b), von Hoffman (1970[3], 1971, 1975a, 1975b, 1976, 1977a, 1977b, 1977c, 1981[2]) und Radin (1972, 1973, 1978, 1980, 1981) stark Bezug genommen.

9.2 Der Einfluß des Vaters auf die kognitive Entwicklung des Kindes

Die Rolle des Vaters in der kognitiven Entwicklung des Kindes wird in verschiedenen Kapiteln dieses Buches erörtert. Im Kapitel 7 sind bereits Auswirkungen einer verstärkten väterlichen Partizipation auf die kognitive Entwicklung des Kleinkindes behandelt worden. Im Kapitel 10 wird auf Zusammenhänge zwischen Vaterabwesenheit und kognitiver Entwicklung des Kindes ausführlich eingegangen. Im vorliegenden Teil stehen hingegen Studien im Mittelpunkt, die die Bedeutung des Vaters für die intellektuelle Entwicklung des Kindes in intakten Familien mit vorwiegend traditioneller Rollenteilung untersuchen. Nach einigen grundsätzlichen Anmerkungen zum gegenwärtigen Forschungs- und Literaturstand soll kurz die Bedeutung der ‚frühen Stimulation' für die intellektuelle Entwicklung des Kindes diskutiert werden. Im Anschluß wird auf Zusammenhänge zwischen väterlichem Verhalten und kognitiver bzw. schulischer Leistung der Kinder eingegangen.

– Zum gegenwärtigen Forschungsstand

Die meisten Arbeiten zum Einfluß des Vaters auf die kognitive Entwicklung des Kindes sind mit den Auswirkungen von Vaterabwesenheit befaßt (vgl. Kapitel 10). Wird diese Fragestellung mit Probanden aus intakten Familien behandelt, beziehen sich die Ergebnisse meist auf Kinder der (amerikanischen weißen) Mittelschicht. Familien ethnischer Minoritäten sind bislang kaum untersucht worden. Bis etwa zur Mitte der siebziger Jahre wurden diese Untersuchungen in der Regel als Interviewstudien konzipiert, in welchen die Datengewinnung nahezu ausschließlich durch Befragung der Mütter erfolgte. Auch ein weitgehender Mangel an Längsschnittstudien ist festzustellen. Die meisten Untersuchungen sind Korrelationsstudien, mit denen zwar Zusammenhänge, nicht aber Kausalitäten festgestellt werden können. Die Richtung der Verursachung eines Verhaltens bleibt in diesem Paradigma ungeklärt, beispielsweise, ob mehr der Vater das Kind beeinflußt oder umgekehrt das Kind den Vater. Ein weiterer Mangel besteht nach Radin (1980) darin, daß nur wenige Studien das Verhalten des Vaters und des Kindes in Abwesenheit der Mutter untersucht haben, obwohl man weiß, daß Väter und Kinder in Abhängigkeit von der Anwesenheit der Mutter unterschiedlich interagieren. In neueren Untersuchungen wurden diese Mängel teilweise beseitigt. Insgesamt liefert der gegenwärtige Stand der Forschung einen relativ detaillierten Einblick in die Zusammenhänge zwischen väterlichem Verhalten und der Einflußnahme des Vaters auf die kognitive Entwicklung des Kindes, und er bietet weitere, bedeutsame Hinweise auf die zentrale Rolle, die Väter im Leben ihrer Kinder spielen.

Nach Radin (1980) werden in der Literatur folgende Fragestellungen bevorzugt behandelt: (1) Die Untersuchung des speziellen Einflusses des Vaters auf die Intelligenzentwicklung bzw. auf den Schulerfolg ihrer Söhne (In diesem Kontext wurden Variablen wie die Intensität der Vater-Sohn-Beziehung, die Qualität bzw. die Quantität der Vater-Sohn-Beziehung, Identifikationsprozesse sowie die relative Macht des Vaters, sein Selbstvertrauen und sein eigener kognitiver Stil untersucht.) (2) Die vergleichende Untersuchung des väterlichen Einflusses auf die kognitive Entwicklung von Söhnen und Töchtern. (3) Besonderheiten und Tendenzen der Vater-Tochter-Beziehung und ihre Auswirkungen auf die kognitive Entwicklung der Töchter. (4) Bei Kindern beiderlei Geschlechts beobachtbare Tendenzen der kognitiven Entwicklung als mögliche Funktion des väterlichen Verhaltens. Neben diesen Untersuchungen, die vorwiegend väterliche Verhaltensweisen als mögliche Ursache für Besonderheiten der kognitiven Entwicklung von Kindern zum Gegenstand haben, finden sich noch (5) soziologische Ansätze, die verschiedene väterliche Statusmerkmale mit der kognitiven Entwicklung in Beziehung setzen und (6) „Forschungen zur Vaterabwesenheit“, die sich in jüngerer Zeit der differentiellen Erforschung unterschiedlicher Abwesenheitsmuster zuwandten. Relativ wenig Beachtung findet in der Aufstellung von Radin (1980) die Bedeutung der frühen Stimulation des Kindes durch den Vater und deren Auswirkung auf die kognitive Entwicklung des Kindes.

Im folgenden wird auf die Rolle des Vaters bei der kognitiven Förderung von Kleinkindern eingegangen. Dabei wird auf Studien zur frühen Stimulation des Kindes und zum Einfluß des Vaters auf die intellektuelle Entwicklung des Kindes im vorschulischen Alter hingewiesen. Im Anschluß werden kurz einige Arbeiten erörtert, die die Zusammenhänge zwischen väterlichem Verhalten und Schulleistungen, der kognitiven Anpassung im frühen Erwachsenenalter und dem Erfolg in der schulischen Laufbahn untersuchen.

– Frühe Stimulation des Kindes und der Einfluß des Vaters auf die kognitive Entwicklung des Kindes im vorschulischen Alter

Es ist das Verdienst von Spitz (1945) und Bowlby (1951), auf die Zusammenhänge zwischen früher Stimulation und intellektueller Entwicklung aufmerksam gemacht zu haben. Frühe Studien in Waisenhäusern mit ständig wechselndem Betreuungspersonal und geringer Stimulation zeigen, welche verheerenden Auswirkungen eine reizarme Umgebung für die Entwicklung des Kleinkindes hat. In den letzten Jahren haben sich vor allem Pedersen, Rubenstein und Yarrow mit dieser Fragestellung beschäftigt. Yarrow, Rubenstein & Pedersen (1975) fanden bei fünf Monate alten Babys signifikante Korrelationen zwischen dem Ausmaß und der Variabilität sozialer Stimulation (etwa Berühren, Sprechen, Anschauen, Wiegen etc.) und der geistigen Entwicklung, wobei insbesondere die Kontingenz der Stimulation, d.h. eindeutiges und angemessenes Reagieren auf kindliche Signale, eine wesentliche

Bedingung der Effektivität darstellt. In einer zweiten Studie zeigten Pedersen, Rubenstein & Yarrow (1979), daß Väter ihren Kleinkindern eine Vielzahl von Erfahrungen vermitteln können, die sich günstig auf deren intellektuelle Entwicklung auswirken. Dieser Prozeß beginnt nach Meinung der Autoren schon relativ früh. Sie verglichen eine Stichprobe von fünf bis sechs Monate alten Kindern, die in vaterabwesenden Familien aufwuchsen, mit einer Stichprobe gleichaltriger Kinder aus vollständigen Familien und fanden, daß vaterlos aufwachsende Jungen in Entwicklungstests niedrigere Werte erreichten als Jungen aus Vergleichs-Familien. Die Autoren verwendeten ferner das Ausmaß an Interesse, das ein Baby in seiner gewohnten Umgebung Gegenständen und Vorgängen gegenüber zum Ausdruck bringt, als Indikator für die kognitive Entwicklung und konnten bestätigen, daß vaterlos aufwachsende Kinder weniger Zeit für die Exploration fremder Gegenstände verwendeten als gleichaltrige Kinder, deren Vater verfügbar war. Generell läßt sich annehmen, daß Jungen mit ausgedehntem Kontakt zu ihrem Vater in kognitiven Entwicklungstests häufig höhere Werte erreichen als Kinder mit reduzierter Quantität der Stimulation. Diese Zusammenhänge scheinen jedoch geschlechtsspezifisch zu sein: Weder die Vaterabwesenheit noch das Ausmaß seines Engagements wirken sich auf die kognitive Entwicklung der Tochter in den ersten Lebensjahren aus. Nach Parke (1981) scheint die Einflußnahme des Vaters auf die kognitive Entwicklung seiner Tochter erst in einer späteren Entwicklungsphase relevant zu werden.

Möglicherweise ist diese Divergenz auch durch unterschiedliche Interaktionsmuster beider Elternteile mit ihren Kindern bedingt. Clarke-Stewart (1978, 1980) hat in ihrer Studie z.B. gezeigt, daß Väter und Mütter ihre 16 und 29 bzw. 30 Monate alten Kinder in unterschiedlicher Weise kognitiv stimulieren: Zum einen läßt die Geschicklichkeit des Vaters als Spielkamerad wichtige Schlüsse auf die kognitive Entwicklung des Kindes zu. Ferner scheint der Vater durch seine Erwartungshaltung einen Beitrag zur Selbständigkeitsentwicklung des Kindes zu leisten. So steht der Zeitpunkt, zu dem ein Vater von seinem Kind erwartet, mit einer Schere umgehen oder allein ein Bad nehmen zu können, in eindeutiger Beziehung zur kognitiven Reife des Kindes. Väter und Mütter unterscheiden sich auch darin, wieviel Erkundungsfreiheit sie ihren Kindern lassen: Während Mütter vorsichtiger sind und dem Kleinkind engere Grenzen setzen, neigen Väter dazu, ihren Kindern großzügiger Bewegungsfreiraum zu gewähren. Im Zuge der Entwicklung werden deshalb Kinder, und nach den bisher vorliegenden Ergebnissen primär Jungen, von Vätern mehr als von Müttern zu selbständigem Erkundungsverhalten sowohl im Hause als auch im weiteren Umfeld ermuntert. Hoffman (1977, S. 649) kommentiert dies folgendermaßen: ,,Die den Mädchen fehlende Erfahrung der Jungen in diesen selbständigen Erkundungen hat sehr wahrscheinlich erhebliche Bedeutung für die Entwicklung selbständiger Bewältigungsstile, von Kompetenzgefühl und sogar von spezifischen Fertigkeiten.“

Interessant ist in diesem Kontext auch der Befund von Clarke-Stewart (1978, 1980), wonach das physisch stimulierende Spiel des Vaters stärker mit der kognitiven Entwicklung seines Sohnes als mit der seiner Tochter korreliert. Töchter müssen demnach auf diese Art der Stimulierung weitgehend verzichten, da der Vater in erster Linie durch verbale Stimulierung und durch sensibles Reagieren auf soziale Initiativen des Mädchens zur kognitiven Entwicklung seiner Tochter beiträgt. Auch Mütter verkehren mit ihren Töchtern hauptsächlich in verbaler und intellektueller Stimulation, während sie die kognitive Entwicklung ihrer Söhne primär durch physische Kontakte im sozialen Spiel und durch soziale Reaktionsbereitschaft zu fördern suchen.

Radin und Kollegen (Epstein & Radin, 1975; Jordan, Radin & Epstein, 1975; Radin & Epstein, 1975b) konnten in einer breit angelegten Studie über väterliches Verhalten und den intellektuellen Entwicklungsstand von Kindern auch im vorschulischen Alter deutliche positive Beziehungen zwischen väterlicher Unterstützung und kindlicher Leistungsfähigkeit nur bei Jungen finden. Lamb (1976c) liefert hierfür eine Erklärung, indem er von einer Inkonsistenz im Verhalten des Vaters gegenüber seiner Tochter ausgeht, die eine ambivalente Haltung des Vaters in bezug auf die Unabhängigkeit bzw. Leistungsfähigkeit von Mädchen/Frauen widerspiegle. Lamb, Owen & Chase-Lansdale (1979) glauben, daß Väter ihre Töchter nicht so ernst nehmen wie ihre Söhne und einen eher lockeren und neckischen Umgang mit ihnen pflegen, aus dem sich ein inkonsistentes Stimulationsverhalten rekonstruieren läßt (vgl. hierzu Johnson, 1963; Radin, 1976).

Daß zwischen dem väterlichen Betreuungs- und Stimulationsverhalten und der kognitiven Entwicklung von Töchtern – zumindest in den ersten Lebensjahren – praktisch kaum ein Zusammenhang besteht, kann auch durch die väterlichen Erwartungen hinsichtlich der kognitiven Entwicklung von Mädchen erhellt werden. Wie Block (1979b) anhand von 17 verschiedenen Untersuchungen zusammenfaßte, legen Väter – wie übrigens auch Mütter – nur bei Söhnen besonderen Wert auf Leistungs- und Konkurrenzfähigkeit bzw. auf Unabhängigkeit und Selbständigkeit, also auf Eigenschaften, die von verschiedenen Autoren in Zusammenhang mit Intelligenzentwicklung gebracht wurden.

Väterliches Stimulationsverhalten scheint jedoch situationsspezifisch unterschiedliche Funktionen zu haben. Radin & Epstein (1975b) stellten anhand von Verhaltensbeobachtungen an Vätern und ihren vierjährigen Kindern bei einer Puzzleaufgabe fest, daß die direktive Beteiligung des Vaters negativ mit der intellektuellen Kompetenz der Kinder korrelierte.

Zu vergleichbaren Ergebnissen kam auch Dill (1975) in einer Untersuchung schwarzer Mittel- und Unterschicht-Väter. Ferner wurde von Radin & Epstein (1975b) festgestellt, daß väterliche Unterstützung während des Interviews (d.h. soziale Unterstützung) positiv, bei einer Problemlösungsaufgabe (d.h. kognitive Unterstützung) dagegen negativ mit der Intelligenz von Jungen korrelierte. Für Mädchen waren derartige Zusammenhänge erst in einer Nachuntersuchung, die ein Jahr später stattfand, zu beobachten. Nach Auffassung Radins besteht hinreichende Evidenz dafür, daß väterliche Einflußnahme bzw. starkes väterliches Eingreifen beim Versuch von Jungen, kognitive Probleme zu meistern, einen eher nachteiligen Effekt auf die kognitive Entwicklung haben kann. In Situationen, die weniger leistungsbetont sind, scheint diese Haltung des Vaters hingegen eher förderlich zu sein. Obwohl väterliche Macht, Hilfsbereitschaft und Unterstützung generell positive Auswirkungen auf die Intelligenzentwicklung der Kinder haben, scheint dies nicht für Problemlösungssituationen zuzutreffen, in denen Kinder Eigeninitiative entwikkeln wollen. Radin ist der Ansicht, daß möglicherweise ein Vater, der als kompetent und streng wahrgenommen wird, seinen Söhnen aber auch erlaubt, Aufgaben unabhängig von ihm zu lösen, die beste Ausgangsbasis für das intellektuelle Wachstum seiner Kinder bietet.

Weitere Verknüpfungen zwischen väterlichem Verhalten und der intellektuellen Entwicklung von Kleinkindern wurden für die Variable „väterliches Pflegeverhalten" evident (Baumrind, 1971; Jordan, Radin & Epstein, 1975; Radin, 1972, 1973, 1978, 1980; Radin & Epstein, 1975a). Radin (1978, 1980) fand z. B., daß die Werte von Jungen im vorschulischen Alter im Raven Progressive Matrice Test signifikant positiv mit der Selbsteinschätzung des Vaters bezüglich der Häufigkeit seines Pflege- und Zuwendungsverhaltens korrelierten. Zudem korrelierte die entsprechende mütterliche Einschätzung von Verhaltensdimensionen des Vaters, wie z. B. liebevoller Umgang mit dem Kind, Beschäftigung mit Problemen des Kindes und Hilfe bei der Problemlösung, signifikant positiv mit der Leistung von Jungen im Peabody Picture Vocabulary Test. Diese Zusammenhänge konnten für gleichaltrige Mädchen nicht nachgewiesen werden. Ähnliche Verbindungen zwischen väterlichem Pflegeverhalten und der Intelligenz der Söhne fanden auch Jordan, Radin & Epstein (1975) sowie Radin & Epstein (1975a).

Baumrind (1971) untersuchte zusätzliche Aspekte väterlichen Verhaltens und ihre Auswirkung auf die intellektuelle Entwicklung des Kindes: Autoritäres väterliches Verhalten, das in einer Leistungssituation beachtet wurde, bei der Vater, Mutter und Tochter bzw. Sohn anwesend waren, hing demnach negativ mit den kognitiven Leistungen von Mädchen wie Jungen im Vorschulalter zusammen. Radin (1978) und Harrington, Block & Block (1978) konnten dieses Ergebnis jedoch nicht bestätigen. Allerdings beobachteten sie lediglich Vater-Tochter-Dyaden. Harrington, Block & Block (1978) fanden in einer Studie an dreijährigen weißen Mittelschicht-Jungen, deren Väter die Merkmale ‚Ungeduld', ‚autoritäres Kontrollieren' und ‚geringe spontane Zuneigung' aufwiesen, daß sie in Puzzleaufgaben weniger ambiguitätstolerant waren. Im Alter von sieben Jahren waren die früh ambiguitätsintoleranten Jungen zudem weniger effektiv. Auch diese Relationen können nicht auf Mädchen generalisiert werden.

Das Geschlecht und die Position des Kindes in der Geschwisterreihe als Determinanten väterlicher und mütterlicher Verhaltensweisen

In der Literatur ist mehrfach die Auffassung vertreten worden, daß Väter und Mütter ihr Kind unterschiedlich behandeln, je nachdem, ob es sich dabei um einen Jungen oder ein Mädchen handelt (Moss, 1974; Parke, 1979; Parke & Sawin, 1980; Rebelsky & Hanks, 1971; Rendina & Dickerscheid, 1976). Obwohl sich amerikanische Männer eher einen Sohn wünschen, überwinden die meisten von ihnen ihre Enttäuschung und bezeichnen sich als hocherfreut über das neugeborene Kind, gleich welchen Geschlechts (Greenberg & Morris, 1974). Trotzdem lassen sich Unterschiede im Verhalten von Vätern (und Müttern) in Abhängigkeit vom Geschlecht des Kindes nachweisen. Väter und Mütter entwickeln bald Vorstellungen und Erwartungen über die Fähigkeiten des Neugeborenen, die von Anfang an geschlechtsstereotyp sind (Safilios-Rothschild, 1978, 1979). So stellten Rubin, Provenzano & Luria (1974) fest, daß Väter (und Mütter) ihre Töchter mit größerer Wahrscheinlichkeit als ihre Söhne als ‚sanft', ‚feingliedrig', und ‚schwach' beschreiben. Die Beurteilungen der Väter waren sogar konsistent extremer als die der Mütter, und sie stellten zugleich Fehleinschätzungen der beurteilten Neugeborenen dar, da Mädchen bekanntlich bei der Geburt physiologisch reifer und robuster zu sein pflegen als Jungen (Garai & Scheinfeld, 1968).

Es gibt gegenwärtig eine Reihe von Hinweisen, die die These stützen, wonach Väter eine feste Vorstellung von geschlechtsrollenadäquatem Verhalten haben, die sich auf die Vater-Kind-Beziehung auswirkt. Bereits 1963 entwickelte Johnson einen theoretischen Rahmen, der zurückgreifend auf Parsons & Bales (1955) unterstellt, daß Väter durch das Geschlecht ihrer Kinder stärker beeinflußt werden als Mütter. Sie behauptet, daß Mütter eher ‚expressiv' seien, und daher das dem Kind gegenüber gezeigte Verhalten weniger geschlechtsspezifische Unterschiede aufweise. Väter sind, ihrer Ansicht nach, mehr ‚instrumentell' und entwickeln eher unterschiedliche Beziehungen zu Mädchen und Jungen.

Daß Väter das zur Geschlechtsrolle passende Verhalten belohnen und nicht passendes Verhalten bestrafen, bestätigte bereits 1961 Bronfenbrenner für Jungen in der Adoleszenz. Weitere Bestätigung erfuhr diese Annahme durch die Arbeit von Biller (1976), der fand, daß Jungen eine von Mädchen unterschiedliche Behandlung erfahren, und dementsprechend ‚männliches' Verhalten ent-

Epstein & Radin (1975), Radin (1972, 1973, 1978) und Radin & Epstein (1975a) untersuchten die faktorielle Struktur väterlichen Verhaltens, das die kognitive Entwicklung von Jungen und Mädchen beeinflußt. Ihre Daten legen nahe, daß väterliches Verhalten mit der kognitiven Kompetenz vierjähriger Jungen, nicht jedoch der gleichaltriger Mädchen zusammenhängt. Die Autoren kommen zu dem Schluß, daß sich Väter kaum auf der Ebene einzelner Verhaltenskategorien, wohl aber in der Struktur ihres Gesamtverhaltens un-

wickeln; Lynn (1974) bestätigte dies ebenfalls und wies zusätzlich darauf hin, daß Väter auch dazu neigen, ‚feminines' Verhalten bei ihren Töchtern zu fördern. Weitere Hinweise, die zur Untermauerung dieser These beigetragen haben, stammen aus den fünfziger und sechziger Jahren: Goodenough (1957) fand, daß Väter rigidere Ansichten als Mütter über geschlechtsrollenspezifisches Verhalten haben, und die englische Studie von Newson & Newson (1963, 1968) bestätigte, daß Väter auf nicht adäquates geschlechtsspezifisches Verhalten, besonders bei ihren Söhnen strafend reagieren. Auch neuere Untersuchungen an amerikanischen College-Studenten lieferten weitere Evidenz für diese Annahme (Fagot, 1974; Seavey, Katz & Zalk, 1975). Während offensichtlich amerikanische Väter zu einer stärkeren Polarisierung bei der Beurteilung geschlechtsrollenadäquaten Verhaltens neigen als amerikanische Mütter (Fagot, 1974; Farrell, 1975; Rubin, Provenzano & Luria, 1974), konnte dies in einer entsprechenden Studie bei englischen Vätern nicht bestätigt werden. Es bestand lediglich ein Trend, mehr dargebotene Verhaltensweisen als nur für Jungen passend einzustufen (Smith & Daglish, 1977).

Eltern, vor allem Väter, reagieren von Geburt an in Abhängigkeit vom Geschlecht des Kindes. Dieses Verhalten korrespondiert wiederum mit nachweisbaren Unterschieden im Verhalten von Jungen und Mädchen, die bereits unmittelbar nach der Geburt beobachtet wurden: Jungen neigen dazu, aktiver zu sein; sie fangen eher an zu schreien, während Mädchen öfters grimassieren und ihre Mimik verändern (Feldman, Brody & Miller, 1980; Parke & O'Leary, 1976; Phillips, King & Dubois, 1978). Allerdings zeichnen sich solche Verhaltensunterschiede bei Neugeborenen dadurch aus, daß sie geringe Signifikanz haben und die Untersuchungsergebnisse nicht wiederholbar sind (Birns, 1976; Fairweather, 1976; Lewis & Weinraub, 1979). Hittelman & Dickes (1979) zeigten, daß Mädchen länger Augenkontakt mit einer fremden weiblichen Person aufrechterhalten als Jungen. McGuire (1982) weist darauf hin, daß Unterschiede im Verhalten von Neugeborenen möglicherweise auch unterschiedliche Reaktionen bei den Eltern hervorrufen, welche wiederum die Kinder beeinflussen. Stabile Unterschiede treten nach McGuire (1982) ab dem zwölften Lebensmonat auf, wie Laboruntersuchungen mit Hilfe der ‚Fremden Situation' bestätigten: Mädchen bleiben eher bei der Mutter, während Jungen dazu neigen, wegzulaufen und lediglich in Augenkontakt mit der Mutter zu bleiben (Ban & Lewis, 1974).

terschiedlich in die Interaktion mit Söhnen bzw. Töchtern einbringen. Lediglich für zwei von 25 väterlichen Verhaltenskategorien konnten signifikante Unterschiede in Abhängigkeit vom Geschlecht des Kindes nachgewiesen werden. Hingegen fanden sich auf dem Analyseniveau der Faktorenanalyse deutliche Unterschiede. Hinsichtlich des väterlichen Verhaltens in bezug auf Söhne konnten vier relevante Faktoren extrahiert werden: zwei Betreuungsfaktoren, die positiv, und zwei Restriktivitätsfaktoren, die negativ mit der intellek-

Ob der Vater im Laufe des ersten Lebensjahres oder zu einem späteren Zeitpunkt der kindlichen Entwicklung stärker in Abhängigkeit vom kindlichen Geschlecht reagiert, darüber vermittelt die Literatur gegenwärtig kein konsistentes Bild. Während z.B. Pedersen, Anderson & Cain (1980), Lamb (1977a, 1977b) und Lamb, Owen & Chase-Lansdale (1979) den Standpunkt vertreten, das Geschlecht des Kindes spiele als Determinante väterlichen (und mütterlichen) Verhaltens während des zweiten Lebensjahres eine größere Rolle, sind Parke & Sawin (1980) der Meinung, daß das kindliche Geschlecht bereits im Laufe der ersten drei Lebensmonate das Verhalten der Eltern modifiziere.

Was die Beschäftigung der Väter mit ihren Söhnen und Töchtern während des ersten Lebensjahres anbelangt, so besteht weitgehende Übereinstimmung darüber, daß sie sich mit Kindern beiderlei Geschlechts auf die gleiche Weise und in dem gleichen Ausmaß beschäftigen. So konnten Lamb (1977a, 1977b), Parke & O'Leary (1976), Parke & Sawin (1975) sowie Rendina & Dickerscheid (1976) keinerlei Unterschiede in der Beschäftigung der Väter mit ihren Töchtern und Söhnen feststellen. Kotelchuck (1973) zeigte, daß Väter sich nicht mehr bei der Pflege ihrer Söhne engagierten als bei der ihrer Töchter. In einer Studie von McGuire (in Vorbereitung; zit. in McGuire, 1982) spielten Väter mehr mit Söhnen; der Unterschied erwies sich jedoch als nicht signifikant.

Offensichtlich erfolgt eine stärkere Modifikation väterlichen Verhaltens im Laufe des zweiten Lebensjahres. Lamb (1977a, 1977b) konnte z.B. nachweisen, daß Väter im zweiten Lebensjahr ihres Kindes häufiger mit ihren Söhnen interagierten und daß Jungen den Vater als Spielkameraden der Mutter vorziehen. Lamb, Owen & Chase-Lansdale (1979) sprechen von einem Rückzug der Väter von ihren Töchtern im zweiten Lebensjahr. Leider weiß man wenig über die Art solcher Interaktionen. McGuire (1982) bemerkt mit Recht, daß die nähere Beschäftigung mit der Art der Spiele Aufschluß über die verschiedenartige Interaktion von Vätern mit Jungen und Mädchen geben könnte. Sie hat mit Hilfe von Interviews die ‚wahrgenommene Nähe' des Vaters zu seinen Kindern erfaßt, um die Frage zu beantworten, ob Väter ihren Söhnen im zweiten Lebensjahr besonders nahe kommen. Die Ergebnisse bestätigen, daß zwischen der Beurteilung von Söhnen und Töchtern durch den Vater ein signifikanter Unterschied bestand; Jungen wurden häufiger positiv und Mädchen mehr negativ beschrieben. Die Autorin berichtet, daß keine Tochter in so hohen Tönen gelobt wurde wie es bei einigen Jungen der Fall war. Sogar das schlechte Benehmen

tuellen Entwicklung der Söhne zusammenhingen. Für Mädchen konnten insgesamt sechs Faktoren des väterlichen Verhaltens extrahiert werden, von denen keiner in einem interpretierbaren Zusammenhang mit ihrer intellektuellen Entwicklung stand.

Neben direkten Einflüssen beobachteten Radin & Epstein (1975a) auch *indirekte* Einflüsse des Vaters auf die intellektuelle Entwicklung des Kindes. Die Autoren stellten einen Zusammenhang zwischen dem Faktor mütterli-

von Jungen wurde positiv geschildert. Wenn von Mädchen positiv gesprochen wurde, so betraf dies meist deren Aussehen.

Die Untersuchungsergebnisse von McGuire (1982) bestätigen, daß Väter auf andere Art mit Söhnen und Töchtern spielen; sie erklären aber nicht die starke Vorliebe für bestimmtes Spielzeug beim Kind im Alter von zwei bis drei Jahren, und zwar deshalb nicht, weil Väter in diesem Alter ihrer Kinder Spielsachen eher vermeiden und es vorziehen, an physischen Spielen teilzunehmen.

Ferner stützen die Ergebnisse von McGuire (1982) die These, daß Väter, was Jungen anbetrifft, stärker auf zur Geschlechtsrolle passendes Spielzeug bzw. Verhalten achten als Mütter. Sie bemerkt, daß die Ergebnisse aus ihrer Untersuchung sich weitgehend mit den Ergebnissen, die vor zwanzig Jahren erzielt worden sind, decken.

Auch verwarfen Väter in der Befragung von McGuire (1982) über angebrachtes versus unangebrachtes Spielzeug mehr Spielsachen für Jungen, als die Mütter es taten. Und es waren die Väter von Söhnen, die die meisten dargebotenen Spielsachen als nicht-indiziert verwarfen. Hingegen gab es diesbezüglich keinerlei signifikante Unterschiede zwischen Müttern von Söhnen oder Töchtern. Die Ergebnisse zeigen, daß Väter, was Jungen betrifft, auch stärker auf zur Geschlechtsrolle passende Tätigkeiten achten. Die meisten Nichtübereinstimmungen betrafen Items wie Kochen, Hausarbeit und Einkaufen. Diese wurden von Vätern häufiger als für Jungen nicht passend verworfen als von Müttern. Die Übereinstimmung bezüglich geeigneter Spielsachen war bei Vätern und Müttern für Mädchen größer als bei Jungen.

Vielleicht bietet eine differenziertere Betrachtung der vorliegenden Ergebnisse, die auch andere Faktoren berücksichtigt (z.B. die Art der Interaktion, den Kontext, in dem sie stattfindet, das Alter des Kindes etc.), die Möglichkeit einer angemessenen Antwort auf die Frage nach den Zusammenhängen zwischen kindlichem Geschlecht und elterlichen Verhaltensmustern.

Routine-Fürsorgemaßnahmen eignen sich z.B. in besonderer Weise dazu, Ähnlichkeiten elterlicher Interaktionsstile festzustellen, die sich vom Geschlecht des Kindes als unabhängig erweisen. Verwendet man jedoch Zuwendungsverhalten als Kriteriumsvariable, so zeigt sich, daß Mütter mit ihren Söhnen öfter und länger schmusen als mit ihren Töchtern. Väter verhalten sich hingegen umgekehrt (Parke & Sawin, 1980). Bei visueller Zuwendung bevorzugen Väter ihre Söhne und Mütter ihre Töchter. So berichten Parke & Sawin (1980), daß

chen Verhaltens ‚Stimulation des Kindes durch die Mutter' und kurz- sowie langfristigen väterlichen Erwartungen hinsichtlich der schulischen bzw. akademischen Karriere der Töchter fest. Ein weiteres Ergebnis war, daß Töchter von Vätern, die bei der Befragung – nicht jedoch in ihrem konkreten Verhalten – leistungsorientiert waren, höhere kognitive Werte erreichten als Töchter in anderen Gruppen. Radin & Epstein (1975a) nehmen an, daß die leistungsbezogenen Einstellungen von Vätern die Mütter dahingehend beein-

Väter in der Spielsituation ihren Söhnen das Spielzeug häufiger reichten als ihren Töchtern. Mütter zeigten ein entgegengesetztes Verhalten. Laboruntersuchungen stellten ferner fest, daß Mütter mehr mit ihren Töchtern redeten (Weinraub & Frankel, 1977), und daß auch Mädchen ihre Vokalisationen häufiger an die Mutter richteten als an den Vater (Clarke-Stewart, 1980).

Weitere Untersuchungen konnten nachweisen, daß Väter mit ihren Söhnen im Alter von vier Monaten häufiger spielten als mit ihren Töchtern (Field, 1978; Rendina & Dickerscheid, 1976), daß sie ihnen mehr Aufmerksamkeit schenkten (Rendina & Dickerscheid, 1976), daß sie häufiger die Vokalisationen der Söhne imitierten (Field, 1978) und unterschiedlich häufig mit Söhnen und Töchtern sprachen (Golinkoff & Ames, 1979; Rebelsky & Hanks, 1971). White & Woollett (1981) und White, Woollett & Lyon (1982) konnten ferner zeigen, daß Väter ihre Söhne und Töchter unmittelbar nach der Geburt gleich häufig hochnehmen; sie hielten jedoch die Söhne um etwa 50% länger als ihre Töchter. Im zweiten Lebensmonat zeigten Väter auch Unterschiede in der Wahl der Position, in der das Kind gehalten wird: Väter hielten zu 66% ihre Töchter in Querposition, Söhne hingegen halb so häufig (zu 31%), während sie für letztere die nach innen gerichtete Position bevorzugten (zu 46%).

Es besteht weitgehend Übereinstimmung darüber, daß die Auswirkung väterlichen Verhaltens auf die Entwicklung geschlechtsrollenspezifischen Verhaltens bei Jungen und Mädchen bereits unmittelbar nach der Geburt beginnt (vgl. hierzu Safilios-Rothschild, 1978, 1979), und daß Väter sich stärker bei ihren Söhnen engagieren als bei ihren Töchtern.

Die Annahme unterschiedlicher väterlicher Behandlungsmuster gegenüber Jungen und Mädchen wird auch durch Ergebnisse der interkulturellen Forschung gestützt. Gewirtz & Gewirtz (1968) untersuchten das Besuchsverhalten in israelischen Kibbuzim und zeigten, daß Väter länger im Kinderhaus bei ihren vier Monate alten Söhnen als bei ihren gleichaltrigen Töchtern blieben. West & Konner (1976) stellten Unterschiede auch im elterlichen Verhalten von Kung san (Buschmännern) in Abhängigkeit vom Geschlecht des Kindes fest. Vor allem Väter mit Kleinkindern im Alter von 27 und 99 Wochen zeigten signifi-

flußt haben, die Interaktionen so zu gestalten, daß die kognitive Entwicklung der Töchter gefördert wird.

Eltern beeinflussen die kognitive Entwicklung ihrer Kinder zudem indirekt durch die Menge und die Qualität des zur Verfügung gestellten Spielzeugs sowie durch die Art der Grenzsetzung bzw. des Freiraums etwa in der Wohnumwelt des Kindes. Während ein Zuviel diesbezüglicher Restriktionen die kognitive Entwicklung des Kindes hemmen kann, ist die volle Freiheit zur physischen und visuellen Erkundung der Umwelt für die Entwicklung kognitiver Fähigkeiten von großem Nutzen.

kant höhere Interaktionsraten mit ihren Söhnen als mit ihren Töchtern. West & Konner (1976) bemerken, daß man zum Verständnis der spezifischen geschlechtsprägenden Prozesse in unterschiedlichen Kulturen eine Vielzahl ökologischer, ökonomischer und ideologischer Variablen berücksichtigen muß. Auch Parke (1982, S. 56) betont: „Quer durch Kulturen, Spezies und Kleinkindaltersklassen hindurch beeinflußt das Geschlecht des Babys oder des jungen Kindes erheblich die Interaktion zwischen Elternteil und Kind. Eltern behandeln Jungen und Mädchen von Geburt an verschieden; demnach könnte der Prozeß der Geschlechtstypisierung (d. h. der Prozeß, in dem man die Verhaltensweisen erlernt, die gewöhnlich als dem eigenen Geschlecht angemessen gelten) viel früher beginnen als man bislang vermutete."

Die vorliegenden Befunde liefern eine erste empirische Evidenz für die Annahme, daß die affektive Zuwendung von Vätern und Müttern mehr auf das Kind des anderen Geschlechts gerichtet ist, während Aufmerksamkeits- und stimulatives Verhalten beim gleichgeschlechtlichen Kind häufiger sind. Ebenfalls wird zur Zeit angenommen, daß Mütter und Väter speziell in diesem Bereich reziproke und komplementäre Rollen übernehmen. Parke & Sawin (1980) machen auf die kulturelle Abhängigkeit dieser Ergebnisse aufmerksam, deutsche Autoren (vgl. Keller & Werner-Bonus, 1978) weisen auf die Fragwürdigkeit der Übertragung der in den USA gewonnenen Ergebnisse auf die Bundesrepublik Deutschland hin.

Die Position in der Geschwisterreihe erwies sich in den Untersuchungen von Parke & Sawin (1975, 1980) als nicht so gewichtig wie etwa das Geschlecht des Kindes. Dennoch konnten bestimmte Zusammenhänge festgestellt werden: Signifikante Wechselwirkungen zwischen dem Geschlecht eines Elternteils und der Position des Kindes in der Geschwister-Reihenfolge weisen darauf hin, daß diese Variable Mütter und Väter in unterschiedlicher Weise beeinflußt. So lächelten Väter seltener bei der Fütterung ihrer Erstgeborenen; Mütter verhielten sich umgekehrt. Zudem schmusten Väter kürzere Zeit mit ihren Erstgeborenen als mit Spätgeborenen. Bei Müttern zeigte sich auch hier ein umgekehrtes Verhaltensmuster.

– Der Einfluß des Vaters auf die Schulleistungen seiner Kinder

In einigen Studien wurden die Zusammenhänge zwischen väterlicher Einflußnahme und Schulleistungen des Kindes untersucht. Bereits 1959 behaupteten Rosen & D'Andrade, daß die Entwicklung einer hohen Leistungsmotivation eine größere Autonomie in bezug auf den Vater als in bezug auf die Mutter erfordert. Etliche Autoren bestätigten, daß ein eher distanziertes Verhältnis des Vaters zu seiner Tochter ihrer intellektuellen Entwicklung förderlich ist. Honzik (1967) zeigte, daß väterliche Freundlichkeit, nicht aber eine enge Vater-Kind-Beziehung oder starke Zuneigungsbekundungen mit der Intelligenz sieben- bis neunjähriger Mädchen zusammenhängen, während dies bei Jungen nicht der Fall ist. Shaw & White (1965) fanden hingegen bei überdurchschnittlich intelligenten High-School-Studenten eine Entsprechung zwischen der Schulleistung und der Identifikation mit dem Vater. Überdurchschnittliche Leistungen korrelierten in diesem Fall mit Ähnlichkeiten in der Selbst- und Vaterwahrnehmung. Analoge Evidenz bestand zwischen Mädchen und deren Müttern. Multimer, Loughlin & Powell (1966) fanden ebenfalls eine positive Wechselwirkung zwischen der Bevorzugung des Vaters und der Leseleistung von acht- bis zwölfjährigen Jungen sowie entsprechende Relationen zwischen Mädchen und ihren Müttern, Cain (1971) stellte bei sieben- bis 13jährigen mexikanisch-amerikanischen Mädchen eine positive Korrelation zwischen den Rechenleistungen und einem liebevollen Vaterverhalten sowie eine negative Korrelation zwischen vernachlässigendem Vaterverhalten und der Leseleistung fest. Auch in einer Studie von Crandall, Dewey, Katovsky et al. (1964) konnten spezifische Zusammenhänge zwischen väterlichem Förderungsverhalten und dem Schulerfolg von Mädchen festgestellt werden. So hing generell eine positive Haltung gegenüber intellektuellen Aktivitäten positiv, eine ablehnende Haltung dementsprechend negativ mit dem Schulerfolg von sieben- bis zehnjährigen Töchtern zusammen. Positive Relationen fand auch Ziegler (1979) zwischen väterlichem Bekräftigungsverhalten und dem Erfolg von neunjährigen Töchtern in einer kognitiven Leistungssituation. Bei Bing (1963) korrelierte häufiges Vorlesen des Vaters verbunden mit väterlicher Strenge mit verbalen Leistungen bei Mädchen. Diesbezüglich am günstigsten scheint sich eine ‚moderate Distanz' zwischen Vater und Tochter auszuwirken. In der Studie von Ziegler (1979) wurde auch eine positive Beziehung zwischen den von Lehrern eingeschätzten kognitiven Fertigkeiten bei Mittelklassekindern der dritten und vierten Klasse und den supervisorischen Leistungen von Vätern festgestellt. Hingegen bestand ein negativer Zusammenhang zwischen den supervisorischen Leistungen der Mütter und den kognitiven Fertigkeiten der Kinder. Nach Busse (1969) kann man davon ausgehen, daß ebenfalls eine gemäßigt aktive Rolle bei supervisorischen Funktionen (insbesondere bei der Aufgabenbetreuung) für die Flexibilität des Denkens besonders förderlich ist. Ein in diesem Zusammenhang wichtiger Befund ist auch, daß zwar die ‚Verstärkung', nicht aber das Fordern von intellektuellen Aktivitäten sich positiv auf den Schulerfolg von Mädchen auswirkt; ein Ergebnis, das für Jungen nicht zutrifft, obwohl die in Leistungskontexten vom Vater geäußerte Zustimmung gleichfalls mit der kognitiven Leistungsfähigkeit von acht- bis neunjährigen Jungen einhergeht (Ziegler, 1979).

Neben eher verhaltensnahen väterlichen Merkmalen scheinen auch Aspekte des väterlichen Selbstwertgefühls im Zusammenhang mit der kognitiven Entwicklung der Kinder zu stehen. So konnten beispielsweise Grunebaum, Hurwitz, Prentice et al. (1962) einen klaren Zusammenhang zwischen negativem väterlichem Selbstkonzept, wie es sich in der Vorstellung, inadäquat oder ein Versager zu sein, ausdrückt, und der Intelligenz von Grundschülern feststellen. Unklar ist hierbei allerdings die Entsprechung zwischen väterlicher Intelligenz und väterlichem Selbstkonzept. Busse (1969) fand, daß die Flexibilität des Denkens bei elfjährigen schwarzen Unterschichtkindern positiv mit dem väterlichen Selbstbewußtsein in bezug auf eigene Einflußfähigkeit gegenüber Frau, Kindern und im sonstigen Lebensbereich zusammenhängt. Einen schwachen signifikanten Zusammenhang fand Marjoribanks (1972) bei elfjährigen Jungen in England zwischen der väterlichen Dominanz und den verbalen Leistungen in einem Schulleistungstest.

Andersland (1968) fand spezifische Variablen, die negativ mit Schulerfolg und -leistung des Kindes korrelieren: So geht Zurückweisung durch den Vater mit schlechten Leistungen des Jungen, nicht jedoch des Mädchens an der High-School einher. Nach Strodtbeck (1958) besteht eine negative Kontingenz zwischen der väterlichen Machtausübung gegenüber Frau und Sohn und den Schulleistungen der Söhne. Boerger (1971) fand ebenfalls negative Entsprechungen zwischen Variablen, die mit väterlichem Leistungsdruck zusammenhängen, und den mathematischen Leistungen von Jungen der vierten und fünften Klasse. In einer älteren Arbeit fand Kimball (1952), daß hochintelligente männliche Jugendliche, die als Kinder Schwierigkeiten in der Beziehung zu ihren Vätern gehabt hatten, schlechtere schulische Leistungen erbrachten als Jungen, für die das nicht zutraf.

– Verhalten des Vaters und kognitive Anpassung im frühen Erwachsenenalter

Beim Versuch, Wechselwirkungen zwischen Verhaltensvarianten des Vaters und dem kognitiven Entwicklungsstand im Studentenalter zu eruieren, konzentrierte man sich weitgehend auf globale Charakteristika des Vaters wie z. B. Dominanz und Statusmerkmale; auf seiten der untersuchten Kinder beschränkte man sich im wesentlichen auf (wenig ergiebige) Vergleiche zwischen leistungsstarken und -schwachen Studenten. So fand Maccoby (1966), daß College-Studenten, die zu einem eher männlichen Intelligenzmuster (höhere Werte für mathematische als für verbale Leistungen) neigten, tendenziell häufiger vom Vater als von der Mutter bestraft worden waren. Bowerman & Elder (1964) zeigten eine Relation zwischen der kognitiven Anpassung (im Sinne von Schulleistungen) von 18jährigen Männern und der Machtposition des Vaters in der Familie auf. Die Söhne von dominanten Vätern, die sich eines demokratischen Interaktionsstils befleißigten, waren demnach kognitiv am besten angepaßt; Teahan (1963) stellte hingegen fest, daß die Väter leistungsstarker College-Anfängerinnen weniger Dominanz und mehr Anteilnahme äußerten als die Väter leistungsschwacher Studentinnen. Eine ähnliche Tendenz wiesen Cross & Allen (1969) auch für männliche College-Anfänger nach. Danach erlebten leistungsstarke College-Studenten ihre Väter als akzeptierend und kindorientiert.

Des weiteren scheint auch der Beschäftigungsstatus und das Ausbildungsniveau von Vätern in einem signifikanten Verhältnis zu den Schulleistungen der Söhne zu stehen, wobei diese Zusammenhänge in der Altersgruppe der Schulkinder und Jugendlichen sogar noch höher ausfallen als in der Gruppe der Vorschulkinder (Honzik, 1963; Kohn & Rosman, 1973; Marjoribanks, 1972; Radin, 1982). Honzik (1967) fand auch eine Entsprechung zwischen der Intelligenz von Söhnen und der väterlichen Arbeitszufriedenheit. Interessanterweise konnte er für Mädchen der gleichen Altersgruppe (fünf bis 15 Jahre) keinen derartigen signifikanten Zusammenhang entdecken. In der Studie von Jencks, Smith, Acland et al. (1972) konnten mit diesen beiden Variablen jedoch nur jeweils knapp 10% der Variation in den Schulleistungen von elfjährigen Jungen erklärt werden. Hoffman (1977) geht hingegen davon aus, daß gut 25% der interindividuellen Variation der Intelligenz durch väterliche Statusmerkmale erklärbar seien. Auch Radin und Mitarbeiter sowie Baumrind (1971) fanden, daß die Zusammenhänge zwischen kindlicher Intelligenz und Statusmaßen des Vaters geringer waren als die mit väterlichen Verhaltensweisen.

9.3 Die Rolle des Vaters bei der Internalisierung moralischer Normen durch das Kind

Die Rolle, die der Vater bei der Internalisierung moralischer Normen durch das Kind spielt, wird unter speziellen Gesichtspunkten in den Kapiteln 10 und 13, Bd II erörtert. An dieser Stelle sollen primär die hierfür relevanten Dimensionen der Vaterrolle, die Mechanismen der Internalisierung und die Zusammenhänge zwischen diesen interessieren. Hoffman (1981) unterscheidet zunächst vier Dimensionen der Elternrolle und weiterhin vier Mechanismen, die zur Internalisierung der Moral führen. Diese vier Dimensionen sind: (1) Die Eltern können durch ihre Worte und Handlungen als Modell dienen. (2) Die Eltern disziplinieren das Kind, indem sie bestimmtes Verhalten verstärken, anderes Verhalten ablehnen und Erklärungen geben. (3) Die Eltern sind die hauptsächlichen Erfüllungsinstanzen der affektiven Bedürfnisse des Kindes. (4) Die Eltern dienen als Bindeglied zwischen Kind und Gesellschaft. Dies geschieht auf zwei Arten: (a) indem sie die Anforderungen und Erwartungen der Gesellschaft in die Familie tragen und sie für das Kind erfaßbar machen; (b) durch ihre Position innerhalb der Gesellschaft. Dadurch erhält das Kind einen bestimmten Status, der wichtig wird, wenn das Kind beginnt, in Kontakt mit der Welt außerhalb der Familie zu treten.

Obwohl die Internalisierung moralischer Normen schon lange Gegenstand der Forschung ist, wird nach Hoffman (1981) erst seit kurzem versucht, die verschiedenen Faktoren zusammenzustellen, die für ihr Zustandekommen bedeutsam sind. Hoffman (1981) führt vier derartige Faktoren an:

(1) Entstehen von Angst wegen Abweichung: Während der primären Sozialisation, in der das Kind für abweichendes Verhalten bestraft wurde, werden schmerzliche Angstzustände mit abweichendem Verhalten assoziiert – kinästhetisch, wahrnehmungsmäßig und auch kognitiv durch die Antizipation des Verhaltens und seiner Folgen. Die Angst vor Abweichung wird in der Folge vermieden, indem nichterwünschtes Verhalten unterdrückt wird, zunächst in Anwesenheit der strafenden Person und später auch dann, wenn diese Person nicht anwesend ist (vgl. den Freudschen Prozeß der Über-Ich-Bildung; Aronfreed & Reber, 1965; Mowrer, 1960).

(2) Identifikation: Nach Freud identifiziert sich das Kind mit den Eltern, um erotische Impulse zu unterdrücken, Bestrafung zu vermeiden und weiterhin Zuwendung von den Eltern zu erfahren, und übernimmt infolgedessen die Regeln und Verbote, welche die Eltern aufstellen. Die Lerntheoretiker entwickelten das Konzept der Imitation von Modellen, das auch innerhalb der moralischen Entwicklung als wirksam angesehen wird. So imitieren die Kinder das moralische Verhalten ihrer Eltern und erfahren auch an Beispielen, daß abweichendes Verhalten Strafe zur Folge hat (Stein, 1967; Walters & Parke, 1964). Das Konzept der Imitation ist allerdings an die Verhaltensebene gebunden und erscheint als Erklärungsmodell für die Internalisierung der Moral und die Entwicklung von Schuldgefühlen nicht umfassend genug.

(3) Entwicklung von Empathie und Schuldgefühl: Nach Hoffman (1975b, 1977b) ist die Fähigkeit zur Empathie mit der Entwicklung kognitiver Fähigkeiten gekoppelt. Die kognitive Möglichkeit des Kindes, andere in ihrer Eigenart wahrzunehmen und das eigene Verhalten in seiner Wirkung auf andere zu erfassen, ist Voraussetzung für die Entwicklung von Empathie. Daraus entsteht die Motivation, sich um das Wohlergehen anderer zu kümmern (Anteilnahme am Schmerz, Schuldgefühle bei unterlassener Hilfeleistung oder bei der Verursachung von Schmerz). Diese Motivation ist überwiegend intrinsisch determiniert und damit weniger abhängig von direkten Disziplinierungsmaßnahmen. Größeren Einfluß hat die induktive Disziplinierung, wie sie innerhalb von Gruppen oder auch im Spiel üblich ist: z. B. hat Rollentausch im Spiel den Effekt, daß sich das Kind leichter in die Situation anderer hineinversetzen kann, da es ihre Lage spielerisch nachvollzieht. Induktive Disziplinierung ist bei der Internalisierung der moralischen Normen deshalb so wirksam, weil bei diesem Vorgang häufig ein Motivkonflikt überwunden werden muß, d. h. das Individuum muß sich zwischen einem egoistischen und einem moralischen Motiv entscheiden. Die Verbindung zwischen moralischer Norm, den egoistischen Wünschen des Kindes und seinem weiteren Verhalten kann nur innerhalb einer gegebenen Situation hergestellt werden, nicht durch bloße Information außerhalb der realen Situation.

(4) Kognitiver Moralkonflikt und neues Gleichgewicht: Ein Konflikt zwischen Kognition und Moral kann mit Beginn der Adoleszenz entstehen. Seine

Ursache hat er darin, daß dem Individuum größere Möglichkeiten zur Verfügung stehen, Informationen kognitiv zu verarbeiten. Die daraus resultierenden Einstellungen können im Widerspruch zu dem internalisierten moralischen Konzept stehen. Ist dies der Fall, neigt das Individuum dazu, sich eher an der Moralvorstellung zu orientieren, die es selbst aktiv entwickelt hat. Kohlberg (1969) beschreibt diesen Mechanismus innerhalb seiner kognitiven Theorie der moralischen Entwicklung. Er nimmt weiter an, daß auch Widersprüche zwischen den „strukturellen" Elementen des moralischen Konzepts bestehen und das Individuum dadurch zur Erarbeitung neuer moralischer Perspektiven angeregt wird. Hoffman (1981) dagegen stellt den Widerspruch zwischen Moral und erfahrener sozialer Realität in den Mittelpunkt seiner Betrachtung. Von verschiedenen Autoren wird dieser Widerspruch als auslösender Faktor für die Entwicklung einer differenzierteren oder zu den internalisierten Moralvorstellungen gegenläufigen Moral in der Adoleszenz angesehen (Erikson, 1970).

Hoffman (1981) vertritt die Meinung, daß nur einer der Faktoren, die innerhalb der moralischen Entwicklung bedeutsam sind, an das Geschlecht des Elternteils gebunden ist, der Faktor ‚Identifikation'. So sind nach Hoffman (1981) in diesem Bereich Väter für ihre Söhne wichtiger als für ihre Töchter, da Söhne sich normalerweise eher mit dem Vater identifizieren als mit der Mutter und damit auch dessen Moralvorstellungen übernehmen. Empirische Befunde weisen der Mutter im Bereich der Disziplinierung besonders in den ersten Lebensjahren des Kindes größere Bedeutung zu. Diese Bedeutung ist aber nicht geschlechtsabhängig, sondern beruht auf der Tatsache, daß Mütter in ihrer überwiegenden Mehrheit öfter disziplinierend eingreifen als Väter. So kann mit Hoffman (1981) der Schluß gezogen werden, daß Mütter grundsätzlich größere Bedeutung für die Internalisierung der Moral durch die Kinder haben, der Vater aber zusätzliche Bedeutung für die Söhne gewinnt.

9.4 Die Rolle des Vaters bei der Entwicklung geschlechtsrollenspezifischen Verhaltens bei Jungen und Mädchen

9.4.1 Einleitung

Zur Erklärung von Verhaltensunterschieden zwischen Jungen und Mädchen während der frühen Kindheit greift man in der Forschung hauptsächlich auf biologische und konstitutionelle Faktoren zurück. Für spätere Unterschiede im geschlechtsrollenspezifischen Verhalten von Jungen und Mächen macht man hingegen überwiegend Faktoren der sozialen Umgebung verantwortlich

(Garai & Scheinfeld, 1968). Diese Auffassung wurde in den siebziger Jahren als simplifizierende Betrachtung der an sich komplexen Interaktion zwischen ‚Natur' und Erziehung bewertet. Auf der Suche nach alternativen Erklärungsmöglichkeiten erkannte man die diesbezügliche Bedeutung einer differentiellen Behandlung von Jungen und Mädchen durch die Eltern.

Bereits 1961 hat Bronfenbrenner auf die Bedeutung des Vaters für die Entwicklung geschlechtsrollenspezifischen Verhaltens bei Jungen und Mädchen hingewiesen. Auch Johnson (1963) macht darauf aufmerksam, daß die Möglichkeit einer väterlichen Beeinflussung der Geschlechtsrollenentwicklung in der Zeit nach der Identifikation mit der Mutter durch den differentiellen Umgang des Vaters mit Jungen und Mädchen gegeben sei, während die Mutter vorwiegend expressiv auf die Kinder reagiere und eine frühe Identifikation mit ihr deshalb nicht geschlechtsrollenprägend wirke. In der zweiten Hälfte der siebziger Jahre interessierte sich die Forschung dann direkt für den spezifischen Beitrag des Vaters an der Entwicklung von geschlechtsrollenspezifischem Verhalten beim Kleinkind. Biller (1974c, 1976, 1981a) erstellt eine Zusammenfassung des Forschungsstandes und hebt die Rolle des Vaters bei der Entwicklung maskuliner Züge seines Sohnes hervor. Lynn (1974) hingegen unterstreicht die Bedeutung des Vaters für die Entwicklung von geschlechtsrollenspezifischem Verhalten bei seiner Tochter. Lamb, Owen & Chase-Lansdale (1979) legen eine umfassende Analyse der Literatur zur Funktion des Vaters in der Entwicklung seiner Tochter vor. Umstritten bleibt dabei die These einer differentiellen versus uniformen Behandlung der Kinder durch ihre Eltern, insbesondere was den Vater betrifft. Während Kagan (1979) erstere Annahme in seiner Längsschnittstudie bestätigt fand, kommen Maccoby & Jacklin (1974) aufgrund einer Analyse vorliegender Studien zu einer gegenteiligen Auffassung: Sie fanden einen ‚bemerkenswerten Grad an Uniformität in der Sozialisation beider Geschlechter' (Maccoby & Jacklin, 1974, S. 362). Diese Diskrepanz führt McGuire (1982) auf die Tatsache zurück, daß in der Analyse von Maccoby & Jacklin (1974) keine Daten über den direkten Einfluß des Vaters enthalten waren und die Ergebnisse der berücksichtigten Studien vorwiegend bei Familien der amerikanischen Mittelschicht gewonnen wurden. Eine weitere Polarisierung beherrschte die Forschung gegen Ende der siebziger Jahre: Während Bardwick (1971), Block (1976) und Lewis & Weinraub (1974) behaupten, Väter unterhielten zu ihren Töchtern eine warme Beziehung und sie zögen sich von ihren Söhnen ab dem zweiten Lebensjahr emotional zurück – ein Ergebnis, für das sich bei den Müttern keine Entsprechung findet –, behaupten Lamb (1976a) sowie Lamb, Owen & Chase-Lansdale (1979), daß gerade die Väter sich eher von ihren Töchtern zurückhielten und stärker mit ihren Söhnen interagierten. Auch der gegenwärtige Forschungsstand ist nicht frei von solchen Widersprüchen, und es erweist sich zur Zeit als außerordentlich schwierig, zu den vielen die Entwicklung geschlechtsrollenspezifischen Verhaltens bei Jungen und Mädchen bzw.

den diesbezüglichen differentiellen Beitrag des Vaters betreffenden Fragen ein konsistentes Bild zu vermitteln.

In diesem Abschnitt wird der Versuch unternommen, den Kenntnisstand über die Einflußnahme des Vaters auf die Entwicklung von geschlechtsrollenspezifischem Verhalten bei Jungen und Mädchen darzustellen. Am Anfang steht eine zusammenfassende Rezension der vorliegenden theoretischen Ansätze. Einige interessante Fragestellungen, die in diesem Kontext überprüft wurden, sowie die Zusammenhänge, die zwischen dem Geschlecht des Kindes (und dem des jeweiligen Elternteils) einerseits und der Qualität der Eltern-Kind-Beziehung andererseits bestehen, werden anschließend diskutiert.

9.4.2 Theoretische Ansätze

Ansätze zur Interpretation der Rolle des Vaters bei der Entwicklung geschlechtsrollenspezifischen Verhaltens bei Jungen und Mädchen finden sich in unterschiedlichen Theorien: (1) in der Psychoanalyse Freuds; (2) in der Rollentheorie von Parsons & Bales (1955) und deren Weiterentwicklung durch Johnson (1963); (3) in der sogenannten Status-Neid-Theorie von Whiting (Burton & Whiting, 1961); (4) in der Theorie des sozialen Lernens (Bandura & Walters, 1963) sowie (5) in der Lerntheorie Mowrers (1960); (6) im multidimensionalen Ansatz von Biller (1971, 1974a) und (7) speziell für Mädchen im Modell des reziproken Lernens (Deutsch, 1942, 1945; Hetherington, 1967; Johnson, 1963). Die wichtigsten Annahmen dieser theoretischen Ansätze werden im folgenden kurz dargestellt.

Ad (1) Psychoanalyse: Von Freud stammt bekanntlich ein erster, umfassender Versuch, eine Theorie der psychosozialen Entwicklung des Kindes zu entwerfen. In seiner ersten veröffentlichten Darstellung des Ödipus-Konfliktes (Freud, 1900) wird der Vater-Kind-Beziehung in diesem Zusammenhang entscheidende Bedeutung eingeräumt. Freud vertrat die Auffassung, daß der Junge eine exklusive Beziehung zu seiner Mutter wünsche und den Vater dabei als seinen Konkurrenten betrachte. Die Furcht des Jungen vor seinem Vater wird durch die Entdeckung des anatomischen Geschlechtsunterschiedes noch gesteigert, die Angst vor möglichen Vergeltungsmaßnahmen des Vater hervorrufe (Kastrationsangst). Um diese Kastrationsangst zu bewältigen, verzichte der Junge auf seine Ansprüche an die Mutter, identifiziere sich mit dem Vater, dessen Verhaltensweisen und Werthaltungen er übernehme. Durch die Identifikation des Jungen mit seinem Vater werde der Ödipus-Konflikt gelöst und die Entwicklung maskuliner Verhaltenszüge in Gang gesetzt. Freud nahm zunächst an, die Entwicklung des kleinen Mädchens verlaufe parallel zu der Entwicklung des Knaben, eine letztlich unhaltbare Annahme, da die Kastrationsangst des Jungen als Schlüssel zur Lösung des Ödipus-Konfliktes kein

Analogon bei kleinen Mädchen hat: Während Jungen Angst über das entwikkeln müßten, was passieren könnte, müßten Mädchen Angst vor bereits Geschehenem haben – ein Widerspruch in sich selbst. Freud postuliert deshalb, daß die Ressentiments gegenüber der Mutter, die vom Mädchen für seine Kastration verantwortlich gemacht würde, die intensive Bindung an sie auflösten. An ihrer Statt nehme das kleine Mädchen nun den Vater zum primären Liebesobjekt. Lamb, Owen & Chase-Lansdale (1979) bemerken, daß diese Revision Freuds zwar eine gewisse Verbesserung darzustellen scheint, sie könne jedoch nicht erklären, warum sich Mädchen dann noch mit ihren Müttern identifizieren und wie die Übernahme der weiblichen Geschlechtsrolle erfolge.

Lamb, Owen & Chase-Lansdale (1979) weisen auf Deutsch (1942, 1945) hin, die Freuds Beitrag zur Erklärung der Entwicklung der weiblichen Identität maßgeblich erweitert. Nach Deutsch führt der Wunsch, die Zuneigung des Vaters zu gewinnen, das kleine Mädchen dazu, die Verhaltensweisen der Mutter zu beobachten und zu imitieren, da diese offensichtlich über erfolgreiche Strategien verfügt, die Zuneigung des Vaters für sich zu gewinnen. Darüber hinaus suche das Mädchen im Verhalten des Vaters nach Hinweisen darauf, was er von ihm erwartet. Solche Signale können sowohl in den Reaktionen liegen, die er beim Mädchen hervorzurufen versucht, als auch in seinem Eingehen auf die Verhaltensweisen des Kindes. Deutsch (1942, 1945) beschreibt hiermit einen Prozeß, den man in der Literatur unter dem Begriff des ‚reziproken Lernens' kennt und der differentielle Verstärkung durch eine bewunderte und geliebte Person sowie komplementäres Rollenlernen beinhaltet.

Generell läßt sich das von der Psychoanalyse vermittelte Vaterbild als strafend und bedrohlich charakterisieren, was als wichtige Vorbedingung für die Entwicklung männlicher Eigenschaften bei Jungen angesehen wird. Daß sich die Psychoanalyse mit der Rolle des Vaters in den vorödipalen Entwicklungsphasen nicht beschäftigt, wurde bereits mehrfach erwähnt. Dennoch beobachtete Verhaltensunterschiede zwischen Jungen und Mädchen werden eher auf biologische Gegebenheiten als auf Umweltfaktoren zurückgeführt (Erikson, 1950).

Ad (2) Parsons & Bales (1955) vertreten die Auffassung, daß der Junge sich mit der Person identifiziert, die ihn am meisten belohnt und bestraft. Eine Ausarbeitung der Rollentheorie von Parsons & Bales nimmt Johnson (1963) vor, wobei die Rolle des Vaters besonders betont wird. Während die Mutter zu Kindern beiderlei Geschlechts eine expressive Beziehung unterhält, belohnt der Vater bei Jungen und Mädchen unterschiedliche Verhaltensweisen. Identifikation mit dem Vater führt zur Verinnerlichung einer reziproken Rollenbeziehung, die für die Geschlechtsrollenentwicklung beider Geschlechter bedeutsam ist.

Ad (3) Die sogenannte Status-Neid-Theorie von Whiting impliziert, daß sich der Junge mit dem Vater identifiziert, um gleiche Privilegien wie dieser zu erhalten. Burton & Whiting (1961) bemerken mit Recht, daß der Junge, nach dieser Theorie, nur dann männliche Identifikation entwickelt, wenn der Vater als Hauptkonsument geschätzter Ressourcen angesehen wird.

Ad (4) Soziale Lerntheorie: In der behavioristischen Auffassung Watsons (1928), geschlechtsspezifisches Verhalten sei das Produkt differentieller Verstärkungsprozesse, spielt der Vater (wie auch die Mutter) eine nur untergeordnete Rolle, da dieser theoretische Ansatz davon ausgeht, daß die Quelle der Verstärkung im wesentlichen unwichtig sei. Erst in den späteren Theorien des sozialen Lernens, in denen die Betonung auf Beobachtungs- und Imitationslernen anstatt auf durch Verstärkung vermitteltes Lernen gelegt wurde (Bandura & Walters, 1963), räumt man dem Vater aufgrund der Erkenntnis größere Bedeutung ein, daß die Geschlechtsrollenentwicklung bei Jungen und Mädchen die Nachahmung von Verhaltensweisen der sie umgebenden Personen beinhaltet. In der Theorie des sozialen Lernens wird also eine in der psychoanalytischen Theorie enthaltene Vorstellung aufgegriffen, allerdings unter explizitem Ausschluß der dynamisch-motivationalen Aspekte dieser Theorie. Um die Frage zu beantworten, warum dennoch Jungen bzw. Mädchen auf das gleichgeschlechtliche Modell zurückgreifen, obwohl beide Modelle simultan verfügbar seien, führt die Theorie des sozialen Lernens als Hilfskonstrukt die ,,wahrgenommene Macht" ein: Jungen konzentrieren sich demnach auf den Vater, da Männer in der traditionellen Familie im allgemeinen dominieren; was diese Theorie nicht erklärt, ist die Frage, warum Mädchen sich dann nicht auch mit ihrem Vater identifizieren. Die soziale Lerntheorie kann also mit vergleichbarer Einsichtigkeit wie die Psychoanalyse der männlichen Entwicklung Rechnung tragen, sieht sich jedoch, was die weibliche Entwicklung betrifft, ebenfalls vor Probleme gestellt.

Einen Ausweg aus dieser Sackgasse sucht Kohlberg (1967), indem er postuliert, daß die Kinder sich zur selben Zeit der ‚Konstanz' ihres eigenen Geschlechtes bewußt würden, wie sie allgemeine Konstanzprinzipien erkennen, und sie suchten dann zum Erwerb adäquaten Verhaltens aktiv nach gleichgeschlechtlichen, zur Nachahmung geeigneten Modellen. Da das Bewußtsein von der Konstanz des Geschlechtes erst mit etwa sechs Jahren erlangt wird, ist Kohlbergs Konzept jedoch nicht in der Lage, die Geschlechtsrollenentwicklung der früheren Jahre zu erklären. Henshall (1980) kritisiert, daß im Gegensatz zu Kohlbergs Ansicht die Geschlechtszugehörigkeit und deren Konstanz von Kindern bereits im Alter von 3½ Jahren verstanden werden. Auch Eisenberg, Murray & Hite (1982) weisen darauf hin, daß Kinder im vorschulischen Alter (etwa um das vierte Lebensjahr) sich ihrer Geschlechtsrolle bewußt würden. In den letzten Jahren wurde die kognitive Repräsentation des Geschlechtes beim Kind zunehmend in die Theorien über Unterschiede geschlechtsspezifischen Verhaltens integriert (Archer, 1980; Lewis & Weinraub, 1979).

Ad (5) Mowrers Lerntheorie unterscheidet zwischen drei Formen der Identifikation: (a) der defensiven Identifikation, (b) der Identifikation mit dem Aggressor und (c) der Entwicklungsidentifikation, die auf Angst vor Liebesverlust basiert. Mowrer hebt die Rolle der Entwicklungsidentifikation für die Entwicklung der Geschlechtsrolle hervor. Die affektiv-emotionale Beziehung zu den Eltern motiviert das Kind, den geliebten Elternteil teilweise selbst darzustellen, um ein Gefühl des Liebesverlustes zu vermeiden, wenn die Eltern diese Liebe nicht zeigen (können). Die Identifikation entsteht aus einer sorgenden Elternbeziehung. Das Kind wird abhängig von dem Elternteil, der es umsorgt und liebkost. Die erste Identifikation des Jungen erfolgt – in nichtgeschlechtlicher Weise – mit der Mutter. Stellt der Vater jedoch mit der Zeit eine stärkere Quelle der Verstärkung dar, dann imitiert der Junge nunmehr ihn und entwickelt nach und nach maskuline Züge (Sears, 1970).

Ad (6) Billers multidimensionaler Ansatz: Biller (1971, 1974c), Biller & Borstelmann (1967) betonen die Komplexität der Faktoren, die bei der Entwicklung der Geschlechtsrolle mitwirken. Sie weisen auf die Bedeutung der Qualität der Vater-Kind-Beziehung, der Mutter-Kind-Interaktion und des gesamten Familiensystems hin, ebenso wie auf die diesbezügliche Relevanz biologischer und soziokultureller Faktoren. In seinem Übersichtsartikel akzentuiert Biller (1981a) insbesondere die Qualität der Vater-Sohn-Beziehung, die spezifische Auswirkung männlicher Charakteristika des Vaters sowie Auswirkungen seines fürsorglichen und restriktiven Verhaltens, worauf später noch eingegangen wird.

Ad (7) Nach dem Konzept des reziproken Lernens werden die Erfordernisse einer Rolle durch die Interaktion mit einer Person gelernt, die die komplementäre Rolle hat. Ein Mädchen würde also lernen, sich feminin zu verhalten, indem es komplementär zum männlichen Verhalten seines Vaters reagiert. Dieses Konzept, welches auf Deutsch (1942, 1945) zurückgeht, entwickelten Johnson (1963) und Hetherington (1967) in den sechziger Jahren. Reziprokes Lernen wird allerdings nur zur Erklärung der Entwicklung geschlechtsrollenspezifischen Verhaltens bei Mädchen verwendet. Nach Lamb, Owen & Chase-Lansdale (1979) gibt es keinen Hinweis dafür, daß reziprokes Rollenlernen bei der männlichen Geschlechtsrollenentwicklung von irgendeiner Bedeutung sei.

In allen diesen theoretischen Ansätzen wird die Bedeutung des Vaters und der große Einfluß, den er bei der Entwicklung der Geschlechtsrolle spielt, hervorgehoben. In den meisten Arbeiten wird das Modellernen und die Identifikation betont, einige weisen darauf hin, daß Väter eher Konformität mit kulturellen Normen und Werten fordern als Mütter. Keine dieser Theorien vermag jedoch den Beitrag des Vaters bei der Entwicklung geschlechtsrollenspezifischen Verhaltens bei Jungen *und* Mädchen wirklich umfassend zu erklären.

9.4.3 Der Einfluß des Vaters auf die Entwicklung geschlechtsspezifischen Rollenverhaltens bei Jungen

Die Arbeiten, die sich mit dem Einfluß des Vaters auf die Entwicklung geschlechtsrollenspezifischen Verhaltens bei Söhnen befassen, zählen zu den früheren Studien in der Vaterforschung. Etliche Forscher gingen diesem Fragenkomplex bereits zu Beginn der sechziger Jahre nach, und er bleibt bis heute ein beliebtes und aktuelles Thema der Vaterforschung. Dabei konzentrieren sich die Beiträge nach Biller (1981a) auf folgende Schwerpunkte: (1) Bedeutung der männlichen Dominanz für die Entwicklung von maskulinen Charakteristiken bei Söhnen; (2) Zusammenhänge zwischen väterlichem Sorgeverhalten und Identifikation des Sohnes mit seinem Vater; (3) restriktives väterliches Verhalten und Geschlechtsrollenentwicklung des Sohnes; (4) die vom Sohn wahrgenommene väterliche Macht und ihre Bedeutung für dessen männliche Identität; (5) familiäre Interaktionsmuster und die Entwicklung von männlichem Rollenverhalten bei Jungen.

Ad (1) Väterliche Dominanz: Einige Autoren versuchen aufzuzeigen, daß Zusammenhänge zwischen väterlicher Dominanz und maskulinen Charakteristiken bei den Söhnen bestehen. Bronfenbrenner (1958) berichtet über Arbeiten aus den fünfziger Jahren, wonach adoleszente Jungen mit schwach ausgeprägten männlichen Interessen aus Familien kamen, in denen es kaum Rollenteilung bei der Hausarbeit gab und eher die Mutter als der Vater das Kind bestrafte. Wie bereits bei der Darstellung der Auswirkungen verstärkter väterlicher Beteiligung an der Kinderversorgung ausgeführt, konnte jedoch keinerlei Beeinträchtigung der männlichen Entwicklung von Jungen infolge der Übernahme von häuslichen Aufgaben durch den Vater nachgewiesen werden. Maßgeblich für eine Beeinträchtigung der Entwicklung einer männlichen Identität von Söhnen scheint nach Biller (1981a) vielmehr die Passivität des Vaters innerhalb der Familie, vor allem im Entscheidungfindungsprozeß, zu sein. Hetherington wies bereits Mitte der sechziger Jahre Zusammenhänge zwischen väterlicher Dominanz und männlicher Geschlechtsrollenidentität bei Söhnen nach: Vaterdominanz in der Vater-Mutter-Interaktion korreliert demnach positiv mit einer betont männlichen Geschlechtsrollenorientierung, -vorliebe und -annahme bei Jungen im vorschulischen Alter, Hetherington (1965). Biller (1981a) betrachtet einen Vater, der ein fähiges männliches Modell darstellt, als förderlich für die Entwicklung von Knaben, insbesondere bei der Geschlechtsrollenübernahme. Dabei ist das männliche Verhalten, das

Maskulinität: Ähnlichkeiten im Verhalten von Vätern und Söhnen

Die Annahme, maskuline Väter hätten auch maskuline Söhne, konnte bislang, sieht man von wenigen Ausnahmen ab, in der Forschung nicht bestätigt werden. Während Gray (1959), Hartup (1962) und Radin (1978) fanden, daß maskuline Väter auch maskuline Söhne hatten, konnten andere Autoren zeigen, daß Söhne in der Pubertät ihren Vätern nicht ähnlicher waren als ihren Müttern (Hetherington, 1965; Lynn & Maaske, 1970, zit. in Lamb 1981[2]b; Sears, Rau & Alpert, 1965) und daß sie sich in ähnlicher Weise erlebten: Geschlechtsspezifische Vorlieben von Vätern und Söhnen sind nicht signifikant korreliert (Angrilli, 1960; Mussen & Rutherford, 1963; Payne & Mussen, 1956; zit. in Lamb, 1981[2]b). Diese Ergebnisse scheinen die Auffassung von Maccoby & Jacklin (1974) zu unterstützen, wonach Modellernen bei der Übernahme von geschlechtsspezifischem Verhalten nur eine untergeordnete Rolle spielt. Theoretiker des Modellernens stellten jedoch die Zusatzannahme auf, daß das Ausmaß der Identifikation mit dem Vater mit dessen Erziehungsverhalten variiert (Bandura & Walters, 1959; Mussen, 1967).

Hingegen scheint für die Hypothese, nach der warme, verfügbare, maskuline Väter maskuline Söhne haben, und daß weniger Ähnlichkeit erwartet werden kann, wenn das Verhältnis zwischen Vater und Sohn distanziert ist, hinreichend empirische Evidenz vorzuliegen (Bandura & Walters, 1959; Biller, 1969b; Freedheim, 1960, zit. in Lamb, 1981[2]b; Mussen & Rutherford, 1963; Sears, 1957, Stoke, 1954). Wenn die Vater-Kind-Beziehung belastet ist, findet man eine negative Korrelation zwischen der Maskulinität des Sohnes und der des Vaters (Bronson, 1959). Dies zeigt nach Lamb (1981[2]b), daß die Merkmale der Vater-Kind-Beziehung eine größere formative Bedeutung haben als die sog. Maskulinität der Väter. Auch auf diesem Bereich zeigt sich die Notwendigkeit, Zusammenhänge in einem umfassenderen Kontext zu untersuchen: Viele Untersuchungen haben nämlich einen Zusammenhang zwischen der Rolle des Vaters innerhalb der Familie und der Maskulinität der Söhne aufgedeckt. Väter, die als ‚Haushaltsvorstand' angesehen werden, haben maskuline Söhne (Biller, 1969b; Freedheim, 1960, zit. in Lamb, 1981[2]b; Hetherington, 1965, 1967).

der Vater bei Familieninteraktionen zeigt, entscheidend; nicht, wie er sich außerhalb des Hauses verhält. Daß aktives Vaterverhalten auch andererseits einen positiven Einfluß auf die Entwicklung der Geschlechtsrolle beim Vater selbst haben kann, zeigten Biller & Meredith (1974), Heath (1978) und Russell (1978, 1982a, 1982b).

Ad (2) Väterliches Sorgeverhalten: Theoretiker des Modellernens stellten eine Zusatzannahme auf, wonach das Ausmaß der Identifikation von Söhnen mit ihren Vätern mit dem Erziehungsverhalten variiert. Die Hypothesen, daß warmherzige, aufgeschlossene Väter Söhne mit ausgeprägt maskuliner Identität haben und daß weniger Ähnlichkeit zwischen Söhnen und Vätern erwartet werden kann, wenn das Verhältnis zwischen Vater und Sohn distanziert ist, konnten bislang in einigen Studien bestätigt werden (Bandura & Walters, 1963; Biller, 1969b; Freedheim, 1960, zit. in Lamb, 1981a; Mussen & Rutherford, 1963; Sears, Maccoby & Levin, 1957; Stoke, 1954). Bronson (1959) fand bei einer starken Belastung der Vater-Kind-Beziehung eine negative Korrelation zwischen der männlichen Identität von Sohn und Vater. Lamb (1981a) weist darauf hin, daß die generellen Merkmale der Vater-Kind-Beziehung eine stärkere prägende Bedeutung haben als lediglich die sogenannte Männlichkeit des Vaters. Biller (1981 a) meint, man könne davon ausgehen, daß die Entwicklung zum Mann positiv mit dem Maß an Wärme und Zuneigung korreliert, die der Vater seinem Sohn gibt. Diese Zusammenhänge sind bislang in der Forschung hinreichend dokumentiert (Bronson, 1959; Distler, 1964; Mussen & Distler, 1959; Mussen & Rutherford, 1963; Payne & Mussen, 1956; Sears, 1953). Nach Biller (1974c, 1976) sind zudem bei Jungen ein maskuliner, fürsorglicher Vater, generell geschlechtsangepaßtes Verhalten und Beliebtheit in der Peergruppe stark miteinander verknüpft. Väterliches Sorgeverhalten kann sich auch positiv auf andere Aspekte der individuellen Entwicklung des Kindes auswirken, einschließlich der kognitiven Fähigkeiten und der beruflichen Laufbahn (Biller, 1974c, 1976).

Ad (3) Restriktives Verhalten des Vaters: Einige Arbeiten weisen darauf hin, daß die Entwicklung einer männlichen Geschlechtsrollenidentität mit restriktivem Vaterverhalten verknüpft ist und daß das Diziplinierungsverhalten des Vaters mit der Ausprägung von aggressivem Verhalten beim Jungen zusammenhängt (Altucher, 1957; Eron, Walder, Toigo et al., 1963; Kagan, 1958; Lefkowitz, 1962; Levin & Sears, 1956; Moulton, Burnstein, Liberty et al., 1966). Nach Biller (1981a) sind die Ergebnisse über den Einfluß väterlichen Disziplinierungsverhaltens jedoch widersprüchlich: Mussen & Distler (1959) fanden z.B. einen Zusammenhang zwischen der Ausprägung männlicher Eigenschaften bei Jungen (im Kindergartenalter und bei Erstkläßlern) und ihrer Einschätzung des Vaters als strafend und bedrohlich. Eine wesentlich stärkere Korrelation zeigte sich jedoch zwischen stark ausgeprägten männlichen Vorlieben und der Wahrnehmung des Vaters als fürsorglich. In Billers Studie (1969b) korreliert die kindliche Wahrnehmung des Vaters als restriktiv zwar schwach mit der Geschlechtsrollenorientierung, nicht jedoch mit der Geschlechtsrollenbevorzugung oder -übernahme. Sears, Rau & Alpert (1965) fanden in ihrer Interviewstudie keine konsistente Beziehung zwischen väterlichem Disziplinierungsverhalten und männlichen Zügen bei Jungen im vorschulischen Alter.

Restriktives Vaterverhalten begünstigt nur innerhalb einer liebevollen Vater-Sohn-Beziehung die Zuneigung des Jungen zum Vater und seine Entwicklung zum Mann (Biller, 1981a). Ist der Vater nur strafend und nicht auch fürsorglich, wird der Junge ihn weniger imitieren und sein späteres Selbstbild nur wenig dem Vaterbild angleichen (Bandura & Walters, 1963).

Ad (4) Wahrgenommene väterliche Macht: Ältere Arbeiten haben darauf hingewiesen, daß Jungen im vorschulischen Alter ihren Vater häufig als mächtig erleben (Mussen & Distler, 1959; Mussen & Rutherford, 1963). Zu ähnlichen Ergebnissen kommt auch eine Studie von Distler (1964), in der College-Studenten, die sich selbst als sehr maskulin beschreiben, ihre Väter als sehr mächtig beurteilen. Auch in der Studie von Biller (1969b) konnte bei Jungen im vorschulischen Alter gezeigt werden, daß die vom Sohn wahrgenommene väterliche Einflußnahme und Macht wichtiger ist als die tatsächliche Dominanz des Vaters in einem bestimmten Bereich der Familie bzw. der Eltern-Kind-Beziehung. Daß dem Vater sogar eine wichtigere Rolle als der Mutter bei der Entwicklung der Geschlechtsrolle seiner Kinder beizumessen sei, konnte die Studie von Hetherington, Cox & Cox (1978, 1982) nachweisen, wonach männliche Züge bei Jungen, männliche Geschlechtsrollenorientierung, -vorliebe und -übernahme eng mit väterlicher Wärme, Dominanz und Mitwirkung bei Entscheidungen zusammenhängen.

Ad (5) Familiäre Interaktionsmuster: In den letzten Jahren wurde zunehmend deutlich, daß zur Bestimmung des Stellenwertes der väterlichen Einflußnahme auf die Geschlechtsrollenentwicklung von Söhnen umfassendere Untersuchungen notwendig sind. Vor allem konnte gezeigt werden, daß die Betrachtung einzelner Faktoren väterlichen Verhaltens nur wenig zum Verständnis der komplexen Zusammenhänge der Eltern-Kind-Interaktion beitragen kann. So wies bereits 1964 Distler darauf hin, daß die gesamte Vater-Sohn-Beziehung wichtig sei, Reuter & Biller (1973) deuten an, daß zumindest durchschnittliche Werte der Verfügbarkeit des Vaters, kombiniert mit zumindest durchschnittlichen Werten des Fürsorgeverhaltens, sich positiv auf die persönliche Anpassung bei College-Studenten auswirken. Biller (1981a) drückt dies so aus: Die Vater-Kind-Beziehung insgesamt hat eine viel größere Vorhersagekraft für die Entwicklung der Geschlechtsrolle des Kindes als eine einzige Dimension. Dieser Forderung versuchen einige Studien gerecht zu werden.

Darüber hinaus hat man erkannt, daß es nicht genügt, das Gesamtverhalten des Vaters in Beziehung zur Ausprägung männlicher Eigenschaften beim Sohn zu setzen. Auch das Verhalten der Mutter (und anderer Familienmitglieder, Peers etc.) muß berücksichtigt werden: Kayton & Biller (1971) haben dies in ihrer Studie mit normalen, neurotischen und psychotischen Männern bestätigt. Die ‚normalen' Männer beschrieben das Verhalten ihrer Eltern als geschlechtsangemessener als die gestörten Männer. Nach Biller (1981a) scheint sich vor allem eine Familie, in der der Vater eine positive männliche Rolle und die Mutter eine positive weibliche Rolle innehat, günstig auf eine adäquate Persönlichkeitsentwicklung des Jungen auszuwirken.

In diesem Zusammenhang gewinnen die Ergebnisse einer Längsschnittstudie von Block, von der Lippe & Block (1973) an Gewicht, die auf die Komplexität der Beziehungen zwischen elterlichem Verhalten und kindlicher Persönlichkeitsentwicklung hinweisen. Die Eltern gut angepaßter Männer, die als selbstbewußt, kompetent, optimistisch beschrieben wurden, hatten eine gute Beziehung zueinander, die Väter waren verfügbar, sie gewährten ihren Söhnen Selbständigkeit.

In Familienkonstellationen, in denen die Väter als positive Modelle für Erfolg, Ehrgeiz, Anpassung und zwischenmenschliche Beziehungen dienten, die Beziehung der Eltern besonders harmonisch war und die Mütter besonders bewundert wurden, waren weniger maskuline, gut angepaßte Söhne vorhanden, die als stark kontrolliert galten und als konventionell, gewissenhaft und produktiv eingestuft wurden. Die Autoren fanden in diesem Fall ferner einen niedrigen Aggressionswert und hohe Werte für Verantwortungsbewußtsein und Erfolg. In Familien hingegen, in denen der Vater schwach, neurotisch oder gar abwesend war, die Elternbeziehung als schlecht galt und die Mutter unzufrieden mit ihrem Mann war, fanden die Autoren stark maskuline, aber wenig sozialisierte Söhne. Sie tendierten zur Hypermaskulinität kompensatorischer Art. Wenig maskuline, nicht angepaßte Söhne (charakterisiert durch Unterwürfigkeit, mangelndes Selbstwertgefühl und Verletzbarkeit) fanden sich in Familien, in denen der Vater relativ unbeteiligt am Familienleben war. Die Ehepartner-Beziehung war in diesem Fall konfliktreich, die Mutter hatte ihre Rolle nicht akzeptiert und beide Elternteile hatten Schwierigkeiten, die Ehe aufrechtzuerhalten. Diese Einsichten in die Familienstruktur und -dynamik zeigen deutlich, wie notwendig es ist, bei der Untersuchung der Vater-Sohn-Beziehung den gesamten familiären Rahmen zu berücksichtigen.

9.4.4 Der Einfluß des Vaters auf die Entwicklung geschlechtsspezifischen Rollenverhaltens bei seiner Tochter

Bereits 1957 wies Goodenough darauf hin, daß Väter stärker als Mütter die Entwicklung geschlechtsrollenspezifischen Verhaltens bei ihren Kindern beeinflussen. In einer neueren Studie fanden Langlois & Downs (1980), daß Väter sogar intensiveren Druck in Richtung auf geschlechtsadäquates Spielverhalten ihrer Kinder ausüben als Mütter. Harrington, Block & Block (1975) zeigten, daß Väter nach dem dritten Lebensjahr eher expressiv als instrumentell auf das Verhalten ihrer Töchter reagieren. Sie versuchen Töchter vor Mißerfolgserlebnissen zu bewahren, ihnen die Situation so angenehm wie möglich zu gestalten und die Bewältigung gestellter Aufgaben durch die Tochter sicherzustellen. Osofsky & O'Connell (1972) kamen zu dem Ergebnis, daß Väter bemüht sind, ihren Töchtern die Einstellung zu vermitteln, daß

Erfolg eher über affektive Beziehungen als durch unabhängige Leistung erreicht wird. Diese Ergebnisse deuten auf eine differentielle Behandlung von Jungen und Mädchen hinsichtlich geschlechtsspezifischen Verhaltens hin, wobei offensichtlich Väter größeren Wert auf geschlechtsadäquates Verhalten der Kinder legen und häufiger traditionelle geschlechtsrollenstereotypische Einstellungen und Erwartungen hegen als Mütter (Bronfenbrenner, 1961; Fagot, 1974; Heilbrun, 1965; Sears, Maccoby & Levin, 1957; Tasch, 1955).

Auf Seite 296ff. wurden Studien dargestellt, die zeigten, daß das Geschlecht des Kindes das Verhalten des Vaters modifiziert. Die Ergebnisse dieser Untersuchungen mögen als Hinweis auf den differentiellen Beitrag des Vaters zur Entwicklung von Jungen und Mädchen genügen. Neuere Studien zeigen die bedeutende Rolle des Vaters innerhalb einer intakten Familie für die Entwicklung femininen Verhaltens bei Mädchen im vorschulischen Alter (Hetherington, Cox & Cox, 1978, 1982). Man konnte in diesem Kontext bereits einige spezifische Einflußvariablen identifizieren: Während, was die Mütter betrifft, allein der Faktor der ‚mütterlichen Wärme' mit der Ausprägung weiblicher Verhaltenszüge bei der Tochter korrelierte, waren bezüglich der Väter Faktoren wie Warmherzigkeit, eine positive Haltung zu Frauen und die Ermutigung von Unabhängigkeits- und Selbstverwirklichungsbestrebungen bei ihren Töchtern von großer Bedeutung. Die Mütter femininer und autonomer Töchter waren meist berufstätig und förderten Unabhängigkeitsbestrebungen ihrer Töchter. Wie Biller (1974c) und Biller & Meredith (1974) betonen, ist diese Art elterlichen Verhaltens zusammen mit fehlenden rigiden Restriktionen für die Entwicklung intellektueller und körperlicher Kompetenz bei Mädchen von großer Bedeutung.

Väterliche Dominanz scheint bei Mädchen einen eher geringeren Einfluß zu haben. Wie Hoffman (1961) fand, haben jedoch Mädchen, die aus mutterdominanten Familien stammen, Schwierigkeiten in ihren Beziehungen zu Jungen. Nach Biller (1969b) erweist sich eine Mutter als wichtig für die Entwicklung geschlechtsrollenspezifischen Verhaltens bei der Tochter, wenn sie Grenzen setzt, zugleich aber auch fürsorglich ist, mit anderen Worten ein dem Vater vergleichbares Verhalten zeigt, der sich erfolgreich um die Förderung geschlechtsrollenspezifischen Verhaltens bei seinen Söhnen bemüht. Als einen weiteren relevanten Faktor betrachtet Biller die Mitwirkung des Vaters an Entscheidungen. Wie Biller & Zung (1972) bestätigen, scheint das optimale Maß väterlicher Dominanz für Mädchen im Mittelbereich zu liegen: Als besonders förderlich erweist sich hierbei eine Mutter, die nach genereller Einschätzung die ‚Mittel kontrolliert', in Verbindung mit einem engagierten Vater.

Auf die komplexen Zusammenhänge zwischen Eltern- und vor allem Vaterverhalten und der Persönlichkeitsentwicklung bei Mädchen haben zahlreiche Autoren hingewiesen (Baumrind & Black, 1967; Block, von der Lippe & Block, 1973; Fish & Biller, 1973; Torgoff & Dreyer, 1961). Insbesondere die

Arbeiten von Block und Kollegen (1973) sind diesbezüglich interessant. Sie konnten u.a. zeigen, daß die am besten angepaßten Frauen aus Familien kamen, in denen beide Elternteile stark um das Kind bemüht waren. Zudem fanden sie in Übereinstimmung mit anderen Autoren (vgl. hierzu Biller, 1974c; Hetherington, 1972), daß Frauen aus Familien, wo der Vater abwesend war, offensichtlich Schwierigkeiten haben, mit Männern zu interagieren und positive, lang andauernde heterosexuelle Beziehungen einzugehen. In Kapitel 10 wird näher auf diese Problematik eingegangen.

Frauen, die enge und langdauernde heterosexuelle Beziehungen unterhalten, hatten eine enge Verbindung zu ihrem Vater. So stellte bereits Winch (1949, 1950) fest, daß einem Mädchen die spätere Aufnahme heterosexueller Kontakte um so leichter fällt, je enger die Vater-Tochter-Beziehung war. Zu ähnlichen Schlußfolgerungen kommen auch Biller & Weiss (1970), Luckey (1960), Meerloo (1968) und Robey, Rosenwald, Snell et al. (1964). Frauen, die in ihrer Ehe glücklich sind, geben eher an, daß ihr Mann dem Vater ähnelt (Luckey, 1960). Auch Biller (1974c) fand, daß die Beziehung zwischen Vater und Tochter in der Kindheit mit dem späteren ehelichen Glück korreliert.

Die Einflußnahme des Vaters auf seine Tochter beschränkt sich jedoch nicht auf die Entwicklung geschlechtsrollenspezifischen Verhaltens. Weitere Forschungsarbeiten weisen ihre komplexe Natur auf. Lozoff (1974) untersucht z.B. die Bedeutung des Vaters für die Entwicklung von Autonomie und Rollenkonflikten bei Studentinnen. Er identifiziert drei unterschiedliche Gruppen von Frauen: In der ersten Gruppe waren Frauen vertreten, die intellektuell erfolgreich waren, intime Beziehungen (nichtsdestotrotz) genossen und interpersonale Fähigkeiten beherrschten. Diese Frauen, die sich eine Lebensweise erhofften, die ihnen erlauben würde, Ehe und Karriere zu verbinden, identifizieren sich in der Regel mit beiden Elternteilen. Sie beschreiben ihre Väter als intelligent, energisch und talentiert; sie geben an, daß sie vom Vater dazu ermutigt wurden, ihre Fähigkeiten nach eigenem Gutdünken einzusetzen, während ihre Mütter das klassisch weibliche Modell darstellten. Häufig beschrieben sich diese Frauen als uneinig mit ihrem Vater, was offensichtlich mit ihren Unabhängigkeitsbestrebungen zu tun hatte. Lozoff (1974) identifizierte auch eine zweite Gruppe von Frauen, die auf intellektuellem Gebiet zwar erfolgreich waren, in ihren interpersonalen Beziehungen jedoch Schwierigkeiten aufwiesen, die denen von vaterlos aufgewachsenen Mädchen ähnelten (Hetherington, 1972). Frauen dieser Gruppe hatten in der Regel perfektionistische Väter. Eine dritte Gruppe von Frauen, die Lozoff identifizierte, war wenig leistungsorientiert; ihre Väter hatten die Erziehung der Töchter völlig den Müttern überlassen. Zu vergleichbaren Ergebnissen führte auch die Studie von Block, von der Lippe & Block (1973). Die ausgeprägt (im traditionellen Sinne) weiblichen Frauen ähnelten Lozoffs dritter Gruppe und hatten einen vergleichbaren familiären Hintergrund. Die Frauen, die obwohl stark sozialisiert, sich doch wenig mit der traditionellen weiblichen Rolle identifizierten, erschienen als die bestangepaßten. Diese Frauen berichteten von positiven Beziehungen zu beiden Elternteilen, von denen zumindest einer den Wert intellektueller Leistungen hervorgehoben hatte.

Die Ergebnisse dieser Studien machen deutlich, daß die Übernahme nichttraditioneller Geschlechtsrollen durch gutangepaßte Individuen vom Vater gefördert werden kann, wenn dieser sich nicht nur für die Tochter interessiert, sondern auch Unabhängigkeit und Leistungsfähigkeit bei ihr zu steigern sucht.

In einer breit angelegten Studie über väterliches Verhalten und intellektuelle Entwicklung von Kindern im vorschulischen Alter konnten Epstein & Radin (1975), Jordan, Radin & Epstein (1975) sowie Radin & Epstein (1975a, 1975b) nachweisen, daß deutliche positive Beziehungen zwischen väterlicher Unterstützung und kindlicher Leistungsfähigkeit nur bei Jungen, nicht jedoch bei Mädchen bestehen. Lamb (1976c) sieht eine mögliche Erklärung für diesen Zusammenhang darin, daß die Inkonsistenz im Verhaltensstil des Vaters gegenüber seiner Tochter einfach seine ambivalente Haltung gegenüber der Angemessenheit einer Förderung von Unabhängigkeit und Leistungsfähigkeit bei Frauen widerspiegeln könnte. Lamb, Owen & Chase-Lansdale (1979) erwähnen, daß möglicherweise dieser Eindruck von Inkonsistenz darauf zurückzuführen ist, daß Väter ihre Töchter nicht so ernst nehmen wie ihre Söhne und mit ihnen etwas lockereren Umgang pflegen (vgl. auch Johnson, 1963; Radin, 1976).

In einer umfangreichen Studie von Block (1979b) zeigte sich konsistent das Ergebnis, daß beide Elternteile bei ihren Söhnen mehr Wert auf Leistung und Konkurrenzfähigkeit legen als bei ihren Töchtern. Bei ihren Söhnen akzeptieren sie eher Äußerungen von Aggression, sind weniger tolerant gegenüber dem Ausdruck von Emotionen und wenden eher strenge und physische Bestrafungen an. Väter legen besonderen Wert auf Unabhängigkeit und Selbstverantwortlichkeit ihrer Söhne.

Nicht zu vernachlässigen ist der *indirekte* Einfluß des Vaters auf die Sozialisation seiner Tochter. Wie bereits erwähnt, hegen Väter stärker als Mütter traditionelle geschlechtstypische Erwartungen und Einstellungen, die wiederum die Erziehungsziele ihrer Frauen mitbestimmen können. Zudem liegen Hinweise dafür vor, daß das Interesse des Vaters am geschlechtsspezifischen Verhalten seiner Kinder mit dem Alter zunimmt. Nach Hetherington (1967) zeigt sich zwischen dem sechsten und neunten Lebensjahr ein drastischer Anstieg der femininen Verhaltensweisen bei kleinen Mädchen. Inwieweit sich hier die Bedeutung des Vaters in direkter oder indirekter Weise manifestiert, müssen künftige Forschungsarbeiten erweisen.

9.5 Zusammenfassung

Im Mittelpunkt dieses Kapitels stehen Studien, welche mit der Bedeutung des Vaters für die kognitive Entwicklung seiner Kinder, überwiegend im Rahmen intakter Familien, befaßt sind. Nach einigen grundsätzlichen Anmerkungen zum gegenwärtigen Forschungsstand wird insbesondere die Funktion der ‚frühen Stimulation' durch den Vater diskutiert und mit seiner Einflußnahme im Schul- und frühen Erwachsenenalter verglichen. Die Auswirkungen intervenierender Faktoren werden hierbei ebenfalls angesprochen.

Generell ist das Ausmaß väterlichen Engagements positiv mit den kognitiven Leistungen des Kindes verknüpft, eine Erkenntnis, die auch durch Daten von vaterlos aufgewachsenen Kindern gestützt wird. Das möglicherweise bedeutendste Ergebnis von Studien zur kognitiven Entwicklung von Kindern in Abhängigkeit vom Einfluß des Vaters scheint jedoch zu sein, daß Väter aufgrund der engeren Bindung zu ihren Söhnen deren intellektuelle Entwicklung stärker beeinflussen als die ihrer Töchter. Hierbei handelt es sich um direkte und indirekte Effekte.

Die Bedeutung des Vaters für die frühe Stimulation ist in diesem Kontext nicht zu unterschätzen. Väter können ihren Kleinkindern eine Vielzahl spezifischer Erfahrungen vermitteln, die sich günstig auf ihre intellektuelle Entwicklung auswirken.

Ferner wurde gezeigt, daß eine Reihe persönlicher Charakteristika des Vaters mit der kognitiven Entwicklung seiner Kinder korreliert: So behindern z.B. strafendes Verhalten des Vaters und Feindseligkeit die Entwicklung kognitiver Fähigkeiten von Jungen; die Väter erfolgreicher Schüler nehmen in der Regel zwar eine dominante Rolle in der Familie ein, praktizieren jedoch einen demokratischen Erziehungsstil. Geringer väterlicher Druck gegenüber Frau und Kind korrespondiert mit guten intellektuellen Leistungen des Sohnes. Mangelndes Selbstvertrauen des Vaters und berufliche Unzufriedenheit korrelieren hingegen deutlich negativ mit den IQ-Werten des Sohnes. Obwohl die Beziehung zwischen der Verfügbarkeit des Vaters und dem kognitiven Stil des Sohnes noch nicht restlos geklärt ist, liegt empirische Evidenz für eine positive Entsprechung zwischen Feld-Unabhängigkeit und einer warmen Vater-Sohn-Beziehung vor. Einige Autoren postulieren einen kurvilinearen Zusammenhang zwischen väterlicher Verfügbarkeit und Feld-Unabhängigkeit des Sohnes.

Ein Vater, der als kompetent erlebt wird und der zugleich seinem Sohn erlaubt, Aufgaben und Probleme selbständig zu lösen, ist vielleicht der beste Garant einer positiven intellektuellen Entwicklung.

Während das Bestehen einer Relation zwischen der entwicklungsgemäßen Identifikation mit dem Vater und der kognitiven Entwicklung des Sohnes (insbesondere im vorschulischen Alter) gesichert zu sein scheint, zeigten sich für Mädchen diesbezüglich bisher keine eindeutigen Ergebnisse. Nach Ansicht einiger Autoren bringt dies eine ambivalente Haltung von Vätern gegenüber Mädchen im Leistungsbereich zum Ausdruck. Möglicherweise nimmt der Vater jedoch bei Mädchen erst in einem späteren Entwicklungsstadium Einfluß auf die kognitive Entwicklung. Bisher ergaben sich lediglich einige Anzeichen dafür, daß ein Zuviel an väterlicher Wärme für die Entwicklung intellektueller Kapazitäten bei jungen Mädchen hinderlich ist. Von einigen Autoren wird eine maßvolle Distanz und Autonomie als die günstigere Voraussetzung für die Förderung der kognitiven Entwicklung bei Töchtern angesehen.

Bei Kindern beiderlei Geschlechtes konnte beobachtet werden, daß ein zu starkes Eingreifen des Vaters in Problemlösungssituationen sich negativ auf die kognitive Entwicklung auswirkt, da es die Selbständigkeit einschränkt. Ein in diesem Kontext wichtiger Befund ist zudem, daß zwar die Verstärkung, nicht jedoch das Fordern von intellektuellen Aktivitäten positiv für den Schulerfolg ist.

Die Beziehung zwischen väterlichem Verhalten und der kognitiven Entwicklung des Kindes wird durch zahlreiche intervenierende Variablen modifiziert, wie z. B. den sozioökonomischen Status und damit verbundene ökonomische Ressourcen zur Bereitstellung von geeignetem Stimulusmaterial: Da die Auswirkungen der Vaterabwesenheit in Kapitel 10 näher erläutert werden, sei hier nur auf den kumulativen Effekt im Zusammenwirken mit anderen Faktoren hingewiesen.

Schließlich wurde dargelegt, daß Väter eine wichtige Rolle bei der Entwicklung bestimmter schulischer Fähigkeiten spielen, was sich insbesondere in der geschlechtsspezifischen Relation zwischen mathematischer und verbaler Intelligenz reflektiert.

Zur Interpretation der besprochenen Zusammenhänge wurden psychoanalytische wie auch lerntheoretische Ansätze herangezogen: Uneinigkeit besteht in der lerntheoretischen Interpretation darüber, ob Belohnung den Anlaß für eine Imitation des Vaters bildet oder ob Imitation an sich belohnend ist. Bandura (1962) vertritt die Ansicht, daß das Modellverhalten des Vaters auch ohne äußere Belohnung Erfolg hat; für ihn ist Imitation mit Identifikation gleichzusetzen. Die Relation zwischen Verstärkung und Imitation wird von verschiedenen Autoren diskutiert. Insbesondere warme, liebevolle, stark engagierte Väter werden demnach – auch ohne besondere Belohnung – bevorzugt imitiert.

Väterliche Gewalt oder Dominanz sollen ebenfalls die Identifikation mit dem Vater begünstigen. Nach Maccoby & Jacklin (1974) geht die gleichgeschlechtliche Identifikation vom Kind aus und ist ab einem Alter von zirka drei Jahren zu beobachten. Auch die Identifikation von Eltern mit dem gleichgeschlechtlichen Kind wird von einigen Autoren als bedeutsam angesehen, und zwar insbesondere im Hinblick auf die Entwicklung von geschlechtsspezifischem Verhalten, worauf Väter – insbesondere bei ihren Söhnen – größeren Wert zu legen scheinen als Mütter. Die vom Elternteil ausgehende Identifikation müßte demnach der kognitiven Entwicklung des Kindes vor allem in bezug auf die Ausbildung geschlechtsspezifischer Intelligenzstrukturen förderlich sein.

Was das moralische Verhalten betrifft, so ist die Arbeit von Hoffman (1981) von besonderem Interesse, der vier Dimensionen väterlichen Verhaltens in Beziehung zu vier Faktoren setzt, welche für die Internalisierung moralischer Normen von Bedeutung sind. Demnach ist nur einer dieser Faktoren – die Identifikation – mit dem Geschlecht des Elternteils verknüpft. Väter seien deshalb insofern für ihre Söhne wichtig, als diese sich normalerweise eher mit dem Vater identifizieren und damit auch dessen Moralvorstellungen übernehmen. Nach Hoffmans Auffassung haben jedoch Mütter – aufgrund ihrer umfassenden Einflußnahme im Disziplinierungsbereich – grundsätzlich die zentrale Rolle bei der Internalisierung moralischer Werte und Normen.

Die Forschung zur Entwicklung geschlechtsspezifischen Verhaltens bei Kindern ist nicht frei von Widersprüchen, und es erweist sich zum gegenwärtigen Zeitpunkt als außerordentlich schwierig, zu diesbezüglichen Fragestellungen ein konsistentes Bild zu vermitteln.

Ansätze zur Frage der spezifischen Rolle des Vaters bei der Entwicklung geschlechtsrollenspezifischen Verhaltens bei Jungen und Mädchen finden sich in unterschiedlichen Theorien. Nach der psychoanalytischen Theorie verzichtet der Junge, um seine Kastrationsangst zu bewältigen, auf seine Ansprüche an die Mutter, identifiziert sich mit dem Vater und übernimmt hiermit dessen Verhaltensweisen und Wertvorstellungen, was die Entwicklung maskuliner Verhaltenszüge begünstigt. Da für die Kastrationsangst nur schwer ein Analogon bei Mädchen herzustellen ist, nimmt man in diesem Fall an, daß der Wunsch nach der Zuneigung des Vaters das Mädchen dazu bringt, das Verhalten der Mutter zu beobachten und zu imitieren, da diese offenbar über erfolgreiche Strategien verfügt, die Liebe des Vaters für sich zu gewinnen. Nach der Rollentheorie von Parsons & Bales (1955) identifiziert sich das Kind mit der Person, die es am meisten belohnt und bestraft. Durch die differentielle Verstärkung von geschlechtsspezifischem Verhalten bei Jungen und Mädchen durch den Vater kommt ihm in dieser Hinsicht besondere Bedeutung zu. Die sogenannte Status-Neid-Theorie von Whiting & Whiting (1975a, 1975b) impliziert, daß sich der Junge mit dem Vater identifiziert, um gleiche Privilegien wie dieser zu erhalten. Nach der Theorie des sozialen Lernens räumt man dem Vater aufgrund der Annahme Bedeutung ein, daß die Geschlechtsrollenentwicklung auf der Nachahmung von Verhaltensweisen der Personen aus der näheren Umgebung des Kindes beruht. Die Bevorzugung des gleichgeschlechtlichen Modells erklärt man mit der „wahrgenommenen Macht" des Modells oder mit dem Bewußtsein der Konstanz des eigenen Geschlechts. Die Lerntheorie von Mowrer (1960) betont die Rolle der Entwicklungsidentifikation für die Ausbildung der Geschlechtsrolle. Die affektiv-emotionale Beziehung zu den Eltern motiviere das Kind, zum Zwecke der Vermeidung von Liebesverlust bei deren Abwesenheit diese teilweise selbst darzustellen. Billers (1971, 1974c) multidimensionaler Ansatz weist auf die Komplexität der Faktoren hin, die bei der Entwicklung der Geschlechtsrolle mitwirken. Nach dem Konzept des reziproken Lernens (Deutsch, 1942, 1945) schließlich werden die Erfordernisse einer Rolle durch die Interaktion mit einer Person gelernt, welche die komplementäre Rolle innehat. Keine dieser Theorien vermag jedoch den Beitrag des Vaters zu der Entwicklung geschlechtsrollenspezifischen Verhaltens von Jungen *und* Mädchen umfassend zu erklären.

Die empirischen Arbeiten zu diesem Themenbereich konzentrieren sich, was die Beziehung zwischen Vater und Sohn betrifft, auf folgende Variablen: *Väterliche Dominanz:* Maßgeblich für eine Beeinträchtigung der Entwicklung einer männlichen Identität bei den Söhnen scheint demnach Passivität des Vaters innerhalb des familiären Rahmens zu sein, insbesondere was seine Entscheidungsfreudigkeit betrifft.

Väterliches Sorgeverhalten: Generelle Merkmale der Vater-Sohn-Beziehung, wie Warmherzigkeit und Aufgeschlossenheit, scheinen eine stärker prägende Kraft zu haben als die sogenannte „Männlichkeit" des Vaters.

Restriktives Verhalten des Vaters: Es zeigte sich, daß die Art väterlichen Disziplinierungsverhaltens mit der Ausprägung aggressiven Verhaltens bei Jungen zusammenhängt. Restriktives Vaterverhalten begünstigt demnach nur innerhalb einer liebevollen Vater-Sohn-Beziehung die Zuneigung des Jungen zum Vater und seine Entwicklung zu adäquater maskuliner Indentität.

Wahrgenommene väterliche Macht: Die vom Sohn wahrgenommene väterliche Einflußnahme und Bedeutung soll in dieser Hinsicht wichtiger sein als die tatsächliche Dominanz des Vaters.

Generell trat jedoch in den letzten Jahren immer deutlicher eine Haltung in den Vordergrund, wonach bei der Bestimmung von Entwicklungskontingenzen das gesamte familiäre System miteinbezogen werden muß. So scheint sich vor allem eine Familie, in der beide Elternteile eine positive geschlechtsangemessene Rolle innehaben, günstig auf eine adäquate Persönlichkeitsentwicklung des Sohnes auszuwirken.

Die Einflußnahme des Vaters auf die Entwicklung geschlechtsrollenspezifischen Verhaltens bei seiner Tochter ist weit weniger gut dokumentiert. Väter scheinen ihren Töchtern insbesondere eine spezifisch weibliche Rollenorientierung vermitteln zu wollen. Aber auch Faktoren wie Warmherzigkeit, eine positive Haltung zu Frauen und die Ermutigung von Unabhängigkeits- und Selbstverwirklichungsbestrebungen sind mit der Übernahme einer positiven weiblichen Rolle assoziiert. Väterliche Dominanz scheint bei Mädchen hingegen geringere Wirkung zu zeigen. Einige Untersuchungen belegen, daß einem Mädchen die Aufnahme und Aufrechterhaltung heterosexueller Kontakte um so leichter fällt, je enger die Vater-Tochter-Beziehung war. Aber auch die

Übernahme einer nicht-traditionell weiblichen Geschlechtsrolle (Karriereorientierung etc.) kann durch einen engagierten Vater gefördert werden. Eine diesbezüglich nachlässige Haltung des Vaters reflektiert möglicherweise seine Ambivalenz gegenüber Unabhängigkeit und Leistungsfähigkeit bei Frauen.

Die vorliegenden Arbeiten über den Beitrag des Vaters an der kognitiven, moralischen und geschlechtsrollenspezifischen Entwicklung seiner Kinder bilden erste Hinweise auf wichtige, bisher vernachlässigte Entwicklungskontingenzen.

10
Auswirkungen der Vaterabwesenheit auf die Entwicklung des Kindes

10.1 Einleitung

Die Auswirkungen der Abwesenheit des Vaters auf die Entwicklung des Kindes wurden erstmals während des Zweiten Weltkrieges zu einem zentralen Untersuchungsthema für die psychologische Forschung, das in der Folgezeit immer wieder aufgegriffen wurde. Gegen Ende der sechziger und zu Beginn der siebziger Jahre stellten Studien zur Vaterabwesenheit *den* Schwerpunkt der Vaterforschung dar. Sie boten einen indirekten Weg, die Rolle des Vaters für die Entwicklung des Kindes zu untersuchen.

In den zurückliegenden Jahren läßt sich eine Tendenz zunehmender Differenzierung des Forschungsfeldes beobachten. Während z. B. die meisten frühen Untersuchungen von einer schlichten Dichotomie zwischen An- und Abwesenheit des Vaters ausgehen, werden in späteren Arbeiten verschiedene *Arten* der Vaterabwesenheit unterschieden. Weitaus seltener als die Differenzierung nach den verschiedenen Arten der Vaterabwesenheit wird eine Differenzierung nach den unterschiedlichen *Formen* der Vaterabwesenheit vorgenommen und dies, obwohl Kinder aus vollständigen Familien in den Untersuchungen über die Auswirkungen der Vaterabwesenheit meist als Kontrollgruppen dienten.

In letzter Zeit setzt sich jedoch die Auffassung durch, die Variable An- bzw. Abwesenheit des Vaters nicht als Dichotomie, sondern als Kontinuum aufzufassen. Entsprechend ändert sich auch die Terminologie: Man spricht von den unterschiedlichen Graden der „Verfügbarkeit" des Vaters bzw. aus negativer Sicht vom unterschiedlichen Ausmaß väterlicher Deprivation. Es liegt gegenwärtig eine große Anzahl von Studien zur Vaterabwesenheit vor. Die Arbeiten von Biller (1974c, 1976, 1981b), Fthenakis, Niesel & Kunze (1982), Lamb (1976a, 1978b, 1981a), Lehr (1974, 1980), Lynn (1974), Robin (1979), Shinn (1978) und Thomas (1980, 1983) vermitteln einen Überblick und setzten sich kritisch mit diesem Schwerpunkt der Vaterforschung auseinander.[1]

Die meisten Untersuchungen zur Vaterabwesenheit konzentrieren ihr Interesse auf deren Auswirkungen auf (a) die kognitive, (b) die moralische, (c) die Entwicklung des geschlechtsrollenspezifischen Verhaltens bei Jungen und Mädchen sowie (d) die psychosoziale Entwicklung. Nach dem Versuch einer differenzierteren Analyse des Forschungsfeldes wird im folgenden auf diese Studien hingewiesen. Noch vor wenigen Jahren gewann man den Eindruck, daß sowohl die vorhandene Methodologie als auch die bis dahin entwickelte theoretische Fundierung keinerlei zuverlässige Grundlage für die Erforschung dieses Schwerpunkts der Vaterforschung bieten würden. Auch gingen diesbezügliche Studien während der letzten fünf Jahre in der Forschung rapide zurück. Die Beschäftigung mit der Thematik der Scheidung und deren Konsequenzen für Eltern und Kinder bietet jedoch eine neue Möglichkeit, die Effekte der Vaterdeprivation zu studieren. Wie mehrfach in diesem Buch betont wird, leben gegenwärtig in den USA über 20% der Kinder in vaterlosen Familien. Der Anteil in der schwarzen amerikanischen Bevölkerung liegt nach Angaben von Biller (1981b) in manchen Gebieten sogar bei 50%. Ein großer Teil der Kinder (man spricht von 40 bis 50%), die in den USA in den letzten Jahren geboren worden sind, wird zeitweise oder immer in Familien mit nur einem Elternteil leben. Der Anteil der Kinder, die in mutterlosen Familien leben, liegt bei etwa 10% mit steigender Tendenz (Glick & Norton, 1978). Ähnliches wird aus der Bundesrepublik Deutschland (vgl. Kap. 13, Bd. II) und aus anderen westeuropäischen Ländern berichtet. Die Ursachen für die Vaterabwesenheit haben sich in den zurückliegenden dreißig Jahren qualitativ verändert: War nach dem Zweiten Weltkrieg vorwiegend der Tod die Ursache der Vaterabwesenheit, so folgte eine Periode berufsbedingter Vaterabwesenheit und eine mit zunehmender Steigerung der Scheidungsrate und des damit einhergehenden Vaterverlustes, da bis vor kurzem noch in etwa 90% der

---

[1] Während der Drucklegung dieses Buches erschien die Arbeit von Adams, Milner & Schrepf (vgl. Adams, P. L., Milner, J. R. & Schrepf, N. A.: Fatherless Children. In: Noshpitz, J. D. (Ed.): Wiley Series in Child Mental Health. New York: Wiley 1984). Neben einer Typisierung der Vaterabwesenheit berichten die Autoren ausführlich über deren Auswirkungen auf die Entwicklung geschlechtsrollenspezifischen Verhaltens, den schulischen Erfolg und gehen auf die Zusammenhänge zwischen Vaterabwesenheit einerseits und Delinquenz bzw. psychopathologischer Entwicklung des Kindes andererseits ein. Hinweise für beratende und therapeutische Interventionsmaßnahmen, Anregungen für die Politik und ein ausführliches Literaturverzeichnis ergänzen diese Arbeit.

Fälle die Mutter die elterliche Sorge über die gemeinsamen Kinder nach der Scheidung erhielt. Auch die neueren Ergebnisse der Scheidungsforschung, die es nahegelegt haben, der Nachscheidungssituation verstärkte Aufmerksamkeit zu schenken, und die neuen Einsichten, die aus der Erforschung der Veränderungsprozesse gewonnen wurden, die die Restfamilie infolge einer Scheidung zu durchlaufen hat, zeigen, wie notwendig es ist, die Auswirkungen der Vaterabwesenheit nicht nur auf die betroffenen Kinder, sondern auf die Gesamtfamilie zu untersuchen. Am Ende dieses Kapitels wird kurz darauf hingewiesen.

10.2 Versuch einer Analyse des Forschungsfeldes

Die grundlegenden Unterscheidungen zwischen verschiedenen Arten der Vaterabwesenheit betreffen Ausmaß, Dauer, Ursache und Zeitpunkt der Vater-Kind-Trennung; in einigen Untersuchungen wird auch berücksichtigt, ob dem Kind bei Abwesenheit des leiblichen Vaters ein Vaterersatz zur Verfügung steht.

10.2.1 Ausmaß der Vater-Kind-Trennung

Die Abwesenheit des Vaters kann eine dauernde oder nur vorübergehende sein, wobei die zeitlich begrenzte Abwesenheit weiter differenziert werden kann nach deren Dauer und Häufigkeit bzw. Regelmäßigkeit. Die Unterscheidung nach dauernder und vorübergehender Abwesenheit sagt nichts über den Grad der Verfügbarkeit des Vaters aus: Auch bei dauernder Abwesenheit des Vaters, z.B. infolge einer Scheidung der Eltern, können regelmäßige Kontakte zwischen Vater und Kind stattfinden. Leider gibt es kaum Studien, die die Effekte permanenter vs. vorübergehender Vaterabwesenheit miteinander vergleichen, immerhin aber eine Reihe von Studien, die solche Auswirkungen nachweisen.

Bei permanenter Vaterabwesenheit variiert die Dauer in Abhängigkeit vom Trennungszeitpunkt; eine vorübergehende Abwesenheit wiederum kann sich über Stunden, Tage oder Jahre erstrecken. So wird unter die vorübergehende Abwesenheit die berufsbedingte Abwesenheit des Vaters während des Mittagessens (Whiteman & Deutsch, 1967) oder auch die zweijährige Abwesenheit des Vaters in Seemannsfamilien (Lynn & Sawrey, 1959) subsumiert. Untersuchungen, die Effekte von Vaterabwesenheit unterschiedlicher Dauer miteinander vergleichen, kommen erwartungsgemäß zu dem Ergebnis, daß sich die Abwesenheit des Vaters um so negativer auswirkt, je länger sie dauert (Blanchard & Biller, 1971; Carlsmith, 1964; Landy, Rosenberg & Sutton-Smith, 1969; Pedersen, 1966; Trunnell, 1968).

10.2.2 *Ursachen der Vaterabwesenheit*

Die Ursachen der Vaterabwesenheit können einerseits danach unterschieden werden, ob sie sozial gebilligt sind (Militär, Beruf) oder nicht (Trennung, Scheidung, Gefängnis, Ehelosigkeit etc.), zum anderen danach, ob der Vater die Familie freiwillig verläßt (Trennung, Scheidung) oder ob dies nicht in seiner Entscheidungsmöglichkeit liegt (Tod, Militär). Die meisten Untersuchungen, die die Trennungsursachen berücksichtigen, kommen zu dem Schluß, daß sich die Abwesenheit des Vaters dann am nachteiligsten auswirkt, wenn sie auf Trennung oder Scheidung der Eltern beruht (Baggett, 1967; Crescimbeni, 1965; Ferri, 1976; Santrock, 1972, 1974; Santrock & Wohlford, 1970; Sutton-Smith, Rosenberg & Landy, 1968).

10.2.3 *Zeitpunkt der Vater-Kind-Trennung*

Nach den einschlägigen Untersuchungen wirkt sich die Abwesenheit des Vaters um so negativer aus, je früher sie im Leben eines Kindes einsetzt (Blanchard & Biller, 1971; Carlsmith, 1964; D'Andrade, 1973; Landy, Rosenberg & Sutton-Smith, 1969; Santrock & Wohlford, 1970; Sutton-Smith, Rosenberg & Landy, 1968; Trunnell, 1968). Santrock (1972) konnte dieses Ergebnis bei Abwesenheit des Vaters wegen Scheidung, nicht jedoch im Falle seines Todes bestätigen.

Etliche Untersuchungen setzten sich mit der Frage nach der Wirkung der Vaterabwesenheit in den verschiedenen Altersstufen auseinander. Leider weisen die meisten dieser Studien erhebliche methodische Probleme auf, die auch die relativ inkonsistenten Ergebnisse erklären könnten. Übereinstimmend wird jedoch festgestellt, daß eine Abwesenheit des Vaters, die vor dem fünften Lebensjahr einsetzt, die nachteiligsten Folgen für das Kind mit sich brachte (Hillenbrand, 1970).

10.2.4 *Verfügbarkeit von Vatersurrogaten*

Durch die Anwesenheit einer älteren männlichen Bezugsperson in der Familie (Bruder, Stiefvater) können die Effekte der Vaterabwesenheit unter Umständen reduziert werden. Aus den diesbezüglichen Untersuchungen geht hervor, daß Kinder mit Vatersurrogaten (Lessing, Zagorin & Nelson, 1970) und Stiefvätern (Santrock, 1972; Solomon, Hirsch, Scheinfeld et al. 1972) in Intelligenz- und Leistungstests zwischen den ,,vaterab-" und den ,,vateranwesenden" Kindern lagen (vgl. S. 330f. bzw. Kap. 14, Bd. II).

Die Rolle von Vatersurrogaten in der kindlichen Geschlechtsrollenentwicklung

Einige Autoren befaßten sich mit der Frage, ob die negativen Auswirkungen der Vaterabwesenheit auf die Entwicklung geschlechtsrollenspezifischen Verhaltens bei Kindern durch sogenannte Vatersurrogate wenn nicht vermieden, so doch zumindest abgemildert werden können. Als mögliche Ersatzmodelle für den abwesenden Vater wurden bislang Stiefväter (vgl. Kap. 14, Bd. II), Geschwister (Biller, 1974a, 1981b; Santrock, 1972; Sutton-Smith, Rosenberg & Landy, 1968; Wohlford, Santrock, Berger et al. 1971), Lehrer (Biller, 1974a, b, c; Lee & Wolinsky, 1973), Gleichaltrige (Peers) (Biller, 1968, 1969a, 1981b; Miller, 1958) und gelegentlich auch verwandte Personen (Onkel, Großvater) und männliche Bekannte (etwa Nachbarn) angesehen. A. Freud und D. Burlingham (1944) beschreiben den Fall eines Jungen, der eine männliche Rolle mit Hilfe eines imaginären männlichen Vorbildes entwickelte.

Die vorliegenden Arbeiten unterstreichen die mehr oder weniger kompensierende Funktion solcher Vatersurrogate bei der Entwicklung der Geschlechtsrolle. Sie zeigen zugleich, daß solche Surrogate den Vater nicht ersetzen und ihre Wirkung von einer Reihe von Faktoren und Rahmenbedingungen abhängig ist. So untersuchte Nash (1965) eine Gruppe schottischer Waisenkinder, die ab ihrem sechsten Lebensjahr in einem Bungalow lebten, der von einem Ehepaar geführt wurde. Die Jungen waren zwar weniger maskulin als vergleichbare Jungen aus intakten Familien, jedoch maskuliner als Waisenkinder, die nur von Frauen erzogen wurden. Daß auch Geschwister eine solche kompensierende Funktion übernehmen können, zeigten weitere Studien. Sutton-Smith, Rosenberg & Landy (1968) fanden in Familien, in denen der Vater abwesend war, daß Jungen weniger Fähigkeitsdefizite haben, wenn ihre Geschwister ebenfalls Jungen waren. Auch in der Studie Santrocks (1972) wiesen Jungen, die ohne Vater aufwuchsen, höhere Maskulinitätswerte auf, wenn sie als Geschwister Jungen

10.2.5 Charakteristika der Stichproben: Alter und Geschlecht

Wie neuere Studien gezeigt haben (Fthenakis, Niesel & Kunze, 1982; Wallerstein & Kelly, 1980a), ist die Reaktion des Kindes auf den Vaterverlust in den verschiedenen Altersstufen nicht mehr oder weniger intensiv, sondern qualitativ unterschiedlich. Die Untersuchungen, die die Bedeutung des Alters des Kindes bei den Auswirkungen der Vaterabwesenheit zu erfassen versuchen, enthalten eine Vielzahl methodischer Unzulänglichkeiten: Es handelt sich meist um Querschnittstudien, in denen die Autoren gleichzeitig mehrere Altersstufen untersuchen, was in der Regel auch eine zu geringe Personenzahl pro untersuchter Altersgruppe zur Folge hatte (Atkinson & Ogston, 1974). Auch waren die Kriterien zur Ermittlung der Auswirkungen der Vaterabwe-

hatten. Wohlford und Kollegen kamen zu ähnlichen Ergebnissen, besonders deutlich bei Jungen mit älteren Brüdern.

Maskuline Rollenmodelle, die von einer Peer-Gruppe geboten werden, beeinflussen einen Jungen, der keinen Vater hat, stark (Biller, 1968, 1969a, 1981b; Miller, 1958). Dabei spielen Charakteristika wie physische Kraft, „Härte" und zielgerichtetes aggressives Verhalten (vor allem bei Jungen der Unterschicht) eine wichtige Rolle. Miller (1958) zeigte, daß Jungen, deren Vater abwesend war, dazu neigten, ihre Kameraden zu imitieren. Biller (1968, 1969a) betont, daß der Junge, der physisch in guter Verfassung ist, es ziemlich einfach habe, von seinen Spielkameraden akzeptiert zu werden. In seiner Studie stellte er fest, daß vaterlose Jungen, die physisch kräftig waren, in der Entwicklung maskuliner Identität weniger zurückgeblieben waren als Jungen von zarter Konstitution. Biller forderte deshalb die Berücksichtigung von Faktoren wie Anlagen, Intelligenz, Temperament und Konstitution in diesbezüglichen Studien und betont ferner, daß gerade zielgerichtete Aggression und physische Kraft wichtig seien, um von einer Gruppe akzeptiert zu werden.

In den meisten vorgelegten Studien wurde lediglich die An- und Abwesenheit eines Ersatzmodells und nicht die Qualität der Interaktion berücksichtigt. Der Einfluß des jeweiligen angenommenen Surrogats konnte nicht unabhängig von der Wirkung solcher Faktoren untersucht werden, die die Reorganisation der Familie infolge der (durch Tod oder Scheidung bedingten) Vaterabwesenheit begleiten. Ferner blieben weitere mögliche Surrogate weitgehend unberücksichtigt wie z.B. Rollenmodelle, die kulturelle Unterstützung erfahren, etwa solche, die durch Bilderbücher, Schulbücher und vor allem durch die Massenmedien vermittelt werden. Als ein wesentlicher Mangel der Studien auf diesem Gebiet ist das Fehlen von Untersuchungen anzusehen, die dem variablen Alter bzw. Entwicklungsstand angemessen Rechnung tragen, um die möglicherweise unterschiedliche Reaktion von Kindern mit unterschiedlichen Entwicklungsniveaus auf solche Vatersurrogate besser einschätzen zu können.

senheit in vielen Fällen nicht valide (Schulnoten) oder einseitig auf die Erfassung kognitiver Leistungen ausgerichtet.

Was die Wirkung der Vaterabwesenheit in Abhängigkeit vom Geschlecht des Kindes betrifft, so kommen die Untersuchungen zu dem Ergebnis, daß Vaterabwesenheit sich sowohl auf Jungen als auch auf Mädchen negativ auswirkt. Einige Autoren postulieren stärkere negative Wirkungen der Vaterabwesenheit auf Jungen, während andere wiederum behaupten, daß bei Vaterabwesenheit Mädchen weniger betroffen sind. (Pedersen, Rubenstein & Yarrow, 1973; Rees & Palmer, 1970; Sutton-Smith, Rosenberg & Landy, 1968). Auf den Einfluß der Vaterabwesenheit bei der Entwicklung geschlechtsrollenspezifischen Verhaltens bei Jungen und Mädchen werden wir später noch näher eingehen (vgl. S. 349).

Das Kaleidoskop der kindlichen Empfindungen bei einer Trennung der Eltern ist facettenreich und altersspezifisch. Auch die Auswirkungen (in der Regel der Vaterabwesenheit) sind vielfältig und betreffen den kognitiven, den moralischen und den psychosozialen Bereich sowie die Geschlechtsrollenentwicklung.

Entwicklungsspezifische Reaktionsmuster des Kindes auf Vaterabwesenheit und -verlust

In den vorangegangenen Kapiteln konnte gezeigt werden, daß das Ausmaß und vor allem die Qualität der Vater-Kind-Beziehung auf verschiedenen Stufen kindlicher Entwicklung einen wichtigen Faktor darstellt. Das gilt auch für die Entwicklung geschlechtsspezifischen Rollenverhaltens (Biller, 1974c; Lamb, 1976a, 1976b, 1976c; Lamb, Owen & Chase-Lansdale, 1979). Money & Ehrhardt (1972) haben die grundsätzliche Bedeutung des Vaters in der Entwicklung von geschlechtsrollenspezifischem Verhalten bei Kindern während der beiden ersten Lebensjahre hervorgehoben. Sie postulieren sogar eine ‚kritische Periode' und vertreten die Ansicht, daß nach dieser (allerdings nicht näher definierten) Periode eine sichere Geschlechtsrolle kaum noch entwickelt werden könne. Santrock (1970) konnte bei der Untersuchung von Unterschicht-Jungen in der fünften Klasse zeigen, daß diejenigen Jungen, die ab dem zweiten Lebensjahr ohne Vater aufwuchsen, weniger vertrauend, weniger strebsam waren und mehr das Gefühl der Unterlegenheit hatten als Jungen, die zwischen dem dritten und dem fünften Lebensjahr von ihrem Vater getrennt worden waren.

Andere Autoren sind wiederum der Ansicht, daß das vierte Lebensjahr einen Markstein in der Entwicklung der Geschlechtsrolle für das Kind darstelle (Green, 1974; Hetherington, Cox & Cox, 1978, 1982). Biller (1969a) fand in einer Studie, daß fünfjährige Jungen, die ohne Vater aufwuchsen, eine weniger maskuline Geschlechtsrollenorientierung hatten und weniger geschlechtsspezifische Vorlieben entwickelten als Jungen, die erst nach dem vierten Lebensjahr ohne Vater lebten. In einer weiteren (retrospektiven) Studie an High-School-Jungen fanden Biller & Bahm (1971), daß Jungen, die ihren Vater vor dem fünften Lebensjahr verloren hatten, ein weniger ‚maskulines Selbstkonzept' entwickelten als die Jungen einer Kontrollstichprobe, die mit ihrem Vater lebten.

Die bislang umfassendste Darstellung kindlicher Reaktionen auf den Verlust des Vaters lieferten Wallerstein & Kelly (1975, 1976, 1979, 1980a; Kelly & Wallerstein, 1977), die in einem umfangreichen Forschungsprojekt mit 60 Familien und 132 Kindern dieser Frage nachgingen und entwicklungsspezifische (qualitativ unterschiedliche) Reaktionsmuster fanden (vgl. Fthenakis & Niesel, 1981; Fthenakis, Niesel & Kunze, 1982). Longfellow (1979), der das Fehlen einer theoretischen Perspektive für die Interpretation der Befunde von Wallerstein & Kelly kritisierte, lieferte einen sozial-kognitiven Interpretationsansatz.

Burton & Whiting (1961) diskutierten aus ihrer kulturvergleichenden Perspektive den möglicherweise unterschiedlichen Einfluß der Abwesenheit des Vaters auf verschiedenen Stufen der Geschlechtsrollenentwicklung. Die Autoren bemerken, daß viele Gesellschaften einen sogenannten ‚diskontinuierlichen Identifikationsprozeß' haben. Der Vater wird in bestimmten Phasen kindlicher Entwicklung vom Kontakt mit dem Kind abgehalten. Die Diskontinuität wird dadurch erzeugt, daß der Junge in der Präadoleszenz zu männlichem Verhalten gezwungen wird. Er steht – im Gegensatz zu frühen Entwicklungsphasen – nicht mehr unter der Prädominanz der Mutter (und anderer weiblicher Personen), sondern unter der seines Vaters. Vom Jungen wird erwartet, daß er lernt, die frühere Identifikation mit weiblichen Personen zu unterdrücken. In manchen Gesellschaften wird dieser Prozeß erst in der Pubertät eingeleitet und oft haben Initiationsriten hier die Funktion, die Kontinuität im Leben des Jungen zu erleichtern.

Sieht man von den Arbeiten von Hetherington, Cox & Cox (1978, 1982) und von Wallerstein & Kelly (1975, 1976, 1979, 1980a) ab, fehlen auch hier umfassende Längsschnittstudien, die uns helfen könnten, die Bedeutung von Altersstufen in der kindlichen Entwicklung geschlechtsrollenspezifischen Verhaltens richtig einzuschätzen und den Prozeß der Geschlechtsrollenentwicklung bei vaterabwesenden Kindern umfassender zu beschreiben.

10.2.6 Sozioökonomische Schichtzugehörigkeit

Auch die Einschätzung des Zusammenhangs zwischen Vaterabwesenheit und sozioökonomischem Status erweist sich als besonders schwierig, da die meisten Forscher vorwiegend Kinder aus der unteren sozialen Schicht untersuchten. In vielen Studien erfolgt die Kontrolle des sozioökonomischen Status nur in ungenügend differenzierter Weise. Der Beruf des Vaters oder die finanzielle Situation der getrennt lebenden Elternteile erwiesen sich unterhalb eines gewissen Schwellenniveaus als unzuverlässige Prädikatoren (Hetherington, Cox & Cox, 1975). Obwohl das allgemein geringere Einkommen in vaterlosen Familien sich sehr wahrscheinlich negativ auf die kognitive Entwicklung des Kindes auswirkt, vermögen Einkommensunterschiede in der von ihnen untersuchten Gruppe allein die Zusammenhänge nicht zu erklären (Shinn, 1978).

10.2.7 Methodische Probleme

Bevor wir auf die Konsequenzen der Vaterabwesenheit für die Entwicklung des Kindes näher eingehen, sind einige methodische Probleme anzusprechen.

Die Möglichkeiten, die Abwesenheit des Vaters operational zu definieren, sind vielfältig; entsprechend werden unter dem Begriff „Vaterabwesenheit" von den einzelnen Autoren recht unterschiedliche familiäre Verhältnisse subsumiert. Abgesehen von den Schwierigkeiten, die allzu grobe Definitionen der Vaterabwesenheit bieten, erschwert die Heterogenität der Definitionen die Interpretation der Untersuchungsergebnisse.

‚Ein-Eltern-Familien' verfügen gewöhnlich über weniger Geld als vollständige Familien; finanziell besonders benachteiligt sind vaterlose Familien (Hess, Shipman, Brophy et al. 1968). Gleichzeitig ist der Anteil an unvollständigen Familien in den unteren Einkommensgruppen höher als in den oberen. Aus diesen beiden Fakten ergibt sich bei mangelnder Kontrolle des sozioökonomischen Status die Schwierigkeit, zwischen den Auswirkungen der Vaterabwesenheit einerseits und denen des niedrigen Einkommens bzw. der Schichtzugehörigkeit andererseits zu unterscheiden, eine Schwierigkeit, die durch die Korrelation beider Faktoren noch erhöht wird. (Der Verlust des Vaters führt zu einem verringerten Einkommen, dies wiederum bedingt einen Umzug in eine schlechtere Wohngegend etc. und trägt damit zum Absinken in eine niedrigere sozioökonomische Schicht bei.)

Herzog & Sudia (1973) berichten, daß Kinder aus unvollständigen Familien sowie Kinder aus der Unterschicht mit größerer Wahrscheinlichkeit als andere zu einem früheren Zeitpunkt vor Gericht gestellt und auch verurteilt wurden. Die unterschiedliche Behandlung von Kindern verschiedener sozialer Herkunft oder aus unterschiedlichen familiären Verhältnissen ist im Falle der Erfassung delinquenten Verhaltens besonders offenkundig, aber sicher nicht nur dort zu finden. Die soziale Umwelt wird auf ein Kind, dessen Vater im Gefängnis sitzt, anders reagieren als auf ein Kind aus einer „normalen" Mittelschichtfamilie.

Der gern gezogene Schluß von den Auswirkungen der Vaterabwesenheit auf die Bedeutung des Vaters für die kindliche Entwicklung wird durch die mögliche Nicht-Repräsentativität vaterloser Familien für Familien im allgemeinen zweifelhaft. Familien, in denen ein Elternteil „ausfällt", können sich durch eine Reihe von weiteren Faktoren von anderen Familien unterscheiden, Variablen, die dann ihrerseits für die Auswirkungen der Vaterabwesenheit verantwortlich zu machen wären. So können Ehen, die schließlich geschieden werden, lange vor ihrer Auflösung durch hohe Konflikthäufigkeit, finanzielle Schwierigkeiten und geringe Verfügbarkeit der Eltern für die Kinder gekennzeichnet sein; die Beeinträchtigung der Entwicklung der Kinder wäre dann auf die familiären Spannungen, die der Trennung der Eltern vorausgehen, zurückzuführen und nicht auf die Abwesenheit des Vaters nach der Scheidung.

Außerdem ist es fast unmöglich, langfristig das Verhalten von Kindern aus vaterlosen Familien bzw. bei permanenter Vaterabwesenheit zu prognostizieren. Langzeituntersuchungen an Kindern aus *vollständigen* Familien haben ergeben, daß Prognosen dieser Art in der Regel unzuverlässig und aufgrund eines einzigen Kriteriums (etwa eines Testscores) überhaupt nicht möglich sind (MacFarlane, 1963; Meier, 1965, 1966; Otterström, 1946).

10.3. Auswirkungen der Abwesenheit des Vaters auf die kognitive Entwicklung des Kindes

10.3.1 Arten der Vaterabwesenheit

Die Abwesenheit des Vaters hat im allgemeinen dann die nachteiligsten Effekte für die kognitive Entwicklung eines Kindes, wenn sie auf Trennung oder Scheidung der Eltern zurückgeht (Ferri, 1976; Santrock, 1972; Sutton-Smith, Rosenberg & Landy, 1968). Dies wird meist dahingehend interpretiert, daß die negativen Auswirkungen der Vaterabwesenheit in erster Linie auf familiäre Spannungen zurückzuführen sind, die einer Trennung oder Scheidung, nicht aber einem plötzlichen Tod oder der berufsbedingten Abwesenheit des Vaters vorausgehen. Diese Sichtweise wird durch die Feststellung von Douglas, Ross & Simpson (1968) gestützt, daß der Verlust des Vaters durch einen Todesfall nur dann nachteilige Wirkungen auf die kognitive Leistungsfähigkeit der betroffenen Kinder hatte, wenn ihm eine lange und wahrscheinlich alle Familienmitglieder belastende Erkrankung vorausging. Nach den Ergebnissen von Santrock (1972) müssen neben den näheren Umständen der Vater-Kind-Trennung auch der kognitive Entwicklungsstand des Kindes bzw. seine Fähigkeit, einschneidende Ereignisse verarbeiten zu können, berücksichtigt werden.

Bei diesem Versuch der Analyse des Forschungsfeldes wurde bevorzugt auf jene Studien Bezug genommen, die sich mit den Zusammenhängen zwischen Vaterabwesenheit und kognitiver Entwicklung des Kindes befassen, weil sie eine differenzierte Analyse zulassen. Auf den gegenwärtigen Stand der Forschung läßt sich auch die inkonsistente Anwendung der mit dieser Analyse gewonnenen Differenzierungshilfen zurückführen, wofür der Leser um Verständnis gebeten wird.

Santrock (1972) stellte fest, daß sich die Abwesenheit des Vaters infolge Scheidung, Trennung oder Verlassenwerdens in den ersten zwei Lebensjahren des Kindes am negativsten auswirkt, während der Tod des Vaters dann die nachteiligsten Folgen für die kognitive Entwicklung des Kindes hat, wenn das Kind zu diesem Zeitpunkt zwischen sechs und neun Jahre alt ist. Dies soll zugleich das Alter sein, in dem sich Kinder besonders mit dem Tod auseinandersetzen (Anderson & Anderson, 1954), so daß die Möglichkeit besteht, daß die Erfahrung des Todes in diesem Alter besonders traumatisch ist.

10.3.2 Dauer der Vaterabwesenheit

Landy, Rosenberg und Sutton-Smith (1969) stellten eine negative Beziehung zwischen der Dauer der Vaterabwesenheit wegen Nachtschichtarbeit und den Leistungen der Töchter fest. Blanchard und Biller (1971) sowie Carlsmith (1964) beobachteten die einschneidendsten Effekte der Vaterabwesenheit bei früh einsetzender und langandauernder Abwesenheit des Vaters. Sutton-Smith, Rosenberg und Landy (1968) und Hillenbrand (1970) fanden jedoch in bezug auf die Dauer der Vaterabwesenheit keine signifikanten Effekte. Dies ist möglicherweise darauf zurückzuführen, daß die Effekte der Dauer der Vaterabwesenheit mit aktuellen Reaktionen auf die Trennung vom Vater vermischt waren. So fanden Santrock und Wohlford (1970) die schlechtesten kognitiven Leistungen bei Jungen, die den Vater erst vor kurzem verloren hatten (zwischen dem sechsten und neunten Lebensjahr). Eine Reihe von Studien, die zunächst keine Wirkungen der Abwesenheit des Vaters auf die kognitive Entwicklung von Kindern im vorschulischen Alter sowie in den ersten Stufen der Grundschule feststellen konnten, wiesen bei denselben Kindern später signifikante nachteilige Effekte nach (Deutsch, 1960; Deutsch & Brown 1964; Ferri, 1976; Hess, Shipman, Brophy et al. 1968; Hess, Shipman, Brophy et al. 1969; Rees & Palmer, 1970). Dies wird im allgemeinen so erklärt, daß sich die schädigenden Auswirkungen der Vaterabwesenheit erst mit zunehmender Dauer auf ein nachweisbares Niveau aufsummieren. Shinn (1978) macht jedoch mit Recht auf die Möglichkeit aufmerksam, daß sich Effekte der Vaterabwesenheit bei kognitiven Fähigkeiten, wie sie bei jüngeren Kindern gemessen werden, noch nicht so deutlich zeigen wie bei den später gemessenen Leistungen.

10.3.3 Zeitpunkt des Beginns der Vaterabwesenheit

Die meisten Untersuchungen kamen zu dem Ergebnis, daß sich die Abwesenheit des Vaters um so stärker auswirkte, je jünger das Kind zum Zeitpunkt der Trennung war (Blanchard & Biller, 1971; Carlsmith, 1964; Landy, Rosenberg & Sutton-Smith, 1969; Sutton-Smith, Rosenberg & Landy, 1968). Santrock (1972) konnte dies in bezug auf Abwesenheit des Vaters infolge einer Trennung der Eltern bestätigen, nicht jedoch in bezug auf den Todesfall des Vaters (siehe oben).

10.3.4 Verfügbarkeit des Vaters

Blanchard und Biller (1971) untersuchten zwei verschiedene Grade der Verfügbarkeit des Vaters für sein Kind (weniger als 6 Stunden pro Woche und mehr als 2 Stunden pro Tag) sowie die Wirkung von früh bzw. spät einsetzender Vaterabwesenheit. Kinder von in hohem Maße verfügbaren Vätern erreichten in Leistungstests konsistent bessere Werte als Kinder von wenig verfügbaren Vätern; diese Kinder wiederum übertrafen in ihren Leistungen die Kinder, deren Väter bereits während ihrer ersten Lebensjahre abwesend gewesen waren. Landy, Rosenberg und Sutton-Smith (1969) stellten bei einem Vergleich der Leistungen von Studentinnen, deren Väter infolge von Nachtschichtarbeit in geringerem Maße für ihre Töchter verfügbar gewesen waren, und Studentinnen, deren Väter am Tag arbeiteten, fest, daß sich die geringe Verfügbarkeit des Vaters während der ersten neun Lebensjahre des Kindes in den späteren Leistungen bemerkbar machte.

10.3.5 Verfügbarkeit von Surrogaten

Kinder, denen ein Vaterersatz zur Verfügung stand (Lessing, Zagorin & Nelson, 1970) sowie Kinder, deren Mütter wieder geheiratet hatten (Chapman, 1977; Santrock, 1972; Solomon, Hirsch, Scheinfeld et al., 1972), lagen in ihren kognitiven Leistungen im allgemeinen zwischen denen von Kindern mit Vater und denen von Kindern ohne Vater bzw. Vaterersatz. Der kompensatorische Einfluß eines Stiefvaters wird vor allem bei Jungen deutlich: So fand Santrock (1972), daß die Wiederverheiratung der Mutter die kognitive Entwicklung des Sohnes, nicht jedoch die der Tochter, positiv beeinflußte, falls sie vor dem fünften Lebensjahr des Kindes erfolgte. Auch Chapman (1977) konnte bei männlichen Studenten diesen, die nachteiligen Auswirkungen der Vaterabwesenheit abschwächenden Einfluß des Vaterersatzes feststellen, fand jedoch bei Studentinnen keine konsistenten Zusammenhänge zwischen Abwesenheit des Vaters, Verfügbarkeit eines Surrogats und Leistung. Wie Santrock kommt auch Chapman zu dem Ergebnis, daß sich die Wiederverheiratung um so günstiger in der Entwicklung des Sohnes niederschlägt, je früher (bezogen auf das Alter des Kindes) sie erfolgt.

10.3.6 Charakteristika der Stichproben: Alter und Geschlecht

Ein Einfluß der Vaterabwesenheit auf die kognitiven Leistungen der betroffenen Kinder wurde sowohl bei Kleinkindern (Pedersen, Rubenstein & Yarrow, 1973) als auch bei älteren Kindern (Blanchard & Biller, 1971; Fowler & Richards, 1978; Santrock, 1972) sowie bei Studenten (Carlsmith, 1964; Gregory, 1965a, 1965b; Landy, Rosenberg & Sutton-Smith, 1969; Sutton-Smith, Rosenberg & Landy 1968) nachgewiesen. Der Nachweis von Effekten der Vaterabwesenheit ist bei kleineren Kindern jedoch offenbar schwieriger als bei älteren, da eine Reihe von Untersuchungen die Auswirkungen erst bei wiederholter Messung an denselben Kindern zu einem späteren Zeitpunkt feststellen konnte (vgl. S. 337).

Von den Untersuchungen, die die differentiellen Effekte der Vaterabwesenheit auf die kognitiven Leistungen von Jungen und Mädchen vergleichen,

Besonders jüngere Kinder verfügen nur über wenige Möglichkeiten, die für sie verwirrenden Ereignisse im Zusammenhang mit der Trennung vom Vater (bzw. von der Mutter) emotional und rational zu bewältigen, was insbesondere zu Beeinträchtigungen der kognitiven Leistungsfähigkeit führen kann.

kommen die meisten zu dem Schluß, daß Jungen durch die Abwesenheit des Vaters stärker beeinträchtigt werden (Lessing, Zagorin & Nelson, 1970; Pedersen, Rubenstein & Yarrow, 1973; Sutton-Smith, Rosenberg & Landy, 1968). Von den Untersuchungen, die sich mit männlichen bzw. weiblichen Probanden beschäftigen, kommt jeweils etwa die Hälfte zur Feststellung von Zusammenhängen zwischen Vaterabwesenheit und Leistung (Shinn, 1978).

10.3.7 Kulturelle Unterschiede

Eine Untersuchung von Coleman, Campbell, Hobson et al. (1966) legt die Vermutung nahe, daß die Auswirkung der Vaterabwesenheit in Abhängigkeit von der Bedeutung variiert, die innerhalb einer kulturellen Gruppe dem Vater beigemessen wird. So erlitten z. B. Kinder aus stark patriarchalisch orientierten Minoritäten (z. B. Puertorikaner, Mexiko-Amerikaner, Orient-Amerikaner) besonders starke Einbußen.

10.3.8 Sozioökonomische Schichtzugehörigkeit

Die meisten Untersuchungen zur Auswirkung der Vaterabwesenheit beziehen sich nur auf Kinder der Unterschicht, so daß der Einfluß der Schichtzugehörigkeit auf die kognitiven Fähigkeiten in Zusammenhang mit der Abwesenheit des Vaters schwer einzuschätzen ist. Eine Reihe von Forschern kommt jedoch zu dem Ergebnis, daß der Schulerfolg in engerer Beziehung zur Einkommensgruppe steht als zu den jeweiligen Familienverhältnissen (Coleman, Campbell, Hobson et al., 1966; Deutsch & Brown, 1964; Wilson, 1967). Nur drei Untersuchungen beschäftigten sich mit Kindern der Mittelschicht; zwei davon (Blanchard & Biller, 1971; Sutton-Smith, Rosenberg & Landy, 1968) ermittelten einen Zusammenhang zwischen Vaterabwesenheit und kognitiver Leistungsfähigkeit, die dritte (Kitano, 1963) konnte diese Ergebnisse nicht bestätigen. Von den zwei Untersuchungen, die die Wirkungen der Vaterabwesenheit auf Kinder der unteren und der mittleren Schichten miteinander verglichen, stellte die eine (Deutsch & Brown, 1964) stärkere Effekte bei den Unterschichtskindern fest, die andere (Broman, Nichols & Kennedy, 1975) erbrachte, daß die Effekte mit steigender sozioökonomischer Schicht zunahmen. Die Bedeutung der Variablen ‚sozioökonomischer Status' heben auch Svanum, Bringle & McLaughlin (1982) hervor. Sie fanden, daß alle negativen Auswirkungen der Vaterabwesenheit durch den sozioökonomischen Status besser interpretiert werden konnten. Die Autoren weisen auf die komplexen Beziehungen zwischen Vaterabwesenheit und sozioökonomischem Status hin und verlangen eine genauere Erfassung dieser Variablen.

10.3.9 Familiengröße

Sutton-Smith, Rosenberg und Landy (1968) verglichen die Leistungen von Studenten mit und ohne Vater aus Ein-, Zwei- und Drei-Kind-Familien. Die Auswirkungen der Vaterabwesenheit waren am ausgeprägtesten in Familien mit drei Kindern, gemäßigt in Familien mit zwei Kindern und minimal in Einzelkindfamilien. Während in den Familien mit drei Kindern beide Geschlechter durch die Abwesenheit des Vaters beeinträchtigt waren, wirkte sich die Abwesenheit des Vaters bei männlichen Studenten deutlicher in den Zwei-Kind-Familien, bei weiblichen Studenten in der Einzelkindsituation aus. Überraschenderweise wurden die größten Unterschiede zwischen Studenten mit und ohne Vater dann festgestellt, wenn die untersuchten Personen gegengeschlechtliche Geschwister hatten. Ein Geschwisterkind gleichen Geschlechts schien die Abwesenheit des Vaters zumindest teilweise ausgleichen zu können. So ergab sich bei erstgeborenen Jungen mit einer jüngeren Schwester ein signifikanter Unterschied zwischen Experimental- und Kontrollgruppe, bei erstgeborenen Jungen mit einem jüngeren Bruder jedoch nicht. Kompensatorische Effekte aufgrund besonderer familiärer Konstellationen stellten auch Solomon, Hirsch, Scheinfeld et al. (1972) fest: Vaterlose Kinder, die von Großeltern oder anderen Verwandten in sehr kleinen Haushalten aufgezogen wurden, übertrafen in ihren Leistungen sowohl Kinder aus Mutter-Kind- als auch aus vollständigen Familien.

10.3.10 Arten kognitiver Leistungen

Die meisten Studien, die ein allgemeines Maß der intellektuellen Leistungsfähigkeit verwenden (Schulnoten, Notendurchschnitt, American College Entrance Examination, Stanford Achievement Test etc.), kommen zu dem Ergebnis, daß Kinder aus vaterlosen Familien leistungsschwächer sind als Kinder aus vollständigen Familien (Blanchard & Biller, 1971; Mackie, Maxwell & Rafferty, 1967; Santrock, 1972; Sutton-Smith, Rosenberg & Landy, 1968). Auch die vorübergehende Abwesenheit des Vaters wirkt sich negativ auf die Leistungen der Kinder aus (Douglas, Ross & Simpson, 1968; Lambert & Hart, 1976; Landy, Rosenberg & Sutton-Smith, 1969).

Die Tatsache, daß nicht alle Untersuchungen nachteilige Effekte nachweisen konnten und daß zwei Studien die Abwesenheit des Vaters überzufällig oft mit Hochbegabung bei Kindern (IQ über 150) und Studenten (Promotion mit summa cum laude) assoziiert fanden (Albert, 1971; Gregory, 1965a, 1965b), weist jedoch darauf hin, daß die Beziehung zwischen Vaterabwesenheit und intellektueller Leistungsfähigkeit keineswegs eine einfache ist.

In Leistungstests erreichen Mädchen im allgemeinen höhere Werte für verbale als für mathematische Fähigkeiten; bei Jungen ist es umgekehrt. In einer

Reihe von Untersuchungen wurde jedoch festgestellt, daß bei vaterlosen männlichen Probanden häufig eine Umkehr des geschlechtstypischen Verhältnisses von mathematischen zu verbalen Fähigkeiten auftritt; sie zeigen – dem „femininen" Fähigkeitsmuster entsprechend – höhere verbale als mathematische Fähigkeiten (Carlsmith, 1964; Funkenstein, 1963; Gregory, 1965a, 1965b; Nelsen & Maccoby, 1966). Auch in einer neueren Studie zu dieser Frage (Svanum, Bringle & McLaughlin, 1982), in der die Autoren den sozioökonomischen Status kontrollierten, stellten diese einen kleinen, aber signifikanten Zuwachs im WISC-Wortschatztest für weiße amerikanische Jungen aus vaterlosen Familien fest. Diese Ergebnisse stehen in Einklang mit früheren Befunden von Carlsmith (1964), welche darauf hindeuten, daß Jungen aus vaterabwesenden Familien relativ hohe verbale Fertigkeiten entwickeln (vgl. auch Broman, Nichols & Kennedy, 1975; Ferri, 1976). Es besteht Unklarheit darüber, ob die Umkehr des Fähigkeitsmusters auf einer Verminderung der mathematischen Fähigkeiten (Cortes & Fleming, 1968; Fowler & Richards, 1978; Lessing, Zagorin & Nelson, 1970) oder auf einer Verbesserung der verbalen Fähigkeit (Altus, 1958; Jones, 1975; Oshman, 1975; Vroegh, 1973) beruht. Shinn (1978) kommt aufgrund ihrer Literaturübersicht zu dem Schluß, daß die Abwesenheit des Vaters relativ oft mit schwachen mathematischen Leistungen assoziiert ist und, speziell in der Mittelschicht, oft auch mit einer Verbesserung der verbalen Fähigkeiten in Zusammenhang steht. Die Interpretation der Befunde wird durch den Umstand erschwert, daß auch bei weiblichen Probanden im Zusammenhang mit der Abwesenheit des Vaters eine Abnahme der mathematischen Leistungen (Fowler & Richards, 1978; Landy, Rosenberg & Sutton-Smith, 1969) sowie eine Verbesserung der verbalen Fähigkeiten (Shelton, 1969; Sutton-Smith, Rosenberg & Landy, 1968) gefunden wurde. Eine weitere Studie (Gregory, 1965a, 1965b) stellte Ähnliches bei Abwesenheit der Mutter fest.

Über den Einfluß der Vaterabwesenheit auf die Kreativität des Kindes gibt es kaum Studien. Cantey (1974), der den differentiellen Effekt von Vaterabwesenheit und sozioökonomischer Schicht auf die kreative Leistungsfähigkeit von Schuljungen untersuchte, kam zu dem Ergebnis, daß die Abwesenheit des Vaters keine Wirkung auf die Kreativität der Kinder hat.

10.3.11 Interpretation der Zusammenhänge

(a) Geschlechtsrollenidentifikation

Carlsmith (1964) vertritt die Meinung, daß die Auswirkung der Abwesenheit des Vaters auf die kognitive Entwicklung des Sohnes durch die Geschlechtsrollenidentifikation vermittelt wird. Nach dieser Theorie ist das Muster von relativ besseren verbalen bzw. relativ schlechteren mathematischen Fähigkeiten, das bei vaterlosen Jungen wiederholt festgestellt wurde, eine Folge der Schwierigkeiten dieser Jungen, eine adäquate männliche Geschlechtsidentität ohne männliches Modell aufzubauen. Da die Umkehr des geschlechtstypischen Fähigkeitsmusters auch bei vaterlosen Mädchen sowie bei mutterlosen Jungen gefunden wurde, scheint die These von der vermittelnden Wirkung der Geschlechtsrollenidentifikation jedoch fraglich.

(b) Angstinterferenz

Maccoby & Rau (1962) stellten die Hypothese auf, daß „Angstinterferenz“ die Ursache der Differenzen sei; vaterlose Kinder stünden unter einem stärkeren Streß, der mehr mit den mathematischen als mit den verbalen Fähigkeiten interferiere. Während es Nelsen und Maccoby (1966) nicht gelang, die Angstinterferenzhypothese eindeutig zu bestätigen, gibt es einige indirekte Hinweise auf die interferierende Wirkung von Angst und Streß: Untersuchungen, die die unterschiedliche Auswirkung verschiedener Ursachen der Vaterabwesenheit prüften, stellten immer dann stärkere negative Effekte der Vaterabwesenheit fest, wenn der Verlust des Vaters mit erhöhten familiären Spannungen (Konflikte zwischen den Eltern, langwierige Erkrankung des Vaters etc.) verbunden war.

(c) Das Konfluenz-Modell

Zajonc & Markus (1975) stellten Überlegungen über die zweckmäßige Definition der intellektuellen Umgebung des Kindes an. Der Einfachheit halber gehen sie in ihrem Modell von einem durchschnittlichen Intelligenz-Niveau des Elternteiles von 100 willkürlichen Einheiten aus und definieren die intellektuelle Umgebung wie folgt:

$$\text{I-Niveau} = \frac{100_{\text{Vater}} + 100_{\text{Mutter}} + \sum^{n} W_i + {}^{0}\text{Neugeborenes}}{3 + n}$$

W_i = Intelligenz-Punktwert des i-ten Geschwisters zum Zeitpunkt der Geburt

n = Geschwisterzahl

Vergrößert sich die Familie durch jemanden, der ein – bezogen auf die Familie – überdurchschnittliches Intelligenz-Niveau hat, erhöht sich das Niveau der intellektuellen Umgebung für jeden einzelnen Familienangehörigen. Alle Neugeborenen und Kinder hingegen (sowie andere Personen mit einem unterdurchschnittlichen Intelligenz-Niveau) verringern das Intelligenz-Niveau der Umgebung. Ein Kind mit vielen Geschwistern lebt aller Voraussicht nach in einer Umwelt mit vergleichsweise niedrigem intellektuellen Anregungspotential, da die meisten Familienmitglieder ein geringes geistiges Alter haben und die Aufmerksamkeit der Eltern auf viele Kinder verteilt werden muß (Näheres zum Konfluenz-Modell siehe Ernst & Angst, 1983; Fthenakis & Kunze, 1983). Zajonc & Markus (1975) konnten zeigen, daß die Familiengröße mit dem IQ der einzelnen Kinder negativ korreliert. In bezug auf die Vaterabwesenheit ist nach diesem Modell ebenfalls eine Minderung der Qualität der intellektuellen Umwelt und als Folge davon eine Beeinträchtigung der kognitiven Entwicklung der betroffenen Kinder zu erwarten. Bei Abwesenheit des Vaters ist nicht nur die Vater-Kind-Interaktion reduziert, wenn nicht völlig abgebrochen, sondern oft auch die Häufigkeit der Interaktionen zwischen Mutter und Kind herabgesetzt (Hetherington, Cox & Cox, 1975). Eine gewisse Bestätigung erfährt das Konfluenz-Modell durch die Untersuchung von Sutton-Smith, Rosenberg & Landy (1968), die ergab, daß sich die Abwesenheit des Vaters um so deutlicher auswirkte, je größer die Familie war. Fowler & Richards (1978) kritisieren jedoch zu Recht, daß das Modell noch zu wenig differenziert ist, um solche Effekte zu erklären. Vielleicht bietet das Konfluenz-Modell einen brauchbaren Ansatz, um kompensatorische Wirkungen zu untersuchen, die ein Vaterersatz oder andere Erwachsene auf die kognitive Entwicklung des Kindes haben.

(d) Intelligenzdefizithypothese

Kohlberg (1967) hat die Vermutung aufgestellt, daß die Unterschiede in den kognitiven Leistungen von Kindern mit und ohne Vater in erster Linie darauf zurückzuführen sind, daß vaterlose Kinder weniger intelligent seien. Diese Annahme wurde jedoch in einer Untersuchung von Blanchard & Biller (1971) widerlegt, in der bei Kindern, die in bezug auf ihren Intelligenzquotienten parallelisiert waren, um so schlechtere Schulleistungen festgestellt wurden, je weniger der Vater für sie verfügbar war. Nur in der Gruppe mit hoher Vaterverfügbarkeit (mehr als zwei Stunden pro Tag) bestand eine signifikante Korrelation zwischen IQ und Leistungswerten. Offenbar konnten diese Jungen im Vergleich zu Jungen aus vaterlosen Familien und aus Familien, in denen der Vater relativ wenig verfügbar war, ihr intellektuelles Potential mit größerer Wahrscheinlichkeit auch verwirklichen.

10.4 Die Auswirkungen der Vaterabwesenheit auf die moralische Entwicklung

10.4.1 Einleitung

Die meisten Untersuchungen über die Auswirkungen der Vaterabwesenheit auf die moralische Entwicklung des Kindes haben sich in erster Linie mit den Resultaten einer offenkundig fehlgelaufenen Entwicklung befaßt, nämlich delinquentem Verhalten. Der Zusammenhang zwischen Vaterabwesenheit und jugendlicher Delinquenz ist bestens dokumentiert, wenn auch alles andere als klar interpretierbar. Eine kritische Übersicht über die einschlägigen Untersuchungen sowie über die vorherrschenden Ansätze zur Erklärung der Zusammenhänge findet sich bei Herzog & Sudia (1973). Shinn (1978) hat sich wiederum mit dem Sammelreferat von Herzog & Sudia kritisch auseinandergesetzt.

Weitaus seltener als Untersuchungen über delinquentes Verhalten sind Studien über den Stand der moralischen Entwicklung bei nicht auffällig gewordenen Kindern und Jugendlichen. Dies liegt zum einen wohl an der geringeren gesellschaftspolitischen Relevanz der Thematik, zum anderen jedoch an den Schwierigkeiten, subtilere Formen von Moralität auf ihren unterschiedlichen Entwicklungsstufen zu erfassen. So werden von den einzelnen Autoren ganz unterschiedliche Verhaltensweisen als Indikatoren für das Niveau der moralischen Entwicklung des Kindes verwendet, darunter „Widerstand gegen Verführung", Selbstkritik, Altruismus, Wiedergutmachungsmaßnahmen, Schuld- und Schamgefühle, Aufschub von Bedürfnisbefriedigung, Lügen, Abschreiben von Schulaufgaben etc. Die Konzentration auf unterschiedliche Aspekte der moralischen Entwicklung erschwert die Vergleichbarkeit der Untersuchungsergebnisse vor allem deshalb, weil kein konsistenter Zusammenhang zwischen den verschiedenen Indikatoren für Moralität besteht; die Hauptaspekte moralischer Entwicklung: moralisches Verhalten, moralische Urteilsfähigkeit und moralische Gefühle verhalten sich orthogonal zueinander (Santrock, 1974). Hinzu kommt als weitere Schwierigkeit, die nicht übersehen werden darf, daß – wie erstmals Hartshorne & May (1928–1930) nachgewiesen haben – Moralität keine konsistente Persönlichkeitseigenschaft ist, sondern stark von der jeweiligen (Untersuchungs-)Situation abhängig ist.

10.4.2 Untersuchungsergebnisse

(a) Allgemeine moralische Entwicklung

Die Zusammenfassung der Untersuchungsergebnisse unter Berücksichtigung der oben geäußerten Vorbehalte läßt die Feststellung zu, daß Kinder, die ohne Väter aufwuchsen, als moralisch „unreifer" eingestuft wurden als Kinder aus vollständigen Familien (Hoffman, 1971; Holstein, 1972; Kersey, 1973; Lavinson, 1970; Meerloo, 1956; Mischel, 1961b; Santrock, 1974; Santrock & Wohlford, 1970).

(b) Moralisches Verhalten

Vaterlose Jungen waren in der Entwicklung moralischen Verhaltens weniger weit fortgeschritten als Jungen aus vollständigen Familien; sie konnten Versuchungen schlechter widerstehen (Kersey, 1973; Lavinson, 1970; Santrock, 1974) und zogen die sofortige Belohnung einer größeren, aber zeitlich aufgeschobenen Befriedigung vor (Mischel, 1961b; Santrock & Wohlford, 1970). Nach Einschätzung der Lehrer begingen sie auch häufiger Regelverletzungen in der Schule (Hoffman, 1971; Santrock, 1974) und verhielten sich aggressiver (Hoffman, 1971). Es gibt einige Belege dafür, daß vaterlos aufgewachsene Kinder Schwierigkeiten haben, langzeitige Verpflichtungen einzugehen. Biller (1981b) erwähnt Suedfield (1967), der fand, daß jene Kinder, deren Väter während der Kindheit abwesend waren, als Peace-Corps-Volontäre ihre geplanten Überseetouren eher abbrachen als jene, deren Väter während der Kindheit anwesend waren, und bemerkt ferner, daß die frühzeitige Beendigung dieser Reisen oft mit Problemen der Anpassung verbunden war.

Whiting (1960) stellte die Hypothese auf, daß Vaterabwesenheit negativ mit der Gewissensentwicklung des Kindes korreliert: Kinder mit abwesenden Vätern neigen eher dazu, Mißgeschicke, die ihnen widerfahren, als die Schuld anderer anzusehen oder auf eine ‚höhere Gewalt' zurückzuführen, als sich selbst als Verursacher eines Mißgeschicks zu erkennen. Duke & Lancaster (1976) und Parish & Copeland (1980) zeigten, daß Kinder, deren Vater gestorben war, eine fatalistische Einstellung entwickelten und eine externale Kontrollüberzeugung aufwiesen; zumindest bei Jungen war dies der Fall.

Meerloo (1956) und Mischel (1961a, 1961b) weisen auf einen Zusammenhang zwischen Vaterabwesenheit und Schwierigkeiten des Kindes in seiner Zeitwahrnehmung hin. Meerloo (1956) fand, daß fehlerhafte Zeitwahrnehmung oft mit Schwierigkeiten in der Selbstkontrolle verbunden sei und dies häufiger bei Kindern mit abwesendem Vater vorkomme. Die Studie von Mischel (1961a, 1961b) lieferte Hinweise dafür, daß die Unfähigkeit, Belohnungen zurückzustellen, verbunden ist mit einer ungenauen Zeitwahrnehmung und einem Mangel an sozialer Verantwortlichkeit sowie mit geringer Aufstiegsmotivation und jugendlicher Delinquenz.

Ob dasselbe auch von vaterlosen Mädchen gesagt werden kann, ist unklar; Kersey (1973) konnte beispielsweise zeigen, daß sowohl bei Jungen als auch bei Mädchen der „Widerstand gegen Verführung" und andere Maße der Selbstkontrolle negativ mit dem Grad der Verfügbarkeit des Vaters assoziiert waren, während Hoffman (1971) signifikante Unterschiede in der moralischen Entwicklung nur zwischen Jungen mit und ohne Vater, nicht jedoch zwischen Mädchen mit und ohne Vater fand.

Die Auswirkungen der Abwesenheit des Vaters auf die moralische Entwicklung variieren auch in Abhängigkeit von der Art der Vaterabwesenheit: Jungen aus geschiedenen Ehen zeigten einen höheren Grad von sozialer Abweichung (Santrock, 1974) und ein geringeres Maß an Selbstkontrolle (Santrock & Wohlford, 1970) als Jungen, deren Väter gestorben waren. Santrock & Wohlford (1970) ermittelten ferner, daß Jungen, die den Vater sehr früh (in den ersten zwei Jahren) verloren hatten, größere Schwierigkeiten beim Aufschub von Bedürfnisbefriedigung hatten als Jungen, die zwischen dem dritten und dem fünften Lebensjahr vom Vater getrennt worden waren.

(c) Moralische Urteilsfähigkeit

In der Untersuchung von Hoffman (1971) erzielten Jungen, die in vaterlosen Haushalten lebten, signifikant niedrigere Werte in verschiedenen Maßen für moralisches Urteilsvermögen als Jungen aus vollständigen Familien; bei den Mädchen ergaben sich wiederum keine Unterschiede in Abhängigkeit von der An- bzw. Abwesenheit des Vaters. Auch Santrock (1974) stellte fest, daß das moralische Urteilsvermögen vaterloser Jungen weniger weit entwickelt war als das von Jungen aus intakten Familien; die Söhne geschiedener Frauen erwiesen sich jedoch in bezug auf ihre moralische Urteilsfähigkeit den Söhnen von Witwen überlegen.

(d) Moralische Gefühle

Jungen, die in vaterlosen Familien aufwuchsen, neigten bei Regelverletzungen weniger zu Schuld- und Schamgefühlen als Jungen aus vollständigen Familien (Hoffman, 1971; Santrock, 1974).

10.4.3 Interpretationsansätze

(a) Identifikation und Geschlechtsrollenübernahme

Die besondere Bedeutung, die dem Vater als dem Vermittler gesellschaftlicher Normen und Standards bei der moralischen Entwicklung des Kindes zukommt, wird sowohl von Freud als auch von Parsons unterstrichen; beide Autoren sehen in der Identifikation des Kindes (respektive des Sohnes) mit dem Vater den wesentlichen Faktor für die Übernahme moralischer Ge- und Verbote durch das Kind. Rückstände in der moralischen Entwicklung vaterloser Kinder wären nach dieser Theorie auf die fehlende Möglichkeit zur Identifikation mit dem Vater zurückzuführen. Eine gewisse Bestätigung erfährt diese Annahme durch den Befund von Hoffman (1971), daß Jungen, die sich nicht mit ihrem Vater identifizierten, moralisch ebenfalls weniger „reif" erschienen, wenn auch nicht in dem Maße wie vaterlose Jungen.

Parsons (1955) hat die These aufgestellt, daß in unserer Kultur antisoziales Verhalten mit den Schwierigkeiten in Zusammenhang steht, denen sich der kleine Junge bei der Übernahme der männlichen Geschlechtsrolle gegenübersieht. Das Engagement in antisozialen Aktivitäten sei nichts als die überschießende Reaktion auf eine primär feminine Identifikation mit der Mutter, die abzulegen der heranwachsende Junge bemüht ist. Nach der Theorie des „männlichen Protestes" können alle jene Faktoren, die eine starke Identifikation mit der Mutter fördern und die frühe Identifikation mit dem Vater behindern, also auch und vor allem die Abwesenheit des Vaters, die Auftretenswahrscheinlichkeit antisozialen Verhaltens erhöhen. Eine Überprüfung durch Siegman (1966) konnte diese These bei Studenten, die während ihrer frühen Kindheit vom Vater getrennt gewesen waren, bestätigen.

(b) Modellernen

Theorien des sozialen Lernens sehen im Vater ein im Prinzip nicht unersetzbares Modell für Selbstkontrolle und für an Normen, Bestimmungen und Zeitpläne gebundenes Verhalten. Für Rückstände in der moralischen Entwicklung eines ohne Vater aufwachsenden Kindes müßte dann das Fehlen eines männlichen Modells verantwortlich gemacht werden.

(c) Veränderte Mutter-Kind-Interaktion

In der Untersuchung von Hoffman (1971) gaben die Jungen aus vaterlosen Familien an, weniger Zuwendung von ihren Müttern erhalten zu haben als Jungen aus vollständigen Familien; bei den Mädchen verhielt es sich umgekehrt. Dies könnte erklären, warum die Abwesenheit des Vaters die moralische Entwicklung von Jungen, nicht jedoch die von Mädchen beeinträchtigt. Auch Santrock (1974) stellte in Zusammenhang mit der moralischen Entwicklung der Kinder unterschiedliche Disziplinierungstechniken von Müttern aus vollständigen und aus unvollständigen Familien fest. Unter Einbeziehung des an vollständigen Familien gewonnenen Ergebnisses, daß die Erziehungshaltung der Mutter und nicht die des Vaters für die Internalisierung moralischer Normen durch das Kind wesentlich ist (Hoffman, 1971), könnte man schließen, daß die Abwesenheit des Vaters nur insofern eine Auswirkung auf die moralische Entwicklung des Kindes hat, als sie das Verhalten der Mutter dem Kind gegenüber beeinflußt.

10.5 Die Auswirkungen der Abwesenheit des Vaters auf die Geschlechtsrollenentwicklung des Kindes

10.5.1 Männliche Identität

Biller und Borstelmann (1967) unterscheiden drei Aspekte der Geschlechtsrolle: Geschlechtsrollenorientierung (als eine Facette des Selbstkonzepts), Geschlechtsrollenbevorzugung (die Bevorzugung von Symbolen und Aktivitäten, die nach herrschenden Konventionen als geschlechtsspezifisch gelten) und Geschlechtsrollenannahme (wie maskulin bzw. feminin das Verhalten eines Individuums den anderen erscheint). Die meisten Untersuchungen über die Auswirkung der Vaterabwesenheit auf die Ausbildung der männlichen Identität befassen sich mit einem dieser Aspekte oder basieren zumindest auf ähnlichen Konzepten.

Nach den Ergebnissen dieser Untersuchungen hatten Jungen, die ohne Vater aufwuchsen, im Vergleich zu Jungen aus vollständigen Familien eine weniger maskuline Identität (Badaines, 1973; D'Andrade, 1973; Lynn & Sawrey, 1959) und ein weniger männliches Selbstkonzept (Biller & Bahm, 1971).

Die Geschlechtsrollen waren bei ihnen begrifflich weniger ausdifferenziert (LeCorgne & Laosa, 1976). Am stärksten schien die Abwesenheit des Vaters die Geschlechtsrollenorientierung zu beeinflussen (Biller, 1968, 1969a; Drake & McDougall, 1977; Leichty, 1960); Unterschiede zwischen Jungen mit und ohne Vater in der Geschlechtsrollenbevorzugung konnten in einigen Untersuchungen festgestellt werden (Biller, 1969a; D'Andrade, 1973; Hetherington, 1974), in anderen jedoch nicht (Barclay & Cusumano, 1967; Drake & McDougall, 1977; Santrock & Wohlford, 1970).

Es gibt keine Hinweise darauf, daß die Vaterabwesenheit die Annahme der männlichen Geschlechtsrolle durch den betroffenen Jungen verhindert: Zwischen Kindern aus vaterlosen und aus vollständigen Familien konnten keine Unterschiede in bezug auf die „Männlichkeit" ihres Verhaltens festgestellt werden (Biller, 1969a; Covell & Turnbull, 1982; Drake & McDougall, 1977; Tiller, 1961); Jungen ohne Vater imitierten ebenso wie Jungen mit Vater eher ein männliches als ein weibliches Modell (Badaines, 1973), und in zwei Untersuchungen wurden Jungen ohne Vater sogar als „männlicher" eingeschätzt als Jungen aus vollständigen Familien (Santrock, 1977; Santrock & Wohlford, 1970).

Es ist schwer zu entscheiden, ob die unterschiedlichen Ergebnisse in bezug auf die verschiedenen Aspekte der Geschlechtsrolle darauf hinweisen, daß die Abwesenheit des Vaters differentiell auf die Geschlechtsrollenentwicklung des Jungen wirkt, oder ob sich in ihnen methodische Unterschiede widerspiegeln.

Während die Beurteilung des Grades der Geschlechtsrollenannahme meist auf Verhaltensbeobachtungen oder Lehrereinschätzungen beruht, werden Geschlechtsrollenorientierung und -bevorzugung in der Regel mit projektiven Methoden erfaßt, darunter IT-Scale for Children, Franck-Test, Blacky-Test, Draw-a-Family-Test, Drawing-Completion-Test. Allen diesen Tests ist gemeinsam, daß das Testverhalten der Versuchsperson interpretiert werden muß, um zu einer sinnvollen Aussage zu gelangen. Dabei ist der Interpretationsspielraum oft so groß, daß zumindest die auf projektive Verfahren gestützten Aussagen angezweifelt werden können. Ein Beispiel (zitiert nach Herzog & Sudia, 1973): In einer Untersuchung von Lynn & Sawrey (1959) zogen Jungen, deren Väter gerade zur See waren, mit größerer Wahrscheinlichkeit als andere Kinder die Vaterpuppe der Mutterpuppe vor. Dies wurde von den Autoren interpretiert als Ausdruck des starken Verlangens dieser Jungen nach der Identifikation mit dem Vater. Eine ganze Reihe von anderen Interpretationen des beobachtbaren Verhaltens ist natürlich denkbar.

10.5.2 Geschlechtsspezifisches Verhalten

In einer Reihe von Studien wird im Zusammenhang mit der Geschlechtsrollenentwicklung nicht die ,,Männlichkeit“ vaterdeprivierter Jungen untersucht, sondern es wird auch auf Verhaltensweisen Bezug genommen, die nach Ansicht der Forscher Attribute der männlichen Geschlechtsrolle sind. Die am häufigsten untersuchten derartigen Verhaltensweisen sind Aggressivität und Unabhängigkeit. Die Erwartungen der Forscher gehen offenbar dahin, daß ein ,,richtiger“ Junge ein gewisses Maß an Aggressivität besitzt und auch seine Ellbogen zu benutzen weiß. Aggressives Verhalten wird allerdings in den Untersuchungen über die moralische Entwicklung unter einem negativen Aspekt gesehen. Es scheint für heranwachsende Jungen in unserer Gesellschaft ungemein schwierig zu sein, die an sie herangetragenen Erwartungen zu erfüllen und ihre Aggressivität und Durchsetzungsfähigkeit so zu dosieren, daß sie einerseits ,,männlich“ erscheinen und andererseits die geltenden Normen und Konventionen nicht verletzen. Jungen ohne Väter scheint dieser Balanceakt schlechter zu gelingen als Jungen aus vollständigen Familien: Während die kleinen Jungen nach Ansicht der Forscher zu wenig aggressiv sind und dazu neigen, an Mutters Rockschoß zu hängen, sind die älteren oft zu aggressiv – bis hin zur Delinquenz. Die Abwesenheit des Vaters war bei kleinen Jungen mit relativ geringerer Aggressivität (Bach, 1946; Sears, 1951; Sears, Pintler & Sears, 1946) und geringerer Unabhängigkeit (Lynn & Sawrey, 1959; Santrock, 1970; Tiller, 1961) im Puppenspiel verbunden. Bei Rückkehr des Vaters nach nur vorübergehender Abwesenheit konnte es zu vermehrten Aggressionsäußerungen im Spiel kommen (Seplin, 1952; Stoltz, 1954; Tiller, 1961). Geringe Aggressivität und starke Abhängigkeit wurden bei vaterlosen Jungen nicht nur im Spiel, sondern auch im Umgang mit Gleichaltrigen festgestellt (Hetherington, 1974; Santrock, 1970; Stoltz 1954).

Während es kleinen Jungen ohne Vater an Durchsetzungsfähigkeit mangelte, fielen vaterlose Jungen bereits im Grundschulalter durch erhöhte Aggressivität auf: Santrock und Wohlford (1970) und Santrock (1974) stellten fest, daß vaterlose Jungen von den Lehrern als aggressiver, ungehorsamer, männlicher und unabhängiger eingeschätzt wurden als ihre Klassenkameraden aus vollständigen Familien. Nach den Ergebnissen von Santrock erwiesen sich Schuljungen aus geschiedenen Ehen im Puppenspiel als aggressiver verglichen mit Jungen, deren Väter gestorben waren. Wenn die Abwesenheit des Vaters relativ spät in der Entwicklung des Kindes auftrat, waren die Jungen zwar aggressiver im Spiel, wurden von ihren Lehrern jedoch als weniger ungehorsam eingestuft. Setzte die Vater-Kind-Trennung sehr früh ein, so war das Kind besonders ungehorsam, mit einer erkennbaren Tendenz zu antisozialem Verhalten (Betrügen, Lügen, Stehlen).

10.5.3 Geschlechtsspezifische Interessen und Fähigkeiten (Maskulinitäts-Femininitäts-Skalen)

M-F-Skalen, wie sie in einer Reihe von Tests (z. B. MMPI) enthalten sind, versuchen die Geschlechtsidentität einer Person über den Vergleich ihrer Eigenschaften, Einstellungen und Interessen mit denen „typischer" Männer und Frauen zu erfassen. Die Skalen stützen sich dabei nach Meinung von Pollak (1960) und Vincent (1966) auf veraltete Konzeptionen der männlichen und weiblichen Geschlechtsrolle und sind deshalb heute zur Erfassung der geschlechtlichen Identifikation nur mehr bedingt brauchbar. Darüber hinaus gehen die gebräuchlichen M-F-Skalen von einem einzigen Kontinuum aus, dessen eines Ende hohe Maskulinität und dessen anderes Ende hohe Femininität repräsentieren soll. Wie Herzog und Sudia (1973) zu Recht kritisierten, werden dadurch Stereotype von Männlichkeit, die keine femininen Züge (wie Freundlichkeit und Sensibilität) aufweisen, zum Ideal (und zum Maßstab für die Geschlechtsrollenentwicklung) erhoben, die kaum als wünschenswert erscheinen.

So fragwürdig die M-F-Skalen als Meßinstrumente sind, so widersprüchlich sind auch die mit ihrer Hilfe gewonnenen Ergebnisse: Altus (1958) sowie Carlsmith (1973) fanden zwar bei College-Studenten ohne Vater eine stärker ausgeprägte Femininität, Barclay und Cusumano (1967), Greenstein (1966), Hathaway & Monachesi (1963), Miller (1961), Tiller (1961) konnten jedoch keine Unterschiede zwischen Jugendlichen mit und ohne Vater auf der M-F-Skala feststellen. Terman & Miles (1936) hatten sogar festgestellt, daß vaterlose Jungen in bezug auf „Maskulinität der Interessen" signifikant über dem Mittelwert für Männer lagen.

Vaterabwesenheit und die Entwicklung seiner Tochter

Ebenso heterogen wie die Hypothesen aus den verschiedenen Theorien über die Bedeutung des Vaters für die Geschlechtsrollenentwicklung des Mädchens sind auch die diesbezüglichen Ergebnisse.

Auf der einen Seite wurde festgestellt, daß Mädchen durch die Abwesenheit des Vaters weniger beeinflußt werden als Jungen (Bach, 1946; Lessing, Zagorin & Nelson, 1970; Lynn & Sawrey, 1959; Santrock, 1972; Winch, 1950) und daß die Vaterabwesenheit die Annahme der weiblichen Rolle und damit verbundenen geschlechtsspezifischen Interessen nicht immer behindert (Biller, 1971; Biller & Weiss, 1970; Hetherington, 1972; Hetherington, Cox & Cox, 1978, 1982; Wallerstein & Kelly, 1980a). Santrock (1970) stellte sogar fest, daß Mädchen, die ohne Vater aufwuchsen, sich im Puppenspiel weiblicher verhielten als ihre Altersgenossinnen aus vollständigen Familien. Sie entwickelten ein weibliches Selbstbild, wiesen einen hohen Grad an Weiblichkeit auf, verbunden mit einer rigiden Geschlechtsrollenentwicklung, die alles Männliche abwertete.

Andere Untersuchungen kommen dagegen zu dem Ergebnis, daß Mädchen durch die Abwesenheit des Vaters in ihrer heterosexuellen Entwicklung ebenso beeinflußt werden wie Jungen (Biller, 1971, 1974c; Biller & Weiss, 1970; Brown, 1963; D'Andrade, 1973; Stephens, 1962) und daß die Abwesenheit des Vaters zur Ablehnung der Rolle als Frau und Mutter (Seward, 1945; White, 1959) und weiblicher Interessen führt (Landy, Rosenberg & Sutton-Smith, 1969; Jacobson & Ryder, 1969; Leonard, 1966; Neubauer, 1960). Nach Santrock (1970) scheint in jedem Falle die Abwesenheit des Vaters sich auf die Fähigkeit auszuwirken, sich in interpersonellen und heterosexuellen Beziehungen zurechtzufinden. Fish (1969, zit. in Biller, 1981b) stellte fest, daß das Mädchen das Interesse an weiblichen Betätigungen verliert, wenn sich der Vater wenig mit ihm beschäftigt. Andere Studien wiederum lieferten Hinweise dafür, daß die Nicht-Verfügbarkeit des Vaters sowohl bei Mädchen als auch bei Jungen Geschlechtsrollenkonflikte hervorruft (Brown, 1963; Stephens, 1962). Frauen, die relativ früh ihren Vater verloren hatten, berichteten über Schwierigkeiten beim Aufbau heterosexueller Beziehungen zu ihren Ehemännern (Jacobson & Ryder, 1969). Sears und Kollegen (1946) fanden, daß vaterlose Mädchen oft Schwierigkeiten hatten, mit ihren aggressiven Impulsen umzugehen. Sie zeigten im (standardisierten) Puppenspiel stärkere Aggressionen, insbesondere auf sich selbst gerichtetes aggressives Verhalten. Möglicherweise geht dies nach Biller (1981a) auf Konflikte zurück, die das vaterlose Mädchen mit seiner Mutter hat.

Die wohl bekannteste Studie auf diesem Gebiet wurde von Hetherington (1972) durchgeführt. Sie untersuchte Mädchen aus der amerikanischen unteren Mittelschicht im Alter zwischen 13 und 17 Jahren und ging der Frage nach, ob unterschiedliche Ursachen der Vaterabwesenheit sich unterschiedlich auf die Entwicklung der Tochter auswirken. Sie verglich in ihrer Studie drei Gruppen von Mädchen: (a) Mädchen, deren Väter infolge einer Scheidung abwesend waren und seit der Scheidung keinen Kontakt mit ihren Kindern hatten; (b)

Mädchen, deren Väter durch den Tod abwesend waren und (c) Mädchen, deren beide Eltern mit ihnen lebten. Alle in die Untersuchung aufgenommenen Mädchen waren erstgeboren, hatten keine Brüder und bei den ersten zwei Subgruppen lebten auch keine erwachsenen Männer in der Familie.

Hetherington (1972) stellte fest, daß die Mädchen aus den Subgruppen (a) und (b) Schwierigkeiten hatten, ungezwungen mit männlichen Erwachsenen und Gleichaltrigen umzugehen. Die Manifestation dieser Schwierigkeiten war in den beiden Gruppen jedoch verschieden: Töchter geschiedener Frauen neigten zu offenem aggressivem Verhalten Männern gegenüber. Sie versuchten eher die Aufmerksamkeit von Männern auf sich zu lenken und physischen Kontakt mit männlichen Gleichaltrigen zu haben. Die Töchter von Witwen benahmen sich Männern gegenüber außergewöhnlich scheu und zurückhaltend. Sie vermieden oft männliche Bereiche und zogen es vor, in weiblicher Gesellschaft zu bleiben. Verglichen mit Töchtern geschiedener Eltern berichteten Töchter von Witwen über weniger heterosexuelle Aktivitäten. Im Gegensatz dazu hatten Mädchen aus allen drei Subgruppen gute Beziehungen zu ihrer Mutter und gute Kontakte zu weiblichen Erwachsenen und Gleichaltrigen. Dabei schienen die Mädchen von abwesenden Vätern abhängiger von ihrer Mutter zu sein.

Aus den Daten Hetheringtons geht auch hervor, daß sich Töchter von Witwen an positivere Beziehungen zu ihren Vätern erinnerten als Töchter geschiedener Mütter. Allerdings entwarfen geschiedene Mütter häufig ein negatives Bild ihrer Ehemänner und auch von der Ehe an sich. Die Töchter geschiedener Mütter hatten ein geringeres Selbstwertgefühl als die Töchter aus vollständigen Familien oder die von Witwen.

Gruppe (b) und (c) unterschieden sich in dieser Variablen nicht voneinander.

Von besonderem Interesse ist auch der Befund Hetheringtons, wonach eine Vaterabwesenheit vor dem fünften Lebensjahr bei Mädchen – wie auch bei Jungen – die größten Schwierigkeiten für eine spätere heterosexuelle Interaktion bereitete. Die Anwesenheit des Vaters während der Präadoleszenz scheint nach Auffassung von Hetherington nicht der Schlüsselfaktor für die Vermeidung von späteren Schwierigkeiten im sexuellen Bereich zu sein. Zu einem vergleichbaren Ergebnis kamen auch Biller & Bahm (1971), die zeigten, daß Vaterabwesenheit vor dem fünften Lebensjahr bei Mädchen mit nicht-adäquatem Verhalten im Umgang mit Männern und mit mütterlicher Überbehütung verbunden war.

Hetherington (1972) vertrat ferner die Auffassung, daß sich die Auswirkungen der Vaterabwesenheit bei Mädchen in der Adoleszenz in der Geschlechtsrollenorientierung auf anderen Gebieten als bei Jungen äußern; in erster Linie würde es vaterdeprivierten Mädchen an den entsprechenden Fähigkeiten im Umgang mit dem anderen Geschlecht mangeln.

In einer neueren Studie stellten Hetherington & Parke (1979) auch einen andauernden Einfluß der Abwesenheit des Vaters auf die Entwicklung von Frauen bis ins Erwachsenenalter hinein fest: Töchter geschiedener Mütter hatten Schwierigkeiten besonders bei ihren heterosexuellen Beziehungen. Sie heirateten früher als Töchter aus intakten Familien und ließen sich auch öfter scheiden. Töchter geschiedener Eltern mißlang häufiger die Auswahl eines geeigneten Mannes, und sie heirateten Männer, die ein niedrigeres Erziehungsniveau als sie selbst haben und öfter mit dem Gesetz in Konflikt kamen als die Männer der Frauen aus den anderen beiden Subgruppen. Töchter von Witwen hingegen neigten dazu, erfolgreiche Männer zu heiraten, die überkontrolliert und zurückhaltend in ihren sozialen Interaktionen waren. Die Follow-up-Studie zeigte, daß Töchter aus vollständigen Familien am realistischsten in der Wahl ihres Ehemannes waren.

Hainline & Feig führten 1978 eine Replikation der Studie von Hetherington (1972) an 17- bis 23jährigen Studentinnen durch. Sie konnten zwischen Mädchen aus vollständigen Familien und aus Familien, die den Vater aufgrund von Tod oder Scheidung verloren hatten, in bezug auf heterosexuelle Aktivitäten, Angst und Kontrolle keine Unterschiede im Verhalten Männern gegenüber feststellen. Auch Young & Parish (1977), die ebenfalls das von Hetherington beobachtete Verhalten von Mädchen aus unterschiedlichen familiären Verhältnissen Männern gegenüber zu erfassen suchten, fanden keine Differenzen zwischen jungen Frauen aus vaterlosen und aus vollständigen Familien. Hainline & Feig (1978) führen als Grund für die mangelnde Übereinstimmung ihrer Ergebnisse mit denen Hetheringtons den möglichen Einfluß leichter Unterschiede in Stichprobencharakteristika der beiden Studien (Alter der Versuchspersonen, Großstadt- vs. Kleinstadtbevölkerung, religiöser Hintergrund etc.) an (vgl. auch Biller, 1981b).

Die Studien von Hetherington (1972), Hetherington & Parke (1979) sowie von Hainline & Feig (1978) unterstützen die Notwendigkeit differenzierter und komplexerer Studien, die den Einfluß des Vaters auf die Entwicklung seiner Tochter adäquat einschätzen lassen. Jedenfalls legen auch diese Ergebnisse nahe, daß Vaterabwesenheit und die damit einhergehende Veränderung einer Reihe von Rahmenbedingungen die Entwicklung der Tochter (wie die von Söhnen) beeinträchtigt.

10.5.4 Weitere Indikatoren für die geschlechtliche Identität

Eine Reihe von Untersuchungen stellt Ergebnisse dar, die als Hinweis auf eine gestörte Maskulinität bei vaterlosen Jungen interpretiert werden. Am häufigsten wird die Umkehr des Verhältnisses mathematischer zu verbalen Fähigkeiten, die wiederholt bei vaterlosen College-Studenten beobachtet wurde (vgl. oben), als Ausdruck einer mißlungenen Geschlechtsrollenentwicklung dargestellt. Dieser Schluß scheint jedoch beim gegenwärtigen Stand der Forschung nicht gerechtfertigt.

Ausgehend von dem Befund, daß Männer mehr eckige Formen und Frauen eher runde Formen bevorzugen, untersuchten Rogers und Long (1968) die Formpräferenzen von Kindern, deren Väter in unterschiedlichem Maße verfügbar waren. Sechs- bis 15jährige Jungen, deren Väter aus beruflichen Gründen mindestens sechs Monate im Jahr von zu Hause abwesend waren, bevorzugten die ,,männlichen" eckigen Formen in weitaus geringerem Maße als Jungen, deren Väter in Berufen tätig waren, die keine Abwesenheit von zu Hause erforderten. Diese erhöhte ,,Femininität" schien jedoch nur vorübergehend zu sein, da zwischen den erwachsenen Männern beider Gruppen keine diesbezüglichen Unterschiede festgestellt werden konnten. Longabaugh (1973) stellte fest, daß die Abwesenheit des Vaters per se keinen Einfluß auf den semantischen Stil des Sohnes hatte und dieser vielmehr von der Interaktionshäufigkeit zwischen Mutter und Sohn abhängig war. Je größer die Interaktionsrate zwischen Mutter und Sohn – diese Rate war in vaterlosen Familien höher als in vollständigen Familien – desto ,,femininer" war der semantische Stil des Sohnes.

10.5.5 Einflussfaktoren bei der Geschlechtsrollenentwicklung neben der Vaterabwesenheit per se

(a) Zeitpunkt der Vater-Kind-Trennung

Die Geschlechtsrollenentwicklung wird nach den Ergebnissen der meisten Untersuchungen von der frühen Vaterabwesenheit besonders beeinträchtigt; die Angaben über das Ende der ,,kritischen Periode" schwanken jedoch zwischen dem 2. Lebensjahr (D'Andrade, 1973), dem 4. Lebensjahr (Biller, 1969a, 1969b; Hetherington, 1974) und dem 5. Lebensjahr (Biller & Bahm, 1971). Im Gegensatz dazu stellten McCord, McCord & Thurber (1962) fest, daß das kritische Alter zwischen dem sechsten und zwölften Lebensjahr liege, während die Abwesenheit des Vaters vor dem sechsten Lebensjahr des Kindes einen geringen Einfluß auf seine Geschlechtsrollenentwicklung habe. Drake & McDougall (1977) konnten keine Unterschiede in der Geschlechtsrollenentwicklung in Abhängigkeit vom Zeitpunkt der Vater-Kind-Trennung feststellen (vgl. auch S. 337).

(b) Verfügbarkeit von Surrogaten

Während Drake & McDougall (1977) zu dem Schluß kommen, daß die Verfügbarkeit eines Vaterersatzes keine maßgebliche Rolle zu spielen scheint, stellte eine Reihe anderer Forscher fest, daß die Anwesenheit eines älteren Bruders oder einer anderen männlichen Bezugsperson in der Familie die Abwesenheit des Vaters im Hinblick auf die Geschlechtsrollenentwicklung weitgehend ausgleichen konnte (Santrock, 1970; Wohlford, Santrock, Berger et al., 1971) (vgl. auch S. 329ff. und S. 338).

(c) Sozioökonomische Schicht

Obwohl bekannt ist, daß die Geschlechtsrollentypisierung bei der Kindererziehung in der Unterschicht ausgeprägter ist als in den oberen Schichten und geschlechtsspezifische Unterschiede mit zunehmendem Bildungsniveau abnehmen (Kagan, 1964; Kohlberg, 1967; Maccoby, 1966), existieren keine Untersuchungen, die die Wirkungen der Vaterabwesenheit auf die Geschlechtsrollenentwicklung von Kindern unterschiedlicher Schichtzugehörigkeit miteinander vergleichen.

Carlsmith (1973) sieht in der sozioökonomischen Schicht noch aus anderen als den oben genannten Gründen eine wesentliche Moderatorvariable in bezug auf die Auswirkungen der Vaterabwesenheit: Sie stellte fest, daß Studenten aus der Mittelschicht, die in der frühen Kindheit vorübergehend vom Vater getrennt waren, einen kognitiven Stil und Interessen zeigten, die in unserer Kultur mit der weiblichen Rolle assoziiert sind. Die Studenten schienen jedoch mit ihrer Rollenidentität zufrieden und zeigten keine diesbezüglichen Konflikte und Ängste. Carlsmith vermutet, daß „feminine" Studenten deshalb keine Schwierigkeiten haben, weil „weibliche" Züge (soziale, ästhetische Interessen, verbale Fähigkeiten) in der Mittelschicht sowie in intellektueller/akademischer Umgebung hoch geschätzt werden.

Im Gegensatz dazu kann eine erhöhte „Femininität" von Jungen in einer anderen Umwelt zu schweren Konflikten führen. So untersuchten Rohrer & Edmonson (1960) delinquente Jugendliche aus vaterlosen Familien, die bei gleichzeitigem Vorhandensein femininer Züge hyperviriles Verhalten an den Tag legten und jede Form von Femininität ablehnten. Ihr Bedürfnis, feminine Züge zu kompensieren bzw. überzukompensieren, wird nach Ansicht von Carlsmith in Anbetracht der spezifischen Einstellungen und Werthaltungen der Unterschicht, aus der sie kamen, verständlich.

(d) Kulturelle Unterschiede

Ein Einfluß der Abwesenheit des Vaters auf die Geschlechtsrollenentwicklung seines Sohnes wurde sowohl bei weißen (Drake & McDougall, 1977; Hetherington, 1974) als auch bei schwarzen Kindern (Badaines, 1973; D'Andrade, 1973; Hetherington, 1974) und Mexiko-Amerikanern (Badaines, 1973; LeCorgne & Laosa, 1976) beobachtet. Obwohl keine Unterschiede in Abhängigkeit von der rassischen und ethnischen Zugehörigkeit der Kinder als Ergebnis eines direkten Vergleichs berichtet wurden, macht die Replikation einer Studie über die Auswirkungen der Vaterabwesenheit in einem anderen Kulturraum wahrscheinlich, daß es solche Unterschiede gibt. Ancona, Cesa-Bianchi & Bocquet (1964) wiederholten die Untersuchung von Lynn & Sawrey (1959) über die Effekte der Abwesenheit des Vaters auf norwegische Seemannskinder bei Genueser Seemannsfamilien. Die norwegische Untersuchung hatte ergeben, daß die Jungen weniger reif und unabhängig waren, mit

Auf der Suche nach einer Erklärung für die Trennung der Eltern (und für die dadurch bedingte Vaterabwesenheit) geben Kinder oft sich selbst die Schuld. Sie haben vermindertes Vertrauen zu sich selbst wie zu anderen.

instabiler Geschlechtsidentität und Hinweisen auf „kompensatorische Männlichkeit".

In der italienischen Untersuchung konnten dagegen keine Unterschiede zwischen Experimental- und Kontrollgruppe in bezug auf maskuline Identität gefunden werden; die Jungen, deren Väter ständig anwesend waren, wurden sogar als abhängiger und behüteter eingeschätzt als die Seemannskinder, deren Väter oft monatelang nicht zu Hause waren. Die Autoren der italienischen Untersuchung führen die Widersprüchlichkeit der Ergebnisse trotz sorgfältiger Replikation auf die unterschiedlichen kulturellen und sozialen Einflüsse zurück, denen Mütter in Norwegen bzw. in Italien ausgesetzt sind. Das Verhalten der Mutter wird also letztlich als wichtigerer Faktor betrachtet als die Abwesenheit des Vaters per se.

(e) Einfluß der Mutter

Es gibt Hinweise darauf, daß die Mutter durch Ermutigung männlichen Verhaltens bei ihrem Sohn die Abwesenheit des Vaters zumindest teilweise kompensieren kann (Biller, 1969a, 1969b; Biller & Bahm, 1971; D'Andrade, 1973); es erscheint jedoch auch möglich, daß die Effekte der Vaterabwesenheit auf die Geschlechtsrollenentwicklung des Jungen erst durch die Mutter vermittelt werden: So stellte Longabaugh (1973) fest, daß die Abwesenheit des Vaters mit einer Veränderung des Verhaltens der Mutter gegenüber ihren Söhnen, nicht jedoch gegenüber ihren Töchtern verbunden ist. Im Vergleich zu den Verhältnissen in vollständigen Familien ist die Interaktionsrate zwischen Mutter und Sohn in einem vaterlosen Haushalt wesentlich höher; und je höher die Interaktionsrate, desto femininer ist der semantische Stil des Sohnes. Andererseits konnten Meijer & Himmelfarb (1984) bei einer kleinen Gruppe vaterloser Jugendlicher feststellen, daß die Mädchen, nicht jedoch die Jungen, ihre Mütter signifikant häufiger als weniger hilfsbereit einstuften als eine Vergleichsgruppe aus vollständigen Familien (vgl. Sander & Isselstein, 1981).

10.6 Vaterabwesenheit und Verhaltensauffälligkeiten bei Kindern

10.6.1 Vorüberlegungen

Die Vermutung, daß die Abwesenheit des Vaters zu Störungen in der psychosozialen Entwicklung des Kindes führen könnte, hat man im wesentlichen auf zwei Wegen empirisch untersucht. Die erste Vorgehensweise besteht darin, daß man zwei Versuchspersonengruppen zusammenstellt, die sich (möglichst) nur im Hinblick auf die Variable Vateranwesenheit bzw. Vaterabwesenheit unterscheiden, und dann die Vorkommenshäufigkeit bestimmter Verhaltensauffälligkeiten in beiden Gruppen miteinander vergleicht.

Die andere Methode geht von einer Gruppe (oft erwachsener) Versuchspersonen aus, in der bestimmte Verhaltensstörungen bereits manifest sind, und untersucht die Vorkommenshäufigkeit von Vaterabwesenheit in dieser Gruppe.

Das zentrale Problem bei der zweiten Vorgehensweise ist die Auswahl einer Kontrollgruppe, die möglichst repräsentativ für die allgemeine Bevölkerung sein und sich in bezug auf eine Reihe als wesentlich erkannter Variablen (Alter, Schicht, etc.) nicht zu stark von der untersuchten Gruppe unterscheiden sollte.

Die Frage adäquater Vergleichs- und Kontrollgruppen ist in den wenigsten Untersuchungen über die Vorkommenshäufigkeit elterlichen Verlusts in Patientenpopulationen zufriedenstellend gelöst worden, so daß viele der diesbezüglichen Ergebnisse mit Skepsis aufzunehmen sind (Gregory, 1958; Herzog & Sudia, 1973, Kadushin, 1970).

Eine weitere Schwierigkeit bei der Einschätzung und Interpretation der Ergebnisse resultiert daraus, daß die meisten Untersuchungen als Indikator für das Vorliegen einer psychischen Störung den Umstand verwenden, daß eine Person in psycholgischer/psychiatrischer Behandlung und/oder in einer entsprechenden Institution untergebracht ist.

Sofern es sich bei den untersuchten Personen um Kinder und Jugendliche handelt, kann die wiederholt festgestellte Überrepräsentation von vaterlos Heranwachsenden in Patientengruppen nicht nur auf die negativen Auswirkungen der Vaterabwesenheit zurückgeführt werden, sondern auch darauf, daß sich alleinerziehende Mütter bei auftretenden Problemen eventuell eher um Hilfe von außen bemühen als Frauen, die mit der Unterstützung ihres Mannes rechnen können.

Es ist auch denkbar, daß die Entscheidung über die Überweisung eines Kindes zu einer psychologischen/psychiatrischen Behandlung durch außerfamiliäre Agenten (Gericht, Jugendamt, Schule etc.) – ähnlich wie im Falle jugendlicher Delinquenz – durch die Kenntnis der familiären Verhältnisse des Kindes mitbestimmt wird, so daß ein vaterloses Kind a priori als behandlungsbedürftiger eingeschätzt wird als ein Kind aus vollständiger Familie.

10.6.2 Psychosoziale Entwicklung bei nicht als auffällig klassifizierten Kindern und Jugendlichen

Kinder und Jugendliche, die ohne Vater aufwuchsen, waren in ihrer psychosozialen Entwicklung beeinträchtigt (Baggett, 1967; Cortes & Fleming, 1968; Oshman & Manosevitz, 1976), sie waren psychisch labiler (Santrock, 1970)

Lassen sich die Auswirkungen der Vaterabwesenheit auf die Kinder durch die (alleinerziehende) Mutter kompensieren?

Diese Frage wird während der letzten Zeit häufig gestellt. Die Antwort darauf ist: Unter bestimmten Voraussetzungen kann die (alleinerziehende) Mutter die Anpassung des Kindes an die durch die Vaterabwesenheit entstandene neue Situation zwar erleichtern, eventuell aber auch erschweren; eine vollständige Kompensation der Folgen von Vaterabwesenheit läßt sich jedoch allein durch die Mutter nicht erreichen.

Wie Studien aus der Scheidungsforschung bestätigen, geht der Verlust des Vaters in der Regel mit Veränderungen im Gesamtsystem Familie einher: Es herrscht nahezu einmütig die Meinung vor, daß die finanzielle Belastung bzw. der finanzielle Abstieg und die damit verbundenen Änderungen des Lebensstils nach einer Scheidung einen entscheidenden Faktor für die Gesamtproblematik darstellen (Price-Bonham & Balswick, 1980). Kogelschatz, Adams & Tucker (1972) vertreten die Auffassung, daß die häufig zitierten Charakteristika vaterloser Familien weniger auf den Faktor „vaterlos" zurückzuführen sind, sondern vielmehr mit dem niedrigen sozioökonomischen Status der untersuchten Familien zusammenhängen (vgl. auch Colletta, 1979; Desimone-Luis, O'Mahoney & Hunt, 1979; Ferri, 1976; Fthenakis, Niesel & Kunze, 1982). In vielen Fällen geht ein Vaterverlust wegen einer Scheidung mit einem Wohnwechsel und damit eng verbunden mit einem teilweisen Verlust der Verwandtschaft, des Freundeskreises und oft einem Schulwechsel einher. Obwohl noch nicht entschieden ist, ob die Beeinträchtigung der kindlichen Entwicklung infolge der Vaterabwesenheit allein auf den Vaterverlust zurückzuführen ist oder ob dabei unzureichende finanzielle und emotionale Unterstützung durch die Mutter die Störungen in der Entwicklung des Kindes verursacht, spricht vieles dafür, daß letzteren Faktoren große Bedeutung beizumessen ist. Sander & Isselstein (1982) stellten fest, daß bestimmte Situations- (z. B. Wohnort) und Persönlichkeitsmerkmale (z. B. Alter oder Familienstand der Mutter) die Wahrscheinlichkeit dafür erhöhen, daß die Situation als alleinerziehende Mutter als besonders belastend wahrgenommen wird. Die Problemwahrnehmung kann als Indiz für die psychologische Bewältigung der Problemsituation gelten, welche wiederum das Erziehungsverhalten und damit die Entwicklung der Kinder maßgeblich beeinflußt.

Studien zur Mutter-Kind-Beziehung haben bislang den Einfluß, den die Mutter auf die Entwicklung des Kindes ausübt, gut dokumentiert. Bei Kindern ohne Vater wird dieser Einfluß besonders wichtig. Pedersen (1966) fand, daß Zusammenhänge zwischen emotionalen Störungen bei Kindern und der Abwesenheit des Vaters bestehen. Zugleich ergab sich aber, daß Mütter vaterabwesender Kinder in einem stärkeren Ausmaß ebenfalls emotionale Störungen aufwiesen als Mütter von nicht emotional gestörten Kindern. Biller (1981b) schließt daraus, daß psychisch gesunde Mütter der Abwesenheit des Vaters und ihren Auswirkungen entgegensteuern können. Andere Studien konnten zeigen, daß mütterliches Verhalten in Familien mit abwesendem Vater für die Entwicklung geschlechtsrollenspezifischen Verhaltens bei Jungen besonders wichtig ist: Die Mutter kann durch Ermunterung von maskulinem Verhalten bei ihrem Sohn dessen Geschlechtsidentifikation erleichtern. Boss (1977) zeigte, daß die Bereitschaft der (alleinerziehenden) Mutter, die Vaterabwesenheit als Realität zu akzeptieren, zur emotionalen Gesundheit der Familie beiträgt. Andere wiederum fanden Zusammenhänge zwischen Ich-Stärke der Mutter und Angepaßtheit vaterloser Kinder im Erwachsenenalter (Hilgard, Neumann & Fisk, 1960). Biller & Bahm (1971) stellten fest, daß die Abwesenheit des Vaters vor dem fünften Lebensjahr des Jungen stärkere Auswirkungen auf dessen maskuline Entwicklung hat als eine Abwesenheit des Vaters nach diesem Zeitpunkt. In ihrer Studie stellten Biller & Bahm fest, daß das Ausmaß der Ermunterung zu männlichem Verhalten durch die Mutter stark mit der Männlichkeit von Jungen in der High-School korrelierte, die vor dem fünften Lebensjahr ihren Vater verloren hatten. Ein effektives mütterliches Verhalten kann die Anpassung des Kindes an die vaterabwesende Familiensituation also erleichtern.

Einige Autoren vertreten die Ansicht, Überbehütung durch die Mutter sei eine häufige Begleiterscheinung der Vaterabwesenheit. Dabei ist ein jüngeres Kind eher einer mütterlichen Überbehütung ausgesetzt als ein älteres mit außerfamiliären Kontakten. Stoltz (1954) und Tiller (1958) fanden, daß Jungen, deren Väter abwesend sind und die von ihren Müttern überbehütet werden, in ihrer Männlichkeit beeinträchtigt sind. Auch bei Biller (1974c) ergab sich, daß Mütter von Jungen, deren Väter abwesend sind, unabhängiges und aggressives Verhalten weniger ermutigen als Mütter, deren Ehemänner anwesend sind. Biller (1981a) erwähnt, daß die intensive Beziehung zwischen Mutter und Sohn bei Abwesenheit des Vaters zu Schwierigkeiten in heterosexuellen Beziehungen des Sohnes beiträgt und in der Entwicklungsgeschichte der Homosexualität oft angetroffen wird.

Es besteht weitgehend Übereinstimmung darüber, daß die Qualität der Mutter-Kind-Beziehung und die Art der mütterlichen Fürsorge in Familien mit einer alleinerziehenden Mutter von entscheidender Bedeutung für die Entwicklung des Kindes ist. Als eine der wesentlichsten Variablen erwies sich dabei die Einstellung der Mutter zum abwesenden Vater und das Vaterbild, das sie ihrem Kind vermittelt (Kopf, 1970; Wylie & Delgado, 1959). So korrelierte z.B. Unangepaßtheit in der Schule in der Studie von Kopf (1970) mit dem negativen Vaterbild, das die Mütter ihren Söhnen vermittelten. Biller (1981a) ist der Meinung, daß dann, wenn der Grund für die Abwesenheit des Vaters die Persönlichkeit des Kindes beeinflußt, dieser Effekt durch die Mutter vermittelt werde. Eine negative Bewertung des Vaters erfolgt häufig in mutterzentrierten Familien. Solche Familien sind häufiger in der unteren sozialen Schicht vertreten, und sie sind typisch für schwarze amerikanische Familien der Unterschicht. Mütterliche Einstellungen, welche Männlichkeit und Männer betreffen, bilden einen bedeutenden Teil der Mutter-Sohn-Beziehung, und sie sind zu einem großen Teil dafür entscheidend, ob dem Sohn in der vaterlosen Familie Bedingungen geboten werden, die seine weitere Entwicklung erleichtern oder erschweren.

und ängstlicher (Koch, 1961; Stoltz, 1954) als Kinder aus vollständigen Familien und hatten geringeres Vertrauen in sich selbst wie in andere (Oshman & Manosevitz, 1976). Eberhardt & Schill (1984) zeigten, daß weibliche Jugendliche der Unterschicht, die ihren Vater vor dem Alter von fünf Jahren verloren hatten, ein signifikant größeres Bedürfnis nach sozialer Anerkennung hatten als eine Vergleichsgruppe, die erst nach dem fünften Lebensjahr ohne Vater aufwuchs. Vaterlose Jungen kommen mit Gleichaltrigen schlechter zurecht und waren unter ihnen weniger beliebt (Leiderman, 1953; Miller, 1961; Mitchell & Wilson, 1967; Stoltz, 1954; Tiller, 1958); als Erwachsene werden sie mit größerer Wahrscheinlichkeit als Jungen aus vollständigen Familien einen Psychologen konsultieren (Gregory, 1965a, 1965b) und Schwierigkeiten in der Ehe haben (Gurin, Veroff & Feld, 1960; Langner & Michael, 1963; Pettigrew, 1964; Rohrer & Edmonson, 1960). Vaterlose Mädchen hatten in der Jugend Schwierigkeiten im Umgang mit dem anderen Geschlecht (Hetherington, 1972) und als Erwachsene bei der Aufnahme befriedigender sexueller Beziehungen (Jacobson & Ryder, 1969).

Die Auswirkung der Abwesenheit des Vaters auf die psychosoziale Entwicklung wird natürlich (siehe auch oben) durch eine Reihe von Faktoren modifiziert: So stellte Santrock (1970) fest, daß Kinder, die während der ersten zwei Lebensjahre von ihrem Vater getrennt lebten, in ihrer psychosozialen Entwicklung stärker beeinträchtigt waren als Kinder, die ihre Väter erst später verloren. Da die Kinder, die während der ersten zwei Lebensjahre von ihrem Vater getrennt wurden, gleichzeitig die mit der längsten Trennungsdauer sind, können die gefundenen Unterschiede jedoch ebenso gut auf die Dauer der Vaterabwesenheit wie auf eine kritische Phase zurückgeführt werden.

Während Santrock (1970) keine Unterschiede in der psychosozialen Entwicklung von zehn- bis zwölfjährigen Jungen in Abhängigkeit von der Ursache der Abwesenheit des Vaters feststellen konnte, fand Baggett (1967), daß die psychosoziale Anpassung von Studenten, deren Eltern geschieden waren, schlechter war als die von Studenten, deren Vater gestorben war; beide Gruppen erwiesen sich als schlechter angepaßt als Studenten aus vollständigen Familien.

Auch bei den Studentinnen ergab sich eine schlechtere psychosoziale Anpassung im Zusammenhang mit einer Abwesenheit des Vaters; Unterschiede in Abhängigkeit von der Trennungsursache konnte Baggett bei den weiblichen Probanden jedoch nicht feststellen.

Oshman und Manosevitz (1976) verglichen Studenten aus vollständigen Familien mit Studenten aus Familien ohne Vater oder Vaterersatz und Studenten aus Stiefvaterfamilien. Sowohl Studenten, die mit ihrem Vater, als auch Studenten, die mit ihrem Stiefvater zusammenlebten, schnitten in einem Test zur Erfassung der psychosozialen Entwicklung besser ab als die Studenten ohne Vater/Vaterersatz.

10.6.3 Manifeste Störungen der psychosozialen Entwicklung

(a) Manifestationen im Kindes- und Jugendalter

In Verbindung mit der Abwesenheit des Vaters wurden wiederholt Verhaltens- und Persönlichkeitsstörungen bei Kindern und Jugendlichen diagnostiziert (Caplan & Douglas, 1969; Garbower, 1959; Gregory, 1965a, 1965b; Hardy, 1937; Holman, 1953; Layman, 1960; Palmer, 1960; Redding, 1971; Risen, 1939; Rowntree, 1955; Russell, 1957; Rutter, 1966; Seplin, 1952; Trunnell, 1968; Tuckman & Regan, 1966; Wylie & Delgado, 1959).

Kinder aus geschiedenen oder getrennten Ehen kommen meist wegen Schulproblemen, Aggressivität und antisozialen Verhaltensweisen in Behandlung, während Kinder von Witwen an Ängsten und Depressionen leiden (Caplan & Douglas, 1969; Tuckman & Regan, 1966). Rubenstein (1980) konstatiert: Je früher die Scheidung stattgefunden hat, desto größer ist die Wahrscheinlichkeit für das Kind, daß es auch als Erwachsener Gefühle der Einsamkeit und niedrige Selbsteinschätzung aufweist.

Pedersen (1966) fand zwar keine Unterschiede zwischen auffälligen und nicht-auffälligen Kindern in bezug auf die Vorkommens*häufigkeit* von Abwesenheit des Vaters, stellte jedoch einen Zusammenhang zwischen der Schwere der Störung und der *Dauer* der Vaterabwesenheit fest. Auch Trunnell (1968) fand, daß die Schwere der Psychopathie bei ambulant behandelten Kindern in Abhängigkeit von Dauer und Zeitpunkt der Abwesenheit des Vaters variiert. Je länger der Vater abwesend war und je jünger das Kind zum Zeitpunkt der Trennung war, desto gravierender waren die Störungen des Kindes.

Nach Garbower (1959) stand auch bei wiederholter vorübergehender Abwesenheit des Vaters der Grad der psychischen Störung des Kindes in Zusammenhang mit deren Häufigkeit und jeweiliger Dauer.

Auf die Effekte der die Vaterabwesenheit moderierenden Rolle der Mütter weist eine Untersuchung von Wylie und Delgado (1959) hin. Die Autoren stellten fest, daß Mütter von vaterlosen Jungen, die wegen aggressiver Verhaltensstörungen und Schulschwierigkeiten in Behandlung kamen, eine besondere Art von Beziehung zu ihren Söhnen hatten: Sie behandelten den Sohn wie den früheren Ehemann, über den sie gleichzeitig sehr abwertend sprachen; die Mutter-Sohn-Beziehung war stark sexualisiert (über die Hälfte der 20 untersuchten Jungen schlief mit der Mutter in einem Bett).

Im Kontrast zu den übrigen Befunden stehen die Ergebnisse von Kagel, White & Coyne (1978), die 48 Jungen zwischen 12 und 15 Jahren untersuchten. Die Hälfte der Jugendlichen war als psychisch gestört klassifiziert worden, und sowohl in der Gruppe der „gestörten" Jungen als auch in der Gruppe der „nicht-gestörten" Jungen stammte jeweils die Hälfte aus vollständigen bzw. vaterlosen Familien.

Entgegen ihren Annahmen stellten die Autoren fest, daß Verhaltensstörungen bei Jungen aus vaterlosen Familien in keiner Beziehung zur negativen Charakterisierung des Vaters durch die Mutter oder zur Einschränkung der Autonomiebestrebungen des Sohnes durch die Mutter standen; ebenso stützten die Ergebnisse nicht die Hypothese, daß die spezifischen Bedingungen einer vaterlosen Familie einen Faktor in der Entwicklung pathologischen Verhaltens bei Jugendlichen darstellen.

Es wurde vielmehr festgestellt, daß Verhaltensstörungen bei männlichen Jugendlichen sowohl aus vollständigen als auch aus unvollständigen Familien in Zusammenhang standen mit weniger warmen, unterstützenden und expressiven Familienbeziehungen, mit einer geringeren Orientierung der Familie in Richtung auf eine Förderung der persönlichen Entwicklung und mit weniger erfolgreicher Teilnahme an außerfamiliären Aktivitäten.

(b) Untersuchungen zum Erwachsenenalter

Untersuchungsergebnisse, die für, wie solche, die gegen einen Zusammenhang zwischen psychischer Erkrankung im Erwachsenenalter und Abwesenheit des Vaters in der Kindheit sprechen, halten sich die Waage.

Birtchnell (1970a, 1970b, 1970c), Grandville-Grossman (1966), Gregory (1965a, 1965b, 1966), Hopkinson & Reed (1966), Hudgens (1967), Morrison, Hudgens & Barchha (1968), Munro (1966), Pitts, Meyer, Brooks et al. (1965), Robins (1966), Schofield & Balian (1959) und Waring & Ricks (1965) konnten alle keine signifikante Beziehung zwischen dem Aufwachsen in einem vaterlosen Haushalt und späteren Manifestationen psychischer Störungen feststellen.

In anderen Studien wurden dagegen überdurchschnittlich hohe Raten von Vaterabwesenheit in der Kindheit bei Patienten mit ausgeprägten Persönlichkeitsstörungen (Oltman & Friedman, 1967) und bei Drogensüchtigen (Dennehy, 1966; Oltman & Friedman, 1967; Rosenberg, 1969) festgestellt, ebenso bei Alkoholikern (Dennehy, 1966; Rosenberg, 1969), Neurotikern (Ingham, 1949; Madow & Hardy, 1947; Norton, 1952) und Schizophrenen (DaSilva, 1963; Dennehy, 1966; Oltman, McGarry & Friedman, 1952; Wahl, 1954). Auch unter Personen, die wegen eines Selbstmordversuchs in eine Klinik eingewiesen wurden, soll die Abwesenheit des Vaters in der Kindheit überdurchschnittlich häufig vorgekommen sein (Bruhn, 1962; Gay & Tonge, 1967; Robins, Schmidt & O'Neal, 1957), ebenso bei Patienten mit Depressionen (Beck, Sehti & Tuthill, 1963; Brown, 1961; Dennehy, 1966; Haworth, 1964; Hill & Price, 1967; Keeler, 1954): Die Wahrscheinlichkeit einer depressiven Erkrankung scheint besonders groß bei einem Verlust des Vaters zwischen dem zehnten und fünfzehnten Lebensjahr (Brown, 1961; Dennehy, 1966; Hill & Price, 1967; Munro, 1966) und/oder durch Trennung oder Scheidung der Eltern (Brill & Liston, 1966).

Hill und Price (1967) sahen die Interpretation des Zusammenhangs zwi-

In allen Altersgruppen sind Aggression und Angst vor Aggression häufige Reaktionen auf eine Trennung der Eltern.

schen Abwesenheit des Vaters in der Kindheit und Depressionen im Erwachsenenalter allerdings durch den Umstand erschwert, daß die Väter der von ihnen untersuchten über 100 depressiven Patienten durchgehend älter waren als die der Vergleichsgruppe. Dennehy (1966), die ebenfalls ein im Vergleich zu den Verhältnissen in der Gesamtpopulation erhöhtes Durchschnittsalter der Eltern von psychiatrischen Patienten ermittelte, kam jedoch nach sorgfältiger Analyse der Daten zu dem Schluß, daß das häufigere Vorkommen vom Verlust eines oder beider Elternteile in der Patientenpopulation nicht auf das höhere Alter ihrer Eltern zurückzuführen sei.

Gegen diese Annahme spricht auch das Muster komplexer Beziehungen, das Dennehy (1966) zwischen Erkrankungsart, Geschlecht des in der Kindheit verlorenen Elternteils und Geschlecht des Patienten feststellte: So gab es in der Patientenpopulation einen Überschuß an männlichen depressiven Patienten, die ihre Mutter, und an weiblichen depressiven Patienten, die ihren Vater verloren hatten; Schizophrene beiderlei Geschlechts hatten überdurchschnittlich oft die Mutter vor dem fünften Lebensjahr verloren, und unter den männlichen Schizophrenen war der Verlust des Vaters zwischen dem fünften und dem zehnten Lebensjahr ungewöhnlich häufig; bei den männlichen Alkoholikern zeigte sich ein signifikant häufigeres Vorkommen von Verlust beider Elternteile, bei den weiblichen Alkoholikern von Verlust der Mutter; männliche Drogensüchtige hatten überzufällig oft den Vater, weibliche Drogensüchtige besonders häufig die Mutter verloren.

Derart komplexe Zusammenhänge lassen vermuten, daß die Beziehung zwischen Vaterabwesenheit und Erkrankungsrisiko im Erwachsenenalter durch eine Vielzahl bislang unbekannter Variablen modifiziert wird. Eine Untersuchung von Huttunen und Niskanen (1978) soll wegen ihrer Einzigartigkeit am Schluß noch ausführlich erwähnt werden. Die Autoren untersuchten, welchen Einfluß die Abwesenheit des Vaters schon vor der Geburt des Kindes auf dessen weitere Entwicklung haben kann. Im Finnischen Bevölkerungsregister für die Jahrgänge 1925 bis 1957 wurden 167 Fälle entdeckt, in denen die Väter vor der Geburt des Kindes gestorben waren (Indexgruppe); eine in bezug auf Sozialschicht, Geschlecht des Kindes und Alter der Mutter bei Schwangerschaft parallelisierte Kontrollgruppe umfaßte 168 Personen, deren Väter während des ersten Lebensjahres der Kinder gestorben waren. Huttunen und Niskanen stellten fest, daß das Vorkommen von Alkoholismus und Persönlichkeitsstörungen in beiden Gruppen überdurchschnittlich hoch war; darüber hinaus ergab sich, daß die Zahl der als schizophren diagnostizierten Patienten und die Zahl der delinquent gewordenen Personen in der Indexgruppe signifikant höher war als in der Kontrollgruppe. Diese Ergebnisse legen nach Ansicht der Autoren nahe, daß vor allem während des dritten und fünften und des letzten Schwangerschaftsmonats mütterlicher Streß (aufgrund des Todes des Ehemannes) das Risiko des Kindes für eine spätere psychische Erkrankung erhöht.

10.7 Kritik und Ausblick

10.7.1 Kritik

Vielen der referierten Studien wurden methodische Unzulänglichkeiten vorgeworfen (Biller, 1968, 1971; Blanchard & Biller, 1971; Fthenakis, Niesel & Kunze, 1982; Hetherington, 1966, 1972; Hetherington, Cox & Cox, 1978; Thomas, 1980, 1983): Sie haben die Stichproben vateran- und vaterabwesender Kinder als homogen betrachtet, und nur wenige Studien haben die Faktoren, die die Auswirkungen der Vaterabwesenheit mitbedingen, hinreichend differenziert berücksichtigt. In vielen Studien, in denen die Scheidung Ursache für die Vaterabwesenheit war, wurde das Ausmaß und die Qualität der Beziehung des Kindes zu seinem nichtsorgeberechtigten Vater nicht berücksichtigt (Abarbanel, 1979; Biller & Meredith, 1974; Fthenakis, 1982; Fthenakis, Niesel & Kunze, 1982; Greif, 1979; Hetherington, Cox & Cox, 1978, 1982; Wallerstein & Kelly, 1980a). Thomas (1980, 1983, S. 173) hat die Konsequenzen, die sich aus einer kritischen Analyse der Studien zur Vaterabwesenheit ergeben, zusammengefaßt und folgendes angeregt: (1) ,,Beseitigung der terminologischen Ungenauigkeiten (Vaterlosigkeit, -abwesenheit, -verlust, -trennung, -entbehrung und andere Schlüsselbegriffe müssen auf ihren Aussage- und Bedeutungsgehalt hin untersucht und für eine eindeutige wissenschaftliche Verwendung aufbereitet werden . . .)"; (2) ,,Explikation der theoretischen Grundlagen (Viele Ungenauigkeiten, mißverständliche Interpretationen und Restriktionen hinsichtlich der Gültigkeit der Untersuchungsbefunde ließen sich bei einer klareren theoretischen Konzeption der Untersuchungsansätze vermeiden.)"; (3) ,,Explorative, hypothesengenerierende Forschungen sind vorrangig (Nicht die Feststellung von Defiziten ist ein Forschungsdesiderat, sondern die sorgfältige Beobachtung von Verlaufs- und Veränderungsprozessen zwischen Mutter und Kind bei der Mutter und beim Kind nach Verlust des Vaters und die explorative Erfassung der Erlebnisse, Kognitionen und Emotionen nach dem Vaterverlust.)"; (4) ,,Grundlagenforschung und angewandte Forschung sind gleichermaßen bedeutsam" und (5) die kulturelle Bedingtheit der Vaterrolle müsse in den Untersuchungen angemessen berücksichtigt werden (vgl. auch Eisikovits & Wolins, 1983). In den meisten Studien zur Vaterabwesenheit wurde die Perspektive des Kindes und insbesondere eine systematische Analyse der Reaktionen des Kindes auf die Trennung der Eltern weitgehend vernachlässigt. Erst in den letzten Jahren hat man angefangen, die Reaktionen des Kindes auf die Trennung der Eltern zu untersuchen und die kindliche Perspektive stärker zu berücksichtigen (Hetherington, Cox & Cox, 1976, 1978, 1982; Longfellow, 1979; Luepnitz, 1982; Wallerstein & Kelly, 1980a). Da diese Studien eine neue Forschungsperspektive in der Erforschung der Konsequenzen der Elterntrennung und der (in der überwiegenden Mehrzahl der Fälle) damit einhergehenden Vaterabwesenheit eröffnen, werden die wichtigsten Ansätze und Studien auf den Seiten 368f. kurz erörtert. Insgesamt bietet die Scheidungsforschung einen thematisch zentralen Aspekt, an dem heute die Auswirkungen der Vaterabwesenheit gezielter als bisher untersucht werden können.

Erstaunen muß, daß gerade psychologische Untersuchungen der Vaterabwesenheit sich fast ausschließlich am Kriterium der *physischen Abwesenheit* orientierten, den Umstand der *psychischen* Präsenz des Vaters (vgl. etwa Grando, 1973; Grando & Ginsberg, 1976; Kosche, 1978, nach Lemm, 1984) hingegen weitestgehend vernachlässigt haben. Dies paßt jedoch in das insgesamt vorliegende Bild, nachdem qualitative Aspekte der Vater-Kind-Beziehung zugunsten quantitativer Aspekte nicht nur in der Forschung, sondern auch in der Administration und in der Jurisprudenz zurückgestellt werden. Eine mangelnde Kontrolle der Variable ,,psychische Präsenz des Vaters" bei Untersuchungen von Vaterabwesenheit mit Kontrollgruppendesign könnte einen Teil der Heterogenität der Ergebnisse erklären. Umgekehrt scheint es gerade für sozialplanerische Maßnahmen wichtig, Ergebnisse aus differenzierteren Untersuchungen qualitativer Variablen der Vater-Kind-Beziehung zu erhalten, etwa im Zusammenhang mit Regelungen des Umgangsrechts für den nichtsorgeberechtigten Elternteil (zumal dies in der Mehrzahl der Fälle immer noch die Väter sind).

Trotz der massiven Kritik an den Studien, die sich mit den Auswirkungen der Vaterabwesenheit befaßt haben, darf jedoch nicht übersehen werden, daß die wenigen kontrollierten Studien, die auf diesem Gebiet in der letzten Zeit durchgeführt wurden, im wesentlichen – trotz ihrer methodischen Mängel – die Ergebnisse der klassischen Vaterdeprivationsforschung bestätigt haben (vgl. auch Lamb, 1981).

10.7.2 Ausblick

Es wurde bereits angedeutet, daß die Scheidungsforschung der letzten Jahre neue Möglichkeiten zur Untersuchung der Effekte von Vaterabwesenheit eröffnet hat. Biller (1981b) weist in seinem Sammelreferat auf die Bedeutung des jeweiligen Kontextes hin, der als wesentlich für die Erfassung der Auswirkungen der infolge einer Scheidung eingetretenen Vaterabwesenheit angesehen wird, und erkennt hier eine Langzeitperspektive für die Vaterforschung. Sieht man die Ergebnisse der vorliegenden Studien (vgl. Fthenakis, 1982; Fthenakis, Niesel & Kunze, 1982), so darf diese Erwartung als realistisch eingeschätzt werden.

Andere neue Ansätze, die die Rolle des Vaters im familiären System zu erfassen versuchen, zeigen Wege auf, wie Forschungspläne entworfen werden können, die der Komplexität der familiären Interaktionsprozesse eher Rechnung tragen und damit auch den Veränderungen infolge einer Vaterabwesenheit. Dieses Vorgehen trägt zur Überwindung der bisher zumeist noch verwendeten monokausalen Erklärungsansätze bei und läßt andererseits die Auswirkungen der Vaterabwesenheit auch auf die übrigen Mitglieder der Familie besser einschätzbar werden. Inwieweit sich Vaterabwesenheit auf die Kinder auswirkt, läßt sich nicht allein aus der Feststellung ihres Ausmaßes ermitteln. Neben der Qualität der Vater-Kind-Beziehung, wie sie *vor* der Trennung bestand, erweist sich die Quantität und Qualität der Beziehung zwischen dem Kind und seinem nichtsorgeberechtigten Vater *nach* einer Trennung als wesentlicher Faktor für die Anpassung des Kindes an die Nachscheidungssituation. Gleichfalls entscheiden die Qualität der Mutter-Kind-Beziehung, der Organisationsstil der familiären Beziehung innerhalb der Restfamilie und eine Reihe von anderen Variablen mit darüber, ob und wie stark sich die Vaterabwesenheit negativ auf die Entwicklung des Kindes auswirkt.

Die Forschung konzentriert sich seit der Studie von Ferri (1976) verstärkt auf die Rahmenbedingungen (ökonomischer, ökologischer, kultureller Art) sowie auf die Bedeutung des sozialen Netzwerks, der Peers, des (in der Regel eintretenden) Orts- und Schulwechsels u.ä.m., die die Reorganisation der Familie und die Entwicklung des Kindes in nicht geringem Maße beeinflussen.

Als wesentlich gilt die Einsicht, daß eine Familie ohne Vater (wie eine solche ohne Mutter) nicht per se als defizitär für die betroffenen Familienmitglieder anzusehen ist. Vielmehr erweist sich das Fehlen bestimmter Konstellationen von Rahmenbedingungen als negativ für die Entwicklung der Familienmitglieder (Colletta, 1983; Goldstein, 1982; Gongla, 1982). Damit einher geht die Erkenntnis, daß unvollständige Familien andere Stile familiärer Organisation darstellen, die nicht in allen Fällen Gefahren für die kindliche Entwicklung bergen müssen. Die Einsicht gewinnt Raum, daß man komplexere und methodisch besser geplante Studien – insbesondere Längsschnittstudien – benötigt, die die Auswirkungen der Vaterabwesenheit im Laufe der Entwicklung des Kindes, aber auch bei allen anderen betroffenen Familienmitgliedern, zu erfassen erlauben. Auch nach Sander (1983) ist bei der Erforschung der Auswirkung von Vaterabwesenheit auf die Entwicklung der Kinder eine Abkehr von der Defizithypothese und die Hinwendung zu der Frage zu fordern, unter welchen Bedingungen eine ungefährdete Entwicklung von Kindern aus Ein-Eltern-Familien möglich ist (Sander & Isselstein, 1982). Dazu wäre es notwendig, den kognitiven Bewertungen und gefühlsmäßigen Reaktionsweisen in unterschiedlichen Erlebnisbereichen und den sozialen Interaktionsmustern und Bewältigungsstrategien von Müttern und Kindern größere Beachtung zu schenken, den Einfluß von Unterstützungs- und Belastungsfaktoren im ökologischen Raum zu erfassen und der Tatsache Rechnung zu tragen, daß der Partner- und Vaterverlust zu einer Krisensituation führt, die Prozeßcharakter hat. Dazu bedürfte es eines multikausalen Forschungsansatzes und komplexer Untersuchungsdesigns.

10.8 Zusammenfassung

Noch zu Beginn der siebziger Jahre stellten Studien zur Auswirkung der Abwesenheit des Vaters auf die kindliche Entwicklung *den* Schwerpunkt der Vaterforschung dar. Zunächst differenzierte man bei diesbezüglichen Arbeiten zwischen den Ursachen der Vaterabwesenheit, wie z. B. Scheidung, Tod, Beruf etc. oder in selteneren Fällen zwischen deren Formen, welche durch Faktoren wie Ausmaß, Dauer, Zeitpunkt des Beginns, Verfügbarkeit von Ersatzpersonen o. ä. bestimmt sind. In letzter Zeit setzte sich jedoch die Auffassung durch, daß An- bzw. Abwesenheit des Vaters als Kontinuum zu behandeln sei, und dementsprechend unterscheidet man nunmehr zwischen unterschiedlichen Graden der „Verfügbarkeit" des Vaters.

Aus methodischer Sicht ist gegen die vorliegenden Untersuchungen einzuwenden, daß der sozioökonomische Status der betreffenden Familien nur ungenügend kontrolliert wurde. Zudem handelt es sich meist um Querschnittstudien, und die Kriterien zur Ermittlung der Auswirkungen der Vaterabwesenheit sind oft nicht valide und einseitig auf die Erfassung kognitiver Leistungen ausgerichtet. Die moralische und psychosoziale Entwicklung sowie die Geschlechtsrollenidentifikation bilden weitere Schwerpunkte der Forschung.

Die Untersuchungen über die Effekte von Vaterabwesenheit auf die kognitive Entwicklung bilden dementsprechend den am klarsten strukturierten Forschungsbereich dieses Themenkreises. Generell hatte der Verlust des Vaters dann die negativsten Folgen für die Entwicklung der kindlichen kognitiven Fähigkeiten, wenn er durch Trennung oder Scheidung der Eltern bedingt war, in frühem Kindesalter einsetzte, von langer Dauer war und keine Ersatzperson zur Verfügung stand. Der Nachweis von Effekten der Vaterabwesenheit bei Kleinkindern ist jedoch schwieriger als bei älteren Kindern und diese Tatsache kann möglicherweise die Ergebnisse verzerren. Auch der sozioökonomische Status modifiziert die Effekte der Vaterabwesenheit. Kinder aus größeren Familien hatten stärker unter der Nicht-Verfügbarkeit des Vaters zu leiden, es sei denn ein Geschwisterkind gleichen Geschlechtes milderte den Verlust.

Die meisten Studien, die ein allgemeines Maß der intellektuellen Leistungsfähigkeit verwenden, kommen zu dem Ergebnis, daß Kinder aus vaterlosen Familien leistungsschwächer sind als Kinder aus vollständigen Familien. Bei vaterlos aufwachsenden männlichen Probanden zeigt sich häufig eine Umkehrung des geschlechtstypischen Verhältnisses von mathematischen zu verbalen Fähigkeiten.

Eine vorläufige Interpretation dieser Ergebnisse wurde im Rahmen unterschiedlicher theoretischer Ansätze versucht. Zum einen führt man das feminine Muster kognitiver Fähigkeiten von vaterlosen Jungen auf das Fehlen eines männlichen Modells zurück, welches den Aufbau einer angemessenen Rollenidentität behindere; zum anderen sieht man in einer „Angstinterferenz" die Ursache der Differenzen. Vaterlose Kinder stehen demnach unter stärkerem Streß, welcher mehr mit mathematischen als mit verbalen Fähigkeiten interferiert. Nach dem „Konfluenzmodell" von Zajonc & Markus (1975) ist der IQ aufgrund einer Punkteverteilung für das jeweilige „geistige Alter" jedes Familienmitgliedes negativ mit der Familiengröße korreliert. Der Verlust des Vaters wird aus dieser Perspektive als Ausfall eines Familienmitgliedes mit „hohem geistigem Alter" als äußerst negativ für die kognitive Entwicklung bewertet. Die Intelligenzdefizithypothese scheint in diesem Kontext nur insofern angebracht, als die Verfügbarkeit des Vaters möglicherweise dabei hilft, das intellektuelle Potential zu verwirklichen. Alle diese Modelle sind jedoch noch zu wenig differenziert, um die Effekte der Vaterabwesenheit auf die kognitive Entwicklung der Kinder grundlegend zu erklären.

Die meisten Untersuchungen über die Auswirkungen der Vaterabwesenheit auf die moralische Entwicklung des Kindes befassen sich mit den Ergebnissen einer offensichtlich fehlgelaufenen Entwicklung, der Delinquenz. Das liegt wohl hauptsächlich an der Schwierigkeit, subtilere Formen moralischen Verhaltens auf unterschiedlichen Entwicklungsstufen adäquat zu erfassen, was einen Vergleich der Ergebnisse zudem nahezu unmöglich macht. Des weiteren verhalten sich die Hauptaspekte moralischer Entwicklung – moralisches Verhalten, moralische Urteilsfähigkeit und moralische Gefühle – laut Santrock (1974) orthogonal, d.h. unabhängig voneinander, und Moralität zeigt eine starke Situationsabhängigkeit.

Grundsätzlich waren vaterlose Jungen in der Entwicklung moralischen Verhaltens weniger weit fortgeschritten als Jungen aus vollständigen Familien; sie konnten Versuchungen schlechter widerstehen und zogen die sofortige Belohnung einer größeren, aber zeitlich aufgeschobenen Befriedigung vor. Nach Einschätzung der Lehrer begingen sie auch häufiger Regelverletzungen in der Schule und verhielten sich aggressiver. Es gibt auch Belege dafür, daß vaterlos aufgewachsene Kinder Schwierigkeiten haben, langzeitige Verpflichtungen einzugehen, und man nimmt an, daß Vaterabwesenheit negativ mit der Gewissensentwicklung des Kindes korreliert. Auch das moralische Urteilsvermögen von vaterlosen Jungen war weniger weit entwickelt als das ihrer Altersgenossen aus intakten Familien; sie neigen zudem bei Regelverletzungen weniger zu Schuld- und Schamgefühlen. Inwieweit diese Ergebnisse auf vaterlose Mädchen generalisiert werden können, ist fraglich; zudem variieren sie mit der Ursache der Vaterabwesenheit: Jungen aus geschiedenen Ehen zeigen demnach einen höheren Grad an sozialer Abweichung und ein geringeres Maß an Selbstkontrolle als Jungen, deren Vater gestorben war. Da diese und weitere Hintergrundvariablen in den meisten diesbezüglichen Arbeiten nicht kontrolliert wurden, ist die Aussagekraft von Daten über den Zusammenhang von Vaterabwesenheit und moralischer Entwicklung beschränkt.

Zur theoretischen Interpretation der Ergebnisse wird ebenfalls die fehlende Möglichkeit zur Identifikation mit dem Vater, der ein unersetzbares Modell für Selbstkontrolle und für an Normen, Bestimmungen und Zeitpläne gebundenes Verhalten darstelle, herangezogen. Nach Hoffman (1971) hat die Abwesenheit des Vaters jedoch nur insofern eine Auswirkung auf die moralische Entwicklung des Kindes, als sie die Mutter-Kind-Interaktion verändert.

Bei der Geschlechtsrollenentwicklung kann man drei Aspekte unterscheiden: Orientierung, Bevorzugung und Übernahme. Daß sich die diesbezüglichen Untersuchungen mit diesen verschiedenen Komponenten befassen, erschwert den Vergleich der Ergebnisse. Generell hatten Jungen, die ohne Vater aufwuchsen, eine weniger ausgeprägte männliche Identifikation und die Geschlechtsrollen waren bei ihnen begrifflich weniger ausdifferenziert. Es gibt jedoch keine Hinweise dafür, daß durch die Abwesenheit des Vaters die Übernahme der männlichen Geschlechtsrolle durch den Sohn verhindert wurde. Was „männliche“ Verhaltensweisen wie Aggressivität und Unabhängigkeit betrifft, so scheint Jungen aus vaterlosen Familien der gesellschaftlich erwünschte Balanceakt, der zur richtigen Dosierung dieser Verhaltenskomponenten erforderlich ist, schlechter zu gelingen als Altersgenossen aus intakten Familien.

Maskulinitäts-Feminitätsskalen zur Erfassung geschlechtsspezifischer Interessen und Fähigkeiten gelten aufgrund ihrer veralteten Konzeptionen der männlichen und weiblichen Geschlechtsrolle sowie wegen ihrer Vorannahme eines eindimensionalen Kontinuums, auf dem sie Männlichkeit bzw. Weiblichkeit abzubilden versuchen, inzwischen als fragwürdig. Sie erbrachten für die hier behandelte Fragestellung entsprechend widersprüchliche Ergebnisse.

Gegen die Untersuchungen, die den Zusammenhang zwischen Vaterabwesenheit und Verhaltensauffälligkeiten bei Kindern zum Thema hatten, ist zunächst grundsätzlich einzuwenden, daß adäquate Kontrollgruppen fehlten und zumeist nur Probanden erfaßt wurden, die in psychologischer/psychiatrischer Behandlung standen. Zudem wird ein vaterloses Kind a priori als behandlungsbedürftiger eingeschätzt als ein Kind aus einer vollständigen Familie. Generell waren vaterlose Kinder und Jugendliche häufiger als Vergleichspersonen in ihrer psychosozialen Entwicklung beeinträchtigt, sie waren psychisch labiler, ängstlicher und hatten geringeres Vertrauen zu sich selbst und zu anderen, was letztlich häufiger in Verhaltens- und Persönlichkeitsstörungen resultierte. Interessant ist insbesondere der Zusammenhang zwischen der Schwere der Störung und der Dauer der Vaterabwesenheit. Der Zusammenhang zwischen Vaterabwesenheit und Erkrankungsrisiko im Erwachsenenalter wird durch eine Vielzahl von bislang nicht genügend identifizierten Variablen modifiziert.

In den letzten Jahren hat die Scheidungsforschung neue Möglichkeiten zur Untersuchung der Effekte von Vaterabwesenheit eröffnet. Vor allem systemtheoretische familienorientierte Ansätze werden den komplexen familiären

Interaktionsprozessen eher gerecht. Zudem konzentriert sich die Forschung heutzutage vermehrt auf die Rahmenbedingungen (ökonomischer, ökologischer und kultureller Art) sowie auf die Bedeutung des sozialen Netzwerks, welche die Reorganisation der Familie nach dem Verlust des Vaters und die Entwicklung des Kindes in nicht geringem Ausmaß beeinflussen. Eine Familie ohne Vater ist demnach nicht per se als defizitär anzusehen.

Literatur

Abarbanel, A.: Shared Parenting after Separation and Divorce: A Study of Joint Custody. American Journal of Orthopsychiatry 49 (1979), 320–329.

Abelin, E.L.: The Role of the Father in the Separation-Individuation Process. In: McDevitt, J.B. & Settlage, C.F. (Eds.): Separation – Individuation. New York: International University Press 1971, 229–252.

Abelin, E.L.: Some Further Observations and Comments on the Earliest Role of the Father. International Journal of Psycho-Analysis 56 (1975), 293–302.

Abelin, E.L.: Triangulation, the Role of the Father and the Origins of Core Gender Identity during the Rapprochement Subphase. In: Lax, R., Bach, S. & Burland, A. (Eds.): Rapprochement. New York: Jason Aronson, 1980.

Abrahams, B., Feldman, S.S. & Nash, S.C.: Sex Role Self-Concept and Sex Role Attitudes: Enduring Personality Characteristics or Adaptions to Changing Life Situations? Developmental Psychology 14 (1978), 393–400.

Adams, P.L., Milner, J.R. & Schrepf, N.A.: Fatherless Children. New York: Wiley 1984.

Ahammer, I.: Die Untersuchung der Entwicklung der Erwachsenenpersönlichkeit im Rahmen der Theorie des sozialen Lernens. In: Baltes, P.B. & Eckensberger, L.H. (Eds.): Entwicklungspsychologie der Lebensspanne. Stuttgart: Klett-Cotta 1979, 409–440.

Ahrons, C.R.: Joint Custody Arrangements in the Postdivorce Family. Journal of Divorce 3 (1980), 189–205.

Ainsworth, M.D.: Object Relations, Dependency: A Theoretical Review of the Infant-Mother Relationship. Child Development 40 (1969), 969–1025.

Ainsworth, M.D.: Attachment and Dependency: A Comparison. In: Gewirtz, J.L. (Ed.): Attachment and Dependency. Washington, D.C.: Winston 1972, 97–137.

Ainsworth, M.D.: The Development of Infant-Mother Attachment. In: Caldwell, B.M. & Ricciuti, H.N. (Eds.): Review of Child Development Research III. Chicago: University of Chicago Press 1973, 1–94.

Ainsworth, M.D.: Attachment as Related to Mother-Infant Interaction. In: Rosenblatt, J.S., Hinde, R.A., Beer, C. et al. (Eds.): Advances in the Study of Behavior, Vol. 9, New York: Academic Press 1979.

Ainsworth, M.D.: The Usefulness of the Strange-Situation Procedure in Cross-Cultural Research. Paper Presented in a Symposium: The Strange Situation Procedure: Insights from an International Perspective. International Conference on Infant Studies, New York, April 1984.

Ainsworth, M.D. & Wittig, B.: Attachment and Exploratory Behavior of One-Year-Olds in a Strange Situation. In: Foss, B. (Ed.): Determinants of Infant Behavior, Vol. IV. London: Methuen 1969, 111–136.

Ainsworth, M.D., Blehar, M.C., Waters, E. et al.: Patterns of Attachment: A Psychological Study of the Strange Situation. Hillsdale, N.J.: Erlbaum 1978.

Alan Guttmacher Institute: Teenage Pregnancy: The Problem That Hasn't Gone Away. New York: The Alan Guttmacher Institute 1981.

Albert, R.: Cognitive Development and Parental Loss Among the Gifted, the Exceptionally Gifted, and the Creative. Psychological Reports 29 (1971), 19–26.

Aldous, J.: The Making of Family Roles and Family Change. Family Coordinator 23 (1974), 231–235.

Alexander, B.K.: Parental Behavior of Adult Male Japanese Monkeys. Behaviour 36 (1970), 270–285.

Alexander, L.: Fathers in the Delivery Room. A Baby 34 (1972), 24–25.

Alexander, S.J.: Protecting the Child's Rights in Custody Cases. Family Coordinator 26 (1977), 377–382.

Alexander, J. & Kornfein, M.: Changes in Family Functioning amongst Nonconventional Families. American Journal of Orthopsychiatry 53 (1983), 408–417.

Ali, Z.: Discussion at the 2nd Fatherhood Research Meeting. Thomas Coran Research Unit 1980.

Allensbacher Institut für Demoskopie (Hrsg.): Allensbacher Jahrbuch der Demoskopie, Bd. 8: Liebe – Ehe – Familie. München: Saur 1983.

Altucher, N.: Conflict in Sex Identification in Boys. Unpublished Doctoral Dissertation, University of Michigan, 1957. Zit. in: Biller, H.B.: The Father and Sex Role Development. In: Lamb, M.E. (Ed.): The Role of the Father in Child Development. New York: Wiley 1981^2, 319–358.

Altus, W.D.: The Broken Home and Factors of Adjustment. Psychological Reports 4 (1958), 477.

Alwyn, J.: Husband Participation in Childbirth. Unpublished Master's Thesis, Canberra: Australian National University 1977. Zit. in: Russell, G. & Radin, N.: Increased Paternal Participation: The Father's Perspective. In: Lamb, M.E. & Sagi, A. (Eds.): Fatherhood and Family Policy. Hillsdale, N.J.: Erlbaum 1983, 139–166.

Ancona, L., Cesa-Bianchi, M. & Bocquet, C.:

Identification with the Father in the Absence of the Paternal Model. Research Applied to Children of Navy Officers. Archivo di Psichologia, Neurologia e Psichiatrica 24 (1964), 339–361.

Andersland, P.B.: Parental Rejection and Adolescent Academic Achievement. Dissertation Abstracts, 1968, 28, (11-B), 4751.

Anderson, C.W., Nagle, R.J., Roberts, W.A. et al.: Attachment to Substitute Caregivers as a Function of Center Quality and Caregiver Involvement. Child Development 52 (1981), 53–61.

Anderson, H.H. & Anderson, G.L.: Social Development. In: Carmichael, L. (Ed.): Manual of Child Psychology. New York: Wiley 1954², 1162–1215.

Anderson, M.: Family Structure in Nineteenth Century Lancashire. London: Cambridge University Press 1971.

Angrilli, A.F.: The Psychosexual Identification of Pre-School Boys. Journal of Genetic Psychology 97 (1960), 327–340.

Anthony, E.J. & Benedek, T. (Eds.): Parenthood. Boston: Little & Brown 1970.

Antle, K.: Psychologic Involvement in Pregnancy by Expectant Fathers. Journal of Obstetric, Gynecology and Neonatal Nursing 4 (1975), 40–42.

Araji, S.K.: Husbands' and Wives' Attitude-Behavior Congruence on Family Roles. Journal of Marriage and the Family 39 (1977), 309–320.

Arbeit, S.A.: A Study of Women during Their First Pregnancy. Unpublished Philosophical Dissertation, Yale University 1975.

Archer, J.: Sex Differences and Models of Development. Paper Presented to the Annual Conference of the British Psychological Society. Aberdeen, March 1980.

Arend, R., Gove, F. & Sroufe, L.A.: Continuity of Individual Adaption from Infancy to Kindergarten: A Predictive Study of Ego-Resiliency and Curiosity in Preschoolers. Child Development 50 (1979), 950–959.

Ariès, P.: L'enfant et la vie familiale sous l'ancien régime. Paris: Plon 1960. (Dt.: Geschichte der Kindheit. München: Hanser 1975, 1976³).

Aronfreed, J. & Reber, A.: Internalized Behavioral Suppression and the Timing of Social Punishment. Journal of Personality and Social Psychology 1 (1965), 3–16.

Ash, S.S. & Rubin, L.J.: Postpartum Reactions: Some Unrecognized Variations. American Journal of Psychiatry 131 (1974), 870–874.

Atkins, R.A.: Finding One's Father: The Mother's Contribution to Early Father Representations. Journal of The American Academy of Psychoanalysis 9 (1981), 539–559.

Atkinson, B.R. & Ogston, D.G.: The Effect of Father Absence on Male Children in the Home and School. Journal of School Psychology 12 (1974), 213–221.

Auzias, G.: Personal Communication. In: Chertok, L. (Ed.): Psychosomatic Methods in Painless Childbirth. New York: Pergamon 1969.

Bach, G.R.: Father-Fantasies and Father Typing in Father-Separated Children. Child Development 17 (1946), 63–80.

Bachofen, J.J.: Das Mutterrecht: Eine Untersuchung über die Gynaikokratie der alten Welt nach ihrer religiösen und rechtlichen Natur. Stuttgart: Krais & Hoffmann 1861.

Backett, K.C.: Images of Parenthood. In: Anderson, M. (Ed.): Sociology of the Family. London: Penguin Books 1980².

Badaines, J.S.: Identification, Imitation, and Sex-Role Preference as a Function of Father-Absence and Father-Presence in Black and Chicano Boys. Dissertation Abstracts International 34 (1973), 403–404.

Baer, D.M. & Sherman, J.A.: Reinforcement Control of Generalized Imitation in Young Children. Journal of Experimental Child Psychology 1 (1964), 37–49.

Baggett, A.T.: The Effect of Early Loss of Father upon the Personality of Boys and Girls in Late Adolescence. Dissertation Abstracts International 28 (1967), 356–357.

Bailyn, L.: Career and Family Orientations of Husbands and Wives in Relation to Marital Happiness. Human Relations 23 (1971), 97–113.

Baldwin, A.L.: Changes in Parent Behavior During Pregnancy: An Experiment in Longitudinal Analysis. Child Development 18 (1947), 29–39.

Baldwin, W. & Cain, V.S.: The Children of Teenage Parents. Family Planning Perspectives 12 (1980), 34–43.

Baltes, P.B.: Longitudinal and Cross-Sequential Sequences in the Study of Age and Generation Effects. Human Development 11 (1968), 145–171.

Ban, P.L. & Lewis, M.: Mothers and Fathers, Girls and Boys: Attachment Behavior in the One-Year-Old. Merrill-Palmer Quarterly 20 (1974), 195–204.

Bandura, A.: Social Learning through Imitation. In: Jones, M.R. (Ed.): Nebraska Symposium on Motivation. Lincoln: University of Nebraska Press, 1962, 211–269.

Bandura, A.: Analysis of Modeling Processes. In: Bandura, A. (Ed.): Psychological Modeling: Conflicting Theories. New York: Aldine Atherton 1971, 1–62. (Dt.: Die Analyse von Modellierungsprozessen. In: Bandura, A.: Lernen am Modell. Stuttgart: Klett 1976, 9–69).

Bandura, A. & Walters, R.H.: Adolescent Aggression: A Study of the Influence of

Child-Rearing Practices and Family Interrelationships. New York: Ronald 1959.

Bandura, A. & Walters, R.H.: Social Learning and Personality Development. New York: Holt, Rinehart & Winston 1963.

Barash, D.P.: Ecology of Parental Behavior in the Hoary Marmot (Marmota caligata): An Evolutionary Interpretation. Journal of Mammalogy 56 (1975), 613–618.

Barclay, A. & Cusumano, D.R.: Father Absence, Cross-Sex Identity, and Field-Dependent Behavior in Male Adolescents. Child Development 38 (1967), 243–250.

Bardwick, J.M.: Psychology of Women. New York: Harper & Row 1971.

Barnard, K.E.: Maternal Involvement and Responsiveness: Definition and Developmental Course. Paper Presented at the Second International Conference on Infant Studies. New Haven, Conn., 1980.

Barrett, M.: Women's Oppression Today. Problems in Marxist Feminist Analysis. London: Verso 1980.

Barry, W.A.: Marriage Research and Conflict: An Integrative Review. Psychological Bulletin 73 (1970), 41–55.

Barry, H. & Paxson, L.M.: Infancy and Early Childhood: Cross-Cultural Codes. Ethnology 10 (1971), 467–508.

Baumrind, D.: Current Patterns of Parental Authority. Developmental Psychology Monographs 4 (1971), 1–103.

Baumrind, D. & Black, A.E.: Socialization Practices Associated With Dimensions of Competence in Preschool Boys and Girls. Child Development 38 (1967), 291–327.

Bayerische Landesärztekammer & Kassenärztliche Vereinigung Bayerns, Kommission für Perinatologie (Hrsg.): Die Bayerische Perinatal-Erhebung. Ein Schritt auf dem Weg zur Qualitätssicherung und Qualitätsverbesserung in der Geburtshilfe. München 1980.

Bayley, M.: Mental Handicap and Community Care. London: Routledge & Kegan 1973.

Beail, N.: Transition to Fatherhood: A Review. Paper Presented to the British Psychological Society, Division of Clinical Psychology Conference on 'The Psychology of Human Reproduction'. University of Leicester 1980.

Beail, N.: Role of the Father During Pregnancy and Childbirth. In: Beail, N. & McGuire, J. (Eds.): Fathers. London: Junction Books 1982, 3–22.

Bean, C.A.: Methods of Childbirth. Garden City, New York: Doubleday 1972.

Beck, A.T., Sehti, B.B. & Tuthill, R.W.: Childhood Bereavement and Adult Depression. Archives of General Psychiatry 9 (1963), 295–302.

Beebe, E.R.: Expectant Parent Classes: A Case Study. Family Coordinator 27 (1978), 55–58.

Bell, S.M: The Development of the Concept of the Object and Its Relationship to Infant-Mother Attachment. Child-Development 41 (1970), 291–312.

Bell, S.M.: Cognitive Development and Mother-Child Interaction in the First Three Years of Life. (Zit. in: Ainsworth, M.D., Blehar, M.L., Waters, E. et al.: Patterns of Attachment. Hillsdale, N.J. 1978.)

Beller, E.K.: Die Anwesenheit des Vaters oder einer intakten Familie und die Auswirkung von Kindergarten und Vorschule auf die psychosoziale Entwicklung bei Unterschichtkindern. In: Großmann, K.E. & Lütkenhaus, P. (Hrsg.): Bericht über die 6. Tagung Entwicklungspsychologie (Regensburg, 1.–3.10.1983), Band I. Universität Regensburg 1983, 159–162.

Beller, E.K.: Vergleichende Untersuchungen in der Familie und in institutioneller Tagespflege. Vortrag gehalten anläßlich des Kongresses der Deutschen Gesellschaft für Erziehungswissenschaft, Kiel, März 1984 (a).

Beller, E.K.: The Strange Situation in International Theoretical Perspective – a German Experience. Presented in a Symposium: The Strange Situation Procedure: Insights from an International Perspective. International Conference on Infant Studies, New York, April 1984 (b).

Beller, E.K.: Ecological Continuity – Discontinuity and the Development of the Child. Paper Presented at the Inaugural European Conference on Developmental Psychology: Individual Development and Human Welfare (Of the International Society for the Study of Behavioral Development on Groningen, August 28–31, 1984 . (c)

Belsky, J.: Mother-Father-Infant Interaction. A Naturalistic Observational Study. Developmental Psychology 15 (1979), 501–507 (a).

Belsky, J.: The Interrelation of Parental and Spousal Behavior during Infancy in Traditional Nuclear Families: An Exploratory Analysis. Journal of Marriage and the Family 41 (1979), 62–68 (b).

Belsky, J.: A Family Analysis of Parental Influence on Infant Exploratory Competence. In: Pedersen, F.A. (Ed.): The Father-Infant-Relationship. Observational Studies in the Family Setting. New York: Praeger 1980, 87–110.

Belsky, J.: Early Human Experience: A Family Perspective. Developmental Psychology 17 (1981), 3–19.

Belsky, J. & Steinberg, L.D.: The Effects of Day Care: A Critical Review. Child Development 49 (1978), 929–949.

Belsky, J., Gilstrap, B. & Rovine, M.: The Pennsylvania Infant and Family Development Project, I: Stability and Change in Mother-Infant and Father-Infant Interaction in a Family Setting at One, Three, and Nine Months. Child Development 55 (1984), 692–705.

Belsky, J., Lerner, R.M. & Spanier, G.B.: The

Child in the Family. Reading, Mass.: Addison-Wesley 1984.

Bem, S.L.: The Measurement of Psychological Androgyny. Journal of Consulting and Clinical Psychology 42 (1974), 155-162.

Bem, S. L. & Lenney, E.: Sex Typing and the Avoidance of Cross-Sex Behavior. Journal of Personality and Social Psychology 33 (1976), 48-54.

Bem, S.L., Martyna, W. & Watson, C.: Sex Typing and Androgyny: Further Explorations of the Expressive Domain. Journal of Personality and Social Psychology 34 (1976), 1016-1023.

Benedek, T.: Parenthood as a Developmental Phase. Journal of the American Psychoanalytic Association 7 (1959), 389-417.

Benedek, T.: Fatherhood and Providing. In: Anthony, E.J. & Benedek, T. (Eds.): Parenthood: Its Psychology and Psychopathology. Boston: Little Brown & Co. 1970, 167-183.

van den Berg, J.H.: Metabletica, Über die Wandlung des Menschen. Grundlinien einer historischen Psychologie. Göttingen: Vandenhoeck & Ruprecht 1960.

Berkner, L.K.: Recent Research on the History of the Family in Western Europe. Journal of Marriage and the Family 35 (1973), 395-405.

Berkson, G.: Development of an Infant in a Captive Gibbon Group. Journal of Genetic Psychology 108 (1966), 311-325.

Berman, P.W.: Social Context as a Determinant of Sex Differences in Adults' Attraction to Infants. Developmental Psychology 12 (1976), 365-366.

Bernal, J.F. & Richards, M.P.: What Can the Zoologist Tell Us about Human Development? In: Barnett, S.A. (Ed.): Ethology and Development. London: Heinemann 1973.

Berndt, R.M. & Berndt, C.H.: The First Australians. Sydney: Walkabout 1969.

Bernstein, R. & Cyr, F.E.: A Study of Interviews with Husbands in a Prenatal and Child Health Program. Social Casework 38 (1957), 437-480.

von Bertalanffy, L.: Robots, Men and Minds. New York: Braziller 1967.

von Bertalanffy, L: General Systems Theory. New York: Braziller 1969.

Bertram, B.C.: The Social System of Lions. Scientific American 232 (1975), 54-60, 65, 122.

Beveridge, S., Flanagan, R., McConachie, H. et al.: Parental Involvement in Anson House; Anson House Preschool Project, Paper 3. Barkingside: Barnado's 1982.

Bibring, G.L.: Some Considerations of the Psychological Processes in Pregnancy. Psychoanalytic Study of the Child 14 (1959), 113-121.

Bickelmann, G.: Veränderungen in ehelichen Partnerschaften durch die Geburt des ersten Kindes. Unveröffentlichte Diplomarbeit, Psychologisches Institut Trier 1979. Zit. in: Brüderl, L.: Formen der Bewältigung des Übergangs zur Elternschaft. Diplomarbeit, Universität Gießen 1982.

Biller, H.B.: A Multiaspect Investigation of Masculine Development in Kindergarten-Age Boys. Monographs of Genetic Psychology 76 (1968), 89-138.

Biller, H.B.: Father Absence, Maternal Encouragement, and Sex Role Development in Kindergarten-Age Boys. Child Development 40 (1969), 539-546 (a).

Biller, H.B.: Father Dominance and Sex Role Development in Kindergarten-Age Boys. Developmental Psychology 1 (1969), 87-94 (b).

Biller, H.B.: Father, Child, and Sex Role. Lexington, Mass.: Lexington Books 1971.

Biller, H.B.: Paternal and Sex-Role Factors in Cognitive and Academic Functioning. In: Cole, K. & Dienstbier, R. (Eds.): Nebraska Symposium on Motivation, 1973. Lincoln: University of Nebraska Press 1974 (a).

Biller, H.B.: Paternal Deprivation, Cognitive Functioning and the Feminized Classroom. In: Davids, A. (Ed.): Child Personality and Psychopathology: Current Topics. New York: Wiley 1974 (b).

Biller, H.B.: Paternal Deprivation. Lexington, Mass.: Heath 1974 (c).

Biller, H.B.: The Father and Personality Development: Paternal Deprivation and Sex-Role Development. In: Lamb, M.D. (Ed.): The Role of the Father in Child Development. New York: Wiley 1976, 89-156.

Biller, H.B.: The Father and Sex Role Development. In: Lamb, M.E. (Ed.): The Role of the Father in Child Development. New York: Wiley 1981^2, 319-358 (a).

Biller, H.B.: Father Absence, Divorce, and Personality Development, In: Lamb, M.E. (Ed.): The Role of the Father in Child Development. New York: Wiley 1981^2, 489-552 (b).

Biller, H.B. & Bahm, R.M.: Father Absence, Perceived Maternal Behavior and Masculinity of Self-Concept among Junior High School Boys. Developmental Psychology 4 (1971), 178-181.

Biller, H.B. & Borstelmann, L.J.: Masculine Development: An Integrative Review. Merrill-Palmer Quarterly 13 (1967), 253-294.

Biller, H.B. & Meredith, D.L.: Father Power. New York: McKay 1974.

Biller, H.B. & Weiss, S.D.: The Father-Daughter Relationship and the Personality Development of the Female. Journal of Genetic Psychology 116 (1970), 79-93.

Biller, H.B. & Zung, B.: Perceived Maternal Control, Anxiety, and Opposite Sex Role Preference among Elementary School Girls. Journal of Psychology 81 (1972), 85-88.

Bing, E.: The Effect of Childrearing Practices on Differential Cognitive Abilities. Child Development 34 (1963), 631-648.

Birns, B.: The Emergence and Socialization of Sex Differences in the Earliest Years. Merrill-Palmer Quarterly 22 (1976), 229–254.

Birtchnell, J.: Early Parent Death and Mental Illness. British Journal of Psychiatry 116 (1970), 281–288 (a).

Birtchnell, J.: Recent Parent Death and Mental Illness. British Journal of Psychiatry 116 (1970), 289–297 (b).

Birtchnell, J.: Depression in Relation to Early and Recent Parent Death. British Journal of Psychiatry 116 (1970), 299–306 (c).

Bischof, N.: The Biological Foundations of the Incest Taboo. Social Science Information 11 (1972). 7–36 (a).

Bischof, N.: Inzuchtbarrieren in Säugetiersozietäten. Homo 23 (1972), 330–351 (b).

Bischof, N.: Comparative Ethology of Incest Avoidance. In: Fox, R. (Ed.): Biosocial Anthropology. Association of Social Anthropologist's Studies, No. 1 London: Malaby 1975 (a).

Bischof, N.: A Systems Approach towards the Functional Connections of Attachment and Fear. Child Development 46 (1975), 801–817 (b).

Bittmann, S.J. & Zalk, S.R.: Expectant Fathers. New York: Hawthorne 1978.

Blaffer-Hrdy, S.: s. Hrdy, S.B.

Blanchard, R.W. & Biller, H.B.: Father Availability and Academic Performance among Third-Grade Boys. Developmental Psychology 4 (1971), 301–305.

Blendis, J.: Men's Experiences of Their Own Fathers. In: Beail, N. & McGuire, J. (Eds.): Fathers. London: Junction 1982, 197–216.

Block, J., von der Lippe, A. & Block, J.H.: Sex Role and Socialization: Some Personality Concomitants and Environmental Antecedents. Journal of Consulting and Clinical Psychology 41 (1973), 321–341.

Block, J.H.: Conceptions of Sex Role: Some Cross-Cultural and Longitudinal Perspectives. American Psychologist 28 (1973), 512–526.

Block, J.H.: Issues, Problems and Pitfalls in Assessing Sex Differences: A Critical Review of „The Psychology of Sex Differences". Merill-Palmer Quarterly 22 (1976), 283–308.

Block, J.H.: Another Look at Sex Differentiation in the Socialization Behaviors of Mothers and Fathers. Denmark, F. (Ed.): Psychology of Women: Future Directions of Research. New York: Psychological Dimensions 1979.

Block, R.: Personal Communication, July 21, 1981. Zit. in: Russell, G. & Radin, N.: Increased Paternal Participation: The Father's Perspective. In: Lamb, M.E. & Sagi, A. (Eds.): Fatherhood and Family Policy. Hillsdale, N.J.: Erlbaum 1983, 139–165.

Bloom-Feshbach, J.: Historical Perspectives on the Father's Role. In: Lamb, M.E. (Ed.): The Role of the Father in Child Development. New York: Wiley & Sons 1981[2], 71–112.

Blount, B.G. & Padgug, E.J.: Prosodic, Paralinguistic, and Interactional Features of Parent-Child Speech: English and Spanish. Journal of Child Language 4 (1977), 67–86.

Blumer, H.: Der methodische Standpunkt des symbolischen Interaktionismus. In: Arbeitsgruppe Bielefelder Soziologen (Hrsg.): Alltagswissen, Interaktion und gesellschaftliche Wirklichkeit. Reinbek: Rowohlt 1973.

Boerger, P.H.: The Relationship of Boys' Achievement Behavior to Parent Involvement, Aspirations and Accuracy of IQ Estimate. Dissertation Abstracts International 31 (1971), 5191.

Bolwig, N.A.: A Study of the Behaviour of the Chacma Baboon, Papio ursinus. Behaviour 14 (1959), 136–163.

Borke, H.: Interpersonal Perceptions of Young Children: Egocentrism or Empathy? Developmental Psychology 5 (1971), 263–269.

Boss, P.A.: A Clarification of the Concept of Psychological Father Presence in Families Experiencing Ambiguity of Boundary. Journal of Marriage and the Familiy 39 (1977), 141–151.

Bossard, J.H.: The Sociology of Child Development. New York: Harper 1948.

Boston, S.: Will, My Son: The Life and Death of a Mongol Child. London: Pluto Press 1981.

Bottoms, S.F., Rosen, M.G. & Sokol, R.J.: The Increase in the Cesarean Birth Rate. New England Journal of Medicine 302 (1980), 559–563.

Bowerman, C.E. & Elder, G.H., Jr.: Variations in Adolesecent Perception of Family Power Structure. American Sociological Review 29 (1964), 551–567.

Bowlby, J.: Maternal Care and Mental Health. New York: Columbia University Press 1951.

Bowlby, J.: The Nature of a Child's Tie to His Mother. International Journal of Psycho-Analysis 39 (1958), 350–373.

Bowlby, J.: Grief and Mourning in Infancy and Early Childhood. Psychoanalytical Study of the Child 15 (1960), 9–52.

Bowlby, J.: Processes of Mourning. International Journal of Psycho-Analysis 42 (1961), 317–340.

Bowlby, J.: Attachment and Loss, Vol. 1: Attachment. New York: Basic Books 1969. (Dt.: Bindung. Eine Analyse der Mutter-Kind-Beziehung. München: Kindler 1975).

Bowlby, J.: Attachment and Loss, Vol. 2: Separation. New York: Basic Books 1973.

Bowlby, J.: Attachment and Loss, Vol. 3: Loss. New York: Basic Books 1980.

Bowlby, J.: Attachment and Loss: Retrospect and Prospect. American Journal of Orthopsychiatry 52 (1982), 664–678.

Bradley, R.A.: Husband-Coaided Childbirth. New York: Harper & Row 1965.

Brandt, E.M., Irons, R. & Mitchell, G.: Paternalistic Behavior in Four Species of Macaques. Brain, Behavior, and Evolution 3 (1970), 415–420.

Brazelton, T.B.: Behavioral Competence of the Newborn Infant. Seminars in Perinatology (1979).

Brazelton, T.B., Koslowski, B. & Main, M.: The Origins of Reciprocity: The Early Mother-Infant Interaction. In: Lewis, M. & Rosenblum, L.A. (Eds.): The Effect of the Infant on its Caregiver. New York: Wiley 1974, 49–76.

Brazelton, T.B., Yogman, M.W., Als, H. et al.: The Infant as a Focus for Family Reciprocity. In: Lewis, M. & Rosenblum, L. (Eds.): The Child and His Family. New York: Pitman 1979.

Breen, D.: The Birth of the First Child. London: Tavistock 1975.

Bretherton, I. & Ainsworth, M.D.: Responses of One-Year-Olds to a Stranger in a Strange Situation. In: Lewis, M. & Rosenblum, L.A. (Eds.): The Origins of Fear. New York: Wiley and Sons 1974, 131–164.

Bretherton, I., Bates, E., Benigni, L. et al.: Relationships between Cognition, Communication, and Quality of Attachment. In: Bates, E., Benigni, L., Bretherton, L. et al. (Eds.): The Emergence of Symbols: Cognition and Communication in Infancy. New York: Academic Press 1979.

Breuggemann, L.A.: Parental Care in a Group of Free-Ranging Rhesus Monkeys (Macacamulatta). Folia Primatologica 20 (1973), 178–210.

Bridge, R.G. & Moock, P.R.: The Determinants of Educational Outcomes: The Impact of Families, Peers, Teachers and Schools. New York: Ballinger 1979.

Brill, N.Q. & Liston, E.H.Jr.: Parental Loss in Adults with Emotional Disorders. Archives of General Psychiatry 14 (1966), 307–314.

Brim, O.G.: Macro-Structural Influences on Child-Development and the Need for Childhood Social Indicators. American Journal of Orthopsychiatry 45 (1975), 516–524.

Brody, S. & Axelrad, S.: Mothers, Fathers and Children: Explorations in the Formation of Character in the First Seven Years. New York. International Universities Press 1978.

Broman, S.H., Nichols, P.L. & Kennedy, W.A.: Preschool IQ: Prenatal and Early Developmental Correlates. New York: Wiley 1975.

Bronfenbrenner, U.: Socialization and Social Class through Time and Space. In: Maccoby, E.E., Newcomb, T.M. & Harley, E.L. (Eds.): Readings in Social Psychology. New York: Holt, Rinehart & Winston 1958[3], 400–425.

Bronfenbrenner, U.: Some Familial Antecedents of Responsability and Leadership in Adolescents. In: Petrullo, L. & Bass, M. (Eds.): Leadership and Interpersonal Behavior. New York: Holt, Rinehart & Winston 1961, 239–271.

Bronfenbrenner, U.: Ansätze zu einer experimentellen Ökologie menschlicher Entwicklung. In: Oerter, R. (Hrsg.): Entwicklung als lebenslanger Prozeß. Hamburg: Hoffmann & Campe 1978.

Bronfenbrenner, U.: The Ecology of Human Development. Cambridge, Mass.: Harvard University Press 1979. (Dt. Die Ökologie der menschlichen Entwicklung. Stuttgart: Klett-Cotta 1981).

Bronson, W.C.: Dimension of Ego and Infantile Identification. Journal of Personality 27 (1959), 532–545.

Brooks, J. & Lewis, M.: The Effects of Time on Attachment as Measured in a Free-Play Situation. Child Development 45 (1974), 311–316.

Brown, A.: Fathers in the Labour Ward: Medical and Lay Accounts. In: McKee, L. & O;Brien, M. (Eds.): The Father Figure. London: Tavistock 1982, 104–119.

Brown, F.: Depression and Childhood Bereavement. Journal of Mental Science 107 (1961), 754–777.

Brown, J.K.: A Cross-Cultural Study of Female Initiation Rites. American Anthropologist 65 (1963), 837–853.

Brüderl, L.: Formen der Bewältigung des Übergangs zur Elternschaft. Unveröffentlichte Diplomarbeit, Gießen 1982.

Bruhn, J.G.: Broken Homes Among Attempted Suicide and Psychiatric Out-Patients: A Comparative Study. Journal of Mental Science 108 (1962), 772–779.

Bruns, D.: Ethologische Untersuchung zum Einfluß des Vaters auf die Interaktionen der Eltern mit ihren 3-Monate-alten Töchtern. Diplomarbeit zur Erlangung des Grades eines Diplombiologen an der mathematisch-naturwissenschaftlichen Fakultät der Georg-August-Universität Göttingen, 1981.

Bucher, K.L.: Temperal Lobe Neocortex and Maternal Behavior in Rhesus Monkeys. Unveröffentlichte Dissertation. The John Hopkins University, Baltimore, Maryland 1970. Zit. in: Parke, R.D. & Suomi, S.J.: Die Beziehung zwischen männlichen Erwachsenen und Kindern: Beobachtungen an menschlichen und nicht-menschlichen Primaten. In: Immelmann, K., Barlow, G. Petrinovich, L. et al. (Hrsg.): Verhaltensentwicklung bei Mensch und Tier. Das Bielefeld-Projekt. Berlin: Parey 1982, 800–825.

Bucove, A.: Postpartum Psychosis in the Male. Bulletin of the New York Academy of Medicine 44 (1964), 961–971.

Bühler, C.: Der menschliche Lebenslauf als psychologisches Problem. Leipzig: Hirzel 1933.

Burlingham, D.: The Preoedipal Infant-Father Relationship. Psychoanalytic Study of the Child 28 (1973), 23–47.

Burr, W.R., Leigh, G.K., Day, D. et al: Symbolic Interaction and the Family. In: Burr, W.R., Hill, R., Nye, F.I. et al. (Eds.): Contemporary Theories about the Family. New York: Free Press 1979, 42–111.

Burton, R.V. & Whiting, J.W.M.: The Absent Father and Cross-Sex Identity. Merrill-Palmer Quarterly 7 (1961), 85–95.

Busse, T.V.: Childrearing Antecedents of Flexible Thinking. Developmental Psychology 1 (1969), 585–591.

Cain, L.F. & Levine, S.: Effects of Community and Institutional School Programms on Trainable Mentally Retarded Children. Research Monograph, Series B, No. B–1, Council for Exceptional Children, NEA, 1963. Summarized in Pilling, D.: The Handicapped Child: Research Review, Vol. 3, London, Longman, in association with the National Children's Bureau: 1973.

Cain, M.A.: A Study of Relationship between Selected Factors and the School Achievement of Mexican Migrant Children. Dissertation Abstracts International 31 (1971), 3947 (8–A).

Cairns, R.B.: Attachment Behavior of Mammals. Psychological Review 73 (1966), 409–426.

Campos, J.J., Barrett, K.C., Lamb, M.E. et al.: Socioemotional Development. In: Mussen, P.H. (Ed.): Handbook of Child Psychology. New York: Wiley 1983, 784–915.

Candy, A.: A Long Way to Manhood. London, National Society for Mentally Handicapped Children 1976.

Cantey, R.E.: The Relationship of Father-Absence, Socioeconomic Status, and Other Variables to Creative Abilities in Fifth-Grade Boys. Dissertation Abstracts International 34 (1974), 7–A, 3981.

Caplan, M.G. & Douglas, V.I.: Incidence of Parental Loss in Children with Depressed Mood. Journal of Child Psychology and Psychiatry 10 (1969), 225–232.

Card, J.J. & Wise, L.L.: Teenage Mothers and Teenage Fathers: The Impact of Early Childbearing on the Parents' Personal and Professional Lives. Family Planning Perspectives 10 (1978), 199–205.

Carlsmith, L.: Effect of Early Father Absence on Scholastic Aptitude. Harvard Educational Review 34 (1964), 3–21.

Carlsmith, L.: Some Personality Characteristics of Boys Separated from Their Father During World War II. Ethos 1 (1973), 466–477.

Carlson, B.E.: The Father's Contribution to Child Care: Effects on Children's Perceptions of Parental Roles. American Journal of Orthopsychiatry 54 (1984), 123–136.

Carpenter, C.R.: A Field Study in Siam of the Behavior and Social Relations of the Gibbon (Hylobates Lar). Comparative Psychology Monographs 16 (1940), 1–212.

Carr, J.: Young Children with Down's Syndrome. London: Butterworth, 1975.

Caughlan, J.: Psychic Hazards of Unwed Paternity. Social Work 5 (1960), 29–35.

Cermak, I.: Muß-Ehen vor dem Scheidungsrichter. Praxis der Psychotherapie 18 (1973), 104–113.

Chamove, A., Harlow, H. & Mitchell, G.: Sex Differences in the Infant-Directed Behavior of Pre-Adolescent Rhesus Monkeys. Child Development 38 (1967), 329–335.

Chapman, M.: Father Absence, Stepfather and the Cognitive Performance of College Students. Child Development 48 (1977), 1155–1158.

Chertok, L.: Motherhood and Personality: Psychosomatic Aspects of Childbirth. London: Tavistock 1969.

Cheseldine, S.: Parent-Child Interaction and Language Facilitation with the Mentally Handicapped. Unpublished Philosophical Doctoral Thesis 1977.

Chess, S. & Thomas, A: Infant Bonding: Mystique and Reality. American Journal of Orthopsychiatriy 52 (1982), 213–222.

Chivers, D.J.: Spatial Relations within the Siamang Group. Proceedings of the Third International Congress of Primatology. Basel: Karger 1971.

Chivers, D.J.: The Siamang and the Gibbon in the Malay Peninsula. Gibbon and Siamang 1 (1972). 103–135.

Clarke, A.M. & Clarke, A.D.: Early Experience: Myth and Evidence. New York: Free Press 1976.

Clarke-Stewart, K.A.: Interactions between Mothers and Their Young Children: Characteristics and Consequences. Monographs of the Society for Research in Child Development 38 (1973), (Serial No. 153). Chicago: University of Chicago Press 1973.

Clarke-Stewart, K.A.: And Daddy Makes Three: The Father's Impact on Mother and Young Child. Child Development 49 (1978), 466–478.

Clarke-Stewart, K.A.: The Father's Contribution to Children's Cognitive and Social Development in Early Childhood. In: Pedersen, F.A. (Ed.): The Father-Infant Relationship. Observational Studies in the Family Setting. New York: Praeger 1980.

Coates, B., Anderson, E. & Hartup, W.: Interrelations among Attachment Behaviors of Infants. Developmental Psychology 6 (1972), 218–230.

Cochran, M.M. & Brassard, J.A.: Child Development and Personal Social Networks. Child Development 50 (1979), 601–616.

Coester, M.: Das Kindeswohl als Rechtsbegriff. Frankfurt/M.: Metzner 1983.

Cohen, L.J.: The Operational Definition of Human Attachment. Psychological Bulletin 81 (1974), 207–217.

Cohen, L.J. & Campos, J.J.: Father, Mother, and Stranger as Elicitors of Attachment Behaviors in Infancy. Developmental Psychology 10 (1974), 146–154.

Coleman, J.S., Campbell, E.Q., Hobson, C.J. et al.: Equality of Educational Opportunity. Washington, D.C.: National Center for Educational Statistics , Office of Education 1966.

Coley, S.B., Jr. & James, B.E.: Delivery: A Trauma for Fathers. The Family Coordinator 25 (1976), 359–363.

Colletta, N.I.: The Impact of Divorce: Father Absence or Poverty? Journal of Divorce 3 (1979), 27–36.

Colletta, N.D.: Stressful Lives: The Situation of Divorced Mothers and Their Children. Journal of Divorce 6 (1983), 19–31.

Collins, M. & Collins, D.: Kith and Kids. London: Souvenir Press 1976.

Connell, D.B.: Individual Differences in Attachment: An Investigation into Stability, Implications, and Relationships to Structure of Early Language Development. Unpublished Doctoral Dissertation, Syracuse University 1976. Zit. in: Campos, J.J., Barrett, K.C., Lamb, M.E. et al.: Socioemotional Development. In: Mussen, P.H. (Ed.): Handbook of Child Psychology. New York: Wiley 1983, 784–915.

Connolly, K.: Learning and the Concept of the Critical Periods in Infancy. Developmental Medicine and Child Neurology 14 (1972), 705–714.

Cook, A.H.: The Working Mother: A Survey of Problems and Programs in Nine Countries. Ithaca, N.Y.: Cornell University Press 1978.

Cook, N.I.: An Analysis of Marital and Infant Factors in Evolving Family Relationships. Paper Presented at the Meeting of the Society for Research in Child Development. San Francisco, April 1979. Zit. in: Pedersen, F.A.: Father Influences Viewed in a Family Context. In: Lamb, M.E. (Ed.): The Role of the Father in Child Development. New York: Wiley 1981², 295–318.

Coombs, C.H., Coombs, L.C. & McClelland, G.H.: Preference Scales for Number and Sex of Children. Population Studies 29 (1975), 273–298.

Cordell, A.S., Parke, R.D. & Sawin, D.B.: Father's View on Fatherhood With Special Reference to Infancy. Family Relations 29 (1980), 331–338.

Corney, M.: A Lost Child Lives on. New Forum 7 (1981), 54–56.

Cortes, C.F. & Fleming, E.S.: The Effects of Father Absence on the Adjustment of Culturally Disadvantaged Boys. Journal of Special Education 2 (1968), 413–420.

Covell, K. & Turnbull, K.: The Long-Term Effects of Father Absence in Childhood on Male University Student's Sex-Role Identity and Personal Adjustment. Journal of Genetic Psychology 141 (1982), 271–276.

Cowan, C.P., Cowan, P.A., Coie, L. et al.: Becoming a Family: The Impact of a First Child's Birth on the Couple's Relationship. In: Miller, W.B. & Newman, L.F. (Eds.): The First Child and Family Formation. Carolina Population Center, The University of North Carolina at Chapel Hill 1978, 296–324.

Crandall, V., Dewey, R., Katovsky, W. et. al.: Parents' Attitudes and Behaviors and Grade-School Children's Academic Achievements. Journal of Genetic Psychology 104 (1964), 53–66.

Crano, W.D. & Aronoff, J.: A Cross-Cultural Study of Expressive and Instrumental Role Contemplementarity in the Family. American Sociological Review 43 (1978), 463–471.

Crescimbeni, J.: Broken Homes Do Affect Academic Achievement. Child and Family 4 (1965), 24–28.

Crockenberg, S.B.: Infant Irritability, Mother Responsiveness, and Social Support Influences on the Security of Infant-Mother Attachment. Child Development 52 (1981), 857–865.

Cronbach, L. & Meehl, P.: Construct Validity in Psychological Tests. Psychological Bulletin 52 (1955), 281–302.

Cronenwett, L.R.: Father Participation in Child Care: A Critical Review. Research in Nursing and Health 5 (1982), 63–72.

Cronenwett, L.R. & Kunst-Wilson, W.: Stress, Social Support, and the Transition to Fatherhood. Nursing Research 30 (1982), 196–201.

Cronenwett, L.R. & Newmark, L.L.: Fathers' Responses to Childbirth. Nursing Research 23 (1974), 210–217.

Crook, J.H. & Goss-Custard, J.D.: Social Ethology. Annual Review of Psychology 23 (1972), 277–312.

Cross, H.J. & Allen, J.: Relationship between Memories of Parental Behavior and Academic Achievement Motivation. Proceedings of the 77th Annual Convention, American Psychological Association 1969, 285–286.

Crumette, B.P.: Transitions in Motherhood. Maternal Child Nursing Journal 4 (1975). 65–73.

Csordas, K.: Erwartungen werdender Väter – Zum Einfluß des ersten Kindes. Diplomarbeit im Fach Psychologie an der Rheinischen Friedrichs-Wilhelms-Universität Bonn, 1982.

Cummings, S.T.: The Impact of the Child's Deficiency on the Father: A Study of Father's of Mentally Retarded and of Chronically Ill Children. American Journal of Orthopsychiatry 46 (1976), 246–255.

Curtin, R.: Langur Social Behavior and Infant Mortality. Berkeley Papers in Physical Anthropology 50 (1977), 22–27.

Curtin, R. & Dolhinow, P.: Primate Behavior in a Changing World. American Scientist 66 (1978), 468–475.

Curtis, J.L.: A Psychiatric Study of 55 Expectant Fathers. US Armed Forces Medical Journal 6 (1955), 937–950.

D'Andrade, R.G.: Father Absence, Identification, and Identity. Ethos 1 (1973), 440–455.

Danish, S.J. & D'Augelli, A.: Kompetenzüberhöhung als Ziel der Intervention in Entwicklungsverläufe über die Lebensspanne. In: Filipp, S.: Kritische Lebensereignisse. München: Urban & Schwarzenberg 1981, 156–173.

Da Silva, G.: The Role of the Father with Chronic Schizophrenic Patients. Journal of the Canadian Psychiatric Association 8 (1963), 190–203.

Datan, N. & Ginsberg, L.H.: Life-Span Developmental Psychology: Normative Life Crises. New York: Academic Press 1975.

Davenport, R.K., Jr.: The Orangutan in Sbabh. Folia Primatologica 5 (1967), 247–263.

Davis, P.G. & Gandleman, P.: Pup-Killing Produced by the Administration of Testosterone Propionate to Adult Female Mice. Hormones and Behavior 3 (1972), 169–173.

Dawkins, R.: The Selfish Gene. New York: Oxford University Press 1976.

Deag, J.M. & Crook, J.H.: Social Behavior and „Agonistic Buffering“ in the Wild Barbary Macaque Macaca sylvana L. Folia Primatologica 15 (1971), 183–200.

De Château, P.: Neonatal Care Routines: Influences on Maternal and Infant Behavior and on Breast Feeding (Thesis). Umea, Sweden: Umea University Medical Dissertations, N.S. No. 20, 1976.

De Château, P.: The Importance of the Neonatal Period for the Development of Synchrony in the Mother-Infant Dyad: A Review. Birth and the Family Journal 4 (1977), 12–22.

De Château, P.: Long-Term Effect of Early Postpartum Contact: One Year Follow-Up. In: Carenza, L. & Zichella, L. (Eds.): Emotion and Reproduction, Proceedings of the Serono Symposia Vol 20. New York: Academic Press 1979.

De Château, P. & Wiberg, B.: Long-Term Effect on Mother-Infant Behaviours of Extra Contact during the First Hour Post Partum. Acta Paediatrica Scandinavia 66 (1977), 137–143.

DeFrain, J.: Androgynous Parents Tell Who They Are and What They Need. The Family Coordinator 28 (1979), 237–243.

De Josselin de Jong, J.P.: De Couvade. Med. d. Kon. Akad. v. Wetensch. Afd. Letterk. 54 B (1922), 53–84. (Zit. nach: Riviére, P.G.: The Couvade: A Problem Reborn. Man 9 (1976), 423–435.)

DeLissovoy, V.: Child Care by Adolescent Parents. Children Today 4 (1973), 22–25.

deMause, s. deMause

Dennehy, C.M.: Childhood Bereavement and Psychiatric Illness. British Journal of Psychiatry 112 (1966), 1049–1069.

Der Bundesminister für Arbeit und Sozialordnung (Hrsg.): Die gesetzliche Krankenversicherung in der Bundesrepublik Deutschland in den Jahren 1975 bis 1978. Statistischer und finanzieller Bericht. Bonn 1981, T 30/76 bzw. T 30/77 bzw. T 30/78.

Der Bundesminister für Arbeit und Sozialordnung (Hrsg.): Die gesetzliche Krankenversicherung in der Bundesrepublik Deutschland in den Jahren 1979 bis 1980. Statistischer und finanzieller Bericht. Bonn 1982, T 35/1979 bzw. T 31/1980.

Der Bundesminister für Arbeit und Sozialordnung (Hrsg.): Die gesetzliche Krankenversicherung in der Bundesrepublik Deutschland im Jahre 1981. Statistischer und finanzieller Bericht. Bonn 1983, T 31/1981.

Derdeyn, A.P.: Child Custody Contests in Historical Perspective. American Journal of Psychiatry 133 (1976), 1369–1376.

Desimone-Luis, J., O'Mahoney, K. & Hunt, D.: Children of Separation and Divorce: Factors Influencing Adjustment. Journal of Divorce 3 (1979), 37–42.

Despres, M.A.: Favorable and Unfavorable Attitudes toward Pregnancy in Primiparae. Journal of Genetic Psychology 51 (1937), 241–254.

Deutsch, H.: The Psychology of Women. New York: Grune & Strutton 1942, 1945. (Dt.: Psychologie der Frau. Bern: Huber 1948).

Deutsch, M.: Minority Group and Class Status as Related to Social and Personality Factors in Scholastic Achievement. Monographs of the Society for Applied Anthropology 2 (1960), 1–32.

Deutsch, M. & Brown, B.: Social Influences in Negro-White Intelligence Differences. Journal of Social Issues 20 (1964), 24–35.

Deutscher, M.: Brief Family Therapy in the Course of First Pregnancy: A Clinical Note. Contemporary Psychoanalysis 7 (1970), 21–35.

DeVore, I.: Mother-Infant Relations in Free-Ranging Baboons. In: Rheingold, H.L. (Ed.): Maternal Behavior in Mammals. New York: Wiley 1963, 304–335.

DeVore, I.: Primate Behavior. New York: Holt 1965.

Dickie, J.R., Schuurmans, S.M. & Schang, B.J.: Mothers, Fathers, Infants – What Makes the Triade Work? Paper Presented at the Meeting of the American Psychological Association, Montreal, September 1980. Zit. in: Pedersen, F.A.: Father Influences Viewed in a Family Context. In: Lamb, M.E.: The Role of the Father in Child Development. New York: Wiley 1981², 295–317.

Dick-Read, G.: Childbirth without Fear. New York: Harper & Row 1959. (Dt.: Mutterwerden ohne Schmerz. Die natürliche Geburt. Hamburg: Hoffmann & Campe 1971).

Dill, J.R.: Indizes of Socialization: Black Father Son Interactions (A Preliminary Report). Paper Presented at the Society for Research in Child Development Bienniel Conference, Denver, April 11, 1975.

Distler, L.S.: Patterns of Parental Identification: An Examination of Three Theories. Unpublished Doctoral Dissertation, University of California, Berkeley 1964. Zit. in: Biller, H.B.: The Father and Sex Role Development. In: Lamb, M.E. (Ed.): The Role of the Father in Child Development. New York: Wiley 1981², 319–358.

Doering, S.T., Entwisle, D.R. & Quinlan, D.: Modeling the Quality of Women's Birth Experience. Journal of Health and Social Behaviour 21 (1980), 12–21.

Dohrenwend, B.S. & Dohrenwend, B.P. (Eds.): Stressful Life Events. New York: Wiley 1974.

Dolhinow, P.J.: Lecture Delivered at Institute on Evolution and the Development of Behavior. Institute of Child Development, University of Minnesota 1975.

Dolhinow, P.J.: Commentary. Behavioral and Brain Sciences 2 (1978), 443–444.

Dolhinow, P.J. & Bishop, N.: The Development of Motor Skills and Social Relationships among Primates through Play. In: Hill, J.P. (Ed.): Minnesota Symposia on Child Psychology, Vol. IV. Minneapolis: University of Minnesota Press 1970, 141–196.

Dollard, J. & Miller, N.E.: Personality and Psychotherapy. New York: McGraw-Hill 1950.

Donnor, G.: Parenthood as a Crisis: A Role for the Psychiatric Nurse. Perspectives in Psychiatric Care 10 (1972), 84–87.

Douglas, J.W., Ross, J.M. & Simpson, H.R.: All Our Future. London: Peter Davies 1968.

Douglas, M.: Implicit Meanings. London: Routledge & Kegan 1975.

Doyle, A.B.: Infant Development in Day Care. Developmental Psychology 11 (1975), 655–656.

Doyle, A.B. & Somers, K.: The Effect of Group and Individual Day Care on Infant Development. Paper Presented to the Canadian Psychological Association, Quebec 1975.

Drake, C.T. & McDougall, D.: Effects of the Absence of a Father and Other Male Models on the Development of Boys' Sex Roles. Developmental Psychology 13 (1977), 537–538.

Dudley, D.: Contributions of Paternal Care to the Growth and Development of the Young in Peromyscus Californicus. Behavioral Biology 11 (1974), 155–166 (a).

Dudley, D.: Paternal Behavior in the California Mouse, Peromyscus Californicus. Behavioral Biology 11 (1974), 247–252 (b).

Dürr, R.: Verkehrsregelungen gemäß § 1634 BGB. Stuttgart: Kohlhammer 1978.

Duke, M. & Lancaster, W.A.: Note on Locus of Control as a Function of Father Absence. Journal of Genetic Psychology 129 (1976), 335–336.

Duss-von Werdt, J. & Welter-Enderlin, R. (Hrsg.): Der Familienmensch. Systemisches Denken und Handeln in der Therapie. Stuttgart: Klett-Cotta 1980.

Duvall, E.M.: Family Development. Philadelphia: Lippincott 1957.

Dyer, E.D.: Parenthood as Crisis: A Re-Study. Marriage and Family Living 25 (1963), 196–201.

Earls, F. & Siegel, B.: Precocious Fathers. American Journal of Orthopsychiatry 50 (1980), 469–480.

Easterbrooks, M.A. & Goldberg, W.A.: Toddler Development in the Family: Impact of Father Involvement and Parenting Characteristics. Child Development 55 (1984), 740–752.

Easterbrooks, M.A. & Lamb, M.E.: The Relationship between Quality of Infant-Mother Attachment and Infant Competence in Initial Encounters with Peers. Child Development 50 (1979), 380–387.

Eberhardt, C.H. & Schill, T.: Differences in Sexual Attitudes and Likeliness of Sexual Behaviors of Black Lower-Socioeconomic Father-Present Versus Father-Absent Female Adolescents. Adolescence 73 (1984), 95–105.

Edwards, C.P. & Lewis, M.: Young Children's Concepts of Social Relations: Social Functions and Social Objects. In: Lewis, M. & Rosenblum, L. (Eds.): The Child and Its Family. New York: Plenum 1979.

Egeland, B. & Farber, E.A.: Antecedents of Infant-Mother Attachment Relationships in Economically Disadvantaged Families. (Article in Preparation). (Zit. in: Campos, J.J., Barrett, K.C., Lamb, M.E. et al.: Socioemotional Development. In: Mussen, P.H. (Ed.): Handbook of Child Psychology. New York: Wiley 1983.)

Egeland, B. & Sroufe, L.A.: Attachment and Early Maltreatment. Child Development 52 (1981), 44–52.

Eiduson, B.T.: Contemporary Single Mothers. In: Katz, L.G.: (Ed.): Current Topics in Early Childhood Education, Vol. III. Norwood, N.J.: Ablex 1980, 65–76.

Eiduson, B.T.: Conflict and Stress in Nontraditional Families: Impact on Children. American Journal of Orthopsychiatry 53 (1982), 426–435.

Eiduson, B.T. & Alexander, J.W.: The Role of Children in Alternative Family Styles. Journal of Social Issues 34 (1978), 149–167.

Eiduson, B.T. & Weisner, T.S.: Alternative Socialization Settings for Infants and Young Children. Paper Presented at the Western Meeting of the Society for Research in Child Development, Emeryville, Calif., April 2, 1976. Zit. in: Radin, N.: Primary Caregiving and Role Sharing Fathers. In: Lamb, M.E. (Ed.): Nontraditional Families. Parenting and Child Development. Hillsdale, N.J.: Erlbaum 1982, 173–204.

Eiduson, B.T., Kornfein, M., Zimmerman, I.L. et al.: Comparative Socialization Practices in Traditional and Alternative Families. In: Lamb, M.E. (Ed.): Nontraditional Families: Parenting and Child Development. Hillsdale, N.J.: Erlbaum 1982, 315–346.

Einzig, J.E.: The Child within: A Study of Expectant Fatherhood. Smith College Studies in Social Work, March 1980, 117–164.

Eisenberg, J.F.: The Social Organisations of Mammals. Handbuch der Zoologie 8 (1966), 1–92.

Eisenberg, N., Murray, E. & Hite, T.: Children's Reasoning Regarding Sex-Typed Toy Choices. Child Development 53 (1982), 81–86.

Eisikovits, R. & Wolins, M.: Cross-Cultural Uses of Research on Fathering. In: Lamb, M.E. & Sagi, A. (Eds.): Fatherhood and Family Policy. Hillsdale, N.J.: Erlbaum 1983, 235–246.

Eitler, G. & Rollett, B.: Erzieherverhalten in der Generationenfolge. In: Ingenkamp, K.-H. (Hrsg.): Sozial-emotionales Verhalten in Lehr- und Lernsituationen. Bericht über die 34. Tagung der Arbeitsgruppe für empirische pädagogische Forschung in der DGfE vom 28.–30.9.1983 in Landau/Pfalz. Landau/Pfalz: Erziehungswissenschaftliche Hochschule Rheinland-Pfalz 1984, 181–189.

Ellefson, J.O.: Territorial Behavior in the Common White-Handed Gibbon, Hylobates Lar Linn. in: Jay, P.C. (Ed.): Primates: Studies in Adaptation and Variability. New York: Holt 1968.

Engel, G.: Attachment Behavior, Object Relations and the Dynamic-Economic Points of View: Critical Review of Bowlby's Attachment and Loss. International Journal of Psychoanalysis 52 (1971), 183–196.

Entwisle, D.R. & Doering, S.G.: The First Birth: A Family Turning Point. London: John Hopkins University Press 1981.

Epple, G.: Parental Behavior in Saguinus fuscicollis spp. (Callithricidae). Folia Primatologica 24 (1975), 221–238.

Epstein, A.S.: Pregnant Teenagers' Knowledge of Infant Development. Paper Presented at Biennal Meeting of the Society for Research in Child Development, San Francisco 1979. Zit. in: Belsky, J., Lerner, R.M. & Spanier, G.B.: The Child in the Family. Reading, Mass.: Addison-Wesley 1984.

Epstein, A.S. & Radin, N.: Motivational Components Related to Father Behavior and Cognitive Functioning in Preschoolers. Child Development 46 (1975), 71–76.

Ericksen, J., Vancey, W. & Ericksen, E.: The Division of Family Roles. Journals of Marriage and the Family 41 (1979), 301–313.

Erikson, E.H.: Childhood and Society. New York: Norton 1950. (Dt.: Kindheit und Gesellschaft. Stuttgart: Klett 1965).

Erikson, E.H.: Reflections on the Dissent of Contemporary Youth. International Journal of Psychoanalysis 51 (1970), 11–22.

Ernst, C. & Angst, J.: Birth Order. Its Influence on Personality. Berlin: Springer 1983.

Eron, L.D., Walder, L.O., Toigo, R. et al.: Social Class, Parental Punishment for Aggression and Child Aggression. Child Development 34 (1963), 849–867.

Estes, R.D. & Goddard, J.: Prey-Selection and Hunting Behavior of the African Wild Dog. Journal of Wildlife Management 31 (1967), 52–70.

Estrada, A. & Sandoval, J.M.: Social Relations in a Free-Ranging Troop of Stumptail Macaques (Macaca arctoides): Male-Care Behavior I. Primates 18 (1977), 793–813.

Etkin, W. Social Behavior and Organization among Vertebrates. Chicago: University of Chicago Press 1964.

Fagot, B.I.: Sex Differences in Toddler's Behavior and Parental Reaction. Developmental Psychology 10 (1974) 554–558.

Fairbairn, W.R.: Psychoanalytic Studies of the Personality. London: Tavistock Routledge 1952.

Fairweather, H.: Sex Differences in Cognition. Cognition 4 (1976), 231–280.

Farrell, W.T.: Beyond „Masculinity": Liberating Men and Their Relationships with Women. In: Duberman, L. (Ed.): Gender and Sex in Society. New York: Praeger 1975.

Fasteau, M.F.: The Male Machine. New York: Dell 1975.

Feder, H.H.: Hormones and Sexual Behavior. Annual Reviews of Psychology 35 (1984), 165–200.

Fein, R.: Men's Experiences before and after the Birth of a First Child: Dependence, Marital Sharing and Anxiety. Harvard University 1974.

Fein, R.A.: Men's Entrance to Parenthood. Family Coordinator 25 (1976), 341–348.

Fein, R.A.: Research on Fathering: Social Policy and an Emergent Perspective. Journal of Social Issues 34 (1978), 122–135.

Feldman, J.F., Brody, N. & Miller, S.A.: Sex Differences in Non-Elicited Neonatal Behaviour. Merrill-Palmer Quarterly 26 (1980), 63–73.

Feldman, S.S.: Some Possible Antecedents of Attachment Behavior in Two-Year-Old Children. Unpublished Manuscript, Stanford University 1973.

Feldman, S.S.: The Impact of Day Care on One Aspect of Children's Social-Emotional Behavior. Paper Presented to the American Association for the Advancement of Science, San Francisco 1974.

Feldman, S.S. & Ingham, M.E.: Attachment Behavior: A Validation Study in Two Age Groups. Child Development 46 (1975), 319–330.

Feldman, S.S. & Nash, S.C.: Interest in Babies during Young Adulthood. Child Development 49 (1978), 617–622.

Ferguson, C.A.: Babytalk in Six Languages. American Anthropologist 66 (1964), 103–114.

Ferri, E.: Growing Up in a One-Parent Family: A Long-Term Study of Child Development. Windsor, Berkshire: NFER Publishing Company 1976.

Field, T.: Interaction Behaviours of Primary Versus Secondary Caretaker Fathers. Developmental Psychology 14 (1978), 183–184.

Filipp, S.H.: Kritische Lebensereignisse. München: Urban & Schwarzenberg 1981.

Finkelstein, N.W. & Ramey, C.T.: Learning to Control the Environment in Infancy. Child Development 48 (1977), 806–819.

Fish, K.D.: Paternal Availability, Family Role-Structure, Maternal Employment and Personality Development in Late Adolescent Females. Unpublished Doctoral Dissertation, University of Massachusetts 1969. Zit. in: Biller, H.B.: Father Absence, Divorce, and Personality Development. In: Lamb, M.E. (Ed.): The Role of the Father in Child Development. New York: Wiley 1981², 489–552.

Fish, K.D. & Biller, H.B.: Perceived Childhood Paternal Relationships and College Females' Personal Adjustment. Adolescence 8 (1973), 415–420.

Fisher, A.E.: Chemical Stimulation of the Brain. Psychobiology: The Biological Basis of Behavior 8 (1964), 66–74.

Flandrin, H.L.: Families in Former Times. London: Cambridge University Press 1979.

Flavell, J.H.: Cognitive Changes in Adulthood. In: Goulet, L.R. & Baltes, P.B. (Eds.): Life-Span Developmental Psychology. Research and Theory. New York: Academic Press 1970, 247–253.

Fleener, D. & Cairns, R.: Attachment Behaviors in Human Infants: Discriminate Vocalization on Maternal Separation. Developmental Psychology 2 (1970), 215–223.

Fock, N.: South American Birth Customs in Theory and Practice. In: Ford, C.S. (Ed.): Cross-Cultural Approaches: Readings in Comparative Research. New Haven: HRAF Press 1967.

Forbes, R.: The Father's Role. In: Morris, N. (Ed.): Psychosomatic Medicine in Obstetics and Gynaecology. Proceedings of the 3rd International Congress of Medicine in Obstetrics and Gynaecology, London 1971. Basel: Karger 1972, 281–283.

Fossey, D.: The Behavior of Mountain Gorillas. Lecture Presented at Stanford University May 1976. Zit. in: Redican, W.K.: Adult Male-Infant Interactions in Nonhuman Primates. In: Lamb, M.E.: The Role of the Father in Child Development. New York: Wiley & Sons 1981², 345–385.

Foster, H.H. & Freed, D.J.: Life with Father: 1978. Family Law Quarterly 11 (1978), 321–363.

Fowler, P.C. & Richards, H.C.: Father Absence, Educational Preparedness, and Academic Achievement: A Test of the Confluence Model. Journal of Educational Psychology 70 (1978), 595–601.

Fox, A.M.: They Get This Training but They Don't Really Know, How You Feel. Horsham, West Sussex: National Fund for Research into Crippling Diseases (1974a).

Fox, G.J. : Some Comparisons between Siamang and Gibbon Behaviour. Folia Primatologica 18 (1972), 122–139.

Fox, G.J.: Peripheralization Behavior in a Captive Siamang Family. American Journal of Physical Anthropology 41 (1974b), 479.

Fox, M.W.: Evolution of Social Behavior in Canids. In: Fox, M.W.: The Wild Canids. New York: Van Nostrand Reinhold 1975.

Frazer, J.G.: Totemism and Exogamy. Vol. IV. London: MacMillan 1910.

Freedheim, D.K.: An Investigation of Masculinity and Parental Role Patterns. Unpublished Doctoral Dissertation, Duke University 1960. Zitiert in: Lamb, M.E.: Fathers and Child Development: An Integrative Overview. In: Lamb, M.E.(Ed.): The Role of the Father in Child Development. New York: Wiley 1981², 1–70.

Freedman, D.G.: Human Infancy: An Evolutionary Perspective. Hillsdale, N.J.: Erlbaum 1974.

Freeman, T.: Pregnancy as a Precipitant of Mental Illness in Men. British Journal of Medical Psychology 24 (1951), 49–54.

Freud, A.: The Contributions of Psychoanalysis to Genetic Psychology (1950), (Dt.: Die Beiträge der Psychoanalyse zur Entwicklungspsychologie. Schriften, Bd. IV. München: Kindler 1980).

Freud, A.: Problems of Infantile Neurosis: A Discussion (1954). (Dt.: Probleme der infantilen Neurose. Ein Diskussionsbeitrag. Schriften, Bd. V. München: Kindler 1980).

Freud, A.: Discussion of Dr. John Bowlby's Paper „Grief and Mourning in Infancy and Early Childhood". Psychoanalytic Study of the Child 15 (1960), 53–62.

Freud, A. & Burlingham, D.: Infants without Families (1944). In: The Writings of Anna Freud, Vol. 3. New York: International Press 1973. (Dt.: Heimatlose Kinder. Frankfurt: Fischer 1971).

Freud, S.: Die Traumdeutung. (1900). In: Sigmund Freud, Studienausgabe, Bd. II, Frankfurt/M.: Fischer 1982.

Freud, S.: Phobie eines fünfjährigen Knaben („Der kleine Hans") 1909. In: Sigmund Freud, Studienausgabe, Bd. VIII. Frankfurt/M.: Fischer 1969.

Frodi, A.M. & Lamb, M.E.: Sex Differences in Responsiveness to Infants: A Developmental Study of Psychophysiological and Behavioral Responses. Child Development 49 (1978) 1182-1188.

Frodi, A.M., Lamb, M.E., Hwang, C.-P. et al.: Father-Mother Infant Interaction in Traditional and Nontraditional Swedish Families: A Longitudinal Study. Alternative Lifestyles 5 (1983), 142-163.

Frodi, A.M., Lamb, M.E., Leavitt, L.A. et al.: Fathers' and Mother's Responses to Infant Smiles and Cries. Infant Behavior and Development 1 (1978), 187-198 (a).

Frodi, A.M., Lamb, M.E., Leavitt, L.A. et al.: Fathers' and Mothers' Responses to the Faces and Cries of Normal and Premature Infants. Developmental Psychology 14 (1978), 490-498 (b).

Frommer, E.A. & O'Shea, G.: Antenatal Identification of Women Liable to Have Problems in Managing Their Infants. British Journal of Psychiatry 123 (1973), 149-156.

Fthenakis, W.E.: Kooperation zwischen Elementar- und Primarbereich. Spielmittel 1 (1981), 9-17.

Fthenakis, W.E.: Gemeinsame elterliche Sorge nach der Scheidung – Möglichkeiten und Grenzen eines Ansatzes. Gutachten, erstattet am 08.06.1982 vor dem Bundesverfassungsgericht (1982).

Fthenakis, W.E.: Der Anwalt des Kindes. Einleitende Anmerkungen aus kinderpsychologischer Sicht. In: Ev. Akademie Bad Boll (Hrsg.): Der Anwalt des Kindes als Konsequenz heutigen Verständnisses von Kindeswohl. Denkanstöße zu einer Neuorientierung. Protokolldienst der Ev. Akadamie Bad Boll, 14, 1983 (a).

Fthenakis, W.E.: Neuere Erkenntnisse der Familienforschung und das Wohl des Kindes. In: Ev. Akademie Bad Boll (Hrsg.): Der Anwalt des Kindes als Konsequenz heutigen Verständnisses von Kindeswohl. Protokolldienst der Ev. Akademie Bad Boll, 14, 1983 (b).

Fthenakis, W.E.: Alleinerziehende Väter. DAJEB Informationsschreiben, 167, 1983, 13-20 (c).

Fthenakis, W.E.: Die Entwicklung des Kleinkindes in Familien mit nicht-traditioneller Rollenteilung. Referat gehalten in der sechsten Tagung Entwicklungspsychologie der Deutschen Gesellschaft für Psychologie vom 3.-5.10.1983 in Regensburg 1983 (d).

Fthenakis, W.E.: Vaterforschung im Überblick. Referat gehalten in der sechsten Tagung Entwicklungspsychologie der Deutschen Gesellschaft für Psychologie vom 3.-5.10.1983 in Regensburg, 1983 (e).

Fthenakis, W.E.: Die Vaterrolle in der neueren Familienforschung. In: Psychologie in Erziehung und Unterricht 1 (1984), 1-21 (a).

Fthenakis, W.E.: Gemeinsame elterliche Sorge nach der Scheidung. In: Remschmidt, H. (Hrsg.): Psychiatrie und Familienrecht. Stuttgart: Enke 1984, 36-54 (b).

Fthenakis, W.E.: Der Vater als sorge- und umgangsberechtigter Elternteil. In: Remschmidt, H. (Hrsg.): Psychiatrie und Familienrecht. Stuttgart: Enke 1984, 55-91 (c).

Fthenakis, W.E.: Elternverantwortung und Kindeswohl – Neue Chancen zu ihrer Verwirklichung? – Anmerkungen aus sozialwissenschaftlicher Sicht. Ev. Akademie Bad Boll (Hrsg.): Elterliche Verantwortung und Kindeswohl. Protokolldienst der Ev. Akademie Bad Boll, 1984 (d).

Fthenakis, W.E.: Kindeswohl – gesetzlicher Anspruch und Wirklichkeit. Brühler Schriften zum Familienrecht. Fünfter Deutscher Familiengerichtstag, Giesekind Verlag, Bielefeld 3, 1984 (e).

Fthenakis, W.E.: Die Beziehungen des Kindes zu seinen Eltern und Geschwistern – Replik auf den Beitrag von R. Lempp in der FamRZ 8 (1984), Zeitschrift für das gesamte Familienrecht (im Druck). 1984 (f).

Fthenakis, W.E.: Die Rolle des Vaters in der Familie – Schwerpunkte der Vaterforschung im Überblick. Medizin, Mensch, Gesellschaft. Sonderheft, herausgegeben von E. Olbrich, 1984 (g).

Fthenakis, W.E. & Kunze, H.-R.: Das Konfluenzmodell von Zajonc und Markus. Psychologische Beiträge 25 (1983), 142-165.

Fthenakis, W.E. & Niesel, R.: Wie Kinder die Trennung der Eltern erleben. Bild der Wisschaft 18 (1981), 70-83.

Fthenakis, W.E., Niesel, R. & Kunze, R.: Zur Bedeutung frühkindlicher Erfahrung. Anmerkungen zur gegenwärtigen Theoriediskussion in der Frühpädagogik. Spielmittel 3 (1981), 26-35 (a).

Fthenakis, W.E., Niesel, R. & Kunze, H.-R.: Zur Bedeutung frühkindlicher Erfahrung. Fortsetzung von Spielmittel Nr. 3/1981. Spielmittel 4 (1981), 28-31(b).

Fthenakis, W.E., Niesel, R. & Kunze, H.-R.: Ehescheidung. Konsequenzen für Eltern und Kinder. München: Urban & Schwarzenberg 1982.

Fuller, G.B., Zarrow, M.X., Anderson, C.O. et al.: Testosterone Propionate during Gestation in the Rabbit: Effect on Subsequent Maternal Behavior. Journal of Reproduction and Fertility 23 (1970), 285-290.

Funkenstein, D.H.: Mathematics, Quantitative Aptitudes, and the Masculine Role. Diseases of the Nervous System 24 (1963), 140-146.

Furstenberg, F.F., Jr.: The Social Consequences of Teenage Parenthood. Family Planning Perspectives 8 (1976), 167-175 (a).

Furstenberg, F.F., Jr.: Unplanned Parenthood:

The Social Consequences of Teenage Childbearing. New York: Free Press 1976 (b).

Gallagher, E.B.: Infants, Mothers and Doctors. Lexington: D.C. Heath 1978.

Garai, J.E. & Scheinfeld, A.: Sex Differences in Mental and Behavioral Traits. Genetic Psychology Monographs 77 (1968), 169–299.

Garbower, G.: Behavior Problems of Children in Navy Officers' Families: As Related to Social Conditions of Navy Family Life. Washington, D.C.: Catholic University Press 1959.

Gardner, W.P., Lamb, M.E. & Thompson, R.A.: On the Quantitative Consistency of the Strange Situation Classification System (in press).

Gath, A.: Down's Syndrome and the Family: The Early Years. London: Academic Press 1978.

Gavron, H.: The Captive Wife: Conflicts of Housebound Mothers. London: Routledge & Kegan Paul 1966.

Gay, M.J. & Tonge, W.L.: The Late Effects of Loss of Parents in Childhood. British Journal of Psychiatry 113 (1967), 753–759.

Gayton, R.A.: A Comparison of Natural and Non-Natural Childbirth Fathers. Ph.D. Thesis. U.S. International University. Zit. in: Beail, N.: Transition to Fatherhood. A Review. Paper Presented to the British Psychological Society Division of Clinical Psychology Conference on „The Psychology of Human Reproduction". University of Leicester 1980.

Gecas, V.: The Socialization and Child Care Roles. In: Nye, F.I. (Ed.): Role Structure and Analysis of the Family. Beverly Hills: Sage 1976, 33–59.

Gersick, K.E.: Fathers by Choice: Divorced Men Who Receive Custody of Their Children. In: Levinger, G. & Moles, O.C. (Eds.): Divorce and Separation. Context, Causes, and Consequences. New York: Basic Books 1979, 307–323.

Gerzi, S. & Berman, E.: Emotional Reactions of Expectant Fathers to Their Wives' First Pregnancy. British Journal of Medical Psychology 54 (1981), 259–265.

Gewirtz, H.B. & Gewirtz, J.L.: Visiting and Caretaking Patterns for Kibbutz Infants: Age and Sex Trends. American Journal of Ortho-Psychiatry 38 (1968), 427–443.

Gewirtz, J.L.: Attachment, Dependence, and a Distinction in Terms of Stimulus Control. In: Gewirtz, J.L. (Ed.): Attachment and Dependancy. Washington, D.C.: Winston 1972.

Gewirtz, J.L.: Maternal Responding and the Conditioning of Infant Crying: Directions of Influence within the Attachment-Acquisition Process. In: Ezel, B.C., LeBlanc, J.M. & Baer, D.M. (Eds.): New Developments in Behavioral Research: Theory, Method, and Application. Hillsdale, N.J.: Erlbaum 1977.

Gewirtz, J.L. & Stingle, K.G.: Learning of Generalized Imitation as the Basis for Identification. Psychological Review 75 (1968), 374–397.

Gilberg, A.L.: The Stress of Parenting. Child Psychiatry and Human Development 6 (1975), 19–22.

Ginath, Y.: Psychoses in Males in Relation to Their Wives' Pregnancy and Childbirth. Israel Annuals of Psychiatry and Relate Disciplines 12 (1974), 227–237.

Ginsberg, H.J., Fling, S., Hope, M.L. et al.: Maternal Holding Preferences: A Consequence of Newborn Head Turning Responses. Child Development 50 (1979), 280–281.

Gisser, R.: Normen, Präferenzen und erwartete Kinderzahl. In: Institut für Demographie (Hrsg.): Kinderwünsche junger Österreicherinnen. Wien 1980.

Gladieux, J.D.: Pregnancy – the Transition to Parenthood: Satisfaction with the Pregnancy Experience as a Function of Sex Role Conceptions, Marital Relationship and Social Network. In: Miller, W. & Newman, L. (Eds.): The First Child and Family Formation. Carolina Population Center: Chapel Hill 1978, 275–295.

Glick, P.C. & Norton, A.J.: Marrying, Divorcing, and Living Together In the U.S. Today. Population Bulletin 32 (1978), 3–38.

Gloger-Tippelt, G.: A Process Model of the Pregnancy Course. Unveröffentlichtes Manuskript, Psychologisches Institut der Universität Heidelberg, 1981. Zit. in: Csordas, K.: Erwartungen werdender Väter – Zum Einfluß des ersten Kindes –. Diplomarbeit, Universität Bonn 1982.

Goetsch, C.: Fathers in the Delivery Room – Helpful and Supportive. Hospital Topics 44 (1966), 104–105.

Goldberg, H.: The Hazards of Being Male. Plainview. New York: Nash 1976.

Goldberg, S.: Social Competence in Infancy: A Model of Parent-Infant Interaction. Merill-Palmer Quarterly 23 (1977), 163–177.

Goldstein, H.S.: Fathers' Absence and Cognitive Development of 12- to 17-Year Olds. Psychological Reports 51 (1982), 843–848.

Goldstein, J., Freud, A. & Solnit, A.J.: Beyond the Best Interests of the Child. New York: Free Press 1973. (Dt.: „Jenseits des Kindeswohls". Frankfurt: Suhrkamp 1974).

Golinkoff, R.M. & Ames, G.J.: A Comparison of Fathers' and Mothers' Speech with Their Young Children. Child Development 50 (1979), 28–32.

Golopol, L.A.: Social Behavior Patterns in Rhesus Monkeys: A Multigroup Comparison of Four Rearing Conditions. Unpublished Dissertation, University of Wisconsin, Madison, 1977.

Gomber, J. & Mitchell, G.: Preliminary Report

on Adult Male Isolation-Reared Rhesus Monkeys Caged with Infants. Developmental Psychology 10 (1974), 298.

Gongla, P.A.: Single Parent Families: A Look at Families of Mothers and Children. Marriage and Family Review 5 (1982), 5–27.

Goodenough, E.W.: Interest in Persons as an Aspect of Sex Differences in the Early Years. Genetic Psychology Monographs 55 (1957), 287–323.

Goodrich, F.W., Jr.: Preparing for Childbirth: A Manual for Expectant Parents. Englewood Cliffs, N.J.: Prentice-Hall 1966.

Gogh, K.: The Origin of the Family. Journal of Marriage and the Family 33 (1971), 760–771.

Goulet, L.R. & Baltes, P.B. (Eds.): Life-Span Developmental Psychology: Research and Theory. New York: Academic Press 1970.

Gouzoules, H.: Maternal Rank and Early Social Interactions of Stumptail Macaques, Macaca arctoides. Primates 16 (1975), 405–418.

Gowler, D. & Legge, K.: Dual-Worker Families. In: Rapoport, R.N., Fogarty, M.P. & Rapoport, R. (Eds.): Families in Britain. London: Routlege & Kegan Paul 1982, 138–158.

Goy, R.W.: Role of Androgens in the Establishment and Regulation of Behavioral Sex Differences in Mammals. Journal of Animal Science 25 (1966), 21–31.

Graham, H. & McKee, L.: Family and Peer Group. The First Months of Motherhood: Report, Vol. 5. University of York 1978.

Grando, R.M.: The Parent-Adolescent Relationship Development Program: Relations among Pretraining Variables, Role Performance and Improvement. Dissertation Abstracts International September 1973, Vol. 34 (3-A), 1385.

Grando, R.M. & Ginsberg, B.G.: Communication in the Father-Son Relationship: The Parent-Adolescent Relationship Development Program. The Family Coordinator 25 (1976), 465–473.

Grandville-Grossman, K.: Early Bereavement and Schizophrenia. British Journal of Psychiatry 112 (1966), 1027–1034.

Gray, S.: Perceived Similarity to Parents and Adjustment. Child Development 30 (1959), 91–107.

Green, R.: Sexual Identity Conflict in Children and Adults. New York: Basic Books 1974.

Greenacre, P.: Considerations Regarding the Parent-Infant Relationship. International Journal of Psychoanalysis 41 (1960), 571–584.

Greenberg, M. & Morris, N.: Engrossment: The Newborn's Impact upon the Father. American Journal of Orthopsychiatry 44 (1974), 520–531.

Greenstein, J.M.: Father Characteristics and Sex Typing. Journal of Personality and Social Psychology 3 (1966), 271–277.

Gregory, I.: Studies of Parental Deprivation in Psychiatric Patients. American Journal of Psychiatry 115 (1958), 432–442.

Gregory, I.: Anterospective Data Following Childhood Loss of a Parent: I. Delinquency and High School Dropout. Archives of General Psychiatry 13 (1965), 99–109 (a).

Gregory, I.: Anterospective Data Following Childhood Loss of a Parent: II. Pathology, Performance, and Potential among College Students. Archives of General Psychiatry 13 (1965), 110–120 (b).

Gregory, I.: Retrospective Data Concerning Childhood Loss of a Parent. Archives of General Psychiatry 15 (1966), 362–367.

Gregory, S.: The Deaf Child and His Family. London: Allen & Unwin 1976.

Greif, J.B.: Fathers, Children, and Joint Custody. American Journal of Orthopsychiatry 49 (1979), 311–319.

Grimm, E.R. & Venet, W.R.: The Relationship of Emotional Adjustment to the Course and Outcome of Pregnancy. Psychosomatic Medicine 28 (1966), 34–49.

Gronseth, E.: Work Sharing: A Norwegian Example. In: Rapoport, R. & Rapoport, R.N. (Eds.): Working Couples. New York: Harper Colophon Books 1978, 108–121.

Grossman, F.K., Eichler, L.S. & Winickhoff, S.A.: Pregnancy, Birth, and Parenthood. San Francisco: Jossey-Bass Publishers 1980.

Großmann, K.: Zweijährige Kinder im Zusammenspiel mit ihren Müttern, Vätern, einer fremden Erwachsenen und in einer Überraschungssituation: Beobachtungen aus bindungs- und kompetenztheoretischer Sicht. Dissertation, Universität Regensburg 1984 (a).

Großmann, K. & Großmann, K.E.: Verhaltensontogenie bei menschlichen Neugeborenen – Die Bielefelder Längsschnittuntersuchung. Unveröffentlichtes Manuskript, Universität Regensburg 1983.

Großmann, K., Großmann, K.E., Spangler, G. et al.: Maternal Sensitivity and Newborn's Orientation Responses as Related to Quality of Attachment in Northern Germany. In: Bretherton, I. & Waters, E. (Eds.): Monographs of the Society for Research in Child Development (in press).

Großmann, K., Großmann, K.E. & Wutz, C.: Die unterschiedliche Verknüpfung von Bindungsqualität und Spielgemeinschaft in der Vater-Kind-Beziehung im Vergleich zur Mutter-Kind-Beziehung. In: Großmann, K.E. & Lütkenhaus, P. (Hrsg.): Bericht über die 6. Tagung Entwicklungspsychologie (Regensburg, 1.–3.10.1983), Band II. Universität Regensburg 1983, 163–165.

Großmann, K.E.: Die Ontogenese kindlicher Zuwendung gegenüber Bezugspersonen und gegenüber Dingen. In: Eggers, C. (Hrsg.): Bindungen und Besitzdenken beim Kleinkind. München: Urban & Schwarzenberg 1984, 121–154 (b).

Großmann, K.E. & Escher-Gräub, D.: The Status of Ainsworth's Strange Situaton in North and South German Attachment Research. Paper Presented in a Symposium: The Strange Situation Procedure: Insights from an International Perspective. International Conference on Infant Studies, New York, April 1984.

Großmann, K.E. & Großmann, K.: Eltern-Kind Bindung in Bielefeld. Ein vergleichender Forschungsbericht. In: Immelmann, K., Barlow, G.W., Petrinovich, L. et al. (Eds.): Verhaltensentwicklung bei Mensch und Tier. Das Bielefeld-Projekt. Berlin: Parey 1982, 794–799.

Großmann, K.E. & Großmann, K.: Discovery and Proof in Attachment Research. Behavioral and Brain Sciences 7 (1984), 154–155.

Großmann, K.E. & Volkmer, H.-J.: Fathers' Presence During Birth of their Infants and Paternal Involvement. International Journal of Behavioral Development 7 (1984), 157–165.

Großmann, K.E., Großmann, K., Huber, F. et al.: German Children's Behavior Towards Their Mothers at 12 Months and Their Fathers at 18 Months in Ainsworth's Strange Situation. International Journal of Behavioral Development 4 (1981), 157–181.

Grunebaum, M.G., Hurwitz, I., Prentice, N.M. et al.: Fathers of Sons with Primary Neurotic Learning Inhibition. American Journal of Orthopsychiatry 32 (1962), 462–473.

Gubernick, D.J.: Parent and Infant Attachment in Mammals. In: Gubernick, D.J. & Klopfer, P.H. (Eds.): Parental Care in Mammals. New York: Plenum Press 1981, 243–305.

Gruin, G., Veroff, J. & Feld, S.: American View Their Mental Health: A Nationwide Interview Survey. New York: Basic Books 1960.

Gurwitt, A.R.: Aspects of Prospective Fatherhood. Psychoanalytic Study of the Child 31 (1976), 237–271.

Habermas, J.: Stichworte zu einer Theorie der Sozialisation. In: Habermas, J.: Kultur und Kritik. Frankfurt: Suhrkamp 1973.

Hainline, L. & Feig, E.: The Correlates of Childhood Father Absence in College-Aged Women. Child Development 49 (1978), 37–42.

Haire, D.: The Cultural Warping of Childbirth. Seattle, Washington: International Childbirth Education Association Supplies Center 1975.

Hall, D.E. & Mohr, G.T.: Prenatal Attitudes of Primiparae. Mental Hygiene 17 (1933), 226–234.

Hall, F., Pawlby, S.J. & Wolind, S.: Early Life Experiences and Later Mothering Behaviour; a Study of Mothers and Their 20-Week-Old Babies. In: Shaffer, D. & Dunn, J. (Eds.): The First Year of Life. London, Wiley 1979.

Hamilton, E.: Emotional Aspects of Primiparae. Dissertation Abstracts 15 (1955), 1115–1116.

Hamilton, W.D.: The Genetical Theory of Social Behavior, I, II. Journal of Theoretical Biology 7 (1964), 1–52.

Hampton, J.K.: Laboratory Requirements and Observations of Oedipomidas oedipus. American Journal of Physical Anthropology 22 (1964), 239–244.

Hampton, J.K., Hampton, S.H. & Landwehr, B.T.: Observations on a Successful Breeding Colony of the Marmoset, Oedipomidas oedipus. Folia Primatologica 4 (1966), 265–287.

Hangsleben, K.L.: Transition to Fatherhood. An Exploratory Study. JOGN Nrs. 12,4 (1983), 265–270.

Hannam, C.: Parents and Mentally Handicapped Children. Harmondsworth: Penguin 1975.

Hardy, M.C.: Aspects of Home Environment in Relation to Behavior at the Elementary School Age. Journal of Juvenil Research 21 (1937), 206–225.

Hareven, T.K.: The Family and Gender Roles in Historical Perspective. In: Cater, L.A., Scott, A.F. & Martyna, W. (Eds.): Women and Men: Changing Roles, Relationships and Perceptions. New York: Praeger 1977.

Harlow, H.F.: The Nature of Love. American Psychologist 13 (1958), 673–685.

Harlow, H.F.: The Development of Affectional Patterns in Infant Monkeys. In: Foss, B.M. (Ed.): Determinants of Infant Behavior, Vol. I. London: Methuen 1961, 75–97.

Harlow, H.F. & Harlow, M.K.: The Affectional Systems. In: Schrier, A.M., Harlow, H.F. & Stollnitz, F.S. (Eds.): Behavior of Nonhuman Primates, Vol. 2. New York: Academic Press 1965, 287–334.

Harlow, H.F. & Harlow, M.K.: Effects of Various Mother-Infant Relationships on Rhesus Monkey Behavior. In: Foss, B.M. (Ed.): Determinants of Infant Behavior, Vol. 4. New York: Wiley 1969, 219–256.

Harlow, H.F. & Zimmermann, R.R.: Affectional Responses in the Infant Monkey. Science 130 (1959), 421.

Harper, J.: Fathers at Home. Melbourne: Penguin, 1980.

Harper, R.F. (übers.): The Code of Hammurabi King of Babylon about 2250 B.C. Chicago: Callaghan 1904.

Harrington, D.M., Block, J.H. & Block, J.: Behavorial Manifestations and Parental Correlates of Intolerance of Ambiguity in Young Children. Paper Presented at the Society for Research in Child Development, Denver, April 1975.

Harrington, D.M., Block, J.H. & Block, J.: Intolerance of Ambiguity in Preschool Children: Psychomotoric Considerations, Behavorial Manifestations, and Parental Correlates. Developmental Psychology 14 (1978), 242–256.

Hartley, L.E. & Hartley, E.R.: Die Grundlagen der Sozialpsychologie. Berlin: Rembrandt 1955.

Hartmann, H.: Psychoanalysis and Developmental Psychology. Psychoanalytic Study of the Child 5 (1950), 5–17.

Hartmann, H. & Kris, E.: The Genetic Approach in Psychoanalysis. Psychoanalytic Study of the Child 1 (1945), 11–29.

Hartshorne, H. & May, M.A.: Studies in the Nature of Character, Vol. I: Studies in Deceit; Vol. II: Studies in Self-Control; Vol. III: Studies in the Organization of Character. New York: Macmillan 1928–1930.

Hartup, W.W.: Some Correlates of Parental Imitation in Young Children. Child Development 33 (1962), 85-97.

Hartup, W.W.: Levels of Analysis in the Study of Social Interaction: A Historical Perspective. In: Lamb, M.E., Suomi, S.J. & Stephenson, G.R. (Eds.): Social Interaction Analysis: Methodological Issues. Madison: University of Wisconsin Press 1979.

Hasegawa, T. & Hiraiwa, M.: Social Interactions of Orphans Observed in a Free-Ranging Troop of Japanese Monkeys. Folia Primatologica 33 (1980), 129–158.

Hassenstein, B.: Verhaltensbiologie des Kindes. München: Piper 1973, 1978[2].

Hathaway, S.R. & Monachesi, E.D.: Adolescent Personality and Behavior. Minneapolis: University of Minnesota Press 1963.

Havighurst, R.J.: Developmental Tasks and Education. New York: Davis McKay 1972[3].

Haworth, M.R.: Parental Loss in Children as Reflected in Projective Responses. Journal of Projective Technics 28 (1964), 31–35.

Hawthorne, J.T., Richards, M.P. & Callon, M.: A Study of Parental Visiting of Babies in a Special Care Unit. In: Brimblecombe, F.S., Richards, M.P. & Robertson, N.R. (Eds.): Early Separation and Special Care Nurseries: Clinics in Developmental Medicine. London: Simp/Heinemann Medical Books 1978.

Heath, D.: Competent Fathers: Their Personality and Marriages. Human Development 19 (1976), 26–39.

Heath, D.: What Meaning and Effects Does Fatherhood Have for the Maturing of Professional Men? Merrill-Palmer Quarterly 24 (1978), 265–278.

Heilbrun, A.B.: An Empirical Test of the Modeling Theory of Sex-Role Learning. Child Development 36 (1965), 789–799.

Heilbrun, A.B.: Measurement of Masculine and Feminine Sex-Role Identities as Independent Dimensions. Journal of Consulting and Clinical Psychology 44 (1976), 183–190.

Heinstein, M.I.: Expressed Attitudes and Feelings of Pregnant Women and Their Relations to Physical Complications of Pregnancy. Merrill-Palmer Quarterly 13 (1967), 217–236.

Helper, M.M., Cohen, R.L., Beitenmann, E.T. et al.: Life Events and Acceptance of Pregnancy. Journal of Psychosomatic Research 12 (1968), 183–188.

Hendricks, L.E. & Montgomery, T.: A Limited Population of Unmarried Adolescent Fathers: A Preliminary Report of Their Views on Fatherhood and the Relationship with the Mothers of Their Children. Adolescence 18 (1983), 201–210.

Hendy-Neely, H. & Rhine, R.R.: Social Development of Stumptail Macaques (Macaca arctoides): Momentary Touching and Other Interactions with Adult Males during the Infant's First 60 Days of Life. Primates 18 (1977), 589–600.

Henneborn, W.J. & Cogan, R.: The Effect of Husband Participation on Reported Pain and Probability of Medication during Labor and Birth. Journal of Psychosomatic Research 19 (1975), 215–222.

Henshall, C.H.: Relationships between Nursery School Children's Understanding of Gender and Gender Roles, and the Gender Stereotyping in Their Observed Behaviours. Paper Presented to the British Psychological Society Annual Conference, Aberdeen, March 1980.

von Hentig, H.: Vorwort zur deutschen Ausgabe von Ariès, P.: Geschichte der Kindheit. München: Hanser 1975, 7–44.

Herzog, E. & Sudia, C.E.: Children in Fatherless Families. In: Caldwell, B.M. & Ricciuti, H.N. (Eds.): Review of Child Development Research. Vol. III: Child Development and Social Policy. Chicago: The University of Chicago Press 1973, 141–232.

Herzog, J.M.: Disturbances in Parenting High-Risk Infants: Clinical Impressions and Hypotheses. In: Field, T.M. (Ed.): Infants Born at Risk: Behavior and Development. New York: S.P. Medical and Scientific Books 1979.

Hess, R.D., Shipman, V.C., Brophy, J.E. et al.: The Cognitive Environments of Urban Preschool Children. Chicago: Graduate School of Education, University of Chicago 1968. (Eric Document Reproduction Service No. Ed 039264).

Hess, R.D., Shipman, V.C., Brophy, J.E. et al.: The Cognitive Environments of Urban Preschool Children: Follow-Up Phase. Chicago: Graduate School of Education, University of Chicago 1969. (Eric Document Reproduction Service No. Ed. 039270).

Hetherington, E.M.: A Developmental Study of the Effects of Sex of the Dominant Parent on Sex-Role Preference, Identification, and Imitation in Children. Journal of Personality and Social Psychology 2 (1965), 188–194.

Hetherington, E.M.: Effects of Paternal Absence on Sex-Typed Behaviors in Negro and White Preadolescent Males. Journal of Personality and Social Psychology 4 (1966), 87–91.

Hetherington, E.M.: The Effects of Familial Variables on Sex Typing, on Parent-Child Similarity, and on Imitation in Children. In: Hill, J.P. (Ed.): Minnesota Symposia on Child Psychology I. Minneapolis: University of Minnesota Press 1967.

Hetherington, E.M.: Effects of Father Absence on Personality Development in Adolescent Daughters. Developmental Psychology 7 (1972), 313–326.

Hetherington, E.M.: Effects of Paternal Absence on Sex Typed Behaviours in Negro and White Preadolescent Males. In: Bee, H. (Ed.): Social Issues in Developmental Psychology. New York: Harper & Row 1974, 378–386.

Hetherington, E.M.: Scheidung aus der Perspektive des Kindes. Report Psychologie 5 (1980), 6–23.

Hetherington, E.M. & Frankie, G.: Effects of Parental Dominance, Warmth, and Conflict on Imitation in Children. Journal of Personality and Social Psychology 6 (1967), 119–125.

Hetherington, E.M. & Parke, R.D.: Child Psychology: A Contemporary Viewpoint. New York: McGraw-Hill 1979².

Hetherington, E.M., Cox, M. & Cox, R.: Beyond Father Absence: Conceptualization of Effects of Divorce. Paper Presented to the Society for Research in Child Development, Denver, Colorado 1975.

Hetherington, E.M., Cox, M. & Cox, R.: Divorced Fathers. Family Coordinator 25 (1976), 417–428.

Hetherington, E.M, Cox, M. & Cox, R.: The Aftermath of Divorce. In: Stevens, J.H. & Mathews, M. (Eds.): Mother-Child, Father-Child Relationships. National Association for the Education of Young Children 1978, 149–176.

Hetherington, E.M., Cox, M. & Cox, R.: Family Interaction and the Social Emotional and Cognitive Development of Children Following Divorce. In: Vaughn, V. & Brazelton, T.B. (Eds.): The Family: Setting Priorities. New York: Science and Medicine Publishing Company 1979.

Hetherington, E.M., Cox, M. & Cox, R.: Effects of Divorce on Parents and Children. In: Lamb, M.E. (Ed.): Nontraditonal Families: Parenting and Child Development. Hillsdale, N.J.: Erlbaum 1982, 233–288.

Hetzel, B.S., Bruer, B. & Poidevin, L.O.: A Survey of the Relation between Certain Common Antenatal Complications in Primiparae and Stressful Life Situations During Pregnancy. Journal of Psychosomatic Research 5 (1961), 175–182.

Hewett, S.: The Family and the Handicapped Child. London: Allen & Unwin 1970.

Hewett, S.: The Need for Long-Term-Care. Institute for Research into Mental Retardation, Occasional Papers No. 3. London: Butterworth 1972.

Hilgard, J.R., Neumann, M.F. & Fisk, F.: Strength of Adult Ego Following Bereavement. American Journal of Orthopsychiatry 30 (1960), 788–798.

Hill, O.W. & Price, J.S.: Childhood Bereavement and Adult Depression. British Journal of Psychiatry 113 (1967), 743–751.

Hill, R.: Families under Stress. New York: Harper 1949.

Hill, R. & Joy, C.: Conceptualizing and Operationalizing Category Systems for Phasing of Family Development. Unveröffentlichtes Manuskript, University of Minnesota, 1979. (Zit. in: Csordas, K.: Erwartungen werdender Väter – Zum Einfluß des ersten Kindes. Diplomarbeit, Universität Bonn 1982.)

Hill, R. & Mattessich, P.: Family Development Theory and Life-Span Development. In: Baltes, P.B. & Brim, O.G. (Eds.): Life-Span Development and Behavior. New York: Academic Press 1979.

Hillenbrand, E.: Father Absence in Military Families. (Doctoral Dissertation, George Washington University 1970). Dissertation Abstracts International 31 (1971), 6902B–6903B.

Hinde, R.A.: On Describing Relationships. Journal of Child Psychology and Psychiatry 17 (1976), 1–19.

Hinde, R.A.: On Assessing the Bases of Partner Preferences. Behaviour 62 (1977), 1–9.

Hinde, R.A. & Davies, L.M.: Changes in Mother-Infant Relationship after Separation in Rhesus Monkeys. Nature 239 (1972), 41–42.

Hinde, R.A. & McGinnis, L.M.: Some Factors Influencing the Effects of Temporary Mother-Infant Separation – Some Experiments with Rhesus Monkeys. Psychological Medicine 7 (1977), 197–212.

Hinde, R.A. & Stevenson-Hinde, J.: Toward Understanding Relationships: Dynamic Stability. In: Bateson, P. & Hinde, R.A. (Eds.): Growing Points in Animal Behavior. London: Cambridge University Press 1976.

Hipgrave, T.: Child-Rearing by Lone Fathers. In: Chester, R., Diggory, P. & Sutherland, M.B. (Eds.): Changing Patterns of Child Bearing and Child Rearing. London: Academic Press 1981, 149–166.

Hipgrave, T.: Lone Fatherhood: A Status. In: McKee, L. & O'Brien, M. (Eds.): The Father Figure. London: Tavistock 1982, 172–183.

Hirschowitz, R.G.: Groups to Help People Cope with the Tasks of Transition. In: Hirschowitz, R.G. & Levy, B. (Eds.): The Changing Mental Health Scene. New York: Spectrum Press 1976.

Hittelman, J.H. & Dickes, R.: Sex Differences in Neonatal Eye Contact Time. Merrill-Palmer Quarterly 25 (1979), 171–184.

Hobbs, D.F., Jr.: Parenthood as Crisis: A Third Study. Journal of Marriage and the Family 27 (1965), 367–372.

Hobbs, D.F., Jr.: Transition to Parenthood: A Replication and an Extension. Journal of Marriage and the Family 30 (1968), 413–417.

Hobbs, D.F. & Cole, S.P.: Transition to Parenthood: a Decade Replication. Journal of Marriage and the Family 38 (1976), 723–731.

Hobbs, D.F. & Wimbish, J.R.: Transition to Parenthood by Black Couples. Journal of Marriage and the Family 39 (1977), 677–689.

Hock, E.: Working and Nonworking Mothers and Their Infants: A Comparative Study of Maternal Caregiving Characteristics and Infant Social Behavior. Merrill-Palmer Quarterly 26 (1980), 79–101.

Hoffman, H.S. & Boskoff, K.J.: Control of Aggressive Behavior by an Imprinted Stimulus. Psychonomic Science 29 (1972), 305–306.

Hoffman, H.S. & DePaulo, P.: Behavioral Control by an Imprinting Stimulus. American Scientist 65 (1977), 58–66.

Hoffman, H.S. & Ratner, A.M.: A Reinforcement Model of Imprinting: Implications for Socialization in Monkeys and Men. Psychological Review 80 (1973), 527–544.

Hoffmann, H.S. & Solomon, R.L.: An Opponent-Process Theory of Motivation: III. Some Affective Dynamics in Imprinting. Learning and Motivation 5 (1974), 149–164.

Hoffman, L.W.: The Father's Role in the Family and the Child's Peer-Group Adjustment. Merrill-Palmer Quarterly 7 (1961), 97–105.

Hoffman, L.W.: Changes in the Family Roles, Socialization, and Sex Differences. American Psychologist 32 (1977), 644–657.

Hoffman, L.W.: Maternal Employment: 1979. American Psychologist 34 (1979), 859–865.

Hoffman, L.W. & Nye, F.I. (Eds.): Working Mothers. San Francisco: Jossey-Bass 1974.

Hoffman, M.L.: Moral Development. In: Mussen, P.H. (Ed.): Carmichael's Manual of Child Psychology, Vol. 2. New York: Wiley 1970[3].

Hoffman, M.L.: Father Absence and Conscience Development. Developmental Psychology 4 (1971), 400–406.

Hoffman, M.L.: Moral Internalization, Parental Power, and the Nature of Parent-Child Interaction. Developmental Psychology 11 (1975), 228–239 (a).

Hoffman, M.L.: Altruistic Behavior and the Parent-Child Relationship. Journal of Personality and Social Psychology 31 (1975), 937–943 (b).

Hoffman, M.L.: Empathy, Role-Taking, Guilt and the Development of Altruistic Motives. In: Likona, T. (Ed.): Moral Development: Current Theory and Research. New York: Holt 1976.

Hoffman, M.L.: Moral Internalization: Current Theory and Research. In: Berkowitz, L. (Ed.): Advances in Experimental Social Psychology, Vol. 10. New York: Academic Press 1977 (a).

Hoffman, M.L.: Empathy, Its Development, and Prosocial Implications. In: Keasey, C.B., (Ed.): Nebraska Symposium on Motivation 25 (1977), 169–218 (b).

Hoffman, M.L.: Sex Differences in Empathy and Related Behaviors. Psychological Bulletin 84 (1977), 712–722 (c).

Hoffman, M.L.: The Role of the Father in Moral Internalization. In: Lamb, M.E. (Ed.): The Role of the Father in Child Development. New York: Wiley 1981[2], 359–378.

Hogbin, H.I.: A New Guinea Infancy, from Conception to Weaning in Wogeo. Oceania XIII (1943), 285–309.

Hollingshead, A.B.: Four-Factor Index of Social Status. Unpublished Manuscript 1970. (Available from the Department of Sociology, Yale University, New Haven, Conn.). Zit. in Radin, N.: Primary Caregiving and Role-Sharing Fathers. In: Lamb, M.E.: Nontraditional Families: Parenting and Child Development. Hillsdale, N.J.: Erlbaum 1982.

Holman, P.: Some Factors in the Etiology of Maladjustment in Children. Journal of Mental Science 99 (1953), 654–688.

Holstein, C.E.: The Relation of Children's Moral Judgement Level to That of Their Parents and to Communication Patterns in the Family. In: Smart, R.C. & Smart, M.S. (Eds.): Readings in Child Development and Relationships. New York: Macmillan 1972, 484–494.

Honig, A.S.: Research in Review: Risk Factors in Infants and Young Children. Young Children N. 4, Vol 39 (1984), 60–73.

Honzik, M.P.: A Sex Difference in Age of Onset of the Parent-Child Resemblance in Intelligence. Journal of Educational Psychology 54 (1963), 231–237.

Honzik, M.P.: Environmental Correlates of Mental Growth. Prediction from the Family Setting at 21 Months. Child Development 38 (1967), 337–364.

Hood, J. & Golden, S.: Beating Time/Making Time: The Impact of Work Scheduling on Men's Family Roles. Family Coordinator 28 (1979), 575–582..

Hopkinson, G. & Reed, G.F.: Bereavement in Childhood and Depressive Psychosis. British Journal of Psychiatry 112 (1966), 459–463.

House, J.S.: Work Stress and Social Support. Reading, Mass.: Addison-Wesley 1981.

Howells, J.G.: Fathering. In: Howells, J.G. (Ed.): Modern Perspectives in International Child Psychiatry, Vol. III. Edingburgh: Oliver & Boyd 1969, 125–156.

Hrdy, S.B.: Male-Male Competition and Infanticide among the Langurs (Presbytis entellus) of Abu, Rajasthan. Folia Primatologica 22 (1974), 19–58.

Hrdy, S.B.: The Langurs of Abu: Female and Male Strategies of Reproduction. Cambridge, Mass.: Harvard University Press 1977.

Hrdy, S.B.: Infanticide among Animals: A Review, Classification and Examination of the Implications for the Reproductive Strategies of Females. Ethology and Sociobiology 1 (1979), 13–40.

Hudgens, R.W.: Life Events and the Onset of Primary Affective Disorders: A Study of 40 Hospitalized Patients and 40 Controls. Archives of General Psychiatry 16 (1967), 534–545.

Huttunen, M.O. & Niskanen, P.: Prenatal Loss of Father and Psychiatry Disorders. Archives of General Psychiatry 35 (1978), 429–431.

Hyde, J.S. & Phillis, D.E.: Androgyny across the Life Span. Developmental Psychology 15 (1979), 334–336.

van Ijzendoorn, M.H.: s. Van Ijzendoorn, M.H.

Infratest: Familienplanung als gesundheitliche Aufgabe. München: Eigenverlag 1972.

Ingham, H.V.: A Statistical Study of Family Relationship in Psychoneurosis. American Journal of Orthopsychiatry 106 (1949), 91–98.

Ingram, J.C.: Husbandry and Observation Methods of a Breeding Colony of Marmosets (Callithrix jacchus) for Behavioural Research. Laboratory Animals 9 (1975), 249–259.

Itani, J.: Paternal Care in the Wild Japanese Monkey, Macaca fuscata fuscata. Primates 2 (1959), 61–93.

Itani, S.: Paternal Care in the Wild Japanese Monkey, Macaca fuscata. In: Southwick, C.H.: Primate Social Behavior. Princeton, N.J.: Von Nostrand 1963.

Jacobsen, G. & Ryder, R.G.: Parental Loss and Some Characteristics of the Early Marriage Relationship. American Journal of Orthopsychiatry 39 (1969), 779–787.

Jacoby, A.P.: Transition to Parenthood: A Reassessment. Journal of Marriage and the Family 31 (1969), 720–727.

Jans, K.W. & Happe, G.: Gesetz zur Neuregelung des Rechts der elterlichen Sorge – Kommentar. Köln: Kohlhammer 1980.

Jarvis, W.: Some Effects of Pregnancy and Childbirth on Men. Journal of the American Psychoanalytic Association 10 (1962), 689–700.

Jay, P.C.: The Common Langur of North India. In: DeVore, I. (Ed.): Primate Behaviour: Field Studies of Monkeys and Apes. New York: Holt 1965.

Jencks, C., Smith, M., Acland, H. et al.: Inequality. New York: Basic Books 1972.

Jessner, L., Weigert, L. & Foy, J.C.: The Development of Parental Attitudes During Pregnancy. In: Anthony, E.J. & Benedek, T. (Eds.): Parenthood: Its Psychology and Psychopathology. London: Little & Brown (1970), 209–244.

Jessor, R. & Jessor, S.: Problem Behavior and Psychosocial Development: A Longitudinal Study of Youth. New York: Academic Press 1977.

Johnson, M.M.: Sex Role Learning in the Nuclear Family. Child Development 34 (1963), 315–333.

Jolly, A.: The Evolution of Primate Behavior. New York: Macmillan 1972.

Jones, C.: Father to Infant Attachment: Effects of Early Contact and Characteristics of the Infant. Research in Nursing and Health 4 (1981), 193–200.

Jones, H.E.: Father Absence during Childhood, Maternal Attitudes toward Men, and the Sex-Role Development of Male College Students. Doctoral Dissertation, Michigan State University 1975. Dissertation Abstracts International 36 (1975), 3047B–3048B.

Jordan, B.E., Radin, N. & Epstein, A.S.: Paternal Behavior and Intellectual Functioning in Preschool Boys and Girls. Developmental Psychology 11 (1975), 407–408.

Jordan, E. & Sengling, D.: Einführung in die Jugendhilfe. München: Juventa 1977.

Jürgens, H.W. & Pohl, K.: Kinderzahl – und Wirklichkeit. Stuttgart: Deutsche Verlagsanstalt 1975.

Junod, H.A.: The Life of a South African Tribe. London: Macmillan 1927[2].

Jürgens, H.W. & Pohl, K.: Partnerbeziehung und generatives Verhalten. Ergebnisse einer Longitudinaluntersuchung. Zeitschrift für Bevölkerungswissenschaft 4 (1978), 247–268.

Kadushin, A.: Single Parent Adoptions: An Overview and Some Relevant Research. Social Service Review 44 (1970), 263–274.

Kagan, J.: Socialization of Aggression and the Perception of Parents in Phantasy. Child Development 29 (1958), 311–320.

Kagan, J.: Acquisition and Significance of Sex-Role Identity. In: Hoffman, M.L. & Hoffman, L.W. (Eds.): Review of Child Development Research, Vol. I. New York: Russell Sage Foundation 1964, 137–167.

Kagan, J.: The Growth of the Child. Hassocks, Suss.: Harvester Press 1979.

Kagan, J.: Heart Rate and Heart Rate Variability as Signs of a Temperamental Dimension in Infants. In: Izard, C.E. (Ed.): Measuring Emotions in Infants and Children. New York: Cambridge University Press 1982.

Kagan, J., Kearsley, R.B. & Zelazo, P.R.: Infancy. Its Place in Human Development. Cambridge, Mass.: Harvard University Press 1978.

Kagel, S.A., White, R.M. & Coyne, J.C.: Father-Absent and Father-Present Families of Disturbed and Nondisturbed Adolescents. American Journal of Orthopsychiatry 48 (1978), 342–352.

Kanfer, F.H. & Phillips, J.S.: Learning Foundations of Behavior Therapy. New York: Wiley 1970.

Kanner, L.: Parents' Feelings about Retarded Children. American Journal of Mental Deficiency 57 (1953), 375–383.

Kaplan, E.H. & Blackman, L.H.: The Husband's Role in Psychiatric Illness Associated with Childbearing, Psychiatric Quarterly 43 (1969), 396–409.

Kaplan, J.N., Cubiciotti, D. & Redican, W.K.: Olfactory Discrimination of Squirrel Monkey Mothers by their Infants. Developmental Psychology 10 (1977), 447–453.

Katschnig, H.: Sozialer Streß und psychische Erkrankung. München: Urban & Schwarzenberg 1980.

Katsh, B.S.: Fathers and Infants. Reported Caregiving and Interaction. Journal of Family Issues 2 (1981), 275–296.

Katz, M.M. & Konner, M.J.: The Role of the Father: An Anthropological Perspective. In: Lamb, M.E. (Ed.): The Role of the Father in Child Development. New York: Wiley & Sons 1981[2], 155–186.

Kaufmann, J.H.: Social Relations of Adult Males in a Free-Ranging Band of Rhesus Monkeys. In: Altmann, S. (Ed.): Social Communication among Primates. Chicago: University of Chicago Press 1967, 73–98.

Kaufman, I.C. & Rosenblum, L.A.: The Waning of the Mother-Infant Bond in Two Species of Macaque. In: Foss, B.M. (Ed.): Determinants of Infant Behaviour, Vol. IV. London: Methuen 1969.

Kayton, R. & Biller, H.B.: Sex-Role Development and Psychopathology in Adult Males. Journal of Consulting and Clinical Psychology 36 (1971), 235–257.

Keeler, W.R.: Children's Reaction to the Death of a Parent. In: Hoch, P.H. & Zubin, J. (Eds.): Depression. New York: Grune 1954, 109–120.

Keller, H. & Meyer, H.-J.: Psychologie der frühesten Kindheit. Stuttgart: Kohlhammer 1982.

Keller, H. & Werner-Bonus, E.: Vater-Kind-Interaktionen bei drei Monate alten männlichen und weiblichen Säuglingen. Zeitschrift für Entwicklungspsychologie und Pädagogische Psychologie 10 (1978), 279–285.

Keller, H., Gauda, G. Miranda, D. et al.: Strukturmerkmale elterlicher Sprache gegenüber Kindern im ersten Vierteljahr. Zeitschrift für Entwicklungspsychologie und pädagogische Psychologie 14 (1982), 292–307.

Keller, W.D., Hildebrandt, K.A. & Richards, M.: Effects of Extended Father-Infant Contact. Paper Presented to the Society for Research in Child Development Conference, Boston 1981. Zit. in: Beail, N.: The Role of the Father during Pregnancy and Childbirth. In: Beail, N. & McGuire, J. (Eds.): Fathers. London: Junction Books 1982, 3–22.

Kelley, S.: Changing Parent-Child Relationships: An Outcome of Mother Returning to College. Unpublished Paper 1981.

Kelly, J.B. & Wallerstein, J.S.: Part-Time Parent, Part-Time Child: Visiting after Divorce. Journal of Clinical Child Psychology 6 (1977), 51–54.

Kennell, J.H., Voos, D.K. & Klaus, M.H.: Parent-Infant Bonding. In: Osofsky, J.D. (Ed.): Handbook of Infant Development. New York: Wiley 1979, 786–798.

Kernberg, O.F.: Barriers to Falling and Remaining in Love. Journal of the American Psychoanalytic Association 22 (1974), 486–511.

Kerr, M. & McKee, L.: The Father's Role in Child Health Care. Health Visitor 54 (1981). 47–51.

Kersey, K.C.: The Effects of Male Absence on Impulsivity and Self Control in Preschool Children. Dissertation Abstracts International 34 (1973), 4-A, 1704.

Kestenberg, J.: Children and Parents. New York: Jason Aronson 1975.

Kestermann, G.: Gestik von Säuglingen: Ihre kommunikative Bedeutung für erfahrene und unerfahrene Bezugspersonen. Dissertation, Universität Bielefeld, (Dezember) 1981.

Kimball, B.: The Sentence Completion Technique in a Study of Scholastic Underachievement. Journal of Consultant Psychology 16 (1952), 353–358.

Kitano, H.H.: The Child-Care Center. A Study of the Interaction among One-Parent Children, Parents, and School. Berkeley, L.A.: University of California Press 1963.

Kitzinger, S.: The Experience of Childbirth. Baltimore: Penguin 1972.

Kitzinger, S.: Birth at Home. Oxford: Oxford University Press 1979.

Klaus, M.H. & Kennell, J.H.: Maternal-Infant Bonding. St. Louis: Mosby 1976. (Dt.: Mutter-Kind-Bindung. Über die Folgen einer frühen Trennung. München: Kösel 1983).

Klaus, M.H. & Kennell, J.H.: Parent-Infant Bonding. St. Louis: Mosby 1982.

Klaus, M.H., Jerauld, R., Kreger, N. et al.: Maternal Attachment: Importance of the First Post-Partum Days. New England Journal of Medicine 286 (1972), 460–463.

Klaus, M.H., Trause, M.A. & Kennell, J.H.: Does Human Maternal Behaviour after Delivery Show a Characteristic Pattern? In: Parent-Infant Interaction. Ciba Foundation Symposium 33. Amsterdam: Elsevier 1975, 69–85.

Kleimann, D.G.: Monogamy in Mammals. Quarterly Review of Biology 52 (1977), 39–69.

Kleimann, D.G.: Sex Differences in the Reproductive and Social Inhibition of Young

Adult Lion Tamarin, Leontophithecus rosalia. Proceedings of the Seventh International Congress of Primatology, 1980.

Kleiman, D.G. & Malcolm, J.R.: The Evolution of Male Parental Investment in Mammals. In: Gubernick, D.J. & Klopfer, P.H. (Eds.): Parental Care in Mammals. New York: Plenum Press 1981, 347-387.

Klein, M.: The Psychoanalysis of Children. London: Hogarth 1932 (Dt.: Die Psychoanalyse des Kindes. München: Reinhardt 1971).

Klein, M.: On Identification. In: Klein, M., Heimann, P. & Money-Kyrle, R.E. (Eds.): New Directions in Psycho-Analysis. The Significance of Infant Conflict in the Pattern of Adult Behavior. London: Tavistock 1955, 309-345.

Klein, M.: Envy and Gratitude: A Study of Unconscious Sources. London: Tavistock 1957 (Dt.: Neid und Dankbarkeit. In: Klein, M.: Das Seelenleben des Kleinkindes und andere Beiträge zur Psychoanalyse. Stuttgart: Klett 1962, 174-186).

Klein, R.P., Gist, N.F., Nicholson, J. et al.: A Study of Father and Nurse Support during Labour. Birth and the Family Journal 8 (1981), 161-164.

Klußmann, R.W.: Das Kind im Rechtsstreit der Erwachsenen. München: Reinhardt 1981.

Klußmann, R.W.: Der verfassungsgemäße Ausschluß des gemeinsamen Sorgerechts geschiedener Eltern (§ 1671 IV S. 1 BGB). Zeitschrift für das gesamte Familienrecht 29 (1982), 118-122.

Koch, M.B.: Anxiety in Preschool Children from Broken Homes. Merrill-Palmer Quarterly 7 (1961), 225-231.

Kogelschatz, J.L., Adams, P.L. & Tucker, D.: Family Styles of Fatherless Households. Journal of the American Academy of Child Psychiatry 11 (1972), 365-383.

Kohlberg, L.: A Cognitive-Developmental Analysis of Children's Sex-Role Concepts and Attitudes. In: Maccoby, E.E. (Ed.): The Development of Sex Differences. London: Tavistock 1967, 82-172.

Kohlberg, L.: Stage and Sequence: The Cognitive Developmental Approach. In: Goslin, D.A. (Ed.): Handbook of Socialization. Theory and Research. Chicago: Rand McNally 1969, 347-480.

Kohn, M. & Rosman, B.L.: Cognitive Functioning in Five-Year-Old Boys Related to Social-Emotional and Background-Demografic Variables. Developmental Psychology 12 (1973), 237-244.

Kolansky, H. & Moore, W.T.: Some Comments on the Simultaneous Analysis of a Father and His Adolescent Son. Psychoanalytic Study of the Child 21 (1966), 237-268.

Kopf, K.E.: Family Variables and School Adjustment of Eighth Grade Father-Absent Boys. Family Coordinator 19 (1970), 145-150.

Kosche, W.: Die Selbstverwirklichung des Jungbauern im Generationskonflikt der bäuerlichen Familie bei An- und Abwesenheit des Vaters. Salzburg: Universitätsbibliothek 1978, 260994 II.

Kotelchuck, M.: The Nature of a Child's Tie to His Father. Ph. D. Thesis, Harvard University 1972.

Kotelchuck, M.: The Nature of the Infant's Tie to the Father. Paper Presented at the Meeting of the Society for Research in Child Development, Philadelphia 1973.

Kotelchuck, M.: The Infant's Relationship to the Father: Experimental Evidence. In: Lamb, M.E. (Ed.): The Role of the Father in Child Development. New York: Wiley 1976, 329-344.

Kotelchuck, M., Zelazo, P., Kagan, J. et al.: Infant Reaction to Parental Separations when Left with Familiar and Unfamiliar Adults. Journal of Genetic Psychology 126 (1975), 255-262.

Krappmann, L.: Neuere Rollenkonzepte als Erklärungsmöglichkeit für Sozialisationsprozesse. In: Auwärter, M.A., Kirsch, E. & Schröter, K. (Hrsg.): Seminar: Kommunikation, Interaktion, Identität. Frankfurt a.M.: Suhrkamp 1976.

Kreppner, K., Paulsen, S. & Schuetze, Y.: Infant and Family Development: From Triads to Tetrads. Human Development 25, (1982), 373-391.

Krober, A.L.: Anthropology. London: Harper 1948.

Kuhn, T.S.: Die Struktur wissenschaftlicher Revolutionen. Frankfurt/M.: Suhrkamp 1967, 1976^2.

Kummer, H.: Tripartite Relations in Hamadryan Baboons. In: Altmann, S.A. (Ed.): Social Communication among Primates. Chicago: University of Chicago Press 1967.

Kummer, H.: Social Organization of Hamadryas Baboons. Chicago: University of Chicago Press 1968.

Kummer, H.: Primate Societies. Chicago: Aldine-Atherton 1971.

Kunike, H.: Das sogenannte Männerkindbett. Zeitschrift für Ethnologie 43 (1911).

Lack, D.: Ecological Adaptions for Breeding in Birds. London: Methuen 1968.

Lacoursière, R.B.: Fatherhood and Mental Illness: A Review and New Material. Psychiatric Quarterly 46 (1972), 1203-1218.

Lamaze, F.: Painless Childbirth. Chicago: Henry Regnery 1970.

Lamb, M.E.: A Defense of the Concept of Attachment. Human Development 17 (1974), 376-385.

Lamb, M.E.: Interaction between Eight-Month-Old Children and Their Fathers and Mothers. In: Lamb, M.E. (Ed.): The Role of the Father in Child Development. New York: Wiley, 1976 (a).

Lamb, M.E.: Twelve-Month-Olds and Their Parents: Interaction in a Laboratory Playroom. Developmental Psychology 12 (1976), 237–244 (b).

Lamb, M.E.: Interactions between Two-Year-Olds and Their Mothers and Fathers. Psychological Reports 38 (1976), 447–450 (c).

Lamb, M.E.: The Development of Mother-Infant Attachments in the Second Year of Life. Developmental Psychology 13 (1977), 637–648 (a).

Lamb, M.E.: The Development of Parental Preferences in the First Two Years of Life. Sex Roles 3 (1977), 495–497 (b).

Lamb, M.E.: Father-Infant and Mother-Infant Interaction in the First Year of Life. Child Development 48 (1977), 167–181 (c).

Lamb, M.E.: The Effects of Divorce on Children's Personality Development. Journal of Divorce 1 (1977), 163–174 (d).

Lamb, M.E.: Infant Social Cognition and „Second Order" Effects. Infant Behavior and Development 1 (1978), 1–10 (a).

Lamb, M.E.: Qualitative Aspects of Mother- and Father-Infant Attachments. Infant Behavior and Development 1 (1978), 265–275 (b).

Lamb, M.E.: The Development of Parent-Infant Attachments in the First Two Years of Life. In: Pedersen, F.A. (Ed.): The Father-Infant Relationship. Observational Studies in the Family Setting. New York: Praeger 1980, 21–43.

Lamb, M.E.: The Development of Father-Infant Relationship. In: Lamb, M.E. (Ed.): The Role of the Father in Child Development. New York: Wiley 1981[2], 459–488 (a).

Lamb, M.E. (Ed.): The Role of the Father in Child Development. New York: Wiley 1976, 1981[2] (b).

Lamb, M.E. (Ed.): Nontraditional Families: Parenting and Child Development. Hillsdale, N.J.: Erlbaum 1982.

Lamb, M.E.: Exploring the Origins and Implications of Strange Situation Behavior through Multinational Research. Presented in a Symposium: The Strange Situation Procedure: Insights from an International Perspective. International Conference on Infant Studies, New York, April 1984.

Lamb, M.E. & Bronson, S.K.: Fathers in the Context of Family Influences: Past, Present and Future. School Review 9 (1980), 336–353.

Lamb, M.E. & Easterbrooks, M.A.: Individual Differences in Parental Sensitivity: Origins, Components and Consequences. In: Lamb, M.E. & Sherrod, L.R. (Eds.): Infant Social Cognition: Empirical and Theoretical Considerations. Hillsdale, N.J.: Erlbaum 1981.

Lamb, M.E. & Goldberg, W.A.: The Father-Child-Relationship: A Synthesis of Biological, Evolutionary and Social Perspectives. In: Hoffmann, L.W., Gandelman, R.J. & Schiffmann, H.R. (Eds.): Parenting: Its Causes and Consequences. Hillsdale, N.J., Erlbaum 1982.

Lamb, M.E. & Sagi, A. (Eds.): Fatherhood and Family Policy. Hillsdale, N.J.: Erlbaum 1983.

Lamb, M.E., Owen, M.T. & Chase-Lansdale, L.: The Father-Daughter Relationship: Past, Present, and Future. In: Kopp, C. & Kirkpatrick, M. (Eds.): Becoming Female. New York: Plenum Press 1979, 89–112.

Lamb, M.E., Frodi, A.M., Frodi, A. et al.: Characteristics of Maternal and Paternal Behavior in Traditional and Nontraditional Swedish Families. International Journal of Behavioral Development 5 (1982), 131–141.

Lamb, M.E., Frodi, A.M., Hwang, C.-P. et al.: Mother- and Father-Infant Interaction Involving Play and Holding in Traditional and Nontraditional Swedish Families. Developmental Psychology 18 (1982), 215–221 (a).

Lamb, M.E., Frodi, A.M., Hwang, C.-P. et al.: Varying Degrees of Paternal Involvement in Infant Care: Attitudinal and Behavioral Correlates. In: Lamb, M.E. (Ed.): Nontraditional Families: Parenting and Child Development. Hillsdale, N.J.: Erlbaum 1982, 117–137 (b).

Lamb, M.E., Frodi, A.M., Hwang, C.-P. et al.: Attitudes and Behavior of Traditional and Nontraditional Parents in Sweden. In: Emde, R. & Harmon, R. (Eds.): Attachment and Affiliative Systems: Neurobiological and Psychobiological Aspects. New York: Plenum 1982 (c).

Lamb, M.E., Frodi, A.M., Hwang, C.-P. et al.: Effects of Paternal Involvement on Infant Preferences for Mothers and Fathers. Child Development 54 (1983), 450–458.

Lamb, M.E., Gardner, W.P., Charnov, E.L. et al.: Studying the Security of Infant-Adult Attachment: A Reprise. Behavioral and Brain Sciences 7 (1984), 163–167.

Lamb, M.E., Hwang, C.-P., Frodi, A.M. et al.: Security of Mother- and Father-Infant Attachment and Its Relation to Sociability with Strangers in Traditional and Nontraditional Swedish Families. Infant Behavior and Development 5 (1982), 355–367.

Lamb, M.E., Thompson, R.A., Gardner, W.P. et al.: Patterns of Attachment Reassessed. Hillsdale, N.J.: Erlbaum 1983.

Lamb, M.E., Thompson, R.A., Gardner, W.P. et al.: Security of Infantile Attachment as Assessed in the „Strange Situation": Its Study and Biological Interpretation. Behavioral and Brain Sciences 7 (1984), 127–171.

Lambert, L. & Hart, S.: Who Needs a Father? New Society 22 (1976), 80.

Landy, F., Rosenberg, B.G. & Sutton-Smith, B.: The Effect of Limited Father Absence on Cognitive Development. Child Development 40 (1969), 941–944.

Langlois, J.H. & Downs, A.C.: Mothers, Fathers and Peers as Socialization Agents of Sex-Typed Play Behaviors in Young Children. Child Development 51 (1980), 1237–1247.

Langner, T.S. & Michael, S.T.: Life Stresses and Mental Health. New York: Free Press 1963.

LaRossa, R. & LaRossa, M.M.: Transition to Parenthood. How Infants Change Families. Beverly Hills: Sage 1981.

Lavinson, N.B.: Father's Presence, Nurturance, and Alternate Responding as Related to Transgression in Young Negro Boys. Dissertation Abstracts International 30 (1970), 5223B-5224B.

van Lawick, H. & van Lawic-Godall, J.: Innocent Killers. Boston: Houghton Mifflin 1971.

van Lawick-Godall, J.: Mother-Offspring Relationships in Free-Ranging Chimpanzees. In: Orris, D. (Ed.): Primate Ethology. Chicago: Aldine 1967.

Layman, E.M.: Discussion. In: Applezweig, D.G. (Ed.): Childhood and Mental Health: The Influence of the Father in the Family Setting. Presented at the Symposium of the American Psychological Association, Chicago, 1960 (vgl. Merrill-Palmer Quarterly 1 (1961), 107–111).

Leboyer, F.: Der sanfte Weg ins Leben. Geburt ohne Gewalt. München: Desch 1974.

Lechtman, D. & Jenan, S.: CEALA's Policy on Fathers in the Delivery Room. Childbirth: A Family Experience. CEALA Newsletters 2 (1971), 3.

LeCorgne, L.L. & Laosa, L.M.: Father Absence in Low-Income Mexican-American Families: Children's Social Adjustment and Conceptual Differentiation of Sex Role Attributes. Developmental Psyhology 12 (1976), 470–471.

Lee, P.C. & Wolinsky, A.L.: Male Teachers of Young Children. A Preliminary Empirical Study. Young Children 28 (1973), 342–352.

Lefkowitz, M.: Some Relationships between Sex Role Preference of Children and Other Parent and Child Variables. Psychological Reports 10 (1962), 43–53.

Legg, C., Sherick, I. & Wadland, W.: Reaction of Preschool Children to the Birth of a Sibling. Child Psychiatry and Human Development 5 (1974), 3–39.

Lehfeldt, H.: Psychology of Contraceptive Failure. Medical Aspects of Human Sexuality 5 (1971), 68–77.

Lehr, U.: Psychologie des Alterns. Heidelberg: Quelle & Meyer 1972, 1977[3].

Lehr, U.: Die Rolle der Mutter in der Sozialisation des Kindes. Darmstadt: Steinkopff 1974,

Lehr, U.: Eltern-Kind-Beziehung in der ersten Lebenszeit. Zeitschrift für Geburtshilfe und Perinatologie 182 (1978), 317–330.

Lehr, U.: Das Kind in der Familie. In: Johannes Schlemmer (Hrsg.): Anfang gut – alles gut? Beiträge zu einer Perinatologie. Heidelberg: Quelle & Meyer 1979.

Lehr, U.: Die Rolle von Mutter und Vater in der frühen Sozialisation des Kindes. Therapiewoche 30 (1980), 649–665.

Lehr, U.: Altern bis zum Jahre 2000 und danach – Die Herausforderung der Zukunft. In: Lehr, U. (Hrsg.): Altern – Perspektiven und Tatsachen. Bonn: Bouvier 1983, 1–31.

Leichty, M.M.: The Effect of Father-Absence during Early Childhood upon the Oedipal Situation as Reflected in Young Adults. Merril-Palmer Quarterly 6 (1960), 212–217.

Leiderman, G.F.: Effect of Family Experiences on Boys' Peer Relationships. Unpublished Dissertation, Harvard University, 1953.

Leiderman, P.H. & Seashore, M.: Mother-Infant Separation: Some Delayed Consequences. Ciba Foundation Symposia 33 (New Series), 1975.

Leiderman, P.H., Leifer, A.S., Seashore, M.J. et al.: Mother-Infant Interaction: Effects of Early Deprivation, Prior Experience and Sex of Infant. Early Development 51 (1973), 154–175.

Leifer, A.S., Leiderman, P.H., Barnett, C.R. et al.: Effects of Mother-Infant Separation on Maternal Attachment Behavior. Child Development 43 (1972), 1203–1218.

Leifer, M.: Psychological Effects of Motherhood: A Study of First Pregnancy. New York: Praeger 1980.

Lein, L.: Male Participation in Home Life: Impact of Social Supports and Breadwinner Responsibility on the Allocation of Tasks. Family Coordinator 28 (1979), 489–495.

Lein, L. et al.: Work and Family Life. Final Report to the National Institute of Education, 1974. Cambridge, Mass.: Center for the Study of Public Policy, 1974.

LeMasters, E.E.: Parenthood as Crisis. Marriage and Family Living 19 (1957), 352–355.

Lemm, B.: Vater, Sohn und Zukunftsperspektive. In: Olbrich, E. (Ed.): Medizin, Mensch und Gesellschaft, Sonderheft. Stuttgart: Enke 1984.

Lempp, R.: Der Anwalt des Kindes aus kinderpsychiatrischer Sicht. In: Ev. Akademie Bad Boll (Ed.): Der Anwalt des Kindes als Konsequenz heutigen Verständnisses von Kindeswohl. Denkanstöße zu einer Neuorientierung. Protokolldienst der Ev. Akademie Bad Boll, 14 (1983), 24–29.

Leonard, M.: Fathers and Daughters. International Journal of Psychoanalysis 47 (1966), 325–334.

Lerner, B.A.: Neurotic Motivations for Fatherhood. In: Lief, H.I. (Ed.): Medical of Human Sexuality. New York: Williams & Wilkins 1975, 49.

Lessing, E.E., Zagorin, S.W. & Nelson, D.: WISC Subtest and IQ Score Correlates of Father Absence. Journal of Genetic Psychology 67 (1970), 181–195.

Lester, B. Kotelchuck, M. Spelke, E. et al.: Separation Protest in Guatemalan Infants: Cross-Cultural and Cognitive Findings. Developmental Psychology 10 (1974), 79–85.

Leuner, H.: Selbstkontrolle vegetativer Funktionen durch Biofeedback-Methoden (Rückkoppelungsverstärkung). Therapiewoche 27 (1977), 5512–5524.

Levin, H. & Sears, R.R.: Identification with Parents as a Determinant of Doll Play Aggression. Child Development 27 (1956), 135–153.

Levine, J.: Who Will Raise the Children? New York; Bantam Books 1976.

Levine, J.A.: Images of the New Fatherhood. Paper Presented at a Study Group on „The Role of the Father in Child Development: Theory, Social Policy and the Law", sponsored by the Society for Research in Child Development, Haifa, Israel, July 1980.

Levitt, M.J., Antonucci, T.C. & Clark, M.C.: Object-Person Permanence and Attachment: Another Look. Merill-Palmer Quarterly 30 (1984), 1–10.

Lewis, C.: Father Impressions of Pregnancy and Childbirth. Paper Presented to the BPS London Conference, 1980.

Lewis, C.: 'A Feeling You Can't Scratch?': The Effect of Pregnancy and Birth on Married Men. In: Beail, N. & McGuire, J. (Eds.): Fathers. London: Junction Books 1982, 43–71.

Lewis, C., Newson, E. & Newson, J.: Father Participation through Childhood and Its Relationship with Career Aspirations and Delinquency. In: Beail, N. & McGuire, J. (Eds.): Fathers. London: Junction Books 1982, 174-193.

Lewis, M.: The Social Network: Toward a Theory of Social Development. Fiftieth Anniversary Invited Address at the Meetings of the Eastern Psychological Association, Philadelphia, April 1979.

Lewis, M. & Ban, P.: Stability of Attachment Behavior: A Transformational Analysis. Paper Presented to the Society for Research in Child Development. Minneapolis, April 1971.

Lewis, M. & Feiring, C.: The Child's Social World. In: Lerner, R.M. & Spanier, G.D. (Eds): Child Influences on Marital and Family Interaction: A Life-Span Perspective. New York: Academic Press 1978.

Lewis, M. & Feiring, C.: The Child's Social Network: Social Object, Social Functions and Their Relationships. In: Lewis, M. & Rosenblum, L. (Eds.): The Child and Its Family. New York 1979.

Lewis, M. & Weinraub, M.: Sex of Parent x Sex of Child: Socioemotional Development. In: Friedman, R.C., Richart, R.M. & Van de Wiele, R.L. (Eds.): Sex Differences in Behavior. New York: Wiley 1974.

Lewis, M. & Weinraub, M.: The Father's Role in the Child's Social Network. In: Lamb, M.E. (Ed.): The Role of the Father in Child Development. New York: Wiley 1976.

Lewis, M. & Weinraub, M.: Origins of Early Sex-Role Development. Sex Roles 5 (1979), 135–153.

Lewis, M., Feiring, C. & Weinraub, M.: The Father as a Member of the Child's Social Network. In: Lamb, M.E. (Ed.): The Role of the Father in Child Development. New York: Wiley 1981², 259–294.

Lewis, M., Weinraub, M. & Ban, P.: Mothers and Fathers, Girls and Boys: Attachment Behavior in the First Two Years of Life. Educational Testing Service Research Bulletin, Princeton, N.J. 1972.

Licht, H.: Sexual Life in Ancient Greece. London: Routledge & Sons, Ltd. 1935.

Lidz, T.: The Family and Human Adaptation. New York: International Universities Press 1963.

Liebenberg, B.: Expectant Fathers. American Journal of Orthopsychiatry 37 (1967), 358–359.

Liebenberg, B.: Expectant Fathers. Child and Family 8 (1969), 265–277.

Liljeström, R.: Vara Barn, Andras Ungar (Our Children, Other's Kids). Stockholm: Liber 1976.

Limbach, J.: Der Anwalt des Kindes aus juristischer Sicht. In: Ev. Akademie Bad Boll (Ed.): Der Anwalt des Kindes als Konsequenz heutigen Verständnisses von Kindeswohl. Denkanstöße zu einer Neuorientierung. Protokolldienst der Ev. Akademie Bad Boll, 14, 1983, 12–23.

Lind, J.: Die Geburt der Familie in der Frauenklinik. In: Biermann, G. (Ed.): Jahrbuch der Psychohygiene. Vol. II. München: Reinhardt 1974, 77–83 (a).

Lind, J.: Observations after Delivery of Communications between Mother-Infant-Father. Paper Presented at the International Congress of Pediatrics, Buenos Aires 1974 (b).

Lindburg, D.G.: The Rhesus Monkey in North India: An Ecological and Behaviorial Study. In: Rosenblum, L.A. (Ed.): Primate Behavior: Developments in Fields and Laboratory Research. Vol. II. New York: Academic Press 1971, 1–106.

Lindsay, J.: The Ancient World. London: 1968.

Loevinger, J.: Ego-Development. San Francisco: Jossey-Bass 1976.

Loewald, H.: Ego and Reality. International Journal of Psychoanalysis 32 (1951), 10–18.

Londerville, S. & Main, M.: Security of Attachment, Compliance and Maternal Training Methods in the Second Year of Life. Developmental Psychology 17 (1981), 289–299.

Longabaugh, R.: Mother Behavior as a Variable Moderating the Effects of Father Absence. Ethos 1 (1973), 456–465.

Longfellow, C.: Divorce in Context: Its Impact on Children. In: Levinger, G. & Moles, O.C.

(Eds.): Divorce and Separation. Context, Causes, and Consequences. New York: Basic Books 1979, 287-306.

Lorenzini, M., Klerman, L. & Jekel, J.: School-Age Parents: How Permanent a Relationship? Adolescence 12 (1977), 13-22.

Lott, D.F. & Rosenblatt, J.S.: Development of Maternal Responsiveness during Pregnancy in the Laboratory Rat. In: Foss, B.M. (Ed.): Determinants of Infant Behaviour IV. London: Methuen & Co. Ltd. 1969, 61-67.

Love, H.D.: The Mentally Retarded Child and His Family. Springfield, Ill: Thomas 1973.

Lowe, N.V.: The Legal Status of Fathers: Past and Present. In: McKee, L. & O'Brien, M. (Eds.): The Father Figure. London: Tavistock 1982, 26-42.

Lozoff, M.M.: Fathers and Autonomy in Women. In: Kundsin, R.B. (Ed.): Women and Success. New York: Morrow, 1974, 91-97.

Luckey, E.B.: Marital Satisfaction and Parental Concept. Journal of Consulting Psychology 24 (1960), 195-204.

Luepnitz, D.A.: Child Custody. A Study of Families after Divorce. Lexington, Mass.: Lexington 1982.

Lukas, K.H.: Die psychologische Geburtserleichterung. Stuttgart: Schattauer 1976[3].

Lukesch, H.: Das Schwangerschaftserleben werdender Väter. Psychologie und Praxis 21 (1977), 123-131.

Lukesch, H.: Schwangerschafts- und Geburtsängste. Verbreitung – Genese – Therapie. Stuttgart: Enke 1981.

Lukesch, H. & Rottmann, G.: Die Bedeutung sozio-familiärer Faktoren für die Einstellung von Müttern zur Schwangerschaft. Psychologie und Praxis 20 (1976), 4-18.

Lukesch, M.: Psychogene Faktoren der Schwangerschaft. Dissertation, Salzburg 1975.

Luthin, H.: Elterliche Sorge, Umgangsbefugnis und Kindeswohl: Neueres aus Rechtssprechung und Schrifttum. Zeitschrift für das gesamte Familienrecht 2 (1984), 114-117.

Lynn, D.B.: The Father. His Role in Child Development. Monterey, Ca.: Brooks & Cole 1974.

Lynn, D.B. & Cross, A.D.: Parent Preference of Preschool Children. Journal of Marriage and the Family 36 (1974), 555-559.

Lynn, D.B. & Maaske, M.: Imitation Versus Similarity: Child to Parent. Paper Presented to the Western Psychological Association, Los Angeles, April 1970. Zitiert in: Lamb, M.E.: Fathers and Child Development: An Integrative Overview. In: Lamb, M.E. (Ed.): The Role of the Father in Child Development. New York: Wiley 1981[2], 1-70.

Lynn, D.B. & Sawrey, W.L.: The Effects of Father-Absence on Norwegian Boys and Girls. Journal of Abnormal and Social Psychology 59 (1959), 258-262.

Lytton, H.: The Socialization of Two-Year-Old Boys: Ecological Findings. Journal of Child Psychology and Psychiatry 17 (1976), 287-304.

Lytton, H.: Disciplinary Encounters between Young Boys and Their Mothers and Fathers: Is There a Contingency System? Developmental Psychology 15 (1979), 256-268.

Maccoby, E.E.: Sex Differences in Intellectual Functioning. In: Maccoby, E.E. (Ed.): The Development of Sex Differences. Stanford: Stanford University Press 1966, 25-55.

Maccoby, E.E. & Jacklin, C.N.: The Psychology of Sex Differences. Stanford: Standford University Press 1974.

Maccoby, E.E. & Rau, L.: Differential Cognitive Abilities. Final Report, U.S. Office of Education, Cooperative Research Project No. 1040, 1962.

MacDonald, D.L.: Paternal Behavior at First Contact with the Newborn in a Birth Environment without Intrusions. Birth and the Family Journal 5 (1978), 123-132.

Macfarlane, A.: The Psychology of Childbirth. Cambridge, Mass.: Harvard University Press 1977.

MacFarlane, J.W.: From Infancy to Adulthood. Childhood Education 39 (1963), 336-342.

MacKey, W.C. & Day, R.D.: Some Indicators of Fathering Behaviors in the United Staates: A Crosscultural Examination of Adult Male-Child Interaction. Journal of Marriage and the Family 41 (1979), 287-299.

Mackie, J.B., Maxwell, A.D. & Rafferty, F.T.: Psychological Development of Culturally Disadvantaged Negro Kindergarten Children: A Study of the Selective Influence of Family and School Variables. Paper Presented at the Meeting of the American Orthopsychiatric Association, Washington 1967.

MacKinnon, J.: The Behavior and Ecology of Wild Orangutans (Pongo pygmaeus). Animal Behaviour 22 (1974), 3-74.

Madow, L. & Hardy, S.E.: Incidence and Analysis of the Broken Family in the Background of Neurosis. American Journal of Orthopsychiatry 17 (1947), 521-528.

Mächtlinger, V.J.: Psychoanalytic Theory: Preoedipal and Oedipal Phases, with Special Reference to the Father. In: Lamb, M.E. (Ed.): The Role of the Father in Child Development. New York: Wiley 1976, 277-305.

Mächtlinger, V.J.: The Father in Psychoanalytic Theory. In: Lamb, M.E. (Ed.): The Role of the Father in Child Development. New York: Wiley 1981[2], 113-153.

Mahler, M.S.: On Human Symbiosis and the Vicissitudes of Individuation, Bd. 1: Infantile Psychosis. New York: International Universities Press 1968 (Dt.: Symbiose und Individuation. Stuttgart: Klett 1972).

Mahler, M.S.: Rapprochement: Subphase of the Separation-Individuation Process (1972). In: The Selected Papers of Magaret S. Mahler, Vol. 2. New York: Jason Aronson 1979.

Mahler, M.S. & Gosliner, B.J.: On Symbiotic Child Psychosis: Genetic, Dynamic and Restitutive Aspects. Psychoanalytic Study of the Child 10 (1955), 195–212.

Mahler, M.S., Pine, F. & Bergman, A.: The Psychological Birth of the Human Infant. Symbiosis and Individuation. London: Hutchinson 1975. (Dt.: Die psychische Geburt des Menschen. Symbiose und Individuation. Frankfurt: Fischer 1978).

Main, M.: Exploration, Play and Cognitive Functioning as Related to Child-Mother Attachment. Unpublished Doctoral Dissertation, John Hopkins University (1973). Zit. in: Lamb, M.E., Thompson, R.A., Gardner, W.P. et al.: Security of Infantile Attachment as Assessed in the 'Strange Situation'; Its Study and Biological Interpretation. Behavioral and Brain Sciences 7 (1984), 127–171.

Main, M. & Weston, D.: Security of Attachment to Mother and Father: Related to Conflict Behavior and the Readiness to Establish New Relationships. Child Development 52 (1981), 932–940.

Makkonen, T., Ruoppila, I. & Rönka, T.: Operaatio Perheisa Ja Synnytys. Tutkimus Perhesynnytyksestä, Vierihoidosta Ja Esikoisperheen Vuorovaikutuksesta. Helsinki: Mannerheimin Lastensuojeluliitto 1981.

Malinowski, B.: Sex and Repression in Savage Society. New York: Harcourt, Brace & World 1927.

Malinowski, B.: The Sexual Life of Savages. New York: Harcourt, Brace & World 1962.

Malinowski, B.: Geschlecht und Verdrängung in primitiven Gesellschaften. Reinbeck: Rowohlt 1962.

Maltbie, A.A., Cavenar, J.O., O'Shanick, G.J. et al.: A Couvade Syndrome Variant: Case Report. North Carolina Medical Journal 41 (1980), 90–92.

Manion, J.: A Study of Fathers and Infant Caretaking. Birth and the Family Journal 4 (1977), 174–179.

Marjoribanks, K.: Environment, Social Class and Mental Abilities. Journal of Educational Psychology 63 (1972), 103–107.

Markova, I., MacDonald, K. & Forbes, C.: Impact of Haemophilia on Child-Rearing-Practices and Parental Cooperation. Journal of Child Psychology. Psychiatry 21 (1980), 153–162.

Marton, P.L. & Minde, K.: Paternal and Maternal Behavior with Premature Infants. Paper Presented to the American Orthopsychiatric Association, Toronto, April 1980.

Marut, J.S & Mercer, R.T.: Comparison of Primaparas' Perceptions of Vaginal and Cesarean Births. Nursing Research 28 (1979), 260–265.

Mason, W.D.: Determinants of Social Behavior in Young Chimpanzees. In: Schrier, H.M., Harlow, H.F. & Stollnitz, F.: Behavior of Nonhuman Primates, Bd. 2. New York: Academic Press 1965.

Mason, W.A.: Social Organization of the South American Monkey, Callicebus Moloch: A Preliminary Report. Tulane Studies in Zoology 13 (1966), 23–28.

Masters, W. & Johnson, V.: Human Sexual Response. Boston: Little & Brown 1966.

Masters, J.C. & Wellman, H.N.: The Study of Human Infant Attachment: A Procedural Critique. Psychological Bulletin 81 (1974), 218–237.

Matas, L.: The Mother-Child Relationship and the Development of Competence during the Second Year of Life. Unveröffentlichte Dissertation, University of Minnesota 1977. Zit. in: Keller, H, & Meyer, H.J.: Psychologie der frühesten Kindheit. Stuttgart: Kohlhammer 1982.

Matas, L., Arend, R. & Sroufe, L.: Continuity of Adaptation in the Second Year: The Relationships between Quality of Attachment and Later Competence. Child Development 49 (1978), 547–556.

deMause, L.: The History of Childhood. New York: The Psychohistory Press 1974, 1982². (Dt.: Hört ihr die Kinder weinen. Eine psychogenetische Geschichte der Kindheit. Frankfurt: Suhrkamp 1977).

McConachie, H.: Mothers' and Fathers' Daily Involvement with Their Handicapped Children. Paper Presented at IASSMD Congress, Jerusalem, 1.–8. August 1979. Zit. in: McConachie, H.: Fathers of Mentally Handicapped Children. In: Beail, N. & McGuire, J. (Eds.): Fathers. London: Junction Books 1982, 144–173.

McConachie, H.: Fathers of Mentally Handicapped Children. In: Beail, N. & McGuire, J. (Eds.): Fathers. London: Junction Books 1982, 144–173.

McConachie, H.: Parents Teaching Their Mentally Handicapped Children. Unpublished MS, Hester Adrian Research Centre, Manchester University 1981. Zit. in: McConachie, H.: Fathers of Mentally Handicapped Children. In: Beail, N. & McGuire, J. (Eds.): Fathers. London: Junction Books 1982, 144–173.

McCord, J., McCord, W. & Thurber, E.: Some Effects of Paternal Absence on Male Children. Journal of Abnormal and Social Psychology 64 (1962), 361–369.

McCorkel, R.J.: Husbands and Pregnancy: An Exploratory Study. Unpublished MA Thesis, University of North Carolina, Dakota, 1964.

McCubbin, H.I.: Integrating Coping Behavior in Family Stress Theory. Journal of Marriage and the Family 41 (1979), 237–244.

McCubbin, H.I. & Joy, C.B.: Family Stress and Coping: A Decade Review. In: Bernardo, F.M. (Ed.): Decade Review: Family Research 1970–1979. Sonderheft des Journal of Marriage and the Family 42 (1980), 125–141.

McGuire, J.: Gender-Specific Differences in Early Childhood: The Impact of the Father. In: Beail, N. & McGuire, J.: Fathers. Psychological Perspectives. London: Junction Books 1982, 95–125.

McGuire, J.: The Effects of the Child's Sex upon the Nature of Parent-Child Interactions in the Home, during the Third Year. Philosophical Doctoral Thesis, Institute of Education, University of London (in press). Zit. in: McGuire, J.: Gender-Specific Differences in Early Childhood. In: Beail, N. & McGuire, J.: Fathers. London: Junction Books 1982, 95–125.

McKee, L.: Fathers and Childbirth: Just Hold My Hand. Health Visitor 53 (1980), 368–372.

McKee, L.: Fathers' Participation in Infant Care: A Critique. In: McKee, L. & O'Brien, M. (Eds.): The Father Figure. London: Tavistock 1982, 120–138.

McKee, L. & O'Brien, M.: The Father Figure: Some Current Orientations and Historical Perspectives. In: McKee, L. & O'Brien, M. (Eds.): The Father Figure. London: Tavistock 1982, 1–25.

Meacham, S.: A Life Apart: The English Working Class 1890–1914. London: Thames and Hudson 1977.

Mead, M.: Sex and Temperament in Three Primitive Societies. London: Routledge & Kegan Paul 1935.

Meerloo, J.A.: The Father Cuts the Cord: The Role of the Father as Initial Transference Figure. American Journal of Psychotherapy 10 (1956), 471–480.

Meerloo, J.A.: The Psychological Role of the Father. Child and Family 7 (1968), 102–113.

Meier, E.G.: Current Circumstances of Former Foster Children. Child Welfare 44 (1965), 196–206.

Meier, E.G.: Adults Who Were Foster Children. Children 13 (1966), 16–26.

Meierhofer, M. & Keller, W.: Frustration im frühen Kindesalter. Bern: Huber 1966, 1970².

Meijer, A. & Himmelfarb, S.: Fatherless Adolescents' Feelings about Their Mothers – A Pilot Study. Adolescence 73 (1984), 207–212.

Mendes, H.A.: Single Fathers. Family Coordinator 25 (1976), 430–444.

Meyerowitz, J.H.: Satisfaction during Pregnancy. Journal of Marriage and the Family 2 (1970), 38–42.

Meyerowitz, J. & Feldman, H.: Transition to Parenthood. Psychiatric Research Reports 20 (1966), 78–84.

Miller, B.: Effects of Father-Absence and Mother's Evaluation of Father in the Socialization of Adolescent Boys. Unpublished Dissertation, Columbia University 1961.

Miller, B. & Sollie, P.: Normal Stresses during the Transition to Parenthood. Family Relations 29 (1980), 459–465.

Miller, D.J.: Joint Custody. Family Law Quarterly 13 (1979), 345–409.

Miller, R.S.: Pregnancy: The Social Meaning of a Physiological Event. Unpublished Ph.D., New York University 1973. Zit. In: Lewis, C.: 'A Feeling You Can't Scratch?': The Effect of Pregnancy and Birth on Married Men. In: Beail, N. & McGuire, J. (Eds.): Fathers. London: Junction Books 1982, 43–71.

Miller, W.B.: Lower-Class Culture as a Generating Milieu of Gang Delinquency. Journal of Social Issues 14 (1958), 5–19.

Mineka, S. & Suomi, S.J.: Social Separation in Monkeys. Psychological Bulletin 85 (1978), 1376–1400.

Mischel, W.: Preference for Delayed Reinforcement and Social Responsibility. Journal of Abnormal and Social Psychology 62 (1961), 1–7 (a).

Mischel, W.: Father-Absence and Delay of Gratification. Journal of Abnormal and Social Psychology 62 (1961), 116–124 (b).

Mischel, W.: Sex-Typing and Socialization. In: Mussen, P.H. (Ed.): Carmichael's Manual of Child Psychology, Vol. 2. New York: Wiley 1970, 3–72.

Mitchell, D.: Down's Syndrome Children in Structured Dyadic Communication Situation with Their Parents. In: Hogg, J. & Mittler, P. (Eds.): Advances in Mental Handicap Research, Vol. 1. London: Wiley 1980.

Mitchell, D. & Wilson, W.: Relationship of Father-Absence to Masculinity and Popularity of Delinquent Boys. Psychological Reports 20 (1967), 1173–1174.

Mitchell, G.: Persistant Behavior Pathology in Rhesus Monkeys Following Early Social Isolation. Folia Primatologica 8 (1968), 132–147.

Mitchell, G.: Parental Behavior in Nonhuman Primates. In: Money, J. & Musaph, H. (Eds.): Handbook of Sexology. Elsevier: North-Holland Biomedical Press 1977.

Mitchell, G., Redican, W.K. & Gomber, J.: Lesson from a Primate: Males Can Raise Babies. Psychology Today 7 (1974), 63–68.

Mitscherlich, A.: Auf dem Weg zur vaterlosen Gesellschaft. München: Piper 1970.

Miyake, K.: The Study of Attachment in Japanese Infants. Paper Presented in a Symposium: The Strange Situation Procedure: Insights from an International Perspective. International Conference on Infant Studies, New York, April 1984.

Miyake, K., Chen, S.J., Ujiie, T. et al.: Infant's Temperamental Disposition, Mother's Mode of Interaction. Quality of Attachment, and Infant's Receptivity to Sozialisation – Interim Progress Report (1981–1982). Research and Clinical Center of Child Development,

Annual Report, Faculty of Education, Hokkaido University, Sapporo, Japan.

Molinski, H.: Die unbewußte Angst vor dem Kind. München: Kindler 1972.

Molinski, H.: Geburtshilfliche Psychosomatik als Folge gestörten Gebärverhaltens. Geburtshilfe und Perinatologie 179 (1975), 383–387.

Molinski, H.: Die Bedeutung der natürlichen Geburt. In: Schlemmer, J. (Hrsg.): Anfang gut – alles gut? Beiträge zu einer Perinatologie. Heidelberg: Quelle & Meyer 1979.

Molinski, H. & Hertz, D.G.: Zielsetzung der Psychosomatik in Geburtshilfe und Gynäkologie. Therapiewoche 27 (1977), 636–646.

Moltz, H., Lubin, M., Leon, M. et al.: Hormonal Induction of Maternal Behavior in the Overiectomized Rat. Physiology and Behavior 5 (1970), 1373–1377.

Money, J. & Ehrhardt, A.A.: Man and Woman, Boy and Girl. Baltimore: Hopkins University Press 1972.

Moore, K.A.: Teenage Childbirth and Welfare Dependency. Family Planning Perspectives 10 (1978), 233–235 (a).

Moore, K.A.: The Social and Economic Consequences of Teenage Childbearing. Paper presented at the Conference on Young Women and Employment. The Women's Bureau and Office of Youth Programs, Department of Labor, Washington, D.C., 1978. Zit. in: Belsky, J., Lerner, R.M. & Spanier, G.B.: The Child in the Family. Reading, Mass: Addison-Wesley 1984 (b).

Moore, T.W.: Stress in Normal Childhood. Human Relations 22 (1969), 235–250.

Moos, R.H.: Human Adaptation: Coping with Life Crises. Lexington, Mass.: Heath 1976.

Morgan, D.H.: The Social Theory of the Family. London: Routledge & Kegan 1975.

Morrison, J., Hudgens, R.W. & Barchha, R.: Life Events and Psychiatric Illness: A Study of 100 Patients and 100 Controls. British Journal of Psychiatry 114 (1968), 423–432.

Morse, D.H.: Behavioral Mechanisms in Ecology. Cambridge: Harvard University Press 1980.

Morton, J.H.: Fathers in the Delivery Room – An Opposition Standpoint. Hospital Topics 44 (1966), 103–104.

Moskowitz, D.S., Schwarz, J.C. & Corsini, D.A.: Initiating Day Care at Three Years of Age: Effects on Attachment. Child Development 48 (1977), 1271–1276.

Moss, H.A.: Early Sex Differences and Mother-Infant Interactions. In: Friedman, R.C., Richart, R.M. & Van de Wiele, R.L. (Eds.): Sex Differences in Behavior. New York: Wiley 1974.

Moss, P. & Fonda, N.: Work and the Family. London: Temple Smith 1980.

Moulton, P.W., Burnstein, E., Liberty, D. et al: The Patterning of Parental Affection and Dominance as a Determinant of Guilt and Sex-Typing. Journal of Personality and Social Psychology 4 (1966), 363–365.

Mowrer, O.H.: An Experimental Analogue of „Regression“ with Incidental Observations on „Reaction-Formation“. Journal of Abnormal Social Psychology 35 (1940), 56–87.

Mowrer, O.H.: Learning Theory and Personality Dynamics. New York: Ronald Press 1950.

Mowrer, O.H. Learning Theory and Behavior. New York: Wiley 1960.

von Münch, E.M.: Das neue Ehe- und Familienrecht von A–Z. München: Deutscher Taschenbuchverlag 1980[7].

Münchner Perinatalstudie s. Bayerische Landesärztekammer & Kassenärztliche Vereinigung Bayerns, Kommission für Perinatologie (Hrsg.).

Münz, R.: Wird das generative Verhalten durch Motive oder Zielvorstellungen bestimmt? In: Olechowsky, R.: (Hrsg.): Geburtenrückgang – besorgniserregend oder begrüßenswert? Freiburg: Herder 1980.

Multimer, D., Loughlin, L. & Powell, M.: Some Differences in the Family Relationships of Achieving and Underachieving Readers. Journal of Genetic Psychology 109 (1966), 67–74.

Munro, A.: Parental Deprivation in Depressive Patients. British Journal of Psychiatry 112 (1966), 443–457.

Munroe, R.H.: Pregnancy Symptoms among Expectant Fathers: An Inquiry into the Psychological Meaning. Unpublished Doctoral Dissertation, Harvard University 1964. Zit. in: Einzig, J.E.: The Child Within: A Study of Expectant Fatherhood. Smith College Studies in Social Work, March 1980, 117–164.

Murdock, G.P.: World Ethnographic Sample. American Anthropologist 59 (1957), 664–687.

Murdock, G.P.: Ethnographic Atlas. Ethnology 6 (1967), 109–236.

Murdock, G.P. & White, D.R.: Standard Cross-Cultural Sample. Ethnology 8 (1969), 329–369.

Murphy, L.B.: The Widening World of Childhood. New York: Basic Books 1962.

Murray, D.G.: This Is Stevie's Story. New York: Abingdon Press 1967.

Murray, M.: The God of the Witches. London: Sampson 1921.

Musil, A.: The Manner and Customs of the Rawla Bedouin. New York: American Geographical Society 1928.

Mussen, P.H.: Early Socialization: Learning and Identification. In: Newcomb, T.M. (Ed.): New Directions in Psychology, Vol 3. New York: Holt, Rinehart & Winston 1967.

Mussen, P.H. & Distler, L.: Masculinity, Identification, and Father-Son Relationships. Journal of Abnormal and Social Psychology 59 (1959), 350–356.

Mussen, P.H. & Distler, L.: Child Rearing Antecedents of Masculine Identification in Kindergarten Boys. Child Development 31 (1960), 89-100.

Mussen, P.H. & Rutherford, E.: Parent-Child Relations and Parental Personality in Relation to Young Children's Sex-Role Preferences. Child Development 34 (1963), 589-607.

Myricks, N.: The Equal Rights Amendment: Its Potential Impact on Family Life. Family Coordinator 26 (1977), 321-326.

Nash, J.: The Father in Contemporary Culture and Current Psychological Literature. Child Development 36 (1965), 261-297.

Nash, J.: Historical and Social Change in the Perception of the Role of the Father. In: Lamb, M.E. (Ed.): The Role of the Father in Child Development. New York: Wiley 1976, 65-87.

Nelsen, E.A. & Maccoby, E.E.: The Relationship between Social Development and Differential Abilities on the Scholastic Aptitude Test. Merrill-Palmer Quarterly 12 (1966), 269-289.

Nesselroade, J.R. & Reese, H.W. (Eds.): Life-Span Developmental Psychology: Methodological Issues. New York: Academic Press 1973.

Nettelbladt, P., Uddenberg, N. & Englesson, I.: Father/Child Relationship: Background Factors in the Father. Acta Psychiatrica Scandinavia 61 (1980), 29-42.

Nettleton, C.A. & Cline, D.W.: Dating Patterns, Sexual Relationships and Use of Contraceptives of 700 Unwed Mothers During a Two-Year Periods Following Delivery. Adolescence 37 (1975), 45-57.

Neubauer, P.B.: The One-Parent Child and his Oedipal Development. Psychoanalytic Study of the Child 15 (1960), 286-309.

Newland, K.: Women, Men, and the Division of Labor. Worldwatch Paper 37, May 1980.

Newman, B.M. & Newman, P.R.: Infancy and Childhood. New York: Wiley 1978.

Newson, J. & Newson, E.: Infant Care in an Urban Community. London: Allen & Unwin 1963.

Newson, J. & Newson, E.: Patterns of Infant Care in an Urban Community. London: Pelican 1965.

Newson, J. & Newson, E.: Usual and Unusual Patterns of Child Rearing. Paper Presented at the Annual Meeting of the British Association for the Advancement of Science, Sept. 1966.

Newson, J. & Newson, E.: For Years Old in an Urban Community. London: Allen & Unwin 1968.

Nickel, H., Arora, I., Thilmann, A. et al.: Zusammenhänge zwischen Mütterverhalten und Verhaltensmerkmalen von Kleinkindern. Ergebnisse einer Längsschnittstudie zur Mutter-Kind-Interaktion im ersten und vierten Lebensjahr. Psychologie in Erziehung und Unterricht 28 (1981), 193-203.

Niesel, R.: Die Regelung verletzt das Elternrecht. Blätter der Wohlfahrtspflege 130 (1983), 10-12.

Nilsson, A.: Para-natal Emotional Adjustment. A Prospective Investigation of 165 Women. In: General Account of Background Variables, Attitudes towards Childbirth, and an Appreciation of Psychiatric Moribidity. Acta Psychiatrica Scandinavica, Suppl. 220 (1970), 1-61.

Nilsson, A. & Almgren, P.-E.: Para-natal Emotional Adjustment. A Prospective Investigation of 165 Women. II. The Influence of Background Factors, Psychiatric History, Parental Relations, and Personality Characteristics. Acta Psychiatrica Scandinavica, Suppl. 220 (1970), 66-141.

Norton, A.: Incidence of Neurosis Related to Maternal Age and Birth Order. British Journal of Social Medicine 6 (1952), 253-258.

Nye, F.I. & Berardo, F.M.: The Family: Its Structure and Interaction. New York: Macmillan 1973.

Oakley, A.: Becoming a Mother. Oxford: Robertson 1979.

O'Connell, J.C.: Research in Review. Children of Working Mothers: What the Research Tells Us. Young Children 38 (1983), 62-70.

Oerter, R. (Hrsg.): Entwicklung als lebenslanger Prozeß. Aspekte und Perspektiven. Hamburg: Hoffmann & Campe 1978.

Olbrich, E.: Normative Übergänge im menschlichen Lebenslauf: Entwicklungskrisen oder Herausforderungen? In: Filipp, S. (Hrsg.): Kritische Lebensereignisse. München: Urban & Schwarzenberg 1981, 123-138.

Oliver, J.E. & Taylor, A.: Five Generations of Ill-Treated Children in One Family Pedigree. British Journal of Psychiatry 119 (1971), 473-480.

Oltman, J.E. & Friedman, S.: Parental Deprivation in Psychiatric Conditions: III. In Personality Disorders and Other Conditions. Diseases of the Nervous System 28 (1967), 298-303.

Oltman, J.E., McGarry, J. & Friedman, S.: Parental Deprivation and the „Broken Home“ in Dementia Praecox and Other Mental Disorders. American Journal of Psychiatry 108 (1952), 685-694.

Oppitz, G., v. Rosenstiel, L. & Scherf, T.: Die Analyse des generativen Verhaltens mit offenen Interviews. Auswertungsstrategien und Ergebnisse. In: Bundesinstitut für Bevölkerungsforschung (Hrsg.): Materialien zur Bevölkerungswissenschaft. Bevölkerungsentwicklung – empirische Untersuchung II. Wiesbaden 1980.

Orians, G.H.: On the Evolution of Mating Systems in Birds and Animals. American Naturalist 103 (1969), 589-603.

Osgood, C.: The Koreans and their Culture. New York: Ronald 1951.

Oshman, H.P.: Some Effects of Father Absence upon the Psychological Development of Male and Female Late Adolescents: Theoretical and Empirical Considerations. Doctoral Dissertation, University of Texas at Austin, 1975. Dissertation Abstracts International 36 (1975), 919B–920B.

Oshman, H.P. & Manosevitz, M.: Father Absence: Effects of Stepfathers upon Psychosocial Development in Males. Developmental Psychology 12 (1976), 479–480.

Osofsky, H.J.: Developmental Aspects of Expectant and New Parenthood. Main Lectures of the 6th International Congress of Psychosomatic, Obstetrics and Gynecology, Berlin 1980.

Osofsky, J.D. & O'Connell, E.: Parent-Child Interaction: Daughters' Effects upon Mothers' and Fathers' Behaviors. Developmental Psychology 7 (1972), 157–168.

Otterström, E.: Delinquency and Children from Bad Homes. A Study of Prognosis from a Social Point of View. Lund 1946. (S.A.: Acta Paediatrica Scandinavia 33 (1946), Suppl. 5).

Owen, M.T., Chase-Lansdale, P.L. & Lamb, M.E.: Mothers' and Fathers' Attitudes, Maternal Employment, and the Security of Infant-Parent Attachment (in press). Zitiert in: Lamb, M.E., Frodi, A.M., Hwang, C.-P. et al.: Varying Degrees of Paternal Involvement in Infant Care: Attitudinal and Behavioral Correlates. In: Lamb, M.E. (Ed.): Nontraditional Families: Parenting and Child Development. Hillsdale, N.J.: Erlbaum 1982, 117–137.

Packer, C.: Male Care and Exploitation of Infants in Papio Anubis. Animal Behaviour 28 (1980), 512–520.

Packer, M. & Rosenblatt, D.: Issues in the Study of Social Behavior in the First Week of Life. In: Schaffer, D. & Dunn, J. (Eds.): The First Year of Life. Psychological and Medical Implications of Early Experiences. New York: Wiley 1979, 7–35.

Painter, S.L.: Maternal Adaptation to Parenthood. Unpublished Doctoral Dissertation, University of British Columbia 1980. Zit. in: Pedersen, F.A.: Father Influences Viewed in a Family Context. In: Lamb, M.E. (Ed.): The Role of the Father in Child Development. New York: Wiley 1981², 295–318.

Palkowitz, R.: Fathers' Birth Attendance, Early Extended Contact, and Father-Infant Interaction at Five Months Postpartum. Birth (1982), 173–177.

Palmer, R.C.: Behavior Problems of Children in Navy Officers' Families. Social Casework 41 (1960), 177–184.

Pannabecker, B.J. & Emde, R.: The Effect of Extended Contact on Father-Newborn Interaction. Vortrag gehalten vor der Western Society for Research in Nursing. Denver, Col. 1977.

Pannabecker, B.J., Emde, R.N. & Austin, B.C.: The Effect of Early Extended Contact on Father-Newborn Interaction. The Journal of Genetic Psychology 141 (1982), 7–17.

Papoušek, H.: Audiovisuelle Verhaltensregistrierungen mit Hilfe von Film- und Fernsehtechnik. In: Remschmidt, H. & Schmidt, M. (Hrsg.): Neuropsychologie des Kindesalters. Stuttgart: Enke 1981, 49–55.

Papoušek, H. & Papoušek, M.: Vocal Imitations on Mother-Infant Dialogues. Infant Behavior and Development 5 (1982), 176.

Papoušek, H. & Papoušek, M.: The Psychobiology of the First Didactic Programs and Toys in Human Infants. In: Olivario, A. & Zapella, M. (Eds.): The Behavior of Human Infants. New York: Plenum Press 1983.

Papoušek, H., Papoušek, M. & Giese, R.: Die Anfänge der Eltern-Kind-Beziehung. Berlin: Springer 1984.

Papoušek, M.: Musical Elements in Mother-Infant Dialogues. Infant Behavior and Development 5 (1982), 177.

Papoušek, M.: Wurzeln der kindlichen Bindung an Personen und Dinge: Die Rolle der integrativen Prozesse. In: Eggers, C. (Hrsg.): Bindungen und Besitzdenken beim Kleinkind. München: Urban & Schwarzenberg 1984, 155–184.

Papoušek, M. & Papoušek, H.: Neue Wege der Verhaltensbeobachtung und Verhaltensmikroanalyse. Sozialpädiatrie 3 (1981), 20–22 (a).

Papoušek, M. & Papoušek, H.: Musical Elements in the Infant's Vocalization: Their Significance for Communication, Cognition, and Creativity. In: Lipsitt, L.P. (Ed.): Advances in Infancy Research, Vol. 1. Norwood, N.J.: Ablex 1981, 163–224 (b).

Papoušek, M. & Papoušek, H.: Intuitives elterliches Verhalten im Zwiegespräch mit dem Neugeborenen. Sozialpädiatrie in Praxis und Klinik 3 (1981), 229–238 (c).

Papoušek, M. & Papoušek, H.: Musikalische Ausdruckselemente der Sprache und ihre Modifikation in der „Ammensprache". Sozialpädiatrie in Praxis und Klinik 3 (1981), 294–296 (d).

Papoušek, M., Papoušek, H. & Bornstein, M.H.: The Naturalistic Vocal Environment of Young Infants: On the Significance of Homogenity and Variability in Parental Speech. In: Field, T.M. & Fox, N. (Eds.): Social Perception in Infants. Norwood, N.J.: Ablex 1984.

Parish, T.S. & Copeland, T.F.: Locus of Control and Father Loss. Journal of Genetic Psychology 136 (1980), 147–148.

Parke, R.D.: Perspectives on Father-Infant Interaction. In: Osofsky, J.D. (Ed.): Handbook of Infant Development. New York: Wiley 1979, 549–590.

Parke, R.D.: Fathering. Glasgow: Fontana Paperbacks 1981. (Dt.: Erziehung durch den Vater. Stuttgart: Klett-Cotta 1982).

Parke, R.D. & O'Leary, S.E.: Family Interaction in the Newborn Period: Some Findings, some Observations and Some Unresolved Issues. In: Riegel, K.F. & Meacham, J.A. (Eds.): The Developing Individual in a Changing World. Vol. II: Social and Environmental Issues (Studies in the Social Sciences No. 24). The Hague: Mouton 1976, 653–663.

Parke, R.D. & Sawin, D.B.: Infant Characteristics and Behavior as Elicitors of Maternal and Paternal Responsivity in the Newborn Period. Paper Presented at a Symposium „Direction of Effects in Studies of Early Parent-Infant Interaction", at the Society for Research in Child Development, Denver 1975.

Parke, R.D. & Sawin, D.B.: The Father's Role in Infancy: A Reevaluation. Family Coordinator 25 (1976), 365–371.

Parke, R.D. & Sawin, D.B.: The Family in Early Infancy: Social Interactional and Attitudinal Analyses. Paper Presented at the Meeting of the Society for Research in Child Development. New Orleans, März 1977.

Parke, R.D. & Sawin, D.B.: The Family in Early Infancy: Social Interactional and Attitudinal Analyses. In: Pedersen, F.A. (Ed.): The Father-Infant Relationship. Observational Studies in the Family Setting. New York: Praeger 1980, 44–70.

Parke, R.D. & Suomi, S.J.: Die Beziehung zwischen männlichen Erwachsenen und Kindern: Beobachtungen an menschlichen und nicht-menschlichen Primaten. In: Immelmann, K., Barlow, G.W., Petrinovich, L. et al. (Hrsg.): Verhaltensentwicklung bei Mensch und Tier. Das Bielefeld-Projekt. Berlin: Parey 1982, 800–825.

Parke, R.D., Grossmann, K. & Tinsley, B.R.: Father-Mother-Infant Interaction in the Newborn Period: A German American Comparison. In: Field, T. (Ed.): Culture and Early Interactions. Hillsdale, N.J.: Erlbaum 1981.

Parke, R.D., O'Leary, S. & West, S.: Mother-Father-Newborn Interaction: Effects of Maternal Medication, Labor and Sex of Infant. Proceedings of the 80th Annual Convention of the American Psychological Association 1972, 85–86.

Parke, R.D., Power, T.G. & Fisher, J.: The Adolescent Father's Impact on the Mother and Child. Journal of Social Issues 36 (1980), 88–106.

Parke, R.D., Power, T.G. & Gottman, J.: Conceptualizing and Quantifying Influence Patterns in the Family Triad. In: Lamb, M.E., Suomi, S.J. & Stephenson, G.R. (Eds.): Social Interaction Analysis: Methodological Issues. Madison: University of Wisconsin Press, 1979.

Parke, R.D., Thomas, N.G., Neff, C. et al.: Parent-Infant-Interaction with Full Term and Premature Infants: In the Hospital and at Home. Unpublished Manuscript. Zit. in: Parke, R.D. & Tinsley, B.R.: The Father's Role in Infancy: Determinants of Involvement in Caregiving and Play. In: Lamb, M.E. (Ed.): The Role of the Father in Child Development. New York: Wiley 1981[2], 429–457.

Parsons, T.: Age and Sex in the Social Structure of the United States. American Sociological Review 7 (1942).

Parsons, T.: The Social Structure of the Family. In: Anshen, R.N. (Ed.): The Family: Its Function and Destiny. New York: Harper & Row 1949.

Parsons, T.: Family Structures and the Socialization of the Child. In: Parsons T. & Bales, R.F. (Eds.): Family, Socialization and Interaction Process. Glencoe, III.: Free Press 1955, 25.

Parsons, T. & Bales, R.F. (Eds.): Family, Socialization and Interaction Process. Glencoe, III.: Free Press 1955.

Pastor, D.L.: The Quality of Mother-Infant Attachment and Its Relationship to Toddlers' Initial Sociability with Peers. Developmental Psychology 17 (1981), 326–335.

Patterson, G.R., Reid, J.B., Jones, R.R. et al.: Families with Aggressive Children. A Social Learning Approach to Family Intervention. Eugene: Castalia 1975.

Pauker, J.: Fathers of Children Conceived out of Wedlock: Prepregnancy, High School, Psychological Test Results. Developmental Psychology 4 (1971), 215–218.

Paul, A.: Triadische Interaktionen mit Jungtieren bei Macaca sylvanus: „Agonistic Buffering" oder „Parental Care"? Verhandlungen der Deutschen Zoologischen Gesellschaft, Stuttgart: Fischer 1984.

Pawson, M. & Morris, N.: The Role of the Father in Pregnancy and Labor. In: Morris, N. (Ed.): Psychosomatic Medicine in Obstetrics and Gynaecology. Proceedings of the 3rd International Congress of Medicine in Obstetrics and Gynaecology, London 1971. Basel: Karger 1972, 273–276.

Payne, D.E. & Mussen, P.H.: Parent-Child Relations and Father-Identification among Adolescent Boys. Journal of Abnormal and Social Psychology 52 (1956), 358–362.

Payne, G.: The Child in Human Progress. New York 1916.

Pedersen, F.A.: Relationships between Father-Absence and Emotional Disturbance in Male Military Dependants. Merrill-Palmer Quarterly 12 (1966), 321–331.

Pedersen, F.A.: Mother, Father and Infant as an Interactive System. Paper Presented at the

Annual Convention of the American Psychological Association, Chicago 1975. Zit. in: Pedersen, F.A.: Research Issues Related to Fathers and Infants. In: Pedersen, F.A. (Ed.): The Father-Infant Relationship. Observational Studies in the Family Setting. New York: Praeger 1980, 1-20.

Pedersen, F.A.: Research Issues Related to Fathers and Infants. In: Pedersen, F.A. (Ed.): The Father-Infant Relationship. Observational Studies in the Family Setting. New York: Praeger 1980, 1-20.

Pedersen, F.A.: Father Influences Viewed in a Family Context. In: Lamb, M.E. (Ed.): The Role of the Father in Child Development. New York: Wiley 1981[2], 295-317.

Pedersen, F.A.: Differentiation of the Father's Role in the Infancy Period. In: Vincent, J. (Ed.): Advances in Family Intervention Assessment and Theory, Vol. III, Greenwich, Conn.: JAI Press (in press).

Pedersen, F.A. & Robson, K.S.: Father Participation in Infancy. American Journal of Orthopsychiatry 39 (1969), 466–472.

Pedersen, F.A., Anderson, B.J. & Cain, R.L., Jr.: Parent-Infant and Husband-Wife Interactions Observed at Age Five Months. In: Pedersen, F.A. (Ed.): The Father-Infant Relationship. Observational Studies in the Family Setting. New York: Praeger 1980, 71-86.

Pedersen, F.A., Cain, R., Zaslow, M. et al.: Variation in Infant Experience. Associated with Alternative Family Roles. In: Laosa, L. & Sigel, I. (Eds.): The Family as a Learning Environment. New York: Plenum 1982.

Pedersen, F.A., Rubenstein, J.L. & Yarrow, L.J.: Father Absence in Infancy. Paper Presented at the Meeting of the Society for Research in Child Development, Philadelphia 1973. (Eric Document Reproduction Service No. ED 085088).

Pedersen, F.A., Rubenstein, J.L. & Yarrow, L.J.: Infant-Development in Father-Absent Families. Journal of Genetic Psychology 135 (1979), 51–61.

Pedersen, F.A., Zaslow, M.J. & Yarrow, L.J.: Infant-Development in Father-Absent Families. Journal of Genetic Psychology 135 (1979), 51–61.

Pedersen, F.A., Zaslow, M.J., Cain, R.L. et al.: Cesarean Childbirth: Psychological Implications for Mothers and Fathers. Infant Mental Health Journal 1981, 257-262.

Pedersen, F.A., Zaslow, M.J., Cain, R.L. et al.: Cesarean Childbirth: A Replication and Extension of Effects on Parent-Infant Interaction. Paper Presented at the International Conference on Infant Studies, Austin 1982.

Pennant, T.: A Tour in Scotland, and Voyage to the Hebrides in 1772. In: Pinkerton (Ed.): Voyages and Travels, Vol. III, 211. Zit. in: Frazer, J.G.: Totemism and Exogamy. Vol. IV. London: MacMillan 1910, 252.

Perrez, M., Schenkel, H. & Stauber, M.: Eine experimentelle Untersuchung zur psychologischen Geburtsvorbereitung. Zeitschrift für Geburtshilfe und Perinatologie 182 (1978), 149–155.

Peterson, G.H., Mehl, L.E. & Leiderman, P.H.: The Role of Some Birth-Related Variables in Father Attachment. American Journal of Orthopsychiatry 49 (1979), 330–338.

Pettigrew, T.F.: A Profile of the Negro American. Princeton: Van Nostrand 1964.

Pettijohn, T.F.: Reaction of Parents to Recorded Infant Guinea Pig Distress Vocalization. Behavior Biology 21 (1977), 438–442.

Philips, C.R. & Anzalone, J.T.: Fathering: Participation in Labor and Birth. St. Louis: Mosby 1978.

Phillips, D. & Parke, R.D.: Father and Mother Speech to Prelinguistic Infants. Unpublished Manuscript, University of Illinois 1979.

Phillips, S., King, S. & Dubois, L.: Spontaneous Activities of Female versus Male Newborns. Child Development 49 (1978), 590–597.

Piaget, J.: La naissance de l'intelligence chez l'enfant. Neuchâtel: Delachaux & Niestlé 1936 (Dt.: Das Erwachen der Intelligenz beim Kinde. Stuttgart: Klett 1969).

Piaget, J.: La Construction du réel chez l'enfant. Neuchâtel: Delachaux & Niestlé 1937 (Dt.: Der Aufbau der Wirklichkeit beim Kinde. Stuttgart: Klett 1974).

Pitts, F.N., Jr., Meyer, J., Brooks, M. et al.: Adult Psychiatric Illness in Family Members – A Study of 748 Patients and 250 Controls. American Journal of Psychiatry 121 (1965), Suppl. I-X.

Platonow, K.J.: Die psychoprophylaktische Methode zur Schmerzausschaltung bei der Geburt. In: Schmerzausschaltung bei der Geburt. Volk und Gesundheit, Berlin 1953.

Pleck, J.H. & Rustad, M.: Husband's and Wifes' Time Use in Paidwork and the Family, in the 1975–76 Study of Time Use. Unpublished Manuscript, Center for Research in Women, Wellesley College, Wellesley, Mass., 1980.

Ploss, H.: Das Kind in Brauch und Sitte der Völker. Leipzig: Grieben 1911.

Pollak, O.: Interrelationships between Economic Institutions and the Family. Social Security Bulletin 23 (1960), 9–15.

Pollock, L.A.: Forgotten Children. Parent-Child Relations from 1500 to 1900. Cambridge: Cambridge University Press 1983.

Poster, M.: Critical Theory of the Family. London: Pluto Press 1978.

Powdermaker, H.: Life in Lesu. New York: Norton 1933.

Power, T.G. & Parke, R.D.: Toward a Taxonomy of Father-Infant and Mother-Infant Play Patterns. Paper Presented to the Society for Research in Child Development, San Francisco 1979.

Power, T.G. & Parke, R.D.: Play as a Context for Early Learning: Lab and Home Analyses.

In: Laosa, L.M. & Sigel, I.E. (Eds.): The Family as a Learning Environment. New York: Plenum 1982, 147–178.

Presse- und Informationszentrum des Deutschen Bundestages (Hrsg.): Elterliches Sorgerecht. Sachverständigenanhörung – Gesetzestexte. Zur Sache 1 (1978).

Price-Bonham, S. & Balswick, G.O.: The Noninstitutions: Divorce, Desertion and Remarriage. Journal of Marriage and the Family 42 (1980), 959–972.

Prill, H.J.: Psychologie der Schwangeren, Gebärenden und Wöchnerinnen. In: Käser, O., Friedberg, V. Ober, G. et al. (Hrsg.): Gynäkologie und Geburtshilfe, Bd. 2. Stuttgart: Thieme 1967, 270–289.

Pueschel, S.M. & Murphy, A.: Assessment of Counceling Practices at the Birth of a Child with Down's Syndrome. American Journal of Mental Defiency 31 (1976), 324–330.

Quadagno, P.M. & Rockwell, J.: The Effect of Gonadal Hormones in Infancy on Maternal Behavior in the Adult Rat. Hormones and Behavior 3 (1972), 55–62.

Radin, N.: Father-Child Interaction and the Intellectual Functioning of Four-Year-Old Boys. Developmental Psychology 6 (1972) 353–361.

Radin, N.: Observed Paternal Behaviors as Antecedents of Intellectual Functioning in Young Boys. Developmental Psychology 8 (1973), 369–376.

Radin, N.: The Role of the Father in Cognitive, Academic, and Intellectual Development. In: Lamb, M.E. (Ed.): The Role of the Father in Child Development. New York: Wiley 1976, 1981², 379–427.

Radin, N.: Childrearing Fathers in Intact Families With Preschoolers. Paper Presented at the Annual Meeting of the American Psychological Association, Toronto 1978.

Radin, N.: Childrearing Fathers in Intact Families; An Exploration of Some Antecedents and Consequences. Paper Presented to the Study Group on „The Role of the Father in Child Development: Theory, Social Policy, and the Law." University of Haifa, Haifa, Israel, 1980.

Radin, N.: Primary Caregiving and Role Sharing Fathers. In: Lamb, M.E. (Ed.): Nontraditional Families. Parenting and Child Development. Hillsdale, N.J.: Erlbaum 1982, 173–204.

Radin, N. & Epstein, A.S.: Observed Paternal Behavior and the Intellectual Functioning of Preschool Boys and Girls. Paper Presented at the Meeting of the Society for Research in Child Development, Denver, Colorado, April 1975 (a).

Radin, N. & Epstein, A.S.: Observed Paternal Behavior with Preschool Children: Final Report. Ann Arbor: The University of Michigan, School of Social Work, 1975 (ERIC Document Reproduction Service No. ED 174656) (b).

Radin, N. & Russell, G.: Increased Father Participation and Child Development Outcomes. In: Lamb, M.E. & Sagi, A. (Eds.): Fatherhood and Family Policy. Hillsdale, N.J.: Erlbaum 1983, 191–218.

Radin, N. & Sagi, A.: Childrearing Fathers in Intact Families in Israel and the USA. Merrill Palmer Quarterly 28 (1982), 111–136.

Ragozin, A.: Attachment in Day Care Children: Field and Laboratory Findings. Paper Presented to the Society for the Research in Child Development. Denver 1975.

Rajecki, D.W., Lamb, M.E. & Obmascher, P.: Toward a General Theory of Infantile Attachment: A Comparative Review of Aspects of the Social Bond. The Behavorial and Brain Sciences 3 (1978), 417–464.

Rapoport, R.: Normal Crisis, Family Structure and Mental Health. Family Process 2 (1963), 68–80.

Raush, H.L., Barry, W.A., Hertel, R.K. et al.: Communication, Conflict and Marriage. San Francisco: Jossey-Bass 1974.

Rebelsky, F. & Hanks, C.: Fathers' Verbal Interaction with Infants in the First Three Months of Life. Child Development 42 (1971), 63–68.

Redding, J.: Personality Factors and Family Variables Differentiating Emotionally Disturbed, Emotionally Handicapped and Emotionally Adjusted Pupils. Dissertation Abstracts International 31 (1971), 4473A.

Redican, W.K.: A Longitudinal Study of Behavioral Interactions between Adult Male and Infant Rhesus Monkeys (Macaca mulatta). Doctoral Dissertation, University of California, Davis, 1975.

Redican, W.K.: Adult Male-Infant Interactions in Nonhuman Primates. In: Lamb, M.E. (Ed.): The Role of the Father in Child Development. New York: Wiley 1976, 345–385.

Redican, W.K.: Adult Male-Infant Interactions in Nonhuman Primates. In: Lamb, M.E. (Ed.): The Role of the Father in Child Development. New York: Wiley 1981², 345–385.

Redican, W.K. & Mitchell, G.: A Longitudinal Study of Parental Behavior in Adult Male Rhesus Monkeys: I. Observations on the First Dyad. Developmental Psychology 8 (1973), 135–136.

Redican, W.K. & Mitchell, G.: Play between Adult Male and Infant Rhesus Monkeys. American Zoologist 14 (1974), 295–302.

Redican, W.K. & Taub, D.M.: Male Parental Care in Monkeys and Apes. In: Lamb, M.E.

(Ed.): The Role of the Father in Child Development. New York: Wiley 1981², 203–258.

Rees, A.H. & Palmer, F.H.: Factors Related to Change in Mental Test Performance. Developmental Psychology Monographs 3 (1970), 1–57.

Rendina, I. & Dickerscheid, J.D.: Father Involvement with Firstborn Infants. Family Coordinator 25 (1976), 373–379.

Reuter, M.W. & Biller, H.B.: Perceived Paternal Nurturance-Availability and Personality Adjustment among College Males. Journal of Consulting and Clinical Psychology 40 (1973), 339–342.

Rheingold, H.L. & Adams, J.L.: The Significance of Speech to Newborns. Developmental Psychology 16 (1980), 397–403.

Rheingold, H.L. & Eckermann, C.O.: The Infant Separates Himself from His Mother. Science 168 (1970), 78–83.

Richards, M.P.: Infancy: World of the Newborn. New York: Harper & Row 1980.

Richards, M.P.: Husbands Becoming Fathers. Unpublished Paper 1981.

Richards, M.P., Dunn, J.F. & Antonis, B.: Caretaking in the First Year of Life: The Role of Fathers' and Mothers' Social Isolation. Child: Care, Health and Development 3 (1977), 23–38.

Richman, J.: Men's Experiences of Pregnancy and Childbirth. In: McKee, L. & O'Brien, M. (Eds.): The Father Figure. London: Tavistock 1982, 89–103.

Richman, J. & Goldthorp, W.O.: Fatherhood, the Social Construction of Pregnancy and Birth. In: Kitzinger, S. & Davis, J. (Eds.): The Place of Birth. Oxford: Oxford University Press 1978. 157–173.

Ridley, M.: Paternal Care. Animal Behavior 26 (1978), 904–932.

Riegel, K.F.: Grundlagen der dialektischen Psychologie. Stuttgart: Klett-Cotta 1980.

Risen, M.L.: Relation of Lack of One or Both Parents to School Progress. Elementary School Journal 39 (1939), 528–531.

Rivara, F.P.: Teenage Pregnancy: The Forgotten Father. Developmental Behavorial Pediatry 2 (1981), 142–145.

Rivière, P.G.: The Couvade: A Problem Reborn. Man 9 (1976), 423–435.

Roberts, D.: The Paterfamilias of the Victorian Ruling Classes. In: Wohl, A.S. (Ed.): The Victorian Family. London: Croom Helm 1978.

Robertson, J.: Young Children in Hospital. London: Tavistock 1958, 1970².

Robertson, J. & Robertson, J.: Reaktionen kleiner Kinder auf kurzfristige Trennung vom der Mutter im Lichte neuer Beobachtungen. Psyche 7 (1975), 626–664.

Robey, A., Rosenwald, R.J., Snell, J.E. et al.: The Runaway Girl? A Reaction to Family Stress. American Journal of Orthopsychiatry 34 (1964), 762–765.

Robin, M.W.: Life without Father: A Review of the Literature. International Journal of Group Tensions, Vol. 1–4 (1979), 169–194.

Robins, E., Schmidt, E.H. & O'Neal, P.: Some Interrelations of Social Factors and Clinical Diagnosis in Attempted Suicide. American Journal of Psychiatry 114 (1957), 221–231.

Robins, L.N.: Deviant Children Grown Up. Baltimore, Maryland: Williams & Wilkins 1966.

Robinson, B.E., Barret, R.L. & Skeen, P.: Locus of Control of Unwed Adolescent Fathers Versus Adolescent Nonfathers. Perceptual and Motor Skills 56 (1983), 397–398.

Robinson, J.P.: Changes in American's Use of Time, 1965–75. Cleveland, Ohio: Communications Research Center, Cleveland State University 1977.

Robrecht, D., Richter, D., Steiner, H. et al.: Tages-Rooming-in – ein Beitrag zur familienorientierten Geburtshilfe. Zeitschrift für Geburtshilfe und Perinatologie 183 (1979), 296–302.

Rodman, P.S.: Population Composition and Adaptive Organization among Orangutans of the Kutai Reserve. In: Michael, R. & Crook, J. (Eds.): Comparative Ecology and Behavior of Primates. London: Academic Press 1973, 171–209.

Rödholm, M.: Effects of Father-Infant Postpartum Contact on Their Interaction Three Months After Birth. Early Human Development 5 (1981), 79–85.

Rödholm, M. & Larsson, K.: Father-Infant Interaction at the First Contact after Delivery. Early Human Development 3 (1979), 21–27.

Rogers, R.H.: Toward a Theory of Family Development. Journal of Marriage and the Family 26 (1964), 262–270.

Rogers, W.B. & Long, J.M.: Male Models and Sexual Identification: A Case from the Out Island Bahamas. Human Organization 27 (1968), 326–331.

Rohrer, H.H. & Edmonson, M.: The Eighth Generation. New York: Harper 1960.

Rollins, B.C. & Feldman, H.: Marital Satisfaction over the Family Life Cycle. Journal of Marriage and the Family 32 (1970), 20–28.

Rollins, B.C. & Galligan, R.: The Developing Child and Marital Satisfaction of Parents. In: Lerner, R.M. & Spanier, G.B. (Eds.): Child Influences on Marital and Family Interaction. New York: Academic Press 1978.

Rosen, B. & D'Andrade, R.D.: The Psychosocial Origins of Achievement Motivation. Sociometry 22 (1959), 185–218.

Rosenberg, C.M.: Determinants of Psychiatric Illness in Young People. British Journal of Psychiatry 115 (1969), 907–915.

Rosenblatt, J.S.: The Development of Maternal Responsiveness in the Rat. American Journal of Orthopsychiatry 39 (1970), 36–56.

Rosenblum, L.A. & Alpert, S.: Fear of Strangers and Specificity of Attachment in Monkeys. In: Lewis, M. & Rosenblum, L.A. (Eds.): The Origins of Fear. New York: Wiley 1974, 165–193.

Rosengren, W.R.: Social Sources of Pregnancy as Illness or Normality. Social Forces 9 (1962), 260–267 (a).

Rosengren, W.R.: Social Status, Attitudes toward Pregnancy and Child Rearing Attitudes. Social Forces 41 (1962), 127–134 (b).

Rosenthal, M.: Attachment and Mother-Infant Interaction.: Some Research Impasses and a Suggested Change of Orientation. Journal of Child Psychology and Psychiatry and Allied Disciplines 14 (1973), 201–207.

Rosenthal, R.: Experimental Effects in Behavioral Research. New York: Appleton-Century-Crofts 1966.

Ross, G., Kagan, J., Zelazo, P. et al.: Separation Protest in Infants in Home and Laboratory. Developmental Psychology 11 (1975), 256–257.

Rossi, A.: Transition to Parenthood. Journal of Marriage and the Family 30 (1968), 26–39.

Rotmann, M.: Über die Bedeutung des Vaters in der „Wiederannäherungs-Phase". Psyche 32 (1978), 1105–1147.

Rotmann, M.: Der Vater der frühen Kindheit – ein strukturbildendes drittes Objekt. Unpublished Manuscript of a Lecture Presented at the Psychoanalytic Seminar, Basel, November 1979, and at a Meeting of the German Psychanalytic Association in Stuttgart, November 1979.

Rottmann, G.: Untersuchungen über Einstellungen zur Schwangerschaft und zur fötalen Entwicklung. In: Graber, G.H.: Pränatal Psychologie. München: Kindler 1974, 68–87.

Rowntree, G.: Early Childhood in Broken Families. Population Studies 8 (1955), 247–253.

Rubenstein, C.: The Children of Divorce as Adults. Psychology Today 14 (1980), 74–75.

Rubenstein, J.L., Howes, C. & Pedersen, F.A.: Second Order Effects of Peers on Mother-Toddler Interaction. Infant Behavior and Development 5 (1982), 185–194.

Rubin, J.Z., Provenzano, F.J. & Luria, Z.: The Eye of the Beholder: Parents' Views on Sex of Newborns. American Journal of Orthopsychiatry 44 (1974), 512–519.

Russell, C.S.: Transition to Parenthood: Problems and Gratifications. Journal of Marriage and the Family 36 (1974), 294–302.

Russell, G.: The Father Role and Its Relation to Masculinity, Femininity, and Androgyny. Child Development 49 (1978), 1174–1181.

Russell, G.: Fathers as Caregivers: They Could if They Had to. Paper Presented at 49th Congress of ANZLAS, Auckland, New Zealand, January 1979 (a).

Russell, G.: The Role of Fathers in Child Development: An Australian Perspective. Paper Presented at the National Conference of the Pre-School Association, Sydney, May 1979 (b).

Russell, G.: Fathers as Caregivers: Possible Antecedents and Consequences. Paper Presented to the Study Group on „The Role of the Father in Child Development: Theory, Social Policy, and the Law." University of Haifa, Haifa, Israel, 1980.

Russell, G.: A Multivariate Analysis of Fathers' Participation in Child Care and Play. Unpublished Paper 1981.

Russell, G.: Highly Participant Australian Fathers: Some Preliminary Findings. Merrill-Palmer Quarterly 28 (1982), 137–156 (a).

Russell, G.: Shared-Caregiving Families: An Australian Study. In: Lamb, M.E. (Ed.) Nontraditional Families. Parenting and Child Development. Hillsdale, N.J.: Erlbaum 1982, 139–171 (b).

Russell, G.: The Changing Role of Fathers. Stratford: Open University Press 1983.

Russell, G.: The Changing Role of Fathers. St. Lucia, Queensland: University of Queensland Press 1983.

Russell, G. & Radin, N.: Increased Paternal Participation: The Fathers' Perspective. In: Lamb, M. & Sagi, A. (Eds.): Fatherhood and Family Policy. Hillsdale, N.J.: Erlbaum 1983.

Russell, I.L.: Behavior Problems of Children from Broken and Intact Homes. Journal of Educational Sociology 31 (1957), 124–129.

Rutherford, R.N.: Fathers in the Delivery Room – Long Experience Molds One Viewpoint. Hospital Topics 44 (1966), 97.

Rutter, M.: Children of Sick Parents: An Environmental and Psychiatric Study. Oxford: Oxford University Press 1966.

Rutter, M.: Parent-Child-Separation: Psychological Effects on the Children. Journal of Child Psychology and Psychiatry 12 (1971), 233–260.

Rutter, M.: Maternal Deprivation Reassessed. Harmondsworth, Middlesex: Penguin Books 1972, 1981[2] (Dt.: Bindung und Trennung in der frühen Kindheit. München: Juventa 1978).

Rutter, M.: Attachment and the Development of Social Relationships. In: Rutter, M. (Ed.): Scientific Foundations of Developmental Psychiatry. London: Heinemann Medical 1979 (a).

Rutter, M.: Maternal Deprivation, 1972–1978: New Findings, New Concepts, New Approaches. Child Development 50 (1979), 283–305 (b).

Ryder, R.G.: Longitudinal Data Relating Marriage Satisfaction and Having a Child. Journal of Marriage and the Family 35 (1973), 604–606.

Rypma, C.B.: Biological Bases of the Paternal Response. The Family Coordinator 25 (1976), 335–339.

Safilios-Rothschild, C.: Trends in the Family: A Cross-Cultural Perspective. Children Today (1978), 38–44.

Safilios-Rothschild, C.: Sex Role Socialization and Sex Discrimination: A Synthesis and Critique of the Literature. Washington, D.C.: The National Institute of Education, U.S. Department of Health, Education and Welfare 1979.

Sagi, A.: Antecedents and Consequences of Various Degrees of Paternal Involvement in Childrearing: The Israeli Project. In: Lamb, M.E. (Ed.): Non-Traditional Families: Parenting and Child Development. Hillsdale, N.J.: Erlbaum 1982, 205–232.

Sagi, A.: The Strange Situation Research in Israel Kibbutzim – Some Validity Issues. Paper Presented in a Symposium: The Strange Situation Procedure: Insights from an International Perspective. International Conference on Infant Studies, New York, April 1984.

Sagi, A., Lamb, M.E., Estes, D. et al.: Security of Infant-Adult Attachment among Kibbutz-Reared Infants. Paper Presented at the Meeting of the International Conference on Infant Studies, Austin, Texas 1982. Zit. in: Campos, J.J., Barrett, K.C., Lamb, M.E. et al.: Socioemotional Development. In: Mussen, P.H. (Ed.): Handbook of Child Psychology. New York: Wiley 1983, 784–915.

Sagi, A., Lamb, M.E., Lewkowicz, S. et al.: Security of Infant-Mother, -Father and -Metaphelet Attachment among Kibbutz-Reared Israeli Children. In: Bretherton, J. & Waters, E. (Eds.): Growing Points in Attachment. Theory and Research. Monographs of the Society for Research in Child Development (in press).

Sameroff, A.J.: Early Influences on Development: Fact or Fancy? In: Hetherington, E.M. & Parke, R.D. (Eds.): Contemporary Readings in Child Psychology. New York: McGraw-Hill 1977.

Sanday, P.R.: Female Status in Public Domain. In: Rosaldo, M.Z. & Lamphere, L. (Eds.): Woman, Culture and Society. Stanford: Stanford University Press 1974.

Sandberg, E.C. & Jacobs, R.I. Psychology of the Misuse and Rejection of Contraception. Medical Aspects of Human Sexuality 6 (1972), 34–70.

Sander, E.: Erziehen ohne Vater. In: Großmann, K.E. & Lütkenhaus, P. (Hrsg.): Bericht über die 6. Tagung Entwicklungspsypsychologie (Regensburg, 1.–3.10.1983), Band 1, 168–171.

Sander, E. & Isselstein, D.: Wie nehmen Kinder alleinerziehender Mütter die Erziehereinstellungen ihrer Mütter wahr. Unveröffentlichtes Manuskript, 1981.

Sander, E. & Isselstein, D.: Familie ohne Vater – notwendigerweise ein Defizit oder möglicherweise eine Chance? Gruppendynamik 13 (1982), 233–246.

Sander, L.W., Stechler, G., Burns, P. et al.: Change in Infant and Caregiver Variables over the First Two Months of Life: Integration of Action in Early Development. In: Thoman, E.B. (Ed.): Origins of the Infant's Social Responsiveness. Hillsdale, N.J.: Erlbaum 1979.

Santrock, J.W.: Paternal Absence, Sex Typing, and Identification. Developmental Psychology 2 (1970), 264–272.

Santrock, J.W.: Relation of Type and Onset of Father Absence to Cognitive Development. Child Development 43 (1972), 455–469.

Santrock, J.W.: Family Structure, Maternal Behavior and Moral Development in Boys. Dissertation Abstracts International 34 (1974), 7–B 3474–3475.

Santrock, J.W.: Father Absence, Perceived Maternal Behavior and Moral Development in Boys. Child Development 46 (1975), 753–757.

Santrock, J.W.: Effects of Father Absence on Sex-Typed Behavior in Male Children: Reason for the Absence and Age of Onset of the Absence. The Journal of Genetic Psychology 130 (1977), 3–10.

Santrock, J.W. & Wohlford, P.: Effects of Father Absence: Influence of the Reason for and the Onset of the Absence. Proceedings of the 78th Annual Convention of the American Psychological Association 5 (1970), 265–266.

Sasmor, J.L.: The Role of the Father in Labor and Delivery. In: Morris, N. (Ed.). Psychosomatic Medicine in Obstetrics and Gynaecology. Proceedings of the 3rd International Congress of Medicine in Obstetrics and Gynaecology, London 1971. Basel: Karger 1972, 277–280.

Sax, P.: Counselling Parents of Handicapped Children: The Evolution of a Broadened Perspective. Unpublished Paper, Woodlands Psychology Department, British Columbia, Canada 1980. Zit. in: McConachie, H.: Fathers of Mentally Handicapped Children. In: Beail, N. & McGuire, J. (Eds.): Fathers. London: Junction Books 1982, 144–173.

Schaefer, G.: The Expectant Father, His Care and Management. Postgraduate Medicine 38 (1965), 658–663.

Schaffer, H. & Emerson, P.: The Development of Social Attachments in Infancy. Monographs of the Society for Research in Child Development 94 (1964), 3–75.

Schaie, K.W.: A General Model for the Study of Developmental Problems. In: Psychological Bulletin 64 (1965), 92–107.

Schaie, K.W.: Methodological Problems in the Descriptive Developmental Research on Adulthood and Aging. In: Nesselroade, J.R. & Reese, H.W. (Hrsg.): Life-Span Developmental Psychology: Methodological Issues. New York: Academic Press 1973, 253–280.

Schaller, G.: The Mountain Gorilla. Chicago: University of Chicago Press 1963.

Schmalohr, E.: Tier-Mensch-Vergleiche und ihre Bedeutung. In: Schlemmer, J. (Ed.): Anfang gut – alles gut? Beiträge zu einer Perinatologie. Heidelberg: Quelle & Meyer 1979, 84–93.

Schmidt, W.: Gebräuche des Ehemanns bei Schwangerschaft und Geburt. Wiener Beiträge zur Kulturgeschichte und Linguistik, Band X. Wien 1954.

Schmidt-Denter, U.: Die soziale Umwelt des Kindes. Berlin: Springer 1984.

Schneewind, K.A.: Konsequenzen der Erstelternschaft. Psychologie in Erziehung und Unterricht 30 (1983), 161–172.

Schneewind, K.A. & Engfer, A.: Fragebogen zur Erhebung selbstperzipierter elterlicher Erziehungseinstellungen (SEE). Arbeitsbericht 22 aus dem EKB-Projekt an der Universität München 1978.

Schneider, D.M. & Gough, K. (Eds.): Matrilineal Kinship. Berkeley: University of California Press 1961.

Schneider, H.: Väter bei der Geburt. Eine persönlichkeits- und motivations-psychologische Studie. Dissertation, Rheinische Friedrich-Wilhelms-Universität, Bonn 1976.

Schofield, W. & Balian, L.A.: Comparative Study of the Personal Histories of Schizophrenics and Non-Psychiatric Patients. Journal of Abnormal and Social Psychology 59 (1959), 295.

Schubert, J.B., Bradley-Johnson, S. & Nuttal, J.: Mother-Infant Communication and Maternal Employment. Child Development 51 (1980), 246–249.

Schug, S.: Wechselwirkungen zwischen Eltern und Kindern – Erleben der beginnenden Elternschaft. Diplomarbeit im Fach Psychologie an der Rheinischen Friedrich-Wilhelms-Universität Bonn, Juni 1982.

Schulz, J.H.: Das autogene Training. Stuttgart: Thieme 1964[11].

Schwarz, K.: Die junge Familie: Demographische Aspekte. IRB Symposium „Die junge Familie in der Bundesrepublik Deutschland" im Wissenschaftszentrum, Institute for Research in the Behavioral Sciences S.A., Bonn 1981.

Schwarz, J.C.: Social and Emotional Effects of Day Care: A Review of Recent Research. Paper Presented to an Interdisciplinary Study Group on The Family and Social Change Sponsored by the Society for Research in Child Development and Held at the University of Michigan, Ann Arbour, Michigan, October 1975.

Scott, J.P.: Attachment and Separation in Dog and Man: Theoretical Propositions. In: Schaffer, H.R. (Ed.): The Origins of Human Social Relations. New York: Academic Press 1971.

Scott, J.W. & Tilly, L.A.: Women's Work and the Family in Nineteenth Century Europe. In: Rosenberg, C.E. (Ed.): The Family in History. Pennsylvania: University of Pennsylvania Press 1975.

Scott-Heyes, G.: Male Attitudes to Pregnancy and Childbirth: The Development of a Questionnaire and Preliminary Findings. Paper Presented at the British Psychological Society Conference on the Psychology of Human Reproduction, Leicester 1980.

Scott-Heyes, G.: The Experience of Perinatal Paternity and Its Relations to Attitudes to Pregnancy and Childbirth. In: Beail, N. & McGuire, J. (Eds.): Fathers. London: Junction Books 1982, 23–42.

Sears, P.S.: Doll-Play Aggression in Normal Young Children: Influence of Sex, Age, Sibling Status, Father's Absence. Psychological Monographs 65 (1951), No. 6.

Sears, R.R.: Experimental Analysis of Psychoanalytic Phenomena. In: Hunt, J.M. (Ed.): Personality and the Behavior Disorders, Vol. I. New York: Ronald 1944, 306–336.

Sears, R.R.: Relation of Early Socialization Experiences to Self-Concept and Gender Role in Middle Childhood. Child Development 41 (1970), 267–289.

Sears, R.R., Maccoby, E.E. & Levin, H.: Patterns of Child Rearing. New York: Peterson 1957.

Sears, R.R., Pintler, M.H. & Sears, P.S.: Effect of Father-Separation on Preschool Children's Doll-Play Aggression. Child Development 17 (1946), 219–243.

Sears, R.R., Rau, L. & Alpert, R.: Identification and Child Rearing. Stanford: Stanford University Press 1965.

Seashore, M.J., Leifer, A.D., Barnett, C.R. et al.: The Effects of Denial of Early Mother-Infant Interaction on Maternal Self-Confidence. Journal of Personality and Social Psychology 26 (1973), 369–378.

Seavey, C.A., Katz, P.A. & Zalk, S.R.: Baby X. The Effect of Gender Labels on Adult Responses to Infants. Sex Roles 1 (1975), 103–109.

Seplin, C.D.: A Study of the Influence of the Father's Absence for Military Service. Smith College Studies in Social Work 22 (1952), 123–124.

Serafica, F.C.: The Development of Attachment Behaviors: An Organismic-Developmental Perspective. Human Development 21 (1978), 119–140.

Seward, G.H.: Cultural Conflict and the Feminine Role: An Experimental Study. Journal of Social Psychology 22 (1945), 177–194.

Shah, F., Zelnick, M. & Kantner, J.F.: Unprotected Intercourse Among Unwed Teenagers. Family Planning Perspectives 7 (1975), 39–43.

Shaikh, A.A.: Estrogene and Estradiol Levels in the Ovarian Venous Blood From Rats during the Estrous Cycle and Pregnancy. Biological

Reproduction 5 (1971), 297-307.

Shaw, M.C. & White, D.L.: The Relationship between Child-Parent Identification and Academic Underachievement. Journal of Clinical Psychology 21 (1965), 10-13.

Shelton, L.A.: A Comparative Study of Educational Achievement in One-Parent Families and in Two-Parent Families. Dissertation Abstracts International 29 (1969), 8-A, 2535-2536.

Shereshefsky, P.M. & Yarrow, L.J.: Psychological Aspects of a First Pregnancy and Early Postnatal Adaptation. New York: Raven 1973.

Shinn, M.: Father Absence and Children's Cognitive Development. Psychological Bulletin 85 (1978), 295-324.

Siegman, A.W.: Father Absence during Early Childhood and Antisocial Behavior. Journal of Abnormal Psychology 71 (1966), 71-74.

Silverman, P.R.: Mutual Help. In: Hirschowitz, R.G. & Levy, B. (Eds.): The Changing Mental Health Scene. New York: Spectrum Press 1976.

Simitis, S., Rosenkötter, L., Vogel, R. et al.: Kindeswohl. Eine interdisziplinäre Untersuchung über seine Verwirklichung in der vormundschaftsgerichtlichen Praxis. Frankfurt/M.: Suhrkamp 1979.

Simmel, G.: Soziologie. München 1922.

Simms, M. & Smith, C..: Young Fathers: Attitudes to Marriage and Family Life. In: McKee, L. & O'Brien, M.: The Father Figure. London: Tavistock 1982, 139-152.

Smith, L.: Vista or Myth? Psychiatry and Social Science 1 (1981), 133-137.

Smith, P.K. & Daglish, L.: Sex Differences in Parent and Infant Behaviour in the Home. Child Development 48 (1977), 1250-1254.

Snow, C.E., De Blauw, A. & Van Roosmalen, G.: Talking and Playing with Babies: The Role of Ideologies of Child-Rearing. In: Bullowa, M. (Ed.): Before Speech: The Beginning of Interpersonal Communication. Cambridge, England: Cambridge University Press 1979.

Snowdon, C.T. & Suomi, S.J.: Paternal Behavior in Primates. In: Fitzgerald, H.E., Mullins, J.A. & Gage, P. (Eds.): Child Nurturance, Vol. III: Studies of Development in Nonhuman Primates. New York: Plenum Press 1982, 63-109.

Sollie, D.L. & Miller, B.C.: The Transition to Parenthood as a Critical Time for Building Family Strengths. In: Stinnet, N., Chesser, B., De Frain, J. et al. (Eds.): Family Strengths: Positive Models for Family Life. Lincoln: University of Nebraska Press 1980, 149-169.

Solomon, D., Hirsch, J.G., Scheinfeld, D.R. et al.: Family Characteristics and Elementary School Achievement in an Urban Ghetto. Journal of Consulting and Clinical Psychology 39 (1972), 462-466.

Southwick, C.H., Beg, M.A. & Siddiqi, M.R.: Rhesus Monkeys in North India. In: DeVore, I. (Ed.): Primate Behavior. New York: Holt 1965, 11-159.

Spanier, G.B.: Sexual Socialization and Premarital Sexual Behavior: An Empirical Investigation of the Impact of Formal and Informal Sex Education. Unpublished Doctoral Dissertation, Northwestern University 1973. Zit. in: Belsky, J., Lerner, R.M. & Spanier, G.B.: The Child in the Family. Reading, Mass.: Addison-Wesley 1984.

Spanier, G.B.: Measuring Dyadic Adjustment: New Scales for Assessing the Quality of Marriage and Similar Dyads. Journal of Marriage and the Family 38 (1976), 15-28.

Spelke, E., Zelazo, P., Kagan, J. et al.: Father Interaction and Separation Protest. Developmental Psychology 9 (1973), 83-90.

Spencer-Booth, Y. & Hinde, R.A.: The Effects of Separating Rhesus Monkey Infants from Their Mothers for Six Days. Journal of Child Psychology and Psychiatry and Allied Disciplines 7 (1967), 179-197.

Spillmann, K.R.: Vom Wandel der Eltern-Kind-Beziehungen im Laufe der Geschichte. In: Duss-von Werdt, J. & Welter-Enderlin, R. (Hrsg.): Der Familienmensch. Systematisches Denken und Handeln in der Therapie. Stuttgart: Klett-Cotta 1980, 29-41.

Spitz, R.: Hospitalism: An Inquiry into the Genesis of Psychiatric Conditions in Early Childhood. Psychoanalytic Study of the Child 1 (1945), 53-74.

Spitz, R.: Anaclitic Depression. Psychoanalytic Study of the Child 2 (1946), 313-342.

Spitz, R.: Grief: A Peril in Infancy. New York: New York University Film Library 1947.

Spitz, R.: The First Year of Life. New York: International Universities Press 1965. (Dt.: Vom Säugling zum Kleinkind. Stuttgart: Klett 1967).

Sroufe, L.A.: Socioemotional Development. In: Osofsky, J. (Ed.): Handbook of Infant Development. New York: Wiley 1979.

Sroufe, L.A. & Waters, E.: Attachment as an Organizational Construct. Child Development 48 (1977), 1184-1199.

Stack, J.B.: Who Owns the Child? Divorce and Child Custody Decisions in Middle-Class-Families. Social Problems 23 (1976), 505-515.

Stallworthy, J.: Management of the Hospital Confinement. In: Howells, J.G. (Ed.): Modern Perspectives in Psycho-Obstetrics. New York: Brunner/Mazel 1972.

Stapf, K.H., Herrmann, T., Stapf, A. et al.: Psychologie des elterlichen Erziehungsstils. Stuttgart: Huber & Klett 1976.

Starin, E.D.: Food Transfer by Wild Titi Monkeys (Callicebus torquatus torquatus). Folia Primatologica 30 (1978), 145-151.

Statistisches Bundesamt (Hrsg.): Haushalte und Familien. Bevölkerung und Erwerbstätigkeit. Fachserie 1, Reihe 3. Stuttgart 1981.

Statistisches Bundesamt (Hrsg.): Haushalte und Familien. Bevölkerung und Erwerbstätigkeit. Fachserie 1, Reihe 3. Stuttgart 1983.

Staton, R.D.: A Comparison and Evaluation of Selected Attitudes of Mothers and Fathers of Mentally Retarded Children. Dissertation Abstracts 32, 12-A (1972), 7106–7107.

Stayton, D.J., Ainsworth, M. & Main, M.: Development of Separation Protest in the First Year of Life. Developmental Psychology 9 (1973), 213–225.

Steele, B.F. & Pollock, D.: A Psychoanalytic Study of Parents who Abuse Infants and Small Children. In: Helfer, R.E. & Kempe, C.H. (Eds.): The Battered Child. Chicago: The University of Chicago Press 1968².

Stein, A.H.: Imitation of Resistance to Temptation. Child Development 38 (1967), 157–169.

Stender, F. (Ed.): Husbands in the Delivery Room. Bellevue, Wash.: International Childbirth Education Association, ICEA Supplies Center 1971.

Stephens, W.N.: The Oedipus Complex: Cross-Cultural Evidence. Glencoe, III.: Free Press 1962.

Stevenson, M.F.: The Ontogeny of Playful Behavior in Family Groups of the Common Marmoset. In: Chivers, D.J. & Herbert, J. (Eds.): Recent Advances in Primatology, Vol. I. New York: Academic Press 1978, 139–143.

Stoke, S.M.: An Inquiry into the Concept of Identification. In: Martin, W.E. & Stendler, C.B. (Eds.): Readings in Child Development. New York: Harcourt, Brace & World 1954.

Stoltz, L.M.: Father Relations of Warborn Children: The Effect of Postwar Adjustment of Fathers on the Behavior and Personality of First Children Born while the Fathers Were at War. Stanford: Stanford University Press 1954.

Stone, L.: The Rise of the Nuclear Family in Early Modern England: The Patriarchical Stage. In: Rosenberg, C.E. (Ed.): The Family in History. Pennsylvania: University of Pennsylvania Press 1975.

Strodtbeck, F.L.: Family Interaction, Values, and Achievement. In: McClelland, D.C., Baldwin, A.L., Bronffenbrenner, U. & Strodtbeck, F.L. (Eds.): Talent and Society. Princeton: Von Nostrand 1958.

Suedfield, P.: Paternal Absence and Overseas Success of Peace Corps Volunteers. Journal of Consulting Psychology 31 (1967), 424–425.

Suomi, S.J.: Social Development of Rhesus Monkeys Reared in an Enriched Laboratory Environment. Proceedings of the 20th International Congress of Psychology. Tokyo: University of Tokyo Press 1972.

Suomi, S.J.: Adult Male-Infant Interactions among Monkeys Living in Nuclear Families. Child Development 48 (1977), 1255–1270.

Suomi, S.J.: Differential Development of Various Social Relationships by Rhesus Monkey Infants. In: Lewis, M. & Rosenblum, L.A. (Eds.): The Child and Its Family. New York: Plenum Press 1979, 219–244.

Suomi, S.J. & O'Neill, P.: Social Relationships among a Captive Group of Monkeys Living in Rural Wisconsin. 1982 (in Vorbereitung). Zit. in: Parke, R.D. & Suomi, S.J.: Die Beziehung zwischen männlichen Erwachsenen und Kindern: Beobachtungen an menschlichen und nichtmenschlichen Primaten. In: Immelmann, K., Barlow, G.W., Petrinovich, L. et al. (Eds.): Verhaltensentwicklung bei Mensch und Tier. Das Bielefeld-Projekt. Berlin: Parey 1982, 800–825.

Suomi, S.J., Eisele, C.D., Grady, S.A. et al.: Social Preferences of Monkeys Reared in an Enriched Laboratory Environment. Child Development 44 (1973), 451–460.

Sutton-Smith, B., Rosenberg, B.G. & Landy, F.: Father-Absence Effects in Families of Different Sibling Compositions. Child Development 38 (1968), 1213–1221.

Suzuki, A.: Carnivority and Cannibalism Observed among Forest-Living Chimpanzees. Journal of the Anthropological Society of Nippon 79 (1971), 30–48.

Svanum, S., Bringle, R.G. & McLaughlin, J.E.: Father Absence and Cognitive Performance in a Large Sample of Six- to Eleven-Year-Old Children. Child Development 53 (1982), 136–143.

Switzky, L.T., Vietze, P. & Switzky, H.: Attitudinal and Demographic Predictors of Breast-Feeding and Bottle-Feeding Behavior in Mothers of Six-Week-Old Infants. Psychological Reports 45 (1979), 3–14.

Szalai, A.: The Situation of Women in the Light of Contemporary Time-Budget Research. U.N. World Conference of International Women's Year, Mexico City, June 19 – July 2, 1975.

Tallman, I.: Spousal Role Differentation and Socialization of Severely Retarded Children. Journal of Marriage and Family 27 (1965), 37–42.

Tanzer, D. & Block, J.L.: Why Natural Childbirth? Psychologists' Report on the Benefits to Mothers, Fathers, and Babies. Garden City, N.Y.: Doubleday & Company 1972.

Tasch, R.J.: Interpersonal Perceptions of Fathers and Mothers. Journal of Genetic Psychology 87 (1955), 59–65.

Taub, D.M.: Testing the „Agonistic Buffering" Hypothesis. Behav. Ecolog. Sociobiol. 6 (1980), 187–197.

Tavecchio. L.W., Van IJzendoorn, M.H., Goossens, F.A. et al.: The Division of Labor in Dutch Families with Preschool Children. Journal of Marriage and the Family, Febr. 1984, 231–242.

Tavris, C. & Offir, C.: The Longest War: Sex Differences in Perspective. New York: Harcourt Brace Jovanovich 1977.

Taylor, G.R.: The Angel-Makers. A Study in the Psychological Origins of Historical Change 1750–1850. London: Heinemann 1958.

Taylor, H., Teas, J., Richie, T. et al.: Social Interactions between Adult Male and Infant Rhesus Monkeys in Nepal. Primates 19 (1978), 343–351.

Teahan, J.E.: Parental Attitudes and College Success. Journal of Educational Psychology 54 (1963), 104–109.

Tellenbach, H. (Hrsg.): Das Vaterbild in Mythos und Geschichte. Stuttgart: Kohlhammer 1976.

Tellenbach, H. (Ed.): Das Vaterbild im Abendland. Vol. I: Rom – Frühes Christentum – Mittelalter – Neuzeit – Gegenwart. Vol. II: Literatur und Dichtung Europas. Stuttgart: Kohlhammer 1978.

Tennes, K. & Lampl, E.: Stranger and Separation Anxiety in Infancy. Journal of Nervous and Mental Diseases 139 (1964), 247–254.

Terman, L.M. & Miles, C.C.: Sex and Personality. New York: McGraw-Hill 1936.

Thomae, H.: Persönlichkeit, Eine dynamische Interpretation. Bonn: Bouvier 1955.

Thomae, H.: Theory of Aging and Cognitive Theory of Personality. Human Development 13 (1970), 1–16.

Thomae, H.: Die Bedeutung einer kognitiven Persönlichkeitstheorie für die Theorie des Alterns. Zeitschrift für Gerontologie 4 (1971), 8–18.

Thomas, A.: Untersuchungen zum Problem der vaterlosen Erziehung in ihrem Einfluß auf die psycho-soziale Entwicklung des Kindes. Psychologische Beiträge 22 (1980), 27–48.

Thomas, A.: Probleme der Erforschung psychologischer Bedingungen und Wirkungen vaterloser Erziehung. In: Grossmann, K.E. & Lütkenhaus, P. (Hrsg.): Bericht über die 6. Tagung Entwicklungspsychologie (Regensburg, 1-3.10.1983), Bd. 1. Regensburg: Universität Regensburg 1984, 172–173.

Thomas, A. & Chess, S.: Temperament and Development. New York: Brunner/Mazel 1977.

Thomas, A. & Chess, S.: The Dynamics of Psychological Development. New York: Brunner/Mazel 1980.

Thompson, P.: The Edwardians. Hertford: Paladin 1977.

Thompson, R.A. & Lamb, M.E.: Security of Attachment and Stranger Sociability in Infancy. Developmental Psychology 19 (1983), 184–191.

Thompson, R.A., Lamb, M.E. & Estes, D.: Stability of Infant-Mother Attachment and Its Relationship to Changing Life Circumstances in an Unselected Middle-Class Sample. Child Development 53 (1982), 144–148.

Thompson, R.A., Lamb, M.E. & Estes, D.: Harmonizing Discordant Notes: A Reply to Waters. Child Development 54 (1983), 521–524.

Tietze, W.: Institutionelle oder familiäre Früherziehung – Anmerkungen zur Überwindung einer falschen Alternative. Vortrag gehalten anläßlich des Kongresses der Deutschen Gesellschaft für Erziehungswissenschaft, Kiel, März 1984.

Tiller, P.O.: Father-Absence and Personality Development of Children in Sailor-Families. Nordisk Psychologi's Monograph Series 9 (1958), 1–48.

Tiller, P.O.: Father Absence and Adolescence. Oslo: Institute of Social Research 1961.

Tinbergen, N.: The Curious Behavior of the Stickleback. Scientific American 187 (1952), 22–26.

Tinbergen, N.: The Herring Gull's World. Lon-London: William Collins 1953.

Tizard, B. & Hodges, J.: The Effect of Early Institutional Rearing on the Development of Eight Year Old Children. Journal of Child Psychology and Psychiatry 19 (1978), 99–118.

Tizard, B. & Rees, J.: The Effect of Early Institutional Rearing on the Behaviour Problems and Affectional Relationships of Four-Year-Old Children. Journal of Child Psychology and Psychiatry 16 (1975), 61–73.

Tizard, J. & Tizard, B.: The Social Development of Two-Year-Old Children in Residential Nurseries. In: Schaffer, H.R. (Ed.): The Origins of Human Social Relations. London: Academic Press 1971, 147–163.

Toman, W., Hölzl, S. & Koreny, V.: Faktoren der Bevölkerungsentwicklung – Ursachen und Beweggründe für den Kinderwunsch. Forschungsbericht, München 1977.

Torgoff, I. & Dreyer, A.S.: Achievement Inducing and Independence Granting Synergistic Parental Role Components: Relation to Daughter's Parental Role Orientation and Level of Aspiration. American Psychologist 16 (1961) 345 (Abstract).

Towne, R.D. & Afterman, J.: Psychosis in Males Related to Parenthood. Bulletin of the Menninger Clinic 19 (1955), 19–26.

Trethowan, W.H. & Conlon, M.F.: The Couvade Syndrome. British Journal of Psychiatry 111 (1965), 57–66.

Trivers, R.L.: Parental Investment and Sexual Selection. In: Campbell, B.G. (Ed.): Sexual Selection and the Descent of Man: 1871–1971. Chicago: Aldine 1972, 136–179.

Trunnel, T.L.: The Absent Father's Children's Emotional Disturbances. Archives of General Psychiatry 19 (1968), 180–188.

Tuckman, J. & Regan, R.A.: Intactness of the Home and Behavioral Problems in Children. Journal of Child Psychology and Psychiatry 7 (1966), 225–233.

Tylor, E.B.: Researches into the Early History

of Mankind and the Development of Civilization. London: John Murray 1865.

Uddenberg, M.: Reproductive Adaptation in Mother and Daughter. Acta Psychiatrica Scandinavica, Suppl. 254 (1974).

Uddenberg, H. & Hakanson, M.: Aniseionic Body Perception in Pregnancy. Journal of Psychosomatic Research 16 (1972), 179–184.

U.S. Department of Commerce, Bureau of the Census Population Profile of the United States: 1978, Population Characteristics (Current Population Reports, Series P-20, No. 336). Washington, D.C.: U.S. Government Printing Office, April 1979.

U.S. Department of Labor: Working Mothers and Their Children. Washington, D.C.: U.S. Government Printing Office 1977.

Van den Berg, J.H.: S. van den Berg, J.H.

Van IJzendoorn, M.H., Kroonenberg, P.M. Goossens, F.A. et al.: The Strange Situation in the Netherlands: Aspects of Cross Cultural Validity. Paper Presented in a Symposium: The Strange Situation Procedure: Insights from an International Perspective. International Conference on Infant Studies, New York, April 1984.

Van IJzendoorn, M.H., Tavecchio, L.W., Goossens, F.A. et al.: How B is B4? Attachment and Security of Dutch Children in Ainsworth's Strange Situation and at Home. Psychological Reports 52 (1983), 683–691.

Van Lawick, H.: s. van Lawick, H.

Vaughn, B., Egeland, B., Sroufe, L.A. et al.: Individual Differences in Infant-Mother Attachment at Twelfe and Eighteen Months: Stability and Change in Families Under Stress. Child Development 50, (1979), 971–975.

Vaughn, B., Gove, F. & Egeland, B.: The Relationship between Out-of-Home Care and the Quality of Infant-Mother Attachment in an Economically Disadvantaged Sample. Child Development 51 (1980), 1203–1214.

Vaz, R., Smolen, P. & Miller, C.: Adolescent Pregnancy. Involvement of the Male Partner. Journal of Adolescent Health Care 4 (1983), 246–250.

Velvowski, I.S.: Erfahrungen mit der psychoprophylaktischen Methode zur Schmerzausschaltung bei der Geburt auf der Grundlage der Lehre I.P. Pawlows. In: Schmerzausschaltung bei der Geburt. Volk und Gesundheit, Berlin 1953.

Verhandlungen des Deutschen Bundestages, Drucksache 8/2788, Band 251, Bonn 1979.

Veroff, J. & Veroff, J.: Motivations of Adulthood: Interdependence and Integrity. In: Veroff, J. & Veroff, J. (Eds.): Social Incentives. New York: Academic Press 1980.

Vietze, P.M., MacTurk, R.H., McCarthy, M.E. et al.: Impact of Mode of Delivery on Father- and Mother-Infant Interaction at 6 and 12 Months. Paper Presented to the 2nd International Conference on Infant Studies, New Haven 1980.

Vincent, C.E.: Implications of Changes in Male-Female Role Expectations for Interpreting M-F Scores. Journal of Marriage and the Family 28 (1966), 196–199.

Vogel, C.: Anthropologie und Entwicklungspsychologie. Zwei potentielle Kontaktperspektiven. Referat in der Eröffnungsveranstaltung der 6. Tagung des Arbeitskreises „Entwicklungspsychologie" in Regensburg am 3.10.1983. In: Großmann, K.E. & Lütkenhaus, P. (Hrsg.): Bericht über die 6. Tagung Entwicklungspsychologie (Regensburg, 1.–3.10.1983). Band I. Regensburg 1984, 2–28.

Voland, E., Dobner, U., Bruns, D. et al.: Verhaltensbeobachtungen an 3-Monate-alten Säuglingen. In: Michaelis, W. (Ed.): Bericht über den 32. Kongreß der Deutschen Gesellschaft für Psychologie in Zürich 1980, Bd. 1. Göttingen: Hogrefe 1981, 436–439.

Vroegh, K.: Relationship of Sex of Teacher and Father Presence-Absence to Academic Achievement. Proceedings of the 81st Annual Convention of the American Psychological Association 8 (1973), 663–664.

Wahl, C.W.: Antecedent Factors in Family Histories of 392 Schizophrenics. American Journal of Psychiatry, 110 (1954), 668–678.

Wainwright, W.H.: Fatherhood as a Precipitant of Mental Illness. American Journal of Psychiatry 123 (1966), 40–44.

Walker, K. & Woods, M.: Time Use: A Measure of Household Production of Family Goods and Services. Washington: American Home Economics Association 1976.

Wallerstein, J.S. & Kelly, J.B.: The Effects of Parental Divorce: Experiences of the Preschool Child. Journal of the American Academy of Child Psychiatry 14 (1975), 600–616.

Wallerstein, J.S. & Kelly, J.B.: The Effects of Parental Divorce: Experiences of the Child in Later Latency. American Journal of Orthopsychiatry 46 (1976), 256–269.

Wallerstein, J.S. & Kelly, J.B.: Children and Divorce: A Review. Social Work 24 (1979), 468–475.

Wallerstein, J.S. & Kelly, J.B.: Surviving the Breakup: How Children and Parents Cope with Divorce. New York: Basic Books 1980.

Walter, H. & Oerter, R.: Ökologie und Entwicklung. Mensch-Umwelt-Modelle in entwicklungspsychologischer Sicht. Donauwörth: Auer 1979.

Walters, R.H. & Parke, R.D.: Influence of Response Consequences to a Social Model on

Resistance to Deviation. Journal of Experimental Child Psychology 1 (1964), 269–280.

Wandersman, L.P.: The Adjustment of Fathers to Their First Baby: The Roles of Parenting Groups and Marital Relationship. Birth and the Family Journal 7 (1980), 155–162.

Waring, M. & Ricks, D.: Family Patterns of Children Who Became Adult Schizophrenics. Journal of Nervous and Mental Disease 140 (1965), 351–364.

Waters, E.: The Reliability and Stability of Individual Differences in Infant-Mother Attachment. Child Development 49 (1978), 483–494.

Waters, E.: Persönlichkeitsmerkmale, Verhaltenssysteme und Beziehungen: Drei Modelle von Bindung zwischen Kind und Erwachsenem. In: Immelmann, K., Barlow, G. Petrinovich, L. et al. (Eds.): Verhaltensentwicklung bei Mensch und Tier. Das Bielefeld-Projekt. Berlin: Parey 1982, 721–750.

Waters, E.: The Stability of Individual Differences in Infant Attachment: Comments on the Thompson, Lamb, and Estes Contribution. Child Development 54 (1983), 516–520.

Waters, E.: Attachment versus Temperament? Paper Presented in a Symposium: Attachment, Adaptation, and Continuity. International Conference on Infant Studies, New York, April 1984.

Waters, E. & Deane, D.: Infant-Mother Attachment: Theories, Models, Recent Data, and some Tasks for Comparative Developmental Analysis. In: Hoffman, L.W., Gandelman, R.A. & Schiffman, H.R. (Eds.): Parenting: Its Causes and Consequences. Hillsdale, N.J.: Erlbaum 1982.

Waters, E., Vaughn, B. & Egeland, B.: Individual Differences in Infant-Mother Attachment Relationships at Age One: Antecedents in Neonatal Behavior in Urban, Economically Disadvantaged Sample. Child Development 51 (1980), 208–216.

Waters, E., Wippman, J. & Sroufe, L.A.: Attachment, Positive Affect, and Competence in the Peer Group: Two Studies in Construct Validation. Child Development 50 (1979), 821–829.

Watson, J.B.: Psychological Care of Infant and Child. New York: Morten 1928.

Watson, J.S.: The Development and Generalization of „Contingency Awareness" in Early Infancy: Some Hypotheses. Merrill-Palmer Quarterly 12 (1966), 123–135.

Watson, J.S. & Ramey, C.T.: Reactions to Response-Contingent Stimulation in Early Infancy. Merril-Palmer Quarterly 18 (1972), 219–228.

Weaver, R.H. & Cranley, M.S.: An Exploration of Paternal-Fetal Attachment Behavior. Nursing Research 2 (1983), 68–72.

Weber-Kellermann, I.: Die Kindheit. Frankfurt/M. 1979.

Weingarten, H.: Remarriage and Well-Being. National Survey Evidence of Social and Psychological Effects. Journal of Family Issues 1 (1980), 533–559.

Weingarten, K.: The Employment Patterns of Professional Couples and Their Distribution of Involvement in the Family. Psychological Women Quarterly 3 (1978), 43–52.

Weinraub, M. & Frankel, J.: Sex Differences in Parent-Infant Interaction during Free Play, Departure and Separation. Child Development 48 (1977), 1240–1249.

Weinraub, M., Brooks, J. & Lewis, M.: The Social Network: A Reconsideration of the Concept of Attachment. Human Development 20 (1977), 31–47.

Weissman, P.: The Effects of Pre-Oedipal Attitudes on Development and Character. International Journal of Psychoanalysis 44 (1963), 121–131.

Wenner, N.K., Cohen, M.B., Weigert, E. et al.: Emotional Problems in Pregnancy. Psychiatry 32 (1969), 389–409.

Wente, A.S. & Crockenberg, S.B.: Transition to Fatherhood: Lamaze Preparation, Adjustment Difficulty and the Husband-Wife Relationship. Family Coordinator 25 (1976), 351–357.

Werner, E.E.: Child Nurturance in Other Cultures: A Perspective. In: Kostelnik, M.J., Phenice, L.A. & Soderman, A.K. (Eds.): Child Nurturance, Vol. II: Patterns of Supplementary Parenting. New York: Plenum Press 1982, 207–238.

West, M.M. & Konner, M.J.: The Role of the Father: An Anthropological Perspective. In: Lamb, M.E. (Ed.): The Role of the Father in Child Development. New York: Wiley 1976, 185–217.

Westermarck, E.: The History of Human Marriage. Vol. I. London: Macmillan 1921[3].

White, B.: The Relationship of Self-Concept and Parental Identification to Women's Vocational Interests. Journal of Consulting Psychology 6 (1959), 202–206.

White, D.G. & Woollett, E.A.: The Family at Birth. Paper Presented to the British Psychological Society, London, December 1981. Zit. in: White, D., Woollett, A. & Lyon, L.: Fathers' Involvement with Their Infants: The Relevance of Holding. In: Beail, N. & McGuire, J. (Eds.): Fathers. London: Junction Books 1982, 126–143.

White, D., Woollett, A. & Lyon, L.: Fathers' Involvement with Their Infants: The Relevance of Holding. In: Beail, N. & McGuire, J. (Eds.): Fathers. London: Junction Books 1982, 126–143.

Whiteman, M. & Deutsch, M.: Social Disadvantage as Related to Intellective and Language Development. In: Deutsch, M. et al. (Eds.): The Disadvantaged. New York: Basic Books 1967, 337–356.

Whiting, B.B. & Whiting, J.W.: Children of Six

Cultures: A Psychocultural Analysis. Cambridge, Mass.: Harvard University Press 1975 (a).

Whiting, J.W.M.: Social Structure and Child Rearing: a Theory of Identification. Paper Read at Tulane University as Part of the Mona Brorsman Sheckman Lectures in Social Psychiatry. New Orleans, March 17 – 19, 1960.

Whiting, J.W.M. & Whiting, B.B.: Aloofness and Intimacy of Husbands and Wifes: A Cross-Cultural Study. Ethos 3 (1975), 183–207 (b).

Wickler, W.: The Ethological Analysis of Attachment. Sociometric, Motivational and Sociophysiological Aspects. Zeitschrift für Tierpsychologie 42 (1976), 12–28.

von Wiese, L.: System der allgemeinen Soziologie. Berlin 1926.

Wiggins, J.D.: Reaching and Teaching Patients. In: Morris, N. (Ed.): Psychosomatic Medicine in Obstetrics and Gynaecology. Proceedings of the 3rd International Congress of Medicine in Obstetrics and Gynaecology, London 1971. Basel: Karger 1972, 358–360.

Wilkin, D.: Caring for the Mentally Handicapped Child. London: Croom Helm 1979.

Willemsen, E., Flaherty, D. Heaton, C. et al.: Attachment Behavior of the One-Year-Olds as a Function of Mother vs. Father, Sex of Child, Session, and Toys. Genetic Psychological Monographs 90 (1974), 305–324.

Williamson, N.E.: Sons or Daughters. A Cross-Cultural Survey of Parental Preferences. London: Sage 1976.

Willke, H.: Systemtheorie. Eine Einführung in die Grundprobleme. Stuttgart: Gustav Fischer 1982.

Wilson, A.B.: Educational Consequences of Segregation in a Californa Community (Appendix C 3). In: U.S. Commission on Civil Rights (Ed.): Racial Isolation in the Public Schools. Washington, D.C.: U.S. Government Printing Office 1967.

Wilson, E.O.: Sociobiology: The New Synthesis. Cambridge: Harvard University Press 1975.

Wimmer-Puchinger, B.: Das gemeinsame Geburtserlebnis – Bemerkungen zum Erlebnisbereich des Mannes. In: Hau, T.F. & Schindler, S. (Hrsg.): Pränatale und perinatale Psychosomatik. Stuttgart: Hippokrates 1982, 200–209.

Winch, R.F.: The Relation between Loss of a Parent and Progress in Courtship. Journal of Social Psychology 29 (1949), 51–56.

Winch, R.F.: Some Data Bearing on the Oedipus Hypothesis. Journal of Abnormal and Social Psychology 45 (1950), 481–489.

Wing, L.: Problems Experienced by Parents of Children with Severe Mental Retardation. In: Spain, B. & Wigley, G. (Eds.): Right from the Start. London: National Society for Mentally Handicapped Children 1975.

Winnicott, D.W.: Collected Papers. London: Tavistock 1958.

Winnicott, D.W.: The Theory of the Parent-Infant Relationship. International Journal of Psychoanalysis 41 (1960), 585–595.

Winokur, G. & Webroff, J.: The Relationship of Conscious Maternal Attitudes to Certain Aspects of Pregnancy. Psychiatry Quarterly, Suppl. 30 (1956), 61–72.

Winterbottom, M.R.: The Relation of Need for Achievement to Learning Experience in Independence and Mastery. In: Atkinson, J.W. (Ed.): Motives in Fantasy, Action and Society. Princeton, N.Y. 1958, 453–478.

Wishart, M.C., Bidder, R.T. & Gray, O.P.: Parental Responses to Their Developmentally Delayed Children and the South Glamorgan Home Advisory Service. Child: Care, Health and Development 6 (1980), 361–376.

Wishart, M.C., Bidder, R.T. & Gray, O.P.: Parents' Report of Family Life with a Developmentally Delayed Child. Child: Care, Health and Development 7 (1981), 267–279.

Wohlford, P., Santrock, J.W., Berger, S.E. et al.: Older Brother's Influence on Sex-Typed Aggressive, and Dependent Behavior in Father-Absent Children. Developmental Psychology 4 (1971), 124–134.

Wolfensberger, W. & Kurtz, R.A.: Measurement of Parents' Perceptions of Their Children's Development. Genetic Psychology Monographs 83 (1971), 3–92.

Wolff, P.: Critical Periods in Human Cognitive Development. Hospital Practice 11 (1970), 77–87.

Woollett, A., White, D. & Lyon, L.: Observations of Fathers at Birth. In: Beail, N. & McGuire, J. (Eds.): Fathers. Psychological Perspectives. London: Junction 1982, 72–91.

Wylie, H.L. & Delgado, R.A.: A Pattern of Mother-Son Relationship Involving the Absence of the Father. American Journal of Orthopsychiatry 29 (1959), 644–649.

Yarrow, L.: Fathers Who Deliver. Parents 56 (1981), 62–66.

Yarrow, L.J. & Anderson, B.J.: Procedures for Studying Parent-Infant-Interaction: A Critique. In: Thoman, E.B. (Ed.): Origins of the Infant's Social Responsiveness. Hillsdale, N.J.: Erlbaum 1979, 209–223.

Yarrow, L.J., Rubenstein, J.L. & Pedersen, F.A.: Infant and Environment: Early Cognitive and Motivational Development. Washington: Hemisphere 1975.

Yogman, M.W.: The Goals and Structure of Face-To-Face Interaction between Infants and Fathers. Paper Presented at the Biennial Meeting of the Society for Research in Child Development, New Orleans, Louisiana, 1977.

Yogman, M.W.: Development of the Father-Infant Relationship. In: Fitzgerald, H., Lester, B. & Yogman, M.W. (Eds.): Theory and Research in Behavioral Pediatrics, Vol. I. New York: Plenum Press 1981 (a).

Yogman, M.W.: Games Fathers and Mothers Play with Their Infants. Infant Mental Health Journal 2 (1981), 241-248 (b).

Yogman, M.W., Dixon, S., Tronick, E. et al.: Development of Infant Social Interaction with Fathers. Paper Presented to the Eastern Psychological Association, New York 1976.

Yogman, M.W., Dixon, S., Tronick, E. et al.: The Goals and Structure of Face-To-Face Interaction between Infants and Fathers. Paper Presented at the Biennal Meeting of the Society for Research in Child Development, New Orleans 1977.

Yoshiba, K.: Local and Intertroop Variability in Ecology and Social Behavior of Common Indian Langurs. In: Jay, P.C. (Ed.): Primates: Studies in Adaptation and Variability. New York: Holt 1968.

Young, E. & Parish, T.: Impact of Father Absence during Childhood on the Psychological Adjustment of College Females. Sex Roles 3 (1977), 217-227.

Young, S.F.: Paternal Involvement as Related to Maternal Employment and Attachment Behavior Directed to the Father by the One-Year-Old Infant. Unpublished Doctoral Dissertation, Ohio State University 1975.

Zajonc, R.B.: Attraction, Affiliation, and Attachment. In: Eisenberg, J.F. & Dillon, W.S. (Eds.): Man and Beast: Comparative Social Behavior. Washington, D.C.: Smithsonian Institution Press 1971, 141-179.

Zajonc, R.B. & Markus, G.B.: Birth Order and Intellectual Development. Psychological Review 82 (1975), 74-88.

Zander, J.: Geburtshilfe – heute. In: Schlemmer, J. (Hrsg.): Anfang gut – alles gut? Beiträge zu einer Perinatologie. Heidelberg: Quelle & Meyer 1979.

Zelazo, P.R., Kotelchuck, M., Barber, L. et al.: Fathers and Sons: An Experimental Facilitation of Attachment Behaviours. Paper Presented at the Biennial Meeting of the Society for Research in Child Development, New Orleans, März 1977. Zit. in: Parke, R.D.: Fathering. London: Fontana 1981.

Zelditch, M., Jr.: Role Differentiation in the Nuclear Family: A Comparative Study. In: Parsons, T. & Bales, R.F.: Family, Socialization and Interaction Processes. Glencoe, III.: The Free Press 1955, 307-352.

Zell, G.: Geschlechtsdifferenzierung in jungen Familien. Unveröffentlichte Diplomarbeit, Main 1977. Zit. in: Zell, G. & Keller, H.: Familiale Rollen vor und nach der Geburt des ersten Kindes. In: Keller, H. (Hrsg.): Geschlechtsunterschiede. Weinheim: Beltz 1979, 53-74.

Zell, G. & Keller, H.: Familiale Rollen vor und nach der Geburt des ersten Kindes. In: Keller, H. (Hrsg.): Geschlechtsunterschiede. Weinheim: Beltz 1979, 53-74.

Zemlick, M.J. & Watson, R.I.: Maternal Attitudes of Acceptance and Rejection during and after Pregnancy. American Journal of Orthopsychiatry 23 (1953), 570-584.

Zenz, G.: Kindesmißhandlung und Kindesrechte. Frankfurt/M.: Suhrkamp 1979.

Ziegenhain, U., Pohl, A. & Hedervari, E.: Zur Qualität der Beziehung zwischen Mutter und Kind im ersten Lebensjahr. Eine Replikation der Ainsworth-Strange-Situation und Untersuchungen zur Beziehung zwischen Bindungsqualität und responsivem Verhalten der Mutter in einer Spielsituation, explorativem Verhalten des Kindes in einer Spielsituation, ausgewählten Merkmalen der Mutter-Kind Interaktion während des ersten Lebensjahres. Diplomarbeit am Institut für Sozialpädagogik und Erwachsenenbildung der Freien Universität Berlin, 1983.

Ziegler, M.E.: The Fathers Influence on His School-Age Child's Academic Performance and Cognitive Development. Doctoral Dissertation, University of Michigan 1979.

Zilboorg, G.: Depressive Reactions Related to Parenthood. American Journal of Psychiatry 87 (1931), 927-962.

Zucker, E.L., Mitchell, G.D. & Maple, T.: Adult Male-Offspring Play Interactions within a Captive Group of Orangutans (Pongo pygmaeus). Primates 19 (1978), 379-384.

Personenregister

Sachregister

dialog und praxis

Kinder · Eltern · Familie

dtv 15033

dtv 15037

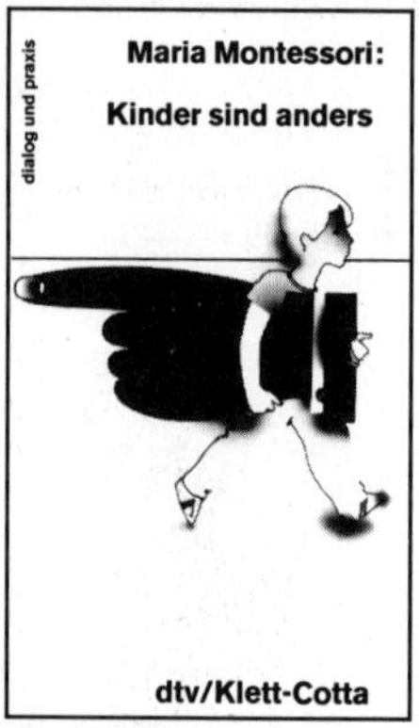

dtv 15036

Jean Piaget:
Das moralische Urteil beim Kinde
dtv 15015

Jean Piaget und Bärbel Inhelder:
Die Psychologie des Kindes
dtv 15021

Bruno Bettelheim:
Kinder brauchen Bücher
dtv 15000

Kinder brauchen Märchen
dtv 15010

So können sie nicht leben
Die Rehabilitation emotional gestörter Kinder
dtv 15007

Carl-Heinz Mallet:
Kennen Sie Kinder
dtv 15012

Das Einhorn bin ich
Das Bild des Menschen im Märchen
dtv 15013

Rudolf Dreikurs / Shirley Gould / Raymond Corsini:
Familienrat
dtv 15004

Rudolf Dreikurs / Erik Blumenthal:
Eltern und Kinder – Freunde oder Feinde?
dtv 15022

Walter Kempler:
Grundzüge der Gestalt-Familientherapie
dtv 15008

Elise Freinet:
Erziehung ohne Zwang
dtv 15005

Katharina Zimmer:
Sie wollten nur mein Bestes
Eltern und Kinder blicken zurück auf ihre Erziehung
dtv 15009

Harriet S. Schiff:
Verwaiste Eltern
dtv 15019

Betty Jean Lifton:
Zweimal geboren
Memoiren einer Adoptivtochter
dtv 15025

Adoption
dtv 15032